Alexander Fischer

Microsoft System Center 2012 Operations Manager – Planung und Einrichtung

Alexander Fischer

Microsoft System Center 2012 Operations Manager – Planung und Einrichtung

Alexander Fischer: Microsoft System Center 2012 Operations Manager – Planung und Einrichtung
Microsoft Press Deutschland, Konrad-Zuse-Str. 1, 85716 Unterschleißheim
Copyright © 2012 by Microsoft Press Deutschland

Fachlektorat: Georg Weiherer, Münzenberg
Korrektorat: Dorothee Klein, mediaService, Siegen
Satz und Layout: Gerahrd Alfes, mediaService, Siegen (www.mediaservice.tv)
Umschlaggestaltung: Hommer Design GmbH, Haar (www.HommerDesign.com)
Gesamtherstellung: Kösel, Krugzell (www.KoeselBuch.de)

Kommentare und Fragen können Sie gerne an uns richten:

Microsoft Press Deutschland
c/o dpunkt.verlag GmbH
Wieblinger Weg 17
D-69123 Heidelberg
E-Mail: msp@dpunkt.de

Print-ISBN   978-3-86645-689-1
PDF-E-Book-ISBN   978-3-84834-197-9

1.Auflage, 2012
© 2012 O'Reilly Verlag GmbH & Co. KG
c/o dpunkt.verlag GmbH
Wieblinger Weg 17
D-69123 Heidelberg
Alle Rechte vorbehalten

Das in diesem Buch enthaltene Programmmaterial ist mit keiner Verpflichtung oder Garantie irgendeiner Art verbunden. Autor, Übersetzer und der Verlag übernehmen folglich keine Verantwortung und werden keine daraus folgende oder sonstige Haftung übernehmen, die auf irgendeine Art aus der Benutzung dieses Programmmaterials oder Teilen davon entsteht.

Das Werk einschließlich aller Teile ist urheberrechtlich geschützt. Jede Verwertung außerhalb der engen Grenzen des Urheberrechtsgesetzes ist ohne Zustimmung des Verlags unzulässig und strafbar. Das gilt insbesondere für Vervielfältigungen, Übersetzungen, Mikroverfilmungen und die Einspeicherung und Verarbeitung in elektronischen Systemen.

Die in den Beispielen verwendeten Namen von Firmen, Organisationen, Produkten, Domänen, Personen, Orten, Ereignissen sowie E-Mail-Adressen und Logos sind frei erfunden, soweit nichts anderes angegeben ist. Jede Ähnlichkeit mit tatsächlichen Firmen, Organisationen, Produkten, Domänen, Personen, Orten, Ereignissen, E-Mail-Adressen und Logos ist rein zufällig.

15 14 13 12 11 10 9 8 7 6 5 4 3 2 1

Inhaltsverzeichnis

Vorwort 13
    Warum dieses Buch? 14
    Quellen 14
    Randbemerkungen 15
    Leitsätze 16

Einleitung 17
    Geschäftsmodell Cloud-Computing 18
    Empathie 18
    Auslaufmodell IT-Technologie 19
    Warum System Center 2012 Operations Manager? 20
    Danksagung 20
    Aufbau der Kapitel 22

Teil A
Einführung und Überblick 23

1 Buch- und Buchreihenkonzept 25
    Schon wieder eine neue Version? 26
    Gestalten Sie den Umdenkprozess 27
    Trennung zwischen Konzeptionierung und Anwendung 28
    Über die Buchreihe 29
    Inhalt und den Aufbau dieses Buchs 29

2 Zielgruppe dieses Buchs 31
    Casting Show im Rechenzentrum 32
    Dienstleistung aus der Dose 33
    Prozesse statt Prozessoren 34
    Definition der Verfügbarkeit 34
    Mission Possible 35
    Implementierungsstrategie 36
    ITIL und PowerShell 37

3 Definition der Anwenderzielgruppe 39
    Die richtigen Fragen 40
    Neuausrichtung der Zuständigkeit 41

4 Funktionsweise von System Center 2012 Operations Manager ... 43
Die Aufgabenstellung an die IT der Zukunft ... 45
Über das Ziel: Sicherstellen von Verfügbarkeit ... 46
    Anwendungen und Prozesse ... 47
    Die Sprache der Kunden ... 47
    Service Level Agreements ... 48
    Betrachtung aus anderem Blickwinkel ... 49
In Sachen Entitäten: Das Überwachungsmodell von System Center 2012 Operations Manager ... 52
    Entität und Integrität ... 52
    Wenn aus Hilfsbereitschaft Chaos wird ... 54
    Angewandte Entitätsmodelle ... 55
    Hotel-Management by Entity ... 56
    Beeinflussung der Integrität durch abhängige Entitäten ... 59
    Interpretation der Integrität ... 61
    Get together: Die Anwendung des Integritätskonzepts ... 64
    Fazit ... 65
Aus Sicht des Betrachters: Von Agenten und Beobachtern ... 65
    Mit Agents verwaltet ... 67
    Ohne Agents verwaltet ... 68
    Fazit ... 70
Der Treibstoff: Management Packs ... 70
    Management Packs verteilen und anwenden ... 86
    Eigenschaften von Management Packs ... 88
    Management Packs verwalten ... 94
    Fazit ... 101
Über den Tellerrand geschaut: Integrationsmöglichkeiten ... 101
    Active Directory-Integration ... 102
    Integration in System Center 2012 Service Manager ... 104
    Integration in System Center 2012 Operations Manager ... 107
    Interaktion mit System Center 2012 Configuration Manager ... 109
    Fazit ... 109
Zusammenfassung ... 110

5 Die Mitglieder der System Center-Familie ... 111
System Center 2012 Unified Installer ... 112
    Vorbereitende Arbeiten auf dem Installationscomputer ... 114
    Vorbereitende Arbeiten auf den Zielcomputern ... 118
System Center 2012 Virtual Machine Manager ... 120
    Der Funktionsumfang ... 121
    Interaktion und Integration ... 123
System Center 2012 App Controller ... 124
    Services und Templates ... 124
    Lebenszyklusverwaltung ... 126
System Center 2012 Configuration Manager ... 128
    Anforderungen an den Clientcomputer ... 129
    Hard- und Softwareinventarisierung ... 129
    Inventarisierung der Active Directory-Objekte ... 130
    Softwareverteilung ... 131

Software-Updates bereitstellen 131
Betriebssysteme installieren 132
Richtlinien überprüfen und einhalten 132
Softwaremessung 133
Rundumschutz der integrierten Systeme 134
Interaktion und Integration 134
System Center 2012 Data Protection Manager 135
Interaktion und Integration 136
System Center 2012 Endpoint Protection 136
System Center 2012 Operations Manager 138
System Center 2012 Orchestrator 138
Die Technik 140
Interaktion und Integration 141
System Center 2012 Service Manager 141
Interaktion und Integration 142

6 Vorgehensweise bei der Implementierung 145
Die Zuständigkeitsstrategie 146
Die Visualisierungsstrategie 147

7 Aktualisierung der Vorgängerversion 151
Migration einer kompatiblen Ein-Server-Landschaft 153
Migration einer nicht kompatiblen Ein-Server-Landschaft 155
Migration einer verteilten, kompatiblen Infrastruktur 156
Migration einer verteilten, nicht kompatiblen Infrastruktur 158
Bereitstellung des Upgrade Helper Management Packs 159
Austausch der sekundären Verwaltungsserver 159
Austausch der Gatewayserver 160
Aktualisierung der sekundären Verwaltungsserver 160
Aktualisierung der Verwaltungsgruppe auf dem bisherigen Stammverwaltungsserver 161
Aktualisierung der Verwaltungsgruppe auf dem sekundären Verwaltungsserver 162
Detailinformationen zu einzelnen Migrationsschritten 163
DI-01: Bereitstellung des Operations Manager Upgrade Helper Management Packs 164
DI-02: Sichern und Wiederherstellen des Verschlüsselungsschlüssels auf dem Stammverwaltungsserver 164
DI-03: Erforderliche Sortierreihenfolge der SQL Server-Datenbanken 165
DI-04: Generelle Informationen zur Aktualisierung von Windows-Agents 166
DI-05: Automatische Aktualisierung der Agentkomponente 167
DI-06: Manuelle Aktualisierung der Agentkomponente 168
DI-07: Überprüfen der Windows-Agentaktualisierung 168
DI-08: Manuelle Aktualisierung von UNIX- und Linux-Agents 169
DI-09: Aktualisierung von UNIX- und Linux-Agents in verteilten Umgebungen 169
DI-10: Überprüfen der UNIX/Linux-Agentaktualisierung 170
DI-11: Aktualisierung einer Verwaltungsgruppe in einer Ein-Server-Umgebung 170
DI-12: Aktualisierung der Außerkraftsetzungen 171
DI-13: Überprüfen der erfolgreichen Aktualisierung 172
DI-14: Installieren eines zweiten Verwaltungsservers zur Vorbereitung der Aktualisierung 172

DI-15: Agents einem sekundären Verwaltungsserver zuordnen 172
DI-16: Anmerkungen zur erforderlichen Aktualisierung von SQL Server 174
DI-17: Aktualisierung eines sekundären Verwaltungsservers 175
DI-18: Aktualisierung der Verwaltungsgruppe auf dem sekundären Verwaltungsserver 176
DI-19: Deinstallation von Stammverwaltungsserver und sekundärem Verwaltungsserver ... 177
DI-20: Aktualisierung des Operations Manager 2007 R2-Gatewayservers 177
DI-21: Aktualisieren der Verwaltungsgruppe auf Stammverwaltungsserver 178
DI-22: Aktualisierung optionaler Funktionen 179
DI-23: Sicherstellen der Kommunikation zwischen Stammverwaltungsserver
und Gatewayserver 183
DI-24: Deinstallation des Gatewayservers 184

8 Die Neuerungen 185
Stammverwaltungsserver gibt es nicht mehr 186
Ressourcenpools 188
Keine generelle Speicherung im Standard-Management Pack mehr 191
Änderungen an der Funktionsweise des Wartungsmodus 192
Konfiguration der Windows-Dienste 193
    System Center Data Access Service 194
    System Center Management Configuration 194
    System Center Management 195
    Fazit 195
Aus AVIcode wird APM 196
Webkonsole, Dashboards und SharePoint-Integration 198
Neue Möglichkeiten zur Agentkonfiguration 200
Veränderungen in der Betriebskonsole 201
Netzwerk-Monitoring 202
Änderungen an den PowerShell-Skripts 204

Teil B
Inbetriebnahme 207

9 Interaktion der Komponenten 209
Aufgabe von System Center 2012 Operations Manager 210
Infrastruktur von System Center 2012 Operations Manager 213
    Verwaltungsserver 213
    Agents 214
    Windows-Dienste 215
    Management Packs 216
    Ermitteln und überwachen 217
    Kommunikation zwischen Verwaltungsserver und Agents 219

10 Skalierung 221
Belastungsgrenzen 223
Netzwerkverkehr 225
    Generierte Netzwerklast 225

Erforderliche Datendurchsatzraten	226
Fazit	228
Vergleich unterschiedlicher Skalierungsvarianten	228
Installation aller Komponenten auf einem System	229
Empfohlene Installationsvariante	230
Fazit	232
Verteilung aller Komponenten auf unterschiedliche Systeme	232
Fazit	236

11 Systemanforderungen ... 237

Generelle Voraussetzungen und Besonderheiten	239
Prüfung der Voraussetzungen	239
Bildschirmgröße	240
Unterstützung in virtualisierten Umgebungen	241
Firewallkonfiguration	242
Verwendung von Clustersystemen	248
Sprachunterstützung	250
Allgemeine Hardwareanforderungen	254
Abhängigkeiten von der Prozessorarchitektur	254
Basisanforderungen an die Datenbankplattform	254
Rollenbasierte Anforderungen	255
Anforderung an die Überwachung der Anwendungsleistung	263
Vorbereitungen für Nutzer der Vorgängerversion	263
Voraussetzungen für den erfolgreichen Einsatz von APM	264

12 Durchführung der Installation ... 265

Vorbereitende Aufgaben	266
Partitionierung des Mitgliedsservers	267
Verwendete Benutzerkonten	268
Namensvergabe der Verwaltungsgruppe	269
Bereitstellung der Datenträger	269
Installation von SQL Server 2008 R2	270
Installation der SQL Server-Voraussetzungen	271
Installation benötigter SQL Server-Funktionen	273
Konfiguration der SQL Server-Funktionen	277
Einrichtung der Authentifizierung	281
Obligatorische Nacharbeiten	284
Inbetriebnahme der Verwaltungsgruppe	285
Vorbereitende Maßnahmen	286
Durchführung der Inbetriebnahme	286
Installation der Berichterstattung	296
Vorbereitende Maßnahme zur Konfiguration der SQL Server Reporting Services	297
Konfiguration der SQL Server Reporting Services	297
Vorbereitende Maßnahmen zur Installation der Berichterstattung	301
Durchführung der Inbetriebnahme	302
Überprüfung einer erfolgreichen Installation der Berichterstattungskomponente	306

Installation der Webkonsole	308
Vorbereitende Maßnahmen zur Installation der Webkonsole	309
Durchführung der Inbetriebnahme	313
Überprüfung einer erfolgreichen Installation der Webkonsole	317
Offene Punkte	318

13 Die Hauptfunktionen im Überblick   321

Der Aufbau der Betriebskonsole	322
Generelle Funktionen der Betriebskonsole	324
Der Aufbau der Webkonsole	326
Vorstellung der Arbeitsbereiche	328
Der Arbeitsbereich *Überwachung*	329
Der Arbeitsbereich *Konfiguration*	335
Der Arbeitsbereich *Berichterstattung*	360
Der Arbeitsbereich *Verwaltung*	368
Der Arbeitsbereich *Mein Arbeitsbereich*	402

14 Basiskonfiguration   405

Installationsvarianten der Clientkomponente	406
Clientpush-Installation	406
Manuelle Installation der Clientkomponente	409
Importieren von Management Packs	410
Besonderheiten in Sachen Management Packs	411
Bereitstellung mithilfe der Betriebskonsole	412
Erstellen eines eigenen Management Packs	415
Erstellen und Verwalten von Gruppen	416
Anpassen von Überwachungseinstellungen	418
Erstellen einer Regel	421
Erstellen eines Monitors	424

15 Clientüberwachung und Datenschutz   429

Die Clientüberwachung – Funktionsüberblick	430
Konfiguration der Clientüberwachung	430
Einrichten des Gruppenrichtlinienobjekts	436
Was Sie noch beachten sollten	440
Der Konfigurationsbereich *Datenschutz*	440
Programm zur Verbesserung der Benutzerfreundlichkeit	441
Bericht für operative Daten	441
Fehlerberichterstattung	442
Fehlerübertragung	444

Teil C
Optionen und Erweiterungen 447

16 Überwachungssammeldienste 449
Planungsschritte vor der Implementierung 450
    Terminologie 450
    Systemvoraussetzungen 452
    Integration von UNIX/Linux 453
    Konfiguration der Überwachungseinstellungen 454
Installation der Überwachungssammeldienste 456
    Installation der Überwachungssammeldienste für UNIX/Linux 463
Bereitstellen der Audit-Berichte 464
Aktivieren der Überwachung auf Clientseite 466
Anpassen der Datensammlung 467

17 Lizenzierung 469
Die neue Lizenzstrategie 470
Die richtige Migrationsstrategie 472
Fragen und Antworten zur Lizenzierung 472
    Server-Management-Lizenzen 473
    Client-Management-Lizenzen 476

18 Zusatzfunktionen 479
Interaktion mit Visio 2010 480
    Schritt 1: Installation des Visio 2010-Add-Ins 482
    Schritt 2: Installation von Visio Services Data Provider 482
    Schritt 3: Einrichten von Berechtigungen für Visio Services 483
    Schritt 4: Konfiguration der Operations Manager-Datenquelle in Visio 2010 484
    Schritt 5: Anzeigen eines Diagramms in Visio 2010 485
    Schritt 6: Veröffentlichen von Visio-Zeichnungen in SharePoint 2010 486
Einrichten von Dashboardansichten 486
    Einrichten von Dashboards in System Center 2012 Operations Manager 487
    Einrichten eines Dashboards mit Visio-Zeichnungen in SharePoint 2010 488
Einrichten der Active Directory-Integration 489
    Vorbereitende Maßnahmen in Active Directory 490
    Konfiguration der Active Directory-Integration in System Center 2012 Operations Manager 491
Einrichten der Gatewayserver-Rolle 492
    Registrierung des Gatewayservers in der Verwaltungsgruppe 493
    Installation des Gatewayservers 494
    Verteilen der erforderlichen Zertifikate 495
Überwachen von SAP-Systemen 498
    System Center 2012 Operations Manager als zentrales Werkzeug 498
    Einführung in SAP-Monitoring 499
    Mehrfachalarme 500
    Monitoring mehrerer SAP-Systeme 500
    Erweiterung System Center 2012 Operations Manager für SAP 500

Konfiguration von SAP-Monitoring	500
Erweiteres SAP-Monitoring	502
Verwaltung des Connectors	503
Verwaltung von Warnmeldungen	503
Automatisches Schließen von Warnmeldungen	504
Hochverfügbarkeit des SAP-Monitorings	505
System Center 2012 Operations Manager-Dashboards	506
Verteilte Anwendungen visualisieren mit Live Maps	506
Geografische Karten	507
Betriebswirtschaftliche Anwendungsansichten	508
Integration mit System Center 2012 Service Manager	510
Leistungsüberwachung in Echtzeit mit Vital Signs	510

Stichwortverzeichnis   513

Über den Autor   521

Vorwort

In diesem Vorwort:

Warum dieses Buch?	14
Quellen	14
Randbemerkungen	15
Leitsätze	16

Warum dieses Buch?

Im August 2011 hat sich mein Aufgabenumfeld und Verantwortungsbereich geändert. Ich bin vom Consultant für die Optimierung komplexer IT-Geschäftsprozesse auf Basis von SAP und Microsoft in die Rolle des Bereichsleiters IT gewechselt. Das Unternehmen beschäftigt sich mit der Technologie zum Verkleben, Dämmen und Verbinden bei der Automobilherstellung und überall dort, wo zukunftsorientierte Werkstoffe miteinander verbunden werden müssen. Als CIO gilt der Blick nicht nur einer Facette des Verantwortungsbereichs. Die infrastrukturelle Weiterentwicklung steht dabei ebenso im Mittelpunkt wie die Mitarbeit bei der Weiterentwicklung aller Geschäftsprozesse. Im Jahr 2012 hat das Unternehmen die Anzahl der Mitarbeiter um rund ein Drittel erhöht. Hier kann die IT nur dann einen guten Job machen, wenn sie als gleichwertiger Partner innerhalb der Führungsmannschaft vertreten ist. Das ist in diesem Unternehmen der Fall.

Seit ich 1986 zum ersten Mal Berührung mit betriebswirtschaftlichen IT-Instrumenten hatte, stand für mich die Kombination auf Technik und Prozess immer im Vordergrund. Mir war damals schon bewusst, dass allein mit Technik niemandem geholfen ist. Die Gefahr, dass IT-Technik mit Anlauf an den Anforderungen der Fachbereiche vorbeischießt, ist jederzeit gegeben und das K.-o.-Kriterium für jedwede Akzeptanz.

Meine langjährigen Kontakte zu Microsoft und SAP erlauben mir auch heute noch an vielen Stellen einen Einblick hinter die Kulissen. Das gilt nicht nur für Deutschland, sondern natürlich auch für Redmond, wo die Firmenzentrale von Microsoft sitzt. Über die Jahre hat sich dabei ein Netzwerk ausgebildet, aus dem auch unter anderem zwei Bücher bei Microsoft Press entstanden sind.

Microsoft Press erlaubt mir mithilfe dieses Mediums nicht nur über Technik, sondern auch über Prozesse zu sprechen. Diese Kombination stellt eines meiner Prinzipien im beruflichen Alltag dar. Und da ich weiterhin gern gesehenes Mitglied in den sogenannten Technical Adoption-Programmen (TAP) von Microsoft rund um die System Center-Familie bin, habe ich mich gern der Aufgabe zur Erstellung eines weiteren Buchs angenommen. Ich muss allerdings zugeben, dass mich mein Beruf zeitlich weitaus mehr in Anspruch nimmt als ursprünglich gedacht. Die Erstellung dieses Buchs musste deshalb primär am Wochenende stattfinden. Das ist der Grund, weshalb sich das Veröffentlichungsdatum merklich nach hinten bewegt hat. Ich hoffe diesbezüglich um Ihr Verständnis.

Es gibt leider nicht viele ehemalige Kollegen, die diese Kombination mit gleichem oder ähnlichem Enthusiasmus leben wie ich. Dazu gehören unbestritten Andreas Baumgarten von H&D Training und Consulting GmbH in Gifhorn und Markus Klein von Value Added Services GmbH in Neuss. Beide erwähne ich an dieser Stelle sehr gerne. Wenn Sie auf Ihrer Suche nach einer vertrauensvollen Unterstützung durch externe Ressourcen anderweitig erfolgreich waren, sollten Sie diesen Kontakt unbedingt pflegen. Lassen Sie sich mich wissen, wie Ihre Erfahrungen hierbei sind!

Quellen

Bei meinem ersten Buch – es ging damals unter anderem um die praxisbezogene Implementierung von Configuration Manager 2003 – lag die inhaltliche Priorität auf der Vermittlung von Strategien und Vorgehensweisen, die allesamt auf persönlicher praktischer Erfahrung beruhen. Für diese Vorgehensweise gab es nicht nur positives Feedback von der Leserschaft. Die Kritik bezog sich vornehmlich auf meine Empfehlung, einige meiner Vorgangsbeschreibungen ohne Umweg direkt in produktiver Umgebung anzuwenden. Das funktioniert allerdings nur dann, wenn ganz bestimmte Rahmenbedingungen vorhanden sind.

Die aktive Beeinflussung und Steuerung der relevanten Geschäftsprozesse sollte sich dazu zwingend in Personalunion befinden. In sehr großen Umgebungen ist das ausgeschlossen, weil die Aufgabenteilung auf mehrere Teilbereiche innerhalb der IT-Abteilung implizit gegeben ist. Auch im Mittelstand hat sich diesbezüglich einiges geändert. Auch dort gehört die Mitverantwortung der IT zur Einhaltung gesetzlich geforderter Regeln und unternehmerisch verbindlicher Richtlinien mittlerweile zum guten Ton. Die realitätsbezogene Anwendung von ITIL-Standards ist ebenso unumgänglich wie die Etablierung von Changemanagement-Prozessen. Solche Prozesse schließen die Verwendung einer produktiven Umgebung zu Testzwecken – egal in welcher Ausprägung – grundsätzlich aus.

Früher oder später wird der Wechsel aus einer Testumgebung in das reale Leben jedoch unumgänglich. Die mittlerweile überall etablierte Virtualisierungtechnologie unterstützt diesen Übergang sehr effizient. Sie sollten diese Strategie auch für Ihr Unternehmen wählen. Wenn Sie übrigens auf der Suche nach einer sinnvollen Prozessmanagement-Lösung sind, sollten Sie sich unbedingt System Center 2012 Service Manager anschauen. Tun Sie das bitte nicht ohne professionelle Beratung, denn diese Lösung ist weitaus umfangreicher als beispielsweise SharePoint 2010.

Alle Beispiele, von denen ich Ihnen hier berichte, beruhen auf praktischen Erfahrungen und Gesprächen. Die Beschreibungen zur Umsetzung der einzelnen Schritte basieren auf der jeweils von Microsoft vorgeschlagenen Vorgehensweise. Diese sind von mir jeweils um eigene Kommentare und praktische Erfahrungen ergänzt. Alle Serversysteme, die aktiven Netzwerkkomponenten (inklusive WLAN) und die SAP-Landschaft werden bei SCA Schucker GmbH & Co. KG mithilfe von System Center 2012 Operations Manager überwacht. Entsprechende Case Studies stehen bei Microsoft auch für die Themen System Center 2012 Configuration Manager und System Center 2012 Service Manager zum Download bereit.

Randbemerkungen

Dieses Buch ist in drei Bereiche aufgeteilt. Ein Großteil des Inhalts thematisiert strategische Herangehensweisen und Schilderungen aus realen Projekten. Sind Sie an solchen Aspekten interessiert, lohnt es sich, die Einleitungen der Kapitel jeweils anzulesen. Die etwas größeren Kapitel wie beispielsweise 7, 12 oder 14 beinhalten Schrittfolgeanleitungen beziehungsweise genaue Beschreibungen zur Erreichung der erwünschten Installationszustände.

Da sich nach meinem letzten Buch ein Leser über die immer wiederkehrende Erwähnung der Schaltfläche mit der Bezeichnung *Weiter* echauffierte, möchte ich an dieser Stelle darauf hinweisen, dass dies leider auch hier wieder der Fall sein wird. Microsoft hält weiterhin an dieser Beschriftung (*Weiter*) fest und ich bin gezwungen, mich an die offiziell verwendeten Begriffe zu halten. Apropos: Wer schon einmal offizielle Microsoft Kurse besucht hat, kennt diese Art der Schrittfolgebeschreibung. Da ich selbst lange Jahre als zertifizierter Microsoft-Trainer tätig war, ist es für mich selbstverständlich, diese Begriffe in meiner eigenen Literatur zu verwenden. Ich hoffe auf Ihr Verständnis. Wenn die Situation für Sie allzu unerträglich wird, probieren Sie doch einmal zur Abwechslung eine der anderen Schaltfläche aus. Dann allerdings sollten Sie die Übung zu einem späteren Zeitpunkt mit Unterstützung der bekanntesten Schaltfläche der Welt erneut absolvieren.

Leitsätze

Ich will an dieser Stelle kein Geschäftsmodell für Kalendersprüche ins Leben rufen. Es gibt jedoch drei Leitsätze, über die Sie gerne nachdenken dürfen.

- Das größte Potential einer erfolgreichen, heranreifenden oder zukünftigen Führungskraft ist die Fähigkeit zur Selbstreflexion
- Die Hoffnung, dass andere etwas bewegen, ist Selbstaufgabe (Herrmann Scherer)
- Es gibt immer einen besseren. Warum nicht Sie?

Bleiben Sie neugierig und aufmerksam!

Einleitung

In diesem Vorwort:

Geschäftsmodell Cloud-Computing	18
Empathie	18
Auslaufmodell IT-Technologie	19
Warum System Center 2012 Operations Manager?	20
Danksagung	20
Aufbau der Kapitel	22

Geschäftsmodell Cloud-Computing

Computer helfen uns, unser Leben einfacher zu gestalten. Das zumindest macht uns die Werbebotschaft aller Medienkanäle rund um die Uhr glaubend. Helmut Schmidt, ehemaliger Bundeskanzler der Bundesrepublik Deutschland, sagte vor kurzem in einem Interview mit Sandra Maischberger: »… das Internet hat uns nicht wirklich schlauer gemacht … «.

Computer sind nicht schlauer als die Menschen, die sie bedienen, sie sind nur schneller. Wenn sich Schläue allerdings über die Geschwindigkeit des Denkens definiert, stellen die Rechenmaschinen früher oder später in der Tat ein Problem für uns da. Von der empirischen Betrachtungsweise in Ihr Unternehmen, Ihre Abteilung, Ihr Büro. Dort allerdings stellt sich die Situation nicht wirklich anders da. Wir schauen zwar durch eine andere Brille als Helmut Schmidt. Wirklich zufrieden sind wir mit dem, was in der IT-Welt geschieht, nicht wirklich.

In den letzten Jahren werden Innovationen mehr und mehr durch Geschäftsmodelle ersetzt. Das bedeutet letztendlich, dass die Menge an kreativen Impulsen von außen nachgelassen hat. Am Ende der Softwareverwertungskette haben IT-Verantwortliche und deren Kunden das Nachsehen, denn die Werbung hat mehr und mehr Einfluss auf die Art und Weise, wie IT in Unternehmen funktioniert. Zwei eklatante Beispiele hierfür sind unbestritten Cloud-Computer und die Initiative Bring-your-own-Device. Beide sind aus Sicht der firmeninternen IT-Abteilung alles andere als innovativ und letztendlich der Beginn einer Trendwende. IT-Abteilungen werden zusehends re-aktiv.

Empathie

Microsoft hat vor Jahren dafür gesorgt, dass sich der Personalcomputer auf der Welt etabliert hat. Die Computermaus war innovativ und die Möglichkeit, Zugriff auf alles Wissen dieser Welt zu haben, ist für alle Menschen eine verlockende Herausforderung. Dass die meisten Menschen damit nicht umgehen können, ist nicht die Schuld vieler zweifelhafter Diensteanbieter im weltweiten Netz, die damit Millionen verdienen. Die Besetzung auf der Anklagebank ändert sich jedoch im Unternehmen. Dort sind wir sogenannten IT-Profis für die bereitgestellten IT-Dienste verantwortlich. Wenn wir den Augenblick der Ist- und Soll-Aufnahme verpassen, haben wir automatisch auf der eben erwähnten Bank Platz genommen.

Es liegt in der Verantwortung von IT-Verantwortlichen, sich bewusst mit den Anforderungen Ihres Unternehmens auseinanderzusetzen. Dies gilt gleichermaßen für die Systemhäuser, die Sie als IT-Verantwortlicher oder IT-Administrator für teures Geld zur mentalen und inhaltlichen Unterstützung engagieren. Die Rolle einer IT-Abteilung hat sich in den letzten Jahren massiv geändert. Den *Schuss* haben jedoch viele nicht gehört. Das ist meines Erachtens das größte Problem in den IT-Abteilungen.

Microsoft kämpft wie viele der Mitbewerber auf hohem Niveau mit den Luxusproblemen unserer Gesellschaft. Stellen Sie sich vor, Sie wären der verantwortliche Entwicklungschef für die Tabellenkalkulation Microsoft Excel. Ihre Erfolgsprämie definiert sich ausprägend über die Abverkäufe der jeweiligen Version. Diese Erfolgsprämie ist für Sie von existenzieller Relevanz, denn die Grundstückspreise an den Ufern rund um Redmond und Seattle sind mit den Quadratmetersätzen rund um den Bodensee nicht vergleichbar.

Excel besitzt schon seit der Vorgängerversion Multiplan eine Unmenge von Funktionen und Formatierungsmöglichkeiten. Der prozentuale Anteil der verwendeten Funktionen ist mit jeder neuen Version gesunken. Dass es immer wieder neue Funktionen gibt, ist dem Markt und den Mitbewerbern geschuldet. Wir Menschen lassen uns von Mengen immer eher beeindrucken als von Qualität. Was also, wenn sich die Steigerungsrate an zusätzlichen Funktionen nicht mehr steigern lässt? Ganz einfach: Man erhöht die Anzahl von bearbeitbaren Zeilen und Spalten. Während mit Excel 2007 die Begrenzung bei 256 Spalten und stattlichen 65.536 Zeilen lag, sind wir mit Excel 2010 bei 16.384 Spalten und 1.048.576 Zeilen angelangt. Ein schwacher Trost für alle, die ihr Mittelstandsunternehmen mit Excel steuern.

Dieses Beispiel zeigt sehr deutlich, wie sehr die IT-Abteilung in den letzten Jahren mit ihren eigenen Problemen beschäftigt war. Statt mit den Anwendern über deren Ansprüche zu diskutieren, überlässt man diese Aufgabe externen Consultants. Statt sich mit Abteilungen über konkrete Geschäftsprozesse zu unterhalten, konzentriert man sich halbtags lieber auf das Löschen von Computerviren auf den mit administrativen Rechten ausgestatteten Arbeitsplatzcomputer. In meiner Laufbahn als Consultant für die Optimierung IT-gestützter Geschäftsprozesse habe ich viele solcher Szenarien live erleben dürfen. Hier muss sich etwas ändern.

Womöglich ist es für Sie eine unliebsame und unpopuläre Aufgabe, mit den Fachabteilungen ins Gespräch zu kommen, um dadurch die Wünsche und Anforderungen an den Fachbereich Informationstechnologie kennenzulernen. Die Erfahrung zeigt jedoch, dass sich mit dieser Maßnahme ein völlig anderes Bild Ihrer IT-Abteilung im Unternehmen entwickeln wird. Lernen Sie, Ihren Kolleginnen und Kollegen zuzuhören und die richtigen Fragen zu stellen. Machen Sie den Job externer Consultants. Ihr Unternehmen wird davon profitieren.

Auslaufmodell IT-Technologie

Ich bin Gründer einer informellen Vereinigung von IT-Verantwortlichen im südbadischen Raum. Dieses Forum zeichnet sich dadurch aus, dass es keine Anbieter oder Vertreter von Hard- und Softwareprodukten im Teilnehmerkreis gibt. Das IT Strategieforum Südbaden (wir organisieren uns über XING, das soziale Netzwerk für Erwachsene) trifft sich drei- bis viermal pro Jahr bei jeweils einem der aktiven Mitglieder. Behandelt wird jeweils ein Thema, das dem Gastgeber auf dem Herzen liegt. Die Teilnehmer und Gastgeber legen also die Karten auf den Tisch, um von Ihren Herausforderungen und auch von Problemen zu sprechen. Eine Runde, die vom gegenseitigen Vertrauen und Zuhören lebt.

Eines der letzten Treffen fand bei meinem Freund und ehemaligen Arbeitskollegen Robert Ganter statt. Er ist CIO bei KASTO Maschinenbau GmbH & Co. KG in Achern-Gamshurst. Robert hatte das Thema Cloud-Computing zum Haupttagesordnungspunkt erklärt. Das Wissen von Maschinenbauunternehmen steckt in den Zeichnungen, die Effizienz in Fertigung, Montage und Logistik. All diese Prozesse werden von der IT unterstützt. Welchen Mehrwert stellt Cloud-Computing für solche Unternehmen im Allgemeinen und für KASTO im Speziellen zur Verfügung.

Viele wertvolle Argumente wurden ausgetauscht, die ich selbstverständlich an dieser Stelle nicht erläutern kann und will. Interessant war jedoch, dass sich die Diskussion plötzlich in eine ganz andere Richtung entwickelt hat. Plötzlich stand die Frage im Raum: »Ist IT-Technologie künftig überhaupt noch wichtig? Und wenn nicht, welche Aufgabengebiete haben künftig die Kolleginnen und Kollegen im Rechenzentrum?«. Aus dieser Fragestellung entwickelte sich ein Umdenkprozess: Denkt man die Idee von Cloud-Computing zu Ende, kommt IT künftig wie Strom aus der Steckdose. IT-Verantwortliche müssen diesen Trend erkennen, denn sie tragen Verantwortung für Ihre Mitarbeiterinnen und Mitarbeiter. Den meisten Unternehmen fehlt es an geeignetem Personal, um mit den Fachbereichen über deren Anforderungen zu sprechen. Diese Fähigkeit kann man antrainieren. Sie sollten darüber nachdenken, denn die Entwicklung in Sachen Zentralisierung der IT-Landschaften wird sich nicht stoppen lassen.

Wer immer noch glaubt, dass dieses Schwert an ihm vorbei geht, werfe einen Blick auf das Bankenumfeld. Viele große Geldinstitute denken mittlerweile über die Einrichtung eines Fitness Centers für Ihre Mitarbeiter nach. Ausreichend Platz steht nach der Konsolidierung der IT auf einen Dienstleister zur Verfügung. Zudem haben viele Mitarbeiter damit auch ausreichend Zeit, um das neue Angebot zu nutzen.

Warum System Center 2012 Operations Manager?

Das Anforderungsprofil an die IT-Abteilungen ändert sich schon seit einiger Zeit. Daran wird System Center 2012 Operations Manager nichts ändern. Wohl aber kann uns diese Lösung dabei helfen, die Verfügbarkeit bereitgestellter IT-Dienstleistungen sicherzustellen. Viele der von mir durchgeführten Implementierungen profitieren von dieser Herangehensweise. Einige Leserinnen und Leser werden sich zwar namentlich nicht wiederfinden. Deren durchlebten Paradigmenwechsel werden Sie aber an vielen Stellen in diesem Buch wiederfinden.

Menschen, für die bis vor Kurzem nur die Verfügbarkeit eines Servers oder einer aktiven Netzwerkkomponente im Vordergrund stand, haben verstanden, dass es nur auf das perfekte Zusammenspiel einzelner Bausteine ankommt. Daraus resultiert die logische Konsequenz, mit anderen Fachbereichen zusammenzuarbeiten und gemeinsam eine Geschäftsprozesssicht zu entwickeln.

Mit System Center 2012 Operations Manager kann man solche sogenannten verteilten Anwendungen erstellen und hervorragend visualisieren. Viele verteilte Anwendungen sind bereits nach wenigen Handgriffen und ohne jeden zusätzlichen Aufwand verfügbar. Welche Voraussetzungen dafür gegeben sein müssen, lernen Sie in diesem Buch kennen. Ich empfehle Ihnen, sich für die Umsetzung Ihrer eigenen verteilten Anwendungen Unterstützung ins Haus zu holen. Achten Sie darauf, dass diese Kollegin oder dieser Kollege in der Lage ist, mit Ihnen über Geschäftsprozesse zu sprechen. Erst in zweiter Instanz ist das Know-how in Sachen System Center 2012 Operations Manager für die Erfüllung dieser Aufgabenstellung wichtig. Die umgekehrte Priorisierung wird zu einer hervorragenden Visualisierung der technischen Abläufe in Ihrem Unternehmen führen. Für die erfolgreiche Weiterentwicklung Ihres Unternehmens und damit für Ihre persönliche Weiterentwicklung ist dieses Ergebnis völlig irrelevant.

Danksagung

Damit sind wir bei einem wichtigen Abschnitt dieses Buchs angekommen. Sieht man von den beiden Beiträgen von connmove in Sachen Überwachung von SAP Systeme mit System Center 2012 Operations Manager beziehungsweise Savision mit der ebenso spannenden Thematik der Visualisierung einmal ab, stammen alle anderen Beiträge aus meiner Feder. Diese Feder konnte von mir berufsbedingt nur am Wochenende geschwungen werden. Während dieser Zeit wurde die Möglichkeit zum Klonen von Menschen mit Buchautor-Ambitionen leider noch nicht öffentlich zugänglich. Zumindest nicht für mich. Meine Familie hatte entsprechend das Nachsehen.

Deshalb darf und will ich mich zuallererst bei meiner Frau Antje und bei meinen beiden Mädels Sophie und Alexa für ihre außerordentliche Geduld während dieser Zeit bedanken. Meine Frau hat sich auch bereiterklärt, die Erstkorrektur des Buchs zu übernehmen. Mein Schatz, vielen Dank dafür und für deine große Geduld und Unterstützung. Ohne dich wäre das Projekt nicht möglich gewesen. Ich liebe dich! Danke Alexa, danke Sophie auch für eure Geduld, denn die Wochenenden im letzten halben Jahr waren durch viel Rücksichtnahme und viel zu wenig Familienunternehmungen geprägt!

Danksagung

Wenn wir schon beim Thema Geduld sind, will ich gleich mit Florian Helmchen, meinem Lektor bei Microsoft Press anschließen. Vom ersten Cappuccino in Unterschleißheim über das erste Probekapitel bis zum endgültigen Abgabetermin der druckfähigen Kapitel ist mehr als ein Jahr vergangen. Danke für dein Vertrauen und die guten Gespräche! Und vielen Dank auch an Georg Weiherer, dessen konstruktive Kritik nicht immer bequem, aber immer sinnvoll, richtig und wichtig war.

Gute Gespräche hatte ich in den letzten Jahren wirklich viele. Das lag insbesondere an meinen Gesprächspartnern. Ich will die Gelegenheit nutzen und mich bei einigen herzlich bedanken. Dazu zählt insbesondere Jörg Buntin, General Manager von NT Solutions. Ihm ist der Umfang von Kapitel 7 zu verdanken, zumal er Operations Manager 2007 R2 in einigen großen Umgebungen seit geraumer Zeit erfolgreich verwendet. Zu diesem Kreis zählt auch Hartmut Winter, Fachbereichsleiter KS-IT-3 im Klinikum Stuttgart; vielen Dank für die vielen konstruktiven strategischen Gespräche während meiner Arbeit im Klinikum.

Weiterhin möchte ich gerne erwähnen Andreas Bombik von ANDREAS STIHL AG & Co. KG aus Waiblingen, Walter Maier, CIO beim Staatsministerium Baden-Württemberg, Steffen Grünewald von Wittenstein AG in Igersheim, Melanie Serio und Daniel Merckel von globus SB Warenhaus-Holding in St. Wendel sowie Christóbal Vicente Abal und Jens Riegel von Lohmann Animal Health in Cuxhaven. Die Projekte in ihren Häusern, Ämtern und Institutionen waren besondere Herausforderungen mit einem besonders großen Anteil Geschäftsprozessoptimierung. Viele der hier gemachten Erfahrungen hatten Einfluss auf den praktischen Anteil in diesem Buch.

Alle nicht erwähnten Gesprächspartnerinnen und Gesprächspartner bitte ich um Nachsicht, dass Sie nicht erwähnt sind. Keiner von Ihnen ist vergessen und ich danke Ihnen allen für den jederzeit wichtigen Gedankenaustausch. Es hat sehr viel Spaß gemacht.

Viel Spaß hat mir auch immer die Zusammenarbeit mit Microsoft gemacht. Hier will ich ganz besonders Markus Ramm und Volker Seyboldt für die lange Freundschaft und die gute Unterstützung über die Jahre danken! Aber auch Jörg Lücke und Ansgar Heinen; die Zusammenarbeit mit euch war mir immer eine Freude und ich hoffe, wir sehen uns bald wieder! Michael Kranawetter, in dem ich einen Seelenverwandten für das Thema Compliance gefunden habe. Nicht mehr im *Microsoft Club*, aber dennoch immer noch sehr verbunden darf an dieser Stelle Dr. Guido Schmitt, General Manager von connmove nicht vergessen werden. Gemeinsam mit ihm ist SCA Schucker als eines der ersten Unternehmen weltweit mit SAP auf SQL Server 2012. Ohne seine Kontakte direkt nach Redmond wäre dieses Projekt sicherlich nicht möglich gewesen.

Bedanken will ich mich in diesem Zusammenhang auch bei Nigel Cain und Travis Wright. Sie stehen repräsentativ für all die wertvollen Kontakte direkt nach Redmond, die sich im Laufe der Jahre aufgebaut haben. Nigel, Travis, I hope I can see you soon again in Redmond. Due to the deadline for this book I have to cancel my participation for the TAP this year. I hope I can catch up next year.

Kommen wir zur letzten Danksagungsstation und damit auch zu meiner aktuellen Wirkungsstätte als Bereichsleiter IT, neudeutsch auch CIO genannt. Stellvertretend möchte ich mich bei den IT-Mitarbeitern Ralf Bauer, Matthias Bräuning, Joachim Koehler, und Sascha Schober für ihren Einsatz bedanken. Die letzten Monate waren geprägt von vielen Innovationen und Paradigmenwechseln. Ich bin sehr stolz darauf, dass sie diesen Weg mitgehen und mir und meinen Zielen vertrauen.

Auf diesem Weg bin ich auch im besonderen Maße von Arno Schenk, Geschäftsführer der Netility GmbH, aus Stuttgart begleitet worden. Vielen Dank für deinen Input und die vielen Gespräche, insbesondere auch zu den unmöglichsten Uhrzeiten. Ohne dich hätte die Realisierung manch eines Projekts weitaus länger gedauert.

Erst vor Kurzem und im Rahmen eines Optimierungsprozesses kennengelernt habe ich Uwe Bastian von Freudenberg IT. Er entspricht meinen Anforderungen eines unbequemen Beraters mit dem unbedingten Willen, gelebte Prozesse in einem Unternehmen auf den Prüfstand zu stellen und gegebenenfalls zu ändern.

Einen herzlichen Gruß möchte ich an dieser Stelle an meine Kolleginnen und Kollegen des Führungsteams von SCA richten. Die Führungsmannschaft setzt sich aus folgenden Kolleginnen und Kollegen zusammen: Karin Bacher, Pia Eberspächer, Kerstin Kopp, Claudia Thurm, Pierre Brorsson, Andreas Daniel, Dieter Eltschkner, Andreas Kiefer und Olaf Leonhardt. Die Zusammenarbeit mit euch bereichert mein Leben und motiviert mich ständig, an mir selbst und meinen beruflichen Zielen zu arbeiten.

Beachtlichen Einfluss auf die ständig neu zu bewertende Eigenreflexion hat auch Erhard Ziesecke, Personal Coach des Management Teams von SCA. Wer mit persönlicher Kritik umgehen will, kann sich mit seiner Hilfe weiterentwickeln. Herzlichen Dank für dein konstruktives und kreatives Feedback, Erhard.

Ein Gruß in Kombination mit einem herzlichen Dank für das große Vertrauen gebührt dem Chef dieses Unternehmens und des Management Teams, Berthold Peters, General Manager von SCA. Er gehört zu den wenigen Geschäftsführern, die den Bereich Informationstechnologie als gleichwertigen Partner der anderen Abteilungen innerhalb eines Unternehmens definieren und begreifen. Wer wie ich schon ausreichend andere nicht nachvollziehbare Prioritätsverlagerungen erlebt hat, weiß diesen Führungsstil zu schätzen und zu respektieren. Es freut mich sehr, mit dir an der Erfolgsgeschichte unseres Unternehmens arbeiten zu dürfen. Ich danke dir für dein Vertrauen, Berthold!

Aufbau der Kapitel

Sie müssen die Kapitel nicht in chronologischer Reihenfolge durcharbeiten, um am Ende mit System Center 2012 Operations Manager umgehen zu können. Dieses Buch dient mehr dem strategischen als einem technischen Anspruch, wenngleich alle relevanten Aspekte und Schrittfolgen zur Durchführung der Aktualisierung auf und Installation von System Center 2012 Operations Manager hier zu finden sind.

Ich will Ihnen Appetit auf die System Center-Familie machen und auf die damit verfügbaren neuen Möglichkeiten. Verfallen Sie jedoch nicht dem Irrglauben, dass IT vorhandene Probleme oder Konflikte lösen kann. Werkzeuge machen Prozesse schneller, mess- und damit auch vergleichbar. Wenn die Prozesse nicht stimmen und die zwischenmenschliche Zusammenarbeit nicht funktioniert, macht IT alles nur noch schlimmer!

Und nun wünsche ich Ihnen viele gute Gedanken auf Basis der vor Ihnen liegenden 18 Kapitel. Ich freue mich über Ihre Anregungen und Kritik. Gerne unter der von Ihnen selbst zu kombinierenden E-Mail-Adresse *mspress@alex-fischer.org*.

September 2012

Alexander Fischer

Teil A
Einführung und Überblick

In diesem Teil:

Kapitel 1	Buch- und Buchreihenkonzept	25
Kapitel 2	Zielgruppe dieses Buchs	31
Kapitel 3	Definition der Anwenderzielgruppe	39
Kapitel 4	Funktionsweise von System Center 2012 Operations Manager	43
Kapitel 5	Die Mitglieder der System Center-Familie	111
Kapitel 6	Vorgehensweise bei der Implementierung	145
Kapitel 7	Aktualisierung der Vorgängerversion	151
Kapitel 8	Die Neuerungen	185

Kapitel 1

Buch- und Buchreihenkonzept

In diesem Kapitel:

Schon wieder eine neue Version?	26
Gestalten Sie den Umdenkprozess	27
Trennung zwischen Konzeptionierung und Anwendung	28
Über die Buchreihe	29
Inhalt und den Aufbau dieses Buchs	29

Die Mitglieder der Microsoft System Center 2012-Produktfamilie sind in jeder Hinsicht nicht zu übersehen. Das betrifft insbesondere den Leistungsumfang und die daraus resultierende Komplexität der einzelnen Serveranwendungen. Für deren optimalen Einsatz und die Einrichtung der vorgesehenen Interaktionsmöglichkeiten ist technisches Wissen allein nicht mehr ausreichend. Fast schon wichtiger ist eine gute Kenntnis der Geschäftsprozesse, deren Verfügbarkeit mithilfe von Werkzeugen wie beispielsweise System Center 2012 Operations Manager sichergestellt werden kann. Ob das dann auch wirklich klappt, hängt erfahrungsgemäß weniger am Softwareprodukt, sondern eher an der gewählten Strategie während der Implementierung und der Vorgehensweise bei der Anwendung.

Die Rolle des Technikers wandelt sich immer stärker in Richtung eines internen Beraters. Eine Veränderung, mit der nicht alle Mitarbeiterinnen und Mitarbeiter einer IT-Abteilung problemlos umgehen können. Und die Erfahrung zeigt, dass die Unsicherheit im Umgang mit diesem Evolutionsprozess auch nicht vor den Türen der IT-Verantwortlichen halt macht. Aus dieser Überlegung heraus entstand das Konzept für dieses Buch.

Schon wieder eine neue Version?

Schon bei der Erstellung meines letzten Buchs – damals zum Thema Microsoft Operations Manager 2007 – stellte sich die Frage nach der Erreichbarkeit des potenziellen Empfängers einer in einem Buch zusammengefassten Botschaft. Fantasy-Trilogien haben dieses Problem nicht, denn wer sich für phantastische Geschichten aus dem Reich von Elfen und Trollen interessiert, verschlingt jeden einzelnen Buchstaben von der ersten bis zur letzten Seite.

Bei Fachbüchern der Informationstechnologie herrschte dieser Zustand bis vor nicht allzu langer Zeit ebenso. Softwareprodukte wurden erstellt, um technischen Anforderungen schneller, genauer und damit auch wirtschaftlicher gerecht zu werden. Nach dem Studium des Buchs zum Softwareprodukt war der Administrator in der Lage, die Anwendung zur Verfügung zu stellen. Damit war die Aufgabe erfüllt, denn die Kolleginnen und Kollegen aus den Fachbereichen konnten damit E-Mails versenden oder Daten zentral speichern.

An dieser Zieldefinition hat sich in den letzten Jahren vieles geändert und manch ein Administrator versteht die Welt nicht mehr, wenn Anwender sich weiterhin über eine nicht funktionierende oder eine niemals erreichbare IT-Abteilung beschweren. Aus technischer Sicht sind viele Softwareprodukte perfekt und erfüllen selbst höchste Anforderungen. Serveranwendungen wie Microsoft Exchange Server oder Microsoft SQL Server zählen hierzu und beide befinden sich mit einer ganz neuen Herausforderung in einem Club mit vielen Mitgliedern: Welche Möglichkeiten der Weiterentwicklung gibt es noch? Und warum sind die Anwender immer noch nicht zufrieden, obwohl man damit mittlerweile fast schon zum Mond fliegen kann?

Vier Jahre lang hatte ich die Möglichkeit, bei einem Microsoft-Partner als Leiter des Business Development zu arbeiten. In dieser Zeit hatte ich nicht nur die Chance, einige hochinteressante Implementierungen rund um Microsoft System Center und Microsoft SharePoint bei deutschen Unternehmen zu leiten, sondern auch selbst durchzuführen. In vielen Gesprächen mit Geschäftsführern, IT-Verantwortlichen und IT-Administratoren wurde die eine Frage immer wieder und immer häufiger gestellt: »Und warum soll ich jetzt schon wieder auf eine neue Version wechseln?« Diese Frage stellt das Kernproblem für die eigentliche Misere dar: IT-Abteilungen kämpfen mit einem stagnierenden Weiterentwicklungsprozess.

IT-Consultants in professionell agierenden Systemberatungshäusern können auf solche Fragen weiterhin abendfüllende Antworten liefern. In den meisten Fällen erhält der Kunde jedoch eine mit technischen Killerargumenten vollgespickte Antwortattacke. Nicht selten entscheidet sich der Kunde deshalb gegen eine Aktualisierung bereits bewährter Technologie. Am Ende ist keine der beteiligten Parteien mit dem Ergebnis zufrieden. Der IT-Chef weiß weiterhin nicht, auf welche Vorteile sein Arbeitgeber durch die fortgesetzte Verwendung einer nicht mehr aktuellen Softwareversion verzichten muss. Das Systemhaus ist ratlos, weil der technisch intelligenteste Berater beim Kunden wirklich alles versucht und doch nichts erreicht hat. Und der Softwarehersteller kann nicht nachvollziehen, warum der Kunde seinen Wartungsvertrag nicht verlängert.

Gestalten Sie den Umdenkprozess

IT-Abteilungen ändern ihre Rolle. Diese Aussage an sich verleiht dem Autor keinen akademischen Bildungsgrad, denn IT-Abteilungen verändern sich stetig, seit es sie gibt. Gleiches geschieht übrigens auch außerhalb der Informationstechnologie und jeden Tag aufs Neue. Werfen Sie einen möglichst neutralen Blick auf Ihr Unternehmen. Dabei ist es völlig unerheblich, ob Sie bei einem Versandhaus, in einem Industriebetrieb, bei einer Bank oder in einem Systemhaus arbeiten. Alle Unternehmen verändern sich. Dieser Prozess ist Teil der Weiterentwicklung und zwingend notwendig. Sie kennen sicherlich den Satz »Stillstand ist Rückschritt«. Der Fortschritt findet statt, ob mit oder ohne uns. Wenn Sie schlau sind, beteiligen Sie sich aktiv an diesem Prozess. Sonst übernimmt jemand anderes für Sie diese Rolle.

Themen, die die IT-Welt nachhaltig verändern werden, sind beispielsweise die Anforderungen an die Mobilität der Anwender und die damit verbundenen Anforderungen hinsichtlich verwendbarer Gerätschaften. Abgeleitet von dieser Überschrift können Sie kapitelweise Bücher füllen, in denen die sich daraus ergebenden Anforderungen thematisiert werden müssen. Es geht dabei nur noch zu einem geringen Teil um Sicherheitsanforderungen. Im Vordergrund steht die Frage nach der Verwendung aus Sicht des Anwenders. Und damit schließt sich der Kreis zum weiter oben erwähnten Microsoft Exchange Server und Microsoft SQL Server.

Dem Anwender ist es ziemlich egal, welche Werkzeuge im Hintergrund vor sich hinarbeiten. Was zählt, ist die Anwendbarkeit bei der Erfüllung der an ihn beziehungsweise sie gestellten Aufgaben. Viele dieser Prozesse haben sich in den letzten Jahren einfach mal so ergeben und die Menschen sind glücklich damit. Vertriebsmitarbeiter sind beispielsweise stolz auf ihren Outlook-Kontakteordner, weil dort alle Informationen über die verantworteten Kunden akkurat gepflegt sind. Was aber passiert, wenn sich das Unternehmen weiterentwickelt und plötzlich neue Geschäftsbereiche dazukommen? Spätestens jetzt wäre es wünschenswert, über einzelne Divisionen hinweg Informationen austauschen zu können. Outlook ist dafür nicht wirklich geeignet. Das Problem: Wer sagt's dem Anwender?

Meines Erachtens erschließt sich für eine IT-Abteilung aus der Kombination der kontinuierlichen Veränderung und der eher unpopulären Notwendigkeit zur Überprüfung eingefahrener Verhaltensweisen ein immenses Potential zur aktiven Mitgestaltung der künftigen Unternehmensausrichtung. Hierfür müssen IT-Abteilungen allerdings lernen, sich aktiv mit den Geschäftsprozessen im Unternehmen auseinanderzusetzen. Das gilt nicht nur für Techniker, sondern ebenso für IT-Verantwortliche.

Trennung zwischen Konzeptionierung und Anwendung

Der Titel dieses Buchs lautet »System Center 2012 Operations Manager – Planung und Einrichtung«. Um den sich verändernden Anforderungen an IT-Abteilungen gerecht zu werden, machte ich Microsoft Press während der Planungsphase für dieses Buch den Vorschlag, für jeden Themenbereich der System Center-Familie mehr als nur ein Buch aufzulegen. Jeweils eines thematisiert alle Fragen rund um die Planung und Einrichtung. Ein weiteres wendet sich dann den Anforderungen der Administratoren zu. Konkret bedeutet dies, dass im Buch »Planung und Einrichtung« die Architektur, die Systemanforderungen und auch die Besonderheiten bei einer anstehenden Aktualisierung von der Vorgängerversion angesprochen werden. Ich denke und hoffe, dass ich dieses Ziel mit diesem Buch erreicht habe.

Eher eine Gratwanderung war die Abgrenzung zur Anwendung von System Center 2012 Operations Manager. Nur über Planung und Einrichtung im wahrsten Sinne des Wortes zu schreiben, erschien mir zu wenig. Wer viel Zeit in die Vorbereitung und Installation komplexer Lösungen wie diese investiert, muss auch in der Lage sein, den Mehrwert in Form schnell zu realisierender Verwendbarkeit zu erleben.

Sind Sie eher technisch orientiert, müssen Sie sich sehr schnell um einen Termin mit Ihren Kollegen aus der Geschäftsprozesssteuerung bemühen. Die Herausforderung an Sie besteht in der Vermittlung dessen, was System Center 2012 Operations Manager wirklich zu leisten vermag. Referiert ein Techniker über solche Themen, hat das immer den Touch einer technischen Präsentation. Würde sich dieser Eindruck bestätigen, hätten Sie das Ziel, welches Sie mit der Einführung von System Center 2012 Operations Manager erreichen wollen, bereits zu Beginn verfehlt. Die Gratwanderung zwischen notwendigem technischen Hintergrundwissen und Verständnis für die mit System Center 2012 Operations Manager überwachbaren Geschäftsprozesse wird darüber entscheiden, ob sich die Investition rechnet. Viele Firmen scheitern an der Einführung und investieren nach drei, vier Jahren in das Produkt eines Mitbewerbers. Nach weiteren drei bis vier Jahren stellt sich dann das nächste Déjà-vu-Erlebnis ein, da sich erneut kein Mehrwert verzeichnen lässt.

Der Erfolg hängt von der Herangehensweise bei der Einführung solcher Lösungen ab. Sie müssen immer und von Anfang an Kollegen aus den Fachbereichen mit ins Boot nehmen, die von Ihren Visionen profitieren sollen. In dieses Boot muss zwingend auch der beziehungsweise die Vorgesetzte. Ohne ihr beziehungsweise sein mentales Sponsoring wird es Ihnen nicht gelingen, solche Produkte auf Dauer im Unternehmen anwenden zu können. Falls es Sie beruhigt: Boote gleicher Bauweise gibt es in allen Bereichen der Informationstechnologie. Es gibt zahlreiche Beispielunternehmen, bei denen die Einführung einer betriebswirtschaftlichen Lösung einen negativen Einfluss auf das Geschäftsergebnis hatte.

Mit diesem Buch versuche ich eine Gratwanderung zwischen Konzeptionierung und Implementierung bei System Center 2012 Operations Manager. Ich gehe davon aus, dass die meisten Leserinnen und Leser unter Ihnen eher zur Fraktion der IT-Administratoren und Systemingenieure zählen. Es gibt jedoch zahlreiche Stellen, die auch ganz bewusst für die eher strategisch aufgelegten Mitmenschen vorgesehen sind. Nutzen Sie diese Anmerkungen, um mit Ihren Kolleginnen und Kollegen über Prozesse statt über Prozessoren zu sprechen. Dann wird die Implementierung von System Center 2012 Operations Manager nachhaltig erfolgreich sein.

Die Demonstration einzelner Anwendungsszenarien ist nicht Fokus dieses Buchs. Diese Themen sind dem zweiten Buch vorbehalten. Über dessen Entstehung entscheiden allerdings Sie, liebe Leser. Ob sich solch ein Nachschlagewerk alter Druckkunst in den Regalen der System Center-Anwenderwelt gut macht, hätte ich und natürlich auch der Verlag gerne von Ihnen gewusst. Wir sind uns dessen deshalb nicht hundertprozentig sicher, weil im Internet eine extrem aktive System-Community existiert. Dort findet man tonnenweise technische Anwendertipps aus der Praxis. Am Ende des Einführungskapitels finden Sie meine E-Mail-Adresse.

Lassen Sie mich wissen, ob ich mich um die Erstellung eines solchen Anwenderhandbuchs für System Center 2012 Operations Manager kümmern soll.

Über die Buchreihe

Zum aktuellen Zeitpunkt besteht die geplante System Center 2012-Buchreihe nur aus diesem Buch. Microsoft Press hat parallel dazu einige Werke aus dem englischen Sprachraum im Angebot. Dies betrifft beispielsweise System Center 2012 Configuration Manager. Auch bei diesem Kollegen aus der System Center-Familie hat sich in der aktuellen Version der Fokus deutlich in Richtung prozessuale Betrachtung verschoben. Die Konfigurationsüberwachung oder Lizenzmessung spielen heutzutage eine große Rolle in Unternehmen und sind auch für manchen Wirtschaftsprüfer hochinteressante Prüfbereiche. Solche Themen sind in erster Linie organisatorisch motiviert, lassen sich aber mithilfe von System Center 2012 Configuration Manager problemlos abbilden. Weiß Ihr Geschäftsführer oder Ihre Innenrevision darüber Bescheid, dass die notwendigen Werkzeuge zur Erfüllung solcher Überwachungsanforderungen bei Ihnen bereits vorhanden sind und nur noch auf die Aktivierung warten?

Grundidee ist also die Bereitstellung sowohl konzeptioneller als auch technischer Nachschlagewerke für alle Familienmitglieder der System Center-Familie. Diese Familie setzt sich aktuell aus den folgenden eigenständigen Mitgliedern zusammen:

- System Center 2012 Virtual Machine Manager
- System Center 2012 Configuration Manager
- System Center 2012 Endpoint Protection
- System Center 2012 App Controller
- System Center 2012 Service Manager
- System Center 2012 Orchestrator
- System Center 2012 Operations Manager
- System Center 2012 Data Protection Manager

Allen gemeinsam ist, dass die Zeit zur Inbetriebnahme nur noch ein Bruchteil des gesamten Implementierungszeitaufwands in Anspruch nimmt. Ebenfalls eine Gemeinsamkeit ist, dass deren Steuerung nicht mehr allzu viel mit einer Mairundfahrt auf Ihrem Drahtesel zu tun. Vielmehr sitzen Sie hinter dem Cockpit eines Airbus 380. Diesen zu fliegen macht unbestritten auch ungeübten Autofahrern Spaß, … sobald er in der Luft ist und der Autopilot die Steuerung übernommen hat. Die Hauptaufgabe während der Verwendung von Produkten aus der System Center-Familie besteht jedoch in der Durchführung von Starts und Landungen. Nehmen Sie sich deshalb ausreichend Zeit, sich sowohl die Grundkenntnisse anzueignen und die praktische Anwendung in Testumgebungen ausgiebig zu testen.

Inhalt und den Aufbau dieses Buchs

Dieses Buch ist in drei Teile und in insgesamt 18 Kapitel aufgeteilt. Im ersten Teil A erhalten Sie nach einer Zielgruppendefinition bezüglich der potentiellen Leserschaft einen ersten Überblick über System Center 2012 Operations Manager. Sie erfahren, welches Konzept hinter dieser Lösung zur Überwachung von Geschäftsprozessen steckt, was Entitäten, Monitore und Regeln sind. Microsoft kommuniziert das Zusammenspiel zwischen den Protagonisten der System Center-Familie und das durchaus auch zu Recht. Während der Zeit als Projektleiter in vielen Unternehmen habe ich jedoch oft in fragende Gesichter geschaut, wenn die Sprache auf ein anderes Produkt der System Center-Familie kam.

Zum Buchkonzept gehört deshalb auch eine Kurzvorstellung aller Mitglieder aus der Familie, was ebenfalls im ersten Teil abgehandelt wird. Danach sollten Sie in der Lage sein, unfallfrei den Fokus des jeweiligen Produkts nennen zu können und auch über die Schnittstellen zwischen den einzelnen Anwendungen Bescheid zu wissen.

In Kapitel 6 steht die Vermittlung von Wissen aus realen Projekten im Vordergrund. Anhand einiger konkreter Beispiele lernen Sie Ausgangssituationen und Anforderungsprofile unterschiedlicher Branchen und Unternehmen kennen. Diese Beispiele sollen Ihnen dabei helfen, auf typische Stolperfallen und besondere Leistungsmerkmale zu achten.

Für jene Leser, die System Center 2012 Operations Manager bereits in einer Vorgängerversion kennen, ist das daran anschließende Kapitel sicherlich von Interesse. Dort wird auf die Frage nach der richtigen Aktualisierungsstrategie eingegangen. Abhängig von der aktuellen Ausgangssituation in Ihrem Unternehmen kann daraus ein kleines Projekt entstehen, zumal sich einige elementare Funktionen in der neuen Version verändert haben. Um diese Veränderungen kümmern wir uns im letzten achten Kapitel, welches zugleich den Abschluss des ersten Teils dieses Buchs verkörpert.

Der Teil B beschäftigt sich mit der eigentlichen Inbetriebnahme von System Center 2012 Operations Manager. Wie sieht die Zusammenarbeit zwischen den einzelnen Modulen aus und wie wird eine Installation sinnvollerweise skaliert? Dies sind Fragen, die ich hier zu beantworten versuche. Dazu wird auch ein ausgiebiger Blick auf die Systemanforderungen jeder einzelnen Komponente von System Center 2012 Operations Manager geworfen, bevor mit der Installation in einer Testumgebung gestartet wird. Die restlichen Kapitel von Teil B thematisieren die Schwerpunkte rund um die Installation beziehungsweise um die Verwendung aller Komponenten.

Besonders hinweisen möchte ich auf den Teil C. Hier wird die Inbetriebnahme und Funktion der Überwachungssammeldienste vorgestellt. Dieses Leistungsmerkmal kommt leider noch viel zu wenig in Unternehmen zum Einsatz, obwohl es ohne Mehrkosten die Realisierung einer Auditierungsüberwachung ermöglicht. Bekanntermaßen zwingt das Thema Lizenzierung jede Diskussionsrunde zum Aufbruch. Um hier ein wenig Entspannung in das mittlerweile durchaus beherrschbare Umfeld zu infiltrieren, widmet sich Kapitel 17 den hierfür wichtigen Fragen.

Was Sie keinesfalls versäumen sollten, ist ein Blick in das letzte Kapitel 18. Dort werden Zusatzfunktionen von System Center 2012 Operations Manager vorgestellt, die eine nicht alltägliche Verwendung in den Unternehmen finden. Es freut mich, Ihnen an dieser Stelle auch zwei Zusatzprodukte vorstellen zu dürfen, deren Verwendung vielerorts einen Mehrwert darstellen wird. Herzlichen Dank an dieser Stelle an Bernhard Mändle, General Manager der connmove Consulting GmbH aus Lauingen und an Gerben van Bokhorst vom Unternehmen savision aus Utrecht.

Sollten Sie Anmerkungen, Vorschläge oder konstruktive Kritikpunkte zum Inhalt dieses Buchs oder zum Buchkonzept im Allgemeinen haben, lassen Sie mich es bitte wissen. Ich freue mich über Ihr Feedback, welches Sie gerne an meine E-Mail-Adresse senden können. Diese finden Sie am Ende der Einführung zu Beginn dieses Buchs.

Kapitel 2

Zielgruppe dieses Buchs

In diesem Kapitel:

Casting Show im Rechenzentrum	32
Dienstleistung aus der Dose	33
Prozesse statt Prozessoren	34
Definition der Verfügbarkeit	34
Mission Possible	35
Implementierungsstrategie	36
ITIL und PowerShell	37

Blättern Sie bitte nicht gleich weiter, wenn Sie in den ersten Abschnitten dieses Kapitels nichts von System Center 2012 Operations Manager zu lesen bekommen. Das ist die Absicht des Autors, welcher Sie für die wesentliche Betrachtungsweise sensibilisieren möchte, wenn wir über die *richtige* Zielgruppe dieses Buchs reden.

Üblicherweise werden solche Bücher primär von technisch interessierten IT-Profis verwendet. Ich empfehle Ihnen, zumindest dieses Kapitel an Ihre Führungskraft weiterzureichen. Das hat zwei Gründe: Zum einen gehört es zu den kürzeren Kapiteln in diesem Buch und lässt sich somit bei konzentrierter Herangehensweise während einer Kaffeepause gut lesen. Zum anderen will ich dieses Kapitel dazu nutzen, die wirkliche Herausforderung bei der Einführung von System Center 2012-Lösungen in den Mittelpunkt zu stellen. Diese ist nämlich nicht von technischer Natur, wie Sie gleich feststellen werden. Tauchen Sie ein und halten Sie durch.

Casting Show im Rechenzentrum

Erfolgreiche Geschäftsleute und Unternehmen haben etwas gemeinsam: Ihnen allen wird der Erfolg selten gegönnt. Da geht es Chefjuroren populärer Gesangs-Castings nicht anders als weltweit agierenden Unternehmen. Microsoft stellt hier ebenfalls keine Ausnahme dar, ganz im Gegenteil. Ein Blick hinter die Kulissen solcher Erfolgsgeschichten offenbart recht schnell das Geheimnis des Erfolgs. Die schrecklich langweilige Wahrheit besteht aus nichts anderem als harter Arbeit und grenzenloser Disziplin.

Wenn Sie in einem erfolgreichen Unternehmen arbeiten, werden diese Prinzipien höchstwahrscheinlich ebenfalls in den Top-5-Tugenden Ihrer Geschäftsführung zu finden sein. Nur ganz selten verdienen sich Millionen wirklich im Schlaf. Die meisten, die das schon einmal ausprobiert haben, stellen nach dem Aufwachen schmerzlich fest, dass sich das monetäre Ruhepolster klammheimlich auf ein anderes Konto verzogen hat. Spätestens seit Beginn der EU-Schuldenkrise wissen wir, dass J. M. de Rothschild (1792–1868), seines Zeichens Bankier, mit seiner Aussage recht hatte: »Das Geld ist nicht weg, mein Freund. Es hat nur ein anderer.«

Ich hatte in den letzten Jahren das große Glück, die Organisationsstrukturen und natürlich auch IT-Abteilungen von sehr erfolgreichen Unternehmen kennenzulernen und zum Teil auch mitgestalten zu dürfen. Überall dort, wo es keine klar definierten Aufgabengebiete und Verantwortungsbereiche gibt, waren IT-Projekte zum Scheitern verurteilt. Nicht selten waren die Misserfolge der IT-Abteilungen ein Spiegelbild dessen, was symptomatisch im ganzen Unternehmen zu finden war: unzufriedene, unmotivierte Mitarbeiter und überforderte, nur selten anwesende Führungskräfte. Zum Glück hatte ich nicht oft die Gelegenheit, beim Umkrempeln solcher Strukturen Unterstützung leisten zu müssen.

Biegt sich die Ertragskurve Richtung Erdmittelpunkt, ist es meist schon zu spät und man sollte schnellstens beginnen, seinen verstaubten Lebenslauf und die längst vergilbten Bewerbungsfotos auf einen aktuellen Stand zu bringen. Dumm ist nur, wenn sowohl der professionelle Personalreferent als auch der vermeintlich zukünftige Chef über ausreichend Menschenkenntnis verfügen und den Grund für die berufliche Neuorientierung auf der Stirn ablesen können.

Keine Sorge, der Verlag hat bei Drucklegung des Buchs nicht die Kapitel mit einem Motivationshandbuch für gestrandete Mittvierziger verwechselt. Mit der Einleitung zu diesem Kapitel will ich anreißen, worauf es ankommt, wenn man in seinem Beruf zufrieden und damit in der Regel auch erfolgreich sein will. Sollten Sie Dinge wie Zielvereinbarungen, Mitarbeitergespräche oder, – um langsam aber sicher wieder in den Orbit der Informationstechnologie einzuschwenken –, Service Level Agreements in Ihrem Arbeitsumfeld nicht kennen, fürchte ich, dass Sie als Zielgruppe für dieses Buch und damit auch für die erfolgreiche Implementierung von System Center 2012 Operations Manager ausscheiden.

Klingt hart. Ist es auch. Schon in meinem ersten Buch habe ich darauf hingewiesen, dass Leistungen der IT-Infrastruktur so selbstverständlich sind wie Strom aus der Steckdose. Bürger wie Sie und ich, die damals unzufrieden mit den hohen Kosten des Energielieferanten waren, hatten nur wenig Alternativen. Die Leistung – der Strom –, welcher an der Steckdose als Übergabepunkt bereitgestellt wurde, war quasi untrennbar mit dem Kraftwerk am anderen Ende der Leitung verbunden; und damit die monatliche Rechnung mit dem eigenen Girokonto. Das ist jetzt rund acht Jahre her. Eine Zeit, in der ein Überleben ohne Handy und ohne »Empfang« (Zitat einer meiner beiden Töchter) noch realistisch war.

Dienstleistung aus der Dose

Spätestens seit es Werbung für gelben Strom (nicht Schnee) gibt, wissen wir, dass sich die Zeiten geändert haben. Dies gilt sowohl für die freie Auswahl aus einer dekadent großen Menge von Energielieferanten, als auch für das Angebot von IT-Leistungen am freien Markt. Längst ist es an der Tagesordnung, dass sich interne EDV-Abteilungen mit externen Anbietern vermeintlich vergleichbarer Leistungsmerkmale messen müssen. Nicht selten geht der ungleiche Kampf zu Gunsten des neuen Besens aus. Und nicht selten rudern Unternehmen noch vor Erreichen der Halbwertzeit des Dienstleistungsvertrags wehmütig zurück. Viel zu oft und zugleich auch viel zu spät gelangen die Vertragsunterzeichner zu der Erkenntnis, dass das definierte Dienstleistungspaket weder in Umfang noch in Qualität den Erwartungen entspricht.

An der exponentiell steigenden Anzahl von freischaffenden Mitbewerbern werden wir nichts mehr ändern können. Zu viele IT-Fachleute treffen auf der Suche nach einer beruflichen besseren Welt auf das Hirngespinst der Gründung eines Dienstleistungsunternehmens. Oft ist die wirtschaftliche Expertise auf das abgebrochene Semester während des ebenso abgebrochenen BWL-Studiums beschränkt. In Zeiten von »Geiz ist geil« hat selbst der Hi-Fi-Händler vor Ort wenig Chancen, nach mehrstündiger Verkaufsberatung den aktuellsten 4D-TFT-Flachbildschirm an Sie zu verkaufen.

Ob Stromlieferanten, TFT-Anbieter oder Mobiltelefonprovider, alle stehen vor der gleichen Herausforderung. Überleben wird am Ende nur der Anbieter mit dem umfänglicheren Leistungspaket. Wenn Sie in dieser Philosophie einen Vorteil erkennen, gehören Sie zur richtigen Zielgruppe dieses Buchs.

System Center 2012 Operations Manager gehört zu den komplexen Serveranwendungen im Microsoft-Portfolio. Genau betrachtet haben sich die meisten Serverprodukte aus dem Hause Microsoft über die Jahre zu professionellen Lösungen weiterentwickelt. Wer schon einmal einen intensiveren Blick auf Microsoft SharePoint Server 2010, System Center 2012 Service Manager oder System Center 2012 Configuration Manager geworfen hat, wird diese These bestätigen. Allen gemeinsam ist die Notwendigkeit zur professionellen Implementierung und Nutzung. Wer System Center 2012 Operations Manager ohne vorher entwickeltes Konzept einzuführen versucht, wird nicht lange damit glücklich sein. Gleiches gilt für alle anderen hier exemplarisch aufgelisteten Serverprodukte.

Die Erfahrung aus den vergangenen Projekten und nicht zuletzt auch bei der Implementierung in meinem jetzigen Wirkungsumfeld beweist, dass man sich vorher über die Prozesse im Klaren sein muss, welche man mit System Center 2012 Operations Manager überwachen will. Parallel dazu benötigt man ein neutrales, möglichst vollständiges Bild über die Leistungsmerkmale und Andockmöglichkeiten dieser Überwachungslösung.

Ich werde Sie im Verlauf dieses Buchs immer wieder mit Aussagen wie »Prozesse statt Prozessoren« oder »Services statt Server« behelligen. Genau darauf kommt es an. System Center 2012 Operations Manager ist nicht dafür gemacht, die Verfügbarkeit eines Servers sicherzustellen. In einer Zeit, in der der Begriff Virtualisierung häufiger ausgesprochen wird als Kollegen freundlich zu grüßen, sollte die Bereitstellung redundanter

Systeme kein Thema mehr sein. Damit sinkt zugleich auch die Abhängigkeit von einzelnen Computersystemen und damit die Bedeutung der Verfügbarkeit einzelner Server immer mehr. Ein sehr prominentes Beispiel für diese serviceorientierte Herangehensweise ist Active Directory.

Prozesse statt Prozessoren

In den meisten Unternehmen sind heutzutage mehrere Domänencontroller installiert. Deren Aufgabengebiet ist den meisten sicherlich bekannt. In einem Satz zusammengefasst: Ohne Domänencontroller keine Möglichkeit zur Anmeldung von Computernutzern, ohne Anmeldung keine Möglichkeit zur Arbeit am Computersystem. Ein regelrechter Teufelskreis …

Fällt einer dieser Anmeldeserver aus, können sich die Nutzer weiterhin noch anmelden, denn es existiert üblicherweise mindestens ein zweites Serversystem, welches diesen Service ebenfalls zur Verfügung stellt. Womöglich werden manche Prozesse wie die An- oder Abmeldung nicht mehr ganz so schnell bedient, als bei einer hundertprozentigen Verfügbarkeit der Domänencontroller. Der Service an sich – die Verwaltung und Bereitstellung von Benutzerkonten – ist jedoch weiterhin verfügbar. Die Verfügbarkeit der Dienste ist demnach wichtiger als die Verfügbarkeit eines einzelnen Serversystems.

In der serviceorientierten IT-Welt steht die Verfügbarkeit eines Diensts wie in diesem Beispiel an erster Stelle der Prioritätsliste. Gleich danach – gerne auch mit ganz geringem Abstand – geht es um die Leistung und Datendurchsatz. Man kann das beispielsweise auch mit dem Aufbau eines Passagierflugzeugs vergleichen. Alle wichtigen Messinstrumente und Aggregate sind mindestens in doppelter Ausführung vorhanden. Selbst die Turbinen sind so konzipiert, dass diese im Solobetrieb für eine sichere Landung des Blechvogels sorgen.

Im Vordergrund steht also, die definierte Serviceleistung (Starten, Fliegen, Landen) jederzeit sicherzustellen. Bei unerwarteten Problemen ist die Reduzierung der Leistung die primäre Option, nicht aber der Verzicht auf die Serviceleistung an sich. System Center 2012 Operations Manager ist in der Lage, zwischen diesen Messgrößen zu unterscheiden. So gesehen muss man sich die Frage stellen, warum nicht alle Flugzeuge auf dieser Welt mit System Center 2012 Operations Manager ausgestattet werden. Vielleicht, weil ein Betatest zu kostspielig wäre?

Damit wir uns nicht falsch verstehen: Selbstverständlich muss eine ausgefallene Komponente, unabhängig von deren Aufgabe, umgehend wieder instand gesetzt werden. Redundanz definiert jedoch in erster Linie die Aufrechterhaltung eines bereitgestellten Prozesses über einen definierten Zeitraum, trotz Ausfall einer bestimmten Anzahl der bereitstellenden Computersysteme.

Definition der Verfügbarkeit

Die professionelle unternehmensspezifische Definition von Redundanz impliziert zugleich auch eine adäquate Zeitspanne zur stressfreien Instandsetzung defekter Komponenten. Mit dieser Betrachtung können viele Administratoren im ersten Moment nicht viel anfangen und tendieren schon während des ersten Beratungstermins gedanklich zu ihrer altbewährten Serverüberwachungslösung. Damit sind wir bei der eigentlichen Herausforderung angelangt: die eindeutige Beschreibung der zu überwachenden Services. Grundlegende Basisfunktionen werden von System Center 2012 Operations Manager bereits kurz nach der Installation und mit überschaubarem Konfigurationsaufwand überwacht. Für die Verfügbarkeitskontrolle komplexer Prozesse bedarf es jedoch der Kooperation von Systemadministratoren und Prozessverantwortlichen.

Sind Sie ein Systemadministrator, besteht Ihre Aufgabe in der Bereitstellung aller für die Installation von System Center 2012 Operations Manager notwendiger Soft- und Hardwarekomponenten. Ist alles vorbereitet, kann es mit der eigentlichen Installation losgehen. Sollte bisher keine Anforderung zur Sicherstellung der Verfügbarkeit IT-gestützter Geschäftsprozesse aus den Fachabteilungen vorliegen, können Sie sich erst einmal in der Überwachung von zentralen Services wie beispielsweise Active Directory üben. Entsprechende Beispiele und Tipps aus der Praxis sind in den nachfolgenden Kapiteln zu finden.

Soll System Center 2012 Operations Manager nicht nur als Arbeitsbeschaffungsmaßnahme fungieren, müssen früher oder später die eben bereits erwähnten Prozessverantwortlichen mit ins Boot. Diese Diskussionsrunde stellt die größte Herausforderung im Gesamtprojekt dar. Es muss ein gemeinsames Verständnis einmal aus Sicht der technischen Möglichkeiten und zum anderen aus der Betrachtungsweise der Geschäftsprozessverantwortlichen geschaffen werden. Erfahrungsgemäß erreicht man dieses Ziel am besten, indem man den Bildschirm vorübergehend ausschaltet und stattdessen den Flipchart-Block nutzt.

Dieses Projekt bietet Systemadministratoren die große Chance, sich aus der Selbstverständlichkeit der IT-Infrastrukturdienstleistungen zu verabschieden und als Sparringspartner der Anwender zu etablieren. Unterschätzen Sie diese Chance allerdings hinsichtlich ihres Anspruchs nicht. Sofern Sie sich auf diesem Terrain noch nicht bewegt haben, müssen Sie lernen, zuzuhören und zu fragen. Womöglich kann Ihnen Ihr Vorgesetzter bei diesem Paradigmenwechsel helfen. Sofern dieser über empathische Fähigkeiten verfügt, wird er sehr genau darauf achten, ab welchem Zeitpunkt er sich aus dem Projekt ausklinkt. Ich empfehle Ihnen, sich zumindest für die Realisierung der ersten sogenannten verteilten Anwendung in System Center 2012 Operations Manager externe Unterstützung ins Haus zu holen.

Wenn es darum geht, das Zusammenspiel einzelner, auf unterschiedlichen Computersystemen verteilter Komponenten zu überwachen, schlägt bei System Center 2012 Operations Manager die Stunde der verteilten Anwendungen. Erfahrungsgemäß überschätzt sich jeder beim ersten Versuch der Erstellung solcher digitalen Ablaufpläne. Entweder verabschieden sich die Kollegen spätestens nach zwei Stunden erfolgloser Startversuche zur Kaffeepause oder die Prioritäten werden generell neu geordnet. Bei der letzten Variante kommt es nicht selten zu einer Steigerung in Sachen Demotivation, und System Center 2012 Operations Manager verstaubt schneller als eingeführt in der dunkelsten Ecke des Rechenzentrums.

Mission Possible

Wenn Sie sich in den letzten Zeilen wiederfinden, gehören Sie zu den Microsoft-Kunden, welche bereits mit einer der Vorgängerversionen von System Center 2012 Operations Manager herumexperimentiert haben. Die einzige beruhigende Nachricht in diesem Zusammenhang: Willkommen im großen Club der unzufriedenen Anwender. Aber das muss nicht so bleiben …

Wenn Sie sich zum ersten Mal mit System Center 2012 Operations Manager beschäftigen, ist Ihnen diese Erfahrung bisher auf jeden Fall erspart geblieben. Dieses Buch soll Ihnen dabei helfen, dass es auch dabei bleibt. Es kann Ihnen allerdings nicht die Verantwortung dafür abnehmen, die Einführung von System Center 2012 Operations Manager sehr ernst zu nehmen und professionell anzugehen.

Die Verkaufszahlen der System Center-Produkte sprechen keine verständliche Sprache bezüglich der Einsatzhäufigkeit der einzelnen Produkte. Das hängt mit der folgenschweren Änderung bei der Lizenzierung zusammen. Aktuell kann man die Mitglieder der System Center Familie nur als Gesamtpaket erwerben; genau genommen nicht einmal das. Licht ins Dunkel der legalen Lizenzierung bringt das Kapitel 17.

Diese All-inclusive-Verkaufsstrategie verhindert den Rückschluss auf den Einsatz einzelner Mitglieder und sorgt mehr für eine lizenzrechtliche Blindflug-Strategie. War es bis dato schon nicht einfach, eine repräsentative Rückmeldung hinsichtlich der effektiven Verwendung bei Kunden zu bekommen, liefert das neue Konzept jetzt sogar eine gute Ausgangsbasis für die nächste Ausgabe von Mission Impossible.

Eine weitaus deutlichere Sprache sprechen hier insbesondere die expliziten Veranstaltungen von Microsoft zur System Center-Produktfamilie. Der wichtigste diesbezügliche Event in Deutschland ist das Systems Management Summit, welches einmal pro Jahr fast schon traditionell in Hanau stattfindet. Zumindest hinsichtlich des Veranstaltungsorts könnte sich bald etwas ändern, denn die stetig steigende Teilnehmerzahl kratzt an der Kapazitätsgrenze des Kongresszentrums in der Nähe von Hanau.

Diesen Termin sollten Sie auf jeden Fall in Ihre Jahresplanung mit aufnehmen, zumal dort die Crème de la Crème nationaler Kunden auf Experten von Microsoft trifft. Auch die kompetentesten Systemhäuser in Sachen System Center geben sich die Klinke in die Hand. Hören Sie sich in aller Ruhe die Strategien der verschiedenen Implementierungspartner an. Einige meiner ehemaligen Kollegen sind eher technisch orientiert, für andere steht die Gesamtprozessüberwachung im Rampenlicht. Dort werden Sie auch Ihre Fragen hinsichtlich der Interaktion zwischen den einzelnen System Center-Produkten beantwortet bekommen.

Wem Information und Dienstleistungsangebot von Microsoft Systems Management Summit in Deutschland nicht ausreichen, sollte den Besuch des »Originals« in USA ins Auge fassen. Wenige Wochen vor der deutschen Ausgabe hat die Entwicklungsmannschaft in Redmond Urlaubsverbot und es besteht für viele Anwesenheitspflicht auf dem Management Summit. Näher heran an die Programmierkollegen als bei dieser mehrtägigen Veranstaltung kommen Sie nur noch durch die Teilnahme am sogenannten Technology Adoption Program (TAP).

Sind Sie in Ihrem Unternehmen als Administrator angestellt, klopfen Sie bitte auch an die Tür der Kollegen, die für die Verfügbarkeit der IT-gestützten Prozesse verantwortlich zeichnen. System Center 2012 Operations Manager hilft Ihnen in diesem Zusammenhang auch bei der Optimierung einer womöglich nicht vorhandenen Zusammenarbeit zwischen den einzelnen Fachbereichen. Sie werden quasi zur Zusammenarbeit gezwungen. Sowohl technische als auch strategische Fakultäten müssen zusammenarbeiten, wenn die Verfügbarkeitskontrolle als Grundlage für eine Leistungsmessung verwendet werden soll.

Erstellen Administratoren eine verteilte Anwendung, ohne die Anforderungen der Fachbereiche zu kennen, wird niemals Akzeptanz entstehen. Geben Sie sich nicht dem Irrglauben hin, zu wissen, welche Anforderungen einzelne Fachbereiche wirklich haben. Diskutieren Sie die Anforderungen und gleichen Sie das daraus entstehende Pflichtenheft mit den Möglichkeiten von Microsoft System Center 2012 ab. Eventuell reichen die Leistungsmerkmale von System Center 2012 Operations Manager nicht aus, um allen Anforderungen gerecht zu werden. Das war auch der Grund, weshalb Microsoft sich dazu entschieden hat, die Produkte lizenzrechtlich untrennbar zu fusionieren.

Implementierungsstrategie

Warum fahren Familienväter mit zwei oder drei schulpflichtigen Kindern keinen Roadster sondern meist eher einen Van? Blöde Fragen, denken Sie vielleicht jetzt. Dennoch steht der Vergleich mit einer geeigneten Implementierungsstrategie von System Center 2012 Operations Manager im optimalen Rampenlicht. Die Anschaffung eines familientauglichen Fortbewegungsmittels wird aufgrund von rationalen Argumenten entschieden. Die Entscheidung fällt, nachdem Lebens- oder Ehepartner, die Kinder und natürlich auch der Finanzberater Ihres Vertrauens gehört worden sind. Emotional ist diese Investition nur selten, denn es gilt, die offensichtlichen Anforderungen erfüllen zu können.

Diese Diskussionen müssen auch in einem Unternehmen geführt werden, wenn es darum geht, komplexe Anwendungen zur erfolgreichen Inbetriebnahme zu führen. Vorgesetzte müssen in diesen Gesprächen mitgenommen und überzeugt werden. Ebenso sind Ihre Kollegen und je nach Hierarchie unbedingt auch Ihre Mitarbeiter mit einzubeziehen. Um bei solchen Diskussionen dauerhaft überzeugend zu bleiben, müssen Sie über ausreichend Wissen aus den Anforderungsbereichen der Kolleginnen und Kollegen verfügen. Auf diese Herausforderung müssen Sie sich vorbereiten.

Die Herausforderung der technischen Implementierung ist im Vergleich zu den Ihnen bevorstehenden Diskussionen und bereichsübergreifenden Abstimmungen mehr mit einer Ausflugsfahrt ins Glottertal – übrigens die Heimatregion unseres aktuellen Fußball Bundestrainers – zu vergleichen. Wenn alle wichtigen Komponenten von System Center 2012 Operations Manager installiert sind, ist erst einmal rum mit lustig. Alles wichtige, was Sie müssen wissen, um die nachfolgenden Anforderungen und Erwartungen zu erfüllen, finden Sie in diesem Buch.

Damit Sie nicht schon während Ihrer ersten Flugstunden als Eilmeldung bei Unfall-TV enden, sollten Sie sich deshalb mit der Funktionsweise der Betriebskonsole vertraut machen. Machen Sie keinesfalls den Fehler, die eingebauten Benachrichtigungsmöglichkeiten von System Center 2012 Operations Manager zuallererst testen zu wollen. Die Gefahr, dass Sie dadurch niemals einen Überblick über die wesentlichen Funktionen erhalten, ist zu hoch.

ITIL und PowerShell

Noch ein letzter Tipp: Es schadet nichts, wenn Sie sich mit dem Themenkomplex ITIL bereits beschäftigt haben, bevor Sie mit der Implementierung von System Center 2012 Operations Manager beginnen. Noch besser ist es, wenn Sie mit ITIL nicht auf Kriegsfuß stehen. Vielleicht blüht nach den letzten beiden Sätzen ein immer größer werdendes Fragezeichen hinsichtlich der Bedeutung des Begriffs ITIL vor Ihren Augen auf. Das lässt sich allerdings schnell ändern.

ITIL steht für Information Technology Infrastructure Library und bezeichnet eine nahezu unendliche Ansammlung von Publikationen, in denen Vorgehensweisen zur Behandlung von Prozessen in der IT beschrieben sind. Böse Zungen behaupten, dass deren Autoren und Anhänger weder golfen noch sonstigen Hobbies nachgehen. Wer allerdings bestrebt ist, die Geschäftsprozesse innerhalb der Informationstechnologie qualitativ belegbar und vergleichbar zu gestalten, kommt an deren Beachtung und einer individuellen, unternehmensbezogenen Adaption nicht vorbei. Eine gute Adresse für eine praxisbezogene Wissensvermittlung ist die Unternehmensberatung Lothar Buhl aus Leonberg.

Finden Sie Ihren Weg, um aus der Fülle von Informationen und gut gemeinten Empfehlungen die für Sie relevanten Themengebiete zu extrahieren und diese anzuwenden. Sinnvolle Organisationsstrukturen konsequent angewendet helfen Ihnen, Ihr Arbeitsleben wesentlich effizienter zu gestalten. Spätestens beim Öffnen der großen Tür mit der Aufschrift System Center 2012 Service Manager werden Sie sich damit beschäftigen müssen.

Zu kurz in diesem Buch kommt das Thema PowerShell. Sollten Sie also auf der Suche nach einer geeigneten Wissensbasis zur Steuerung von System Center 2012 Operations Manager über ein Konsolenfenster sein, empfehle ich einen Blick ins Internet. In zahlreichen Foren werden Beispiele für unterschiedliche Anforderungen diskutiert. Die Anzahl von wirklich guten PowerShell-Anwendern hält sich allerdings in Grenzen. Die meisten Publikationen sind kopierte Beispiele aus anderen Foren und immer wieder fehlerbehaftet.

Bevor Sie also Massenänderungen auf Basis vermeintlich intuitiver Beispielbefehlszeilen in Ihrer produktiven Infrastruktur durchführen wollen, testen Sie die Effekte bitte unbedingt in einer Testumgebung.

Sollten Sie bei der Suche nach geeigneter Unterstützung nicht erfolgreich sein, lassen Sie es mich bitte wissen. Ich stelle Ihnen gerne meine Kontakte zu geeigneten Implementierungspartnern zur Verfügung.

Kapitel 3

Definition der Anwenderzielgruppe

In diesem Kapitel:

Die richtigen Fragen 40

Neuausrichtung der Zuständigkeit 41

Jeder, der ein Auto kauft, weiß in der Regel, wozu er es später verwenden will. Gleiches trifft auch beim Kauf von Softwareprodukten zu. Zumindest sollte man das meinen. Bei der Anschaffung von Office-Anwendungen steht der Verwendungszweck quasi schon auf der Verpackung. Leider klappt es allerdings auch dort nicht immer mit der zweckmäßigen Verwendung. In vielen Unternehmen herrscht beispielsweise immer noch der Irrglaube, dass sich ein Word-Dokument mit vorgegebenen Inhalten als Dokumentvorlage verwenden lässt. Und überraschenderweise schreiben heute immer noch viele Sekretärinnen ein Besprechungsprotokoll mit einer Tabellenkalkulationsanwendung anstatt mit einer Textverarbeitungssoftware.

Sollten Sie sich in diesem Vergleich nicht wiederfinden, erhöhe ich die Schlagzahl ein wenig. Die Einführung von ERP-Lösungen wie beispielsweise SAP R/3 verschlingt in Unternehmen problemlos hohe siebenstellige Summen. Hat man das Glück, mit den Verantwortlichen über deren Implementierungsstrategien und -erfolge zu sprechen, erhält man nicht selten ein merkwürdiges Bild hinsichtlich der Verwendung. Die bereitgestellten Funktionen und Prozesse werden nicht bereichsübergreifend angewendet. Genau das war aber das ursprüngliche Ziel bei der Entwicklung solcher Lösungen. Nicht selten endet damit beispielsweise die Bestellschreibung als teure Schreibmaschine, anstatt von den (bezahlten) Automatismen einer dynamischen bedarfsorientierten Disposition und damit generierten automatischen Bestellanforderungen zu profitieren.

Im Umfeld der mobilen Informationstechnologie sieht es übrigens auch nicht viel besser aus. Es gibt weltweit agierende Unternehmen, die für ihre Mitarbeiter zigtausend Tablet-PCs beschafft haben. Befragt man die Anwender nach einer Weile über die Verwendung der neuen mobilen Welt, reduziert sich die Liste der am meist genannten Anwendungen auf E-Mail, Wettervorhersage, Aktienkurse und Musik. Aber wozu führt man dann solch teure ERP-Lösungen in Unternehmen ein? Ist dies vielleicht die falsche Frage in diesem Kontext …?

Die richtigen Fragen

Die Herausforderung besteht jedoch genau darin, die richtigen Fragen zu stellen. Wer benötigt welche Software für welche Zwecke? Beobachten Sie dazu Ihren Autoverkäufer. Er wird sich in aller Regel nach Ihren Bedürfnissen erkundigen, wenn Sie sich nicht sicher sind, welches Modell das richtige für Sie ist. Konfrontieren Sie ihn mit einer konkreten Vorstellung, wird er sich allerdings davon nicht abbringen lassen, sofern Ihr Budget mit dem angegebenen Preisschild harmonisiert.

In der Informationstechnologie funktioniert das Spiel auf ähnliche Weise. Leider fehlen im Bereich der Microsoft-Serveranwendungen oft die richtigen Fragensteller auf Anbieterseite. Dies führt dann leider oft dazu, dass Firmen die Einführung von SharePoint nach ein bis maximal zwei Jahren begraben müssen oder System Center 2012 Operations Manager als Überwachungswerkzeug von Serversystemen endet.

System Center 2012 Operations Manager ist dafür geeignet, die Verfügbarkeit von Anwendungen und Prozessketten zu überwachen. Im Vordergrund steht nicht der Server, sondern der darauf bereitgestellte Service. IT-Abteilungen tun gut daran, diese andere Art der Betrachtung mitzugehen und die Technik künftig nicht mehr in den Vordergrund zu stellen. System Center 2012 Operations Manager kann Ihnen dabei helfen, die im Unternehmen bereitgestellten Prozesse nicht nur verfügbar zu halten, sondern auch deren zugesicherte Lastgrenzen ständig zu überwachen.

Viele Leser werden bereits im Besitz von System Center 2012 Operations Manager sein, wenn sie dieses Buch in ihren Händen halten. Im Grunde ist es die falsche Vorgehensweise. Ich will Sie keinesfalls von einer Implementierung dieser Softwarelösung abhalten, ganz im Gegenteil. Es ist nur von großer Wichtigkeit, dass Sie dabei unterstützt werden. Die optimale Unterstützung besteht in einer Kooperation mit den Fachbereichen. Welche Anforderungen einzelne Bereiche außerhalb der Informationstechnologie an die IT-Abteilung haben, können Sie anhand einiger praxisbezogener Beispiele in Kapitel 6 nachlesen.

System Center 2012 Operations Manager wird Ihnen und Ihrem Unternehmen einen Mehrwert liefern, wenn Sie als IT-Abteilung dazu bereit sind, ihre Dienste abteilungsübergreifend bereitzustellen. Stellen Sie die richtigen Fragen und hören Sie genau auf die Antworten, die Sie darauf erhalten. Vielleicht müssen Sie noch einmal nachfragen, um die eigentliche Antwort auf Ihre Frage zu erhalten.

Prüfen Sie unbedingt auch, inwieweit die Integration weiterer Produkte aus der System Center-Familie in Ihren Unternehmen gewünscht ist. Im Zusammenspiel stellt System Center 2012 Operations Manager zusätzliche Mehrwerte bereit. Dies gilt insbesondere bei der Verwendung von System Center 2012 Service Manager. Dessen Implementierung ist jedoch weitaus anspruchsvoller als System Center 2012 Operations Manager, da Sie damit noch näher mit dem Anwender – also Ihren Kunden – zusammenarbeiten müssen.

Einzelne interagierende Module waren in der Vergangenheit der Schlüssel zum Erfolg manches Softwarekonzerns. Viele Kunden dieser Softwarehäuser haben davon profitiert. Diese Strategie ist sicherlich nicht falsch, nur weil Microsoft den gleichen Weg bei System Center 2012 einschlägt.

Neuausrichtung der Zuständigkeit

Ich weiß, dass es so gut wie nirgendwo zu den Aufgaben einer IT-Infrastruktur zählt, Geschäftsprozesse mitzugestalten. In den meisten mittelständischen Unternehmen ist die IT-Abteilung überhaupt nicht an solchen Entwicklungsmaßnahmen beteiligt. Konzerne mit strategisch ausgerichteten IT-Bereichen kennen diese Situation eher weniger, denn dort ist die IT-Abteilung ein akzeptierter Partner auf Augenhöhe mit der Geschäftsführung und den anderen Abteilungen.

IT-Abteilungen müssen sich in den nächsten Jahren in diese Rolle hineinentwickeln. Dies wird für viele IT-Verantwortliche eine große Herausforderung und erst recht für den Bereich IT-Infrastruktur. Die Bereitstellung von Hardware und Standardapplikationen wird immer unwichtiger, weil dieser Prozess immer stärker automatisiert und zentralisiert wird. Sie halten gerade ein Puzzleteil des neuen Motivs der nächsten IT-Generation in Ihrer Hand. Eine größere Bedeutung messe ich System Center 2012 Operations Manager trotz allem Enthusiasmus nicht bei. Dennoch sollten Sie dieses Puzzleteil als einen Anfang sehen, um mit der Veränderung in der IT-Branche umgehen zu lernen. Die Zielgruppe für die Software sind Mitarbeiterinnen und Mitarbeiter, die mit betriebswirtschaftlichen Impulsen Einfluss nehmen wollen. Sie müssen deshalb nicht gleich die Welt retten, dafür sind andere zuständig.

Mit System Center 2012 Operations Manager können Sie Einfluss auf Verfügbarkeit und Leistung von Systemen und Geschäftsprozessen nehmen. Drei konkrete Beispiele, damit Sie ein konkretes Gefühl für die Einflussnahme erhalten:

- Der Stadionbetrieb mehrerer deutscher Bundesligavereine wird mit System Center 2012 Operations Manager überwacht. Dazu zählen sämtliche Komponenten, die einen reibungslosen Betrieb sicherstellen. Einige Beispiele: Funktionsfähigkeit der Drehkreuze und Überwachungskameras, die Belegung von Ports der aktiven Netzwerkkomponenten oder die Überprüfung des Zugriffs auf die elektronischen Abrechnungssysteme der Kreditkartenanbieter.

- In mehreren deutschen Kliniken wird mit System Center 2012 Operations Manager die Verfügbarkeit und Antwortzeit zentral bereitgestellter Dienste wie beispielsweise Active Directory und Datenspeicher überwacht, gemessen und analysiert

- In mindestens einem Bundesland wird die Verfügbarkeit von zentral bereitgestellten Abwicklungsprozessen für Landratsämter mithilfe von System Center 2012 Operations Manager hinsichtlich der Durchsatzrate und Verfügbarkeit überwacht

In allen Szenarien war eine Qualitätssteigerung der durch die IT-Infrastruktur bereitgestellten Dienstleistungen zu Beginn des Projekts nicht auf dem Radar der verantwortlichen Kolleginnen und Kollegen. Das hat sich im Verlauf der Zusammenarbeit drastisch geändert.

Nutzen Sie die Chance, sich als Zielgruppe für diese Software an eine andere Wahrnehmung in Ihrem Unternehmen zukommen zu lassen. Die Anforderungen an Sie und Ihren Bereich werden sich ändern. Falls Sie vom Gegenteil überzeugt sind, empfehle ich ein Gespräch mit einem der vielen Schrankenwärter in Deutschland.

Kapitel 4
Funktionsweise von System Center 2012 Operations Manager

In diesem Kapitel:

Die Aufgabenstellung an die IT der Zukunft	45
Über das Ziel: Sicherstellen von Verfügbarkeit	46
In Sachen Entitäten: Das Überwachungsmodell von System Center 2012 Operations Manager	52
Aus Sicht des Betrachters: Von Agenten und Beobachtern	65
Der Treibstoff: Management Packs	70
Über den Tellerrand geschaut: Integrationsmöglichkeiten	101
Zusammenfassung	110

Ein Buchprojekt wie dieses ist selten gut für das eigene Ego. Mir zumindest wurde das während der Vorbereitung schmerzlich bewusst, wie die Jahre vergehen. Zu diesem Resultat bin ich gekommen, als ich die enorme Zeitspanne seit dem ersten Kontakt mit einer ehemals brandneuen Software vom aktuellen Tagesdatum subtrahierte.

In Zeiten, in denen Internet-Suchmaschinen eine ähnliche Verbreitung haben wie Song Contest-Veranstaltungen auf deutschen Fernsehkanälen, ist diese Anforderung mit wenigen Mausklicks zu erfüllen. Schade nur, dass es dafür keine 5.000 € während einer Werbepause zu gewinnen gibt. Auch die Auswahl zwischen vier unterschiedlichen Lösungsalternativen will ich Ihnen ersparen, denn dann müsste ich Ihnen fairerweise auch die Möglichkeit des Publikumsjokers anbieten. Und gerade der wird beim Lesen eines solchen Buchs doch eher selten verfügbar sein. Lassen Sie mich Ihnen deshalb also ziemlich nüchtern mitteilen, dass mittlerweile weit mehr als zehn Jahre vergangen sind, seit Microsoft zum ersten Mal mit dem Serverprodukt Operations Manager 2000 offiziell in den Wettbewerb der softwarebasierten Überwachungslösungen einstieg.

Am 1. März 2001 begann die Reise unter der Microsoft-Flagge und seither hat sich einiges an diesem Serverprodukt verändert, welches Microsoft vom amerikanischen Softwarehersteller NetIQ übernommen hat. Allzu oft mussten die (Weiter-)Entwickler von Microsoft nicht ins Auto steigen, um die 21 Kilometer vom Campus in Redmond zum Hauptquartier von NetIQ in der Dexter Avenue in Seattle zurückzulegen. Die Vision, daraus eine Lösung zur Überwachung von Prozessen und Services zu entwickeln, war bereits bei der Unterzeichnung des Kaufvertrags formuliert. Bis aber aus einer Vision ein verkaufsfähiges Produkt wird, muss sich der Weihnachtsmann mehr als nur einmal durch die deutschen Kamine zwängen.

Vom ursprünglichen Funktionsumfang ist nicht viel übrig geblieben. Glücklicherweise hat sich das Entwicklerteam bei jeder Überarbeitung und Weiterentwicklung mit den Anregungen und Kritikpunkten von Kunden und TAP-Mitgliedern auseinandergesetzt. TAP steht für Technical Adoption Program. Damit ist die Entwicklungsstufe einer Software vor Betastatus definiert. Teilnehmer an einem TAP-Programm sind verpflichtet, sich aktiv in den Qualitätssicherungsprozess einzubringen. Die Resonanz der beteiligten Repräsentanten von Kunden und Partnern war damals schon definitiv größer als das Budget für die notwendigen Entwicklungsaufwendungen.

Viele der Ideen haben es dennoch von Anfang an geschafft, in den Funktionsumfang des Produkts aufgenommen zu werden. Einige Vorschläge mussten sich bis zum nächsten Aktualisierungszyklus gedulden. Manche nicht mehr zeitgemäßen Altlasten wurden nach und nach in den Ruhestand versetzt. Was wir heute antreffen, ist eine meines Erachtens recht ausgereifte Lösung zur Realisierung von Überwachungsanforderungen auf Prozess- und Servicelevel. Viele von Ihnen sind mit den Leistungsmerkmalen aufgewachsen und können damit umgehen.

Während meiner Zeit als Implementierungspartner für System Center-Lösungen hatte ich jedoch mindestens genauso oft das Erlebnis, dass extrem wenig Verständnis für die Terminologie von System Center 2012 Operations Manager, in welcher Version auch immer, vorhanden war. Die Ursache liegt auf der Hand: Es sind ausreichend Produkte und Lösungen auf dem Markt, die ein ähnliches oder sogar gleiches Anforderungsspektrum adressieren wie Kollege System Center 2012 Operations Manager. IT-Abteilungen in mittelständischen Unternehmen und Konzernen mussten sich bereits vor dem Einstieg von Microsoft in den Markt der proaktiven Überwachungslösungen mit der Thematik der Systemverfügbarkeitskontrolle intensiv beschäftigen.

Dort, wo es nicht funktioniert hat, fehlte in der Regel das Verständnis für die geeignete Vorgehensweise zur erfolgreichen Umsetzung eines vorgegebenen Projekts. Die Implementierung einer solchen Lösung unterscheidet sich in diesem Aspekt nämlich keineswegs von der Einführung einer komplexen ERP-Lösung wie beispielsweise SAP. Es gilt, die Anforderungen vor der Installation eindeutig zu formulieren und für alle verständlich zu Papier zu bringen.

> **WICHTIG** Es geht nicht darum, was die IT-Abteilung gerne hätte. Es geht ausschließlich darum, die Bedürfnisse ihrer Kunden – also den Fachbereichen innerhalb eines Unternehmens – zu befriedigen. Wenn die IT-Abteilung nicht nur zur Einnahme des passiven Dienstleisters verdammt ist, sollte diese Herangehensweise kein Problem darstellen. Zukunftsorientierte IT-Abteilungen definieren sich heute als gleichwertige Partner anderer Abteilungen, einer Geschäftsführung oder – je nach Branche – sehr wohl auch als Kunden oder Lieferanten eines Unternehmens.

IT muss einfach nur funktionieren und ist ähnlich spektakulär wie der Strom aus der Steckdose. Zumindest in Deutschland ist der bei pfleglichem Umgang mit Hammer und Meißel ständig und überall im Schutzkontaktgehäuse abrufbar. Banalitäten wie diese basieren auf wohlüberlegten Entscheidungen grundlegender Art. Man kann sie schon fast in die Kategorie der Prinzipien einordnen. Der Begriff der Selbstverständlichkeit spielt auch bei der Definition von Verfügbarkeit des Arbeitswerkzeugs Informationstechnologie die wichtigste Rolle.

Die Aufgabenstellung an die IT der Zukunft

Die Aufgabenstellung hat sich also geändert. Es gibt heute kaum noch Menschen, die außerhalb ihres Arbeitslebens nicht ebenfalls einen intensiven Umgang mit der Informationstechnologie ausüben. Daraus leiten viele die trügerische Logik ab, bei der Bereitstellung von Systemen und Software ein Mitspracherecht reklamieren zu dürfen. Reduziert sich der IT-Mitarbeiter auf seine technologische Expertise, hat er bei dieser Diskussion verloren. Schneller als brauchbare Gegenargumente gefunden sind, findet er sich in der defensiven Position des Dienstleister ohne Mitgestaltungsrecht.

IT ist nicht mehr und nicht weniger als ein unterstützendes Werkzeug innerhalb eines Unternehmens gleich welcher Größe. Wie man dieses Ziel erreicht, ist heutzutage eher sekundär, da es zahlreiche Alternativen gibt, um gleiche oder ähnliche Funktionen anzubieten. Wenn Sie sich übrigens in der aktuellen Dramaturgie dieser Kapiteleinleitung wiederfinden, sollten Sie dringend an Ihrem Fahrplan arbeiten. Sie werden in Ihrem Job nämlich so nicht glücklicher werden; die Anforderungen werden immer unerreichbarer und auf Anwender- und Anbieterseite steigert sich die Unzufriedenheit. Ein Teufelskreis.

Bei der Sicherstellung von Erreichbar- und Verfügbarkeit bereitgestellter IT-Leistungen kann Sie Microsoft System Center Operations Manager unterstützen. Ich verzichte an dieser Stelle nochmals ganz bewusst auf die Versionsnummer, denn das klappt auch bereits ganz gut mit der bereits weit verbreiteten Vorgängerversion System Center Operations Manager 2007 R2. Die beiden Schwesterbücher »Strategie & Installation« (wo Sie sich gerade befinden) und »Anwendung und Administration« kümmern sich um die aktuelle, seit Mitte 2012 verfügbare Version vom System Center 2012 Operations Manager. Wer sich bereits mit der Vorgängerversion gut auskennt, wird in diesem Kapitel spätestens ab jetzt nicht mehr viel Neues erfahren. Ziel ist es, Ihnen an dieser Stelle einen Überblick über die Funktionsweise von System Center 2012 Operations Manager zu vermitteln. Wir fangen abstrakt an und steigern uns dann ziemlich zügig zu den konkreten Leistungsmerkmalen dieser Lösung:

- Über das Ziel: Sicherstellen von Verfügbarkeit
- In Sachen Entitäten: Das Überwachungsmodell von System Center 2012 Operations Manager
- Aus Sicht des Betrachters: Von Agenten und Beobachtern
- Der Treibstoff: Management Packs
- Über den Tellerrand geschaut: Integrationsmöglichkeiten

Über das Ziel: Sicherstellen von Verfügbarkeit

Eine volle Festplatte, ein nicht mehr antwortender Server oder tote Netzkomponenten sind typische Symptome, welche in einer IT-Landschaft überwacht werden. Symptome sind jedoch nur die logische Konsequenz auf eine zuvor eingetreten Ursache. Diese beiden Begriffe werden oft verwechselt, und daraus ergeben sich dann in der Regel Missverständnisse, wenn es um das Abstellen dieser Missstände geht. Ein Beispiel dazu: Einer meiner früheren Kunden hatte immense Probleme mit Viren auf den Clientcomputern. Also wurde nach einer Strategie gesucht, um dieses Problem zu lösen. Ein Kollege der unbestritten ambitionierten Mannschaft nahm sich dieser Herausforderung an. Er kaufte und installierte die Enterprise-Version einer Virenscanner-Software eines anderen, derzeit sehr beliebten Herstellers. Sein Plan: Jeden Morgen jeweils von 09:00 Uhr bis 10:30 Uhr wurden die Alarmlisten der Software gesichtet und die befallenen Rechnersysteme von Viren befreit. Wäre die Aufgabenstellung »Arbeitsplatzsicherung« gewesen, hätte ich ihm keinen besseren Tipp zur Vorgehensweise geben können. Ich muss zugeben, dass die Enttäuschung in seinen Augen erkennbar war, als er von mir zu hören bekam, dass wir mit dieser Vorgehensweise nicht wirklich die Ursache des Problems, sondern nur dessen Symptome bekämpfen.

Bei System Center 2012 Operations Manager steht die Betrachtung der Ursachen im Vordergrund. Läuft eine Festplatte ständig voll, besteht die Lösung nicht in der Erstellung eines VB-Skripts, welches im halbtägigen Rhythmus nicht mehr benötigte oder zu viel erzeugte Protokolldateien löscht. Die Lösung besteht sicherlich auch nicht darin, die Erstellung dieser Protokolleinträge abzustellen. Womöglich werden diese Informationen aus abrechnungstechnischen oder rechtlichen Gründen benötigt. System Center 2012 Operations Manager »weiß« deshalb im Idealfall über alle wichtigen Betriebssystemrollen und -funktionen Bescheid. Er kennt ebenfalls die wichtigsten Softwareprodukte sowie deren Eigenschaften und macht auch vor den Besonderheiten von aktiven Netzwerkkomponenten nicht halt. Es werden also eine ganze Reihe von Fragen adressiert und auch beantwortet, wenn System Center 2012 Operations Manager an den Start geht:

- Welche Verfügbarkeit muss eine überwachte Komponente oder Anwendung aufweisen?
- Von welchen anderen Funktionen, Rollen oder Softwareprodukten hängt diese zu überwachende Komponente ab?
- Welche Funktionen, Rollen, Softwareprodukte oder anderen Komponenten hängen von dieser zu überwachenden Komponente ab?
- In welchen zeitlichen, quantitativen oder qualitativen Toleranzfenstern darf sich die Verfügbarkeit der Komponente bewegen?
- Welche minimale und welche optimale Skalierung hat diese Komponente?
- Ist die Konfiguration optimal oder könnte durch eine Änderung an derselben eine Verfügbarkeits- und/oder Qualitätssteigerung erzielt werden?
- Welche Schwellenwerte bei der Messung von Veränderungen müssen bei der Überwachung berücksichtigt werden?
- Welche Grenzwerte haben Einfluss auf die Verfügbarkeit dieser Komponente?
- Welche Grenzwerte anderer Komponenten beeinflussen die Verfügbarkeit der aktuell im Fokus stehenden Komponente?

Die Liste der zu adressierenden Aspekte kann beliebig fortgesetzt werden. Sie soll Ihnen an dieser Stelle aber nur einen Eindruck von obligatorischen Betrachtungsweisen vermitteln, die bei der Arbeit mit System Center 2012 Operations Manager eine Rolle spielen.

Anwendungen und Prozesse

Die Erfahrung hat gezeigt: Es hängt nicht von der Firmengröße ab, ob im Mittelpunkt der administrativen Arbeit eher die Prozessoren des Rechenzentrums oder aber die Prozesse der Fachabteilungen stehen. Es ist generell gefährlich, wenn Sie eine der beiden Seiten außer Acht lassen. Um zu manifestieren, was damit gemeint ist, müssen Sie sich nur die Vorgehensweise erfolgreicher Unternehmen vor Ihr geistiges Auge beamen. Beliebtes Anschauungsobjekt ist immer wieder die Automobilindustrie. Ist Ihnen vielleicht schon einmal aufgefallen, woran sich die Popularitätsrangfolge dieser Produzenten beim Endkunden orientiert?

Der Erfolg eines Modells ergibt sich aus der Kombination angewandter, bereits bekannter und innovativer Technologien sowie einer extrem aufwändigen Sicherstellung von Anwendbarkeit und Akzeptanz. Würde man bei diesen Unternehmen der reinen Technik eine größere Bedeutung bei der Entwicklung des Produkts einräumen, wäre das wirtschaftliche Fiasko vorprogrammiert. Wenn man beispielsweise ein Navigationssystem nur nach rein mathematischer Logik arbeiten lassen würde, käme man sicherlich früher oder später auch am Ziel an. Womöglich wären die Kollegen mit konventionellem Stadtplan dann allerdings sogar schneller. Allein bei diesem Beispiel spielen zahlreiche anwendungstechnische Facetten eine tragende Rolle. Ob es um Einbahnstraßen geht, die zeitliche Optimierung der Wegstrecke oder aber die Berücksichtigung von Einkaufszentren; jeder Anwender hat unterschiedliche Präferenzen und Bedürfnisse. Werden diese bei der Konzeptionierung von Technologien missachtet, leidet die Akzeptanz beim Endkunden.

Bei den Prozessen in der Informationstechnologie schaut das nicht anders aus, obwohl viele IT-Abteilungen immer noch dem Glauben verfallen sind, dass es die IT ohne sie nicht gäbe. Wieder einmal ein klassisches Beispiel für die Verwechslung von Ursache und Wirkung. Wer sich lieber mit Prozessen als mit Prozessoren beschäftigt, hat nicht nur die besseren Karten, in der evolutionären Weiterentwicklung der Informationstechnologie weiter mit an Bord bleiben zu dürfen. Er wird auch weniger Schmerz bei der Arbeit mit System Center 2012 Operations Manager verspüren. Denn genau da setzt das Produkt an.

Die Sprache der Kunden

Arbeiten mit System Center 2012 Operations Manager bedeutet deshalb in erster Linie das Beiseitelegen von Maus und Tastatur. In der Sprache der Fachabteilungen muss zu Papier gebracht werden, was die IT-Abteilung für den jeweiligen Bereich leisten soll. Selbst wenn der Fachbereich die IT nur zur Speicherung von Daten benötigt, muss – daraus abgeleitet – weitaus mehr definiert werden, bevor man sich über definierte Verfügbarkeiten unterhalten kann. Beispiele gefällig? Bitteschön:

- Welcher Platz muss in welchem Zeitraum zur Verfügung gestellt werden?
- Gibt es saisonale Schwankungen, die bei der Berechnung des Plattenplatzes berücksichtigt werden müssen oder können?
- Aus welchen Netzen wird auf dieses Ressource mit welchem Clientsystem zugegriffen?
- Soll bzw. muss der Zugriff auf die Dateiobjekte protokolliert werden? Muss jemand benachrichtigt werden, wenn ein unberechtigter Schreib- oder Lesezugriff erfolgt?
- Welche Durchsatzraten (Lese-/Schreibzugriffe) muss das System verkraften können?
- Wie viel freier Speicherplatz muss mindestens zur Verfügung stehen?
- Was soll geschehen, wenn die Untergrenze des verfügbaren Plattenplatzes erreicht ist?

Innerhalb eines Unternehmens werden diese Fragen in der Regel genauso oft zwischen Fach- und IT-Abteilung diskutiert und dokumentiert, wie man einen Marathonläufer auf der Autobahn antrifft. Sobald aber ein externer Anbieter mit ins Spiel kommt, sind diese Fragen Grundlage der Zusammenarbeit. Denn externe Anbieter werden über genau solche Parameter am Ende des Monats bezahlt. Vereinbarungen dieser Art auf Erbringungsebene sind sogenannte Vereinbarungen zum Servicelevel (Service Level Agreements, SLA).

Service Level Agreements

Zielvereinbarungen in Sachen Systemverfügbarkeit sind immer aus zeitlicher und aus leistungsbezogener Perspektive zu betrachten. Was nützen einem Terabyte an freiem Speicherplatz, wenn Sie fünf Minuten oder länger benötigen, um ein zweiseitiges Word-Dokument zur Anzeige an Ihrem Arbeitsplatz zu öffnen?

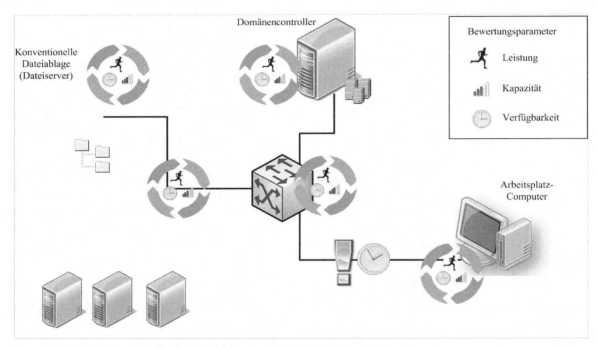

Abbildung 4.1 Die Definition von Service Level kann zur anspruchsvollen Aufgabe werden

Es ist wieder einmal wie im richtigen Leben: Bei einem Verkehrsunfall gibt es niemals eine hundertprozentige Alleinschuld. Selbst wenn Sie Ihren Wagen ohne Fremdverschulden aufgrund eines geplatzten Reifens unfreiwillig in den Straßengraben befördern, können Sie bereits mit einem mittelmäßigen Anwalt dafür sorgen, dass sich der Pneu-Hersteller oder Ihr Reifenhändler an den Reparaturkosten beteiligen muss.

Auch in der heutigen Informationstechnologie ist selten ein einziges Kriterium allein das ausschlaggebende Argument für inakzeptables Arbeiten am Arbeitsplatzcomputer. Die Abbildung 4.1 soll verdeutlichen, was damit gemeint ist. Die Verfügbarkeit eines IT-basierten Services beruht auf dem reibungslosen Zusammenspiel zahlreicher Komponenten. Und selbst wenn deren Verfügbarkeit gewährleistet ist, kann die theoretisch abrufbare Leistung nicht zur Geltung kommen, wenn die Verbindungsglieder dazwischen gerade eine Après-Ski-Party abhalten.

System Center 2012 Operations Manager erlaubt es uns, eine Gesamtbewertung dieser Abhängigkeiten zu beschreiben. Daraus lässt sich dann die Verfügbarkeit dieses Services berechnen und dokumentieren. Am Ende des Tags sind Sie also in der Lage, Ihre eigenen Service Level-Vereinbarungen damit zu erstellen und darauf basierende Auswertungen in regelmäßigen Zeitabständen zur Verfügung zu stellen. Die größte

Herausforderung liegt dabei in der klaren und eindeutigen Definition, was für Sie und für Ihre »Kunden« Verfügbarkeit bedeutet.

> **TIPP** Nichts ist so überflüssig und zugleich so zahlreich in den Aktenschränken von IT-Verantwortlichen vorhanden wie Vereinbarungen, an die sich niemand hält. Es ist extrem wichtig, dass Service Level Agreements zuallererst auf dem Papier entstehen. System Center 2012 Operations Manager ist ein hervorragendes Werkzeug, um die kontinuierliche Messung solcher Anforderungen sicherzustellen. Ist der Prozess aber nicht definiert und kommuniziert, verkommt Ihre Pflegearbeit in System Center 2012 Operations Manager zur Arbeitsbeschaffungsmaßnahme. Achten Sie daher immer auf die richtige Reihenfolge:
> - Definieren Sie den Prozess
> - Kommunizieren Sie die Erwartungshaltung
> - Einigen Sie sich auf Referenzwerte
> - Legen Sie gemeinsam die Maßnahmen fest, die bei einer Nichteinhaltung dieser kommunizierten Grenzwerte erfolgen
> - Sorgen Sie für Transparenz und Überprüfbarkeit, indem Sie festlegen, wer wann welche Berichte oder Zugriff auf Onlinekonsolen erhalten soll

Sind diese Aspekte geklärt, kann Ihnen System Center 2012 Operations Manager mit seiner Service Level-Überwachung hervorragende Dienste leisten.

Betrachtung aus anderem Blickwinkel

Lassen Sie uns nochmals kurz einen Blick auf Abbildung 4.1 werfen, um die Leistungsfähigkeiten von System Center 2012 Operations Manager anhand eines Beispiels aus meiner Zeit als Business Development Manager zu verdeutlichen. Einer meiner Kunden war ein Universitätsklinikum, dessen Fakultäten über das gesamte Stadtgebiet und darüber hinaus verteilt waren. An allen Standorten musste der Zugriff auf zentral bereitgestellte Dienste der Informationstechnologie rund um die Uhr möglich sein.

Wir reden an dieser Stelle ebenso von Dokumenten und Kommunikationssystemen wie vom Zugriff auf Patientenakten und der darin auch enthaltenen Röntgenbilder. Insbesondere letztere Spezies weist ein immenses Interesse an der Vernichtung wertvollen Festplattenplatzes auf den Datenservern auf. Die zentrale IT-Abteilung des Universitätsklinikums verfügte zu diesem Zeitpunkt neben einem ausreichend dimensionierten Rechenzentrum auch über einen in vergleichbarer Menge vorhandenen schlechten Ruf auf dem gesamten Campus.

Den verantwortlichen Administratoren gelang es nämlich nicht, die absolut miserablen und selbst ohne akkurate Zeitmessung nachweislich inakzeptablen Zugriffszeiten auf einen erträglichen Wert zu reduzieren. Ein weiteres Problem: Dieses Dilemma ließ sich weder bewusst reproduzieren, noch war ein Zeitfenster auszumachen, zu dem der Kriechgang periodisch auftrat. Alles war sehr undefiniert und unbefriedigend. Diese Situation sorgte für Unmut bei der Ärzteschaft und setzte die IT-Leitung in berechtigten Zugzwang.

Da die IT-Infrastruktur bei diesem Klinikum pro Microsoft orientiert war (und im Übrigen noch immer ist), entschied man sich dafür, System Center Operations Manager – damals noch in Version 2007 – zu implementieren. Ich durfte die Kollegen aus dem Infrastrukturbereich dabei unterstützen. System Center Operations Manager bietet von Haus aus Regelwerke für eine hohe Anzahl unterschiedlicher Prozesse an.

Diese Regelwerke kann man als Best-Practice-Pakete beschreiben. Einmal eingespielt, überwachen sie bestimmte Teilfunktionen unabhängig von der jeweiligen Skalierung. Es ist also unerheblich, ob man beispielsweise nur einen DNS-Server im Einsatz hat (was an sich nicht wirklich zu empfehlen ist) oder man derer drei, vier oder noch mehr in einem großen Netzwerk bereitstellt. System Center 2012 Operations Manager erkennt die Installation und – fast noch wichtiger – die Konfiguration und überprüft diese anhand optimaler Vorgabewerte. Diese Regelwerke werden im Kontext von System Center Operations Manager als Management Packs bezeichnet. Die Terminologie wird Ihnen im Verlauf dieses Buchs noch mehrfach begegnen.

Management Packs sind der Treibstoff für System Center Operations Manager und es gibt sie nicht nur, um die Überwachung Dutzender von Microsoft-Funktionen sicherzustellen. Der Drittanbietermarkt hat mittlerweile ebenfalls den Mehrwert von System Center Operations Manager erkannt und bietet immer öfter auch für deren Software- und Hardwareprodukte meist kostenlose Management Packs an. Aber dazu später mehr. Kommen wir zurück zur Universitätsklinik.

Nach Installation, Einweisung und Konfiguration von System Center 2007 Operations Manager wurden die ersten Management Packs eingespielt. Enttäuschend war allerdings, dass durch die Überwachung der Betriebssystemfunktionen keine Fehlfunktionen offenbart wurden. Die Ursache des Problems musste also an anderer Stelle zu finden sein. Aber auch die anschließende Integration der Netzwerküberwachung förderte nicht den erwarteten Aha-Effekt zu Tage. Erst mit der Installation des Management Packs zur Überwachung des Microsoft-Verzeichnisdiensts Active Directory wurde die Situation eindeutig. Der Ursprung allen Übels lag in einer falsch konfigurierten Domänencontroller-Infrastruktur. Weder die Standortverwaltung noch die darauf aufbauende Replikationstopologie waren ordnungsgemäß konfiguriert.

Der ständige Zuwachs an neuen Klinikstandorten verlangte nach einer kontinuierlichen Überarbeitung der Netzwerkinfrastruktur. Und genau das wurde irgendwann einmal vernachlässigt, dann nicht mehr sauber dokumentiert und am Schluss auch nicht mehr auf informellem Wege an die abhängigen Teilbereiche der IT kommuniziert. Wenn Active Directory keine saubere Abbildung der Netzwerksegmente vorfindet, ist der Stolperprozess vorprogrammiert.

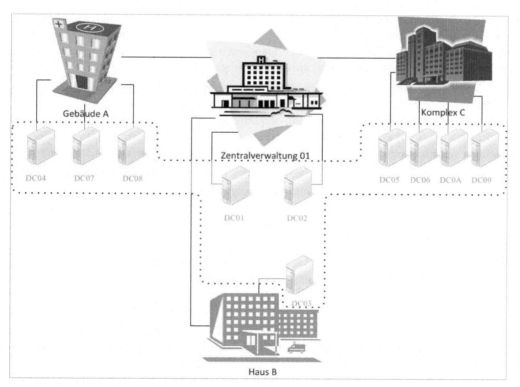

Abbildung 4.2 System Center 2012 Operations Manager schaut nicht nur auf Server, sondern kennt auch deren Verhältnis zueinander

System Center 2012 Operations Manager überprüft nicht nur die Verfügbarkeit oder Durchsatzrate, sondern auch die ordnungsgemäße Konfiguration eines Services. In diesem Fall wird durch das Importieren des zuständigen Management Packs für die Überwachung von Microsoft Active Directory mit der Überwachung des Verzeichnisdiensts begonnen. Einzige Voraussetzung dafür ist, dass auf mindestens einem Domänencontroller die Clientkomponente von System Center 2012 Operations Manager, der sogenannte Agent, installiert ist. Dies ist ausreichend, um in der Administrationskonsole alle anderen Domänencontroller ebenfalls aufgelistet zu bekommen.

Wir werden uns später in diesem und den nachfolgenden Kapiteln intensiver mit dem Agent, dessen Installation und auch dessen Konfiguration beschäftigen. Spätestens dann werden Sie die ganze Wahrheit über das in Abbildung 4.2 vorgestellte Szenario erfahren. Um der sachlich richtigen Vollständigkeit Genüge zu tun, muss nämlich an dieser Stelle auch noch erwähnt werden, dass ein einziger Agent für die vollständige und umfassende Überwachung von Active Directory nicht ausreichend ist.

Genau das – also die Installation des Agents auf allen Domänencontrollern – wurde beim Klinikum durchgeführt. Schon nach kurzer Zeit erstrahlte die Administrationskonsole in System Center 2012 Operations Manager im schönsten Alarm-Rot. Die Logik des Management Packs entdeckte die fehlerhafte Netzwerkkonfiguration und schlug Alarm. Die Ursache des Problems war damit schnell analysiert: Durch die unkorrekte Konfiguration spielten die Anmeldeserver für die Arbeitsplatzcomputer im jeweils lokalen Netz keine Rolle. Stattdessen wurde ein Großteil des eigentlich im lokalen Gebäudenetzwerk vermuteten Netzwerkverkehrs zwischen Teilabschnitten übergreifend verursacht. Darüber hinaus fand durch die eigentlich sinnvolle Implementierung von virtuellen Netzwerkbereichen (VLANs) keine Kommunikation zwischen den Anmeldeservern wie erwartet statt.

Das wirklich Wesentliche an dieser Schilderung ist die Verdeutlichung eines wichtigen Leistungsmerkmals von System Center 2012 Operations Manager: der Überwachung von logischen Diensten. Active Directory ist in der Regel kein Service, welcher nur auf einer einzigen Servermaschine zur Verfügung gestellt wird. Stattdessen nutzt man, wie in Abbildung 4.2 illustriert, je nach Komplexität und Ausweitung des Netzwerks eine nahezu beliebige Anzahl dieser Server. Die Funktionalität von Active Directory sorgt grundsätzlich und standardmäßig für einen Informationsaustausch zwischen allen mit dieser Aufgabe betrauten Servern.

Mit weiteren Details hinsichtlich der Leistungsfähigkeit von Active Directory muss ich Sie an dieser Stelle sicherlich nicht quälen. Wichtig ist jedoch, dass dieser Service auch funktioniert, wenn ein oder mehrere Server nicht mehr verfügbar wären. Dass das nicht das Ziel eines Regelbetriebs ist, bedarf ohne Zweifel keiner Diskussion. Ungeachtet dessen ist die Funktion gewährleistet, auch wenn nicht alle der in diesem Beispiel verwendeten Systeme verfügbar wären. System Center 2012 Operations Manager interpretiert die Verfügbarkeit der Rechnersysteme also separat von den damit bereitgestellten Services. Dadurch ist eine separate Beschreibung von Service Levels möglich.

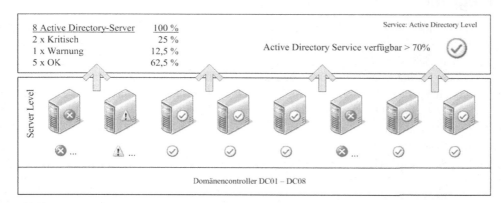

Abbildung 4.3 Eine reine Interpretationsfrage: Was »verfügbar« bedeutet, bestimmen Sie selbst!

Die Nichtverfügbarkeit eines einzelnen Serversystems sorgt damit nicht zwingend für eine Herabstufung der Verfügbarkeit eines Services wie Active Directory. Diese differenzierte Betrachtung ist extrem wichtig, wenn Service Level-Vereinbarungen die Grundlage für die Kostenverrechnung von IT-Dienstleistungen sind. Und diese Art der Differenzierung erlaubt System Center 2012 Operations Manager.

Wie Sie an der Darstellung in Abbildung 4.3 erkennen können, definieren Sie selbst, ab wann die Verfügbarkeit verteilter Dienste wie Active Directory in eine der drei farblich abgestuften Kategorien Grün (grüner Haken in grünem Kreis), Gelb (schwarzes Ausrufezeichen in gelbem Dreieck) oder Rot (weißes Kreuz in rotem Kreis) eingruppiert werden. Die Betrachtung der Verfügbarkeit ist in erster Linie eine freie Definition Ihrer Ansprüche.

HINWEIS Das oberste Ziel bei der Verwendung von System Center 2012 Operations Manager besteht also in der Sicherstellung der Verfügbarkeit überwachter Anwendungen und Prozesse. Dieses Ziel wird erreicht durch die Interpretation ermittelter Messwerte im Kontext des jeweiligen Services und in Abhängigkeit weiterer vor- und nachgelagerter IT-gestützter Teilfunktionen.

Das klingt recht kompliziert, ist es aber in Wirklichkeit nicht. Letztendlich bedeutet das nichts anderes, als dass System Center 2012 Operations Manager immer versucht, den Gesamtprozess zu betrachten. Es gibt auf dem Markt viele Lösungen, die dieses Ziel ebenfalls verfolgen und auch dazu in der Lage sind. Mit den vorbereiteten und in der Regel kostenneutral verfügbaren Management Packs entfällt jedoch eine aufwändige Konfiguration des Regelwerks. Die Anzahl der Management Packs nimmt stetig zu, und nicht nur Microsoft selbst sorgt für einen immer neuen Nachschub. Immer mehr Drittersteller springen auf den Zug auf und erlauben damit eine immer extensivere Integration relevanter Einzelbausteine. In dieser Betrachtungstiefe kann derzeit neben Microsoft kaum jemand mithalten. Bei aller Euphorie sollte jedoch nicht unerwähnt bleiben, dass es sich hierbei um eine professionelle, nicht kostenlose Serversoftware handelt. Es ist also nicht unerheblich, auch das Lizenzierungsmodell und die daraus resultierenden Investitionskosten in der Planungsphase zu berücksichtigen.

In Sachen Entitäten: Das Überwachungsmodell von System Center 2012 Operations Manager

Kennen Sie das Entitätsmodell von SAP? Nein? Haben Sie Interesse es kennenzulernen? Dann sollten wir uns zuerst darüber unterhalten, was Sie in den nächsten Monaten sonst noch vorhaben, denn dieser Workshop kann länger dauern. Keine Sorge, es handelt sich dabei um nichts Unanständiges; sicherlich würde es sonst nicht so lange dauern.

Entität und Integrität

Spricht man von Entitäten, sind damit in der Informationstechnologie eindeutig zu bestimmende Objekte gemeint, über die (nicht *mit denen*) Informationen gespeichert oder verarbeitet werden sollen. Das Objekt kann dabei materiell, immateriell, konkret oder abstrakt sein. Das zumindest ist die Definition, die man in Wikipedia für den Begriff der Entität findet. Dieser Satz zeigt, dass in Wikipedia nicht unbedingt immer alles klar verständlich sein muss. Ich gebe mein Bestes, um Ihnen im Verlauf dieses Kapitels und an vielen anderen Stellen in diesem Buch eine verständliche Erklärung über Entitäten zu vermitteln.

Auf diesem Modell baut das Konzept der Überwachung von Prozessen und Services mit System Center 2012 Operations Manager auf. Sie werden immer wieder auf diesen Begriff stoßen. Nur wird er allerdings alleinstehend konsultiert. In der Regel wird zeitgleich auch über »Integrität« sinniert. Beim täglichen Arbeiten mit der Operatorkonsole, der zentralen Bedienoberfläche von System Center 2012 Operations Manager, werden die gesammelten Alarm- und Warnmeldungen mit dem sogenannten Integritäts-Explorer analysiert.

In Sachen Entitäten: Das Überwachungsmodell von System Center 2012 Operations Manager

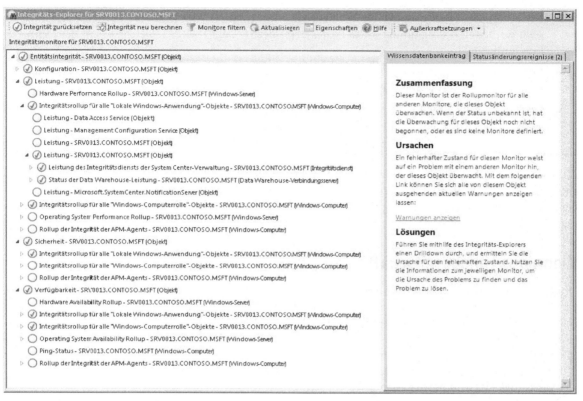

Abbildung 4.4 Damit aus einem »How are you?« konkrete Wahrheit wird

Die englische Originalbezeichnung für dieses Analystenwerkzeug, Health Explorer, klingt zweifelsfrei intuitiver und praxisbezogener. Übersetzungsbüros werden aber in der Regel nicht für harmonisch klingende Übersetzungen bezahlt, und von IT-Profis kann man schließlich erwarten, dass sie sich auch ohne sprachliche Parallelitäten zurechtfinden.

Das Ganze scheint etwas mit der Gesundheit von Systemen zu tun haben und damit sind wir auf dem richtigen Weg unterwegs. Bleiben wir ordnungsgemäß in der deutschen Version von System Center 2012 Operations Manager und werfen wir einen Blick auf die offizielle Definition des deutschen Bundesamtes für Sicherheit in der Informationstechnik (BSI) für den Begriff der Integrität. Kaffee bitte ...

> **Exkurs zur Integrität**
>
> Laut Glossar des Bundesamtes für Sicherheit in der Informationstechnik bezeichnet Integrität die Korrektheit (Unversehrtheit) von Daten und der Funktionsweise von Systemen. Und um es nicht allzu verständlich werden zu lassen, wird Integrität zusätzlich in folgende Ausprägungen differenziert:
>
> - **Korrekter Inhalt** Diese Integritätsart liegt vor, wenn Sachverhalte der realen Welt korrekt abgebildet werden. Dies soll beispielsweise durch Integritätsbedingungen sichergestellt werden.

- **Nicht modifizierter Zustand** Diese Integritätsart liegt vor, wenn Nachrichten unverändert zugestellt werden und Programme sowie Prozesse wie beabsichtigt ablaufen. Sie entspricht der Definition im BSI-Glossar.
- **Erkennung von Modifikation** Diese Integritätsart liegt vor, wenn unerwünschte Modifikationen, die nicht verhindert werden können, zumindest erkannt werden
- **Temporale Korrektheit** Diese Integritätsart liegt vor, wenn Nachrichten ausgetauscht und relevante zeitliche Bedingungen, wie etwa Reihenfolgen oder maximale Verzögerungszeiten, eingehalten werden

Alles verstanden? Wenn nicht, dann will ich Ihnen gerne helfen, ein besseres Verständnis für die Thematik zu entwickeln. Die Aufgabenstellung besteht darin, das Zusammenspiel verschiedener Funktionen zu beschreiben. Das Ganze sieht dann ein wenig aus wie ein Stammbaum, welcher bis ins vorletzte Jahrtausend zurückreicht.

Wenn aus Hilfsbereitschaft Chaos wird

Ohne diese Art der Dokumentation wäre es nicht möglich, Systemlandschaften weiterzuentwickeln. Jeder, der sich schon einmal mit einer Lösung zur Verwaltung der Mitgliedsgebühren seines Sportvereins oder Schachclubs beschäftigt hat, steht vor diesem Problem. Womit kann man diese Informationen auf die einfachste Art und Weise verwalten. In der Regel steht am Anfang der Evolutionskette immer etwas, das da Microsoft Excel heißt. Abhängig vom Innovationsgrad des Kassierers unterscheiden sich die Versionen des Programms. Allen gemeinsam – inklusive des Vor-Vorgängers Multiplan (erinnert sich noch jemand daran?) – ist die Fähigkeit, Grundrechenarten gerecht zu werden.

Sehr schnell wachsen die Ansprüche und es geht um viel mehr als nur um eine Zeile pro Mitglied, um 12 Spalten für jeden Monat und eine Kumulationsspalte pro Jahr. Die Ansprüche wachsen und der passionierte Teilzeitprogrammierer lernt ein neues Wort: S-Verweis. Diese Formel zum relativen Abgreifen verschiedener Daten an zentraler Stelle hat in Excel-Expertenkreisen ähnliche Aussagekraft wie das Statussymbol iPhone in der aktuellen Konsumgesellschaft: Man muss sie einfach haben, auch wenn keiner so richtig weiß, warum. Schnell wieder zurück zum Thema.

Wenn von Monat zu Monat die Ansprüche an Excel steigen, ändert sich in der Regel auch die Übersichtlichkeit der Arbeitsmappe. Mittlerweile steigt nur noch der ursprüngliche Vater des Gedankens in der Logik dieses Wirrwarrs durch und der Job als Vereinskassierer ist bis zur Rente sicher. Geht das Drama in den nächsten Akt, wird Microsoft Access auf den Plan gerufen, denn damit sind noch viel mehr Abhängigkeiten definierbar und das angelesene Programmierhalbwissen lässt sich beinahe schon intuitiv anwenden.

Wer nicht spätestens jetzt die Notbremse zieht, wird nach seinem Ableben den Spruch »Der beste Kassierer, den wir kannten« auf seinem Grabstein aus der Vereinskasse gesponsert bekommen. Denken Sie, dass diese Schilderung übertrieben und nicht realitätsnah ist? Dann muss ich Sie leider enttäuschen. Ich bin seit 1985 professionell im IT-Geschäft unterwegs und habe in den meisten Unternehmen, in denen ich tätig war oder welche ich beraten durfte, genau diese Szenarien vorgefunden. Einen großen Unterschied gab es tatsächlich in den meisten Fällen: Statt Mitgliedsbeiträgen wurden Materialwirtschaftsdaten und Buchhaltungsbelege mit Microsoft Excel und Microsoft Access verwaltet.

Vorhandene, für teures Geld angeschaffte Systeme zur abteilungsübergreifenden Unternehmensplanung – sogenannte ERP-Systeme (Enterprise Resource Planning) – werden mit großer Selbstverständlichkeit ignoriert. Das ist eine sehr gefährliche Situation für jedes Unternehmen, denn kein Entscheider ist in der Lage, strategische Entscheidungen auf Basis unvollständiger oder persönlich interpretierter Zahlen zu treffen. IT-Abteilungen haben an dieser Stelle versagt, wenn sie sich hier nicht als unpopulärer interner Berater im Sinne der Unternehmensführung positionieren.

Angewandte Entitätsmodelle

Ein guter Freund von mir, den ich an dieser Stelle gerne auch namentlich erwähne, ist Ralph Sester. Er ist Leiter der Informationstechnologie bei einer Sparkasse im Südwesten Deutschlands und Geschäftsführer eines Softwarehauses, das sich auf die Erstellung von Verwaltungssoftware für Bankenhardware spezialisiert hat. Seine Software basiert auf Microsoft Access und ich kann Ihnen nicht mehr sagen, wer von uns beiden zuerst mit der Programmierung auf dieser Plattform begonnen hat. Fakt ist aber, dass er heute unter anderem damit sein Geld verdient und mir in Sachen Programmierung bereits Lichtjahre voraus ist. Der Abstand wird sich bis zur Rente sicherlich noch massiv vergrößern, und das ist auch gut so.

Wenn man Ralphs Büro betritt, fällt einem sofort ein überdimensionales Poster ins Auge, das all die anderen Bilder im Raum recht klein erscheinen lässt: Es ist das Entitätsmodell seiner Verwaltungssoftware und beschreibt die Abhängigkeit der einzelnen Tabellen. Als Ralph mit der Entwicklung vor etlichen Jahren begann, war ausreichend Platz auf einem DIN-A3-Papier. Mittlerweile sind Endlosdrucker zur Selbstverständlichkeit in jedem besseren Copyshop geworden, sodass er bei der nächsten Renovierung auf den Kauf von Tapeten verzichten kann.

Das Wichtige an dieser netten Geschichte: Ohne diese Dokumentation, also ohne die Abbildung des Entitätsmodells, wäre es Ralph nicht möglich, seine Software kontinuierlich weiterzuentwickeln. Die Verbindungen und Verhältnisse der Daten ändern sich von Release zu Release. Menschen sind dazu gemacht, sich solche komplexen Zusammenhänge im Kopf zu merken. Ausnahmen bestätigen sicherlich die Regel; dazu zählt aber nicht einmal ein hervorragender Programmierer wie Ralph.

Abhängigkeiten sind in der typischen innerbetrieblichen Programmierarbeit selbstverständlich und bedauerlicherweise viel zu selten ausreichend dokumentiert. Die Dokumentation der einzelnen Entitäten (Tabellen, Berichte, Abfragen, Programmmodule usw.) ist jedoch keinesfalls ausreichend. Es ist zwingend notwendig, die Schnittstellen dazwischen zu definieren, zu beschreiben und zu Papier zu bringen. Dabei ist es fast schon egal, ob Sie die Dokumentation auf rein elektronischem Weg oder klassisch (altmodisch) auf realem Papier manifestieren. Die Papierindustrie geht daran sicherlich nicht zugrunde. Mein ehemaliger Arbeitgeber, ein Weltmarktführer für Spezialpapier, möge mir an dieser Stelle verzeihen.

Nachdem Sie jetzt einige konkrete Beispiele aus der Praxis kennengelernt haben, drehen wir das Ruder mit voller Kraft zurück auf System Center 2012 Operations Manager, wo – wie bereits erwähnt – ohne das Entitätsmodell ähnlich viel läuft wie auf einer Eisbahn ohne Kühlmaschine. Allerdings bin ich kein Freund von trockener Theorie. Die erfolgreichsten Dozenten dieser Welt erreichen ihr Auditorium ausschließlich über Visualisierung und praxisnaher Anwendung der zu vermittelnden Inhalte. Und um zu vermeiden, dass unser Kurs in der Wüste Gobi endet, suchen wir für die beispielhafte Anwendung des Entitätsmodells ein greifbares – wenn auch fiktives – Beispiel aus dem täglichen Leben. Willkommen in Ihrer Rolle als Hotel-Manager des ANSOLEX Inn, München. Ihre Aufgabe ist es, den Hotelbetrieb zu jedem Zeitpunkt sicherzustellen. Daraus ergeben sich folgende abgeleiteten Ziele:

- Alle Zimmer sind jederzeit buchbar
- Buchungsanfragen müssen jederzeit angenommen und – sofern Kapazität vorhanden ist – in Reservierungen umgesetzt werden
- Die Ab- und Anreise soll für alle Gäste jederzeit möglich sein
- Alle Leistungsmerkmale müssen von den Gästen nutzbar sein
- Die Rüstzeit pro Zimmer darf die als optimalen Wert definierte Zeit von 15 Minuten nicht überschreiten
- Weder Gäste noch Personal dürfen durch ungeplante Vorkommnisse in ihrer Sicherheit gefährdet sein
- Treten technische Probleme auf, muss deren möglicher Einfluss auf die bisher störungsfrei funktionierenden Bereiche auf ein Minimum begrenzt werden. Gleiches gilt für organisatorische Vorkommnisse.
- Im Falle von Störungen müssen dokumentiere Wiederherstellungsmaßnahmen sofort greifbar sein
- Eine regelmäßige Überprüfung der vollen Funktionsfähigkeit muss stattfinden

Die Liste der Teilziele stellt nur einen Auszug der Aspekte dar, für die Sie verantwortlich sind und an denen Ihre Qualität als Manager gemessen werden wird. Sollten Sie jetzt schon keine Lust mehr auf den (fiktiven) Job haben, lassen Sie sich trösten. Hätte ich stattdessen das Beispiel des Standortleiters einer Fastfood-Kette verwendet, würden wir uns erst wieder nach zwei Seiten zwingend notwendiger Teilziele wiedersehen. Lassen Sie uns Ihren neuen Job mit dem Entitätsmodell von System Center 2012 Operations Manager zusammenbringen.

Hotel-Management by Entity

Meine erste konstruktive Konfrontation mit System Center Operations Manager ergab sich in Redmond im Headquarter von Microsoft und ist mittlerweile fast schon 10 Jahre her. Als konstruktive Konfrontation definiert sich eine Situation, in der man sich mit einem Sachverhalt beschäftigen muss und bei der sich die Vertagung der sich daraus für Geist und Seele ergebenen unbequemen Situation keine Option darstellt.

Wenn Sie sich jetzt gerade fragen, von welcher Plantage ich die Kräuter für meinen Tee beziehe, geht es Ihnen erst einmal nicht anders, als meinem Lektor. Dessen Kommentar auf den Satz von soeben muss ich Ihnen vorenthalten. Wenn Sie dennoch Interesse daran haben: Mail genügt! Ich liefere nach! Und damit zurück zum Thema und hin zu einer verständlichen Erklärung.

Ich saß in einem der unzähligen Workshops, in der die einzelnen Produkt-Manager ihre Beiträge zur künftigen Version von System Center Operations Manager mit stolz geschwellter Brust vorstellten. Amerikaner verwenden in Präsentationen während des letzten Abschnitts »Questions & Answers« (Q&A, Fragen & Antworten) immer gerne die Floskel »Good Question«, wenn man irgendwelche Fragen zum Vortrag stellt.

Meine persönliche Übersetzung dieses Statements kann ich an dieser Stelle nicht wiedergeben; hat mir mein Lektor untersagt. Was nach dieser Floskel kommt, ist dann meist eine recht politische, wenig verbindliche Aussage. Dies ist insofern nachvollziehbar, da Entwickler nur in den seltensten Fällen definitive Aussagen zu Änderungswünschen geben dürfen. Zu groß ist der Druck, dass dadurch andere Prozesse in ihrer Integrität (da ist sie wieder) gefährdet werden. Deshalb müssen diese Anfragen genauestens überprüft werden, um die Qualitäten hinsichtlich Leistung und Verfügbarkeit der einzelnen Entitäten nicht infrage zu stellen. Keiner der damals anwesenden Teilnehmer an diesem TAP-Programm – wir waren rund 30 Damen und Herren aus der ganzen Welt – hatte den Schneid, sich nach der Bedeutung des Entitätsmodells im Kontext von System Center Operations Manager zu erkundigen.

Offensichtlich dachte jeder, dass die Kollegin am Schreibtisch daneben das sicherlich wüsste. Schließlich wollte man sich nicht blamieren. Somit löste sich der konstruktive Konflikt glücklicherweise recht bald mit dem Beginn der Pause und dem Gang zum einfach nur genialen Kalt- und Warmgetränkearsenal in allen Buildings von Microsoft. Was blieb, war die große Frage, wie erklär ich's meinen Kollegen und Kunden?

Beispiele mussten her. Eines der populärsten ist die Erklärung anhand eines Kreuzfahrtschiffs. Aufgrund der aktuellen Vorkommnisse ist dieses Konzept ähnlich populär wie ein Requiem während des Rosenmontagumzugs in Köln. Ich weiche deshalb sehr gerne auf das zweite »Bilderbuch« aus: Beschreibung des Entitätsmodells anhand von Räumen und Gebäuden. Über die Jahre sind aus den abstrakten Räumlichkeiten greifbare Hotelzimmer im fiktiven ANSOLEX Inn geworden. Ob das Hotel in München, Stuttgart oder Hannover steht, bleibt Ihrer Phantasie überlassen.

Ein Hotel bietet so ziemlich alle Funktionen, über die man zur plastischen Erklärung der Funktionsweise von System Center Operations Manager referieren kann. Wichtig ist, dass sich diese Funktionen seit der letzten Version nicht oder nur unwesentlich geändert haben. Es handelt sich dabei um eine Art Ansammlung grundlegender, allgemeingültiger Prozesse, die man fast schon als Prinzipien definieren könnte. Steigen wir ein und werfen einen ersten Blick auf ein beliebiges Stockwerk unseres Hotels.

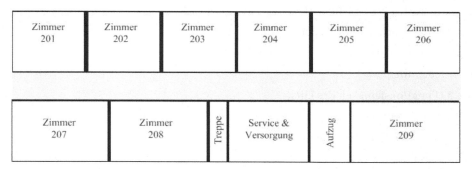

Abbildung 4.5 Hängt an jeder Hotelzimmertür: der Lageplan des aktuellen Hotelstockwerks mit der Anordnung der Hotelzimmer

Wir stellen fest: Es handelt sich um ein Hotel mit nicht mehr als 10 Zimmer pro Stockwerk. Zumindest interpretieren wir das aus den Informationen in Abbildung 4.5. Neben den neun als Gästezimmer verwendeten Räumen gibt es noch einen Bereich, der vom Zimmerservice zum Deponieren von Putzmittel, Wäsche und den weiteren, üblichen Utensilien verwendet wird. In diesem Raum finden wir auch die Strom- und Wasserunterverteilung für dieses Stockwerk. Es ist anzunehmen, dass auf den anderen Stockwerken – fünf weitere über und zumindest zwei unter uns – diese Unterverteilungsfunktion auf gleicher Höhe angeordnet ist.

Ebenso in allen Etagen auf gleicher Position finden wir den Lift und das Treppenhaus. Alle Zimmer sind über einen zentralen Flur in der Mitte des Stockwerks zugänglich. Die Zimmer im südlichen Bereich des Hotels sind etwas größer dimensioniert und mit mehr Komfort ausgestattet als die im Nordflügel. Soweit die objektive Beschreibung der aktuellen Gegebenheiten. Stellen Sie sich vor, wir würden die Funktionsfähigkeit eines jeden dieser Zimmer mit System Center 2012 Operations Manager überwachen. Nicht vergessen: Sie sind der Hotel-Manager. Ihre Aufgabe ist es, den Betrieb am Laufen zu halten und dabei zu keinem Zeitpunkt Gäste und Personal in eine lebensbedrohende Situation zu führen. Was also könnten Fragen sein, die wir gerne zu jedem Zeitpunkt beantwortet wüssten. Um das Szenario nicht zu komplex werden zu lassen, bleiben wir mit unseren Fragen auf dem zweiten Stock von ANSOLEX Inn:

1. Ist das Zimmer 20x verfügbar?
2. Ist das Treppenhaus zum zweiten Stockwerk frei zugänglich?
3. Funktioniert der Lift einwandfrei in diesem Stockwerk?
4. Ist der Flur im zweiten Stock vollständig einsatzbereit?
5. Sind die Fluchttüren richtig gekennzeichnet und funktionsfähig?
6. Sind die Versorgungseinrichtungen im Raum »Service & Versorgung« frei zugänglich?
7. Stimmt die Temperatur auf diesem Stockwerk?
8. Funktionieren die Klimaanlagen bzw. Heizungen?

Ich beende das Fragespiel an dieser Stelle. Wenn Sie sich mit all Ihrer Vorstellungskraft in Ihre neue Aufgabe als Hotel-Manager hineinversetzen, werden Sie merken, dass aus fast jeder dieser Fragen mindestens eine weitere Frage resultieren muss. Auch hier einige Beispiele. Ich hoffe, Sie spielen weiter mit und merken bereits, wie extrem nahe wir am Entitätsmodell von System Center 2012 Operations Manager bereits angelangt sind:

- Folgefragen zu Frage 1 (Verfügbarkeit der Zimmer)
  - Wie definieren wir die Verfügbarkeit eines Zimmers?
  - Welche Kriterien entscheiden über Verfügbarkeit und Nichtverfügbarkeit?
- Folgefragen zu Frage 2 (Zugänglichkeit des Treppenhauses)
  - Ist der Zugang sowohl vom dritten als auch vom ersten Stock aus möglich?
  - Funktioniert die Beleuchtung?
- Folgefragen zu Frage 3 (Funktionsfähigkeit des Lifts)
  - Ist für eine ausreichende Belüftung im Lift gesorgt?
  - Ist der Lift ordnungsgemäß (oder ausreichend) ausgeleuchtet?
  - Hält der Lift im zweiten Stock?
  - Wird das Stockwerk auch zu den Stoßzeiten ausreichend schnell bedient?
- Folgefragen zu Frage 4 (Zustand des Flurs)
  - Ist die Beleuchtung ordnungsgemäß (oder ausreichend)?
  - Sind die Fluchtwege auch in Paniksituationen zu finden?
  - Sind ausreichend Feuerlöscher vorhanden und funktionsfähig?
  - Erfüllt die aktuelle Sauberkeit die Ansprüche der Hotelleitung?
- Folgefragen zu Frage 5 (Fluchttüren)
  - Sind die Fluchttüren problemlos zugänglich?
  - Wird deren Missbrauch kontinuierlich überwacht?
- Folgefragen zu Frage 6 (Zustand des Versorgungs- & Serviceraums)
  - Sind die Versorgungsleitungen für die einzelnen Zimmer eindeutig gekennzeichnet und separat an- und abschaltbar?
  - Sind Brand- und Wassermelder an allen Stellen aktiv und wird deren Funktionsfähigkeit regelmäßig geprüft?

- Wie viele Brand- und Wassermelder dürfen maximal zur gleichen Zeit ausfallen?
- Sind die Versorgungs- und Serviceräume je Stockwerk gegeneinander abgeschottet? Was passiert bei einem Wasserrohrbruch?

- Folgefragen zu Frage 7 (Klimatisierung)
  - Welche Temperatur ist eingestellt und wie wird die Einhaltung dieser Temperatur sichergestellt?
  - Wer wird benachrichtigt, wenn Heizung oder Klimaanlage ausfallen?
  - Welche Kriterien entscheiden über Zu- und Abschaltung von Heizung oder Klimaanlage?
  - Welche Maßnahmen sind definiert, um einen Ausfall von Heizung und Klimaanlage so selten wie möglich eintreten zu lassen?

Fragen über Fragen, welche womöglich aber erst den Anfang darstellen. Richtig spannend wird es, wenn wir die einzelnen Zimmer genauer unter die Lupe nehmen. Wie definiert sich die Einsatzfähigkeit eines einzelnen Zimmers? Und in wieweit hat ein Problem in einem einzelnen Zimmer Auswirkung auf die anderen Zimmer auf dem gleichen Stockwerk, auf das ganze Stockwerk oder vielleicht sogar auf die Verfügbarkeit des gesamten Hotels? Wenn Sie der Meinung sind, dass wir jetzt an einem Punkt angekommen sind, an dem die Situation Hollywood-Movie-Niveau bekommt, darf ich Sie mit einem Beispiel aus der allzu realen Praxis abholen. Dazu müssen wir allerdings kurz die Hotelwelt verlassen.

Eine Sporthalle in Nordrheinwestfalen. Wie jeden Tag wird die Halle auch an diesem Freitag von den Reinigungskräften der Gemeinde gesäubert. Wie immer kommen die professionellen Putzgerätschaften zum Einsatz und wie immer wird der Tank der Reinigungsmaschine mittels Wasserschlauch gefüllt, bevor das industrielle Reinigungsmittel zugemischt wird. Kaum zwei Stunden später ist alles erledigt. Leider wird jedoch nicht noch einmal überprüft, ob der Wasserhahn auch vollständig verschlossen wurde. Er wurde es nicht. Es passiert, was passieren muss: Das Wasser hat ausreichend Zeit, sich über das Wochenende in der ganzen Halle zu verteilen; die Halle ist am Montag als überdimensionierte Kneippsche Wassertretstelle verwendbar. Weniger lustig gestimmt sind Hausmeister und Schulträger, denn der Hallenboden ist nicht mehr zu retten. Rund 100.000 € Reparaturkosten werden fällig, die Ausfallzeiten für die Nutzung der Halle selbst werden nie beziffert. Dieser Fall ist tatsächlich in der Realität geschehen und zeigt, wie wichtig Überwachung sein kann.

Beeinflussung der Integrität durch abhängige Entitäten

Sie erkennen, wie wichtig eine geeignete Überwachung ist. Reden wir von der Überwachung einer Entität Hotelzimmer, muss deshalb sehr genau auf die Beschreibung dieses Objekts geachtet werden. Diese Entität allein zu betrachten, wäre aber ebenso falsch wie fahrlässig. Der informelle Fragenkatalog von soeben zeigt, dass es Abhängigkeiten gibt, welche sehr wohl Einfluss auf den Gesundheitsstatus des gesamten Gebäudes haben können. Im Kontext von System Center 2012 Operations Manager sorgt der Entwickler einer Überwachungslogik für die Berücksichtigung dieser Abhängigkeiten. Dieses Vererbungskonzept sorgt zugleich auch dafür, dass die Kette der aufeinander aufbauenden Entitäten nicht nur hinsichtlich ihrer jeweiligen Verfügbarkeit überwacht wird. System Center 2012 Operations Manager beachtet auch die Wechselwirkung zwischen den Entitäten und reklamiert gegebenenfalls die Einschränkung bei der Verfügbarkeit.

Entitäten beeinflussen, abhängig von ihrem Verfügbarkeitszustand, die Integrität einer Infrastruktur. Folgen wir der eingangs erwähnten Definition von Entität, muss selbige eindeutig beschrieben und damit von anderen Entitäten deutlich abgrenzbar sein. Die eindeutige Beschreibung eines Hotelzimmers könnte somit beispielsweise dergestalt aussehen:

- Eindeutige Identifikationsnummer
- Stockwerksnummer
- Zimmernummer
- Flügel (Nordflügel/Südflügel)
- Zimmeranzahl
- Zimmergröße in Quadratmeter
- Zimmerbezeichnung
- Sonderausstattung
- Bettgröße

Während man über den Sinn mancher Feldbezeichnungen lange diskutieren kann, sind die Spalten *Eindeutige Identifikationsnummer* und *Zimmernummer* akzeptabel und deren Funktion nachvollziehbar. Extrem wichtig ist hier auch das Feld *Stockwerksnummer*, was man vielleicht besser in *Stockwerk-ID* umbenennt. Dieses Feld stellt den Link zur nächst höheren Ordnungsinstanz, dem Hotelflur, her.

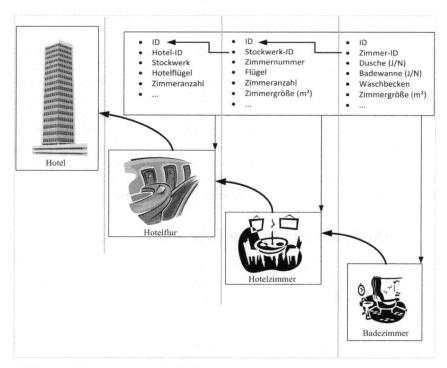

Abbildung 4.6 Vererbungslehre in der IT: Wer stammt von wem ab?

Den schematischen Aufbau eines mehrstufigen Integritätsmodells mit vier Entitäten habe ich für Sie in Abbildung 4.6 illustriert. Es fehlt hier die Entitätsbeschreibung für die in diesem Beispiel höchste Entitätsebene, das Hotel. Das Spiel lässt sich jedoch auch darüber beliebig fortsetzen. Was würde passieren, wenn die Zufahrtstraßen zu Ihrem Hotel aufgrund massiver Baumaßnahmen plötzlich nicht mehr genutzt werden können?

Betrachten wir dann allein das in Abbildung 4.6 gezeigte Szenario, würde die Verfügbarkeit des Hotels im schönsten dunkelgrün angezeigt. Im wahrsten Sinn des Worts bemerkenswert ist dann auch die Leistungskurve, welche uns Auskunft über die Belegung des Hotels gibt. Die Herausforderung besteht darin, in einer weiteren Fragerunde die relevanten Faktoren für die Überwachung der Infrastruktur rund um das Hotel festzulegen. Sind die Straßen nicht befahrbar, nutzen die schönsten und saubersten Zimmer nichts. Das Spiel der hierarchischen Abhängigkeit kann länger dauern als mancher Flug zum Mars.

Interpretation der Integrität

Lassen Sie uns zurückkehren zur Stockwerkbetrachtung aus Abbildung 4.5. Dieser Fokus ist ausreichend groß dimensioniert, um den Überblick in Sachen Entitäten und Integrität für einen ersten Überblick nicht zu verlieren. Alles, was danach kommt, ist nur eine Anwendung in einer anderen Dimension oder mit anderen Entitäten, letztendlich also nur eine maßstäbliche Anwendung der prinzipiellen Vorgehensweise. Mit der nun folgenden Abbildung schauen wir uns eines der Gästezimmer einmal etwas genauer an.

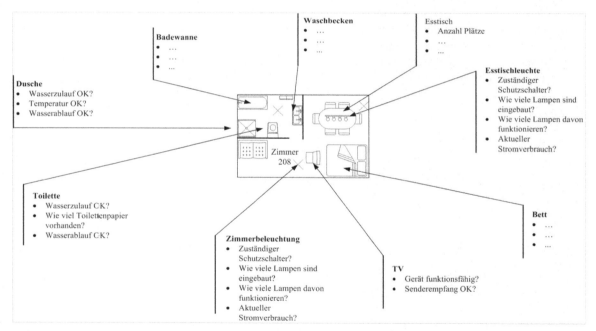

Abbildung 4.7 Betrachtungsmöglichkeit eines Raums durch die Entitätsbrille von System Center 2012 Operations Manager

Dabei analysieren wir die einzelnen Entitäten und leiten mögliche überprüfbare Fragen jeweils davon ab. Das Ziel dabei ist es, mittels dieser Informationen eine möglichst genaue Interpretation des Integritätsstatus von Zimmer 208 zu erhalten. Die in Abbildung 4.7 aufgezeigten Entitäten repräsentieren dabei nur eine Idee über eine denkbare Differenzierung. Auch die ausgesuchten Fragen sind nur Gedankenanstöße; letztendlich zählt nur die Möglichkeit zur Aussage über die Gesamtverfügbarkeit. Bei einigen Entitäten habe ich bewusst keine Fragen aufgeführt, um Ihre Phantasie anzuregen. Falls Sie Zeit und Lust haben, schnappen Sie sich Block und Papier und vervollständigen Sie die vorhandenen Leerzeilen.

Damit haben Sie im Grunde die Basis des Diversifikationskonzepts von System Center 2012 Operations Manager schon verstanden. Sollten Sie andere Überwachungswerkzeuge kennen, deren Fokus auf der Überwachung von Verfügbarkeiten einzelner Systeme liegt, trennen Sie sich bitte von diesem Paradigma. Übertragen auf die Illustration aus Abbildung 4.7 bedeutet dies, dass die Verfügbarkeit einzelner Entitäten nicht zwingend im Vordergrund steht. System Center 2012 Operations Manager baut durch die Anwendung der Integritätsbetrachtung auf der folgenden Basis auf:

- Die Einstufung der Verfügbarkeit einer Entität wird durch die Analyse einer oder mehrerer messbarer Parameter unter gleichzeitiger Berücksichtigung der Zeitachse ermittelt und interpretiert. Je nach überwachter Entität und des darauf angewandten Regelwerks wird also beispielsweise zuerst eine Veränderung der Verfügbarkeit festgelegt, wenn die Unter- oder Überschreitung der Messwerte einen vorgegebenen Zeitraum anhält.
- Die Bewertung der Verfügbarkeit erfolgt in drei Abstufungen:
    - Grün = verfügbar
    - Gelb = Warnung
    - Rot = kritisch/nicht verfügbar
- Die Einstufung einzelner voneinander abhängiger Entitäten führt nicht zwangsweise zur Beeinflussung des Integritätszustands der gesamten Entitätskette. Eine ausgefallene Glühlampe in der Esstischleuchte generiert somit zwar eine Störungsmeldung in System Center 2012 Operations Manager, und der Integritätszustand der Esstischleuchte wird zum Beispiel auf »Gelb« herabgestuft. Die Integrität von Zimmer 208 ist dadurch jedoch nicht beeinflusst und bleibt weiterhin auf »Grün«.

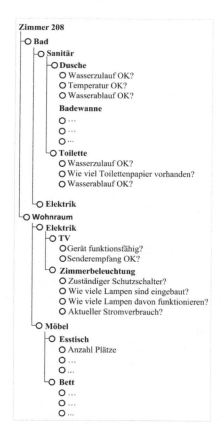

Abbildung 4.8 Hierarchische Anordnung der Entitäten und Messwerte

Bei der Entwicklung von Entitätsmodellen für die Verwendung mit System Center 2012 Operations Manager wird die gegenseitige Abhängigkeit in einer hierarchischen Baumstruktur besonders deutlich. Für jeden zu überprüfenden Wert und für jede Kategorie, welche die jeweilige Entität interpretiert, wird ein Status ermittelt, welcher nach oben durchgereicht wird. Jeder dieser Messpunkte lässt sich individuell beeinflussen, an- oder abschalten. Auf jeder Konsolidierungsebene erfolgt bei Bedarf eine erneute Interpretation der Integrität. Wird das Resultat aus der Konstellation der Messpunkte auf dieser Ebene als überprüfenswert oder kritisch eingestuft, kann bei Bedarf eine Alarmierung erfolgen. Wer mit System Center 2012 Operations Manager oder einer der Vorgängerversionen noch nicht gearbeitet hat, wird später bei der Praxisanwendung an dieser Stelle möglicherweise mehrere generierte Alarmmeldungen vorfinden. Das verwirrende daran: Das kann, muss aber nicht zwingend so sein. Der Ausfall der Glühbirne (die heutige Generation spricht wohl eher von Energiesparlampen) in der Esstischleuchte ruft den Zimmerservice auf den Plan. Parallel dazu wäre jedoch auch denkbar, dass auf »Zimmerbeleuchtungsebene« ebenfalls ein Alarm erzeugt wird, der unabhängig davon behandelt wird, wenngleich die Ursache die gleiche ist. Die Darstellung in Abbildung 4.8 bezieht sich auf die Inhalte der vorherigen Abbildung 4.7.

Einige der Entitäten habe ich dabei nicht übernommen. Das wirkt sich positiv auf den geringeren Platzverbrauch der Zeichnung aus. Die Abbildung verfügt jedoch über genügend unterschiedliche Ausprägungen, um die Möglichkeit zur Interpretation der Integrität in beliebig komplexer Tiefe zu demonstrieren. Machen Sie sich weiterhin keine Sorgen, falls Sie sich zum ersten Mal mit der Thematik der service-orientierten Überwachung auseinandersetzen. System Center 2012 Operations Manager ist nicht zufällig extrem verbreitet am Markt. Wie bereits weiter vorne erwähnt, werden die Regelwerke normalerweise von den Entwicklern eines Softwareprodukts beziehungsweise einer Softwarelösung bereitgestellt. Das hat aus Anwendersicht zwei unüberbietbare Vorteile:

- Keiner kennt seine Software besser als der Entwickler oder das Entwicklerteam. Lösungen wie beispielsweise Microsoft Exchange oder Microsoft SharePoint Server verfügen über eine außerhalb von Redmond unbekannte Anzahl von Funktionen und Monitoren. Diese Produkte werden von einer ganzen Armada von Programmierern über Jahre hinweg entwickelt. Wenn sich ein Drittanbieter daran macht, für diese Leistungsklasse ein Überwachungsregelwerk zu entwickeln, ist ein Scheitern vorprogrammiert. Menschen, die sich so etwas zutrauen, passen meist ungesehen in das Klischee des ledigen, kinderlosen, gesellschaftsscheuen, humanoiden Maulwurfs. Sie verfügen über ausreichend Zeit, um Software zu sezieren, um danach mit ihrem Wissen in den einschlägigen Computerforen dieser Welt mit ihrem einzigartigen Hintergrundintellekt zu glänzen.

  Ich gebe zu, dass ich schon mehr als einmal glücklich darüber war, auf diese Spezies Mensch zurückgreifen zu dürfen. Auf Dauer ist in diesem Abhängigkeitsverhältnis keine zuverlässige Bank in Sachen kontinuierlicher Unterstützung im völlig überraschenden Bedarfsfall möglich. Spätestens bei der nächsten LAN-Party besteht das Risiko, dass auch solche KI-Intelligenz-Konzentrate ihre Rezeptoren auf feminine Ziele ausrichten. Dann wird es ruhig im Blog, denn Männer sind nicht multitaskingfähig. Vielleicht ist auch das der Grund, weshalb Steve Ballmer angeordnet hat, dass die Entwicklungsabteilungen aller neuen Serverprodukte zum Zeitpunkt der Produktauslieferung ein solches Regelwerk für die Kunden zur Verfügung stellen müssen, die System Center 2012 Operations Manager zur Überwachung verwenden.

- Verwenden Sie Standardsoftware, müssen Sie sich nicht über die Abbildung einer Logik wie in Abbildung 4.8 gezeigt den Kopf zerbrechen. Ihre Aufgabe besteht *nur* noch darin, die interpretierten Zustände in Ihrer individuellen Servicebetrachtung zu verwenden. Die vorhandenen Möglichkeiten zur Visualisierung Ihrer IT-basierten Services schauen wir uns im weiteren Verlauf dieses Buchs in Kapitel 14 genauer an.

Für die eher cholerisch veranlagten sei zur Rettung des restlichen Arbeitstags an dieser Stelle ins Feld geführt, dass Sie mit System Center 2012 Operations Manager so ziemlich alles überwachen können, was über eine aktuelle Netzwerkverbindung basierend auf dem Netzwerkprotokoll TCP/IP kommunizieren kann.

HINWEIS Da ich hoffe, dass die strategischen Kapitel nicht nur von Technikern gelesen werden, erkläre ich den Term TCP/IP an dieser Stelle für die strategisch orientierten Kolleginnen und Kollegen. TCP/IP steht für Transmission Control Protocol/Internet Protocol. Es ist quasi die englische (einheitliche) Sprache (Protokoll) aller aktuellen Computersysteme. TCP/IP stellt die De-facto-Basis des Datenaustauschs im Internet dar.

Selbst wenn der Hersteller einer Soft- oder aber auch Hardware kein Regelwerk für dessen Produkt und zur Verwendung unter System Center 2012 Operations Manager zur Verfügung stellt, können Sie dennoch eine kontinuierliche Überwachung auf Basis von selbst definierten Regeln realisieren. Ein Gefühl für die Unterschiede zwischen manuell erstellten und von Softwareproduzenten bereitgestellten Regelwerken lernen Sie in Teil B dieses Buchs kennen.

Get together: Die Anwendung des Integritätskonzepts

Zum Schluss dieses Abschnitts bringen wir die Anforderungen zur Sicherstellung der Verfügbarkeit Ihres Hotels ANSOLEX Inn mit dem Entitätsmodell und der Integritätsüberwachung von System Center 2012 Operations Manager zusammen. Ich habe mir dazu erlaubt, die Abbildung 4.5 von Seite 57 an dieser Stelle nochmals erneut einzufügen. Dieses Mal allerdings unter Berücksichtigung des jetzt bekannten Wissens. Sie können sich das Zurückblättern sparen, denn Sie werden sich gleich wieder an die Ausgangsgrafik erinnern, wenn Sie einen Blick auf die Abbildung 4.9 werfen.

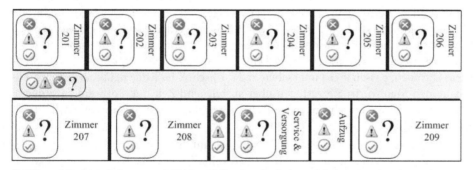

Abbildung 4.9 Jetzt wird's spannend: Welchen Einfluss hat eine Entität auf die Integrität eines Systems?

Deutschland ist ein Land voller Regeln. Man kann sich sicherlich darüber streiten, ob man wirklich derart viele Vorschriften benötigt. Ohne Ampeln hätten wir jedoch ohne Zweifel mindestens zwei Probleme: Der Verkehrszeichenhersteller Dambach im badischen Rastatt wäre schon lange insolvent und zum Zweiten hätten die Versicherungen in Deutschland weitaus mehr zu tun. Mit der gleichen Anzahl von Rot/Gelb/Grün-Symbolen wie bei System Center 2012 Operations Manager ginge jedoch auf deutschen Straßen überhaupt nichts mehr. Für jede Entität und der zu deren Interpretation verwendeten Messgrößen existiert eine derartige Lichtorgel. Glücklicherweise werden aber standardmäßig immer nur diese Ampeln angezeigt, welche nicht auf Grün stehen.

Alle Zustandsermittlungsfühler, deren Wert auf unbedenklich steht, werden standardmäßig nicht angezeigt, wenngleich Sie sich auch diese jederzeit einblenden lassen können. Eine wesentliche Neuerung bei System

Center 2012 Operations Manager ist die Filterung der Integritätsinformationen. Wenn Sie sich mit dem sogenannten Integritäts-Explorer eine Baumstruktur ähnlich dem fiktiven Beispiel aus Abbildung 4.8 einblenden lassen, werden standardmäßig nur die problembehafteten sowie die von diesem Zustand negativ beeinflussten Entitäten aufgelistet. Erst mit einem zusätzlichen Mausklick wird die gesamte Abhängigkeitskette sichtbar gemacht. Wir schauen uns das später in diesem Kapitel noch einmal anhand von Screenshots im Detail an.

Zurück zu Ihrem Job als Hotel-Manager: Wir sind mit diesem Konzept somit in der Lage, eine beliebige serviceorientierte Betrachtung unserer Entitätslandschaft zu realisieren. Ganz egal, ob Sie für Ihren Zimmerservice eine Onlinedarstellung der Raumverfügbarkeit realisieren oder das gesamte Hotel auf einem Monitor an der Rezeption mit einer Gesamtübersicht visualisieren wollen. All das lässt sich mit System Center 2012 Operations Manager aufgrund des zugrunde liegenden Entitätsmodells umsetzen. Die Strategie, integre Bausteine autonom zu betrachten, erlaubt uns darüber hinaus die Betrachtung aus unterschiedlichen Blickwinkeln. Damit ist gemeint, dass wir nicht nur zu jedem Zeitpunkt das Fenster mit Ausblick auf den Status der Hierarchie wie in Abbildung 4.8 gezeigt öffnen können. Wir können die Informationen auch in ganz andere Betrachtungswinkel zusammenfassen. Einige konkrete Beispiele dazu:

- Wie hoch ist die Anzahl ausgefallener Esstischlampen … unabhängig vom jeweiligen Zimmer?
- Welche Zimmer sind nicht einsatzbereit … wobei zu definieren ist, ab welcher Konstellation von Warn- oder Alarmmeldungen welcher Entitäten ein Zimmer als nicht mehr verwendbar einzustufen ist?

Fazit

Wir wissen jetzt, dass es nichts Unanständiges ist, wenn wir uns für die Integrität überwachter Entitäten interessieren. System Center 2012 Operations Manager zerpflückt die Funktionen und Leistungswerte von Servern und Services in unabhängige Einzelteilbetrachtungen. Diese Strategie erlaubt eine beliebig filigrane Beobachtung einer Service- oder Systemlandschaft. Die Leistungsfähigkeit liegt dabei weit über den Möglichkeiten zur Überprüfung einzelner Grenz- oder Schwellenwerte. Stattdessen interpretiert System Center 2012 Operations Manager durch das vorhandene Konzept ständig die Auswirkungen auf vor- oder nachgelagerte Funktionen.

Durch das Verlassen der maschinenfokussierten Betrachtungsweise ist die Überwachung von computersystemunabhängigen Diensten wie beispielsweise Active Directory erst möglich. Komplexe Dienste dieser Art sind grundsätzlich auf mehrere Computersysteme verteilt. Dadurch soll eine höhere Verfügbarkeit erreicht werden. Mit anderen Worten – und stark vereinfacht formuliert – funktioniert Active Directory auch dann noch, wenn eine gewisse Anzahl von Domänencontrollern kurzfristig den Geist aufgegeben hat. System Center 2012 Operations Manager kann mit dieser Differenzierung umgehen und trennt zwischen Services und Servern. Dieses Konzept wurde in den letzten beiden Abschnitten verdeutlicht.

Aus Sicht des Betrachters: Von Agenten und Beobachtern

System Center 2012 Operations Manager bezieht seine Informationen von überwachten Computersystemen oder Netzwerkkomponenten. Die Sammlung der Informationen auf diesen Systemen basiert grundsätzlich auf der Installation einer Clientkomponente, dem sogenannten Agent. Die Agent-Komponente ist spezifisch für jede der unterstützen Betriebssystemderivate. Microsoft stellt diese Agents für folgende Betriebssysteme aus dem eigenen Haus bereit:

- Windows Server 2003 SP2
- Windows Server 2008 SP2
- Windows Server 2008 R2
- Windows Server 2008 R2 SP1
- Windows XP Professional x64 Edition SP2
- Windows XP Professional SP3
- Windows Vista SP2
- Windows 7

Zum aktuellen Zeitpunkt gibt es noch keine offizielle Freigabe von Microsoft für die neuen Betriebssystemversionen Windows Server 2012 und Windows 8. Meine eigenen Kompatibilitätstests sind jedoch alle positiv verlaufen. Ich gehe deshalb davon aus, dass die offizielle Freigabe längst vorliegt, wenn Sie dieses Buch in Ihren Händen halten. Die Anwendung in Ihrer produktiven Umgebung ohne diese offizielle Freigabe zeichnet Sie unbestritten als mutigen Zeitgenossen mit hoher Risikobereitschaft aus. Das ist Ihre Chance, in Ihrer Abteilung bleibende Spuren zu hinterlassen.

Darüber hinaus können die folgenden Betriebssysteme von Drittherstellern mit einer jeweils proprietären Clientkomponente in System Center 2012 Operations Manager integriert werden:

- HP-UX 11i v2 und v3 (PA-RISC und IA64)
- Oracle Solaris 9 (SPARC) und Solaris 10 (SPARC und x86)
- Red Hat Enterprise Linux 4, 5 und 6 (x86/x64)
- Novell SUSE Linux Enterprise Server 9 (x86), 10 SP1 (x86/x64) und 11 (x86/x64)
- IBM AIX 5.3, AIX 6.1 (POWER), und AIX 7.1 (POWER)

Die genauen Anforderungen in Sachen Soft- und Hardware an die zu überwachenden Systeme schauen wir uns in Teil B dieses Buchs genauer an. An dieser Stelle geht es um eine ganz andere Facette der Clientinstallation. Es stellt sich nämlich die Frage, was in den folgenden Ausnahmefällen zu tun ist:

1. Eine Installation der Clientkomponente von System Center 2012 Operations Manager ist aus organisatorischen Gründen nicht möglich.
2. Es ist kein Agent für das zu überwachende Betriebssystem verfügbar.
3. Es sollen neben den zu überwachenden Serversystemen auch Netzwerkkomponenten in das Monitoring mit integriert werden.

Insbesondere der erste Aspekt ist alles andere als selten in der großen weiten IT-Prärie. Viele Administratoren scheuen sich davor, eine unbekannte Komponente oder Software auf ihren Serversystemen zu installieren. Nicht weniger selten ist die Angst davor, dass der Support des jeweiligen Softwareherstellers erlischt, wenn auf einem Server oder aber auch auf einem Clientcomputer ein Agent installiert wird. Insbesondere in großen Unternehmen, in denen die Infrastruktur weltweit verzweigt ist, ist eine Ad-hoc-Installation von nicht evaluierter Software schlicht und ergreifend nicht möglich. Microsoft hat mit System Center Operations Manager nach meiner Erfahrung für sehr wenige Probleme gesorgt. Bei keiner der über zwei Dutzend von mir betreuten Installationen hat auch nur ein überwachtes Computersystem Probleme nach der Installation der Clientkomponente angezeigt. Dennoch soll das nicht darüber hinwegtäuschen, dass Software generell evaluiert werden muss, bevor sie in einem produktiven Netz verteilt wird.

Wenn Sie also über eine nur schwach ausgeprägte Lobby bei den Kollegen der Serveradministrationsfraktion verfügen, müssen Sie dennoch nicht auf die Überwachung dieser Systeme gänzlich verzichten. Denn System Center 2012 Operations Manager bietet grundsätzlich zwei verschiedene Möglichkeiten zur Überwachung von Computersystemen an:

- Mit Agents verwaltet
- Ohne Agents verwaltet

Ich gebe zu, diese Aufzählung ist nicht spektakulär. Da aber wie im richtigen Leben die auf den ersten Blick unscheinbaren Dinge oft am interessantesten sind, werfen wir einmal einen genaueren Blick auf die unterschiedliche Funktionsweise der beiden Varianten. Der Begriff Agents ist übrigens kein Schreibfehler, sondern die offizielle Übersetzung der englischen Originalbezeichnung. Dort wird diese Funktion ebenfalls als Agents bezeichnet. Spektakulär eben ...

Mit Agents verwaltet

Wird ein System mit der Clientkomponente von System Center 2012 Operations Manager ausgestattet, finden wir nach der erfolgreichen Installation einen neuen Dienst in der lokalen Computerverwaltung. Folgende Aufgaben werden von diesem Dienst erledigt:

- Sammeln von Daten aller Art (beispielsweise Leistungsüberwachungsdaten)
- Vergleich von ermittelten Messwerten mit vorgegebenen Referenzwerten
- Erstellen von Warnungen
- Ausführen von erwünschten Reaktionen (beispielsweise durch das Starten eines Programms oder das Ausführen eines VB-Skripts) bei vorher definierten Vorkommnissen
- Ein Verwaltungsserver – wir werden diese Funktion weiter unten genauer unter die Lupe nehmen – empfängt und verteilt die gewünschten Konfigurationseinstellungen an die installierten Agents und somit an die überwachten Computersysteme

Jeder dieser Agents sendet seine Daten zu jeweils einem Verwaltungsserver innerhalb einer sogenannten Verwaltungsgruppe. Der Verwaltungsserver, der als Ansprechpartner für den überwachten Computer fungiert, ist der primäre Verwaltungsserver für dieses überwachte System und damit für diesen Agent. Die Agents beobachten die definierten Informationsquellen hinsichtlich einer möglichen Veränderung oder Abweichung vom konfigurierten Soll-Wert. Diese Soll-Werte werden vom Verwaltungsserver an die Agents übertragen. Er ist auch verantwortlich für die Berechnung des Integritätsstatus. Das betrifft zum einen die auf diesem System eingebauten oder installierten Komponenten wie beispielsweise Festplatte oder Internet Information Server. Zum anderen wird damit aber auch die Integrität der *mittels* dieses Systems bereitgestellten Funktionen (beispielsweise Active Directory oder Clusterfunktionalität) ausgewertet. All diese Informationen werden kontinuierlich zum Verwaltungsserver zurücktransportiert. Ändert sich der Integritätsstatus einer dieser Entitäten, kann die Agents-Komponente eine Warnung generieren.

Diese Warnung schlägt an der Betriebskonsole von System Center 2012 Operations Manager auf und zeigt dem zuständigen Operator gegebenenfalls an, dass er seine Kaffeetasse für die nächsten zwei Stunden nicht mehr wiedersieht. Mit diesen Informationen über den Integritätsstatus ist der Verwaltungsserver in der Lage, ein aktuelles Verfügbarkeitsbild über das Gerät und der darauf betriebenen Anwendungen zu interpretieren und in der gewünschten Präsentationsform darzustellen. Mit anderen Worten: Man sieht auf einen Blick, wer Grippe hat und wer nicht, und zwar nicht nur auf Maschinenebene, sondern eben auch auf der Ebene der über beliebig viele Maschinen verteilten Anwendung.

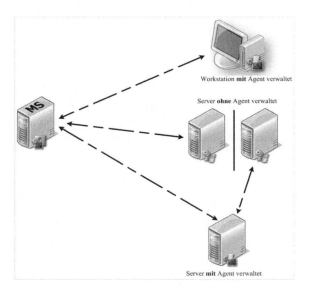

Abbildung 4.10 System Center 2012 Operations Manager kann es mit und auch ohne: die Möglichkeiten zur Installation der Clientkomponente auf einer Windows-Maschine mit unterstütztem Betriebssystem

Ohne Agents verwaltet

Nicht allzu weit vom eben geschilderten Leistungsumfang findet sich die Überwachungsvariante ohne fest installierten Agent. Diese Alternative hat ihren primären Vorzug darin, dass keine zusätzliche Softwarekomponente auf den betroffenen Systemen installiert wird. Und da keine zusätzliche Anwendung auf solch einem System ausgeführt wird, unterbleibt auch der sonst naturgemäß erzeugte Ressourcenverbrauch. Damit sind wir mit den Vorteilen auch schon durch. Ohne die Clientkomponente von System Center 2012 Operations Manager benötigt die zu überwachende Maschine einen Vermittler, der die Daten einsammelt und an den zuständigen Verwaltungsserver weiterleitet, wie in Abbildung 4.10 gezeigt. Der Rückweg vom Verwaltungsserver zum *ohne Agents* verwalteten System endet dann ebenfalls bei diesem Vermittlungsrechner. Wird der Verwaltungsserver als erster Ansprechpartner für solch ein System verwendet, ist dieser für die Einsammlung der Daten von den ohne Agents ausgestatteten Systemen verantwortlich. Damit der Verwaltungsserver ausreichend Zeit hat, sich um seine eigentlichen Aufgaben zu kümmern, ist von einer direkten Verwendung dieses Servers als Proxyagent für diese Aufgabe abzusehen. Nutzen Sie stattdessen vorzugsweise Server, die »nur« überwacht werden und nicht bereits als Verwaltungsserver ihren Dienst verrichten.

HINWEIS Als Vermittlungsrechner kann bei System Center 2012 Operations Manager jedes Rechnersystem agieren, auf dem entweder die Verwaltungsserver- oder Clientkomponenten installiert sind. Systeme, die diese Aufgabe innehaben, werden dann auch als Proxyagent bezeichnet. Die Proxyagent-Funktion muss im Bedarfsfall explizit für jedes System getrennt und mithilfe der Administrationskonsole aktiviert werden. Alternativ kann die Aktivierung der Proxyagent-Funktion auch mithilfe von Windows PowerShell-Befehlen erfolgen.

Werfen wir einen genaueren Blick auf die wesentlichen Unterscheidungsmerkmale bei der Verwendung dieser besonderen Art der Clientüberwachung. Wie bereits etwas weiter vorne erwähnt, kümmert sich die Clientkomponente um die Übermittlung der gesammelten Daten zum zentralen Verwaltungsserver. Diese Komponente führt auch genau die Befehle aus, welche die zu übertragenden Messinformationen erzeugen.

Fehlt der Agent und hat die zu überwachende Maschine kurz- oder langfristig keine Verbindung zum Proxyagent, ist Schicht im Schacht. Überwachungsfunktionen können bei einem ohne Agent überwachten System immer nur in Echtzeit ausgeführt werden. Es entstehen also gegebenenfalls Lücken in den seismografischen Aufzeichnungen. Und damit wird es im Nachhinein nicht wirklich einfacher, Ursachen für bestimmte Symptome mangels lückenhafter Datenbasis professionell zu interpretieren.

Gleich im nächsten Abschnitt werden Sie erfahren, auf welchem Weg System Center 2012 Operations Manager Bescheid weiß, mit welchen Regeln beispielsweise ein Active Directory überwacht werden muss oder was ein funktionierendes Clustersystem ausmacht. All diese Informationen werden – gespeichert in sogenannten Management Packs – bei Bedarf über die Betriebskonsole importiert und über eine eigene Transportlogik an die Clientkomponenten verteilt. Dort entfalten diese dann ihre eigentliche Stärke, beginnen sofort mit der Überwachung nach vorgegebenen oder von Ihnen angepassten Grenzwerten. Einige dieser Management Packs können jedoch mit der Variante ohne Agents nichts anfangen. Mit anderen Worten: Wenn Sie ein Active Directory umfänglich überwachen wollen, muss auf allen Domänencontrollern der Agent von System Center 2012 Operations Manager installiert sein. Eine Überwachung ohne Agents schließen auch beispielsweise die nachfolgenden Management Packs aus:

- Microsoft Exchange
- Internet Information Services
- Microsoft SharePoint Server

Das Management Pack zur Überwachung von SQL Server hat im Gegensatz dazu kein Problem mit diesen Besonderheiten. Dies gilt, solange sich die Bereitstellung der Datenbanken nicht auf mehrere interagierende Datenbankserversysteme erstreckt. Eine Überwachung von Datenbankinstanzen auf einem Computersystem ohne Clientkomponente von System Center 2012 Operations Manager ist von den Entwicklern dieses Regelwerks vorgesehen und damit möglich.

HINWEIS Die agentlose Überwachung ist nur in den Szenarien zu empfehlen, wo die Installation der Clientkomponente rigoros ausgeschlossen ist. Ohne Agent reduziert sich ohne Frage der Ressourcenbedarf auf dem um diese zusätzliche Last befreiten Computersystem. Auf der anderen Seite erhöhen Sie jedoch damit die Systemauslastung auf der Maschine, die sich um die Remoteüberwachung kümmern muss. Die mittels RPC angeforderten Informationen belasten zum Zeitpunkt der Datenübertragung auch die Netzwerkschnittstelle der Proxyagents und es beeinflusst die Kapazitätsmessung von System Center 2012 Operations Manager im Netzwerk.

RPC ist die Abkürzung für Remote Procedure Call. Dabei handelt es sich um eine Technik zur Realisierung von Interprozesskommunikation. Sie ermöglicht den Aufruf von Funktionen auf anderen Computersystemen oder in anderen Adressräumen.

Die Integration von Systemen ohne Agent in die Überwachung von System Center 2012 Operations Manager ist ein Kompromiss, um nicht gleich bei der ersten Bekanntschaft vom zuständigen Serveradministrator vom Hof gejagt zu werden. In den vergangenen Jahren habe ich nicht nur einmal Bekanntschaft mit dieser Situation machen dürfen, und die meisten waren in sich stimmig und richtig. Interessanterweise hatten jedoch die eher strategisch denkenden Verantwortlichen der Rechenzentren weitaus weniger Bauchschmerzen mit der Clientinstallation als die eher technisch orientierten Systemadministratoren.

Unabhängig davon muss auch dieser Prozess der Etablierung einer neuen, zusätzlich zu installierenden Serversoftware erst einmal evaluiert werden. Erfahrung ist sicherlich nicht zugleich auch eine gute Referenz.

Ich kann Ihnen dennoch bestätigen, dass Hunderte von Serversystemen in zahlreichen deutschen Krankenhäuser und Universitätskliniken schon seit Jahren mit der Clientkomponente von System Center Operations Manager ausgestattet sind. Mir ist noch kein einziger Fall bekannt, bei dem das Serversystem durch eine Aktualisierung, Neu- oder Deinstallation dieser Komponente zum Neustart gezwungen wurde.

HINWEIS Noch einige Punkte, die Sie in Sachen Clientkomponente von System Center 2012 Operations Manager wissen und beherzigen sollten:

- Eine Remoteüberwachung kann nur dann erfolgreich eingerichtet werden, wenn zwischen dem als Proxyagent fungierenden System und dem zu überwachenden Computer keine Firewall aktiviert ist
- Ereignisse, deren Beschreibungen nur auf dem agentlosen System, nicht aber auf dem als Proxyagent eingesetzten Computer vorhanden sind, werden vom Verwaltungsserver nicht eingesammelt
- Das Konto, mit dem der Proxyagent auf das remote zu überwachende Computersystem zugreift, muss über administrative Rechte auf dem agentlosen System verfügen

Fazit

Es spricht vieles dafür, die Überwachung von Servern und auf dieser Basis bereitgestellten Services mit der dafür bereitgestellten Clientkomponente durchzuführen. Es gibt diese Clientkomponente für alle gängigen Windows-Betriebssystemversionen. Diese Clientkomponente ist auch für Betriebssysteme von Drittanbietern verfügbar. Bevor mit der Überwachung begonnen werden kann, muss jedoch zuerst geklärt werden, inwieweit eine Clientinstallation in der aktuellen Infrastruktur überhaupt rechtens ist. Agents können nicht nur auf Serversystemen installiert werden. Auch die Überwachung von Clientcomputern kann sinnvoll sein, wenn es beispielsweise darum geht, die Verfügbarkeit des Verzeichnisdiensts aus Sicht der Anwender zu messen und damit auch zu protokollieren.

Der Treibstoff: Management Packs

Navigationssysteme sind schon eine tolle Sache. Jedem von Ihnen fallen sicherlich auf Anhieb ein halbes Dutzend Ziele ein, die er ohne dieses Helferlein erst zur nächsten Silberhochzeit gefunden hätte. Die aktuellen Speicherkapazitäten dieser Geräte erlauben es, ganz Europa inklusive ausführlichem Informationsmaterial und 3D-Darstellungen jederzeit verfügbar zu haben. Mittlerweile macht Cloud Computing auch vor diesem Produkt kein Halt mehr. Die Navigationssoftware wird als sogenannte App bereitgestellt und das Kartenmaterial wird bedarfsorientiert und just in time auf die aktuellen Smartphones oder Navigationsgeräte heruntergeladen. Die Software selbst hätte ohne Kartenmaterial nur wenig Sinn. Das klingt banal, ist aber essentiell. Die Karten beziehungsweise die zusätzlich bereitgestellten Informationen wie Parkhäuser, Raststätten oder auch aktuelle Staus, sind quasi der Treibstoff für das »Fahrzeug«-Navi.

System Center 2012 Operations Manager tickt nach der gleichen Uhr. Füllt man nach der Installation der Software keinen »Treibstoff« ein, werden sich in der Betriebskonsole ähnlich aufregende Dinge abspielen wie auf Gleis 1 am Hauptbahnhof Bochum, nachts um 02:00 Uhr. Wer um die Uhrzeit dort schon einmal auf eine Zugverbindung nach Süddeutschland gewartet hat, weiß, was Sonnenaufgang im Ruhrpott bedeutet ... Zurück zum Treibstoff von System Center 2012 Operations Manager, den sogenannten Management Packs.

Alles, was die individuelle Überwachung von System Center 2012 Operations Manager auszeichnet, wird mithilfe von Management Packs bereitgestellt. Sie werden auch dazu benutzt, eigene Konfigurationseinstellungen zu speichern. Für jedes Szenario gibt es individuelle Management Packs, die man – den Karten verschiedener Länder beim Navigationssystem gleich – in System Center 2012 Operations Manager importieren kann. Man könnte also auch behaupten, dass Ihre Infrastruktur dem Kartenmaterial entweder von Bayern, Baden-Württemberg, ganz Deutschland oder aber auch Europa entspricht. Die Anzahl der Management Packs, welche Sie importieren und damit auch verwenden, richtet sich nach der Anzahl und Ausprägung der Dienste und Infrastrukturen, die Sie damit überwachen wollen. Mittlerweile gibt es eine schier unüberschaubare Menge dieser Pakete, und die meisten sind sogar noch kostenfrei.

> **HINWEIS** Management Packs nehmen ihre Aufgabe in der Regel sehr genau. Das Management Pack zur Überwachung von Microsoft Active Directory wird Ihnen je nach Qualität Ihrer Installation Optimierungsvorschläge unterbreiten, an die Sie selbst eher nicht gedacht hätten. Dieser sehr granularen Analyse liegt ein aufwändiger Fragenkatalog zugrunde und diese »Fragen« (wir sprechen gleich noch über die richtigen Terminologien) generieren CPU-Last sowohl auf Verwaltungsservern als auch auf den Domänencontrollern selbst.
>
> Selbst wenn System Center 2012 Operations Manager problemlos auch in extrem großen Infrastrukturen skaliert, sollten Sie die Anzahl der importierten Management Packs auf die Themenbereiche beschränken, die Sie auch wirklich bei sich im Einsatz haben und für deren aktuellen Integritätszustand Sie sich auch bewusst interessieren.

Analysieren wir den Treibstoff von System Center 2012 Operations Manager im Nachgang anhand der folgenden Aspekte etwas genauer:

- Komponenten eines Management Packs
- Management Packs verteilen und anwenden
- Eigenschaften von Management Packs
- Management Packs verwalten

Komponenten eines Management Packs

System Center 2012 Operations Manager benötigt zur Überwachung von Systemen oder Diensten bestimmte Komponenten. Diese Komponenten werden in einem Management Pack zusammengefasst und als herunterladbare Dateien bereitgestellt. Diese Dateien definieren sich über eine der folgenden Dateierweiterungen:

- *.xml   bei allen durchgeführten Konfigurationseinstellungen handelt es sich um in Klartext lesbare Beschreibungen. Die Anpassungen werden zwar in der Datenbank gespeichert, sind aber zu jedem Zeitpunkt einem Management Pack zugeordnet. Um diese Anpassungen zu sichern oder aber auch um sie in einer anderen Umgebung anwenden zu können, besteht die Möglichkeit des Exports. Beim Export aus System Center 2012 Operations Manager wird dabei immer eine XML-Datei erzeugt, die sich mit jedem XML-Viewer öffnen und mit einem XML-Editor auch manuell bearbeiten lässt.

- *.mp   Management Pack-Dateien vom Typ .mp unterscheiden sich von ihren XML-formatierten Brüdern und Schwestern in erster Linie durch ihre Unveränderbarkeit. Management Packs in diesem Format sind digital signiert und kompiliert. Dadurch ist sichergestellt, dass eine bestimmte Version eines solchen Pakets überall die gleichen Eigenschaften und Verhaltensweisen an den Tag legt. Möchte man mehr als nur Konfigurationsanpassungen speichern, ist die Verwendung eines Management Packs vom Typ .mp obligatorisch. So lassen sich zum Beispiel keine ausführbaren Routinen in einem Management Pack vom Typ .mp speichern.

- ***.mpb** Management Pack-Bundles gibt es erst mit der aktuellen Version von System Center 2012 Operations Manager. Sie finden bereits schon seit längerer Zeit Einsatz bei System Center Service Manager. Zusätzlich zu den Bestandteilen eines klassischen Management Packs vom Typ *.mp* können mithilfe dieses Dateiformats noch weitere Objekttypen transportiert werden, wie beispielsweise Bilder oder ganze Funktionserweiterungen für System Center 2012 Operations Manager. Im Grunde handelt es sich bei Management Packs dieses Typs um eine besondere Spezies von MSI-Dateien, der man jedoch die Fähigkeit zur Ausführbarkeit genommen hat.

Werfen wir einen ersten Blick in das Innenleben dieser Pakete. Sie bestehen aus einem oder mehreren folgender Bausteine:

- **Objektermittlungen** Sind für die Identifikation der zu überwachenden Objekte zuständig
- **Monitore** Ermitteln auf Basis von vorgegebenen Schwellenwerten den Gesundheitszustand der überwachten Entitäten
- **Regeln** Sind unter anderem verantwortlich für die Generierung von Warnmeldungen, das Einsammeln von Leistungsdaten sowie Objektermittlungs- und Ereignisinformationen auf Clientseite
- **Wissensquellen** Basieren zumindest bei Microsoft in der Regel auf offiziellen Wissensdatenbankartikeln. Diese technischen Hilfestellungen werden situativ und damit auf den jeweiligen Ausnahmefall bezogen mithilfe der Administrationskonsole bereitgestellt.
- **Sichten** Erlauben eine themen- oder auch zuständigkeitsbezogene Gruppierung der zu überwachenden Objekte mit deren jeweiligem Status
- **Aufgaben** Stellen für die Arbeit in einer der Konsolen kontextsensitive Befehle bereit
- **Berichte** Erlauben eine professionelle Auswertung der ermittelten Informationen
- **Ausführung als Profile** Ermöglichen die Ausführung von Objektermittlungen, Regeln, Aufgaben oder Monitoren im Kontext unterschiedlicher Berechtigungsausprägungen

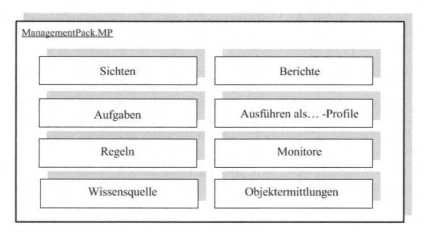

Abbildung 4.11 Die Komponenten eines Management Packs

Die Reihenfolge, in der die Komponenten in Abbildung 4.11 aufgelistet sind, ist eher willkürlich. Sie sind nicht wirklich voneinander abhängig. Die Basis definieren jedoch allemal die Objektermittlungen. Kann auf einem überwachten System beispielsweise kein DHCP-Service gefunden werden, wird dieses System dahingehend auch nicht überwacht. Das klingt einleuchtend, beinahe schon banal, ist aber eine extrem wichtige Information, um das Konzept von System Center 2012 Operations Manager hinsichtlich der Anwendung von Management Packs verstehen zu können. Wir gehen näher auf diese Zusammenhänge im Abschnitt »Management Packs verteilen und anwenden« ab Seite 86 ein. Werfen wir jetzt erst noch einen genaueren Blick auf die einzelnen Bestandteile eines Management Packs.

Die erweiterten Bestandteile der Management Packs vom Typ *.mpb* werden bei der nachfolgenden Betrachtung außer Acht gelassen. Während sie für die Programmierer von Management Packs von besonderer Bedeutung sind, spielen sie für die Vermittlung der Funktionsweise und Bedienlogik von System Center 2012 Operations Manager keine didaktische Rolle.

Objektermittlungen

Die Aufgabe dieser Teilkomponente besteht darin, zu überwachende Objekte ausfindig zu machen. Warum ist das so wichtig? Management Packs werden generell immer auf alle Serversysteme zugleich verteilt (mehr Info im nachfolgenden Kapitel). Stellen Sie sich vor, Sie importieren das Management zur Überwachung des DNS-Diensts. Bevor eine Aussage über die Verfügbarkeit und die Einhaltung der erwarteten Leistungsparameter von DNS gemacht werden kann, muss zunächst festgestellt werden, wo dieser Dienst überhaupt installiert ist.

Die Aussage, dass ein Dienst nicht verfügbar ist, bedeutet nämlich nicht, dass er nicht installiert ist. Falls das zu viele Verneinungen in einem Satz auf einmal waren, lassen Sie den Satz noch einmal auf sich wirken. System Center 2012 Operations Manager muss also in der Lage sein, zwischen nicht vorhandener Installation und nicht vorhandener Funktionsfähigkeit zu unterscheiden. Sie können das mit Ihrem Auto vergleichen. Stellen Sie sich vor, Sie haben Ihr neues Auto aus Ingolstadt aufgrund zu knappen Budgets ohne automatische Abstandskontrolle bestellt. Es überrascht Sie sicher nicht, dass die entsprechenden Vorbereitungen zur Anzeige einer potentiellen Abstandsunterschreitung in jedem Fahrzeug dieses Modells bereits eingebaut sind. In Ihrem Fahrzeug ist sie lediglich nicht aktiv. Somit ist es nur logisch, dass diese Warnmeldung in dem von Ihnen verwendeten KFZ Ihnen niemals Hallo sagen wird. Der Bordcomputer – der in allen Modellen weitgehend gleich aussieht – weiß also darüber Bescheid, dass diese Meldung bei Ihnen nicht angezeigt wird. Würde die Warnleuchte für die automatische Abstandskontrolle dennoch in allen Fahrzeugen leuchten, wäre das ein Fall für die nächste Titelstory einer bekannten Zeitschrift für Automobil-Fans. Klingt alles wieder einmal sehr banal. Es ist aber wichtig, diese Zusammenhänge im Kontext von System Center 2012 Operations Manager zu kennen, um dessen Funktionsweise auch dann interpretieren zu können, wenn sich die Objektermittlungen verschiedener Management Packs plötzlich ergänzen. Der Komplexität ist bei System Center 2012 Operations Manager keine Grenzen gesetzt.

Überwacht wird also nur das, was auch da ist. Die Objektermittlung des jeweiligen Management Packs ist kontinuierlich aktiv und überwacht auch Veränderungen an den Systemen. Wird auf einem Server, der bereits mit System Center 2012 Operations Manager überwacht wird, zu einem späteren Zeitpunkt der DNS-Dienst nachinstalliert, bemerkt das die Objektermittlung und nimmt die Überwachung dieses Services ohne weiteres Zutun auf. Dieses Konzept sorgt also dafür, dass die Überwachung von Systemen den Veränderungsprozessen einer Infrastruktur automatisch folgt, wenn das korrespondierende Management Pack erst einmal importiert ist.

WICHTIG   Die Objektermittlung kennt nur den Weg nach vorne. Dies bedeutet, dass ermittelte Objekte – wie bereits geschildert – ab dem Zeitpunkt der jeweiligen Inbetriebnahme überwacht werden, sobald das Management Pack über System Center 2012 Operations Manager bereitgestellt ist. Wird der Service wieder entfernt, überwacht System Center 2012 Operations Manager weiter. In diesem Fall wird aber die Deinstallation eines solchen Diensts zunächst zu wilden Alarmmeldungen führen. Das Entwicklerteam in Redmond hat sich für dieses Verhalten entschieden. Eine andere Alternative wäre gewesen, dem Veränderungsprozess der Deinstallation wie die Lemminge zu folgen und die Überwachung einfach einzustellen.

Was aber, wenn die Deinstallation vielleicht gar nicht gewünscht ist und vor allen Dingen nicht organisiert stattfindet? Sprechen wir von professionellen IT-Landschaften, reden wir von zu planenden Veränderungsprozessen, von Change Management (CM). In diesem Kontext muss die Deaktivierung oder Deinstallation einer Funktion auch die bewusste Deaktivierung der Überwachung beinhalten. Change-Prozesse sehen solche Folgemaßnahmen selbstverständlich vor. Das ist der Grund, weshalb das Entwicklerteam sich entschieden hat, einmal ermittelte Objekte bis zur manuellen Rücknahme der Ermittlung zu überwachen.

Objektermittlungen stellen also die Basis für die automatisierte Überwachung mit System Center 2012 Operations Manager dar. Alle Überwachungsfunktionen basieren auf den Objektermittlungen. Ein DNS-Service wird – sobald er ermittelt wurde – nach den Regeln und Grenzwerten eines DNS-Services überwacht. Was passiert, wenn ein DNS-Service auf einem Domänencontroller installiert wird? Sind die Management Packs für die Überwachung von Microsoft Active Directory ebenfalls installiert, wird System Center 2012 Operations Manager über diese besondere Konstellation informiert und es werden zusätzliche Überwachungsregeln aktiviert.

Monitore

Kennen Sie eine Arztserie? Oder waren Sie bedingt durch den einen oder anderen Lungenflügelkollaps selbst schon einmal Protagonist in einem echten Klinikum? Dann haben Sie vielleicht ein klischeehaftes Bild vor Augen, bei dem am Bett des Patienten eine ganze Batterie von Messgeräten steht. Hin und wieder hört man den einen oder anderen Alarmton oder sieht vielleicht eine rote Lampe blinken. Solange der daran angeschlossen Patient noch freundlich bis gequält lächelt oder zumindest hörbar atmet, sind Panikreaktionen deplatziert. Jedes Gerät ist verantwortlich für unterschiedliche Areale oder Organe des menschlichen Körpers. Werden die erwarteten Werte unterschritten, verlassen wir den optimalen Sektor und begeben uns in eine vielleicht noch tolerierbare Über- oder Unterschreitung. Wird aber auch diese Schwelle über- oder unterschritten, wird es gefährlich. Spätestens dann wird es Zeit, Alarm zu schlagen.

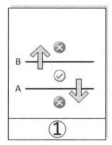 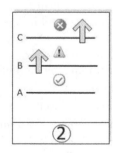 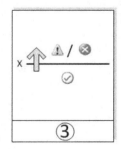 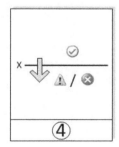

Abbildung 4.12   Monitore und mögliche Statuszustände

Versucht man, die Fähigkeiten solcher Messgeräte hinsichtlich deren Kommunikationsfähigkeit mit dem medizinischen Personal zu charakterisieren, sind folgende Aussagen sicherlich auf die meisten Gerätetypen anwendbar:

- Die Einhaltung, beziehungsweise Über- oder Unterschreitung vorgegebener Referenzwerte kann visuell interpretiert werden. Diese Interpretationen wären damit möglich:
  - Grün = alles in Ordnung
  - Gelb = Kontrolle erforderlich
  - Rot = kritische Situation
- Bei einem kritischen Zustand kann eine akustische Alarmierung zusätzlich generiert werden
- Bei einem kritischen Zustand kann eine schriftliche Dokumentation zusätzlich erfolgen. Folgende Angaben können in diesem Zusammenhang dokumentiert werden:
  - Zeitpunkt der Alarmauslösung
  - Beschreibung des Problems
  - Name des Geräts, welches für die Protokollierung verantwortlich ist
  - Angabe der gegebenen Schwellenwerte
  - Angabe des ermittelten Ist-Werts

Der zeitliche Verlauf wird bei der Messermittlung und der daraus resultierenden optischen Interpretation berücksichtigt (Beispiel: Erst wenn Wert X länger als Y Minuten überschritten ist, wird *Rot* angezeigt).

Dieses Konzept entspricht im Wesentlichen dem Konzept der sogenannten Monitore bei System Center 2012 Operations Manager. In Abbildung 4.12 sehen Sie mögliche Definitionen für einen Monitor. Werfen wir einen kurzen Blick auf die Abbildung:

- **Variante 1**   Solange der Wert den unteren Schwellenwert A und den oberen Schwellenwert nicht verlässt, interpretiert System Center 2012 Operations Manager den Integritätsstatus des überwachten Objekts mit »Alles in Ordnung«. Andernfalls wird der Status als *Kritisch* eingestuft.
- **Variante 2**   Wird ein Wert zwischen Schwellenwert A und B gemessen, ist das Objekt voll funktionsfähig. Wird Schwellenwert B überschritten, wechselt die Anzeige von Grün auf Gelb. Überschreitet die Messung auch noch Schwellenwert C, wechselt die Ampel von Gelb auf Rot.
- **Variante 3**   Unterhalb eines bestimmten Wert, ist alles im grünen Bereich. Wird der Schwellenwert X überschritten, wechselt der Status – je nach Vorgabe des Administrators auf Gelb *oder* auf Rot.
- **Variante 4**   Dreht die Interpretationsmöglichkeit aus Variante 3 herum: Sobald ein bestimmter Schwellenwert X unterschritten wird, wechselt der Status von Grün auf Gelb oder auf Rot.

In der Aufstellung dieser Beispiele nicht berücksichtigt ist die Möglichkeit zur Einbeziehung der Zeitachse. Die Variante 2 könnte somit in einer Variante 2a zum Beispiel so ausformuliert werden:

- Wird ein Wert zwischen Schwellenwert A und B gemessen, freuen wir uns alle über viel Freizeit und einen ruhigen Feierabend. Wird Schwellenwert B für einen Zeitraum von 5 Minuten dauerhaft überschritten, wechselt die Anzeige von Grün auf Gelb. Überschreitet die Messung auch noch Schwellenwert C für einen Zeitraum von zwei Minuten, wechselt die Ampel gegebenenfalls direkt auf Rot.

> **WICHTIG**   Eine extrem wichtige Eigenschaft eines Monitors ist die Tatsache, dass der jeweilige Status digital ist. Entweder ist die Ampel grün oder nicht grün, gelb oder nicht gelb und rot oder nicht rot. Das klingt komisch, ist es aber nicht. Ist der jeweilige Status erst einmal erreicht, wird der gleiche Status nicht noch einmal festgestellt, bevor zu einem anderen Status gewechselt wurde. Mit anderen Worten: Ist die Ampel rot, ist sie rot und wir nicht roter, auch wenn der gemessene Wert noch mehr oder länger vom referenziellen Schwellenwert abweicht.

Wir werden auf diese Besonderheit erneut im späteren Verlauf des Buchs zu sprechen kommen, wenn es um die Installation und operative Arbeit mit System Center 2012 Operations Manager geht. Dort werden Sie dann sehen, dass Alarmierungen, welche von Monitoren erzeugt werden, nur einmal erzeugt werden. Die Alarmierung ist da oder sie ist nicht da. Monitore sind aber nicht in der Lage, die Anzahl der eingetretenen Überschreitungen eines Schwellenwerts zu zählen. Hierfür werden Regeln verwendet, die Sie gleich kennenlernen.

Es ist wie im richtigen Leben und an der Lieblingsverkehrsampel Ihres Adrenalinspiegels: »Die Ampel ist grün! Grüner wird's nicht!«

Fazit

Monitore können in System Center 2012 Operations Manager genau drei Zustände einnehmen: Grün, Gelb oder Rot. Damit wird der Integritätszustand einer Entität interpretiert. Sofern gewünscht, kann zusätzlich eine Warnmeldung erzeugt werden. Alarmmeldungen sind das interne Ticketsystem von System Center 2012 Operations Manager. Wird der optimale Wert wieder erreicht, kann die Warnmeldung automatisch geschlossen werden. Alternativ kann die Warnmeldung aber auch wieder automatisch geschlossen werden. Die Warnmeldung gibt immer Auskunft darüber, wann die aktuelle Schwellenwertüberschreitung vorgekommen ist. Sie gibt keine Auskunft darüber, wie oft dieser Zustand im Zeitraum X über- oder unterschritten wurde.

Behalten Sie das Bild bitte noch bis zum nächsten Abschnitt im Hinterkopf, denn dort müssen wir es noch einmal für die bessere Erklärung von Regeln strapazieren.

Regeln

Wir bleiben mit unserem Beispiel aus dem realen Leben im Hospital Ihres Vertrauens und damit im Kontext der Beschreibung aus dem vorherigen Abschnitt »Monitore« (siehe Seite 74). Um die Funktionsweise von Regeln genauer zu erklären, erweitern wir den Überwachungsapparat am Bett des Patienten um ein Langzeit-EKG. Wird ein Patient an dieses Gerät angeschlossen, will man das Verhalten eines Organs (in diesem Fall des Herzens) über einen längeren Zeitraum interpretieren. Für alle, die schon immer einmal wissen wollten, was EKG bedeutet, hier die für den weiteren Verlauf des Kapitels nicht allzu wichtige, offizielle Erklärung:

»Langzeit-EKG = Langzeit-Elektrokardiogramm. Das Langzeit-EKG ist die Aufzeichnung der Herzstromkurve (EKG) über einen längeren Zeitraum. Dieser Zeitraum beträgt gewöhnlich 24 Stunden, kann aber je nach Gerät auch bis zu mehreren Wochen betragen«.

Völliges Desinteresse an dieser Definition wäre allerdings ebenso deplatziert. Von erheblicher Wichtigkeit ist die Parallelität hinsichtlich des Analysezeitraums. Es interessiert also nicht in erster Linie die *aktuelle* Situation, der aktuelle Status. Viel wichtiger ist die *zeitliche* Betrachtung der Leistungskurve. Sie können das auch mit der Analyse von Aktienkursen vergleichen, und damit verlassen wir kurzfristig das Krankenbett.

Wenn Sie sich Aktienkurse anschauen, steht die Entwicklung des Papiers im Vordergrund. Diese Analyse zeigt zwar auch den aktuellen Wert an. Die Entwicklungskurve hat jedoch nicht den Auftrag, Anleger zu alarmieren, wenn der Kurs unter einen gewissen Schwellenwert fällt.

Dafür wäre dann – im Kontext von System Center 2012 Operations Manager – ein Monitor verantwortlich. Menschen glauben oft, dass sie aus Aktienkursgrafiken ableiten können, wie gut oder schlecht sich eine solche Aktie in Zukunft entwickeln wird. Darauf sind wir wohl genetisch konditioniert, obwohl es mittlerweile ausreichend Beweise dafür gibt, dass diese Kurve rein gar nichts bedeutet. Aber das ist eine andere Geschichte; lassen Sie die Kamera vor Ihrem geistigen Auge wieder in die Schwarzwaldklinik zurückwandern. Für die jüngeren unter Ihnen: Schwarzwaldklinik war eine (sogar international) äußerst erfolgreiche Fernsehserie des ZDF in und um eine Klinik im Südschwarzwald, die zwischen 1985 und 1989 produziert wurde.

Bei der Betrachtung des langen Papierstreifens, welches das Langzeit-EKG in der Regel über den Zeitraum der Analyse produziert, ist ein versierter Arzt allerdings sehr wohl in der Lage, eine Tendenz festzustellen. Das unterscheidet einen guten Mediziner von einem vermeintlich hellseherischen Banker.

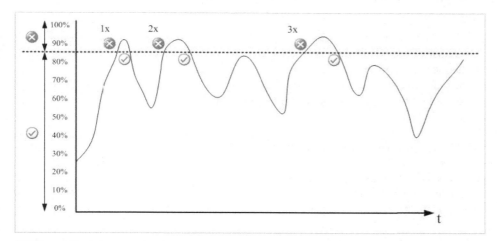

Abbildung 4.13 Leistungsmerkmale von Regeln in System Center 2012 Operations Manager

Je nach Modell des EKG-Geräts besteht zusätzlich die Möglichkeit, die Über- oder Unterschreitung bestimmter Grenzwerte visuell oder akustisch hervorzuheben. Überschreitungen sind interessant, wenn zum Beispiel der Blutdruck überwacht werden soll. Sinkt die Herzschlagfrequenz unter einen lebensbedrohenden Wert, gilt die Unterschreitung als Basis für eine mögliche Alarmierung.

Nach dem gleichen Prinzip funktionieren die Regeln bei System Center 2012 Operations Manager. Sie sind dafür konzipiert, Leistungswerte oder Ereignisse einzusammeln, um damit eine zeitraumbezogene Auswertung zu ermöglichen. Wir können damit zum Beispiel die folgenden Fragen beantworten:

- Wie hat sich der verfügbare Plattenplatz auf einer bestimmten logischen Platte auf einem bestimmten Server entwickelt? Wie oft und wann wurde die untere Toleranzgrenze des minimal verfügbaren Speicherplatzes unterschritten?
- Auf welchen Servern fiel der verfügbare Plattenplatz auf der Startpartition unter 10 %, auf welchen unter 500 Megabyte?
- Sind seit gestern Nachmittag fehlerhafte Anmeldeversuche in unserer Domäne aufgetreten? Wenn ja, auf welchen Domänencontrollern und wie oft?
- Welche überwachte Maschine wurde neu gestartet?
- Welche Maschinen warten aufgrund neu installierter Softwareaktualisierungen auf einen Neustart?

Sie sehen: Es gibt vielfältige Möglichkeiten und die Fähigkeiten sind nicht nur auf das Jagen und Sammeln beschränkt. Mit Regeln sind Sie auch in der Lage, Skripts auszuführen und auf die zurückgelieferten Werte entsprechend Ihren Vorgaben zu reagieren.

Fazit

Der wesentliche Unterschied zwischen Regeln und Monitoren besteht in der Betrachtung eines Ereignisses oder Messwerts. Monitore sind für eine zeit**punkt**bezogene Betrachtung von Zuständen konzipiert. Regeln bewerten Ereignisse und Messwerte immer zeit**raum**bezogen. Die zeitraumbezogene Betrachtung impliziert die Dokumentation der Messwerte. Wenn Sie Leistungskurven sehen und miteinander vergleichen wollen, haben Sie das in System Center 2012 Operations Manager immer einer oder mehreren Regeln zu verdanken.

Monitore wie Regeln können Warnungen erzeugen, müssen sie aber nicht. Bei der Entwicklung eines Management Packs liegt das immer im Ermessensspielraum eines Programmierers. Übertragen auf unser semiprofessionelles Medizinstudiums heißt das: Will der Hersteller des Messgeräts, dass der behandelnde Arzt oder die überwachende Krankenschwester auf eine lebensbedrohende Unterschreitung der Herzfrequenz hingewiesen wird? Oder reicht es, wenn er oder sie die kontinuierlich auf den Wert Null abfallende Kurve nur auf dem Papier betrachten kann? Eine Alarmierung kann im Krankenhaus Menschenleben retten, in Ihrer IT womöglich Berufsleben.

HINWEIS Regeln und Monitore in den meisten Management Packs sind extrem kommunikativ. Das gilt auch für Management Packs früherer Versionen von System Center Operations Manager. Sie müssen meist mehr Zeit dafür aufbringen, um wirklich wichtige von unwichtigen Warnmeldungen zu unterscheiden. System Center 2012 Operations Manager hat sonst das Talent, IT-Abteilungen mit irrelevanten Informationen zu überschütten. Ich habe während meiner Arbeit als System Center-Consultant einen nicht unerheblichen Teil der Projektzeit darauf verwendet, meine Kunden auf den Umgang mit der Informationsflut zu konditionieren.

Und noch ein weiterer Hinweis an dieser Stelle: Mit Warnmeldungen sind im Kontext von System Center 2012 Operations Manager keine E-Mail-Nachrichten gemeint. E-Mails sind lediglich eine Möglichkeit zur Übermittlung von Warnmeldungen an eine dedizierte Interessengruppe. Neben diesem Transportmedium stehen noch einige weitere Optionen zur Verfügung, die wir uns im Teil B dieses Buchs und im Rahmen der Grundkonfiguration näher anschauen werden.

Wissensquellen

Was nützen einem die aussagekräftigsten Fehlermeldungen, wenn man nicht weiß, wie man das zugrunde liegende Problem dadurch lösen soll? Seit dem Siegeszug des Internets ist Problemanalyse ein Synonym, gleichbedeutend mit einer schnellen Recherche mithilfe einer Suchmaschine Ihrer Wahl. Zumindest die gängigsten Fettnäpfchen der IT-Branche sind bereits von irgendeinem anderen Kollegen auf dieser Welt ausfindig gemacht und mit Anlauf betreten worden. Es ist meist nur eine Frage der Zeit, bis man einen extrovertierten Leidensgenossen im Internet ausfindig macht und in dessen gut gemeintem Lösungsvorschlag nachlesen kann. Die Qualität der Lösungsverschläge hält sich in der Regel allerdings in Grenzen, denn nur allzu oft geht es selbsternannten Internet-Weisen nur um die Darstellung der eigenen Person. Softwarehäuser wie beispielsweise auch Microsoft loben besondere Status für besonders fleißige Antwortschreiber aus.

Microsoft will damit eine gegenseitige Hilfestellung etablieren und die Qualität der bereitgestellten Antworten sicherstellen. Nicht selten kommt es jedoch vor, dass der vermeintlich professionelle Status einiger auskunftswilliger Experten deren wirklichen Skill überblendet. Meines Erachtens ist die Information aus erster Hand deshalb insbesondere für professionelle IT-Landschaften durch nichts zu ersetzen. Genau darauf zielt die Funktion der Wissensquelle bei Management Packs für System Center 2012 Operations Manager ab. Die Entwickler von Monitoren und Regeln sind angehalten, jede Warnmeldung nicht nur mit einer möglichst sprechenden Beschreibung zu versorgen. Bei den Management Packs aus dem Hause Microsoft wird als Wissensquelle nicht selten der offizielle Wissensdatenbankartikel bereitgestellt.

Stellt System Center 2012 Operations Manager beziehungsweise das Regelwerk des jeweiligen Management Packs ein Problem fest, wird nicht nur die Warnmeldung generiert. Auf einer separaten Registerkarte kann der zuständige Administrator einen Blick auf den situationsbezogenen Lösungsvorschlag werfen. Wenn es sich um einen komplexen Hinweistext handelt, wird nur ein Teil des Artikels in der Administrationskonsole angezeigt. In diesem Fall ist dann der Weg zum kompletten Artikel mittels Hyperlink ins Internet geebnet.

Produktwissensquelle vs. Firmeninterne Wissensdatenbank

Die mittels Management Packs bereitgestellten Hilfetexte werden als Produktwissensquelle bezeichnet. Sie zeichnen sich durch eine Unveränderbarkeit ab, was bedeutet, dass jeder Kunde weltweit immer auf die gleichen Inhalte zugreift und somit auch eine gleichbleibende Qualität der Informationen sichergestellt ist. Warnmeldungen basieren aber nicht immer auf Fehlern. In einer professionellen IT-Landschaft sind vermeintliche Fehler nicht selten besonderen Prozessen geschuldet und damit nämlich gar keine Fehler. Ein Beispiel dazu: SAP-Applikationsserver werden standardmäßig mit einer Auslagerungsdatei ausgestattet, die das komplette logische Laufwerk D: in Beschlag nimmt. Damit ist auf Laufwerk D: kein freier Speicherplatz mehr vorhanden, die Platte ist schlichtweg voll.

System Center 2012 Operations Manager, welcher von dieser Empfehlung aus Walldorf nichts weiß, wird cholerisch auf die kapazitive Auslastung des logischen Datenträgers reagieren und Alarm schlagen. Nun wäre es sicherlich kontraproduktiv, der Produktwissensquelle des Management Packs zur Überwachung logischer Datenträger zu folgen. Viel besser wäre es, diese Abweichung vom Standard systemnah zu dokumentieren und eine Reaktion von System Center 2012 Operations Manager auf diese Konfiguration von vorne herein zu vermeiden. Selbstverständlich ist damit nicht die Verfügbarkeit der logischen Platte an sich gemeint. Darauf muss und wird System Center 2012 Operations Manager auch erwartungsgemäß reagieren.

Um solchen Situationen gerecht zu werden, besteht die Möglichkeit, Regeln und Monitore mit eigenen Hilfetexten zu ergänzen. Diese Erweiterungsmöglichkeit nennt man firmeninterne Wissensdatenbank. Generiert System Center 2012 Operations Manager eine Warnmeldung basierend auf einer Regel oder einem Monitor und wurde die Wissensquelle um firmeninterne Inhalte ergänzt, werden die Ergänzungen jedem betroffenen Administrator mit angezeigt. Es ist ratsam, diese Möglichkeit aktiv zu nutzen und die Texte gegebenenfalls situativ zu pflegen. Mit situativ ist gemeint, die Alarmmeldungen dann zu ergänzen, wenn System Center 2012 Operations Manager das Problem zum ersten Mal in Ihrem Unternehmen feststellt.

> **HINWEIS** Microsoft stellt die Produktwissensquellen in den Management Packs in der Regel mehrsprachig zur Verfügung. Welche Sprachversion angezeigt wird, hängt unter anderem von der regionalen Einstellung des zugrunde liegenden Betriebssystems ab. Ist ein Text nur in englischer Sprache vorhanden oder ist die korrespondierende Sprachversion für Ihre Regionaleinstellung nicht verfügbar, wird die englische Sprachversion angezeigt.
>
> Und noch ein Hinweis: Ihre firmeninternen Ergänzungen werden in einem separaten, kundeneigenen Management Pack gespeichert; das originale Management Pack wird durch Ihre Ergänzung nicht verändert.

Fazit

Wissensquellen sind oft eine willkommene Hilfestellung zur schnelleren Lösung eines festgestellten Problems. Die Administratoren benötigen dazu nicht unbedingt einen Internetzugang, weil viele Texte im Management Pack gespeichert sind und damit jederzeit kontextsensitiv angezeigt werden. Dies bedeutet, die Wissensinformationen werden nicht wahllos bereitgestellt, sondern referieren immer auf eine ganz spezifische Warnmeldung.

Diese Texte können noch mehr: Je nach Ursache und der daraus resultierenden Lösungsmöglichkeit können sie Optionen zur Unterstützung bei der Problemlösung bereitstellen. So lassen sich beispielsweise mit integrierten Funktionen Informationen zum automatischen Start oder Neustart von Systemdiensten einblenden. Der Administrator ist damit in der Lage, einen konkreten Lösungsvorschlag direkt aus dem Hilfekontext heraus zu versuchen. In einer qualitativ gut gepflegten System- und Applikationslandschaft sollte man die Erwartungshaltung an eine Wunderheilung allerdings nicht zu hoch ansetzen. Dort sind die vorhandenen Probleme meist nicht von trivialer oder allzu offensichtlicher Herkunft. Die Lösung eines Problems beschränkt sich dann üblicherweise nicht nur auf das Lesen des prominentesten Wissensdatenbankartikels.

Sichten

Die beliebteste Sicht für alle Erstanwender von System Center 2012 Operations Manager ist die Computersicht. Sie zeigt den Integritätsstatus der überwachten Computersysteme an. Soweit ist das sicherlich nichts Besonderes und es handelt sich dabei um eine erwartete Funktion. Wie Sie spätestens nach dem Studium dieses Kapitels wissen, ist die Interpretation des Integritätsstatus – symbolisiert mit einem grünen, einem gelben oder einem roten Symbol – immer nur die Betrachtung des Status einer Entität. Die Sicht zur Anzeige des Status von Computersystemen kann durchaus für alle Maschinen grünes Licht anzeigen, während bei einer Sicht zur Darstellung des Integritätsstatus aller logischen Platten die Farbe für den Status eines der Laufwerke schon auf gelb wechselt.

Sichten in System Center 2012 Operations Manager funktionieren wie Sichten auf die Inhalte einer Datenbank. Je nach Datentypen und Aufbau der Abfrage werden die Statusinformationen in Administrationskonsole und Webkonsole aufbereitet. Welche Sicht standardmäßig in welcher Kategorie der Administrationskonsole angezeigt wird, entscheidet der Entwickler des jeweiligen Management Packs. Abgeleitet von diesem beispielhaften Szenario lassen sich weitere Forderungen und auch die ein oder andere Frage formulieren:

- Ich will den Verfügbarkeitsstatus aller Systemdienste zur Verwaltung der Druckerwarteschlange auf allen/auf bestimmten Systemen sehen
- Zeige mir den aktuellen Status aller Ports von Switch 01
- Welche Leistungsindikatoren stehen für Domänencontroller derzeit in System Center 2012 Operations Manager zu Verfügung und können in einem Diagramm angezeigt werden?
- Zeige mir alle Warnmeldungen zu einer bestimmten Datenbank an
- Zeige mir alle logischen Laufwerke von überwachten Linux-Systemen an, die aktuell nicht angeschlossen sind

Fazit

Sichten bereiten die gesammelten Informationen für eine Listendarstellung in den administrativen Oberflächen von System Center 2012 Operations Manager auf. Sichten werden mit dem Import der Management Packs bereitgestellt. Sie sind damit immer entitätsbasierend. Mit anderen Worten: Man kann eine Sicht zur Anzeige der Verfügbarkeit von logischen Laufwerken nicht dazu verwenden, den Status von Webapplikationen auf einem Internetinformationsdienste-Server (IIS) anzuzeigen. Welche Sicht wann bereitgestellt wird, ist Aufgabe des Entwicklers eines Management Packs. Sichten können allerdings auch vom Bodenpersonal selbst angelegt werden. Darüber hinaus lassen sich bereitgestellte Sichten grundsätzlich anpassen, indem weitere Felder in die Anzeige mit aufgenommen oder aus dem Sichtaufbau entfernt werden.

Aufgaben

Wozu würden Sie eine Bohrmaschine verwenden? Ein Anwendungsbeispiel wäre sicherlich das Bohren eines Lochs in Ihre Wohnzimmerwand. Anschließend ein Dübel in das Loch, eine Schraube dazu, und fertig ist die Aufhängevorrichtung für das Foto Ihrer Liebsten. Was aber, wenn sich die Zielvereinbarung geringfügig ändert und Ihnen statt einer Schraube ein Nagel zur Verfügung stünde? Sicherlich wäre die Bohrmaschine auch als Hammer anwendbar. Diese Art der Zweckentfremdung sorgt jedoch früher oder später für neuen Umsatz im Hobbyheimwerkersupermarkt Ihres Vertrauens. Wieder einmal ein banales Beispiel, anhand dessen ich Ihnen das Konzept einer Komponente von System Center 2012 Operations Manager erklären will. Werkzeuge werden grundsätzlich am effizientesten zum Einsatz kommen, wenn man deren Verwendung situativ abwägt. Einen Hammer in Griffweite zu wissen, wenn es um die Arretierung eines Nagel in der nächstgelegenen Wand geht, ist zielführender als die Verwendung eines Schraubenziehers oder der bereits erwähnten Bohrmaschine.

System Center 2012 Operations Manager stellt administrative Werkzeuge situationsbezogen bei der Arbeit mit der Administrationskonsole bereit. Wenn Sie sich beispielsweise in einer Sicht den aktuellen Status der überwachten DHCP-Serverdienste anschauen, bietet System Center 2012 Operations Manager alle Funktionen (Aufgaben) an, die in diesem Kontext sinnvoll sind. Sie können dann direkt aus der Konsole heraus die jeweilige Aufgabe aufrufen. Die Entscheidung darüber, welche Aufgaben bereitgestellt werden, hat Ihnen der Entwickler des Management Packs abgenommen. Unabhängig davon können Sie die Liste der Aufgaben aber um eigene Funktionen ergänzen. Folgende Aufgaben werden Ihnen zum Beispiel angeboten, wenn Sie sich den Status eines überwachten Computerobjekts anschauen:

1. Computerverwaltung
2. Anzeige der Benutzerkonteneinstellung
3. Anzeige der aktiven Netzwerkverbindungen
4. Anzeige der lokalen Benutzer
5. Anzeige der Netzwerkfreigaben
6. Anzeige der Workstationstatistik
7. IPConfig
8. Auflisten der aktuellen Prozesse
9. Auflisten der installieren Dienste und deren Status
10. Ping Computer
11. Remotedesktop
12. Route Print-Befehl

Das sind nur einige der Aufgaben für Windows-Computer. Erkennen Sie einen Unterschied zwischen der Aufgabe mit der Ordnungsnummer 7 und der Aufgabe unter Nummer 10?

Gemeinsam ist den beiden Aufgaben, dass sie sich um die Analyse von Prozessen auf Netzwerkebene kümmern. Der Unterschied liegt im Durchführungsort der jeweiligen Aufgabe. IPConfig ist eine Funktion, die auf dem jeweiligen Computersystem ausgeführt wird. Im Gegensatz dazu wird der Ping-Befehl immer von einem anderen Computer aus gestartet, um die Erreichbarkeit eines Systems über das Netzwerkprotokoll TCP/IP zu analysieren.

Diese Differenzierung ist wichtig, da System Center 2012 Operations Manager im operativen Betrieb dadurch entscheiden kann, ob die Aufgabenstellung von der Clientkomponente auf einem der überwachten Computersysteme durchgeführt werden muss oder ob der Start der Aufgabe direkt aus der Konsole heraus stattfinden kann. Im ersten Fall wird der Befehl zur Remoteausführung an den Agent gesendet. System Center 2012 Operations Manager erwartet dann im Ausgabenausführungsfenster das Resultat der Ausführung des Agents und zeigt es darin an. Bei der Remoteausführung spielt das Thema Berechtigung eine zusätzliche Rolle. Sofern das sogenannte Standardaktionskonto nicht über eine ausreichende Berechtigung zur Durchführung der jeweiligen Aufgabe auf dem spezifischen System verfügt, muss gegebenenfalls ein alternatives Benutzerkonto der auszuführenden Aufgabe explizit mitgegeben werden.

Fazit

Aufgaben können dem Administrator das Leben erleichtern. Voraussetzung ist allerdings, dass er den Umgang damit übt. Die meisten Kollegen – und da nehme ich mich leider nicht aus – ignorieren allzu oft den angebotenen Service und starten eine Remotekonsole oder die Computerverwaltung auf altmodische Art und Weise. Wer sich selbst aber eine Weile bewusst dazu nötigt, diese effizienzsteigernde Funktion aus der Administrationskonsole heraus anzuwenden, wird Aufgaben in System Center 2012 Operations Manager schneller als ursprünglich gedacht mehr als zu schätzen wissen.

Berichte

Trauen Sie auch keinen Berichten, die Sie nicht selbst manipuliert haben? Dieses Phänomen gibt es rund um unseren blauen Planeten. Vielleicht ist das auch der Grund, weshalb die Entwickler der Management Packs von System Center 2012 Operations Manager diese Auswertungen ebenfalls gleich mitliefern. Damit ist sichergestellt, dass die verwendeten Standardauswertungen weltweit auf die gleichen Datenfelder zugreifen. Sie unterscheiden sich in ihrem Ergebnis in erster Linie nur durch die Anwendung variabler Selektionsparameter. Diese können je nach Auswertung allerdings recht zahlreich angeboten werden. Insbesondere dann, wenn es nicht nur darum geht, Datumsgrenzen einzugrenzen. Je nach Bericht stehen Sie als Anwender vor der beliebten Wahl zwischen den für diese Auswertung passenden Entitätstypen. Nicht selten ist die Trefferquote ähnlich hoch wie das Ankreuzen der sechs richtigen Zahlen plus Superzahl für passionierte Lotterie-Junkies.

Berichte, die im Rahmen des Imports eines Management Packs zur Verfügung gestellt werden, sind deshalb meist schon vorparametrisiert. Dies bedeutet, dass die verfügbaren Felder meist schon die infrage kommenden Entitäten und Selektionsdatenbereiche vorgefiltert anzeigen. Das macht deren Nutzung effizienter und sorgt für eine höhere Popularität auch bei den Kollegen, die System Center 2012 Operations Manager eher nur sporadisch verwenden. Berichte lassen sich auch zeitversetzt generieren und beispielsweise per E-Mail an potentielle Interessenten versenden. Alternativ besteht zusätzlich die Möglichkeit, die generierten Berichte in einer klassischen Verzeichnisstruktur oder aber auch auf einem SharePoint-Server zu speichern.

Fazit

Die Fähigkeit, vorzeigbare Auswertungen über eingesammelte Informationen erstellen zu können, gehört zum guten Ton einer jeden Verwaltungslösung. Somit ist es dann auch kein Wunder, dass diese Funktion auch mit System Center 2012 Operations Manager bereitgestellt wird. Bei der täglichen Arbeit werden Sie diese Funktion erfahrungsgemäß allerdings weniger oft aufsuchen als die Kaffeemaschine Ihrer Kantine. Die Aufbereitung der Informationen in der Administrationskonsole bietet die gewünschten Auswertungen auch im direkten Zugriff an. Die Verwendung von Berichten spielt meist dann eine wichtige Rolle, wenn eine längerfristige Speicherung der Ergebnisanalysen gefordert ist.

> **HINWEIS** Um Berichte in System Center 2012 Operations Manager anwenden zu können, muss die separate Komponente der Berichterstattung installiert werden. Sie müssen die Installation dieser Komponente nicht gleich zu Beginn der Grundkonfiguration von System Center 2012 Operations Manager erledigt haben. Die Management Packs merken, ob die Berichterstattung installiert und aktiv ist oder nicht. Fehlt die Berichterstattung, versucht ein Management Pack, seine Berichte zu einem späteren Zeitpunkt und in regelmäßigen Abständen bereitzustellen.

Ausführung als Profile

Wir sind beim Lieblingsthema eines jeden System Center Operations Manager-Projekts angelangt. Diese Komponente ist mindestens genauso intuitiv zu steuern wie der Vierradantrieb Ihres PKW ohne Schalthebel. Auf der anderen Seite der dunklen Medaille muss man allerdings auch betonen, dass diese Funktion die Leistungsfähigkeit von System Center 2012 Operations Manager massiv erhöht. Insbesondere komplex organisierte IT-Landschaften mit unterschiedlichen Berechtigungsstufen verteilt über mehrere Länder und Matrixorganisationen weltweit sind erst damit in der Lage, den Anforderungen an die Sicherheitsstandards des eigenen Unternehmens gerecht zu werden.

Um einzelne Systeme oder auch weltweite Infrastrukturlösungen überwachen zu können, werden von System Center 2012 Operations Manager Informationen über diese Objekte eingesammelt. Diese Informationen werden von den Systemen und Diensten auf Anforderung der Agent-Komponente selbst erzeugt und mittels Clientkomponente an den Verwaltungsserver übermittelt. Je nach Komplexität und Sicherheitsrelevanz der angezapften Quellen würden die Anforderungen unbeantwortet bleiben. System Center 2012 Operations Manager ist zwar eine mächtige Plattform in Sachen Überwachungsmanagement; an vorhandenen Sicherheitsabfragen kommt aber auch diese Software ohne valide Authentifizierung nicht vorbei. Das Problem dabei: Je nach überwachter Funktion werden unterschiedliche Berechtigungen benötigt.

> **HINWEIS** In den IT-Abteilungen vieler Unternehmen herrscht immer noch der Irrglaube, dass ein Netzwerk nur dann funktionieren kann, wenn der IT-Administrator über weitreichende Berechtigungen verfügt. Begründet wird das in der Regel mit der Aussage, dass Hilfe beim Anwender nur dann möglich sei, wenn man IT-seitig mit dem Generalschlüssel ausgestattet ist. Ein Schelm, wer darüber sinniert, ob diese Allmacht vielleicht auch einmal missbraucht werden könnte.

Die Zeiten sind schon lange vorbei, in denen diese Argumentationskette ihre Gültigkeit und Berechtigung hatte. Moderne IT-Abteilungen, die sich an modernen Sicherheitsstandards orientieren, erlauben sich dieses Verhalten nicht mehr. Im Gegenteil: Wenn IT-Mitarbeiter die tägliche Arbeit mit »normalen« Benutzerrechten verrichten, ergibt sich ganz von allein eine massive Steigerung der Arbeits- und Dienstleistungsqualität. Ich merke bei mir immer ein extremes Unwohlsein, wenn Administratoren hilfesuchenden Kollegen aus den Fachbereichen mit »... komisch, bei mir geht alles ...« antworten.

In den größeren System Center-Projekten, die ich während meiner Zeit als Business Developer zu verantworten hatte, war eine Gewaltenteilung zwischen länderspezifischen IT-Abteilungen der Normalfall. In diesen Organisationsstrukturen ist es beispielsweise nicht ohne Weiteres möglich, dass Administratoren aus Spanien auf Domänencontroller in Deutschland zugreifen. Gleiches gilt auch für den umgekehrten Fall. Dahinter steckt ein ausgeklügeltes Berechtigungskonzept kombiniert mit einem zum Teil ebenso aufwändigen Domänenmodell. Auch solche Umgebungen kann System Center 2012 Operations Manager problemlos verwalten und überwachen. Die Komponente der Ausführung als Profile unterstützt den Administrator bei der Erreichung dieses Ziels.

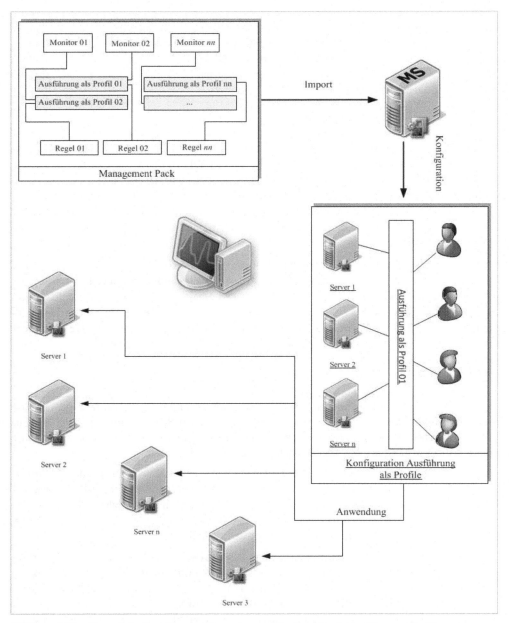

Abbildung 4.14 Schematische Darstellung von Anwendung und Konfiguration der Ausführung als Profile

Mit der Ausführung als Profile-Funktion wird quasi eine Schicht zwischen den auszuführenden Befehlen und des jeweils spezifischen Sicherheitskontexts gezogen. Klingt leicht abgefahren, und ich kenne einige Kollegen, die mit solchen Aussagen nachhaltig Eindruck schinden wollen. Ihnen und mir will ich das nicht zumuten. Zum hoffentlich besseren Verständnis habe ich deshalb eine schematische Darstellung kreiert, die Sie in Abbildung 4.14 vorfinden. Schauen wir uns jetzt die Schritte im Detail genauer an:

- Wie Sie bereits wissen, enthalten Management Packs unterschiedliche Komponenten. Die Komponenten *Regeln* und *Monitore* definieren, welche Entitäten auf welche Art überwacht und deren Leistung dokumentiert wird. Um dies zu erreichen, werden meist spezifische Skripts in regelmäßigen Zeitabständen durch die Clientkomponente von System Center 2012 Operations Manager gestartet. Viele dieser Prüfungsroutinen benötigen zur Ausführung spezielle Berechtigungen. Um beispielsweise die Latenzzeit zwischen zwei Domänencontrollern mithilfe des standardmäßig verwendeten Analyseprogramms DCDIAG zu berechnen, reichen lokale Computersystemrechte nicht aus. Die überprüfte Komponente (also Active Directory) wird durch die Zusammenarbeit mehrerer Systeme bereitgestellt und gehört damit nicht einem bestimmten Computersystem. Der Programmierer eines Management Packs weiß, dass der Erfolg zur Ausführung einer bestimmter Regel oder eines Monitors von explizit zu vergebenen Berechtigungen abhängig ist. Deshalb verknüpft er diese Komponenten (*Regeln* und *Monitore*) im Bedarfsfall mit einem *Ausführung als*-Profil. Wird das Management Pack später von Ihnen importiert, ergeben sich daraus zwei alternative Ausführungsvarianten:

  - **Erste Alternative** Es sind keine expliziten Rechte vom Administrator nach dem Import des Management Packs und durch die Einrichtung der Profile eingerichtet worden. Ursache hierfür ist oft eine mangelnde Geduld von IT-Menschen zum Lesen der beigefügten Installationsanweisung. Bei dieser Alternative wird die Clientkomponente versuchen, die Regeln oder den Monitor mit lokalen Systemberechtigungen des jeweiligen Computersystems auszuführen. Klappt das nicht, greift der Agent nach dem Rechtekontext eines während der Basisinstallation konfigurierten Standardaktionskontos. Reichen die Rechte keines der beiden Konten zur Ausführung des Befehls aus, wird die Überprüfung eingestellt. In der Regel generiert das Management Pack dann eine Fehlermeldung, die auf die Fehlfunktion hinweist. Sie könnten diesen Mechanismus mit einer Kontrolllampe in Ihrem Auto vergleichen, die dann blinkt, wenn die Ölkontrolllampe selbst nicht funktioniert.

  - **Zweite Alternative** Das Management Pack verweigert aufgrund unzureichender Konfiguration von vornherein die Arbeit. In diesem Fall wird vom Management Pack in der Regel eine Fehlermeldung generiert. Es kann allerdings auch dazu führen, dass System Center 2012 Operations Manager erst gar nicht mit der Überwachung der jeweiligen Komponente beginnt und Sie bis Weihnachten und darüber hinaus auf eine Statusinformation warten. Ein kleines Rätselspiel an dieser Stelle: In den Vereinigten Staaten gibt es für das Phänomen unkorrekter Konfiguration die allgemeingültige Abkürzung RTFM. Die Langversion kann mithilfe gängiger Suchmaschinen recherchiert werden. Zu Deutsch bedeutet das so viel wie »Würden Sie freundlicherweise die ausführliche Anleitung für dieses Management Pack lesen?«.

- Nach dem Import eines solchen Management Packs stehen die damit ebenfalls bereitgestellten spezifischen *Ausführung als*-Profile zur Konfiguration bereit. Der Administrator muss jetzt noch Konten in System Center 2012 Operations Manager definieren (Ausführung als Konto), welche dann zur Durchführung der Regeln und Monitore aus dem Management Pack verwendet werden. Je nach Komplexität der Infrastruktur und des gegebenen Sicherheitskonzepts können auch hier verschiedene Varianten zur Anwendung kommen:

  - Definition eines bestimmten Kontos zur Durchführung der Regeln und Monitore auf allen Systemen
  - Definition mehrerer verschiedener Konten und die Zuweisung der Konten auf einzelne Serversysteme

- Die Konfiguration wird komplett über die zentrale Administrationskonsole durchgeführt. Nach erfolgreicher Konfiguration auf Basis der beigefügten Anleitung werden die gewünschten Überprüfungen auf den Systemen starten. System Center 2012 Operations Manager ist damit in der Lage, eine Überwachung durchzuführen, ohne firmenspezifische Sicherheitsrichtlinien zu ignorieren oder zu untergraben.

Fazit

Mit Ausführung als Profile schafft System Center 2012 Operations Manager den Spagat zwischen der Überwachung aus rein technischer Sicht und den Anforderungen beliebig komplexer Sicherheitsanforderungen. Wichtig in diesem Zusammenhang ist auch, dass System Center 2012 Operations Manager nicht nur den Windows-Sicherheitskontext beherrscht. Folgende Kontentypen kennt das Produkt in der aktuellen Version:

- Windows
- Community String
- Standardauthentifizierung
- Einfache Authentifizierung
- Digestauthentifizierung
- Binäre Authentifizierung
- Aktionskonto
- SNMPv3-Konto

Die Bedeutung der unterschiedlichen Kontentypen und deren Einsatzgebiet werden wir uns im zweiten Buch etwas näher anschauen.

Management Packs verteilen und anwenden

Ich muss gestehen, dass Laborumgebungen nicht meine Welt sind. Mit zunehmendem Alter bin ich zwar nicht mehr so risikobereit wie früher, dennoch teste ich immer noch mit Vorliebe und auch Überzeugung in einer produktiven Umgebung. Und ich kann mich an keine einzige Situation erinnern, die zum Ausfall irgendeines Systems in einer produktiven Umgebung geführt hat. Ich bin mir sicher, dass es insbesondere den ITIL-Anhängern unter Ihnen gerade den Magen herumdreht. ITIL steht übrigens für IT Infrastructure Library. Dabei handelt es sich um eine Sammlung von Best Practices beziehungsweise Good Practices in einer Reihe von Publikationen, die eine mögliche Umsetzung eines IT-Service-Managements (ITSM) beschreiben und inzwischen international als De-facto-Standard hierfür gelten.

Wie man seine persönliche Bereitschaft zur Evaluierung definiert, ist immer eine Frage der Abwägung von Risiko und Effektivität. Testumgebungen tragen ihren Namen insbesondere in mittelständischen Unternehmen nicht ohne Grund. Meist sind die Gegebenheiten nicht aktuell oder entsprechen eben nicht einmal maßstäblich einer realen Umgebung. Wer die Teilnahme an Beta- und Vorbetaprogrammen als Chance für einen möglichst frühen Integrationstest sieht, muss mit den noch nicht freigegebenen Produktversionen die Operation am offenen Herzen wagen. Auch hier gibt es einen guten Vergleich mit der Vorgehensweise in einer ganz anderen Parallelwelt: wieder einmal die Autoindustrie. Bevor wir ein Auto kaufen können, wurden zigtausende Testkilometer absolviert.

Dass diese Fahrten meist nicht in Deutschland stattfinden, hat in erster Linie damit zu tun, dass wir in Europa nur wenig klimatische Extreme zu bieten haben. Aber auch in USA oder am Polarkreis sitzen Menschen hinter dem Lenkrad und führen für uns eine besondere Art des Betatests aus. Wer sich für die Marke mit dem Stern begeistert und ab und an ohne Aufwand Betamodellen begegnen will, empfehle ich einen Arbeitsplatz rund um den Schönbuch bei Böblingen in Baden-Württemberg. Auf der L464 muss man auf die Erlkönige nicht lange warten. Es gibt übrigens Unternehmen, die sich mit der Möglichkeit zur Überwachung von PKW mittels System Center 2012 Operations Manager beschäftigen. Welche Möglichkeiten damit eröffnet werden, überlasse ich an dieser Stelle Ihrer Phantasie und Ihren unternehmerischen Visionen.

Der Treibstoff: Management Packs

HINWEIS Wer an frühen Betaprogrammen von Microsoft für Office-Produkte teilnehmen will, muss sich dazu verpflichten, das Produkt auf einer nicht unerheblichen Anzahl von Clientgeräten einzusetzen. Das Gleiche gilt für die TAP-Programme der System Center Division. Insbesondere Teilnehmer am System Center Configuration Manager-Testlauf sollten die Clientkomponente auf einer deutlichen dreistelligen Clientanzahl installieren. Hier gilt es, eine eventuell vorhandene emotionale Bindung zu Microsoft hinten anzustellen und eine vernünftige Risikoabwägung zu betreiben.

Was haben Betatests mit der Verteilung und Anwendungen von Management Packs zu tun? Die Antwort liegt auf der Hand, wenn man das Konzept von System Center 2012 Operations Manager kennengelernt hat. Zur Inbetriebnahme des Produkts müssen die notwendigen Serverkomponenten installiert werden. Der Auswirkungen auf die Gesamtsituation ihrer Infrastruktur sind erfahrungsgemäß vernachlässigbar. Von Risikobereitschaft sprechen wir erst dann, wenn wir die Management Packs einspielen. Was man wissen muss: Ist ein Management Pack erst einmal importiert, gibt es kein Halten mehr. Mit anderen Worten bedeutet dies, dass das Regelwerk sofort nach der Bereitstellung auf dem Verwaltungsserver und grundsätzlich auf allen Systemen mit installiertem Agent eingespielt wird. System Center 2012 Operations Manager beginnt dann sofort mit der Überwachung.

Überwachung bedeutet bei der Betrachtung des Teilprozesses *Analyse* nichts anderes als das Einsammeln von Informationen und das Ausführen von Skripts und Dienstprogrammen. Wenn Sie die Qualität eines Management Packs hinsichtlich der Stabilität der darin enthaltenen Skripts nicht abschätzen können, haben Sie früher oder später ein Problem mit der Integrität Ihrer Systeme. Wenn wir die Überwachung also nicht nur rein technisch betrachten wollen, müssen wir uns mit der Thematik des Qualitäts- und Risikomanagements beschäftigen. Seien Sie versichert, dass auch Testfahrer aus Wolfsburg oder Ingolstadt sehr genau wissen, ab welchem Zeitpunkt sie sich in ein neues Auto setzen.

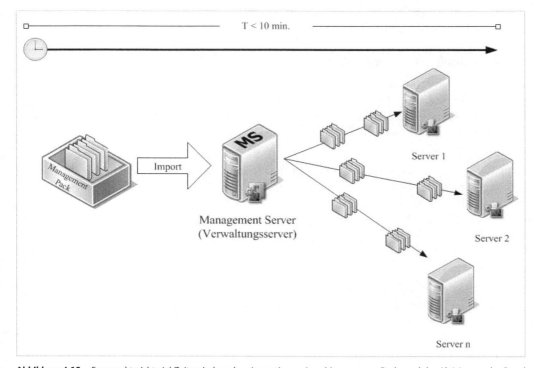

Abbildung 4.15 Es vergeht nicht viel Zeit zwischen dem Importieren eines Management Packs und der Aktivierung der Regeln und Monitore

Wenn wir uns über die Bereitstellung von Management Packs Gedanken machen, müssen wir auch in Betracht ziehen, dass deren Inhalt einem Veränderungsprozess unterliegt. Selbst bei noch so hoher Sorgfalt während der Paketprogrammierung werden Korrekturen nicht ausbleiben. Diese Anpassungen können auch aufgrund einer Aktualisierung der überwachten Services notwendig werden. Ein weiterer Aspekt in diesem Kontext ist die Notwendigkeit zur Anpassung der Regelwerke an die eigenen Ansprüche.

Womöglich wollen Sie ganz bewusst nicht alarmiert werden, wenn der verfügbare Plattenplatz der logischen Laufwerke D: und E: einer bestimmten Gruppe von Server unter 5 % driftet. Konfiguriert man diese sogenannten Überschreibungen falsch, kann auch das schnell zu fehlerhaften Alarmierungen oder aber auch zu unerwünschten Systembelastungen der überwachten Maschinen führen. Die Zeit zwischen dem Prozess des Imports eines Management Packs bis zur Aktivierung auf allen überwachten Systemen dauert (wie in Abbildung 4.15 gezeigt) nur wenige Minuten.

Eigenschaften von Management Packs

Ich will an dieser Stelle nicht davon sprechen, dass Management Packs einen Charakter haben. Die Gefahr ist zu groß, dass ich daraufhin von einigen Lesern Empfehlungen zum Besuch von aus beruflichen Gründen empathisch veranlagten Akademikern (Psychiatern) erhalte. Dennoch gib es einige wenige Merkmale, die man an dieser Stelle erwähnen muss, um die Arbeitsweise des Treibstoffs für System Center 2012 Operations Manager besser zu verstehen. Wir werfen deshalb an dieser Stelle einen kurzen Blick auf die folgenden Themenbereiche:

- Versiegelte und unversiegelte Management Packs
- Abhängigkeiten von Management Packs
- Standardmäßig installierte Management Packs

Versiegelte und unversiegelte Management Packs

Es verhält sich wie im Supermarkt: Beim Kauf von eingeschweißten oder vakuumierten Produkten werden Sie mit dem Markleiter keine zielgerichteten Verhandlungen führen können. Das Produkt ist in Sachen Qualität und Menge nicht verhandelbar. Anders sieht es an der Frischetheke aus. Da kann man die Fleischfachverkäuferin schon zur Weißglut bringen, wenn man sich die Wursträdchen empirisch verteilt aus dem präsentierten Stapel aussuchen will.

Bei Management Packs kennt man ähnliche Status, welche allerdings keineswegs Rückschlüsse auf die Frische des Pakets zulassen. Management Packs sind entweder versiegelt oder unversiegelt. Ein versiegeltes Management hat bezüglich seiner Änderbarkeit ähnliche Eigenschaften wie eine ausführbare Applikation. Diese Dateien sind nicht veränderbar, es handelt sich um sogenannte Binärdateien. Versiegelte Management Pack-Dateien besitzen die Dateiendung *.mp*. Im Gegensatz dazu sind unversiegelte Dateien konfigurierbar. Es handelt sich dabei um Dateien im XML-Format und sie tragen deshalb auch die korrespondierende Dateiendung *.xml*.

Durch die Auslieferung von versiegelten Management Pack-Dateien kann der Entwickler sicherstellen, dass Regelwerke überall auf der Welt basierend auf gleichen Grundeinstellungen mit der Überwachung beginnen. Da aber keine Organisation einer anderen gleicht, besteht die Möglichkeit, individuelle Anpassungen durchzuführen.

Der Treibstoff: Management Packs

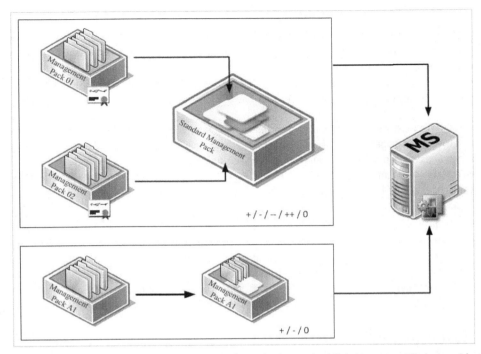

Abbildung 4.16 Veränderungen an Management Packs werden immer ebenfalls in Management Packs gespeichert. Bei versiegelten Management Packs findet die Speicherung jedoch in einem unversiegelten Management Pack statt.

Warum hat man dieses in Abbildung 4.16 illustrierte Konzept gewählt? Es geht nicht nur darum, allen Nutzern von System Center 2012 Operations Manager überall auf der Welt die gleiche Ausgangssituation zur Verfügung hinsichtlich Umfang und Einstellung des anwendbaren Regelwerks zu Verfügung zu stellen.

Mit der Möglichkeit zur Speicherung individueller Anpassung in einem kundeneigenen Management Pack wird es auch möglich, die Anpassungen zu transportieren. Damit kann eine Art Transportsystem zwischen einer Evaluierungs- und einer Produktivumgebung realisiert werden. Um die Abgrenzung zwischen versiegelten und unversiegelten Management Packs noch einmal deutlich hervorzuheben, finden Sie nachfolgend eine Aufstellung der gegenseitigen Abgrenzungen:

- **Änderbarkeit**
    - Versiegelte Management Packs können nicht verändert werden
    - Unversiegelte Management Packs können verändert werden
    - Unversiegelte Management Packs werden zur Speicherung der Anpassungen verwendet, welche gegen versiegelte Management Packs angewendet werden
- **Transportierbarkeit**
    - Versiegelte Management Packs können aufgrund ihrer Unveränderbarkeit nur im Originalauslieferungszustand weitergegeben werden
    - Wird die Anwendung von Anpassungen gegen versiegelte Management Packs auch in einer anderen Umgebung gewünscht, muss das veränderbare (unversiegelte) Management Pack bei der Weitergabe ebenfalls mitgegeben werden

- **Versionsverwaltung**
    - Sowohl versiegelte als auch unversiegelte Management Packs tragen immer eine Versionsnummer. Bei der Weitergabe ist darauf zu achten, die Veränderungen durch die Anpassung der Versionsnummer zu deklarieren. Beim Import von Management Packs wird diese Information abgeprüft. Ist ein Management Pack bereits in System Center 2012 Operations Manager bereitgestellt worden, ist der Import einer niedrigeren Versionsnummer dieses Management Packs nicht mehr möglich.

> **TIPP** Es scheiden sich die Geister bei der Frage nach dem Umgang mit individuellen Anpassungen. Manche Kunden legen für jedes importierte versiegelte Management Pack jeweils ein separates, unversiegeltes Management Pack an. Darin werden dann die vorgenommenen Anpassungen gespeichert. Andere Kunden wiederum erstellen für jeden Themenbereich (Server, Betriebssystem, Clients) ein eigenes Management Pack. Diese Kunden sind in der Regel durch meine Schule gegangen, denn die Erstellung themenbasierter Management Packs hat sich in allen Projekten bewährt.

Gegen beide Methoden spricht die Tatsache, dass ohne Ihr Zutun beim Importieren bestimmter versiegelter Management Packs automatisiert Veränderungen erstellt werden. Diese Änderungen werden dann automatisch im sogenannten Standard-Management-Pack gespeichert. Dieses Management Pack ist quasi das Auffanglager für unschlüssige Administratoren. Die Speicherung sämtlicher Veränderungen in einem (elektronischen) Topf macht es allerdings alles andere als einfach, unerwartetes Verhalten beim Umgang mit Schwellenwerten zu analysieren. Die Wahrheit liegt also wie auch im Leben irgendwo in der Mitte. Wir werden dem Umgang mit dieser Herausforderung im weiteren Verlauf dieses Buchs immer wieder begegnen. Der richtige Umgang mit unversiegelten Management Packs ist weniger eine technische Frage als vielmehr eine organisatorische Herausforderung.

Abhängigkeiten von Management Packs

Die fehlende Gleichbehandlung auf dieser Welt macht selbst vor System Center 2012 Operations Manager nicht Halt. Da versucht man alles, um dem geneigten Interessenten klar zu machen, dass sich Management Packs hinsichtlich ihrer Architektur grundlegend nicht unterscheiden. Und plötzlich kommt man an dem Punkt, an dem die ganze Wahrheit ans Licht muss. Denn es gibt auch im Umfeld dieses Themas geringfügige Unterschiede, auf die ich in diesem Abschnitt eingehen will.

Wir bleiben weiterhin bei der oben eingeführten These, dass das Produkt System Center 2012 Operations Manager im Grunde nur eine abstrakte Hülle hinsichtlich seiner Möglichkeiten zur Überwachung von Infrastrukturen darstellt. Die eigentliche Intelligenz wird erst durch den Import von Management Packs erreicht. Nun gibt es einige Management Packs, ohne die die Logik der »Selbstzündung« nicht funktionieren würde. Diese Management Pack stellen zur Aufnahme der Grundfunktion zwingend benötigte Klassifizierungsmodelle bereit. Man kann diese Pakete mit Bibliotheken aus der Programmierwelt vergleichen, ohne die eine Software nicht wirklich funktionieren würde. Aber keine Angst, ich werde Ihnen an dieser Stelle keine Liste dieser zwingend benötigten Management Pack-Bibliotheken aufstellen, die Sie sich dann über irgendwelche dunklen Quellen illegal besorgen müssten. Microsoft beziehungsweise die Ersteller eines Management Packs kümmern sich darum, dass diese Voraussetzungen gegeben sind.

> **HINWEIS** Eine Liste der standardmäßig mit der Grundinstallation von System Center 2012 Operations Manager bereitgestellten Management Packs finden Sie gleich im nachfolgenden Abschnitt.

Neben den für die Grundfunktion von System Center 2012 Operations Manager zwingend benötigten Management Pack-Bibliotheken gibt es eine weitere Ausprägung in Sachen Abhängigkeit. Management Packs können voneinander abhängig sein. Sie kennen dieses Verhalten von den Windows-Diensten Ihres Lieblingsservers oder Ihrer Workstation. Manche Dienste verweigern ihre Funktion, bevor die zu deren Funktion benötigten Basisdienste nicht gestartet sind.

Der Treibstoff: Management Packs

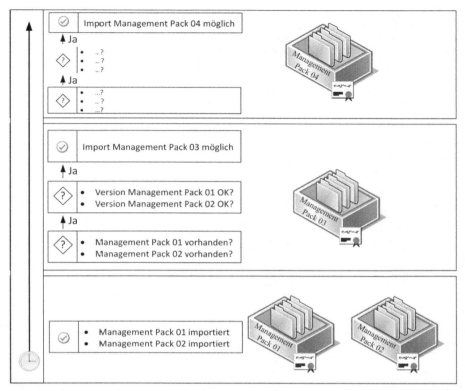

Abbildung 4.17 Die Möglichkeit zum Import eines Management Packs hängt davon ab, ob zusätzlich benötigte Pakete in der richtigen Version bereits vorhanden sind

Beim Import eines Management Packs erfolgt eine ähnliche Prüfung. Der Programmierer eines solchen Regelwerks definiert, welche Voraussetzungen (in Form bereits vorhandener Management Packs) gegeben sein müssen. Beim Importprozess wird unter anderem überprüft, ob die benötigten Pakete auch in der erforderlichen Version vorhanden sind. Erst dann ist die Durchführung des Imports erst möglich. Die Abbildung 4.17 soll Ihnen diese Abhängigkeit noch etwas greifbarer darstellen. Diese Abhängigkeit gilt ebenfalls bei eingelegtem Rückwärtsgang: Wird ein Management Pack von Ihnen nicht mehr benötigt, können Sie es nur dann entfernen, wenn keine davon abhängigen Management Packs mehr installiert sind.

Standardmäßig installierte Management Packs

Keiner kauft ein Auto ohne Motor, Türen und Bedienelemente. Das ist eine Selbstverständlichkeit, wenngleich böse Zungen aus dem Umfeld der Automobilhersteller darüber nachdenken, ob sich durch die Aufnahme dieser Komponenten in die optionale Preisliste kein neues Geschäftsmodell entwickeln ließe. In Redmond hatte man keine derart gemeinen Gedanken, als man sich mit der Zusammenstellung des verkaufsfähigen Produkts machte. Im Vordergrund stand das Ziel, System Center 2012 Operations Manager so umfänglich und so schnell wie irgend möglich auf Kundenseite an den Start zu bringen. Dass das eine gut vorbereitete und erfolgreich durchgeführte Installation voraussetzt, ist selbstredend. Um dieses Ziel zu erreichen, ist bereits im Standardinstallationspaket eine ganze Reihe von versiegelten Management Packs vorhanden. Die meisten davon werden ebenso standardmäßig während des Installationsprozesses automatisch importiert. Schauen wir uns diese in der nachfolgenden Tabelle einmal an.

Einsatzbereich	Zugeordnetes Management Pack
Basisfunktionen von System Center 2012 Operations Manager	System Center Core Library System Center Core Monitoring System Center Core Monitoring Agent Management System Center Internal Library Microsoft System Center Operations Manager Library Operations Manager Internal Library Performance Library Process Monitoring Library Health Internal Library Health Library Default Management Pack Baselining Tasks Library System Center Operations Manager Infrastructure Monitoring Instance Group Library Process Monitoring Library System Center Hardware Library System Library System Software Library Windows Cluster Library Windows Core Library Windows Service Library System Center Operations Manager Data Access Service Monitoring System Center Rule Templates System Center Task Templates System Center UI Executed Tasks System Center Workflow Foundation Library System Virtualization Library WS-Management Library
Clientüberwachung, agentlose Ausnahmeüberwachung, Teilnahme am Programm zur Verbesserung der Benutzerfreundlichkeit	Client Monitoring Internal Library Client Monitoring Library Client Monitoring Overrides Management Pack Client Monitoring Views Library
Anwendungsüberwachung	Distributed Application Designer Library Microsoft System Center Application Monitoring 360 Template Library Operations Manager APM Infrastructure Operations Manager APM Infrastructure Monitoring Operations Manager APM Library Operations Manager APM Library Resources (enu) Operations Manager APM Reports Library Operations Manager APM Wcf Library Operations Manager APM Web Operations Manager Application Monitoring Library Web Application Availability Monitoring Library Web Application Availability Monitoring Solutions Base Library Web Application Availability Monitoring Solutions Library Web Application Monitoring Library System Application Log Library Synthetic Transactions Library Microsoft.SystemCenter.DataProviders.Library

Tabelle 4.1 Übersicht über die im Rahmen der Softwareauslieferung von System Center 2012 Operations Manager bereitgestellten Management Packs

Einsatzbereich	Zugeordnetes Management Pack
Netzwerküberwachung	SNMP Library Network Device Library Network Discovery Internal Network Management – Core Monitoring Network Management Library Network Management Reports Network Management Templates
Unix und Linux Überwachung	UNIX/Linux Core Library UNIX/Linux Core Console Library UNIX View Library UNIX Log File Template Library Image Library (UNIX/Linux)
Basisfunktionalität zur Bereitstellung von Sichten und Konsolen	Image Library (System Center) Image Library (System) Image Library (UNIX/Linux) Image Library (Windows) Microsoft.SystemCenter.OperationsManager.Summary.Dashboard Microsoft.SystemCenter.Visualization.Network Dashboard Microsoft.System.Center.Visualization.Network.Library Microsoft.SystemCenter.Visualization.Configuration.Library Microsoft.SystemCenter.Visualization.Internal Microsoft.SystemCenter.Visualization.Library System Center Core Monitoring Views
Benachrichtigung	Notifications Internal Library Notifications Library
Berichterstattung	Data Warehouse Internal Library Date Warehouse Library Microsoft Data Warehouse Reports Microsoft Generic Report Library Microsoft ODR Report Library Microsoft Service Level Report Library Microsoft.SystemCenter.Reports.Deployment
Überwachungssammeldienste	Microsoft Audit Collection Services

Tabelle 4.1 Übersicht über die im Rahmen der Softwareauslieferung von System Center 2012 Operations Manager bereitgestellten Management Packs *(Fortsetzung)*

Wie Sie sehen, ist der Weg zur Einrichtung der Überwachung Ihrer IT-gestützten Geschäftsprozesse von Beginn an recht gut planiert. Das soll allerdings nicht darüber hinweg täuschen, dass die richtige Musik erst nach der Inbetriebnahme zu spielen beginnt. Wie Sie in Tabelle 4.1 erkennen, fehlen nämlich Management Packs in Sachen Windows Server, SQL Server, SharePoint Server, Exchange Server und so weiter. Auf die automatisierte Installation wurde bewusst verzichtet, unterscheidet sich doch jedes Unternehmen massiv in Sachen vorhandener Infrastruktur und der damit bereitgestellten Geschäftsprozesse.

Ergänzend darf ich noch erwähnen, dass neben den versiegelten Management Packs aus Tabelle 4.1 die folgenden unversiegelten Management Packs mit dem Abschluss der Installation von System Center 2012 Operations Manager zur Verfügung stehen:

- Client Monitoring Overrides Management Pack
- Default Management Pack

- Microsoft System Center Virtualization Network Management Pack
- Network Discovery Internal Management Pack

Microsoft empfiehlt eindringlich, keines dieser Management Packs zur Speicherung der individuellen Anpassungen zu verwenden. Sie sollten stattdessen auf selbst kreierte Pakete zugreifen. Wir hatten darüber bereits etwas weiter vorne in diesem Kapitel gesprochen. Ein weiteres Argument, welches diese Empfehlung unterstreicht, ist, dass Microsoft sich einen Austausch der standardmäßig ausgelieferten Management Packs vorbehält. Gründe dafür können die Installation eines Service Packs für System Center 2012 Operations Manager oder auch die Aktualisierung eines standardmäßig ausgelieferten Management Packs (inklusive der unversiegelten) sein.

Management Packs verwalten

Management Packs kommen und gehen, werden verändert und gelöscht. Und wenn man sie nicht pfleglich behandelt, werden Sie früher oder später sehr viel Freude bei der Fehlinterpretation modifizierter Filterregeln haben. Wir sollten uns deshalb ein klein wenig über das Thema *Lebenszyklus* unterhalten. Folgende Teilbereiche werden wir im Nachgang strategisch betrachten:

- Management Packs verstehen und austesten
- Management Packs individuell anpassen
- Management Packs in produktiver Umgebung bereitstellen
- Management Packs warten

Management Packs verstehen und austesten

Keine Sorge, die Überschrift soll Sie nicht dazu animieren, sich mit individuellen Charakterzügen eines Management Packs auf emotionaler Basis auseinanderzusetzen. Ein großes Problem ist aus meiner Erfahrung die fehlende Ausdauer beim Studieren der Betriebsanleitung, welche bei den meisten Paketen mitgeliefert wird. Wir hatten darüber bereits etwas weiter oben diskutiert.

Dazu gesellt sich ein Luxusproblem, welches seit der Vorgängerversion des Produkts existiert. Management Packs können sehr bequem in einem Aufwasch mittels der Administrationskonsole direkt importiert werden. Dieser Vollautomatismus sorgt dafür, dass Anleitungen gänzlich vergessen werden. Einige Entwicklermannschaften von Microsoft sind deshalb dazu übergegangen, den automatischen Download plus Import als All-inclusive-Paket nicht mehr anzubieten. Beim Management Pack für Exchange 2010 bekommt man deshalb beim Onlinezugriff auf die Management Pack-Bibliothek von Microsoft nur noch einen Hinweis angezeigt.

In diesem Hinweis ist vermerkt, an welcher Stelle man das Management Pack wie früher üblich manuell herunterladen kann. Damit soll sichergestellt werden, dass die Konfigurationsanleitung auch wirklich gelesen wird. Insbesondere bei den Management Packs für die komplexeren Serversysteme oder Ablaufprozesse besteht die Gefahr, dass man falsche Analyseergebnisse angezeigt bekommt.

TIPP Bevor Sie ein Management Pack in der produktiven Umgebung verteilen, machen Sie sich bitte mit dessen Funktion und der gegebenenfalls notwendigen Basiskonfiguration vertraut. Idealerweise importieren Sie das Management Pack in einer Evaluierungsumgebung. Sehr beliebt und technisch problemlos realisierbar ist in diesem Zusammenhang auch der Aufbau einer virtuellen Testumgebung.

In ein Management Pack kann man nicht in gleicher Weise hineinschauen wie in eine PowerPoint-Präsentation. Es fehlt ein Werkzeug zur strukturierten und verständlichen Darstellung der Inhalte. Im Internet kursiert hier ein Werkzeug namens MPViewer, welches auch gerne von Microsoft-Mitarbeitern verwendet und im Vier-Augen-Gespräch empfohlen wird. MPViewer zeigt die in einem Management Pack enthaltenen Objekte vom Typ Regel, Monitor, Sichten, Aufgaben, Berichte sowie die assoziierten Wissensdatenbankartikel an. Das kleine Helferlein kann auf allen Rechnern installiert werden, auf denen die Administrationskonsole von System Center 2012 Operations Manager installiert ist. Suchen Sie nach dem Begriff MPViewer auf der Blogseite *http://blogs.msdn.com/boris_yanushpolsky/default.aspx* und laden Sie sich die aktuelle Version herunter. Bitte beachten Sie, dass es sich um keine von Microsoft gewartete Applikation handelt. Sie verwenden dieses Werkzeug auf eigenes Risiko. Da MPViewer offensichtlich nicht mehr weiter gepflegt wird (die aktuellste Version 1.7 stammt aus dem Jahr 2008), könnten Sie statt einer langwierigen Suche im Blog Zeit sparen und stattdessen direkt die Downloadadresse der ZIP-Datei unter http://blogs.msdn.com/cfs-file.ashx/_key/communityserver-components-postattachments/00-08-65-00-11/MPViewer.zip verwenden

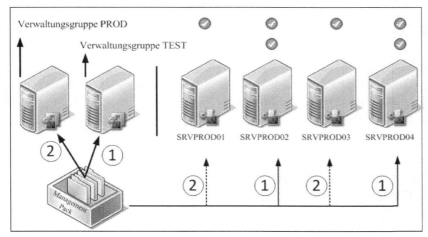

Abbildung 4.18 Das Austesten von Management Packs ist durch die multiple Verwendung in mehreren Verwaltungsgruppen auch auf produktiven Systemen möglich

Eine andere Alternative zum Austesten von Management Packs ist die Einrichtung einer zweiten Verwaltungsgruppe. Verwaltungsgruppen sind die Ordnungsfunktion in System Center 2012 Operations Manager, vergleichbar mit Mandanten oder aber auch Domänen. Wir werden uns mit dieser Funktion in Teil B dieses Buchs im Kapitel über die Installationsstrategien etwas näher beschäftigen. An dieser Stelle sei so viel gesagt, dass man die in die Überwachung integrierten Maschinen auch gleichzeitig mehreren Verwaltungsgruppen zuweisen kann. Die Abbildung 4.18 soll das verdeutlichen. In dieser Darstellung gibt es zwei Verwaltungsgruppen (PROD und TEST), die sich jeweils durch mindestens einen separaten Verwaltungsserver auszeichnen. Verwaltungsgruppe PROD sind die Server SRVPROD01 bis SRVPROD04 zugeordnet. Die Zuordnung erfolgt entsprechend der Konfiguration der Clientkomponente auf dem jeweiligen Serversystem. SRVPROD02 und SRVPROD4 hören zusätzlich auf die Einstellungen der Evaluierungsverwaltungsgruppe TEST. Wenn Sie jetzt auf dem Verwaltungsserver der TEST-Verwaltungsgruppe zuerst das neue Management Pack einspielen, werden nur die Agents auf SRVPROD02 und SRVPROD04 mit der Überwachung nach den neuen Spielregeln beginnen.

Der große Vorteil dieser Vorgehensweise besteht darin, dass man nicht noch weitere Systeme für eine separate Testumgebung vorhalten muss. Darüber hinaus werden bei dieser Variante auch gleich mögliche Besonderheiten berücksichtigt, die es vielleicht nur in der produktiven Welt gibt. Insbesondere das zuletzt genannte Argument ist immer wieder der Grund, weshalb Testumgebungen nicht wirklich effektiv sind: Sie entsprechen in ihrer Komplexität und Verkettung schlichtweg nicht der Realität. Wo Licht ist, ist aber auch Schatten. Dieses Konzept sorgt natürlich dafür, dass das zu testende neue Regelwerk bereits auf produktiven Systemen zum Einsatz kommt. Geht man von der These aus, dass die Qualität der Management Packs zum Zeitpunkt der Auslieferung sehr hoch ist, spricht nichts dagegen, das daraus resultierende Risiko als verschwindend gering einzukalkulieren.

In der Praxis hatte ich allerdings auch schon Fälle, bei denen ein Management Pack die Prozessorlast der überwachten DNS-Server auf dauerhafte 100% katapultierte. Die Deinstallation des fehlerbehafteten Management Packs sorgte innerhalb von Minuten für die erhoffte Entspannung. Das ist der einzige Fall, der mir jemals bekannt geworden ist und den ich auch selbst nachvollziehen konnte. Das soll und kann jedoch kein Freibrief dafür sein, dass Fehler passieren können.

Management Packs individuell anpassen

Wie wir bereits im Verlauf dieses Kapitel gelernt haben, ist eine direkte Veränderung von Management Packs nicht möglich. Was nicht direkt geht, geht eben indirekt, denken Sie jetzt sicherlich. Und Sie haben Recht. Modifikationen an versiegelten Management Packs werden immer in einem unversiegelten Management Pack gespeichert. Ein kleines Beispiel zur besseren Verdeutlichung:

- Sie haben das Management Pack zur Überwachung der Betriebssystemplattform Windows Server 2008 R2 installiert
- Generell möchten Sie alarmiert werden, wenn der verfügbare Speicherplatz auf den jeweils verwendeten logischen Laufwerken unter die im versiegelten Management Pack voreingestellten Werte fällt. Diese Werte sind abhängig von folgenden Parametern:
    - Startpartition/Nichtstartpartition
    - Prozentuale Unterschreitung erster Schwellenwert (Gelbe Warnstufe)
    - Absolute Unterschreitung erster Schwellenwert (Gelbe Warnstufe)
    - Prozentuale Unterschreitung zweiter Schwellenwert (Rote Warnstufe)
    - Absolute Unterschreitung zweiter Schwellenwert (Rote Warnstufe)
- Ihr Ziel ist es, die logischen Laufwerke D: und E: auf allen ERP-Servern mit abweichenden absoluten Schwellenwerten zu versehen; die Alarmierung gegen den prozentualen Schwellenwert soll für diese logischen Laufwerke deaktiviert werden

Um diese Anforderung zu realisieren, sind nur wenige Schritte notwendig. Nachfolgend das benötigte Kochrezept:

- Erstellen Sie ein (unversiegeltes) Management Pack, sofern noch nicht vorhanden. In diesem Management Pack speichern wir die einzurichtenden Veränderungen. Das Management Pack sollte einen themenorientierten Namen tragen, damit Ihre Kollegen auch nach Ihrem Wechsel in die Vorstandsebene noch wissen, was Sie sich damals dabei gedacht haben.

- Erstellen Sie eine Gruppe in System Center 2012 Operations Manager, in der wir die Entitäten eintragen, deren Überwachungskriterien wir *überschreiben* wollen. Diese Anpassungen werden bei System Center 2012 Operations Manager Außerkraftsetzungen genannt. Im Englischen tragen die Anpassungen einen weitaus cooleren Namen: *Overrides*. Achtung: In dieser Gruppe werden nicht die Serversysteme eingetragen, sondern die logischen Laufwerke. Diese Besonderheit gehört zu den wichtigsten Besonderheiten bei System Center 2012 Operations Manager. Wir betrachten niemals den Server, auf dem die Clientkomponente installiert ist, sondern immer die Entität, gegen die wir die Veränderung auch anwenden können.

- Nehmen Sie die Anpassungen an den zuständigen Regeln oder Monitoren vor und speichern Sie die Anpassungen im neu angelegten (unversiegelten) Management Pack

Wie das alles in der praktischen Umsetzung ausschaut, werden wir im zweiten Buch in epischer Breite besprechen. Dort werde ich Ihnen einige hoffentlich nicht allzu oberschlau anmutende Beispiele aus der Praxis vorstellen, die in erster Linie zeigen sollen, wie man es nicht macht. Darüber hinaus werden wir den Überschreibungen auch im Teil B dieses Buchs im Rahmen der Basisinstallation von System Center 2012 Operations Manager wieder begegnen. Abschließend an dieser Stelle ein paar wirklich wichtige Tipps, die prinzipiell beherzigt werden sollten.

TIPP Nach und nach werden Sie immer öfter mit Außerkraftsetzungen arbeiten. Und früher oder später ist die Situation vorprogrammiert, in der Sie Außerkraftsetzungen überschreiben wollen. Spätestens dann sollten Sie sich über eine nachhaltige Versionsverwaltung Gedanken machen. Microsoft bietet hierfür aus dem eigenen Haus einige Alternativen an:

- Microsoft Team Foundation Server
- Versionsverwaltung mit Windows SharePoint Services
- Pragmatische Speicherung der unversiegelten Management Packs in getrennten Unterverzeichnissen im klassischen Dateiverwaltungssystem

Management Packs, die für die Speicherung von Außerkraftsetzungen angelegt werden, sollten einen Namen tragen, der einen eindeutigen Rückschluss auf das originale Management Pack oder zumindest auf den Themenbereich zulässt. »Susis Spezialanpassungen« ist als Bezeichnung sicherlich optimierungsfähig und trägt nur bedingt zur eigenen Arbeitsplatzsicherung bei. »Anpassungen.Windows.Server.2008« klingt dagegen schon nachvollziehbarer. In diesem Fall wären Sie sogar in der Lage, generisch die Namen aller zur Speicherung von Überschreibungen verwendeten Management Packs aufzulisten.

Wird ein versiegeltes Management Pack aktualisiert, trägt die neue Version zwangsläufig auch eine höhere Versionsnummer. Wenn Sie eine aktualisierte Version eines verwendeten Management Packs importieren, sollten Sie unbedingt die Anwendbarkeit und Funktionsfähigkeit der bei Ihnen angewendeten Überschreibungen überprüfen. Hier lohnt sich ein Blick in die beigefügte beziehungsweise von Microsoft zum Download bereitgestellte Dokumentation. Sind Ihre Überschreibungen weiterhin funktionsfähig, empfiehlt es sich, auch das korrespondierende unversiegelte Management Pack mit einer höheren Versionsnummer zu belegen. Das können Sie mittels XML-Editor selbst vornehmen.

Bezüglich des letzten Tipps ganz wichtig: Wenn Sie Veränderungen an einem unversiegelten Management Pack vornehmen, sollten Sie immer die Versionsnummer erhöhen. Tun Sie das nicht, werden die neuen Anpassungen nicht angewendet, wenn Sie das Management Pack in eine andere Infrastruktur – beispielsweise von der Testumgebung in die Produktivumgebung – übertragen.

Gebetsmühlenhaft habe ich meinen Kunden immer wieder gepredigt: Dokumentieren Sie Ihre Veränderungen. System Center 2012 Operations Manager stellt hierfür ausreichend Möglichkeiten zur Verfügung. Das Schlechte daran: Die Dokumentation ist nicht obligatorisch. Und was in der IT nicht obligatorisch ist, wird in der Regel nicht bedient. Gewöhnen Sie sich bitte daran, alle Veränderungen mit einer kurzen Beschreibung zu komplettieren. Meine Empfehlung: Datum der Veränderung – Ihr Kurzzeichen – Kurze Erklärung. Sie werden sich selbst für diese eigentlich selbstverständliche qualitätssichernde Maßnahme dankbar sein.

Management Packs in produktiver Umgebung bereitstellen

Nur um die Spannung gleich kaputt zu machen: Es gibt keine technischen Unterschiede zwischen der Bereitstellung von Management Packs in Test- und Produktivumgebungen. Wie so oft liegen die Unterschiede in der Organisation. Die Arbeit mit System Center 2012 Operations Manager bedeutet in der Regel die Erstellung sogenannter Überschreibungen, also kundenindividueller Anpassungen. Diese Anpassungen werden, wie im vorangegangenen Abschnitt bereits geschildert, in unversiegelten Management Packs gespeichert. Daraus entsteht eine gewisse Abhängigkeit in der Betriebsphase, die es im Kontext der Bereitstellungsstrategie zu beachten gilt:

- Unversiegelte Management Packs können immer ohne kundenindividuelle Anpassungen verwendet werden. Wird also beispielsweise Ihr Management Pack *Anpassung.Windows.Server.2008.xml* aus irgendeinem Grund gelöscht, kennt System Center 2012 Operations Manager die darin gespeicherten individuellen Anpassungen nicht mehr. Die Überwachung wird dann auf Basis der Standardwerte aus dem versiegelten originalen Management Pack *Windows.Server.2008.mp* fortgesetzt.

- Kundenindividuelle Management Packs wie unser beispielhaftes *Anpassung.Windows.Server.2008.xml* können nicht importiert werden, solange das zugrunde liegende versiegelte Management Pack (in unserem fiktiven Beispiel also *Windows.Server.2008.mp*) nicht ebenfalls importiert wurde

Achten Sie aus diesem Grund also immer auf eine professionelle Änderungsverwaltung. Diese Notwendigkeit hat im Übrigen nichts mit der Größe Ihres Unternehmens zu tun. Solange sich fünf oder zehn Mitarbeiter die Arbeit im Bereich der Infrastruktur teilen, stehen Sie vor der latenten Herausforderung, eine einheitliche Sprache und ein auf alle Schultern verteiltes Wissen über die hausinternen Prozesse zu etablieren. Das ist leichter gesagt als getan. Die Motivation zur Erstellung einer aussagekräftigen Dokumentation ist für jeden einzelnen de facto nicht gegeben. Motivation hat am Ende immer mit finanziellen Anreizen zu tun. Hilfreich ist es, die Erstellung der Dokumentation realisierter Prozesse mit in die Bewertung des variablen Jahresgehalts aufzunehmen.

Das Problem ist noch viel eklatanter, wenn Sie nur mit kleinem Team die IT in Ihrem Unternehmen steuern. Dann besteht nämlich die große Gefahr, dass das Wissen ihr Haus mit dem nächsten Arbeitsplatz Ihres Mitarbeiters oder Ihres Kollegen verlässt. Sorgen Sie deshalb unbedingt für eine ausreichende Dokumentation. Meist reichen einige Screenshots und eine stichwortartige Aufzählung. Aber auch System Center 2012 Operations Manager kann Ihnen bei der Dokumentation hervorragende Dienste leisten. Ausreichend Platz ist bei jeder durchgeführten Überschreibung im jeweiligen Beschreibungsfeld vorhanden.

Der Treibstoff: Management Packs

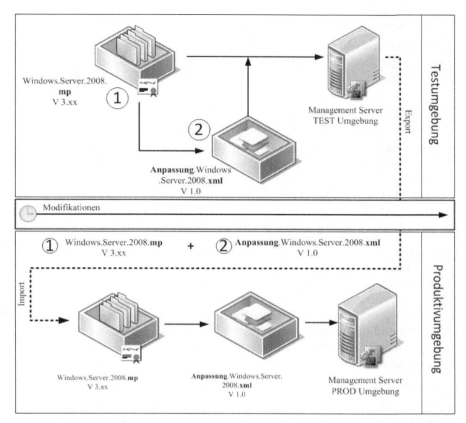

Abbildung 4.19 Bei der Übernahme in die Produktivumgebung muss die Reihenfolge beachtet werden

Mit Abbildung 4.19 will ich nochmals auf die chronologischen Besonderheiten bei der Arbeit mit Management Packs und deren Anwendung in Test- und Produktivumgebungen hinweisen. Ich habe dazu zwei beispielhafte Management Packs engagiert. Zum einen das versiegelte Paket *Windows.Server.2008.mp* aus dem Hause Microsoft und zum anderen den unversiegelten Träger Ihres geistigen Eigentums namens *Anpassung.Windows.Server.2008.xml*.

- Versiegeltes Management *Windows.Server.2008.mp* wird in Version 3.01 von Microsoft zur Verfügung gestellt und in die Testumgebung von System Center 2012 Operations Manager importiert
- Auf Grundlage der beigefügten Dokumentation und der individuellen Anforderungen werden im Verlauf der Zeit Anpassungen vorgenommen. Diese werden als Überschreibungen in einem unversiegelten Management Pack *Anpassung.Windows.Server.2008.xml* gespeichert. Das Management Pack trägt die Versionsnummer 1.0.
- Nach einer zeitlich ausreichenden Testphase entscheiden Sie, das Management Pack in der produktiven Umgebung zum Einsatz zu bringen. Dazu exportieren Sie das Management Pack *Anpassung.Windows.Server.2008.xml* aus Ihrer Testinfrastruktur. Es wird dabei eine XML-Datei erzeugt, die mit jedem beliebigen XML-Editor angezeigt und verändert werden kann.
- Mithilfe der Betriebskonsole für die produktive Verwaltungsgruppe importieren Sie zuerst das versiegelte Management Pack *Windows.Server.2008.mp*, danach das unversiegelte Management Pack *Anpassung.Windows.Server.2008.xml*

> **TIPP** Bitte beachten Sie im Rahmen dieses Bereitstellungsprozesses folgende Aspekte:

- Eine Strategie zur Speicherung der erforderlichen Anpassungen ist möglicherweise, für jedes versiegelte Management Pack ein jeweils unversiegeltes Paket anzulegen. Entscheiden Sie sich für diese Vorgehensweise, könnte sich eine Synchronisation der Versionsnummern als sinnvoll erweisen.

- Unversiegelte Management Packs lassen sich mit einem XML-Editor öffnen und bearbeiten. Darauf sollten Sie jedoch so lange verzichten, bis Sie unfallfrei Veränderungen mit diesem Werkzeug vornehmen können. Schneller als gedacht ist nämlich die Logik der XML-Nomenklatur zerstört und Sie können die Datei nicht mehr verwenden.

- Wenn Sie versuchen, unversiegelte Management Packs zu importieren, die bereits importiert sind, müssen diese eine höhere Versionsnummer tragen als das bereits importierte. Ist dem nicht so, wird System Center 2012 Operations Manager den Import nicht durchführen. Um die Versionsnummer zu ändern, können Sie durchaus einen XML-Editor verwenden. Die Versionsnummer lässt sich einfach gleich zu Beginn des geöffneten Management Packs finden.

Management Packs warten

Menschen verändern sich ebenso wie IT-Landschaften. In einem Unternehmen sollten insbesondere Vorgesetzte ständig auf solche Veränderungen achten. Nichts ist schlimmer, als jemanden bei der selbstverständlichen Weiterentwicklung eines Unternehmens zu vergessen. Leider passiert das nur allzu oft, denn Führung wird oft mit fachlicher Expertise verwechselt. Die Anforderungen an IT-Landschaften ändern sich je nach Innovationsfreudigkeit eines Unternehmens noch viel schneller, werden aber allzu oft auch erst einmal ignoriert. Veränderung bedeutet Arbeit und das Verlassen eingefahrener Prozesse. Genau das ist Ihr Job, liebe Leserin und lieber Leser. Oder würden Sie einen Bewerber ins Haus holen, der voller Stolz von sich behauptet, dass er sich in den letzten zwei Jahren erfolgreich gegen jede Veränderung durchgesetzt hat?

Veränderungen gehören also zum Weiterentwicklungsprozess eines Unternehmens. Wie sieht es mit der Konfiguration von System Center 2012 Operations Manager in Ihrem Unternehmen aus? Welche Ursachen könnten einen Anlass dafür bieten, sich in regelmäßigen Abständen mit der Konfiguration der Regelwerke zu beschäftigen. Schauen wir uns einige davon an:

- **Installation neuer Hardware und Betriebssysteme** Neue Produkte generieren neue Funktionen. Und neue Funktionen generieren einen veränderten oder zusätzlichen Bedarf der Statusermittlung. Immer dann, wenn sich prinzipielle Prozesse und Basisfunktionalitäten ändern, sollten Sie deshalb Ausschau nach neuen Management Packs halten. In der Regel stellt Microsoft Management Packs für alle Plattformen und Serverprodukte zeitgleich mit der Veröffentlichung des jeweiligen Softwareprodukts zur Verfügung. Machen Sie sich bewusst, dass Management Packs spezifisch für die jeweilige Betriebssystemversion bereitgestellt werden und diese nicht auf- oder abwärtskompatibel sind.

- **Bereitstellung neuer Anwendungen** Viele Administratoren setzen System Center 2012 Operations Manager weiterhin nur zur Überwachung von Betriebssystemen oder einzelner Serverprodukte ein. Glücklicherweise ist genau das nicht die Kernfunktion dieser Lösung. Die Überwachung beliebig komplexer IT-gestützter Prozesse steht auf der Agenda ganz oben. Solche Prozesse können sich ändern, womöglich sogar ohne Berücksichtigung der IT-Abteilung. Sie müssen daher ein Augenmerk darauf legen, dass Ihre Abteilung in den Überarbeitungsprozess miteinbezogen wird. Werden zusätzliche Dienste integriert oder fallen bestimmte Funktionen aufgrund einer Optimierung aus dem Gesamtprozess, muss die Überwachung und damit das Management Pack überarbeitet werden.

- **Versionswechsel** Microsoft SharePoint Server 2003 hat mit Windows SharePoint 2010 nicht mehr viel gemeinsam. Diesen Veränderungen muss auch System Center 2012 Operations Manager nachkommen. Bei der Aktualisierung der Version von Anwendungen muss – ähnlich wie beim Wechsel auf neue Betriebssystemversionen – ein sehr genauer Blick auf das neue Leistungsspektrum geworfen werden. Ohne eine entsprechende Berücksichtigung werden Sie keine Überwachung der neuen Version realisieren können.

- **Neue Version eines installierten Management Packs** Wir haben im vorangegangen Abschnitt über den Umgang mit aktualisierten Versionen von Management Packs ausführlich gesprochen. Wenn es eine neue Version eines versiegelten Management Packs gibt, welches Sie in Ihrer Infrastruktur verwenden, sollten Sie zuerst in Ihrer Testumgebung herausfinden, ob der Funktionsumfang weiterhin Ihrer Erwartungshaltung entspricht. Insbesondere sollten Sie darauf achten, ob sich Ihre individuellen Anpassungen weiterhin mit der neuen Version vertragen.

- **Anpassungen an innerbetriebliche Richtlinien und gesetzliche Rahmenbedingungen** Dies ist mein Lieblingsthema während der Zeit als Business Development Manager für Microsoft System Center. Im Laufe der Zeit ändern sich die Anforderungen an die Überwachung von Prozessen. System Center 2012 Operations Manager kann hierfür hervorragende Unterstützung anbieten. Die Umsetzung ist allerdings alles andere als trivial und verlangt nach enger Zusammenarbeit mit Rechtsabteilung und Unternehmensführung. Wenn Sie es jedoch einmal geschafft haben, die IT-Abteilung als Lieferant für diese Dokumentation zu etablieren, bedarf es einer kontinuierlichen Kontrolle des Regelwerks. Um sicherzustellen, dass die vereinbarten Kenngrößen zeitlich und inhaltlich der Anforderung entsprechen, sollte die Wartung der liefernden Überwachungspakete in regelmäßigen Abständen erfolgen.

Fazit

Management Packs sind sicherlich und ohne Zweifel die eigentliche Triebfeder von System Center 2012 Operations Manager. Sie erlauben eine fast schon beliebige Konstellation von Überwachungsmöglichkeiten innerhalb einer IT-Landschaft. Die Verteilung an die richtigen Stellen geschieht mit wenigen Handgriffen und gänzlich vollautomatisch. Ihr Konzept gestattet die Abbildung von prozessorientierten Überwachungsszenarien. Damit steht nicht mehr die Verfügbarkeit einer einzelnen Maschine im Vordergrund. Administratoren sind gefordert, die relevanten Prozesse zu definieren und zu dokumentieren, bevor die Diskussion über ein Monitoring mithilfe System Center 2012 Operations Manager beginnt. Der große Komfort verführt insbesondere technisch versierte Leidenskollegen, auf diese Reihenfolge etwas weniger zu achten. Diesen mutigen Zeitgenossen sei jedoch die Binsenweisheit zugerufen, dass man ein Haus immer zweimal baut.

Der Einsatz von System Center 2012 Operations Manager ohne Verständnis für die Anwendung von Veränderungsprozessen ist nicht zielführend. Veränderungen müssen mittels der übersichtlichen Möglichkeiten zur Versionsverwaltung unbedingt dokumentiert werden.

Über den Tellerrand geschaut: Integrationsmöglichkeiten

Integration ist sexy. Damit meine ich nicht die Facetten der sozialpolitischen Diskussion. System Center 2012 Operations Manager besitzt mittlerweile eine ganze Reihe von Schnittstellen, mit deren Hilfe andere Lösungen und Anwendungen Daten austauschen können. Dieser Abschnitt des aktuellen Kapitels soll ein klein wenig Licht in das Dunkel der verfügbaren Möglichkeiten bringen. Wenn Sie sich bis heute nur auf die Integration dieser Überwachungsplattform reduziert haben, bekommen Sie dadurch vielleicht auch ein wenig Appetit auf die Brüder und Schwestern der System Center-Familie. Weitere Informationen über die Kollegen der System Center-Familie und deren Integrationsmöglichkeit finden Sie im nächsten Kapitel 5.

Die Integration wirft allerdings auch einen verträumten Blick über den produktgruppenspezifischen Tellerrand hinaus. So verbirgt sich hinter der Möglichkeit zur Interaktion weit mehr als die bloße Bereitstellung von zentral genutzten Benutzer- und Computerkonten. Folgende Bereiche wollen wir uns ein wenig genauer anschauen:

- Active Directory-Integration
- Integration in System Center 2012 Service Manager
- Integration in System Center 2012 Operations Manager
- Interaktion mit System Center 2012 Configuration Manager

Man muss über keine extrem ausgeprägten Analysefähigkeiten verfügen, um festzustellen, dass wir hier in erster Linie die Integration anderer Produkte des gleichen Herstellers thematisieren. System Center 2012 Operations Manager ist allerdings an dieser Stelle völlig unspezifisch konzipiert. Das bedeutet, dass eine Kopplung mit Lösungen von Drittherstellern ebenfalls problemlos möglich ist. Der Schlüssel zum Anbindungsglück ist meist ein sogenannter Connector. System Center 2012 Operations Manager verwendet je nach Ausprägung der Integration unterschiedliche Connector-Typen. Wir werden diese im Verlauf der nächsten Abschnitte kennenlernen.

Active Directory-Integration

Connectors erlauben, wie eben schon erwähnt, generell die Verbindung von System Center 2012 Operations Manager mit anderen Lösungen und Systemen. Wenn man die Funktion eines Connectors mit der Möglichkeit zum bilateralen Datenaustausch zwischen ein oder mehreren Datenquellen definiert, zählt diese Art der Integration leider nicht zur Spezies. Es muss an dieser Stelle jedoch angemerkt werden, dass genau das in früheren Versionen von System Center Operations Manager gegeben war. Irgendjemand mit großem Einfluss auf die Produktentwicklung und ebenso großem Haus am Lake Washington muss jedoch eine Art Apathie gegen diese früher wirklich oft verwendete Funktion gehabt haben. Man sollte alten Zeiten, in denen vorgeblich alles besser war, jedoch nicht nachweinen und stattdessen einen neugierigen Blick auf die vielen Möglichkeiten der aktuellen Version werfen. Ich lade Sie sehr herzlich dazu in Kapitel 8 dieses Buchs ein. Jetzt aber zurück zu dem, was Microsoft derzeit als Active Directory-Integration bezeichnet. Um die Zusammenhänge besser verstehen zu können, hole ich etwas aus und wir werfen zuerst einen Blick auf den Sicherheitsaspekt bei System Center 2012 Operations Manager.

System Center 2012 Operations Manager kann weit mehr als nur die Verfügbarkeit eines oder mehrerer Computersysteme feststellen und Ihren Wünschen entsprechend darauf reagieren. Viel professioneller ist die Betrachtung der mithilfe dieser Systeme bereitgestellten Services und IT-Prozesse. Dennoch funktioniert das alles nicht ohne die Installation einer Clientkomponente auf den Computersystemen, die diese Leistung alleine oder in Kooperation mit anderen Systemen erbringen. Die Agents gibt es nicht nur für Windows-Betriebssysteme. Es werden auch für eine ganze Reihe von Linux- und UNIX-Versionen proprietäre Agents-Komponenten bereitgestellt. Es ist jedoch keine Überraschung, dass der Schwerpunkt bei der Unterstützung auf der Windows-Welt liegt.

Um einen Agent auf einem unterstützen Windows-Betriebssystem zur Funktionsbereitschaft überreden zu können, muss dessen Identität einwandfrei sichergestellt sein. In einer Domänenumgebung geht das relativ problemlos mithilfe von Kerberos. Verlassen wir die heimischen Gefilde und begeben uns außerhalb des Microsoft-Domänenmodells, benötigen wir Zertifikate zur Sicherstellung der Identität.

Die Clientkomponente wird in der Regel mithilfe der Administrationskonsole an die gewünschten Domänenmitglieder gesendet und dort automatisch installiert. Bei der Verteilung des Agents werden die notwendigen Parameter wie *Verwaltungsgruppenbezeichnung* oder *zuständiger Verwaltungsserver* automatisch mitverteilt. In einer Testumgebung oder in einer Infrastruktur mit nur einigen Dutzend Systemen verläuft dieser Prozess schmerzfrei und verlangt nur selten den Verzicht auf die Kaffee- oder Zigarettenpause. Und da diese Maßnahme normalerweise nur einmal pro System durchgeführt werden muss, beschäftigt sich der verantwortliche Kollege meist nur zu Beginn der Inbetriebnahme von System Center 2012 Operations Manager mit dieser Thematik.

Nun gibt es aber auch Unternehmen, die jeden Tag einige Hundert neue Serversysteme installieren. Einige meiner ehemaligen Kunden agieren nach genau diesem Verhaltensmuster. Bei diesen Institutionen handelt es sich meist um Großbanken oder Landesrechenzentren, die virtualisiert Serversysteme für ihre Kunden bereitstellen. Diese werden abends oder auch zum Wochenwechsel hin wieder initialisiert. Eine Sicherung dieser Systeme ergibt keinen Sinn, weil sie beispielsweise nur als Terminalserverplattform fungieren. Die wertvollen Datenbestände, welche auf Basis dieser Plattform während der normalen Arbeitszeiten bearbeitet werden, sind natürlich in Datenbanksystemen gespeichert. Von einer regelmäßigen Initialisierung dieser Systeme ist auch in einem Testszenario eher abzuraten.

Der Neuinstallationsprozess läuft bei diesen großen Rechenzentren vollautomatisch. Die Installation basiert auf der Verwendung von Images, welche ebenfalls automatisiert mit den benötigten Anwendungen ausgestattet werden. Hier unterstützen die Microsoft-Serverprodukte System Center 2012 Virtual Machine Manager, System Center 2012 Configuration Manager oder aber auch System Center 2012 Orchestrator in den jeweils aktuellen Versionen perfekt. In einem solchen Installationsimage sind oft auch Applikationen integriert. Diese werden dann nach erfolgreicher Inbetriebnahme des Betriebssystems installiert. Und solch eine Applikation könnte auch die Clientkomponente von System Center 2012 Operations Manager sein.

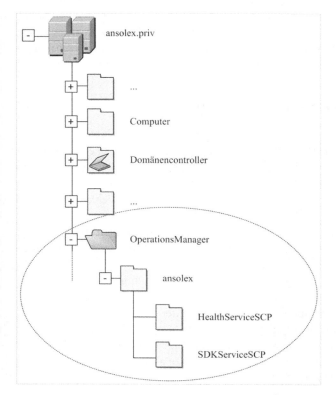

Abbildung 4.20 So sieht die Active Directory-Integration von System Center 2012 Operations Manager aus Verzeichnissicht aus

Man könnte dem in der Betriebssysteminstallation integrierten Agent von System Center 2012 Operations Manager die notwendigen Parameter auch gleich mitgeben. Was aber, wenn sich die Parameter ändern oder die vorbereiteten Images beispielsweise für unterschiedliche Domänen oder Verwaltungsgruppen verwendet werden? Um mit dieser Anforderung umgehen zu können, haben die Entwickler die Active Directory-Integration erfunden. Um diese optionale Funktionalität einzurichten, muss im Verzeichnisdienst ein neuer Container erstellt werden. Dieser enthält dann, wie in Abbildung 4.20 gezeigt, die notwendigen Informationen über die zuständige Verwaltungsgruppe von System Center 2012 Operations Manager. Der Agent »weiß«, dass er im Verzeichnisdienst der Domäne nach diesen Informationen suchen soll. Wie die Einrichtung funktioniert, schauen wir uns in Kapitel 8 genauer an.

HINWEIS Die Active Directory-Integration von System Center 2012 Operations Manager ist ein Automatismus, von dem meines Erachtens nur fluktuierende IT-Landschaften wirklich profitieren. Mit der erfolgreichen Installation und Konfiguration der Clientkomponente ist nämlich noch gar nichts erreicht. Die eigentliche Konfiguration basiert auf der richtigen Parametrisierung der Management Packs. System Center 2012 Operations Manager ist sehr empfindlich, wenn es um dauernde Veränderungen an zu überwachenden Services geht. Werden Systeme aus der Domäne entfernt, müssen diese auch aus der Überwachung von System Center 2012 Operations Manager entfernt werden. Ein System, welches nicht mehr erreichbar ist, dessen Agent also nicht mehr mit dem zuständigen Verwaltungsserver spricht, stellt logischerweise ein Problem dar. Es ist also extrem wichtig, nicht nur den unbestrittenen Komfortfaktor für große Umgebungen zu beachten, wenn Sie sich für die Active Directory-Integration entscheiden. Sie müssen dann auch genau überlegen, welche Funktionen auf diesen Systemen überwacht werden sollen und wie Sie mit dem Lebenszyklus dieser Systeme aus Sicht von System Center 2012 Operations Manager umgehen.

Was System Center 2012 Operations Manager bedauerlicherweise nach wie vor fehlt, ist die Möglichkeit zur automatisierten Verteilung des Agents nach System Center Configuration Manager-Manier. Diese Definition von Active Directory-Integration sorgte in den ersten Versionen von System Center Operations Manager dafür, dass der Verwaltungsserver zu einer bestimmten Uhrzeit versuchte, Agents automatisiert zu installieren. Der Prozess folgte dabei einer individuell zu konfigurierenden Logik, welche beispielsweise nur Domänencontroller, nur Server in einer bestimmten Organisationseinheit oder Maschinen mit einer bestimmten Namensgebung berücksichtigte. Warum auch immer hat man diese von vielen Kunden wirklich sehr vermisste Funktionalität aus dem Leistungskatalog gestrichen. Amerika ist manchmal sehr weit weg.

Integration in System Center 2012 Service Manager

Wenn man sich lange genug mit System Center 2012 Operations Manager beschäftigt und dessen Möglichkeit intensiv genutzt hat, weiß man auch, dass diese Überwachungslösung auch über einen eigenen Helpdesk verfügt. Verändert sich der Integrationszustand einer überwachten Entität, werden je nach Ihren Wünschen Alarmmeldungen mit unterschiedlichen Schweregraden abgesetzt. Diese Alarmmeldungen können dann in einer eigens dafür vorbereiteten Sicht bearbeitet werden. Sie sind Grundlage für eine Fehleranalyse und erlauben den Absprung in die Gesamtansicht aller involvierten Entitäten mithilfe des Integritäts-Explorers. Alarmmeldungen werden automatisch geschlossen, wenn die Ursache für die Störung nicht mehr vorliegt. Wenn Sie eine Alarmmeldung schließen, ohne das Problem zu beheben, wird System Center 2012 Operations Manager penetrant und erstellt gegebenenfalls eine Meldung. Basiert die Meldung auf einer Regel, können Sie anhand eines Wiederholungszählers ablesen, wie oft dieses Vorkommnis schon festgestellt wurde. Alarmmeldungen können mit unternehmenseigenen Lösungstexten versehen werden. Und wenn Sie sich ein wenig mit der Erstellung von Sichten auskennen, können Sie für die Mitarbeiter oder Abteilungen Bearbeitungslisten erstellen, in denen nur die Vorkommnisse auftauchen, für die der jeweilige Bereich zuständig ist. Einer zusätzlichen Benachrichtigung über neue Alarme mittels E-Mail oder aber auch mithilfe von Microsoft Lync 2010 steht ebenfalls nichts im Wege. Alles in allem eine runde Sache. Wozu also braucht die Menschheit eine Integration in System Center 2012 Service Manager? Wer keine Antworten auf die nachfolgenden Fragen sucht, hat in der Tat keinen Bedarf für den Blick über den Tellerrand von System Center 2012 Operations Manager:

- Wie verwalte und organisiere ich die Anfragen der Kolleginnen und Kollegen bei Problemen rund um den Computerarbeitsplatz?
- Kann ich Alarmmeldungen auch priorisieren?
- Besteht die Möglichkeit zur automatischen Alarmierung, wenn ein Vorkommnis zu lange nicht bearbeitet wurde?
- Wie kann ich die Alarmmeldungen mit einer eindeutigen Nummerierung versehen?
- Wie kann ich einzelne Maßnahmen so dokumentieren, dass ich sie vielleicht auch zu einem späteren Zeitpunkt erneut verwenden kann, wenn es sich um einen wiederkehrenden Zustand handelt?
- Wie komme ich zu einer einzigen Datenbasis, in der alle Meldungen zu allen Bereichen meiner IT gesammelt werden?
- Gibt es eine Möglichkeit, Service Levels zu definieren und diese auch in einer ansprechenden Berichtsform darzustellen?

Auch diese Liste ließe sich beliebig fortsetzen. Das Ziel an dieser Stelle ist nicht, die Möglichkeiten von System Center 2012 Service Manager aufzuzählen. Ziel ist vielmehr, Ihnen zu verdeutlichen, dass die Disziplin Infrastrukturüberwachung nur ein Teil des gesamten Themenkomplexes Service Management darstellt. System Center 2012 Service Manager ist als zentraler Datensammler gedacht. Die Verbindung zwischen den beiden Welten wird mithilfe von zwei getrennten Connectors etabliert. Beide müssen im Verlauf der Systemkonfiguration je nach Bedarf eingerichtet werden.

Abbildung 4.21 Der Datenaustausch zwischen System Center Operations Manager und System Center Service Manager erfolgt mit zwei getrennt zu konfigurierenden Connectors

Der erste Connector ebnet den Weg der von System Center 2012 Operations Manager verwalteten Entitäten in Richtung Service Manager. Dadurch erhält System Center 2012 Service Manager die Kenntnis über Services wie beispielsweise Active Directory, Clustersysteme, Exchange- oder SharePoint Server-Umgebungen. Fehlen diese Informationen, ist es ohne manuelle Aufnahme nicht möglich, in System Center 2012 Service Manager Vorfälle oder Änderungsanforderungen für diese Entitäten zu erfassen. Noch interessanter wird es, wenn Sie eigene IT-Prozesse in System Center 2012 Operations Manager definieren und diese dann ebenso mithilfe des Connectors in System Center 2012 Service Manager verfügbar sind.

HINWEIS Damit hier kein fahler Beigeschmack von gekoppelten Lizenzverkäufen unter dem Deckmantel abgekarteter Produktfusionierung aufkommt: Es besteht keinerlei Notwendigkeit, System Center 2012 Operations Manager zu betreiben, um damit System Center 2012 Service Manager nutzen zu können! Die Produkte sind autonom verwendbar, profitieren jedoch gegenseitig von den damit verwalteten Datenbeständen und ermittelten Messergebnissen. Zudem hat sich die Frage nach dem separaten Erwerb der Produkte durch die Überarbeitung der Lizenzierungsstrategie sowieso erledigt. Lesen Sie mehr dazu in Kapitel 17.

Der zweite Connector ist zuständig für die Übermittlung und Verwaltung von Alarmmeldungen. Basierend auf der schematischen Darstellung in Abbildung 4.21 wird auf der linken Seite festgelegt, welche Alarme zu System Center 2012 Service Manager übertragen werden. Aus konzeptioneller Sicht müssen dabei Fragen wie die nachfolgenden im Vorfeld geklärt werden:

- Welche Alarmierungsgrade sollen übertragen werden (Information, Warnung, Kritisch)?
- Alarmmeldungen welcher Management Packs sollen übertragen werden?

Auf der Empfängerseite gilt es ebenfalls Vorbereitungen zu treffen, bevor aus einer Alarmmeldung von System Center 2012 Operations Manager ein Vorfall in System Center 2012 Service Manager generiert werden kann. Hierfür ebenfalls zwei Bespiele:

- Welche Vorlage soll auf die eintreffenden Alarmmeldungen angewendet werden?
- Werden die eintreffenden Alarmmeldungen in eine Abarbeitungswarteschlange aufgenommen, um die sich dann Dispatcher kümmern muss, oder erfolgt eine automatische Verteilung an die zuständigen Teams beziehungsweise Kolleginnen und Kollegen aufgrund der übermittelten Inhalte?

Sobald dieser Connector etabliert und funktionsfähig ist, erhalten die Alarmmeldungen in System Center 2012 Operations Manager eine Ticketnummer, die der generierten Vorfallnummer aus System Center 2012 Service Manager entspricht. Ab diesem Zeitpunkt sind die Systeme an dieser Stelle synchron. Das bedeutet, dass die Auflösung eines solchen Vorfalls durch den zuständigen Sachbearbeiter in System Center 2012 Service Manager zugleich dafür sorgt, dass die Alarmmeldung in System Center 2012 Operations Manager geschlossen wird. Sollte die Ursache der Störung weiterhin ungeklärt sein, wird System Center 2012 Operations Manager erneut eine Alarmmeldung generieren, die dann wiederum für eine Ticketeröffnung in System Center 2012 Service Manager sorgen wird. Ignorante Service Desk-Mitarbeiter werden also keinen Erfolg damit haben, wenn sie unbeliebte oder aufwändige Alarme unter den Tisch kehren wollen. Sicherlich ist dieses Szenario in Ihrem Haus nicht gegeben. Ihre Mitarbeiter wissen mit Serviceanfragen – unabhängig davon, ob von einem System automatisiert erzeugt oder von einem Kollegen aus dem Fachbereich manuell eingestellt – im Sinne einer professionellen Dienstleistung umzugehen.

Das Connector-Konzept ermöglicht auch die Integration mehrerer unterschiedlicher Installationen von System Center 2012 Operations Manager. Dies ist insbesondere in großen, über den Globus verteilten Umgebungen von Bedeutung. Die Abbildung 4.22 soll die unterschiedlichen Ansätze verdeutlichen. So ist es möglich, mehrere System Center 2012 Operations Manager-Verwaltungsgruppen mit einer System Center 2012 Service Manager-Installation zu verbinden. Service Manager verwendet zur Organisation ebenfalls die Terminologie der Verwaltungsgruppen. Beide haben allerdings nichts miteinander zu tun. Auf der rechten Seite von Abbildung 4.22 werden sowohl die Verfügbarkeit der IT-Infrastruktur als auch die auf dieser Plattform bereitgestellten IT-Prozesse mit einer System Center 2012 Operations Manager-Verwaltungsgruppe sichergestellt. Die hier ermittelten Daten werden dann aber in unterschiedlichen Installationen von System Center 2012 Service Manager ausgewertet. Beide Szenarien setzen voraus, dass man sich vor der Einrichtung genauestens überlegt, welche Informationen in welchen Administrationskonsolen auftauchen. Wird das nicht beachtet, ist ein ineffizientes Management vorprogrammiert.

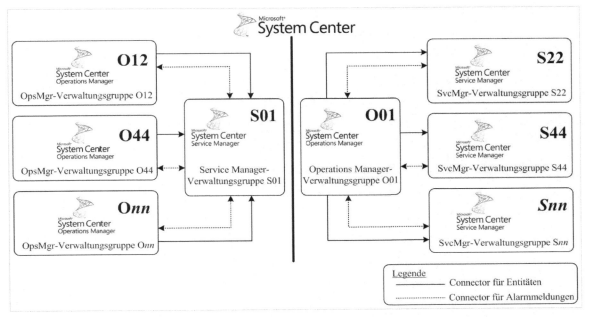

Abbildung 4.22 Das System Center-Konzept erlaubt eine problemlose Berücksichtigung von komplexen Umgebungen

> **HINWEIS** Um eine Verbindung zwischen System Center 2012 Service Manager und System Center 2012 Operations Manager wie hier beschrieben zu etablieren, ist die Bereitstellung innerhalb der gleichen Windows-Domäne nicht notwendig. Bei der Einrichtung eines Connectors müssen jedoch Benutzerkonten angegeben werden, die über ausreichende Rechte in der jeweils anderen System Center-Welt verfügen.

Integration in System Center 2012 Operations Manager

In großen Unternehmen organisieren sich geografisch getrennte Produktions- und Verwaltungsstandorte meist eigenständig. Betriebswirtschaftlich relevante Daten werden über standardisierte Schnittstellen nach »oben« transferiert. Über einen längeren Zeitraum betrachtet erlaubt dieses Konzept eine schnelle Anbindung neu akquirierter Unternehmen auf die gleiche Art und Weise. Diese Idee stand Pate, als es um die Realisierung der Anbindung zwischen unterschiedlichen System Center 2012 Operations Manager-Verwaltungsgruppen ging.

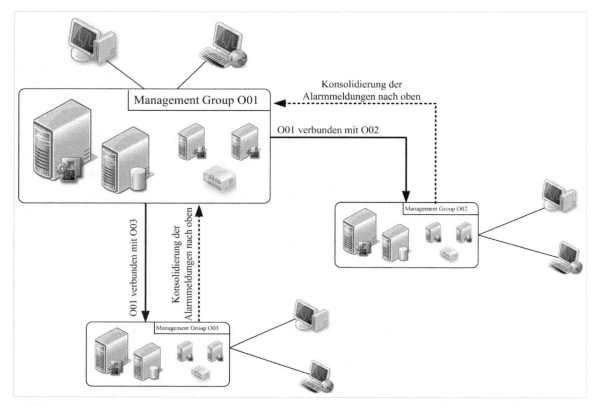

Abbildung 4.23 Die Anbindung von System Center 2012 Operations Manager-Verwaltungsgruppen erfolgt immer von oben nach unten. Die Alarmmeldungen fließen dann in die andere Richtung.

Verbindet man an sich getrennte System Center 2012 Operations Manager-Infrastrukturen über den hauseigenen Connector miteinander, erhält die jeweils übergeordnete Verwaltungsgruppe Zugriff auf die Alarmmeldungen der verbundenen Verwaltungsgruppe. Von dort aus können die Alarmmeldungen dann auch verwaltet werden.

Die Einrichtung der Verbindung von System Center 2012 Operations Manager erfolgt immer von oben nach unten. Angelehnt an das Beispiel aus Abbildung 4.23 wird die Anbindung aus der Administrationskonsole der Verwaltungsgruppe O01 initiiert. Ausgestattet mit den notwendigen Zugriffsrechten erreicht der verantwortliche Administrator damit die fremden Umgebungen von Verwaltungsgruppe O02 und O03. Sowohl O01 als auch O02 und O03 sind vollwertige Installationen mit jeweils allen erforderlichen Komponenten, die den Betrieb von System Center 2012 Operations Manager ermöglichen. Ist die Anbindung eingerichtet, werden die Alarmmeldungen der untergeordneten Verwaltungsgruppen O02 und O03 zusätzlich in der übergeordneten Verwaltungsgruppe gespeichert. Die Herkunft der Alarmmeldungen wird in der Administrationskonsole angezeigt. Ein durchgreifender Informationsfluss der Alarmmeldungen von Verwaltungsgruppe O02 in Verwaltungsgruppe O03 ist nicht vorgesehen. Die Daten fließen ausschließlich über den definierten Verbindungskanal.

> **HINWEIS** Die Verbindung von Verwaltungsgruppen reduziert insbesondere in großen Unternehmen den IT-technischen Administrationsaufwand nach einer erfolgten betriebswirtschaftlichen Fusionierung. Das soll allerdings nicht darüber hinwegtäuschen, dass klare Regeln hinsichtlich der Bedeutung von und Zuständigkeit für Alarme definiert werden müssen. Diese Aufgabe nimmt Ihnen System Center 2012 Operations Manager nicht ab.

Interaktion mit System Center 2012 Configuration Manager

Um es gleich vorweg zu nehmen: Einen bilateralen Datenaustausch zwischen System Center 2012 Operations Manager und System Center 2012 Configuration Manager gibt es nicht. Die Zusammenarbeit ist reduziert auf die gegenseitige Unterstützung beider Welten in administrativer Hinsicht. Folgende Interaktionen können konfiguriert werden:

- Wird in System Center 2012 Operations Manager das Management Pack zur Überwachung von System Center 2012 Configuration Manager bereitgestellt, kann direkt aus der Administrationskonsole der Zugriff auf System Center 2012 Configuration Manager stattfinden. Dazu wird dort als Aufgabe der Zugriff auf die produktspezifische Administrationskonsole von System Center 2012 Configuration Manager eingerichtet.

- System Center 2012 Configuration Manager wird unter anderem zur Verteilung von Software verwendet. Die Verteilung kann sowohl auf Client- als auch auf Servercomputern stattfinden. Wird im Rahmen der Softwareinstallation ein Neustart der spezifischen Servermaschine notwendig, wird System Center 2012 Operations Manager diesen Neustart standardmäßig als Fehlfunktion interpretieren. Um dies zu verhindern, kann in System Center 2012 Configuration Manager bei der Softwareverteilung eingestellt werden, dass System Center 2012 Operations Manager für den Zeitraum des Installationsprozesses auf die Generierung von Alarmmeldungen verzichtet.

Fazit

Die hier vorgestellten Integrationsmöglichkeiten können im Standard eingerichtet werden und benötigen keine zusätzlichen Produkte von Drittherstellern. Das ist allerdings erst der Anfang, denn System Center 2012 Operations Manager ist eine offene Schnittstelle, an der man so ziemlich alles andocken kann, was irgendwie Sinn ergibt. Wer hierzu mehr wissen möchte, dem empfehle ich eine Recherche im Microsoft Developer Network (MSDN) unter dem Begriff *Operations Manager Connector Framework*. Und mit der Suchmaschine Ihrer Wahl stoßen Sie nach Eingabe dieses Suchbegriffs auf zahlreiche Praxistipps, um Schnittstellen zu Ihren Umgebungen selbst erstellen zu können. Alternativ können Sie übrigens auch die Kurzversion OMCF eingeben. Amerikaner lieben Abkürzungen. Wir Deutschen allerdings auch!

Alternativ bietet der Drittanbietermarkt eine ganze Armada von vorbereiteten Connectors. Allen voran ist hier die Firma Quest Software (*www.quest.com*) zu erwähnen. Ich betreute in meiner Zeit als Consultant einige Projekte, bei denen die Kopplung exotischer oder ausgefallener Umgebungen an System Center 2012 Operations Manager erforderlich waren. Soweit ich mich erinnern kann, bekam ich niemals die Antwort »Geht nicht« geliefert.

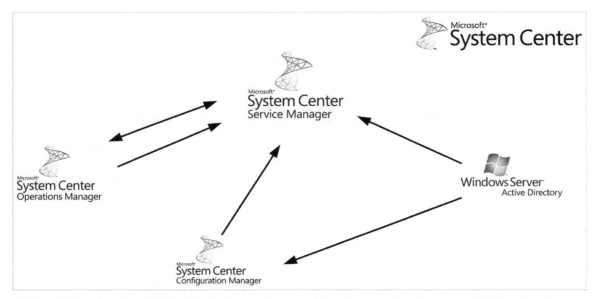

Abbildung 4.24 System Center 2012 Configuration Manager interagiert nicht auf Serverebene mit System Center 2012 Operations Manager

Strategisch betrachtet ist System Center 2012 Operations Manager nicht der Nabel der Managementwelt. Die zentrale Anlaufstelle für Interaktion in der System Center-Familie ist System Center 2012 Service Manager. Die Abbildung 4.24 erhebt an dieser Stelle bewusst keinen Anspruch auf Vollständigkeit, was den Austausch zwischen den verfügbaren Einzellösungen angeht, denn in diesem Kapitel geht es in erster Linie um System Center 2012 Operations Manager und dessen Möglichkeiten zur direkten Interaktion. Wir werden uns dennoch etwas mehr mit einem umfassenderen Überblick im nachfolgenden Kapitel befassen.

Zusammenfassung

Ziel dieses Kapitels war es, Ihnen einen grundsätzlichen Überblick über die Funktionsweise von System Center 2012 Operations Manager zu verschaffen. Im Mittelpunkt standen unbestritten die Management Packs und deren Aufbau. Ohne ein Verständnis für das Entitätsmodell und die Betrachtung des Integritätsstatus wäre eine effiziente Konfiguration im späteren produktiven Einsatz nicht wirklich möglich. Zu verwirrend ist die Vielfalt an Informationen, die in der Administrationskonsole konsolidiert und angezeigt werden. Sie sollten bei der Vorbereitung zur Implementierung von System Center 2012 Operations Manager deshalb darauf achten, dass Management Packs sukzessive und nicht auf einen Schlag importiert werden. Im nachfolgenden, glücklicherweise kürzeren, Kapitel werden wir uns diesen Aspekten etwas genauer widmen.

Kapitel 5

Die Mitglieder der System Center-Familie

In diesem Kapitel:

System Center 2012 Unified Installer	112
System Center 2012 Virtual Machine Manager	120
System Center 2012 App Controller	124
System Center 2012 Configuration Manager	128
System Center 2012 Data Protection Manager	135
System Center 2012 Endpoint Protection	136
System Center 2012 Operations Manager	138
System Center 2012 Orchestrator	138
System Center 2012 Service Manager	141

Man muss kein IT-Fachmann sein, um allein schon an der Namensgebung erkennen zu können, dass System Center 2012 Operations Manager zur gleichnamigen Serverproduktfamilie gehört. Insgesamt neun Softwarepakete sind derzeit dieser Produktreihe zugeordnet, die nachfolgend aufgeführt sind:

- System Center 2012 Unified Installer
- System Center 2012 Virtual Machine Manager
- System Center 2012 App Controller
- System Center 2012 Configuration Manager
- System Center 2012 Data Protection Manager
- System Center 2012 Endpoint Protection
- System Center 2012 Operations Manager
- System Center 2012 Orchestrator
- System Center 2012 Service Manager

Die Anpassung der Produktbezeichnungen zeugt von Gleichklang und Interaktion. Gleichklang auch und insbesondere in Sachen Zusammenarbeit der einzelnen Entwicklerteams bei der Planung von Nachfolgeversionen. Nahtlose Schnittstellen zwischen den einzelnen Brüdern und Schwestern scheinen nun endlich zur Selbstverständlichkeit geworden zu sein. Das sind gute Nachrichten für alle Kunden Microsofts, welche diese Softwareprodukte einsetzen.

In diesem Kapitel will ich Ihnen die einzelnen Mitglieder der System Center-Familie vorstellen. Wir steigen dabei nicht allzu tief in die jeweiligen technischen Details ein. Sie sollten aber dennoch in der Lage sein, eine Entscheidung darüber zu treffen, ob Ihnen die Verwendung weiterer Module einen Mehrwert generieren könnte.

Wie Sie in Kapitel 17 erfahren werden, ist der Erwerb von System Center-Produkten künftig nur noch als Kollektiv möglich. Je höher die Anzahl der eingesetzten Pakete, desto wirtschaftlicher ist die Investition in diese Suite. Viele Microsoft-Kunden sind jedoch in ihrer Entscheidungsfindung weniger strategisch unterwegs. Mein Ziel ist es deshalb, Ihnen die Mehrwerte zu vermitteln, die für den Einsatz von drei oder mehr System Center-Produkten sprechen. Ab dieser Anzahl ist Microsoft System Center in den allermeisten Fällen und aus rein wirtschaftlicher Sicht günstiger als alle Mitbewerberprodukte auf dem Markt.

Einige System Center-Produkte sind spezielle Entwicklungen, die nur für ganz bestimmte Szenarien einsetzbar sind. Sie werden beispielsweise bei System Center 2012 Unified Installer sehr schnell feststellen, dass dessen Einsatz keine Effizienzsteigerungen oder nachhaltige Beifallsstürme bei Ihnen auslösen wird. Bei anderen Mitgliedern der Suite stellt sich das wiederum in einem völlig gegensätzlichen Licht dar.

System Center 2012 Unified Installer

Softwareinstallation kostet Zeit. Diese Erkenntnis muss der Grund für die Erfindung von System Center 2012 Unified Installer sein. Wer sich durch alle Dialogschritte der Installationsroutinen von System Center durchkämpft, hört nach etwas weniger als 430 Strichen zu zählen auf. Rechnet man mit einer durchschnittlichen Anzeigedauer von 15 Sekunden, geht dabei eine Stunde wertvolle Lebenszeit verloren. Dazu gesellt sich der noch viel größere Zeitaufwand zur Durchführung der jeweiligen Installation. Eine Schande!

System Center 2012 Unified Installer

Weitaus schneller lässt sich diese Aufgabenstellung mithilfe von System Center 2012 Unified Installer erledigen. Vereint unter einer Oberfläche lässt sich die Durchführung der Installation – je nach Leistungsfähigkeit der verwendeten Rechnersysteme – auf knapp drei Stunden zusammenschrumpfen. Dazu gesellt sich eine revolutionär geringe Anzahl von 16 Dialogfeldern.

Empfehlenswert ist die Verwendung dieser im Lieferumfang der System Center Suite enthaltenen Applikation für die schnelle Realisierung von Testumgebungen oder zur Bereitstellung sogenannter Proof of Concepts-Szenarien (PoC). Die Applikation wurde von Microsoft nicht lokalisiert, was bedeutet, dass sie nur in englischer Sprache verfügbar ist. Die zu installierenden Anwendungen selbst können jedoch in der jeweiligen Landessprache verwendet werden.

System Center 2012 Unified Installer nutzt zur Durchführung der Installation die Runbook-Technologie von System Center 2012 Orchestrator. Dies wiederum bedeutet, dass die Installation dieses Mitglieds der System Center-Familie obligatorisch ist und vorhanden sein muss, bevor die anderen Brüder und Schwestern der Großfamilie zum Leben erweckt werden können.

Um bei der Vielzahl verwendeter Systeme nicht den Überblick zu verlieren, wird der Server, auf dem System Center 2012 Unified Installer bereitgestellt wird, als *Installationscomputer* bezeichnet. Die Serversysteme, auf denen die Serverprodukte letztendlich zur Installation gelangen, sind die sogenannten *Zielcomputer*.

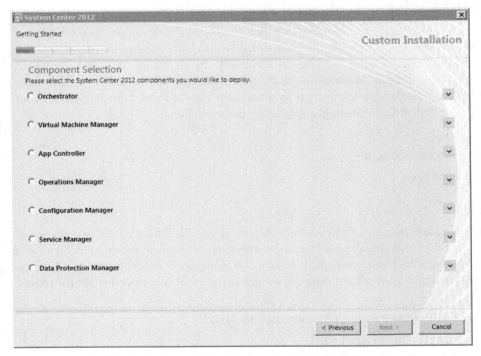

Abbildung 5.1 Sicherlich nicht für den produktiven Einsatz geeignet ist die Installation mehrerer Komponenten von System Center auf dem Installationscomputer

Der Begrüßungsbildschirm dieser Anwendung stellt den Hyperlink *Custom install on local server* bereit. Klickt man auf diesen Hyperlink, landet man in der Optionsauswahl von Abbildung 5.1. Die Verfolgung dieser Installationsstrategie ist sicherlich nicht für den produktiven Einsatz zu empfehlen und wird in der wilden IT-Prärie wohl eher seltener zum Einsatz kommen. Weiß man nämlich, welche der Serverlösungen aktuell im Mittelpunkt des eigenen Interesses stehen, ist der Einsatz von System Center 2012 Unified Installer überflüssig.

Viel häufiger werden Administratoren stattdessen den auffälligen Hyperlink *Install System Center* in Anspruch nehmen. Dieser ist ebenfalls auf dem Begrüßungsbildschirm von System Center 2010 Unified Installer zu finden. Statt den Optionsfeldern aus Abbildung 5.1 werden Ihnen sieben Kontrollkästchen entgegenlächeln, welche jeweils eines der Serverprodukte aus der System Center-Familie repräsentieren.

Der Aufwand, welcher betrieben werden muss, um System Center 2012 Unified Installer in Betriebsbereitschaft zu versetzen, ist nicht unerheblich, und manch einer könnte die berechtigte Frage nach dem Mehrwert dieser Vorgehensweise stellen. Diesen Meilenstein der Entscheidungsfindung haben wir allerdings schon hinter uns gelassen, denn immerhin stehen mehrere Stunden Installationshandarbeit auf der Guthabenseite.

Wir werden in diesem Kapitel etwas näher auf die vorbereitenden Maßnahmen beider Computertypen eingehen. Verzichten Sie auf die Durchführung der nachfolgend beschriebenen Schritte, wird System Center 2012 Unified Installer nicht funktionieren. Um den notwendigen Überblick nicht zu verlieren, kümmern wir uns erst um die relevanten Punkte beim Installationscomputer. Danach wenden wir uns den vorbereitenden Arbeiten auf den Zielcomputern zu.

Vorbereitende Arbeiten auf dem Installationscomputer

Alle Installationsschritte werden mit ein und demselben Benutzerkonto durchgeführt. In einer Testumgebung ist das sicherlich akzeptabel. Hier spielt die Evaluierung von Sicherheitsbelangen in der Regel erst einmal eine untergeordnete Rolle. Wichtig ist, dass das verwendete Benutzerkonto Mitglied der lokalen Administratorengruppe sowohl auf dem Installations- als auch auf den einzelnen Zielcomputern sein muss. Schauen wir uns nachfolgend die Voraussetzungen und notwendigen Schritte an, um den Installationscomputer für die Verteilung der System Center-Familienmitglieder vorzubereiten:

- Systemvoraussetzungen
- Anpassen der Sicherheitseinstellungen
- Firewalleinstellungen anpassen

Systemvoraussetzungen

Die notwendigen Systemvoraussetzungen zur Nutzung eines Servers als Installationscomputer sind überschaubar. Unterstützt wird nicht die Verwendung eines Domänencontrollers als Installationscomputer. Stattdessen können die Erwartungen so weit nach unten korrigiert werden, dass selbst eine Workstation mit dem Betriebssystem Windows 7 dazu verwendet werden kann. Schauen wir uns zuerst die Mindestvorgaben für die verwendete Hardware an:

- **Prozessor**   Zwei-Kernel-Prozessor mit 2,1 GHz Taktrate oder höher
- **Hauptspeicher**   2 Gigabyte (GB), besser 4 (GB)

In Sachen Software ist die Liste der Voraussetzungen etwas länger, deshalb jedoch in keiner Weise spektakulärer. Bitte schön:

System Center 2012 Unified Installer

- **Unterstützte Betriebssysteme**
  - Windows 7 mit Service Pack 1 (SP1) oder höher
  - Windows Server 2008 R2 mit SP1 oder höher
- **Weitere Softwareanforderungen**
  - Internet Information Services
  - Microsoft .NET Framework 3.51
  - Windows PowerShell 2.0

Microsoft .NET Framework 3.51 wird im Rahmen der Installation von Microsoft Service Manager bereitgestellt und zieht zugleich die Installation von Internet Information Services nach sich. Windows PowerShell 2.0 wird im Rahmen der Installation von Windows Server 2008 R2 bereitgestellt.

Eine weitere wichtige Voraussetzung ist die Verwendung gleicher Sprachversionen bei den Betriebssystemen. Dies betrifft sowohl den Installations- als auch die Zielcomputer. Ferner werden für die Durchführung der einzelnen Installationen zusätzliche Werkzeuge benötigt. Die Tabelle 5.1 soll Ihnen dabei helfen, hierüber nicht den Überblick zu verlieren. Die folgenden Abkürzungen finden in der Tabelle Anwendung:

- **SCAC** System Center 2012 App Controller
- **SCCM** System Center 2012 Configuration Manager
- **SCDPM** System Center 2012 Data Protection Manager
- **SCSM** System Center 2012 Service Manager
- **SCOM** System Center 2012 Operations Manager
- **SCORCH** System Center 2012 Orchestrator
- **SCVMM** System Center 2012 Virtual Machine Manager

Werkzeug	SCAC	SCCM	SCDPM	SCSM	SCOM	SCORCH	SCVMM
.NET Framework 4	X	X	X		X	X	
Windows Automated Installation Kit 2.0 (WAIK)	X						X
Report Viewer 2008 SP1 Redistributable				X	X		
Microsoft SQL Server 2008 R2	X	X	X	X	X	X	X
Service Pack 1 für Microsoft SQL Server 2008 R2			X				
Kumulatives Updatepaket 4 für SQL Server 2008 R2 Service Pack 1			X				
Microsoft SQL Server 2008 R2 Command Line Utilities	X						X
Microsoft Analysis Management Objects				X			

Tabelle 5.1 Übersicht über die zusätzlich benötigten Werkzeuge für die Durchführung der Installation einzelner Serverprodukte aus der System Center-Familie

Beachten Sie noch folgende Anmerkungen zu den jeweiligen Werkzeugen und Anwendungen:

- **Microsoft SQL Server 2008 R2** Wie Sie in Tabelle 5.1 sehen, ist zur Verwaltung der Datenbestände die Bereitstellung von Microsoft SQL Server 2008 R2 inklusive notwendiger Aktualisierungen obligatorisch. Hierfür kann die Testversion von Microsoft SQL Server 2008 R2 verwendet werden.
- **Microsoft SQL Server 2008 R2 Command Line Utilities und Microsoft Analysis Management Objects** Für die unterschiedlichen Architekturen (x86, x64 und IA64) werden diese Werkzeuge in unterschiedlichen Paketen zum Herunterladen angeboten
- **System Center 2012 App Controller** Zur Installation von System Center 2012 App Controller wird System Center 2012 Virtual Machine Manager betriebsbereit vorausgesetzt

Alle Werkzeuge müssen gegebenenfalls entpackt werden, bevor sie durch System Center Unified Installer verwendet werden können. Achten Sie weiterhin auch daraufhin, dass System Center 2012 Unified Installer die zusätzlich benötigten Werkzeuge auf einem lokalen Datenträger erwartet. Der Zugriff auf diese Werkzeuge über ein Netzlaufwerk wird in der aktuellen Version nicht unterstützt.

Sicherheitseinstellungen anpassen

Zusätzlich müssen Sie Kontakt zur lokalen Gruppenrichtlinien des Installationscomputers aufnehmen und dort einige notwendige Anpassungen vornehmen:

1. Klicken Sie auf *Start/Ausführen* oder drücken Sie alternativ die Tastenkombination ⊞+R. Tragen Sie im Dialogfeld *Ausführen* den Befehl *gpedit.msc* in das Eingabefeld ein und bestätigen Sie mit der ↵-Taste. Der Editor für lokale Gruppenrichtlinien wird gestartet.
2. Navigieren Sie im linken Fenster zu *Richtlinien für Lokaler Computer/Computerkonfiguration/Administrative Vorlagen/System/Delegierung von Anmeldeinformationen*.
3. Klicken Sie im rechten Fensterbereich doppelt auf die Richtlinie *Delegierung von aktuellen Anmeldeinformationen zulassen*.
4. Aktivieren Sie die Richtlinie. Klicken Sie auf die jetzt eingabebereite Schaltfläche *Anzeigen*.
5. Tragen Sie im Dialogfeld *WSMAN/** ein.
6. Schließen Sie das Dialogfeld anschließend mit einem Klick auf die Schaltfläche *OK*.
7. Achten Sie darauf, dass das Kontrollkästchen *Betriebssystemstandards mit vorheriger Eingabe verknüpfen* aktiviert ist.
8. Schließen Sie abschließend das aktuelle Dialogfeld *Delegierung von aktuellen Anmeldeinformationen zulassen*.
9. Wiederholen Sie die Schrittfolge von soeben für die lokale Gruppenrichtlinie *Delegierung von aktuellen Anmeldeinformationen mit reiner NTLM-Serverauthentifizierung zulassen*.

Wenn Sie die Lust auf die Konfiguration von lokalen Gruppenrichtlinien noch nicht verlassen hat, können Sie noch einen Moment am aktuellen Ort des Geschehens verweilen. Alternativ können die nachfolgenden Anpassungen auch mithilfe eines Befehlszeilenaufrufs durchgeführt werden. An dieser Stelle erst einmal die Vorgehensweise zur Anpassung der lokalen Gruppenrichtlinie:

1. Navigieren Sie im linken Fenster zu *Richtlinien für Lokaler Computer/Computerkonfiguration/Administrative Vorlagen/Windows-Komponenten/Windows-Remoteverwaltung (WinRM)/WinRM-Client*.
2. Klicken Sie im rechten Fensterbereich doppelt auf die Richtlinie *CredSSP-Authentifizierung zulassen*.
3. Aktivieren Sie die Richtlinie und schließen Sie das Dialogfeld anschließend mit einem Klick auf die Schaltfläche *OK*.

4. Wiederholen Sie die Schrittfolge von soeben für die lokale Gruppenrichtlinie *Vertrauenswürdige Hosts*.
5. Tragen Sie im Feld *TrustedHostList* einen Stern (*) ein.
6. Schließen Sie die lokale Gruppenrichtlinie anschließend mit einem Klick auf die Schaltfläche *OK*.

> **TIPP** Wer statt mit dem Editor für lokale Gruppenrichtlinien die Arbeit mit Befehlszeileneditoren bevorzugt, kann die beiden letzten Änderungen auch über die folgenden Schritte erledigen:
> 1. Klicken Sie auf *Start/Alle Programme/Zubehör*.
> 2. Klicken Sie mit der rechten Maustaste auf den Eintrag *Eingabeaufforderung*. Selektieren Sie im Kontextmenü den Menüeintrag *Als Administrator ausführen*.
> 3. Führen Sie die folgenden beiden Befehle nacheinander aus:
>
> ```
> winrm set winrm/config/client/auth @{CredSSP="True"}
> winrm set winrm/config/client @{TrustedHosts="*"}
> ```
>
> 4. Schließen Sie das Befehlszeilenfenster.

Firewalleinstellungen anpassen

Abschließend müssen wir uns noch um die Firewalleinstellungen des Installationscomputers kümmern. Rufen wir uns noch einmal in Erinnerung, dass System Center 2012 Unified Installer zur möglichst raschen Durchführung einer umfassenden Installation aller erforderlichen Einzelprodukte der System Center 2012-Familie konzipiert wurde. Einer Verwendung in einer produktiven Umgebung steht grundsätzlich nichts entgegen. Die Tatsache, dass für alle Applikationen das gleiche während der Installation verwendete Benutzerkonto zum Einsatz kommt, sollte Sie von der Anwendung in der harten Realität abhalten.

Hinsichtlich der notwendigen Anpassungen an der Windows-Firewall spricht meines Erachtens nichts gegen eine unbürokratischere Herangehensweise. Offiziell sind die folgenden eingehenden Ports auf dem Installationscomputer zu öffnen:

- 81/TCP
- 1433/TCP
- 1434/UDP

Sie können die Ausnahmen mithilfe der Administrationskonsole von Windows-Firewall explizit konfigurieren. Generell empfehle ich jedoch, die Windows-Firewall im Domänenprofil zu deaktivieren. Hier gehen die Meinungen bei den verantwortlichen Administratoren weit auseinander. Ich bin jedoch der Meinung, dass ein professionelles Sicherheitskonzept in einem Unternehmen keinerlei Mehrwert erfährt, wenn mit aktiver Domänenprofil-Firewall gearbeitet werden muss. Die Entscheidung liegt natürlich bei Ihnen. Um das Domänenprofil der Windows-Firewall auf dem Installationscomputer zu deaktivieren, gehen Sie wie folgt vor:

1. Klicken Sie auf *Start/Verwaltung/Windows-Firewall mit erweiterter Sicherheit*. Die gleichnamige Administrationskonsole wird gestartet.
2. Klicken Sie im mittleren Bereich der Administrationskonsole auf den Hyperlink *Windows-Firewalleigenschaften*. Das gleichnamige Dialogfeld wird geöffnet.
3. Achten Sie darauf, dass die Registerkarte *Domänenprofil* aktiviert ist. Wählen Sie in der Auswahlliste *Firewallstatus* den Eintrag *Aus*.
4. Bestätigen Sie Ihre Auswahl mit einem Klick auf die Schaltfläche *OK*.

Alternativ lässt sich die Windows-Firewall auch über eine Gruppenrichtlinie auf Domänenebene deaktivieren. Sollten Sie meiner Erfahrung folgen, liegt der Vorteil auf der Hand, denn Sie müssen nur noch an einer einzigen Stelle die Konfiguration vornehmen. Im nachfolgenden Beispiel verwende ich das Gruppenrichtlinienobjekt *Default Domain Policy*. Ich empfehle Ihnen jedoch, hierfür ein explizites Gruppenrichtlinienobjekt zu erstellen und die Anwendbarkeit explizit auf die gewünschten Computersysteme einzuschränken. Gehen Sie dazu wie folgt vor:

1. Melden Sie sich auf Ihrem Domänencontroller mit einem Konto an, welches über ausreichende administrative Benutzerrechte innerhalb Ihrer Domäne verfügt.
2. Klicken Sie auf *Start/Ausführen*.
3. Geben Sie den Befehl *gpmc.msc* ein und drücken Sie anschließend die ⏎-Taste, um die Administrationskonsole zur Gruppenrichtlinienverwaltung zu starten.
4. Erweitern Sie im linken Fensterbereich zu *Gruppenrichtlinienverwaltung/Gesamtstruktur: Ihr Domänenname/Domänenname*.
5. Klicken Sie mit der rechten Maustaste auf das Gruppenrichtlinienobjekt *Default Domain Policy*. Bestätigen Sie eine möglicherweise angezeigte Warnmeldung mit einem Klick auf die Schaltfläche *OK*.
6. Wählen Sie im Kontextmenü den Menüeintrag *Bearbeiten*. Der *Gruppenrichtlinienverwaltungs-Editor* wird geöffnet.
7. Navigieren Sie zu *Computerkonfiguration/Richtlinien/Administrative Vorlagen/Netzwerk/Netzwerkverbindungen/Windows-Firewall/Domänenprofil*.
8. Klicken Sie im rechten Fensterbereich doppelt auf die Einstellung *Windows-Firewall: Alle Netzwerkverbindungen schützen*. Das Dialogfeld zur Konfiguration dieser Einstellung wird eingeblendet.
9. Selektieren Sie die Option *Deaktiviert*.
10. Schließen Sie das aktuelle Dialogfeld mit einem Klick auf die Schaltfläche *OK*. Beenden Sie abschließend den Gruppenrichtlinienverwaltungs-Editor sowie die Administrationskonsole für die Gruppenrichtlinienverwaltung.

Sie können sich jetzt vom Domänencontroller abmelden. Um die eingestellte Veränderung umgehend auf den betroffenen Servern durchzusetzen, führen Sie den folgenden Befehl auf dem Installationsserver aus:
`gpupdate /Target:Computer`
Verwenden Sie dazu eine administrative Eingabeaufforderung.

Damit sind die vorbereitenden Maßnahmen auf dem Installationscomputer erledigt. Als Nächstes müssen wir uns um die Zielcomputer kümmern, auf denen die einzelnen Anwendungen installiert und betrieben werden sollen.

Vorbereitende Arbeiten auf den Zielcomputern

Die meisten der Serveranwendungen schließen einen gleichzeitigen Betrieb auf dem gleichen Zielcomputer aus. Dazu zählen beispielsweise System Center 2012 Operations Manager und System Center 2012 Service Manager. Dieses Schicksal begegnet Ihnen im Übrigen auch, wenn Sie versuchen, die für System Center 2012 Service Manager verwendeten Server in die Überwachung von System Center 2012 Operations Manager zu integrieren. Diese Kombination ist derzeit nicht möglich. Offiziell wird als Workaround die agentlose Überwachung von System Center 2012 Service Manager-Servermaschinen durch Microsoft kommuniziert.

Das Konzept von System Center 2012 Unified Installer sieht vor, dass jedes Mitglied der System Center-Familie auf einem separaten Zielcomputer installiert wird. Möglich wäre allerdings durchaus, den Installationscomputer gleichzeitig als Zielcomputer für eine dieser Serveranwendungen zu nutzen.

Analog zu den vorbereitenden Arbeiten auf dem Installationscomputer gilt es auch bei den Zielcomputern, einige Anpassungen vorzunehmen. Auch hier geht es um die Anpassung von lokalen Gruppenrichtlinien. Welche Methode Sie dazu anwenden, bestimmen Sie selbst. Bei einer größeren Anzahl von Zielcomputern ist die Verwendung der domänenbasierten Gruppenrichtlinienverwaltung die effizienteste Strategie.

Anpassen der Sicherheitseinstellungen

Da ich bereits bei der Vorbereitung des Installationscomputers auf die Verwendung dieses Administrationswerkzeugs eingegangen bin, fokussiere ich die Information an dieser Stelle auf die Gruppenrichtlinienobjekte selbst. Die folgenden Gruppenrichtlinienobjekte müssen auf den Zielcomputern angepasst werden:

- *Computerkonfiguration/Administrative Vorlagen/Windows-Komponenten/ Windows-Remoteverwaltung(WinRM)/WinRM-Dienst/Automatische Konfiguration von Listernern zulassen*
    - Aktivieren Sie dieses Gruppenrichtlinienobjekt
    - Pflegen Sie im jetzt eingabebereiten Feld *IPv4-Filter* einen Stern (*) ein
    - Pflegen Sie diesen Stern (*) bitte auch im Feld *IPv6-Filter* ein
- *Computerkonfiguration/Administrative Vorlagen/Windows-Komponenten/ Windows-Remoteverwaltung(WinRM)/WinRM-Dienst/CredSSP-Authentifizierung zulassen*
    - Aktivieren Sie dieses Gruppenrichtlinienobjekt
- *Computerkonfiguration/Administrative Vorlagen/Windows-Komponenten/Windows-Remoteshell/ Remoteshellzugriff zulassen*
    - Aktivieren Sie dieses Gruppenrichtlinienobjekt
- *Computerkonfiguration/Administrative Vorlagen/Windows-Komponenten/Windows-Remoteshell/ Maximale Speichergröße in MB pro Shell angeben*
    - Aktivieren Sie dieses Gruppenrichtlinienobjekt
    - Pflegen Sie im jetzt eingabebereiten Feld *MaxMemoryPerShellMB* den Wert *2048* ein

Für alle, die mit der Administration von Gruppenrichtlinienobjekte auf Kriegsfuß stehen, steht eine Alternative bereit. Mit der Eingabe der folgenden vier Befehle in einem administrativen Befehlszeilenfenster auf den einzelnen Zielcomputern erreichen Sie die gleiche Wirkung:

```
winrm qc -q
winrm set winrm/config/service/auth @{CredSSP="True"}
winrm set winrm/config/winrs @{AllowRemoteShellAccess="True"}
winrm set winrm/config/winrs @{MaxMemoryPerShellMB="2048"}
```

Schließen Sie danach das Eingabeaufforderungsfenster.

Damit will ich Sie mit der Ausführung der Installationsschritte von System Center Unified Installer an dieser Stelle allein lassen. Die Dialogschritte sind selbsterklärend. Ich hätte allerdings auf ewig ein schlechtes Gewissen, würde ich Ihnen nicht zumindest einen schriftlichen Überblick über die Dialogfelder geben, die Sie bei der Arbeit mit System Center Unified Installer antreffen werden:

1. Begrüßungsbildschirm mit der Bitte um Zustimmung zur Lizenzvereinbarung.
2. Selektion der gewünschten System Center-Serverprodukte.
3. Festlegung der Verzeichnispfade zu den Installationsmedien.
4. Anforderung der Zustimmung zur Lizenzvereinbarung für die zusätzlich benötigten Werkzeuge.
5. Festlegung der Verzeichnispfade der zusätzlich benötigten Werkzeuge.
6. Festlegung der Installationspfade für die einzelnen Serverprodukte auf den Zielcomputern.
7. Festlegung der Servernamen für Serverprodukte und Datenbankserver.
8. Definition der Dienstkonten für die gewählten Serverprodukte.
9. Definition der Ordnungsbegriffe für die gewählten Serverprodukte (beispielsweise Verwaltungsgruppennamen).
10. Abfrage Ihrer Zustimmung zur Beteiligung am jeweiligen Kundenzufriedenheitsprogramm und an Windows Update.
11. Zusammenfassung der Konfigurationseinstellungen.
12. Durchführung der Installation.

Je nach gewählter Konstellation können die Reihenfolge und der Inhalt der Dialogfelder abweichen.

System Center 2012 Virtual Machine Manager

Wer mehr als einen Hyper-V-Host in seinem Unternehmen betreibt – und in der Regel ist das der Fall –, der benötigt zur zentralen Verwaltung dieser virtuellen Plattformen System Center 2012 Virtual Machine Manager. Diese Lösung dient zur Verwaltung von virtuellen Maschinen. System Center 2012 Virtual Machine Manager steuert bei Bedarf virtuelle Umgebungen der Mitbewerber VMware und Citrix XenServer gleich mit. Das vereinfacht die Migrationsszenarien und macht die Verwendung von zwei separaten Administrationswerkzeugen in der Regel überflüssig. Neben den virtuellen Maschinen werden auch die benötigten Speichersysteme sowie die virtuellen Netzwerke mitverwaltet.

Wer sich mit der professionellen Administration virtueller Umgebungen auskennt, findet sich sehr leicht in die Funktionsweise von System Center 2012 Virtual Machine Manager ein. Neben der Verwaltung von virtuellen Systemen liegt der Fokus bei der Steuerung von Private Clouds. Es ist noch nicht allzu lange her und man hätte statt von einer »Private Cloud« wie selbstverständlich vom »eigenen Rechenzentrum« gesprochen. Mit welchem Begriff Sie sich eher anfreunden, richtet sich sicherlich auch ein Stück weit nach Ihren bisherigen Berufsjahren. Das Aufgabenspektrum dieses Mitglieds der System Center-Familie gliedert sich in die folgenden Themenschwerpunkte:

- **Bereitstellung von Services, virtuellen Maschinen und Vorlagen**   Werden Ressourcen benötigt, werden diese mithilfe System Center 2012 Virtual Machine Manager bereitgestellt. Wie bei allen aktuellen Microsoft-Produkten mittlerweile selbstverständlich, kann diese Aufgabe auch skriptbasiert durchgeführt werden. Zusätzlich lassen sich die Bereitstellungsprozesse automatisieren. Hier unterstützt uns System Center 2012 Orchestrator, den ich Ihnen in diesem Kapitel ab Seite 138 näher vorstellen werde.

- **Management der virtuellen Infrastruktur**   Alle virtuellen Maschinen aller registrierten Hyper-V-Hostsysteme werden zentral verwaltet. Dazu gesellen sich auch virtuelle Applikationen, welche mithilfe von System

Center 2012 App Controller bereitgestellt werden können. Über die Funktionsweise dieses Kollegen aus der System Center 2012-Familie erfahren Sie gleich mehr im nachfolgenden Abschnitt.

- **Zentraler Speicher für ISO-Medien, Vorlagen und Antwortdateien** Die Basis für die Bereitstellung von virtuellen Maschinen und Diensten sind die Installationsmedien. Deren Verwaltung und Verfügbarkeit gehört natürlich auch zu den Aufgaben einer zentralen Verwaltungslösung für virtuelle Infrastrukturen.

Der Funktionsumfang

Tauchen wir ein klein wenig in die Begrifflichkeiten von System Center 2012 Virtual Machine Manager ab. Wer sich mit der Administrationskonsole beschäftigt, stößt schnell auf Begrifflichkeiten wie beispielsweise Fabric-Management oder Service-Management. Dahinter verbergen sich jeweils Ansammlungen von Leistungsmerkmale, welche zusammengenommen einen Einblick in den Funktionsumfang von System Center 2012 Virtual Machine Manager erlauben. Folgende Funktionen schauen wir uns somit etwas genauer an:

- Infrastruktur
- Fabric-Management
- Cloud-Management
- Service-Management
- Server-Anwendungsvirtualisierung

Infrastruktur

Es ist wahrscheinlich keine große Überraschung, dass System Center 2012 Virtual Machine Manager selbst auch als Clusterdienst konfiguriert werden kann. Damit ist sichergestellt, dass die Verwaltung der Umgebung eine höchstmögliche Verfügbarkeit erlaubt. Sollten Sie auf die Idee kommen, den Verwaltungsserver auf der gleichen virtuellen Plattform wie die Maschinen zu platzieren, die damit verwaltet werden, sitzen Sie bereits auf dem Ast, an dem gesägt wird.

Wer bereits mit der Vorgängerversion System Center Virtual Machine Manager 2008 R2 arbeitet, freut sich sicherlich darüber, dass eine Aktualisierung auf System Center 2012 Virtual Machine Manager möglich ist.

Fabric-Management

Mit diesem Begriff will Microsoft eine Assoziation zum produzierenden Gewerbe herstellen. »Fabric-Management« symbolisiert die Arbeiten, welche hinter den Kulissen bei System Center 2012 Virtual Machine Manager geschehen. Wenden wir uns den konkreten Ausprägungen dieses Überbegriffs zu:

- **Hyper-V Bare Metal Provisioning** Es klingt wie ein neuer Action-Thriller mit Bruce Willis oder Arnold Schwarzenegger. Gemeint ist damit jedoch nichts anderes, als dass Hyper-V-Server mit System Center 2012 Virtual Machine Manager installiert und bereitgestellt werden können.

- **Verwaltung differenter Virtualisierungsschichten** Wie bereits weiter oben erwähnt, ist die Verwaltbarkeit der virtuellen Plattformen von VMware und Citrix mithilfe von System Center 2012 Virtual Machine Manager gegeben. Es entfällt damit die Verwendung von zwei oder mehreren unterschiedlichen Verwaltungswerkzeugen bei einem Dualbetrieb der Produkte unterschiedlicher Hersteller.

- **Netzwerk-Management** Sie konfigurieren mithilfe von System Center 2012 Virtual Machine Manager logische Netzwerke unabhängig vom physischen Netzwerk

- **Speicherverwaltung** System Center 2012 Virtual Machine Manager fungiert als direkte Schnittstelle für den Zugriff auf Speichersysteme
- **Energie-Management** Green-IT ist immer noch in. Das Thema hat zwar nicht mehr die werbetechnische Zugkraft wie vor ein paar Jahren, trotzdem wird es auch bei System Center 2012 Virtual Machine Manager nicht ignoriert. Über eine Schnittstelle namens IPMI (Intelligent Platform Management Interface) können die Maschinen bei fehlendem Bedarf heruntergefahren und später wieder gestartet werden.

Cloud-Management

Wolken, wohin das Auge reicht. Auch an System Center 2012 Virtual Machine Manager geht dieser Hype nicht ungesehen vorbei, ganz im Gegenteil. So können Sie beliebig viele dieser Wolken in System Center 2012 Virtual Machine Manager definieren. Sie finden die Möglichkeit zur Erstellung dieser Objekte innerhalb der Administrationskonsole übrigens nicht im Navigationsbereich *Fabric* sondern unter der Rubrik *VMs und Services*.

Basierend auf diesem Ordnungskriterium weisen Sie Ressourcen wie beispielsweise Netzwerk oder Speicherbereiche zu. Zusätzlich erlaubt ein rollenbasiertes Berechtigungskonzept die Delegierung der Zugriffsrechte auf die jeweilige Wolke.

Service-Management

Die Bereitstellung von Services ist in der Tat ein spannendes Novum in der virtuellen Verwaltungswelt. Die Einrichtung und Bereitstellung folgt der gleichen Philosophie wie die Einrichtung von virtuellen Maschinen. Dazu wird ein sogenannter Template Designer verwendet. Weitere Information zu diesem Thema gleich im nächsten Abschnitt.

Server-Anwendungsvirtualisierung

Serveranwendungen können als Image auf Server kopiert werden, auf denen ein sogenannter Server App-V-Agent installiert ist. Der große Vorteil: Die Anwendungen selbst müssen nicht installiert werden. Das macht die Bereitstellung, die Verwaltung und auch eine spätere Aktualisierung erheblich einfacher.

Die hierfür benötigte Technik beruht auf der App-V-Technologie von Microsoft. Wie der Name schon vermuten lässt, geht es hier um die Thematik der virtuellen Bereitstellung von Applikationen. Ein Thema, welches die Mitbewerber im virtuellen Markt ebenfalls auf deren Preisliste anbieten. Anwendungen können dynamisch zusammengestellt werden und die Verteilung dieser Applikationspakete ist automatisierbar.

Self Service

System Center 2012 Virtual Machine Manager bietet die Möglichkeit zur Delegierung der Verwaltung mithilfe eines Self Service-Portals. Damit kann die Bereitstellung und Verwaltung von virtuellen Ressourcen über eine Weboberfläche erfolgen.

> **HINWEIS** Es gibt einige Unterschiede bei der Integration mit VMware-Umgebungen. System Center 2012 Virtual Machine Manager unterstützt den Import, die Zusammenführung oder die Synchronisierung der Baumstruktur von Hosts und Gruppen aus vCenter nicht mehr. Sie müssen die ESX-Server manuell hinzufügen, die Sie für das Hosten von Gruppen mit System Center 2012 Virtual Machine Manager benötigen. Wenn Sie eine VMware-Vorlage in die Bibliothek der Microsoft-Lösung importieren, verbleibt die *.vmdk*-Datei im ESX-Datenspeicher. Es werden nur die Metadaten kopiert.

Die Übertragung von Daten zwischen der Bibliothek und ESX erfolgt nun über HTTPS. Damit ist es nicht mehr erforderlich, den Secure Shell (SSH)-Zugriff auf ESX-Hosts zu aktivieren. Dies war zuvor eine Voraussetzung für das Secure File Transfer-Protokoll (SFTP).

vApps von VMware sind nicht mit VMM-Diensten kompatibel und private VMM-Clouds sind nicht mit vCloud kompatibel. Sie können jedoch ESX-Hostressourcen für eine VMM-Cloud verwenden. Sie können auch Dienste von System Center 2012 Virtual Machine Manager auf ESX-Servern bereitstellen. VMM unterstützt acht virtuelle Computer auf ESX/ESXi 4.0-Hosts sowie 255 GB Arbeitsspeicher. Es erkennt außerdem fehlertolerante VMware-Computer.

Wenn Sie die neuen logischen Netzwerkdefinitionen in System Center 2012 Virtual Machine Manager verwenden, müssen Sie beachten, dass diese nicht als Portgruppen auf ESX-Hosts repliziert werden. Sie müssen dies manuell in vCenter durchführen.

Die Integration von Citrix Xen und System Center 2012 Virtual Machine Manager wurde gemeinsam von Citrix und Microsoft entwickelt. Sie können XenServer-Pools und -Hosts innerhalb von System Center 2012 Virtual Machine Manager verwalten. Dazu müssen Sie sich nicht auf den XenCenter-Server verlassen. System Center 2012 Virtual Machine Manager unterstützt die Hypervisorvirtualisierung und die Paravirtualisierung in XenServer. Es unterstützt außerdem Citrix XenMotion. Beachten Sie, dass die zahlreichen virtuellen Netzwerke, die in XenServer erstellt werden, in VMM als einzelner virtueller Switch dargestellt werden.

Exkurs: Erstellen eines Server App-V-Pakets

Da ich der Meinung bin, dass die App-V-Technologie immer noch ein Schattendasein in den Unternehmen ausübt, will ich ganz kurz auf die grundsätzliche Vorgehensweise zur Einrichtung solcher Pakete eingehen. Sind Sie beziehungsweise Ihr Unternehmen im Besitz einer gültigen Enterprise Agreement-Lizenz, sind alle lizenzrechtlichen Hürden zur Anwendung bereits überwunden. Einer rechtlich uneingeschränkten Verwendungsmöglichkeit stünde damit nichts im Wege.

Für das Erstellen eines Server App-V-Pakets wird ein Werkzeug aus dem Fundus der App-V-Serveranwendung benötigt: der Sequenzer. Wichtig ist, dass der App-V-Agent nicht auf der Maschine installiert ist, auf dem Sie mit dem Sequenzer arbeiten beziehungsweise auf dem Sie Ihr virtuelles Softwarepaket erstellen wollen. Ist die Anwendung virtualisiert worden, erfolgt die Installation und Konfiguration dieser Anwendung mit dem gleichen Werkzeug. Alle notwendigen Ressourcen sind in diesem Paket enthalten. Zur Bereitstellung der Anwendung auf dem Zielsystem wird dann der App-V-Server-Agent benötigt.

Interaktion und Integration

Die Zusammenarbeit zwischen der virtuellen Verwaltungsplattform und System Center 2012 Operations Manager hat bereits einige Jahre der gemeinsamen Entwicklung auf dem Buckel. Schaut man sich die Kooperation aus der Blickrichtung von System Center 2012 Virtual Machine Manager an, fällt einem zuallererst die sogenannte Leistungs- und Ressourcenoptimierung (Performance and Resource Optimization, PRO) ins Auge. Das Konzept basiert auf einer wirklich ernst gemeinten Zusammenarbeit der beiden Welten. Mit anderen Worten: System Center 2012 Virtual Machine Manager kann nicht zentral überwacht werden, wenn das dafür erforderliche Regelwerk nicht von System Center 2012 Operations Manager bereitgestellt wird. Ist das der Fall, zieht System Center 2012 Virtual Machine Manager das Regelwerk von System Center 2012 Operations Manager ab und beginnt mit der Analyse.

Bei der Konfiguration dieser Funktion in System Center 2012 Virtual Machine Manager wird die Verbindung zu System Center 2012 Operations Manager eingerichtet. Bevor dies stattfinden kann, müssen auf der anderen Seite – also im Lager von System Center 2012 Operations Manager – die benötigten Management Packs importiert werden, welche zur Überwachung der virtuellen Plattform benötigt werden. Wenn Sie erfolgreich waren, strahlt Ihnen in der Administrationskonsole von System Center 2012 Virtual Machine Manager im Navigationsbereich unter *Einstellungen/System Center Einstellungen/Operations Manager* eine Liste der bereitgestellten Management Packs entgegen.

System Center 2012 Operations Manager stellt uns seinerseits ein ansehnliches Diagramm der überwachten Ressourcen bereit. Ebenfalls in der Betriebskonsole auffindbar sind Sichten der Integritätszustände aller wichtigen Ressourcen aus der virtuellen Verwaltungswelt.

Für die Konfiguration dieser Zusammenarbeit sind einige Arbeitsschritte auszuführen, die wir uns im Rahmen der Grundkonfiguration von System Center 2012 Operations Manager anschauen werden.

System Center 2012 App Controller

Im vorherigen Abschnitt dieses Kapitels haben Sie einen ersten Eindruck über das Aufgaben- und Verantwortungsgebiet von System Center 2012 Virtual Machine Manager erhalten. Aufbauend auf dieser Funktionalität bietet System Center 2012 App Controller die Möglichkeit, beliebig komplexe IT-Services zentral zu verwalten und automatisch zu verteilen. Das sagt sich so leicht, denn die Definition solcher abstrakten Strukturen ist alles andere als trivial.

Die meisten Administratoren denken heute in Kategorien wie beispielsweise Servernamen, Festplattengrößen, Hauptspeicherressourcen oder IP-Adressen. Wer mit System Center 2012 App Controller arbeitet, muss sich von diesen Schranken lösen. Insofern ist dieses Mitglied der System Center-Familie der erste unmissverständliche Schritt in Richtung Applikationsvirtualisierung. Ich will versuchen, Ihnen die Idee und auch die Funktion von System Center 2012 App Controller etwas näher zu erläutern. Eine professionelle Konzeptionierung kann dieser Abschnitt des aktuellen Kapitels bei Weitem nicht ersetzen.

Alles beginnt mit der Bereitstellung von virtuellen Maschinen und mit der Möglichkeit, weitere Maschinen auf Bedarf zu provisionieren. Dies ist der Job von System Center 2012 Virtual Machine Manager. Nach der zusätzlichen Bereitstellung von System Center 2012 App Controller haben wir die Möglichkeit, Service Deployment zu betreiben. Aber was bedeutet das genau?

Services und Templates

Service Deployment bedeutet, dass wir nicht nur einzelne Maschinen bereitstellen können, sondern gesamte Services, welche wiederum aus einzelnen virtuellen Maschinen bestehen. Das Konzept dahinter baut auf den folgenden zwei Elementen auf:

- **Services** – Die Services verbinden die Ressourcen, welche mittels System Center 2012 Virtual Machine Manager zur Verfügung gestellt werden, mit Applikationen. Unterstützt werden aktuell folgende Applikationstypen:
    - **Webapplikationen**   Sie werden mithilfe einer Mechanik namens Web Deploy bereitgestellt
    - **Datenbankapplikationen**   Für die Bereitstellung wird eine Technologie verwendet, die von SQL Server selbst bereitgestellt wird und die auf die Kurzbezeichnung SQL DAC (Dedicated Administrator Connection, dedizierte Administratorverbindung) hört
    - **Virtuelle Applikationen**   Damit ist es möglich, Applikationen in virtueller Form bereitzustellen. Verwendet wird dazu die bereits bekannte und etablierte Paketierungstechnologie basierend auf Microsoft App-V.

- **Templates** Das zweite benötigte Element sind die sogenannten Templates. Mit ihnen beginnt die Erstellung von Services. Ein bereitgestellter Service ist immer mit genau einem Template verknüpft. Alles, was man zukünftig mit einem bereitgestellten Service bereitstellt, ist Teil des Templates. Das bedeutet, dass das Template aktualisiert und verwaltet werden kann. Die eigentliche Leistungsfähigkeit wird deutlich, wenn ein solches Template beispielsweise in einer Testumgebung erstellt und danach exportiert wird.

Es ergibt sich die Frage, wieso man Services verwenden soll, anstatt wie bisher zwei, drei Serversysteme nach bekannter Manier zu konfigurieren und diese zum Einsatz zu bringen? Ich persönlich hätte diese Anforderung in der Vergangenheit unter anderem mithilfe von System Center 2012 Configuration Manager realisiert. Damit ist die Bereitstellung von individuell konfigurierten Serversystemen ein Kinderspiel. Das betrifft sowohl die Bereitstellung des Betriebssystems als auch die anschließende automatisierte Installation der Anwendungen.

Der große Vorteil von System Center 2012 App Controller ist die Möglichkeit, Applikationen, welche über mehrere Systemebenen verteilt sind, als eine Einheit – als einen Service also – zu verwalten. Der definierte Service kann überall weiterverwendet werden. Stellen Sie sich vor, Sie möchten eine komplexe Applikation in Betrieb nehmen, die über mehrere Systeme verteilt ist und sich aus unterschiedlichen, interagierenden Applikationen zusammensetzt. Das Konzept wird in Ihrer Testumgebung entwickelt und erstellt. Die Konfiguration des Prozesses wird dann in der Entwicklungsumgebung exportiert und in der Produktivumgebung importiert. Durch den Import in einer produktiven App Controller-Infrastruktur kann die erstellte Konfiguration nahtlos wiederverwendet werden. Alle Einstellungen, alle Informationen rund um den Service werden mittransportiert.

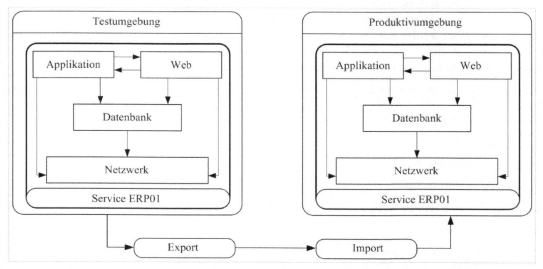

Abbildung 5.2 Schematische Vorgehensweise beim Transport von Services aus einer Testumgebung in eine produktive Infrastruktur

Die bisherige Fokussierung auf die benötigten Serversysteme entfällt damit und die Betrachtung wird abstrakt. Diese Strategie erlaubt eine größere Flexibilität, wenn zusätzliche Ressourcen benötigt werden. Profiteure dieses Konzepts finden sich in erster Linie in größeren Unternehmen, denn die notwendigen vorbereitenden Maßnahmen sollten nicht unterschätzt werden. Diese Aspekte betrachten wir im nächsten Abschnitt etwas genauer.

Lebenszyklusverwaltung

Die Arbeit mit System Center 2012 App Controller beginnt mit der Erstellung von Templates. In diesem Template werden alle erforderlichen Einstellungen vorgenommen und es werden die verfügbaren Applikationen eingebunden. Steht die Konfiguration, wird der Service – basierend auf dem erstellten Template – bereitgestellt.

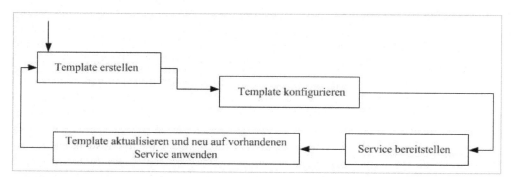

Abbildung 5.3 Die kontinuierliche Anpassung des Services an neue Gegebenheiten ist vorgesehen

Kein Prozess ist zuverlässiger in der IT wie der Veränderungsprozess. Dies bedeutet, dass das ursprüngliche Template und der daraus resultierende Service überarbeitet werden müssen. Gründe hierfür können die Aktualisierung der verwendeten Betriebssysteme oder beispielsweise auch die verwendeten SQL Server-Anwendungen sein. Ist es an der Zeit, solche Veränderungen vorzunehmen, werden die Korrekturen am Template vorgenommen. Anschließend wird der bereits im Betrieb befindliche Service durch das veränderte Template aktualisiert, wie Sie in Abbildung 5.3 erkennen können.

Für die Erstellung von Templates wird ein Designer-Werkzeug, der sogenannte Service Designer, bereitgestellt. Sie definieren damit die erforderliche Konfiguration der einzelnen Komponenten und deren gegenseitige Verbindung. Zu den zu definierenden Kriterien zählen beispielsweise die folgenden Aspekte:

- Anzahl der Ebenen
- Anforderungen an die Hardware
- Anforderungen an die logische Netzwerkinfrastruktur
- Betriebssystemtyp und -konfiguration
- Verwendete Applikationen
- Sofern erforderlich: Lastenausgleich

Interessant ist der Umgang mit der Konfiguration in Sachen Netzwerkinfrastruktur. Sie weisen keine physischen Netzwerke oder konkrete IP-Adressen zu, sondern nur ein logisches Netzwerk. Bei der Veröffentlichung des Services findet das System selbst heraus, zu welchem Netzwerk dieser Service zugeordnet wird. Dieser Service ist immer mit dem von Ihnen erstellten Template verbunden. Erstellen Sie ein Template »Mein Service« mit der Version 1.0 und veröffentlichen Sie daraus den Service, können Sie das Template nicht mehr ändern. Die Überarbeitung ist zwar möglich, jedoch nur, wenn Sie ein Template »Mein Service« in einer Version 2.0 erstellen. Alle üblicherweise bekannten Informationen wie beispielsweise Servername oder Bezeichnung des verwendeten Lastenausgleichs sind zu diesem Zeitpunkt der Erstellung des Templates nicht verfügbar.

System Center 2012 App Controller

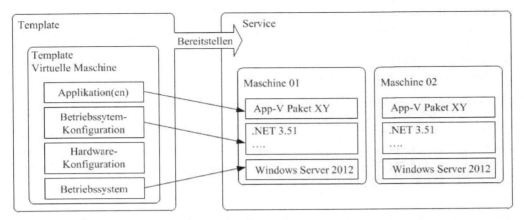

Abbildung 5.4 Übersicht über das Konzept der Bereitstellung.

Bei der Konfiguration einer virtuellen Maschine als Teil eines Templates wird das Hardwareprofil separat vom Betriebssystem konfiguriert. Das ist die klassische Bereitstellung von virtuellen Maschinen mithilfe von System Center 2012 Virtual Machine Manager. Diese Technologie wird als Basis bei System Center 2012 App Controller verwendet.

Mengenmäßige Angaben – in diesem Kontext auch gerne als Dimensionen bezeichnet –, die System Center 2012 Virtual Machine Manager zum Zeitpunkt der Erstellung nicht kennt, ist beispielsweise die Anzahl der benötigten Computersysteme für den künftigen Service. Im aktuellen Beispiel aus Abbildung 5.4 werden zwei dieser Systeme benötigt. Zusätzlich besteht die Möglichkeit, Rollen und Funktionen anzugeben, die bei der Bereitstellung zur Verfügung gestellt werden. Zum anderen werden die Applikationen definiert, die auf Basis dieser Computersysteme bereitgestellt werden müssen. Das könnten Datenbankinstanzen oder Webapplikationen sein.

HINWEIS In der aktuellen Version von System Center 2012 App Controller kann nur ein App-V Paket bereitgestellt werden. In Sachen App-V besteht also derzeit eine Restriktion hinsichtlich einer frei wählbaren Skalierung. Die Kombination von App-V, Webapplikationen und Datenbankapplikation ist jedoch problemlos möglich.

Die Erstellung solcher Templates erfolgt in der Regel mithilfe des Service Designers. Alternativ können diese Objekte auch mittels Scripting erstellt werden. Welche Variante effizienter ist, muss jeder für sich selbst entscheiden.

Werden im Rahmen des Bereitstellungsprozesses eine oder mehrere Datenbankinstanzen benötigt, sind die relevanten Parameter wie beispielsweise die Bezeichnung der Datenbankinstanz oder die Konfiguration des SQL Servers mitzugeben. Darüber hinaus wird auch ein Datenträger von Microsoft SQL Server in der gewünschten Version benötigt. Wie im normalen Installationsleben können mehrere SQL Server-Instanzen auf einer einzigen Maschine bereitgestellt werden.

Bevor der Service auf Basis des erstellten Templates bereitgestellt werden kann, müssen konkrete Spezifikationen mit angegeben werden, wie Computername der Serversysteme oder Kennwort des Administrationskontos. Vielleicht auch spezifische Applikationseinstellungen wie ein Verbindungsstring für den SQL Datenbankserver.

Die Bereitstellung des Services verwendet die verfügbaren Installationsmechanismen von System Center 2012 Virtual Machine Manager. Dieser kümmert sich sowohl um die Durchführung der Installation des

Betriebssystems als auch um die Installation der angegebenen Applikationen und sorgt für deren Konfiguration. Zum Schluss wird System Center 2012 Virtual Machine Manager dafür sorgen, dass die virtuellen Maschinen dem Lastenausgleich zugeordnet werden, damit sie hochverfügbar werden. Nach einer gewissen Zeit – abhängig von der Komplexität zwischen 30 und 60 Minuten – ist der gewünschte Service bereitgestellt und einsatzbereit. Der gesamte Installationsprozess findet also somit vollautomatisch statt.

Um dieses Konzept in Zukunft in Unternehmen etablieren zu können, müssen Applikationsentwickler umdenken und sich um die Beschreibung der Architektur kümmern. Eine Parametrisierbarkeit ist zwingend notwendig, um eine automatische Bereitstellung unter Berücksichtigung einer stufenlosen Skalierbarkeit bereitstellen zu können. Nur so kann System Center 2012 App Controller seine Leistungsfähigkeit entfalten. Microsoft SQL Server ist nicht ohne Grund hierauf bereits konditioniert. Microsoft will damit Beispiele für die Anwendbarkeit liefern, die weitere Applikationsentwickler animieren und motivieren.

System Center 2012 Configuration Manager

Die meisten Dienstjahre in der System Center-Familie hat System Center 2012 Configuration Manager auf dem Buckel. Diese Lösung kümmert sich in erster Linie um die Inventarisierung und Softwareverteilung. Über die Jahre sind immer neue Disziplinen ins Portfolio aufgenommen worden. Für die aktuelle Version wurde die Ausrichtung noch einmal komplett überarbeitet, um der strategischen Cloud-Ausrichtung von Microsoft gerecht zu werden.

System Center 2012 Configuration Manager ist für beliebig große Umgebungen ausgelegt, wobei die administrative Komplexität mit der Anzahl integrierter Systeme wächst. Das hat zumindest die Erfahrung in den vergangenen Jahren gezeigt. Basiert die Verwendung auf einem professionellen Konzept, lässt sich diese Lösung allerdings ebenso komfortabel fliegen wie ein Airbus A380. Folgende Funktionen stellt System Center 2012 Configuration Manager bereit:

- Hard- und Softwareinventarisierung
- Inventarisierung der Active Directory-Objekte
- Softwareverteilung
- Software-Updates bereitstellen
- Betriebssysteme installieren
- Richtlinien überprüfen und einhalten
- Softwaremessung
- Rundumschutz der integrierten Systeme

Sofern Sie nicht bereits über fundierte Kenntnisse von System Center 2012 Configuration Manager verfügen, sollten Sie für die Installation und Konfiguration einen Fachmann zu Rate ziehen. Dies gilt auch für die Profis aus dem Lager der Vorgängerversion System Center Configuration Manager 2007. Wenngleich ein hoher Wiedererkennungswert in den einzelnen Leistungsmerkmalen gegeben ist, hat sich doch vieles geändert. Das betrifft insbesondere den Umgang mit den Administrationswerkzeugen und dem Wiederauffinden einzelner Funktionen. Schauen wir uns die einzelnen eben genannten Funktionen etwas genauer an. Zuerst werfen wir aber noch einen Blick auf die Anforderungen auf Clientseite.

Anforderungen an den Clientcomputer

Zur Kommunikation mit den inventarisierenden Computersystemen installiert System Center 2012 Configuration Manager eine Clientkomponente. Alle aktuellen Windows-Betriebssystemversionen werden hierbei unterstützt. Ohne diese Clientkomponente ist keine der nachfolgend vorgestellten Disziplinen realisierbar. Einzige Ausnahme ist die Installation von Betriebssystemen, denn in der Regel ist auf einem Rechner zum Zeitpunkt seiner Geburt als Arbeitsgerät kein Betriebssystem vorhanden. Für alle anderen Funktionen wird die Clientkomponente benötigt. Im Gegensatz zu anderen Lösungen auf dem Markt, kann ein mithilfe von System Center 2012 Configuration Manager betanktes Rechnersystem problemlos auf die Clientkomponenten verzichten.

Die technischen Anforderungen für die Clientkomponente sind vernachlässigbar und sorgen für keine merkbare Mehrbelastung für den Anwender. Bemerkenswert ist die Unterstützung von mobilen Endgeräten. Konkret werden derzeit folgende Betriebssysteme der mobilen Klasse zur Verwaltung mithilfe von System Center 2012 Configuration Manager unterstützt:

- Windows Mobile 6.0
- Windows Mobile 6.1
- Windows Mobile 6.5
- Windows Phone 7
- Nokia Symbian Belle
- Windows CE 5.0
- Windows CE 6.0
- Windows CE 7.0

Darüber hinaus ist eine eingeschränkte Verwaltung von allen mobilen Endgeräten möglich, welche über eine der nachfolgenden Exchange Server-Versionen verwaltet werden:

- Exchange Server 2010 SP1
- Exchange Online (Office 365)

Dies bedeutet, dass damit die Administration von Endgeräten aus anderen Obstplantagen ebenfalls möglich ist. Ist diese Anforderung für Sie ein Thema, sollten Sie sich unbedingt ganz genau mit den Leistungsmerkmalen auseinandersetzen. Ich kann das an dieser Stelle leider nicht umfassend adressieren, weil ich sonst auch all die anderen unbedingt zu analysierenden Aspekte rund um System Center 2012 Configuration Manager berücksichtigen müsste.

Hard- und Softwareinventarisierung

Zu wissen, welche Betriebssysteme in welchen Mengen verwendet werden, gehört sicherlich zu den interessantesten Kennzahlen einer Infrastruktur. Diese Informationen ermittelt System Center 2012 Configuration Manager zuverlässig und in regelmäßigen Abständen. Dabei wird unterschieden zwischen Hard- und Softwarearchivierung. Für beide Konzepte können frei wählbare und voneinander unabhängige Ermittlungszeitpläne eingestellt werden.

Die Hardwareinventarisierung bezieht ihre Daten in erster Linie aus der WMI-Datenbank und aus der Registrierung der inventarisierten Computersysteme. Welche Daten das konkret sind, bestimmt jedes Unternehmen individuell. System Center 2012 Configuration Manager differenziert dabei in sogenannten Inventarisierungsklassen. Weit über 100 solcher Klassen stehen standardmäßig bereit und können bei Bedarf angepasst werden. Welche Daten dabei von welchen Systemen in welchen Zeiträumen eingesammelt werden, ist ebenfalls nur noch eine Frage der Konfiguration. Wichtig ist übrigens an dieser Stelle, dass die Inventarisierung der installierten Programme (*Systemsteuerung/Programme und Funktionen*) zur Hardwareinventarisierung zählt.

Die Softwareinventarisierung ist nicht minder flexibel konfigurierbar. Im Gegensatz zur Hardwareinventarisierung liest dieser Service das Dateiverzeichnissystem. Es vergeht deshalb auch ein wenig mehr Zeit bis zur Fertigstellung der Ergebnisliste. Standardmäßig werden nur ausführbare Dateien vom Typ *.exe* eingesammelt. Auch diese Konfiguration kann beliebig beeinflusst und erweitert werden. In einigen meiner früheren Projekte haben wir durch die Erweiterung auf Dateien vom Typ *.mp3* sehr schnell feststellen können, dass in diesem Unternehmen ausreichend Material für die nächste Sommernachtsparty vorhanden ist.

Wer nicht nur wissen will, welche Musiktitel auf welchen Rechnern gespeichert sind, kann diese Dateien im Rahmen der Inventarisierung einsammeln und eine Kopie auf einem der Serversysteme von System Center 2012 Configuration Manager archivieren. Wie lange diese Informationen gespeichert bleiben, ist frei konfigurierbar.

Die Clientkomponente von System Center 2012 Configuration Manager speichert sich das Ergebnis des letzten Inventarisierungslaufs. Beim nächsten Lauf wird nur das ermittelte Delta zum zentralen Server übermittelt. Dadurch wird die transferierte Datenmenge auf ein Minimum reduziert.

Inventarisierung der Active Directory-Objekte

System Center 2012 Configuration Manager greift alle Benutzer- und Computerinformationen aus den verfügbaren Active Directory-Verzeichnisstrukturen ab. Damit erhält man eine Sicht auf die vorhandene Infrastruktur aus unterschiedlichen Blickwinkeln. In der Verwaltung von System Center 2012 Configuration Manager wird deutlich, aus welcher Quelle welche Informationen abgezogen wurde. Wichtig ist, dass System Center 2012 Configuration Manager nicht auf Active Directory angewiesen ist, sodass damit auch beliebige Einzelplatzsysteme inventarisiert werden können. Basierend auf sogenannten Ermittlungsmethoden können neben Benutzerkonten alle Gerätschaften inventarisiert werden, die im Netzwerk auf Basis des TCP/IP-Protokolls kommunizieren.

Ein interessantes Einsatzszenario an dieser Stelle ist die Möglichkeit zur Steuerung der Softwareverteilung mithilfe von Active Directory. System Center 2012 Configuration Manager liest bei Bedarf in regelmäßigen, frei konfigurierbaren Abständen die Veränderungen im Active Directory. Ihre Helpdesk-Mitarbeiter müssten somit keinerlei Wissen in Sachen System Center 2012 Configuration Manager aufbauen; es reicht, wenn die gewünschten Benutzer- oder Computerkonten in korrespondierende Active Directory-Gruppen eingetragen werden. Bei einer soliden und professionellen Konfiguration erledigt System Center 2012 Configuration Manager alles weitere automatisch.

Softwareverteilung

Wer die Vorgängerversion von System Center 2012 Configuration Manager kennt, muss an dieser Stelle ein klein wenig umdenken. Während die Softwareverteilung in der Vergangenheit und in den meisten Unternehmen gerätebezogen stattfand, will Microsoft zukünftig den Fokus in Richtung Anwender lenken. Die Abhängigkeit von einem bestimmten Arbeitsplatzcomputer soll nach und nach aus den Köpfen verschwinden. Stattdessen zählt künftig nur noch, wer sich anmeldet.

Um das zu erreichen, werden Softwarepakete und Anwendungen getrennt betrachtet. Für alle, die in einer Übergangsphase noch stark auf die bisherige Philosophie von System Center Configuration Manager konditioniert sind, besteht jedoch kein Grund zur Panik. Schon nach wenigen Augenblicken ist das neue Konzept verstanden und man kann sich mit dem neuen Paradigma nach und nach anfreunden.

Das Konzept der Softwareverteilung beruht auf der Bereitstellung der Softwarepakete so nah wie möglich am verwendeten Clientcomputer beziehungsweise Serversystem. Hierfür kennt System Center 2012 Configuration Manager sogenannte Verteilungspunkte. Je größer und strukturierter eine Infrastruktur ist, desto mehr Verteilungspunkte können und sollten eingesetzt werden. Besteht beispielsweise der Bedarf, ein großes Softwarepaket sehr vielen Anwendern bereitzustellen, können zusätzliche Verteilungspunkte kurzfristig zusätzlich bereitgestellt werden. Ist diese Aufgabe erledigt, kann diese Rolle von System Center 2012 Configuration Manager wieder von den verwendeten Systemen abgezogen werden.

Software-Updates bereitstellen

Überprüfungsresistente Konzepte für eine zuverlässige Bereitstellung benötigter Software-Updates gehören in vielen Unternehmen eher zur Seltenheit. Durch Integration dieser Anforderung in den Gesamtprozess von System Center 2012 Configuration Manager ist eine effizientere Steuerung möglich.

Ein berechtigter Kritikpunkt in der Vorgängerversion System Center Configuration Manager 2007 war ein fehlender Automatismus zur Freigabe bestimmter Updates. Das hat sich geändert und es besteht jetzt die Möglichkeit zur stufenlosen Konfiguration dieser Anforderung.

System Center 2012 Configuration Manager verwendet für diese Aufgabe die gleichen Mechanismen wie Windows Server Update Services (WSUS). Im Gegensatz zur kostenlosen Variante profitiert die Integration jedoch unter anderem von den Verteilungspunkten. Updates können somit auch in größeren Infrastrukturen sehr nah an den betroffenen Client- und Serversystemen bereitgestellt werden.

Der Aktualisierungsprozess folgt den bekannten Regeln von WSUS. In regelmäßigen Abständen wird ein Katalog mit den verfügbaren und zugleich gewünschten Aktualisierungen automatisiert bereitgestellt. Die Systeme vergleichen die Aktualisierungsliste mit den installierten Softwareprodukten und fordern gegebenenfalls das jeweilige Update bei System Center 2012 Configuration Manager an. In der Administrationskonsole kann der verantwortliche Kollege dann erkennen, wie viele Systeme Bedarf an welchen Aktualisierungen anmelden. Die Konsole zeigt aber auch, welche Aktualisierungen nicht mehr gültig sind oder durch ein anderes Update aktualisiert wurden. Entsprechend werden dann die abgelaufenen Pakete gegen die bereitstehenden Aktualisierungen ausgetauscht.

Interessant in diesem Zusammenhang ist die Möglichkeit zur Integration der Aktualisierungen anderer Anbieter. Insbesondere die großen Hardwarehersteller bieten hierfür zusätzliche Pakete für die verwendete Hardware an. Sie sorgen damit dafür, dass die Bereitstellung von Software Updates mittels System Center 2012 Configuration Manager nicht nur auf Microsoft-Softwareprodukte beschränkt ist.

Betriebssysteme installieren

Die Strategie zur automatischen Bereitstellung von Betriebssystemen variiert in vielen Unternehmen. Die meisten Verantwortlichen erstellen ein Image, welches neben dem Betriebssystem auch sämtliche Applikationen beinhaltet. Dieses Konzept ist bewährt und sorgt für eine extrem schnelle Betankung von Systemen. Problematisch wird dieses Konzept dann, wenn sich an der Zusammensetzung der Softwareprodukte, an der verwendeten Hardware oder an der Betriebssystemversion etwas ändert. Solche Änderungen gehören zum Alltag einer IT-Abteilung.

Empfehlenswert ist deshalb, diese Vorgehensweise zu überdenken, sollte Ihr Unternehmen Computersysteme nach diesem Konzept bereitstellen.

System Center 2012 Configuration Manager stellt für diese Aufgabe sogenannte Tasksequenzen bereit. Sie erlauben die beliebige Kombination unterschiedlicher Installationsschritte wie in einem Baukastensystem. Dadurch bleibt die Flexibilität jederzeit erhalten. Die Installation eines Betriebssystems wird somit zur Abarbeitung einer Liste, die sich jederzeit den veränderten Anforderungen anpassen lässt.

Richtlinien überprüfen und einhalten

Die Anforderungen an die Einhaltungen von Richtlinien ist für viele IT-Abteilungen eine große Herausforderung. Meist scheitert diese Aufgabenstellung am enormen Aufwand in der Vorbereitung und an der Sicherstellung einer kontinuierlichen Überprüfung. System Center 2012 Configuration Manager kann bei dieser Aufgabe aktiv unterstützen.

Microsoft bietet für folgende Produkte sogenannten Basislinien zur referenziellen Überwachung von Systemen an:

- Exchange Server 2007 SP3
- Exchange Server 2010 SP2
- Internet Explorer 8 und Internet Explorer 9
- Microsoft Office 2007 SP2
- Microsoft Office 2010 SP1
- Windows 7 SP1
- Windows 8
- Windows Server 2003 SP2
- Windows Server 2008 R2 SP1
- Windows Server 2008 SP2
- Windows Server 2012
- Windows Vista SP2
- Windows XP SP3

Die hier aufgezählten Basisliniensammlungen stellt Microsoft im Rahmen der Installation von Microsoft Security Compliance Manager (SCM 2.5) bereit. Die Richtlinien werden ständig aktualisiert. Enthalten ist jeweils eine Vielzahl einzelner Überwachungskriterien, welche von System Center 2012 Configuration Manager an die zu überwachenden Systeme verteilt und dort auf Einhaltung überprüft werden. Nachfolgend einige Beispiele der damit möglichen Überprüfungen:

- **Windows 7**
    - Ist der Zugriff auf die lokale Registrierung möglich?
    - Ist der Bildschirmschoner aktiviert?
- **Internet Explorer**
    - Ist eine Anpassung der Sicherheitszonen durch die Anwender möglich?
    - Ist der Zugriff auf die erweiterten Einstellungen möglich?

Hunderte dieser Fragestellungen stehen bereit und können in System Center 2012 Configuration Manager importiert werden. Das erleichtert die Erfüllung einer solchen Anforderung an die IT-Abteilung erheblich.

Als Ergebnis erhalten Sie eine grafische Auswertung über die Richtlinientreue der verwalteten Systeme. Unterstützt werden Sie dabei durch die Berichterstattung von System Center 2012 Configuration Manager. Weichen Systeme von den vorgegebenen Richtlinien ab, besteht die Möglichkeit, der Abweichung entgegenzuwirken und entsprechende Korrekturen einzuleiten.

HINWEIS Wer sich mit der Einhaltung von Richtlinien beschäftigen will, sollte auch die Möglichkeiten von System Center 2012 Service Manager in Betracht ziehen. System Center 2012 Configuration Manager ist in erster Linie für die Verwaltung und Einhaltung solcher Richtlinien aus Sicht der überwachten Systeme und Benutzer zuständig. System Center 2012 Service Manager betrachtet die Einhaltung globaler und kümmert sich auch um die Dokumentation rein organisatorischer Maßnahmen, welche nicht zwingend mit der Einstellung auf einem Computersystem in Verbindung zu bringen sind.

Die Einrichtung ist bei beiden Varianten alles andere als trivial und verlangt nach einer fundierten Vorbereitung.

Softwaremessung

Software-Management sorgt in manchen Unternehmen für die Schaffung einer Vollzeitstelle. In der Regel ist dieses Aufgabengebiet aber ebenso erfüllend wie eine Volkszählung: Es bleibt bei einer ungefähren Schätzung. System Center 2012 Configuration Manager verfolgt einen anderen Ansatz. Statt Bestandsverwaltung über die vorhandenen Softwareprodukte zu betreiben, wird deren effektiver Einsatz analysiert und ausgewertet. Das Resultat sind aussagekräftige Berichte hinsichtlich der Nutzung überwachter Softwareprodukte.

System Center 2012 Configuration Manager listet dazu standardmäßig alle Anwendungen, welche auf mehr als 10 % aller überwachten Computer zum Einsatz kommen. Der Administrator kann dann individuell entscheiden, welche Applikation überwacht werden soll. Als Ergebnis lassen sich Berichte mit folgenden Inhalten daraus erstellen:

- Trendanalyse über die gleichzeitige Verwendung einer bestimmten überwachten Software
- Benutzer, die eine bestimmte Software verwendet haben
- Computer, auf denen eine überwachte Software installiert ist, die aber seit einer bestimmten Zeit nicht mehr verwendet wurde
- Computer, auf denen eine bestimmte überwachte Software verwendet wurde
- Tagesauswertung über die Verwendung einer überwachten Software

Weitere Berichte sind verfügbar. Ein Rückschluss auf den einzelnen Anwender ist nicht vorgesehen. Ebenso lassen die Berichte keine Interpretation hinsichtlich des Anwenderverhaltens im Allgemeinen zu. Existiert in Ihrem Unternehmen eine Institution namens Betriebsrat, empfehle ich, die Kolleginnen und Kollegen dieses Komitees bei der Einführung mitzunehmen und die Resultate der Berichte vorzuführen.

Rundumschutz der integrierten Systeme

Die Sicherheit der Schutz befohlenen Systeme überlässt Microsoft schon lange nicht mehr dem Drittanbietermarkt. Schon seit geraumer Zeit stellt der Softwaregigant hierfür ein eigenes Produkt in die virtuellen Verkaufsregale und das zu einem unschlagbaren Preis. Microsoft Forefront Endpoint Protection 2010 (FEP) ist für den Privatmann kostenlos und trotzt damit der nicht leiser werdenden Kritikerfront in Sachen Zuverlässigkeit. Mir ist bis heute noch kein Fall bekannt geworden, bei dem ein durch FEP geschütztes Computersystem Opfer eines Viren- oder Malwareangriffs wurde. Unbestritten gibt es solche Fälle in der Realität.

Die Häufigkeit ist allerdings über alle Hersteller solcher Produkte gleichermaßen verteilt. Die Ursache für den Ausfall von Computersystemen ist in der Regel auch nicht in einer schlecht programmierten Schutzsoftware zu suchen, sondern in nicht vorhandenen Organisationsstrukturen und Sicherheitsanweisungen. Mit System Center 2012 Endpoint Protection wird sich dieses Phänomen nicht erledigen. Wer jedoch System Center 2012 Configuration Manager in seinem Unternehmen einsetzt, hat bereits alle Vorbereitungen abgeschlossen, um Virenschutz, Regelung der Firewallkonfigurationen und Antimalwareschutz von zentraler Stelle aus zu steuern.

Wer Firewalleinstellungen bereits mithilfe von Gruppenrichtlinien steuert, wird den Mehrwert durch die Verwendung von System Center 2012 Configuration Manager in Kombination mit System Center 2012 Endpoint Protection auf den ersten Blick nicht erkennen. Im Gegensatz zu domänenbasierten Gruppenrichtlinien kümmert sich System Center 2012 Configuration Manager jedoch auch um Rechnersysteme, die in anderen Organisationseinheiten wie beispielsweise Arbeitsgruppen aufgestellt sind.

Alle Einstellungen lassen sich rollenbasiert in einer Infrastruktur anwenden. Das bedeutet, dass eine beliebige Anzahl von Konfigurationsausprägungen auf eine ebenso beliebige Anzahl unterschiedlicher Computergruppierungen verteilt werden kann.

Dazu gesellt sich ein extensives Berichtswesen gemeinsam mit der Möglichkeit, sich im Bedarfsfall per E-Mail über einen Virenbefall informieren zu lassen.

Interaktion und Integration

System Center 2012 Configuration Manager und System Center 2012 Operations Manager kooperieren nicht wirklich miteinander. Die Aufgabenstellungen der beiden Lösungen sind zu unterschiedlich und es gibt zu wenig Berührungspunkte für eine intensivere Kooperation. Wie für alle anderen Mitgliedern der System Center-Familie stellt Microsoft Management Packs für die Überwachung einer System Center 2012 Configuration Manager-Infrastruktur bereit. Damit stehen zahlreiche Monitore, Regeln sowie Status- und Diagrammansichten bereit, um mit wenig Aufwand einen Gesamtüberblick über den Integritätsstatus einer beliebig komplexen System Center 2012 Configuration Manager-Installation zu erhalten.

Dreht man den Spieß um, wird die Luft reichlich dünner. Lediglich zwei Ansatzpunkte hat das Entwicklerteam von System Center 2012 Configuration Manager implementiert, um sich aktiv an der Kommunikation mit System Center 2012 Operations Manager zu beteiligen. Beide Merkmale finden sich im Prozess der Softwareverteilung. Sofern gewünscht, kann zum einen die Überwachung der jeweiligen Maschine für den Zeitraum der Softwareinstallation deaktiviert werden. Werden im Rahmen einer Softwareinstallation Veränderungen an einer überwachten Maschine vorgenommen, könnte System Center 2012 Operations Manager mit der Generierung einer Alarmmeldung kontern. Die Durchführung von Softwareinstallationen sollte deshalb geplant und im verfügbaren Zeitrahmen eines Wartungsfensters stattfinden. Um sicherzustellen, dass für den Zeitraum des laufenden Installationsprozesses keine irreführenden Warnungen generiert werden, kann System Center 2012 Configuration Manager die Überwachung in dieser Zeit deaktivieren.

Das zweite Leistungsmerkmal hat das Ende des Installationsprozesses im Auge. System Center 2012 Configuration Manager kann zum Abschluss der jeweiligen Applikationsinstallation eine Warnungsmeldung beim Agent von System Center 2012 Operations Manager in Auftrag geben.

Voraussetzung für diese Kooperation ist natürlich, dass die Clientkomponente von System Center 2012 Operations Manager auf diesem Computersystem installiert und es somit in die Überwachung integriert ist. Das Problem dabei ist, dass mit dieser vorübergehenden Deaktivierung der Überwachung auch keine anderen, in diesem Zeitfenster auftretenden Fehler gemeldet werden. Diesen Punkt müssen Sie thematisieren, wenn Sie mit Ihren Kollegen der Softwareverteilfraktion über die geeignete Strategie in Ihrem Unternehmen debattieren.

System Center 2012 Data Protection Manager

Was früher NTBackup hieß, heißt heute System Center 2012 Data Protection Manager. Spätestens nach diesem Satz sind alle wieder aufgewacht. Die einen, weil sie sich ungläubig fragen, ob das wirklich der Wahrheit entspricht. Die anderen aus Empörung über so viel Unverfrorenheit. Ich kann Sie alle beruhigen, denn System Center 2012 Data Protection Manager hat weitaus mehr zu bieten als nur die Möglichkeit, Datenmengen auf ein anderes Medium zu kopieren. Dennoch ist das Ziel der Aufgabenstellung das gleiche wie damals bei NTBackup: eine zuverlässige Datensicherung, die man im Bedarfsfall für die Wiederherstellung von einzelnen Objekten verwenden kann.

Microsoft hat die Sicherung von Rechenzentren bis vor wenigen Jahren dem Drittanbietermarkt überlassen. Mit System Center 2012 Data Protection Manager wird diese Harmonie schon seit einer Weile empfindlich gestört, denn diese Lösung ist durchaus als Alternative zu den etablierten Platzhirschen im Backupbereich geeignet.

System Center 2012 Data Protection Manager kümmert sich um die komplette Sicherung und Wiederherstellung von virtuellen und physischen Umgebungen. Üblicherweise werden die elektronischen Datenbestände eines Unternehmens nachts am Wochenende auf andere Speichermedien kopiert. Das dafür benötigte Zeitfenster ragt aufgrund der immensen Datenmengen vielerorts in die produktive Arbeitszeit hinein. In vielen Firmen werden die Sicherungsläufe deshalb auf mehrere Tage verteilt. In den meisten Fällen wird dafür das Wochenende herhalten, um die ständig wachsende Datenflut einmal wegzuschreiben.

System Center 2012 Data Protection Manager stellt Ihnen eine alternative Vorgehensweise zur Verfügung: die permanente Datensicherung. Die Datenbestände werden dabei quasi rund um die Uhr gesichert. Im Gegensatz zu den meisten bekannten Marktbegleitern sichert System Center 2012 Data Protection Manager auf Blockebene des Datenträgers. Diese Veränderungen registriert der Agent, um dann beispielsweise nach jeweils 15 Minuten das resultierende Datendelta wegzusichern. Das Konzept klingt gut und aus eigener Erfahrung kann ich Ihnen bestätigen, dass es auch tatsächlich problemlos funktioniert.

Prüft man die Funktionsweise unvoreingenommen, drängt sich in manchen Szenarien die Idee auf, auf die Sicherung von virtuellen Maschinen gänzlich zu verzichten. In vielen Fällen reicht die Sicherung der Bewegungsdaten wie Dateien oder Datenbankdateien mit System Center 2012 Data Protection Manager völlig aus. Diese Aussage ist jedoch nicht allgemeingültig und damit nicht auf alle Unternehmen anwendbar. Dennoch empfehle ich eine objektive Gegenüberstellung mit Ihrer bisherigen Sicherungsstrategie.

Auf die funktionalen Details gehe ich an dieser Stelle nicht ein. Bei Interesse kann ich Ihnen aber gerne bei der Suche nach geeigneten Consultants behilflich sein. Was Sie dennoch wissen sollten: Im Gegensatz zu den Agents von System Center 2012 Operations Manager oder System Center 2012 Configuration Manager verlangt die Clientkomponente von System Center 2012 Data Protection Manager nach dessen Installation zwingend einen Neustart. Der Installationszeitpunkt kann deshalb nicht mit der gleichen Gelassenheit wie bei den anderen Brüdern der System Center-Familie gewählt werden. Abschließend noch eine marketingtaugliche Zusammenfassung der wichtigsten Leistungsmerkmale:

- Schnelle Wiederherstellung aufgrund permanenter Datensicherung auf Blockebene
- Disaster Recovery-Szenarien für Rechenzentren
- Möglichkeit zur Einbindung der Clientsysteme – insbesondere mobiler Clients
- Delegierung der Wiederherstellung an Endbenutzer
- Erstellung von Momentaufnahmen (Snapshots) ohne Einfluss auf den laufenden Betrieb
- Kaskadierbar zur Abbildung von Zweigstellensicherungsszenarien

Interaktion und Integration

Auch bei diesem System Center-Kollegen ist die Zusammenarbeit mit System Center 2012 Operations Manager nicht besonders ausgeprägt. Absolut empfehlenswert ist der Import des Management Packs für System Center 2012 Data Protection Manager. Ich kenne keine einfachere und effizientere Methode, um die Überwachung eines beliebig komplexen Datensicherungskonzepts – basierend auf System Center 2012 Data Protection Manager – zu kontrollieren.

System Center 2012 Endpoint Protection

Microsoft definiert System Center 2012 Endpoint Protection als deren Antischadsoftware- und Sicherheitslösung. Wie dessen Bezeichnung und die Erwähnung in diesem Kapitel unschwer erkennen lässt, gehört das Produkt zur System Center 2012-Familie. Die besondere Erwähnung dieser eigentlich nebensächlichen Tatsache ist insofern wichtig, als dass die Administration in System Center 2012 Configuration Manager integriert ist. Mit anderen Worten: System Center 2012 Endpoint Protection ist nicht als eigenständiges Softwareprodukt auf dem Markt erhältlich.

Wer System Center 2012 in einer der beiden verfügbaren Varianten System Center 2012 Datacenter oder System Center 2012 Standard erwirbt, erhält allerdings auch Zugriff auf die separaten Installationsdateien von System Center 2012 Endpoint Protection und ist somit in der Lage, das Produkt manuell zu installieren. Ob das wirklich Sinn ergibt, ist eine andere Frage, denn die Integration in System Center 2012 Configuration Manager ist komfortabel und wirklich gut gelungen.

Für einen Überblick der wichtigsten Leistungsmerkmale erlaube ich mir die Verwendung der offiziellen Liste aus dem Hause Microsoft. Allerdings in Kombination mit einem zusätzlichen, praxisbezogenen Kommentar:

- Zentrales Bereitstellen und Konfigurieren des Endpoint Protection-Clients. Diese Aufgabe wird im Rahmen der Konfiguration des Agenten von System Center 2012 Configuration Manager erledigt. Hier entscheiden Sie auch, welche verwalteten Rechnersysteme mit dieser Sicherheitsfunktionalität ausgestattet werden.
- Konfigurieren von Standard- und benutzerdefinierten Antischadsoftware-Richtlinien, die für Gruppen von Computern gelten. Auch diese Entscheidung wird im Rahmen der Agentenkonfiguration von System Center 2012 Configuration Manager getroffen.
- Erstellen und Bereitstellen von Windows-Firewalleinstellungen auf Gruppen von Computern. Wie beim vorherigen Leistungsmerkmal auch, definieren Sie mithilfe der bereitgestellten Einstellmöglichkeiten in System Center 2012 Configuration Manager, welche Systeme mit welcher Konfiguration ausgerüstet werden. An dieser Stelle sei allerdings auch darauf hingewiesen, dass diese Einstellung auch mithilfe von Gruppenrichtlinienobjekte in Active Directory erledigt werden kann. Solange Sie nur Systeme innerhalb einer Windows-Domäne verwalten, empfehle ich die Verwendung der Gruppenrichtlinienobjekte zur Steuerung von Firewalleinstellungen.

Der Vorteil von System Center 2012 Configuration Manager ist die Möglichkeit zur Steuerung von Systemen, die nicht in einer Domäne oder in einer Domäne ohne Vertrauensstellung organisiert sind. Ist diese Konstellation in Ihrem Unternehmen vorhanden, entfaltet System Center 2012 Configuration Manager seine Vorteile gegenüber domänenbasierten Gruppenrichtlinienobjekten.

- Automatisches Herunterladen der neuesten Definitionsdateien für Antischadsoftware mithilfe von Configuration Manager-Softwareupdates, um Clientcomputer aktuell zu halten. Die ist ein wirklicher Fortschritt gegenüber der vorherigen Version. System Center 2012 Configuration Manager erlaubt jetzt die automatisierte Freigabe von Updates und somit auch von Definitionsdateien. Das war in System Center Configuration Manager 2007 nicht möglich und man musste zusätzliche Einstellungen in Windows Server Update Services (WSUS) vornehmen. Von dieser technischen Weiterentwicklung profitiert System Center 2012 Endpoint Protection und damit auch Sie als Administrator dieser Lösung.
- Steuern mithilfe der Sicherheitsrichtlinie Endpoint Protection Manager, wer Antischadsoftware-Richtlinien und Windows-Firewalleinstellungen verwalten darf. Skalierbare Berechtigungskonzepte sind wichtig, insbesondere in mittleren und großen Unternehmen. Die Administration der Richtlinien und Firewalleinstellungen kann von System Center 2012 Endpoint Protection vom restlichen Geschehen innerhalb der Administrationskonsole von System Center 2012 Configuration Manager abgekoppelt werden.
- Verwenden von E-Mail-Benachrichtigungen, wenn Computer melden, dass Malware installiert ist. System Center 2012 Configuration Manager ist in Sachen Kommunikation erwachsen geworden. Somit besteht jetzt die Möglichkeit, sehr dediziert Informationen über problembehaftete Computersysteme an einen ausgewählten Kreis proaktiver Administratoren zu senden. Alternativ hätte dieses Leistungsmerkmal auch durch ein Zusammenspiel mit den Möglichkeiten von System Center 2012 Operations Manager bereitgestellt werden können. Leider hat sich die Entwicklertruppe von System Center 2012 Configuration Manager an dieser Stelle für einen Alleingang entschieden.
- Anzeigen von zusammengefassten und detaillierten Informationen aus der Configuration Manager-Konsole und Berichten. Über die Berichterstattung von System Center Configuration Manager konnte man sich schon in der Vorgängerversion nicht beschweren. Revolutionäre Veränderungen hat es seither zwar keine gegeben. Dinge, die gut funktionieren, müssen aber auch nicht in jeder Version verändert werden. Dazu zählen die Dashboardansichten und Berichte sowohl im Kontext von System Center 2012 Configuration Manager im Allgemeinen als auch im Bezug auf System Center 2012 Endpoint Protection im Besonderen.

Sie erkennen an der Diskussion um die offizielle Leistungsmerkmalliste von System Center 2012 Endpoint Protection die enge Integration in System Center 2012 Configuration Manager. Ob ein Wechsel von Ihrem bisherigen Virenschutzlieferant zur integrierten Lösung von Microsoft sinnvoll ist, kann man pauschal natürlich nicht beantworten. Meine persönliche Erfahrung mit den von mir durchgeführten Installationen und aus den vielen anderen Gesprächen mit Anwendern belegt, dass sich bisher keiner über den Wechsel geärgert hat. Durch die Verwendung von System Center 2012 Endpoint Protection hat sich der Virenbefall und die Erfolgsquote von Schadwaresoftware in den mir bekannten Unternehmen nicht erhöht.

Bei einer objektiven Betrachtung des Themas »Schutz von Computersystemen« schiebt sich allerdings schon meist nach kurzer Zeit der fehlerhafte Umgang mit administrativen Rechten und sicherheitstechnischen Einstellmöglichkeiten ins Rampenlicht. Virenschutz und Pharmaforschung haben das gleiche Problem: Zuerst wird der Virus entdeckt, bevor das Medikament dagegen entwickelt werden kann. Unternehmen, die ihre Systeme regelmäßig und zeitnah mit verfügbaren Aktualisierungen versorgen, haben – in Kombination mit einem optimalen Sicherheitskonzept – den geringsten Systemausfall zu verzeichnen. Die meisten Konzepte sind in Windows bereits eingebaut und müssen nur noch aktiviert werden.

System Center 2012 Operations Manager

Auf die ausführliche Beschreibung von System Center 2012 Operations Manager verzichte ich an dieser Stelle, denn es stehen Ihnen rund 400 weitere Seiten in diesem Buch für die genaue Definition zur Verfügung. Während den vorbereitenden Arbeiten zu diesem Buch bin ich im Internet auf eine Definition gestoßen, die ich Ihnen nicht vorenthalten will:

»System Center 2012 Operations Manager hat vor allem die Überwachung der mit SCCM installierten Server und Netzwerkgeräte im Fokus und ergänzt System Center 2012 Configuration Manager. Viele Unternehmen setzen System Center 2012 Operations Manager und System Center 2012 Configuration Manager zusammen ein.«

Damit scheint für diesen Autor alles in ausreichendem Maße gesagt. Der Textabschnitt ist übrigens nicht aus dem Zusammenhang gerissen; mehr ist über System Center 2012 Operations Manager in diesem Artikel nicht erwähnt.

Eventuell sind Sie jetzt unschlüssig, ob sie die restlichen Kapitel dieses Buchs überhaupt noch studieren müssen. Ich empfehle Ihnen, dies zu tun. Womöglich kommen Sie nach der letzten Seite zum Resümee, dass sie nun auch nicht mehr wissen, also vorher. Was Sie in jedem Fall erfahren werden, ist, dass die oben getroffene Aussage nicht einmal die Hälfte der Wahrheit darstellt und so auch nicht richtig ist. Das trifft sowohl für den ersten als auch für den zweiten Satz dieser Leistungsbeschreibung zu, denn System Center 2012 Operations Manager wurde nicht zur Überwachung von Maschinen entwickelt, die mithilfe von System Center 2012 Configuration Manager installiert wurden. Diese Einsatzmöglichkeit ist nur ein geringer Bruchteil dessen, wofür diese Lösung eingesetzt wird. Viel Spaß beim Lesen!

System Center 2012 Orchestrator

Neben System Center 2012 App Controller zählt System Center 2012 Orchestrator zu den jüngsten Mitgliedern der System Center-Familie. Das Produkt ist bereits seit mehreren Generationen am Markt und trug in der Übergangsphase vom Vorbesitzer zu Microsoft den Namen Opalis. Schon vor dem Kauf durch Microsoft zählte Opalis zu den leistungsfähigsten Lösungen für die Integration heterogener Welten. Dieses Leistungsmerkmal ist dem Produkt auch weiterhin erhalten geblieben.

System Center 2012 Orchestrator verfügt nicht nur über die Möglichkeit, einzelne Aktivitäten der verschiedenen System Center Komponenten zu automatisieren, quasi ferngesteuert ablaufen zu lassen. Alle Anwendungen und Plattformen, die sich in irgendeiner Form remote administrieren lassen, können mithilfe von System Center 2012 Orchestrator in Einklang – orchestriert – werden. Dazu ein Beispiel.

Die Bereitstellung von virtuellen Applikationsservern soll dynamisch erfolgen. Basis hierfür ist die Auslastungsanalyse der bereits in Verwendung befindlichen Applikationsserver. Werden definierte Belastungsschwellenwerte überschritten, soll ein weiteres Serversystem bereitgestellt werden. Dazu sollen automatisiert folgende Schritte ausgeführt werden:

- Automatische Installation des Serversystems auf zugewiesenem Speicherbereich
- Konfiguration des Betriebssystems sowie der benötigten Rollen und Funktionen
- Installation und Konfiguration der benötigten Applikationen
- Integration in die bereits produktive Serverfarm
- Integration in die Überwachung mit System Center 2012 Operations Manager
- Information der verantwortlichen Applikationsadministratoren über die Erweiterung der Serverfarm
- Wird weniger Rechenleistung benötigt, soll System Center 2012 Orchestrator dazu genutzt werden, die überflüssigen Systeme ordnungsgemäß zu deinstallieren

Die Liste kann beliebig erweitert werden. Dieses Szenario wird gerne von Microsoft für die Schilderung der Leistungsmerkmale dieses Mitglieds der System Center 2012-Familie herangezogen. Ich persönlich finde Szenarien rund um benutzerbezogene Dienstleistungen viel spannender. Beispielsweise wenn es darum geht, den kompletten Lebenszyklus der Mitarbeiterkonten in allen Facetten abzudecken. Dazu ein weiteres Beispiel:

- Ein neuer Mitarbeiterstamm wird im Personalverwaltungssystem (beispielsweise SAP R/3 HCM) von der Personalabteilung angelegt
- Basierend auf dem Mitarbeiterstamm wird ein Active Directory-Benutzerkonto angelegt
- Sukzessiv werden die Informationen wie beispielsweise Kostenstelle, Telefonnummern, Vorgesetzte(r) im Personalverwaltungssystem ergänzt. Der Benutzerstamm in Active Directory wird um diese Informationen ergänzt
- Das Postfach wird auf Microsoft Exchange bereitgestellt
- Verlässt der Mitarbeiter das Unternehmen, wird das Benutzerkonto in Active Directory aufgrund des gesetzten Austrittsdatums im Personalverwaltungssystem deaktiviert. Der Vorgesetzte wird darüber informiert.
- Eine Postfachumleitungsregel wird gesetzt
- Nach weiteren drei Monaten wird das Postfach gelöscht. Eine Woche vorher wird der Vorgesetzte über diese Maßnahme informiert.

Auch dieses Szenario ist beliebig erweiterbar und kann mithilfe von System Center 2012 Orchestrator völlig automatisiert abgewickelt werden.

Die Technik

Eine systemübergreifende Steuerbarkeit von heterogenen Prozessen ist eine Herausforderung für jedes Unternehmen. Dort, wo solche Prozesse durch Mitarbeiter realisiert worden sind, wurde viel Zeit und damit Geld in die individuelle Entwicklung solcher Programme gesteckt. Verlässt der Mitarbeiter das Haus, geht auch sein Know-how in die große weite Welt. Wehe dem, der an diesen Prozessen im Nachgang etwas ändern will.

Für System Center 2012 Orchestrator stellt Microsoft sogenannte Integration Packs bereit. In diesen Paketen enthalten sind Aktivitäten. Mit diesen Aktivitäten lassen sich die völlig unterschiedlichen Systemwelten zentral steuern. Integration Packs sind also quasi Dolmetscher zwischen einer proprietären Steuerungslogik und System Center 2012 Orchestrator.

Mehrere Aktivitäten werden zusammengefasst in sogenannten Runbooks. Die oben genannten Szenarien könnten also jeweils durch ein solches Runbook repräsentiert werden. Bei der Ausführung der Aktivitäten werden Daten erzeugt, ermittelt und verändert. All diese Ergebnisse werden auf dem sogenannten Databus bereitgestellt. Jede nachfolgende Aktivität kann diese Daten für die eigene Durchführung verwenden.

Standardmäßig wird System Center 2012 Orchestrator mit über 40 Standardaktivitäten ausgeliefert. Damit ist man schon einmal in der Lage, grundsätzliche Steuerungsmechanismen zur Beeinflussung des Betriebssystems oder zum Versenden von Nachrichten einzurichten. Microsoft bietet zusätzlich aktuell Integration Packs für die folgenden Themenbereiche zum Herunterladen an:

- Active Directory Integration Pack
- HP iLO und OA Integration Pack
- HP Operations Manager Integration Pack
- HP Service Manager Integration Pack
- IBM Tivoli Netcool/OMNIbus Integration Pack
- VMware vSphere Integration Pack
- System Center 2012 Virtual Machine Manager
- System Center 2012 Operations Manager
- System Center 2012 Data Protection Manager
- System Center 2012 Service Manager
- System Center Operations Manager 2007 R2
- System Center Service Manager 2010
- System Center Virtual Machine Manager 2008 R2
- System Center Data Protection Manager 2010
- System Center Configuration Manager 2007

Diese Liste wird ständig erweitert und erhebt deshalb keinerlei Anspruch auf Vollständigkeit. Darüber hinaus lassen sich weitere Integrations Packs von Drittanbietern beziehen. Einen, den ich in diesem Kontext gerne hier nennen will, ist die Firma connmove Consulting GmbH aus Lauingen. Dieses Unternehmen hat sich unter anderem auf die Implementierung von SAP-Systemen auf Microsoft-Infrastruktur konzentriert und kennt sich auch sehr gut im Bereich von System Center 2012 Orchestrator aus.

Interaktion und Integration

Für System Center 2012 Operations Manager stehen aktuell zwei Management Packs zur Überwachung von System Center 2012 Orchestrator bereit. Damit ist schon einmal weitgehend sichergestellt, dass Fehler bei der Abarbeitung der Runbooks und der darin enthaltenen Aktivitäten zentral dokumentiert werden.

Im Gegenzug steht zur Steuerung von System Center 2012 Operations Manager ein Integration Pack bereit. Darin enthalten sind derzeit 13 Runbook-Aktivitäten, mit denen die folgenden Aktivitäten ausgeführt werden können:

- Generierung einer Alarmmeldung
- Alarmmeldung abfragen und auswerten
- Monitor abfragen und auswerten
- Von Monitor generierte Alarmmeldung abfragen und auswerten
- Status eines Monitors abfragen und auswerten
- Wartungsmodus starten und stoppen
- Alarmmeldung aktualisieren

System Center 2012 Service Manager

Wer sich mit der Planung und Realisierung von professionellen Geschäftsprozessen im IT-Bereich auseinandersetzt, kommt am Thema Service Management nicht vorbei. Dieses Themenfeld ist mindestens so alt wie die Informationstechnologie selbst und spätestens seit der Erfindung von ITIL hat jeder IT-Verantwortliche und jeder IT-Administrator schon einmal Berührungspunkte gehabt.

Die »Einstiegsdroge« in das Service Management ist in vielen Unternehmen der klassische Helpdesk. Die Vielfalt von Helpdesk-Produkten auf dem Softwaremarkt ist ähnlich überschaubar wie die Hohe Straße in Köln am Samstagvormittag. Vor einigen Jahren hat sich Microsoft entschieden, ebenfalls in dieses Haifischbecken einzutauchen.

System Center 2012 Service Manager ist weit mehr als ein Helpdesk. Ich gehe sogar noch einen Schritt weiter: System Center 2012 Service Manager ist eine der risikoreichsten Lösungen, die Microsoft seinen Kunden zur Verfügung stellt. Das Risiko bezieht sich allerdings nicht auf die Qualität des Produkts. Ähnlich wie bei anspruchsvollen ERP-Lösungen besteht das Risiko des Scheiterns in erster Linie während der Einführungsphase. Die Einführung von System Center 2012 Service Manager ist extrem anspruchsvoll, denn das Produkt selbst stellt nur ein Rahmenwerk bereit. Welche Prozesse Sie damit abbilden und wie diese Prozesse im Detail ausgestaltet werden, entscheidet sich bereits in der Planungsphase.

System Center 2012 Service Manager gilt als Schnittstelle zwischen Anwender und IT-Abteilung. Der Anwender nimmt die bereitgestellte Funktionalität in erster Linie als den bereits erwähnten Helpdesk eines Unternehmens wahr. Ihm (dem Anwender) werden dabei unterschiedliche Alternativen zur Verfügung gestellt, um seine Hilferufe bei der IT-Abteilung zu platzieren. Dazu zählen im Wesentlichen die nachfolgend genannten Kommunikationswege:

- Erfassen einer Anfrage (Incident) durch den IT-Mitarbeiter mithilfe der Administrationskonsole von System Center 2012 Service Manager
- Senden einer Anfrage per E-Mail
- Erfassen einer Anfrage durch den Anwender selbst mithilfe des bereitgestellten Self Service-Portals

Standardmäßig kümmert sich System Center 2012 Service Manager jedoch nicht nur um die Verwaltung von Benutzeranfragen. Schaut man durch die ITIL-Brille auf Anfragen von Anwendern, wird mancher dieser Hilferufe schnell zu einem Problem. Damit ist allerdings nicht die Sicht des Supportmitarbeiters gemeint, der mit der Abarbeitung der Anfrage ein Problem hat. In der professionellen Prozessbeschreibungswelt definiert sich ein Problem als Ursache für eine oder mehrere Anfragen. System Center 2012 Service Manager kann mit solchen Anforderungen problemlos umgehen und stellt in der aktuellen Version folgende unterschiedliche Prozessbearbeitungsszenarien bereit:

- Change Management
- Incident Management
- Problem Management
- Release Management
- Service Request Fullfillment

All diese auch als Work Items bezeichneten Leistungsmerkmale bieten eine Vielzahl von Einstellfunktionen und erfüllen durch die beliebige komplexe Konfigurationsvarianz weitgehend alle Anforderungen.

Die in System Center 2012 Service Manager verwendeten Stammdaten können manuell erfasst werden. In den meisten Umgebungen wird jedoch die Möglichkeit genutzt, eine vorhandenes Active Directory auszulesen. Die hierfür bereitgestellten Connectors saugen dabei nicht nur regelmäßig am Domänenverzeichnisdienst. Eine weitere Anbindung erlaubt das Auslesen der Informationen aus System Center 2012 Configuration Manager und aus System Center 2012 Operations Manager. So können Prozessbearbeitungsszenarien sowohl auf Mitarbeiter als auch auf komplexe Dienste wie beispielsweise Active Directory oder Microsoft-Cluster übertragen werden.

Aus all diesen Informationen kreiert System Center 2012 Service Manager eine zentrale Konfigurationsverwaltungsdatenbank, unter ITIL-Profis besser bekannt als CMDB (Configuration Management Database). Mit geringem Aufwand lassen sich weitere Identitäten in dieser CMDB erstellen und in System Center 2012 Service Manager verwalten.

Interaktion und Integration

Wie für jedes andere Familienmitglied auch stellt Microsoft für System Center 2012 Service Manager ein Management Pack bereit. Somit steht der Überwachung dieser Lösung nichts im Weg. Man sollte allerdings die persönliche Erwartungshaltung an die damit zur Verfügung stehenden Auswertungsmöglichkeiten innerhalb von System Center 2012 Operations Manager nicht zu hoch ansetzen. Die Überwachung von Workflows bleibt weiterhin System Center 2012 Service Manager selbst vorbehalten, und standardmäßig wird bei einem Problem während der Abarbeitung von Befehlsketten System Center 2012 Operations Manager keine Alarme generieren. Man muss also im Falle einer Fehlersuche die proprietären Workflow-Protokolldateien von System Center 2012 Service Manager bemühen.

Recht spannend ist dagegen die Betrachtung der Zusammenarbeit aus Sicht von System Center 2012 Operations Manager. Zum einen stehen innerhalb von System Center 2012 Service Manager zwei Connectors bereit. Einer der beiden kümmert sich um die Übertragung der Konfigurationselemente (Configuration Items, CI) aus System Center 2012 Operations Manager in Richtung System Center 2012 Service Manager. Der zweite Connector ist für die Generierung von Incidents in System Center 2012 Service Manager basierend auf Warnmeldungen aus System Center 2012 Operations Manager zuständig. Die Abarbeitung der von

System Center 2012 Operations Manager generierten Alarme findet dann nämlich ebenfalls in System Center 2012 Service Manager statt.

Management Packs für verteilte Anwendungen von System Center 2012 Operations Manager lassen sich ebenfalls in System Center 2012 Service Manager importieren. Damit wird System Center 2012 Operations Manager nicht überflüssig, denn an der Vorgehensweise bei der Überwachung ändert sich nichts. System Center 2012 Service Manager kann aber die Struktur der in den Management Packs definierten Anwendungen auslesen. Daraus ergibt sich die Möglichkeit, Warnungen aus System Center 2012 Operations Manager exakt dem virtuellen Element in System Center 2012 Service Manager zuordnen zu können.

Aus den in System Center 2012 Operations Manager generierten Alarmen werden also mithilfe eines eingerichteten Connectors Incidents in System Center 2012 Service Manager. Ein Incident trägt immer eine eindeutige Kennnummer. Diese Kennnummer wird mithilfe des Connectors an System Center 2012 Operations Manager zurückübertragen und dort der Alarmmeldung zugeordnet. Damit ist eine eindeutige Verbindung zwischen Alarmmeldung und Incident vorhanden.

Warnmeldungen in System Center 2012 Operations Manager werden je nach Konfiguration des zuständigen Monitors automatisch geschlossen, falls die Ursache nicht mehr besteht. Tritt dieser Fall ein, sorgt der Connector dafür, dass auch der korrespondierende Incident in System Center 2012 Service Manager geschlossen wird. Diese Logik funktioniert auch in die andere Richtung: Schließt ein Support-Mitarbeiter einen Incident in System Center 2012 Service Manager, welcher auf einer Alarmmeldung aus System Center 2012 Operations Manager basiert, wird diese Alarmmeldung auch in System Center 2012 Operations Manager geschlossen. Ist die Ursache für die ursprüngliche Alarmmeldung allerdings weiterhin vorhanden, wird System Center 2012 Operations Manager eine neue Alarmmeldung generieren und das Spiel geht von vorne los.

Sie sehen, dass Integration und Interaktion von System Center 2012 Operations Manager und System Center 2012 Service Manager mit den größten Reifegrad vorzuweisen hat.

Kapitel 6

Vorgehensweise bei der Implementierung

In diesem Kapitel:

Die Zuständigkeitsstrategie	146
Die Visualisierungsstrategie	147

Der Zeitaufwand für die Installation von System Center 2012 Operations Manager ist überschaubar. Mit ausreichend Erfahrung. Inklusive Vorbereitungszeit ist diese Aufgabe innerhalb eines Arbeitstags in der Regel erledigt. Nicht mitgerechnet werden dürfen bei dieser Kalkulation die Aufwendungen zur Installation der erforderlichen Serversysteme und des Datenbanksystems.

Insbesondere bei der Installation von System Center 2012 Operations Manager hat sich seit der letzten Version nicht viel verändert. Einige Komponenten sind zwar hinzugekommen wie beispielsweise die Leistungsüberwachung von Applikationen (Application Performance Monitoring, APM). Dadurch erhöht sich der reine Installationsaufwand aber nur geringfügig.

Es gibt einen guten Grund, weshalb ich den Begriff Installation zu Beginn dieses Kapitels derart penetriere. Die Beachtung der technischen Aspekte, zu denen unbestritten auch die richtige Skalierung gehört, zählt nicht zu den primären Erfolgsfaktoren für die Inbetriebnahme von System Center 2012 Operations Manager. Viel wichtiger sind die Menschen, die später damit arbeiten sollen.

In diesem Kapitel will ich versuchen, Ihnen anhand von zwei Strategien die Wichtigkeit dieser Vorgehensweise zu verdeutlichen. Dazu verwende ich Szenarien aus dem wirklichen Leben. An realen Beispielen lässt sich am deutlichsten vor Augen führen, worauf es ankommt. Im Gegensatz zu mancher Fernsehdokumentation sind diese Fälle allerdings nicht inszeniert. Deshalb wird sich der eine oder andere Leser unter Ihnen in diesen Schulungen wiederfinden. Die verwendeten Angaben erlauben allerdings keine Rückschlüsse auf Personen oder Unternehmen.

Die genaue Prüfung einer Implementierungsstrategie hat nichts mit der verwendeten Produktversion zu tun. Deshalb abstrahiere ich die Produktbezeichnung in den nachfolgenden Schilderungen »System Center Operations Manager«.

Die Zuständigkeitsstrategie

Beginnen will ich mit einem Projekt, bei dem die Delegierung von Zuständigkeiten eines der oberen Ziele war. Der zuständige Kollege aus dem infrastrukturellen Fachbereich der IT war bereits bestens auf die bevorstehende Implementierung von System Center Operations Manager vorbereitet. Trotz genereller Virtualisierungsstrategie war der Wunsch, die Überwachungsplattform und das dafür verwendete Datenbanksystem auf physischer Hardware zu installieren. Der Vorteil für diese Vorgehensweise liegt auf der Hand. Fällt die virtuelle Umgebung aus, besteht für System Center Operations Manager keine Chance mehr, die Aufgabenstellung zu erfüllen.

Die IT-Leitung war von Anfang an in dieses Projekt involviert, hatte sogar ein sehr großes eigenes Interesse an der Implementierung einer umfassenden Überwachungslösung. Dabei lag das Hauptinteresse des EDV-Leiters weniger in der Verfügbarkeitskontrolle der einzelnen Systeme als vielmehr in der Überwachung von verteilten Anwendungen. Ihm war sehr wohl bewusst, dass sich seine Mitarbeiterinnen und Mitarbeiter mit dieser neuen Betrachtungsweise schwer tun werden. Um den Projekterfolg nicht gefährden, war deshalb der Plan, zunächst für die Überwachung der folgenden serverbasierten Applikationen zu sorgen:

- Active Directory
- SQL Server
- Druckserver

Während die Überwachung von Active Directory in der Hand des verantwortlichen Projektleiters lag, hieß es bei den anderen beiden Schwerpunkten weitere, noch recht skeptische Kollegen zu integrieren. Das gelang mit der Durchführung eines Workshops, welcher gemeinsam mit diesen Kollegen stattfand. Im Rahmen dieses Workshops wurden die Anforderungen der Kollegen an eine künftige Überwachungslösung aufgenommen.

Eine skeptische Grundhaltung war nicht zu übersehen, denn die Entscheidung zur Einführung von System Center Operations Manager war bekanntlich bereits gefallen. Die Nutzung einer alternativen Lösung wurde deshalb von mir und zur Überraschung meines Auftraggebers in Erwägung gezogen. Diese Strategie sorgte für eine sachlichere Grundhaltung der beteiligten Diskussionspartner und ich hatte dadurch auch die Chance, ein authentisches Vertrauensverhältnis zu den Kollegen aufzubauen.

Am Ende des Workshops lagen die Anforderungen der Fachbereiche Datenbankadministration und Druckersystemverwaltung auf dem Tisch. Diese Anforderungen deckten sich nicht nur mit den Leistungsmerkmalen von System Center Operations Manager. Die Fähigkeit zur filigranen Differenzierung der einzelnen Entitäten überzeugte die Kollegen, denn Sie hatten nicht mit einer derartigen Flexibilität gerechnet.

Der Projektleiter wollte seinen Kollegen ganz bewusst die Betriebskonsole von System Center Operations Manager nicht als Werkzeug mit an die Hand geben. Stattdessen präferierte er die Verwendung der Webkonsole. Die Statusinformationen entsprechen inhaltlich 1:1 den Daten aus der Betriebskonsole und für die Bereitstellung dieser Administrationsoberfläche bedarf es keiner zusätzlichen Installationsaufwendungen.

Nachdem die Infrastruktur betriebsbereit war, wurden die ersten 100 Server mit der Clientkomponente ausgestattet und damit in die Überwachung integriert. Im Vordergrund stand jetzt, den Kollegen der spezifischen Administrationsbereiche SQL Server und Druckserver nur die für sie notwendigen Informationen in der Webkonsole zur Verfügung zu stellen. Deshalb stand als Nächstes die Einrichtung eines flexiblen Berechtigungskonzepts auf der Agenda.

Gemeinsam mit dem projektverantwortlichen IT-Kollegen wurden die einzelnen Bedarfe in Sachen Zugriff auf die Funktionen in System Center Operations Manager dokumentiert. Daraus resultiert ein rollenbasiertes Berechtigungskonzept, welches auch die Zuweisung einer Kombination aus unterschiedlichen Berechtigungsausprägungen erlaubt.

Fazit

Die Aufgabenstellung sowohl an die Überwachungslösung als auch an das Implementierungsprojekt konnten erfüllt werden. Die Themenschwerpunkte lagen in diesem Projekt auf den folgenden Aspekten:

- Mentales Sponsoring des Projekts durch die IT-Leitung
- Fundiertes Produktwissen beim verantwortlichen Projektleiter
- »Abholen und Mitnehmen« der Kollegen, welche später mit der Lösung arbeiten
- Etablierung eines rollenbasierten Berechtigungskonzepts

Die Visualisierungsstrategie

Dieses Projekt fand bei einem etwas größeren Microsoft-Kunden statt. Die IT-Leitung hat die Optimierung der IT-gestützten Geschäftsprozesse als dringend notwendiges Projekt eingestuft und sich dazu bereits externe Beratungsleistung eingekauft. Die Beauftragung für die Einführung von System Center Operations Manager kam deshalb nicht vom Unternehmen selbst, sondern vom eingesetzten Beratungshaus. Dort hat man bereits den Mehrwert einer zentralen Überwachungslösung zur Steuerung IT-relevanter Geschäftsprozesse erkannt und gute Erfahrungen bei der Implementierung ähnlicher Lösungen gemacht.

Man entschied sich für die Bereitstellung einer umfassenden Managementlösung aus dem Hause Microsoft, welche die Implementierung der folgenden Lösungen erforderlich machte:

- System Center Virtual Machine Manager zur Verwaltung der Hyper-V-Infrastruktur
- System Center Configuration Manager zur Bereitstellung und Inventarisierung und Betankung der Client- und Serversysteme
- System Center Operations Manager zur Überwachung der Serverlandschaft und der aktiven Netzwerkinfrastruktur

Um eine spätere eigenständige Bedienbarkeit von System Center Operations Manager durch das hauseigene Personal im Unternehmen sicherzustellen, wurde ein interner Projektverantwortlicher benannt. Dieser eher technisch orientierte Kollege war bei allen Terminen dieses Vorhabens mit an Bord, sodass ausreichend Raum für den notwendigen Wissenstransfer zu Verfügung stand.

Für das Beratungshaus stand die Abbildung und Überwachung von verteilten Anwendungen ganz oben auf der Prioritätenliste. Die Herausforderung bestand darin, den betrauten internen Kollegen die Unterschiede zwischen einer klassischen Serververfügbarkeitskontrolle und der proaktiven Prozessüberwachung nahezubringen. Der dafür notwendige Paradigmenwechsel war sicherlich die größte Herausforderung im Gesamtprojekt. Hinsichtlich der Einführung von System Center Operations Manager stand am oberen Ende der Projektagenda die Visualisierung der verteilten Anwendungen. Der Weg dahin gestaltete sich, diplomatisch ausgedrückt, facettenreich, denn es galt zuallererst, für das erforderliche Fundament in Form einer ausreichend dimensionierten Komponenteninstallation von System Center Operations Manager zu sorgen.

Aufgrund der beachtlichen Anzahl von Servern und der nicht minder attraktiven Menge aktiver Netzwerkkomponenten hatte die gewählte Skalierung von System Center Operations Manager erheblichen Einfluss auf die Akzeptanz bei den künftigen Administratoren und Operatoren.

Die IT-Abteilung unterstützte in diesem Unternehmen zahlreiche Geschäftsprozesse durch eine Vielzahl von Datenbanken, Applikationsservern, Windows-Diensten, um nur einige der beteiligten Entitäten zu benennen. Mit der Möglichkeit zur Visualisierung solcher Prozesse durch die Integration von Microsoft Visio 2010 erhoffte man sich eine steigende Akzeptanz, insbesondere bei den Kollegen der Anwendungsentwicklung. Dieser Plan ging am Ende auf, wenngleich hierfür mehr als nur ein Workshop mit in erster Linie desinteressierten Softwareentwicklern notwendig war. Erst die Demonstration konkreter Beispiele aus der eigenen Infrastruktur sorgte für eine merkliche Steigerung der Beteiligungsquotienten am Gesamtprojekt.

In diesem Projekt wurde mit drei Verwaltungsservern gestartet. Eine Option für zwei weitere Verwaltungsserver war gesetzt, da die Integration von Netzwerkkomponenten in die Überwachung mit System Center Operations Manager erheblichen Einfluss auf die Gesamtleistung des Systems hatte. Bei den Vorgängerversionen von System Center Operations Manager spielte der primäre Verwaltungsserver die Hauptrolle. Integriert man die Überwachung von aktiven Netzwerkkomponenten und aktiviert man die Kontrolle auf Portebene, wurde diese Hauptrolle schnell zum kritischen Bremsklotz. Dieses System war nicht mehr in der Lage, die generierte Datenmenge zu verarbeiten. Und die eigentlich eher nebensächliche Verfügbarkeitskontrolle vorhandener Switches und Router sorgte für einen nicht mehr aufholbaren Rückstau bei der Abarbeitung anstehender Verwaltungsaufgaben.

Resultat dieser allzu gut gemeinten Gesamtüberwachungslösung war eine extrem verzögerte Darstellung der Statusveränderung einzelner Entitäten. Teilweise dauerte es bis zu 15 Minuten, bevor die vorübergehend offline gesetzte Datenbank ordnungsgemäß auf dem verwendeten Visio-Diagramm dargestellt wurde. Ein Zustand, welcher den Erfolg des gesamten Projekts infrage stellte.

Kurzerhand wurde deshalb die Überwachungsstrategie geändert. Statt 100 % aller Netzwerkports zu überwachen, wurden nur noch die effektiv in Verwendung befindlichen Anschlüsse kontrolliert. Ein Nachteil entstand dem Unternehmen dadurch nicht. Die nachfolgenden Anforderungen konnten dennoch in vollem Umfang befriedigt werden:

- Überwachung aller aktiv in Verwendung befindlichen Netzwerkanschlüsse hinsichtlich der Verfügbarkeit. Zusätzlich verwendete Anschlüsse sind im Rahmen des Change Managements den verantwortlichen Kollegen bekannt zu machen, damit diese ebenfalls in die Überwachung mit aufgenommen werden.
- Dokumentation der wichtigen Leistungsdaten pro Schnittstelle mit der Möglichkeit zur Generierung einer Alarmmeldung beim Über- oder Unterschreiten beliebiger Schwellenwerte
- Verwendung der aktiven Netzwerkschnittstellen zur Visualisierung IT-gestützter Geschäftsprozesse

Fazit und weitere Schritte

Der typische Projektansatz bei der Implementierung von System Center Operations Manager nutzt die Überwachung populärer Anwendungen wie beispielsweise Active Directory, Datenbankserver oder Microsoft Exchange für einen schnellen Projekterfolg. Das war in diesem Projekt nicht möglich, da sich diese Dienste in einem einwandfreien Zustand befanden. Den Beleg hierfür trat System Center Operations Manager selbst nach dem Import der erforderlichen Management Packs an.

Auch die Anzahl der zu überwachenden Serversysteme stellte bei einer ausreichend dimensionierten Datenbankinstallation und durch die Verwendung von drei Verwaltungsservern kein Problem dar. Kritisch bewertet wurde der Projektverlauf erst durch die Integration der aktiven Serverkomponenten, da sich deren Überwachung in der Vorgängerversion nicht dediziert bestimmten Verwaltungsservern zuordnen ließ. Das hat sich glücklicherweise geändert. Nachfolgend einige weitere Faktoren, welche einen großen Einfluss auf den Projektverlauf hatten:

- **Technische Affinität des projektverantwortlichen Kollegen auf Kundenseite** Zumal die Visualisierung der Geschäftsprozesse das Hauptziel dieses Projekts darstellte, musste erhebliche Zeit in die Erreichung eines notwendigen Paradigmenwechsels bei diesem Kollegen investiert werden
- **Einbeziehung der Kolleginnen und Kollegen aus dem Bereich der Anwendungsentwicklung** Das Interesse zur Kooperation war nachvollziehbar gering. Aus der Mitarbeit zur Schaffung einer übergeordneten Betrachtungssicht ergeben sich für diese Mitarbeiterinnen und Mitarbeiter keine auf den ersten Blick nachvollziehbaren Mehrwerte. Ähnliche Vorteile erkennen Fahrdienstmitarbeiter durch die Einführung eines Trackingsystems in den von ihnen genutzten Fahrzeugen. Ohne eine frühzeitige Einbeziehung der Teamleitungsebene hätte das Projekt spätestens jetzt merklich Schlagseite erhalten.
- **Netzwerküberwachung** Auch in der aktuellen Version von System Center 2012 Operations Manager ist die Abgrenzung zwischen möglichen und nötigen Überwachungsaktivitäten weiterhin erforderlich. Unabhängig vom Hersteller solcher Lösungen generiert jeder Überwachungsprozess eine beliebig große Datenmenge. Besteht kein Bedarf, auf sich verändernde Leistungsdaten zu reagieren, besteht auch keine Notwendigkeit zur Überwachung. Diese Grundregel sollte bei der Integration jedes einzelnen Systems und jeder einzelnen aktiven Komponente beachtet werden.

Dieses Projekt lief weit über zwei Jahre. Kategorisiert man die erbrachten Dienstleistungen, hätte unbestritten der strategische Beratungsblock den größten Anteil am prozentualen Kirschkuchen. Das ist insofern nicht verwunderlich, als dass sich diese Fähigkeit nur schwerlich autodidaktisch aneignen lässt. Bereits nach kurzer Zeit war die Verwendung von Microsoft Visio als Visualisierungsschicht von System Center Operations Manager nicht mehr geeignet. Stattdessen wurden gemeinsam mit dem Projektverantwortlichen Lösungen von Drittanbietern geprüft, die vom beauftragenden Beratungshaus in früheren Projekten bereits erfolgreich implementiert wurden. Die meines Erachtens beste Lösung im Hinblick auf das Preis/Leistungs-Verhältnis bietet das Unternehmen Savision für System Center Operations Manager an. In Kapitel 18 finden Sie mehr Informationen über dieses Add-In für System Center 2012 Operations Manager.

Kapitel 7

Aktualisierung der Vorgängerversion

In diesem Kapitel:

Migration einer kompatiblen Ein-Server-Landschaft	153
Migration einer nicht kompatiblen Ein-Server-Landschaft	155
Migration einer verteilten, kompatiblen Infrastruktur	156
Migration einer verteilten, nicht kompatiblen Infrastruktur	158
Detailinformationen zu einzelnen Migrationsschritten	163

Jeder Hausbesitzer kennt das Problem: Neubau oder Restaurierung? In der Regel hat der Füllstand des eigenen Geldbeutels maßgeblichen Einfluss auf die Entscheidungsfindung. Manchmal gesellen sich jedoch auch emotionale oder sogar rechtliche Belange dazu, welche die Vorgehensweise beeinflussen. Ist die Bausubstanz marode oder hat man vor Jahren auf ein zeitlich begrenzt stabiles Fundament gesetzt, reduzieren sich die Entscheidungsräume von allein.

Nicht ganz so vielfältig sieht die Ausgangssituation bei uns Nutzern von Operations Manager 2007 aus. Wer frühzeitig an die Lizenzierung im Rahmen eines Enterprise Agreement Vertrags gedacht hat, muss sich um die legale Verwendung von System Center 2012 Operations Manager keine Gedanken machen. Auch kann man nicht von »maroder Bausubstanz« als Grund für eine Migration von Operations Manager 2007 auf die aktuelle Version sprechen. Die Lösung funktioniert bei den meisten Microsoft Kunden wie ein Schweizer Uhrwerk – zumindest trifft das auf die Kunden zu, bei denen ich die Implementierung durchgeführt habe. Man verzeihe mir diese dramaturgische Steilvorlage.

Gründe für eine Migration auf System Center 2012 Operations Manager sind vielfältig und allesamt legitim. Welche produktspezifischen Neuerungen überzeugende Argumente dazu liefern können, finden Sie im nachfolgenden Kapitel zusammengestellt. Daneben gibt es aber auch eine Reihe von technischen Gründen, die für eine Migration sprechen. Allen voran ist hier der Verzicht auf die Rolle des Stammverwaltungsservers ins Feld zu führen. Diese Besonderheit sorgt für eine merkliche Entspannung in Sachen Nadelöhr-Effekt.

Noch spannender ist der Einfluss der mittlerweile allgegenwärtigen 64-Bit-Betriebsystemarchitektur auf diese Umstellung. Sofern nicht ausdrücklich anders gewünscht hatte ich das Glück, bei den meisten meiner früheren Projekte bereits auf diese Plattform aufsetzen zu dürfen. Dieser Weitblick der Kunden zahlt sich heute aus, wenn wir über eine Migrationsstrategie sprechen. System Center 2012 Operations Manager läuft wie die meisten anderen Kollegen aus der System Center-Familie ausschließlich auf x64-Systemen.

Microsoft ist sich sehr wohl bewusst, dass System Center 2012 Operations Manager nur dann seinen erfolgreichen Weg fortsetzen können wird, wenn eine nahtlose Migration von der Vorgängerversion für die Kunden angeboten wird. Das ist auch der Grund, weshalb sich die Entwicklermannschaft dieser Thematik im Rahmen der Produktentwicklung in einem bisher nicht üblichen Umfang angenommen hat. Dieses Kapitel soll Ihnen dabei helfen, das für Sie geeignetste Szenario zu verwenden. Abhängig von den Gegebenheiten in Ihrem Unternehmen und Ihren persönlichen Neigungen stehen Ihnen die folgenden fünf Varianten hierfür zur Verfügung:

- Migration einer kompatiblen Ein-Server-Landschaft
- Migration einer nicht kompatiblen Ein-Server-Landschaft
- Migration einer verteilten kompatiblen Infrastruktur
- Migration einer verteilten, nicht kompatiblen Infrastruktur

Wer zählen kann, merkt, dass wir mit der Anzahl die prognostizierte Menge von fünf Varianten noch nicht erreicht haben. Dabei handelt es sich nicht wirklich um ein Migrationsszenario. Wir sprechen bei Variante fünf von einer Neuinstallation der System Center 2012 Operations Manager-Systemlandschaft. Wer Operations Manager 2007 bisher intensiv und in allen Facetten eingesetzt hat, wird jetzt gerade blankes Entsetzen verspüren und mich mit dilettantischer Verachtung strafen wollen. Es gibt jedoch sehr viele Unternehmen, die beim Einsatz von Operations Manager 2007 niemals über den Status der reinen Serverüberwachung hinausgekommen sind. Aus dieser Perspektive gesehen ist die komplette Neuinstallation auf neuer Hardware durchaus auch eine neue Chance, um gemeinsam mit einem kompetenten Partner für die notwendige Wissensvermittlung zu sorgen. Auf der anderen Seite der Medaille bedeutet dieser Schritt natürlich auch den Verlust sämtlicher bisher angesammelten Analysedaten über Ihre Infrastruktur. Es muss wohl überlegt sein, bevor man auf diese Daten zwecks »Neubau« verzichtet.

Wir werden uns die fünfte Option in diesem Kapitel nicht anschauen. Hierfür habe ich Ihnen Kapitel 12 bereitgestellt, welches Sie durch die notwendigen Schritte einer Basisinstallation begleitet. Welche Systemanforderungen Sie, beziehungsweise Ihre physische oder logische Hardware erfüllen muss, erfahren Sie direkt davor in Kapitel 11. Die Erfüllung dieser Anforderungen ist im übrigen Grundvoraussetzung für alle nachfolgend geschilderten Szenarien obligatorisch.

HINWEIS   Für alle hier geschilderten Migrationsszenarien gilt, dass der nahtlose Umstieg auf System Center 2012 Operations Manager nur von Operations Manager 2007 R2 möglich ist. Was Sie als Anwender komplexer Installationsszenarien ebenfalls beachten sollten: Installationen vom Verwaltungsserver als Clustersystem zur Erreichung einer Hochverfügbarkeit werden nicht mehr unterstützt.

Der Aufbau der Szenarien entspricht den offiziellen Vorgaben von Microsoft. Sie sind an geeigneter Stelle durch meine eigenen Erfahrungen oder Kommentare beziehungsweise durch detaillierte Schrittbeschreibungen ergänzt. Die Vorgehensweisen sind nicht voneinander abhängig. Erwartungsgemäß wird nur eines davon für Ihr Unternehmen anwendbar sein. Aus diesem Grund wiederholen sich die meisten Schritte in den tabellarischen Ablaufplänen. Sie müssen sich lediglich innerhalb dieses Kapitels blätternd bewegen, um an den ein oder anderen ergänzenden oder benötigten Kommentar zu gelangen.

Migration einer kompatiblen Ein-Server-Landschaft

Beginnen will ich mit der einfachsten Variante der offiziell von Microsoft unterstützten Migrationsszenarien. Hier wird folgende Ausgangssituation vorausgesetzt:

- Alle Komponenten von Operations Manager 2007 R2 werden auf einem Serversystem betrieben
- Das verwendete Serversystem erfüllt hinsichtlich Architektur und Mindestanforderungen die offiziellen, in Kapitel 11 aufgeführten Vorgaben von Microsoft

Die hier angenommene Konstellation aller Komponenten auf einem Serversystem wird in der realen Welt eher selten vorkommen. Nichtsdestotrotz gibt es definitiv einige solcher produktiv betriebenen Installationen in Deutschland. Einige davon habe ich selbst mitkonzipiert.

Die folgende Auflistung stellt eine Art Checkliste dar, die Sie bitte in chronologischer Reihenfolge abarbeiten. Sie beschreibt die Schritte nicht im technischen Detail, geht aber sehr wohl auf die zu beachtenden Besonderheiten bei jedem strategischen Punkt ein.

Schritt	Beschreibung	Bemerkung
1	Import Management Pack Operations Manager Upgrade Helper	Beachten Sie hierzu die Anmerkungen im Abschnitt »Detailinformationen zu einzelnen Migrationsschritten« auf Seite 164 unter der Überschrift »DI-01: Bereitstellung des Operations Manager Upgrade Helper Management Packs«
2	Überprüfung der Ereignisprotokolle von Operations Manager 2007 R2 auf allen Verwaltungsservern	Das produktspezifische Ereignisprotokoll innerhalb der Ereignisanzeige Ihres Stammverwaltungsservers darf keine aktuellen Fehlermeldungen führen
3	Überprüfung: ausstehende Verwaltung von Agents	Im Bereich *Verwaltung/Geräteverwaltung/Ausstehende Verwaltung* der Betriebskonsole dürfen keine Agents mehr gelistet sein
4	Alle noch aktiv verwendeten Betriebskonsolen schließen	
5	Sichern des Verschlüsselungsschlüssels auf Stammverwaltungsserver	Beachten Sie hierzu die Anmerkungen im Abschnitt »Detailinformationen zu einzelnen Migrationsschritten« auf Seite 164 unter der Überschrift »DI-02: Sichern und Wiederherstellen des Verschlüsselungsschlüssels auf dem Stammverwaltungsserver«
6	Aktive Abonnements deaktivieren	Abonnements – also Benachrichtigungen über generierte Warnungen – deaktivieren Sie im Verwaltungsbereich der Betriebskonsole im Abschnitt *Abonnements*
7	Beenden der als Windows-Dienste eingerichteten Connectors	Überprüfen Sie, ob in der Diensteverwaltung des Betriebssystems Connectors für Operations Manager 2007 R2 eingerichtet sind. Wenn ja, beenden Sie diese.
8	Überprüfung: verfügbarer Speicherplatz der operativen Datenbank	Stellen Sie sicher, dass mindestens 50 % freier Speicherbereich für die operative SQL Server-Datenbank vorhanden sind. Tipp: Sofern nicht bereits geschehen, erlauben Sie dynamische Vergrößerung der Datenbank und der Datenbankprotokolle.
9	Überprüfung: Sortierreihenfolge SQL Server-Datenbank	Beachten Sie hierzu die Anmerkungen im Abschnitt »Detailinformationen zu einzelnen Migrationsschritten« auf Seite 165 unter der Überschrift »DI-03: Erforderliche Sortierreihenfolge der SQL Server-Datenbanken«
10	Durchführen der Datensicherung für operative Datenbank	Stellen Sie auch aktuelle Sicherungskopien für alle anderen, im Kontext von Operations Manager 2007 R2 verwendeten Datenbanken (inklusive Überwachungssammeldienste) her
11	Aktualisierung der manuell installierten Agents	Beachten Sie hierzu die Anmerkungen im Abschnitt »Detailinformationen zu einzelnen Migrationsschritten« auf den Seiten 168 und 169
12	Durchführen der Aktualisierung der Verwaltungsgruppe	Beachten Sie hierzu die Anmerkungen im Abschnitt »Detailinformationen zu einzelnen Migrationsschritten« auf Seite 170 unter der Überschrift »DI-11: Aktualisierung einer Verwaltungsgruppe in einer Ein-Server-Umgebung«
13	Aktualisierung der zentral verteilten Agentkomponenten	Beachten Sie hierzu die Anmerkungen im Abschnitt »Detailinformationen zu einzelnen Migrationsschritten« auf Seite 167 unter der Überschrift »DI-05: Automatische Aktualisierung der Agentkomponente«
14	Aktive Abonnements wieder aktivieren	Abonnements – also Benachrichtigungen über generierte Warnungen – aktivieren Sie im Verwaltungsbereich der Betriebskonsole im Abschnitt Abonnements
15	Starten des als Windows-Dienste eingerichteten Connectors	Starten Sie gegebenenfalls die in Schritt 7 beendeten Windows-Dienste
16	Aktualisierung der Außerkraftsetzungen	Dieser Schritt betrifft die Außerkraftsetzung rund um die Überwachung von Active Directory. Beachten Sie hierzu die Anmerkungen im Abschnitt »Detailinformationen zu einzelnen Migrationsschritten« auf Seite 171 unter der Überschrift »DI-12: Aktualisierung der Außerkraftsetzungen«.
17	Überprüfen der erfolgreich durchgeführten Aktualisierung	Beachten Sie hierzu die Anmerkungen im Abschnitt »Detailinformationen zu einzelnen Migrationsschritten« auf Seite 172 unter der Überschrift »DI-13: Überprüfen der erfolgreichen Aktualisierung«

Tabelle 7.1 Die Migrationscheckliste für Ein-Server-Umgebungen

Migration einer nicht kompatiblen Ein-Server-Landschaft

Richtig spannend wird die Migration, wenn die Hard- und Softwareanforderungen nicht den Anforderungen von System Center 2012 Operations Manager entsprechen. Solange es sich dabei um noch zu installierende oder zu aktualisierende Zusatzfunktionen handelt, nimmt die Zielerreichung einfach nur ein wenig mehr Zeit in Anspruch. Wenn Sie sich aber mit falschen Betriebssystemarchitekturen oder einer falschen Sortierreihenfolge der Datenbanken konfrontiert sehen, werden die Abende schon etwas länger.

Es kommt also darauf an, wie sich die nicht vorhandene Kompatibilität im Detail darstellt. Unter Umständen ist ein harter Schnitt – eine Neuinstallation – dann die bessere Alternative. Bevor Sie die falsche Entscheidung treffen, sollten Sie einen Experten konsultieren. Wenn Sie keinen kennen, lassen Sie mich es wissen; ich nenne Ihnen gerne einige empfehlenswerte Kollegen. Meine E-Mail-Adresse finden Sie am Ende der Einleitung. Hier nun die Checkliste für eine sichere Migration zu System Center 2012 Operations Manager trotz schlechter Ausgangssituation.

Schritt	Beschreibung	Bemerkung
1	Zweiten (sekundären) Verwaltungsserver zur Operations Manager 2007 R2-Infrastruktur hinzufügen	Beachten Sie hierzu die Anmerkungen im Abschnitt »Detailinformationen zu einzelnen Migrationsschritten« auf Seite 172 unter der Überschrift »DI-14: Installieren eines zweiten Verwaltungsservers zur Vorbereitung der Aktualisierung«
2	Verschieben der Agents von Stammverwaltungsserver auf sekundären Verwaltungsserver	Beachten Sie hierzu die Anmerkungen im Abschnitt »Detailinformationen zu einzelnen Migrationsschritten« auf Seite 172 unter der Überschrift »DI-15: Agents einem sekundären Verwaltungsserver zuordnen«
3	Soweit erforderlich: Aktualisierung von Microsoft SQL Server	Beachten Sie hierzu die Anmerkungen im Abschnitt »Detailinformationen zu einzelnen Migrationsschritten« auf Seite 174 unter der Überschrift »DI-16: Anmerkungen zur erforderlichen Aktualisierung von SQL Server«
4	Sichern des Verschlüsselungsschlüssels auf Stammverwaltungsserver	Beachten Sie hierzu die Anmerkungen im Abschnitt »Detailinformationen zu einzelnen Migrationsschritten« auf Seite 164 unter der Überschrift »DI-02: Sichern und Wiederherstellen des Verschlüsselungsschlüssels auf dem Stammverwaltungsserver«
5	Überprüfung der Ereignisprotokolle von Operations Manager 2007 R2 auf allen Verwaltungsservern	Das produktspezifische Ereignisprotokoll innerhalb der Ereignisanzeige Ihres Stammverwaltungsservers darf keine aktuellen Fehlermeldungen führen
6	Überprüfung: ausstehende Verwaltung von Agents	Im Bereich *Verwaltung/Geräteverwaltung/Ausstehende Verwaltung* der Betriebskonsole dürfen keine Agents mehr gelistet sein
7	Überprüfung: Sortierreihenfolge SQL Server-Datenbank	Beachten Sie hierzu die Anmerkungen im Abschnitt »Detailinformationen zu einzelnen Migrationsschritten« auf Seite 165 unter der Überschrift »DI-03: Erforderliche Sortierreihenfolge der SQL Server-Datenbanken«
8	Aktualisierung der manuell installierten Agents	Beachten Sie hierzu die Anmerkungen im Abschnitt »Detailinformationen zu einzelnen Migrationsschritten« auf den Seiten 168 und 169
9	Aktualisierung des sekundären Verwaltungsservers	Beachten Sie hierzu die Anmerkungen im Abschnitt »Detailinformationen zu einzelnen Migrationsschritten« auf Seite 175 unter der Überschrift »DI-17: Aktualisierung eines sekundären Verwaltungsservers«
10	Aktualisierung der zentral verteilten Agentkomponenten	Beachten Sie hierzu die Anmerkungen im Abschnitt »Detailinformationen zu einzelnen Migrationsschritten« auf Seite 167 unter der Überschrift »DI-05: Automatische Aktualisierung der Agentkomponente«
11	Alle noch aktiv verwendeten Betriebskonsolen schließen	

Tabelle 7.2 Die Migrationscheckliste für nicht kompatible Ein-Server-Landschaften

Schritt	Beschreibung	Bemerkung
12	Aktive Abonnements deaktivieren	Abonnements – also Benachrichtigungen über generierte Warnungen – deaktivieren Sie im Verwaltungsbereich der Betriebskonsole im Abschnitt *Abonnements*
13	Beenden der als Windows-Dienste eingerichtete Connectors	Überprüfen Sie, ob in der Diensteverwaltung des Betriebssystems Connectors für Operations Manager 2007 R2 eingerichtet sind. Wenn ja, beenden Sie diese.
14	Überprüfung: verfügbarer Speicherplatz der operativen Datenbank	Stellen Sie sicher, dass mindestens 50 % freier Speicherbereich für die operative SQL Server-Datenbank vorhanden sind. Tipp: Sofern nicht bereits geschehen, erlauben Sie die dynamische Vergrößerung der Datenbank und der Datenbankprotokolle.
15	Durchführen Datensicherung für operative Datenbank	Stellen Sie auch aktuelle Sicherungskopien für alle anderen, im Kontext von Operations Manager 2007 R2 verwendeten Datenbanken (inklusive Überwachungssammeldienste) her
16	Wiederherstellen des Verschlüsselungsschlüssels auf dem sekundären Verwaltungsserver	Beachten Sie hierzu die Anmerkungen im Abschnitt »Detailinformationen zu einzelnen Migrationsschritten« auf Seite 165 unter der Überschrift »Wiederherstellen des Verschlüsselungsschlüssels«
17	Aktualisierung der Verwaltungsgruppe auf dem sekundären Verwaltungsserver	Beachten Sie hierzu die Anmerkungen im Abschnitt »Detailinformationen zu einzelnen Migrationsschritten« auf Seite 176 unter der Überschrift »DI-18: Aktualisierung der Verwaltungsgruppe auf dem sekundären Verwaltungsserver«
18	Aktive Abonnements wieder aktivieren	Abonnements – also Benachrichtigungen über generierte Warnungen – aktivieren Sie im Verwaltungsbereich der Betriebskonsole im Abschnitt *Abonnements*
19	Starten der als Windows-Dienste eingerichteten Connectors	Starten Sie gegebenenfalls die in Schritt 13 beendeten Windows-Dienste
20	Bisherigen Stammverwaltungsserver deinstallieren	Beachten Sie hierzu die Anmerkungen im Abschnitt »Detailinformationen zu einzelnen Migrationsschritten« auf Seite 177 unter der Überschrift »DI-19: Deinstallation von Stammverwaltungsserver und sekundärem Verwaltungsserver«
21	Aktualisierung der Außerkraftsetzungen	Dieser Schritt betrifft die Außerkraftsetzung rund um die Überwachung von Active Directory. Beachten Sie hierzu die Anmerkungen im Abschnitt »Detailinformationen zu einzelnen Migrationsschritten« auf Seite 171 unter der Überschrift »DI-12: Aktualisierung der Außerkraftsetzungen«.
22	Überprüfen der erfolgreich durchgeführten Aktualisierung	Beachten Sie hierzu die Anmerkungen im Abschnitt »Detailinformationen zu einzelnen Migrationsschritten« auf Seite 172 unter der Überschrift »DI-13: Überprüfen der erfolgreichen Aktualisierung«

Tabelle 7.2 Die Migrationscheckliste für nicht kompatible Ein-Server-Landschaften *(Fortsetzung)*

Migration einer verteilten, kompatiblen Infrastruktur

Das dritte Szenario adressiert folgende Gegebenheiten:

- Operations Manager 2007 R2 ist im Einsatz
- Die Serverkomponenten sind auf mehrere Systeme verteilt
- Die verwendeten Serversysteme erfüllen die Voraussetzungen zur Migration auf System Center 2012 Operations Manager

Migration einer verteilten, kompatiblen Infrastruktur

Üblicherweise geht die Komplexität einer Lösungsinstallation einher mit der Größe des Unternehmens. So gesehen wird die in diesem Abschnitt behandelte Checkliste primär für mittelständische und größere Umgebungen interessant sein. Entsprechend weitläufiger sind dort auch die IT-Abteilungen und oft sind die Verantwortlichkeiten auf einzelne Fachbereiche verteilt. Bevor Sie sich konkret mit der Aktualisierung auseinandersetzen, sollten Sie deshalb prüfen, welche Kolleginnen und Kollegen in diese Maßnahme involviert werden müssen.

Schritt	Beschreibung	Bemerkung
1	Import Management Pack Operations Manager Upgrade Helper	Beachten Sie hierzu die Anmerkungen im Abschnitt »Detailinformationen zu einzelnen Migrationsschritten« auf Seite 164 unter der Überschrift »DI-01: Bereitstellung des Operations Manager Upgrade Helper Management Packs«
2	Verschieben der Agents von Stammverwaltungsserver auf sekundären Verwaltungsserver	Beachten Sie hierzu die Anmerkungen im Abschnitt »Detailinformationen zu einzelnen Migrationsschritten« auf Seite 172 unter der Überschrift »DI-15: Agents einem sekundären Verwaltungsserver zuordnen«
3	Sichern des Verschlüsselungsschlüssels auf Stammverwaltungsserver	Beachten Sie hierzu die Anmerkungen im Abschnitt »Detailinformationen zu einzelnen Migrationsschritten« auf Seite 164 unter der Überschrift »DI-02: Sichern und Wiederherstellen des Verschlüsselungsschlüssels auf dem Stammverwaltungsserver«
4	Überprüfung der Ereignisprotokolle von Operations Manager 2007 R2 auf allen Verwaltungsservern	Das produktspezifische Ereignisprotokoll innerhalb der Ereignisanzeige Ihres Stammverwaltungsservers darf keine aktuellen Fehlermeldungen führen
5	Überprüfung: ausstehende Verwaltung von Agents	Im Bereich *Verwaltung/Geräteverwaltung/Ausstehende Verwaltung* der Betriebskonsole dürfen keine Agenten mehr gelistet sein
6	Überprüfung: Sortierreihenfolge SQL Server-Datenbank	Beachten Sie hierzu die Anmerkungen im Abschnitt »Detailinformationen zu einzelnen Migrationsschritten« auf Seite 165 unter der Überschrift »DI-03: Erforderliche Sortierreihenfolge der SQL Server-Datenbanken«
7	Aktualisierung der manuell installierten Agents	Beachten Sie hierzu die Anmerkungen im Abschnitt »Detailinformationen zu einzelnen Migrationsschritten« auf den Seiten 168 und 169
8	Aktualisierung der sekundären Verwaltungsserver	Beachten Sie hierzu die Anmerkungen im Abschnitt »Detailinformationen zu einzelnen Migrationsschritten« auf Seite 175 unter der Überschrift »DI-17: Aktualisierung eines sekundären Verwaltungsservers«
9	Aktualisierung des Gatewayservers	Beachten Sie hierzu die Anmerkungen im Abschnitt »Detailinformationen zu einzelnen Migrationsschritten« auf Seite 177 unter der Überschrift »DI-20: Aktualisierung des Operations Manager 2007 R2-Gatewayservers«
10	Aktualisierung der zentral verteilten Agentkomponenten	Beachten Sie hierzu die Anmerkungen im Abschnitt »Detailinformationen zu einzelnen Migrationsschritten« auf Seite 167 unter der Überschrift »DI-05: Automatische Aktualisierung der Agentkomponente«
11	Alle noch verwendeten Betriebskonsolen schließen	
12	Aktive Abonnements deaktivieren	Abonnements – also Benachrichtigungen über generierte Warnungen – deaktivieren Sie im Verwaltungsbereich der Betriebskonsole im Abschnitt *Abonnements*
13	Beenden der als Windows-Dienste eingerichteten Connectors	Überprüfen Sie, ob in der Diensteverwaltung des Betriebssystems Connectors für Operations Manager 2007 R2 eingerichtet sind. Wenn ja, beenden Sie diese.
14	Überprüfung: verfügbarer Speicherplatz der operativen Datenbank	Stellen Sie sicher, dass mindestens 50 % freier Speicherbereich für die operative SQL Server-Datenbank vorhanden sind. Tipp: Sofern nicht bereits geschehen, erlauben Sie dynamische Vergrößerung der Datenbank und der Datenbankprotokolle.

Tabelle 7.3 Die Migrationscheckliste für verteilte Operations Manager 2007 R2-Infrastrukturen mit einer kompatiblen Systembasis

Schritt	Beschreibung	Bemerkung
15	Durchführen Datensicherung für operative Datenbank	Stellen Sie auch aktuelle Sicherungskopien für alle anderen, im Kontext von Operations Manager 2007 R2 verwendeten Datenbanken (inklusive Überwachungssammeldienste) her
16	Wiederherstellen des Verschlüsselungsschlüssels auf dem sekundären Verwaltungsserver	Beachten Sie hierzu die Anmerkungen im Abschnitt »Detailinformationen zu einzelnen Migrationsschritten« auf Seite 165 unter der Überschrift »Wiederherstellen des Verschlüsselungsschlüssels«
17	Durchführen Aktualisierung der Verwaltungsgruppe auf Stammverwaltungsserver	Beachten Sie hierzu die Anmerkungen im Abschnitt »Detailinformationen zu einzelnen Migrationsschritten« auf Seite 178 unter der Überschrift »DI-21: Aktualisieren der Verwaltungsgruppe auf Stammverwaltungsserver«
18	Aktualisierung optionaler Funktionen	Beachten Sie hierzu die Anmerkungen im Abschnitt »Detailinformationen zu einzelnen Migrationsschritten« auf Seite 179 unter der Überschrift »DI-22: Aktualisierung optionaler Funktionen«
19	Abonnements wieder aktivieren	Abonnements – also Benachrichtigungen über generierte Warnungen – aktivieren Sie im Verwaltungsbereich der Betriebskonsole im Abschnitt *Abonnements*
20	Starten der als Windows-Dienste eingerichteten Connectors	Starten Sie gegebenenfalls die in Schritt 13 beendeten Windows-Dienste
21	Aktualisierung der Außerkraftsetzungen	Dieser Schritt betrifft die Außerkraftsetzung rund um die Überwachung von Active Directory. Beachten Sie hierzu die Anmerkungen im Abschnitt »Detailinformationen zu einzelnen Migrationsschritten« auf Seite 171 unter der Überschrift »DI-12: Aktualisierung der Außerkraftsetzungen«
22	Überprüfen der erfolgreich durchgeführten Aktualisierung	Beachten Sie hierzu die Anmerkungen im Abschnitt »Detailinformationen zu einzelnen Migrationsschritten« auf Seite 172 unter der Überschrift »DI-13: Überprüfen der erfolgreichen Aktualisierung«

Tabelle 7.3 Die Migrationscheckliste für verteilte Operations Manager 2007 R2-Infrastrukturen mit einer kompatiblen Systembasis *(Fortsetzung)*

Migration einer verteilten, nicht kompatiblen Infrastruktur

Zur erfolgreichen Durchführung der Aktualisierung einer verteilten Umgebung mit nicht kompatiblen Komponenten teilen wir die notwendigen Schritte in einzelne Phasen auf. Zu groß ist sonst die Gefahr, dass bei diesem, je nach Unternehmensgröße komplexen und aufwendigen Prozess etwas vergessen wird. Wir beginnen mit der Aktualisierung der Verwaltungsserver, danach kümmern wir uns – soweit vorhanden – um die Gatewayserver. Zum Schluss wird dann die Verwaltungsgruppe selbst auf System Center 2012 Operations Manager-Niveau angehoben. Die Reihenfolge, in der die Clientkomponenten aktualisiert werden, hängt von der ursprünglich gewählten Installationsstrategie ab. Es hängt auch davon ab, ob der bisherige Stammverwaltungsserver die Anforderungen von System Center 2012 Operations Manager erfüllt oder nicht. Wird diese elementare Rolle als Clusterlösung bereitgestellt, muss dieser erst einmal rückgebaut werden, denn System Center 2012 Operations Manager definiert die Bereitstellung von Hochverfügbarkeit anders als bisher.

Sind alle bisher verwendeten Systeme kompatibel zu den Anforderungen von System Center 2012 Operations Manager können Sie diesen Abschnitt ignorieren. Möglicherweise betrifft die Inkompatibilität auch nur einige der Serversysteme. Stark angelehnt an der offiziell von Microsoft vorgegebenen Migrationsstrategie unterteilt sich dieser Abschnitt deshalb in folgende Teilbereiche:

- Bereitstellung des Upgrade Helper Management Packs
- Austausch der sekundären Verwaltungsserver

Migration einer verteilten, nicht kompatiblen Infrastruktur

- Austausch der Gatewayserver
- Aktualisierung der sekundären Verwaltungsserver
- Aktualisierung der Verwaltungsgruppe auf bisherigem Stammverwaltungsserver
- Aktualisierung der Verwaltungsgruppe auf sekundärem Verwaltungsserver

Bereitstellung des Upgrade Helper Management Packs

Microsoft hat ein spezielles Management Pack bereitgestellt, welches bei den bevorstehenden Migrationsschritten unterstützen kann. Insbesondere in einer zum Teil oder sogar komplett inkompatiblen Ausgangsumgebung hilft diese Visualisierungsmaßnahme dabei, den Faden nicht zu verlieren.

Schritt	Beschreibung	Bemerkung
1	Import Management Pack Operations Manager Upgrade Helper	Beachten Sie hierzu die Anmerkungen im Abschnitt »Detailinformationen zu einzelnen Migrationsschritten« auf Seite 164 unter der Überschrift »DI-01: Bereitstellung des Operations Manager Upgrade Helper Management Packs«

Tabelle 7.4 Generell empfohlener Schritt zur Sicherstellung eines erfolgreichen Migrationsprozesses

Austausch der sekundären Verwaltungsserver

Die gute Botschaft gleich zu Beginn dieses Abschnitts: Erfüllen die sekundären Verwaltungsserver Ihrer Operations Manager 2007 R2-Umgebung alle Anforderungen zur erfolgreichen Durchführung der Migration, wechseln Sie bitte zum nachfolgenden Abschnitt »Austausch der Gatewayserver«.

Über einen Austausch sekundärer Verwaltungsserver muss nur nachgedacht werden, wenn diese auf einer 32-Bit-Betriebssystemarchitektur betrieben werden. Werden diese bereits auf einer 64-Bit-Plattform bereitgestellt, kann eine erfolgreiche Migration in der Regel nur an nicht ausreichenden Ressourcen scheitern. Beachten Sie bitte die in Tabelle 7.5 aufgeführten vier Schritte zur Sicherstellung der Kompatibilität der verwendeten sekundären Verwaltungsserver.

Schritt	Beschreibung	Bemerkung
1	Zusätzlichen sekundären Verwaltungsserver zur Operations Manager 2007 R2-Infrastruktur hinzufügen, wenn die Betriebssystemarchitektur auf 32-Bit basiert	Beachten Sie hierzu die Anmerkungen im Abschnitt »Detailinformationen zu einzelnen Migrationsschritten« auf Seite 172 unter der Überschrift »DI-14: Installieren eines zweiten Verwaltungsservers zur Vorbereitung der Aktualisierung«
2	Verschieben der Agents von Stammverwaltungsserver auf sekundären Verwaltungsserver	Beachten Sie hierzu die Anmerkungen im Abschnitt »Detailinformationen zu einzelnen Migrationsschritten« auf Seite 172 unter der Überschrift »DI-15: Agents einem sekundären Verwaltungsserver zuordnen«
3	Deinstallation des nicht kompatiblen sekundären Verwaltungsservers	Beachten Sie hierzu die Anmerkungen im Abschnitt »Detailinformationen zu einzelnen Migrationsschritten« auf Seite 177 unter der Überschrift »DI-19: Deinstallation von Stammverwaltungsserver und sekundärem Verwaltungsserver«
4	Stellen Sie sicher, dass die Hard- und Softwareanforderungen für System Center 2012 Operations Manager durch die sekundären Verwaltungsserver erfüllt werden	Beachten Sie hierzu Kapitel 11

Tabelle 7.5 Die Checkliste zur Überprüfung der Kompatibilität sekundärer Verwaltungsserver

Austausch der Gatewayserver

Befinden sich in Ihrer Infrastruktur keine Gatewayserver, können Sie diesen Abschnitt überspringen. Gleiches gilt auch für den Fall, dass Ihre vorhandenen Gatewayserver den Anforderungen zur Verwendung unter System Center 2012 Operations Manager entsprechen. Ein Austausch eines Gatewayservers ist nur dann notwendig, wenn Sie die Rolle bisher auf Basis einer 32-Bit-Betriebssystemarchitektur bereitgestellt haben oder die Hard- und Softwareanforderungen in anderer Weise den Vorgaben nicht entsprechen.

Schritt	Beschreibung	Bemerkung
1	Wird der aktuelle Gatewayserver nicht auf einer 32-Bit-Betriebssystemarchitektur bereitgestellt, muss ein neues System bereitgestellt werden	Beachten Sie hierzu Kapitel 18: »Installation der Gatewayserver-Rolle«
2	Den bisherigen Gatewayserver deinstallieren	Beachten Sie hierzu die Anmerkungen im Abschnitt »Detailinformationen zu einzelnen Migrationsschritten« auf Seite 184 unter der Überschrift »DI-24: Deinstallation des Gatewayservers«
3	Stellen Sie sicher, dass der verwendete Gatewayserver die Anforderungen zum Einsatz unter System Center 2012 Operations Manager erfüllt	Beachten Sie hierzu Kapitel 11

Tabelle 7.6 Die Checkliste zur der Kompatibilität einer Gatewayserver-Rolle

Aktualisierung der sekundären Verwaltungsserver

Dieser Abschnitt ist für Sie von Bedeutung, wenn Sie in Ihrem Unternehmen sekundäre Verwaltungsserver verwenden, die nicht den Vorgaben von System Center 2012 Operations Manager entsprechen. Orientieren Sie sich an der Schrittfolge aus Tabelle 7.7 zur Durchführung der erforderlichen Schritte. Voraussetzung für die Anwendung ist, dass der Stammverwaltungsserver bereits diesen Vorgaben entspricht. Ist das nicht der Fall, müssen die Clients zuerst zur Kommunikation mit einem kompatiblen sekundären Verwaltungsserver überredet werden. Wie das funktioniert, finden Sie im Abschnitt »DI-15: Agents einem sekundären Verwaltungsserver zuordnen« ab Seite 172 erläutert. Mit genau diesem Schritt wird die nachfolgende Checkliste dann auch gleich eröffnet.

Schritt	Beschreibung	Bemerkung
1	Erfüllt Ihr Stammverwaltungsserver nicht die Vorgaben von System Center 2012 Operations Manager, müssen die Agents zuerst einem kompatiblen sekundären Verwaltungsserver zugeordnet werden	Beachten Sie hierzu die Anmerkungen im Abschnitt »Detailinformationen zu einzelnen Migrationsschritten« auf Seite 172 unter der Überschrift »DI-15: Agents einem sekundären Verwaltungsserver zuordnen«
2	Soweit erforderlich: Aktualisierung von Microsoft SQL Server	Beachten Sie hierzu die Anmerkungen im Abschnitt »Detailinformationen zu einzelnen Migrationsschritten« auf Seite 174 unter der Überschrift »DI-16: Anmerkungen zur erforderlichen Aktualisierung von SQL Server«
3	Sichern des Verschlüsselungsschlüssels auf Stammverwaltungsserver	Beachten Sie hierzu die Anmerkungen im Abschnitt »Detailinformationen zu einzelnen Migrationsschritten« auf Seite 164 unter der Überschrift »DI-02: Sichern und Wiederherstellen des Verschlüsselungsschlüssels auf dem Stammverwaltungsserver«

Tabelle 7.7 Checkliste zur Aktualisierung der sekundären Verwaltungsserver

Migration einer verteilten, nicht kompatiblen Infrastruktur

Schritt	Beschreibung	Bemerkung
4	Überprüfung der Ereignisprotokolle von Operations Manager 2007 R2 auf allen Verwaltungsservern	Das produktspezifische Ereignisprotokoll innerhalb der Ereignisanzeige Ihres Stammverwaltungsservers darf keine aktuellen Fehlermeldungen führen
5	Überprüfung: Funktionsfähigkeit der Kommunikation zwischen Stammverwaltungsserver und des Gatewayservers	Beachten Sie hierzu die Anmerkungen im Abschnitt »Detailinformationen zu einzelnen Migrationsschritten« auf Seite 183 unter der Überschrift »DI-23: Sicherstellen der Kommunikation zwischen Stammverwaltungsserver und Gatewayserver«
6	Überprüfung: ausstehende Verwaltung von Agents	Im Bereich *Verwaltung/Geräteverwaltung/Ausstehende Verwaltung* der Betriebskonsole dürfen keine Agents mehr gelistet sein
7	Überprüfung: Sortierreihenfolge SQL Server-Datenbank	Beachten Sie hierzu die Anmerkungen im Abschnitt »Detailinformationen zu einzelnen Migrationsschritten« auf Seite 165 unter der Überschrift »DI-03: Erforderliche Sortierreihenfolge der SQL Server-Datenbanken«
8	Aktualisierung der manuell installierten Agents	Beachten Sie hierzu die Anmerkungen im Abschnitt »Detailinformationen zu einzelnen Migrationsschritten« auf den Seiten 168 und 169
9	Aktualisierung des sekundären Verwaltungsservers	Beachten Sie hierzu die Anmerkungen im Abschnitt »Detailinformationen zu einzelnen Migrationsschritten« auf Seite 175 unter der Überschrift »DI-17: Aktualisierung eines sekundären Verwaltungsservers«
10	Aktualisierung des Gatewayservers	Beachten Sie hierzu die Anmerkungen im Abschnitt »Detailinformationen zu einzelnen Migrationsschritten« auf Seite 177 unter der Überschrift »DI-20: Aktualisierung des Operations Manager 2007 R2-Gatewayservers«
11	Aktualisierung der zentral verteilten Agentkomponenten	Beachten Sie hierzu die Anmerkungen im Abschnitt »Detailinformationen zu einzelnen Migrationsschritten« auf Seite 167 unter der Überschrift »DI-05: Automatische Aktualisierung der Agentkomponente«

Tabelle 7.7 Checkliste zur Aktualisierung der sekundären Verwaltungsserver *(Fortsetzung)*

Aktualisierung der Verwaltungsgruppe auf dem bisherigen Stammverwaltungsserver

Wir treffen uns in diesem Abschnitt und an dieser Stelle, wenn Ihr Stammverwaltungsserver die hard- und softwaretechnischen Vorgaben zur Durchführung einer Migration auf System Center 2012 Operations Manager erfüllt. Welche das sind, können Sie in Kapitel 11 dieses Buchs nachlesen. Erfüllt die Maschine diese Anforderungen nicht, blättern Sie bitte vor zum nächsten Abschnitt. Dort wird beschrieben, wie die Aktualisierung auf Basis kompatibler sekundärer Verwaltungsserver durchgeführt werden kann.

In der Checkliste von Tabelle 7.8 sind alle erforderlichen Schritte aufgeführt, die für eine erfolgreiche Migration zu System Center 2012 Operations Manager auf dem Stammverwaltungsserver notwendig sind. Da es einige mir bekannte Firmen gibt, die die Rolle des Stammverwaltungsservers unter Operations Manager 2007 R2 auf einem Clustersystem bereitgestellt haben, hier noch einmal der wenig motivierende Hinweis, dass diese Art der Hochverfügbarkeit unter System Center 2012 Operations Manager nicht mehr unterstützt wird.

Schritt	Beschreibung	Bemerkung
1	Alle noch aktiv verwendeten Betriebskonsolen schließen	
2	Aktive Abonnements deaktivieren	Abonnements – also Benachrichtigungen über generierte Warnungen – deaktivieren Sie im Verwaltungsbereich der Betriebskonsole im Abschnitt *Abonnements*
3	Beenden der als Windows-Dienste eingerichteten Connectors	Überprüfen Sie, ob in der Diensteverwaltung des Betriebssystems Connectors für Operations Manager 2007 R2 eingerichtet sind. Wenn ja, beenden Sie diese.
4	Überprüfung: verfügbarer Speicherplatz der operativen Datenbank	Stellen Sie sicher, dass mindestens 50 % freier Speicherbereich für die operative SQL Server-Datenbank vorhanden sind. Tipp: Sofern nicht bereits geschehen, erlauben Sie dynamische Vergrößerung der Datenbank und der Datenbankprotokolle.
5	Durchführen der Datensicherung für operative Datenbank	Stellen Sie auch aktuelle Sicherungskopien für alle anderen, im Kontext von Operations Manager 2007 R2 verwendeten Datenbanken (inklusive Überwachungssammeldienste) her
6	Durchführen der Aktualisierung der Verwaltungsgruppe auf Stammverwaltungsserver	Beachten Sie hierzu die Anmerkungen im Abschnitt »Detailinformationen zu einzelnen Migrationsschritten« auf Seite 178 unter der Überschrift »DI-21: Aktualisieren der Verwaltungsgruppe auf Stammverwaltungsserver«
7	Aktualisierung optionaler Funktionen	Beachten Sie hierzu die Anmerkungen im Abschnitt »Detailinformationen zu einzelnen Migrationsschritten« auf Seite 179 unter der Überschrift »DI-22: Aktualisierung optionaler Funktionen«
8	Temporär deaktivierte Abonnements wieder aktivieren	Abonnements – also Benachrichtigungen über generierte Warnungen – aktivieren Sie im Verwaltungsbereich der Betriebskonsole im Abschnitt *Abonnements*
9	Starten der als Windows-Dienste eingerichteten Connectors	Starten Sie gegebenenfalls die in Schritt 3 beendeten Windows-Dienste
10	Aktualisierung der Außerkraftsetzungen	Dieser Schritt betrifft die Außerkraftsetzung rund um die Überwachung von Active Directory. Beachten Sie hierzu die Anmerkungen im Abschnitt »Detailinformationen zu einzelnen Migrationsschritten« auf Seite 171 unter der Überschrift »DI-12: Aktualisierung der Außerkraftsetzungen«.
11	Überprüfen der erfolgreich durchgeführten Aktualisierung	Beachten Sie hierzu die Anmerkungen im Abschnitt »Detailinformationen zu einzelnen Migrationsschritten« auf Seite 172 unter der Überschrift »DI-13: Überprüfen der erfolgreichen Aktualisierung«

Tabelle 7.8 Die Checkliste zur Aktualisierung Ihrer Verwaltungsgruppe auf dem bisherigen Stammverwaltungsserver

Aktualisierung der Verwaltungsgruppe auf dem sekundären Verwaltungsserver

Wenn Ihr Stammverwaltungsserver nicht den Anforderungen zur Migration der Verwaltungsgruppe auf System Center 2012 Operations Manager entspricht, müssen wir diesen Schritt auf einem sekundären Verwaltungsserver durchführen. Die Schritte in der nachfolgenden Checkliste in Tabelle 7.9 führen Sie durch die erforderlichen Maßnahmen.

Schritt	Beschreibung	Bemerkung
1	Alle noch aktiv verwendeten Betriebskonsolen schließen	
	Aktive Abonnements deaktivieren	Abonnements – also Benachrichtigungen über generierte Warnungen – deaktivieren Sie im Verwaltungsbereich der Betriebskonsole im Abschnitt *Abonnements*
2	Beenden der als Windows-Dienste eingerichteten Connectors	Überprüfen Sie, ob in der Diensteverwaltung des Betriebssystems Connectors für Operations Manager 2007 R2 eingerichtet sind. Wenn ja, beenden Sie diese.
3	Überprüfung: verfügbarer Speicherplatz der operativen Datenbank	Stellen Sie sicher, dass mindestens 50 % freier Speicherbereich für die operative SQL Server-Datenbank vorhanden sind. Tipp: Sofern nicht bereits geschehen, erlauben Sie dynamische Vergrößerung der Datenbank und der Datenbankprotokolle.
4	Durchführen Datensicherung für operative Datenbank	Stellen Sie auch aktuelle Sicherungskopien für alle anderen, im Kontext von Operations Manager 2007 R2 verwendeten Datenbanken (inklusive Überwachungssammeldienste) her
5	Wiederherstellen des Verschlüsselungsschlüssels auf dem sekundären Verwaltungsserver	Beachten Sie hierzu die Anmerkungen im Abschnitt »Detailinformationen zu einzelnen Migrationsschritten« auf Seite 165 unter der Überschrift »Wiederherstellen des Verschlüsselungsschlüssels«
6	Aktualisierung der Verwaltungsgruppe auf dem sekundären Verwaltungsserver	Beachten Sie hierzu die Anmerkungen im Abschnitt »Detailinformationen zu einzelnen Migrationsschritten« auf Seite 176 unter der Überschrift »DI-18: Aktualisierung der Verwaltungsgruppe auf dem sekundären Verwaltungsserver«
7	Aktualisierung optionaler Funktionen	Beachten Sie hierzu die Anmerkungen im Abschnitt »Detailinformationen zu einzelnen Migrationsschritten« auf Seite 179 unter der Überschrift »DI-22: Aktualisierung optionaler Funktionen«
8	Temporär deaktivierte Abonnements wieder aktivieren	Abonnements – also Benachrichtigungen über generierte Warnungen – aktivieren Sie im Verwaltungsbereich der Betriebskonsole im Abschnitt *Abonnements*
9	Starten der als Windows-Dienste eingerichteten Connectors	Starten Sie gegebenenfalls die in Schritt 2 beendeten Windows-Dienste
10	Bisherigen Stammverwaltungsserver deinstallieren	Beachten Sie hierzu die Anmerkungen im Abschnitt »Detailinformationen zu einzelnen Migrationsschritten« auf Seite 177 unter der Überschrift »DI-19: Deinstallation von Stammverwaltungsserver«
11	Aktualisierung der Außerkraftsetzungen	Dieser Schritt betrifft die Außerkraftsetzung rund um die Überwachung von Active Directory. Beachten Sie hierzu die Anmerkungen im Abschnitt »Detailinformationen zu einzelnen Migrationsschritten« auf Seite 171 unter der Überschrift »DI-12: Aktualisierung der Außerkraftsetzungen«.
12	Überprüfen der erfolgreich durchgeführten Aktualisierung	Beachten Sie hierzu die Anmerkungen im Abschnitt »Detailinformationen zu einzelnen Migrationsschritten« auf Seite 172 unter der Überschrift »DI-13: Überprüfen der erfolgreichen Aktualisierung«

Tabelle 7.9 Checkliste zur Durchführung der Aktualisierung einer Verwaltungsgruppe auf einem sekundären Verwaltungsserver

Detailinformationen zu einzelnen Migrationsschritten

Dieser Abschnitt fasst alle weitergehenden Informationen zu besonders erklärungsbedürftigen Migrationsschritten zusammen. Sie finden einen Verweis in der jeweiligen Bemerkungsspalte. Zur besseren Auffindbarkeit habe ich die Detailinformationen (DI) durchnummeriert (DI-01 bis DI-24). Das macht die Blätterarbeit etwas komfortabler.

DI-01: Bereitstellung des Operations Manager Upgrade Helper Management Packs

Importieren Sie das Management Pack Operations Manager Upgrade Helper (2007 R2 à 2012). Dieses Management Pack hilft Ihnen, die wichtigen Schritte während der Migrationsphase zu überwachen.

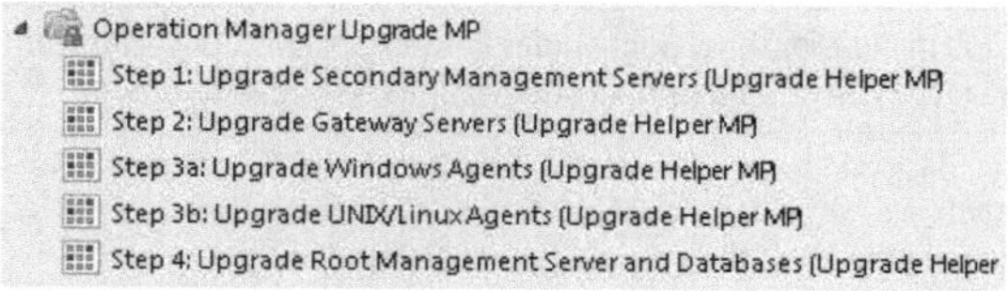

Abbildung 7.1 Nach dem Import des Upgrade Helper Management Packs findet sich ein neuer Abschnitt im Überwachungsbereich

Das Operations Manager Upgrade Helper Management Pack ermittelt den Stammverwaltungsserver, alle sekundären Verwaltungsserver und Gatewayserver. Darüber hinaus werden alle Systeme innerhalb der aktuellen Verwaltungsgruppe ermittelt, auf denen die Agentkomponente von Operations Manager 2007 R2 installiert ist. In der Ansicht im Überwachungsbereich der Betriebskonsole wird der aktuelle Status der Migrationsarbeiten abgebildet.

Das erforderliche Management Pack ist auf dem Datenträger von System Center 2012 Operations Manager gespeichert. Sie finden die Datei im Unterverzeichnis \ManagementPacks unter dem Namen *OperationsManager.Upgrade.mp*.

Nach ca. 15 Minuten hat Operations Manager 2007 R2 die Sichten der Statusanzeigen gefüllt und Sie können mit der selektiven Abarbeitung beginnen. Wichtig ist, dass Sie die vorgegebene Reihenfolge einhalten, wie in Abbildung 7.1 ersichtlich.

DI-02: Sichern und Wiederherstellen des Verschlüsselungsschlüssels auf dem Stammverwaltungsserver

Ergibt sich die unerwünschte Situation einer Rücksicherung von Operations Manager 2007 R2, benötigen Sie den sogenannten Verschlüsselungsschlüssel. Machen Sie sich keine Sorgen hinsichtlich des merkwürdig klingenden Wortspiels. In der Originalsprache klingt die Bezeichnung logischer: Encryption Key.

Bei einer ordnungsgemäß durchgeführten Installation von Operations Manager 2007 R2 wurden Sie am Ende aufgefordert, den Verschlüsselungsschlüssel zu speichern. Hierfür lächelte Ihnen damals ein eigens dafür kreierter Assistent entgegen. Manches Lächeln aus der Vergangenheit bleibt allerdings auch in selbiger und vielleicht haben Sie deshalb keine Ahnung mehr, wo Sie diesen wichtigen Joker abgelegt haben. Ebenso verfänglich ist es, wenn Sie das Kennwort vergessen haben, das Sie damals angeben mussten.

In diesem Abschnitt zeige ich Ihnen, wie Sie den Verschlüsselungsschlüssel sichern und auch wiederherstellen können. Die Wiederherstellung wird im Rahmen der Migration für Szenarien mit einer verteilten Infrastruktur benötigt.

Sichern des Verschlüsselungsschlüssels

Um eine Sicherung des Verschlüsselungsschlüssels für eine Operations Manager 2007 R2-Installation zu erstellen, gehen Sie wie folgt vor:

Detailinformationen zu einzelnen Migrationsschritten

1. Melden Sie sich auf dem Stammverwaltungsserver mit einem administrativen Benutzerkonto an. Dieses Benutzerkonto muss auch administrative Rechte innerhalb der Operations Manager 2007 R2-Verwaltungsgruppe besitzen.
2. Öffnen Sie ein Befehlszeilenfenster unter Verwendung der Option *Als Administrator ausführen*.
3. Wechseln Sie in das Installationsverzeichnis von Operations Manager 2007 R2.
4. Geben Sie den Befehl *SecureStorageBackup Backup* "*<Pfad und Dateiname.bin>*" ein. Drücken Sie danach die ⏎-Taste.
5. Sie werden jetzt nach einem Kennwort für die Wiederherstellung gefragt. Legen Sie ein mindestens achtstelliges Kennwort fest und bestätigen Sie mit der ⏎-Taste.
6. Bestätigen Sie als Nächstes Ihr soeben gewähltes Kennwort.
7. Speichern Sie die Verschlüsselungsschlüsseldatei an einem sicheren Ort.

Wiederherstellen des Verschlüsselungsschlüssels

Die Wiederherstellung des Verschlüsselungsschlüssels ist auch im Rahmen der Migration von Operations Manager 2007 R2 auf System Center 2012 Operations Manager gefordert. Stellen Sie die im Rahmen der ursprünglichen Sicherung generierte Sicherungsdatei auf dem Verwaltungsserver bereit, auf dem die Wiederherstellung durchgeführt werden muss. Erinnern Sie sich darüber hinaus auch an das während der Sicherung vergebene Kennwort. Führen Sie danach die folgenden Schritte aus:

1. Melden Sie sich auf dem gewünschten Verwaltungsserver mit einem administrativen Benutzerkonto an. Dieses Benutzerkonto muss auch administrative Rechte innerhalb der Verwaltungsgruppe besitzen.
2. Öffnen Sie ein Befehlszeilenfenster unter Verwendung der Option *Als Administrator ausführen*.
3. Wechseln Sie in das Installationsverzeichnis von Operations Manager 2007 R2.
4. Geben Sie den Befehl *SecureStorageBackup Restore »Pfad und Dateiname.bin«* ein. Drücken Sie danach die ⏎-Taste.
5. Sie werden jetzt nach dem ursprünglich vergebenen Passwort gefragt, welches Sie bitte jetzt eingeben. Drücken Sie danach die ⏎-Taste.

HINWEIS So überprüfen Sie die erfolgreiche Wiederherstellung des Verschlüsselungsschlüssels:

1. Starten Sie den Registrierungseditor auf dem Verwaltungsserver. Verwenden Sie dazu das Programm *regedit.exe*.
2. Navigieren Sie zu *HKLM\Software\Microsoft\Microsoft Operations Manager\3.0\MOMBins*. Sind die Werte *Value1* und *Value2* existent, hat die Wiederherstellung geklappt.

DI-03: Erforderliche Sortierreihenfolge der SQL Server-Datenbanken

Microsoft SQL Server verzeiht viele Fehler. Bei der Sortierreihenfolge hört der Spaß allerdings auf. Diese Einstellung kann genauso oft ausgetauscht werden wie das Chassis Ihres Pkws. Alle im Kontext von Operations Manager 2007 R2 verwendeten Datenbanken müssen die gleiche Sortierreihenfolge tragen. Ist das nicht der Fall, ist eine Migration nicht möglich. Es gibt Hinweise im Internet, die eine nachträgliche Änderung der Sortierreihenfolge einer SQL Server-Datenbank beschreiben. Diese Vorgehensweise ist jedoch extrem umstritten und von Microsoft für diese Datenbanken nicht unterstützt.

Sprache	Sortierreihenfolge
Englisch	SQL_Latin1_General_CP1_CI_AS
Französisch	French_CI_AS
Russisch	Cyrillic_General_CI_AS
Chinesisch	Chinese_PRC_CI_AS
Japanisch	Japanese_CI_AS
Spanisch	Traditional_Spanish_CI_AS
Andere Sprachen	Latin1_General_CI_AS

Tabelle 7.10 Übersicht der unterstützten Sortierreihenfolgen für System Center 2012 Operations Manager.

In Tabelle 7.10 finden Sie eine Aufstellung der unterstützen Sortierreihenfolgen. In einer deutschsprachigen Umgebung findet somit die Sortierreihenfolge *Latin1_General_CI_AS* Anwendung. In multinationalen Umgebungen, bei denen die Korrespondenzsprache Englisch ist, ist die Sortierreihenfolge SQL_Latin1_General_CP1_CI_AS zu präferieren.

Um die Sortierreihenfolge zu überprüfen, gehen Sie wie folgt vor:

1. Melden Sie sich auf dem als Datenbankserver verwendeten Serversystem an. Verwenden Sie ein Benutzerkonto, welches zugleich über administrative Rechte innerhalb des SQL Servers verfügt.
2. Starten Sie Microsoft SQL Server Management Studio, die Verwaltungskonsole von SQL Server.
3. Erweitern Sie im Objekt-Explorer die Liste der Datenbanken.
4. Klicken Sie mit der rechten Maustaste beispielsweise auf die operative Datenbank. Standardmäßig trägt diese den Namen *OperationsManager*. Wählen Sie im Kontextmenü den Menüeintrag *Eigenschaften*.
5. Im Detailbereich der Seite *Allgemein* innerhalb des jetzt eingeblendeten Dialogfelds sehen Sie in der Zeile *Wartung/Sortierung* die ursprünglich gewählte Sortierreihenfolge.

Da sich die Sortierreihenfolge im Nachhinein offiziell nicht ändern lässt, ist eine bevorstehende Migration damit auch nicht dazu geeignet, die Sprachversion der Installation zu wechseln.

DI-04: Generelle Informationen zur Aktualisierung von Windows-Agents

Die Aktualisierung der Agentkomponenten von Operations Manager 2007 R2 verläuft erfahrungsgemäß problemlos. Sie sollten dennoch ein Auge auf diesen Teil des Migrationsprozesses werfen. Kann die Installationsroutine die Aktualisierung aus welchen Gründen auch immer nicht erfolgreich zu Ende bringen, müssen Sie die in diesem Abschnitt beschriebenen Schritte am Ende der Migrationsphase manuell wiederholen.

In diesem Zusammenhang sind einige Abhängigkeiten von besonderem Interesse, die Ihnen vor der Durchführung der Migration bekannt sein sollten. Diese sind hier nachfolgend zusammengestellt:

- Sind auf dem Computersystem, auf dem der Agent aktualisiert werden soll, weitere Komponenten von Operations Manager 2007 R2 wie beispielsweise Betriebskonsole oder Webkonsole installiert, müssen diese zuerst deinstalliert werden. Erst dann kann der Agent aktualisiert werden. Anschließend müssen Betriebskonsole beziehungsweise Webkonsole manuell – und dann am besten gleich passend zu System Center 2012 Operations Manager – installiert werden.

- Handelt es sich bei dem Serversystem um den von Operations Manager 2007 R2 genutzten Datenbankserver selbst oder ist die Berichterstattungskomponente installiert, verwenden Sie zur Deinstallation die Funktion *Programme und Funktionen* in der Systemsteuerung. Wählen Sie zur Deinstallation den Eintrag *System Center Operations Manager 2007*.
- Deinstallieren Sie keinesfalls die Berichterstattungskomponente
- Ist der Agent auf einem als sekundärer Verwaltungsserver verwendeten System installiert, dann deinstallieren Sie den Agent bitte von Hand. Verwenden Sie zum Abschluss der Migrationsphase die Reparieren-Funktion in der Betriebskonsole von System Center 2012 Operations Manager.
- Ist auf den zu migrierenden Systemen die Überwachungsweiterleitung aktiv, gehen Sie nach Abschluss der Agentaktualisierung wie folgt vor:
    - Ändern Sie den Starttyp der Windows-Diensts *System Center-Überwachungsweiterleitung* auf *Automatisch*
    - Starten Sie die Windows-Dienst *System Center-Überwachungsweiterleitung* manuell

Überprüfen Sie in diesem Zusammenhang unbedingt auch nach Beendigung der gesamten Migration die korrekte Funktionsweise der Überwachungsweiterleitung.

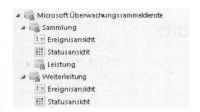

Abbildung 7.2 Überprüfen Sie den Integritätsstatus der in die Überwachungssammeldienste integrierten Systeme

Verwenden Sie dazu die Betriebskonsole und navigieren Sie im Überwachungsbereich zu *Microsoft Überwachungssammeldienste*. Erweitern Sie dort – wie in Abbildung 7.2 gezeigt – zu *Weiterleitung/Statusansicht*. Im Ergebnisbereich müssen die integrierten Systeme gelistet sein.

HINWEIS Beachten Sie abschließend auch noch folgende Hinweise. Der erste betrifft alle unter Ihnen, welche sich ursprünglich dazu entschieden hatten, auf einem 64-Bit-Betriebssystem eine 32-Bit-Agentversion zu installieren:

- Die Aktualisierung eines Agents in 32-Bit-Architektur auf 64-Bit-Architektur ist nicht möglich
- Und ganz wichtig: Mit Operations Manager 2007 R2 oder System Center 2012 Operations Manager zu arbeiten, bedeutet immer, ein klein wenig Geduld mitzubringen. Die Information über die erfolgreiche Aktualisierung der Agents kann mit bis zu einer Stunde Verzögerung in der Betriebskonsole ersichtlich werden.

DI-05: Automatische Aktualisierung der Agentkomponente

Abhängig von Ihrer Operations Manager-Infrastruktur gehen Sie wie folgt zur automatisierten Aktualisierung der Agentkomponente auf den überwachten Systemen vor:

- Wird System Center 2012 Operations Manager auf einer Ein-Server-Landschaft betrieben, melden Sie sich auf einem Computersystem an, auf dem die Betriebskonsole installiert ist. Typischerweise kann das der Verwaltungsserver selbst sein. Zu empfehlen ist allerdings, die Betriebskonsole auf einem separaten Arbeitsplatzcomputer zu installieren und so remote auf den Verwaltungsserver zuzugreifen.

- In einer Umgebung mit mehreren Verwaltungsservern verwenden Sie zur Anmeldung den Verwaltungsserver, auf dem die Betriebskonsole von Operations Manager 2007 R2 installiert ist. Gleiches gilt auch, wenn Sie im Rahmen der Migration einen zusätzlichen, sekundären Verwaltungsserver bereitgestellt haben.
- Sofern Sie die Betriebskonsole nicht auf einem der Verwaltungsserver selbst starten, müssen Sie gegebenenfalls beim Start der Konsole den Namen des gewünschten Verwaltungsservers angeben

Die nächsten Schritte sind für die beiden eben genannten Szenarien gleich.

1. Öffnen Sie in der Betriebskonsole den *Verwaltungsnavigationsbereich*.
2. Erweitern Sie zu *Verwaltung/Geräteverwaltung/Ausstehende Verwaltung*.
3. Im Ergebnisbereich der Betriebskonsole sind alle zu aktualisierenden Agents unter der Rubrik *Agentaktualisierung erforderlich* gruppiert. Klicken Sie die einzelnen Einträge an und wählen Sie im Taskbereich den Hyperlink *Genehmigen*. Microsoft empfiehlt, niemals mehr als 200 Einträge gleichzeitig zu selektieren.
4. Das Dialogfeld zur Angabe weiterer Parameter wird angezeigt. Sofern das aktuell verwendete Benutzerkonto nicht über ausreichende Rechte verfügt, haben Sie jetzt die Chance, ein alternatives Konto anzugeben.
5. Klicken Sie abschließend auf die Schaltfläche *Aktualisieren*. Es empfiehlt sich, den Verlauf der Aktualisierung im aktuellen Dialogfeld zu beobachten.
6. Schließen Sie zum Abschluss das aktuelle Dialogfeld.

DI-06: Manuelle Aktualisierung der Agentkomponente

Wurde die Agentkomponente von Operations Manager 2007 R2 ursprünglich manuell installiert, muss auch die Aktualisierung manuell durchgeführt werden. Es gibt einige Szenarien und Umgebungen, in denen diese Vorgehensweise die einzig mögliche ist. Das gilt insbesondere für Unternehmen, in denen das Wort *Sicherheit* in extrem großen Buchstaben geschrieben wird.

Stellen Sie sicher, dass Sie auf den zu aktualisierenden Systemen Zugriff auf die Installationsquelldateien von System Center 2012 Operations Manager haben. Führen Sie zur manuellen Aktualisierung der Agentkomponente die folgenden Schritte auf den überwachten Computersystemen durch:

1. Melden Sie sich auf dem Computersystem mit einem administrativen Benutzerkonto an. Achten Sie darauf, dass dieses Konto auch über administrative Rechte innerhalb der Verwaltungsgruppe verfügt.
2. Öffnen Sie ein Befehlszeilenfenster unter Verwendung der Option *Als Administrator ausführen*.
3. Wechseln Sie in das Installationsverzeichnis für die Agentkomponente und dort in das architekturabhängige Unterverzeichnis *AMD64*, *i386* oder *ia64*.
4. Führen Sie den folgenden Befehl aus: *msiexec /i MOMAgent.msi /qn /l*v C:\windows\temp\AgentUpgrade.log*. Die Angabe des Parameters */l*v* sowie des korrespondierenden Protokollverzeichnisses ist optional.

HINWEIS Ist auf den Systemen mit manuell installiertem Agent zusätzlich noch der Agent von AVIcode 5.7 (oder älter) in Verwendung, muss bei Ausführung des obigen Befehls zusätzlich noch der Schalter NOAPM=1 mitgegeben werden. Planen Sie, AVIcode 7.5 künftig nicht mehr als separate Komponente zu verwenden, empfiehlt es sich, diesen Agent vor der Aktualisierung zu deinstallieren.

DI-07: Überprüfen der Windows-Agentaktualisierung

Die überwachten Systeme kommunizieren nicht nur hinsichtlich ihrer Überwachungsfunktion mithilfe des Agents mit dem jeweils zuständigen Verwaltungsserver. Sie melden über diesen Kanal auch die aktuellen

Konfigurationseinstellungen und letztendlich auch deren Versionsnummer. Diesen Umstand können wir uns zur Erfüllung der aktuellen Aufgabe zunutze machen und die aktuelle installierte Agentversion abfragen. Dazu gehen Sie wie folgt vor:

1. Starten Sie die Betriebskonsole von System Center 2012 Operations Manager.
2. Navigieren Sie zu *Verwaltung/Geräteverwaltung/Verwalteter Agent*.

Im Ergebnisbereich wird die Liste aller Systeme angezeigt, auf denen ein Agent installiert ist. Dort finden Sie unter anderem auch eine Information zur Versionsnummer. Angezeigt werden muss eine Versionsnummer höher als 7.0.85xx.x.

HINWEIS   Nutzen Sie diese Möglichkeit zur Überprüfung der Versionsnummer nicht gleich nach der Durchführung der Aktualisierung. Es kann bis zu einer Stunde dauern, bis die Versionsnummer in dieser Ansicht den aktuellen Stand anzeigt.

DI-08: Manuelle Aktualisierung von UNIX- und Linux-Agents

Zur manuellen Durchführung der Aktualisierung von UNIX- und Linux-Agents kopieren Sie das passende Softwarepaket auf den UNIX- oder Linux-Computer. Sie finden diese Pakete standardmäßig auf dem Verwaltungsserver unter dem Verzeichnis *C:\Program Files\System Center 2012\Operations Manager\Server\Agent-Management\UnixAgents*.

Führen Sie das passende Programmpaket aus. Für die Durchführung der Installation auf einem Linux-Computer führen Sie beispielsweise folgenden Befehl aus: *rpm –Uvh <filename>.rpm*.

DI-09: Aktualisierung von UNIX- und Linux-Agents in verteilten Umgebungen

Zur Aktualisierung der Agentkomponente auf UNIX- und Linux-Systemen in Umgebungen mit mehr als einem Verwaltungsserver gehen Sie wie folgt vor:

1. Melden Sie sich auf dem Stammverwaltungsserver mit einem administrativen Benutzerkonto an. Dieses Konto muss auch über administrative Rechte innerhalb von Operations Manager 2007 R2 verfügen.
2. Starten Sie die Betriebskonsole. Öffnen Sie den Navigationsschaltflächenbereich *Verwaltung*.
3. Klicken Sie im Navigationsbereich auf den Hyperlink *Ermittlungs-Assistent*.
4. Klicken Sie im angezeigten Dialogfeld *Computer und Geräteverwaltungs-Assistent* auf die Schaltfläche *Unix/Linux Ermittlungs-Assistent*. Klicken Sie danach auf die Schaltfläche *Weiter*.
5. Klicken Sie im nächsten Schritt des Assistenten auf die Schaltfläche *Hinzufügen*.
6. Im Dialogfeld *Ermittlungskriterien angeben* tragen Sie die erforderlichen Benutzerinformationen ein, um auf den sekundären Verwaltungsserver zugreifen zu können.
7. Klicken Sie im nachfolgenden Dialogfeld auf die Schaltfläche *Hinzufügen* und fügen Sie den sekundären Verwaltungsserver der Ermittlungsbereichsliste hinzu.
8. Klicken Sie anschließend auf die Schaltfläche *Ermitteln*.

Auf der Ergebnisseite werden die Systeme gelistet, die bereits einen Agent von Operations Manager 2007 R2 installiert haben und für eine Aktualisierung empfänglich sind. Führen Sie jetzt die Aktualisierung durch und schließen Sie anschließend den Assistenten.

> **HINWEIS** Mit System Center 2012 Operations Manager werden die sogenannten Ressourcenpools eingeführt. Damit ist es möglich, bestimmten Verwaltungsservern besondere Zuständigkeiten dediziert zuzuordnen. Mehr über dieses Thema in Kapitel 8.

DI-10: Überprüfen der UNIX/Linux-Agentaktualisierung

Ähnlich wie bei den Windows-basierten Agents können wir auch die Version der UNIX- und Linux-Agentkomponente überprüfen. Gehen Sie dazu wie folgt vor:

1. Starten Sie die Betriebskonsole von System Center 2012 Operations Manager.
2. Navigieren Sie zu *Verwaltung/Geräteverwaltung/UNIX/Linux-Computer*.

Im Ergebnisbereich wird auch hier die Liste aller UNIX- und Linux-Systeme angezeigt, auf denen ein Agent installiert ist. Und auch hier finden Sie unter anderem die Information zur Versionsnummer. Angezeigt werden muss die Versionsnummer 1.2.0-xxx.

> **HINWEIS** Wie bei den Windows-Systemen kann auch hier die Aktualisierung der Informationen bis zu einer Stunde dauern. Bitte deshalb ebenfalls nicht ungeduldig werden.

DI-11: Aktualisierung einer Verwaltungsgruppe in einer Ein-Server-Umgebung

Befinden sich alle Komponenten von Operations Manager 2007 R2 auf einem Serversystem, werden diese im Verlauf der Migration komplett auf System Center 2012 Operations Manager aktualisiert. »Komplett« bezieht sich dabei auf die folgenden Funktionen:

- Operative Datenbank
- Verwaltungsserver
- Betriebskonsole
- Webkonsole
- Berichterstattung
- Data Warehouse

Ist die Data Warehouse-Komponente zu Beginn der Migration nicht vorhanden, wird sie durch die Installations-Assistenten von System Center 2012 Operations Manager installiert. Achten Sie bitte darauf, dass das Serversystem alle soft- und hardwaretechnischen Anforderungen von System Center 2012 Operations Manager erfüllt.

> **TIPP** Vielleicht wollen oder können Sie auf die Überwachung Ihrer Infrastruktur während der Migration nicht verzichten. Um dies zu erreichen, kann man für den Zeitraum der Aktualisierung (und vielleicht auch noch für danach) einen sekundären Verwaltungsserver bereitstellen. Entscheiden Sie sich für diese Erweiterung, gilt für Sie ab sofort das Migrationsszenario für eine verteilte, kompatible Infrastruktur.

Zur Durchführung der nachfolgenden Schritte stellen Sie den Datenträger von System Center 2012 Operations Manager auf dem aktuellen Operations Manager 2007 R2-Stammverwaltungsserver zur Verfügung. Und los geht's:

Detailinformationen zu einzelnen Migrationsschritten

1. Melden Sie sich mit einem administrativen Benutzerkonto am Stammverwaltungsserver von Operations Manager 2007 R2 an. Das verwendete Konto muss auch über administrative Rechte innerhalb der Verwaltungsgruppe Ihrer Operations Manager 2007 R2-Infrastruktur verfügen.
2. Starten Sie den Installationsdatenträger von System Center 2012 Operations Manager. Beachten Sie bitte den Hinweis hinsichtlich zur Installation der Data Warehouse-Komponente, wenn diese nicht bereits installiert ist.
3. Bestätigen Sie die Lizenzvereinbarungen und gegebenenfalls auch im nächsten Fenster den vorgeschlagenen Installationspfad. Optional können Sie diesen bei Bedarf anpassen.
4. Beachten Sie im nächsten Dialogfeld die Ergebnisse zur Sicherstellung der erforderlichen Systemvoraussetzungen. Werden Fehler angezeigt, ist ein Weiterkommen an dieser Stelle nicht möglich und Sie müssen erst für eine Nachbesserung sorgen.
5. Ist die Data Warehouse-Komponente noch nicht installiert, werden Sie mit Unterstützung der nachfolgenden Dialogfelder nach den erforderlichen Parametern befragt. Konkret benötigen wir erst einmal den Namen des Datenbankservers und gegebenenfalls auch den Namen der zu verwendenden SQL Serverinstanz.
6. Im nächsten Dialogfeld werden die Datenbankparameter wie beispielsweise Datenbankname und Datenbankgröße vorgeschlagen. Ich schließe mich gerne der Empfehlung von Microsoft an dieser Stelle an und rate, die Vorschlagswerte beizubehalten.
7. Im nächsten Dialogfeld geht es um die Konfiguration der Webkonsole-Komponente. Standardmäßig passt diese Vorgabe bei den meisten Unternehmen. Selbstverständlich nehmen Sie jedoch Anpassungen vor, sollten Sie die Webkonsole ursprünglich nicht auf der Standardwebseite oder unter Verwendung von SSL konfiguriert haben.
8. Ergänzend wird im nächsten Dialogfeld nach der Authentifizierungsmethode der Webkonsole gefragt. Entscheiden entsprechend Ihrer Konfiguration.
9. Abschließend ist noch zu klären, welche Benutzerkonten für den Betrieb zu verwenden sind. Bewährt hat sich aus meiner Erfahrung der Einsatz von Domänenbenutzerkonten.
10. Sie haben es geschafft. Mit einem Klick auf die Schaltfläche *Aktualisieren* wird die Installationsroutine von System Center 2012 Operations Manager für eine Aktualisierung von Operations Manager 2007 R2 auf Basis Ihrer Vorgaben sorgen.

HINWEIS Kurz vor dem letzten Dialogfeld – quasi auf der Zielgeraden – könnte Ihnen eine Fehlermeldung in Sachen SQL Server-Kompatibilität einen Strich durch Ihre Erfolgsrechnung machen. Sollten Sie einen Hinweis erhalten, dass es sich bei dem verwendeten SQL Server um eine falsche oder nicht unterstützte Version handelt, führen Sie folgende Schritte aus:

1. Öffnen Sie ein Befehlszeilenfenster unter Verwendung der Option *Als Administrator ausführen*.
2. Führen Sie den nachfolgenden Befehl aus:

```
mofcomp.exe "<Pfad zum Installationsverzeichnis von SQL Server>\Microsoft SQL Server\100\Shared\sqlmgmproviderxpsp2up.mof"
```

DI-12: Aktualisierung der Außerkraftsetzungen

Diesen Abschnitt müssen Sie nur beachten, wenn Sie während der Verwendung von Operations Manager 2007 R2 die Active Directory-Integration verwendet haben. Im Rahmen der Migration zu System Center 2012 Operations Manager muss diese Konfiguration gegebenenfalls gelöscht und neu angelegt werden. Dieser Fall tritt dann ein, wenn Sie den bisherigen Stammverwaltungsserver aufgrund mangelhafter Kompatibilität ersetzen müssen. Werden bei der Neuanlage Außerkraftsetzungen angewendet, muss darauf geachtet werden, dass diese gegen den sogenannten Active Directory Assignment Resource Pool appliziert werden.

DI-13: Überprüfen der erfolgreichen Aktualisierung

Gehen Sie wie folgt vor, um die erfolgreiche Aktualisierung zu überprüfen:
1. Überprüfen Sie den Integritätsstatus der Verwaltungsserver und der Agents nach der Aktualisierung. Verwenden Sie dazu die Betriebskonsole unter Verwendung der folgenden Sichten:
   - Überwachung/Operations Manager/Agentdetails/Agentzustand
   - Überwachung/Operations Manager/Verwaltungsserver/Verwaltungsserverstatus
   - Verwaltung/Geräteverwaltung/Verwaltungsserver
   - Verwaltung/Geräteverwaltung/Verwalteter Agent
2. In allen soeben genannten Sichten sollten die Integritätsstatus der Entitäten fehlerfrei sein.
3. Überprüfen Sie die Ereignisanzeige der Verwaltungsserver auf Betriebssystemebene auf neu generierte Fehlermeldungen.
4. Überprüfen Sie die neu erstellten Warnmeldungen mithilfe der Betriebskonsole. Relevant sind zu diesem Zeitpunkt und für diese Prüfung nur Fehlermeldungen, die nach der erfolgreichen Migration aufgetreten sind. Ich empfehle Ihnen, nach der durchgeführten Aktualisierung alle aktuellen Warnmeldungen zu löschen. Sind die Ursachen für ein Problem weiterhin vorhanden, wird System Center 2012 Operations Manager die Warnmeldung umgehend erneut generieren. Spätestens dann sollten Sie allerdings aufmerksam werden und sich auf die Suche nach dem Ursprung machen.
5. Überprüfen Sie die Prozessorauslastung und die Datenträger-E/A-Last auf dem Datenbankserver.

DI-14: Installieren eines zweiten Verwaltungsservers zur Vorbereitung der Aktualisierung

Erfüllt der Stammverwaltungsserver in einer Operations Manager 2007 R2-Umgebung nicht die Erfordernisse zur erfolgreichen Migration auf System Center 2012 Operations Manager, muss ein weiterer, sekundärer Verwaltungsserver installiert werden. Selbstredend, dass dieses neue System so vorbereitet wird, dass die Anforderungen in Sachen Hard- und Software erfüllt sind. Im weiteren Verlauf der Migrationsphase wird dieses System dann die Rolle des bisherigen Stammverwaltungsservers übernehmen.

Die notwendigen Schritte sind von Microsoft in einem eigenen TechNet-Artikel beschrieben, auf den ich an dieser Stelle verweisen möchte. Sie finden den Artikel unter folgendem Hyperlink *http://technet.microsoft.com/library/dd789068.aspx*. Alternativ verwenden Sie die von Ihnen bevorzugte Internetsuchmaschine und tragen im Suchfeld *Bereitstellen eigenständiger Verwaltungsserver unter Windows Server 2008* ein.

DI-15: Agents einem sekundären Verwaltungsserver zuordnen

Ist ein sekundärer Verwaltungsserver vorhanden, kann den Agents mitgeteilt werden, dass sie ab sofort dieses System als Kommunikationspartner verwenden. Damit wird die Voraussetzung geschaffen, um den nicht kompatiblen Stammverwaltungsserver in einem weiteren Arbeitsschritt abzulösen.

Detailinformationen zu einzelnen Migrationsschritten

Dieses Szenario findet auch Anwendung, wenn Sie während der Migration einer verteilten, kompatiblen Umgebung nicht auf die Überwachung der eingebundenen Systeme verzichten wollen oder können. Es gibt folgende drei Alternativen, um die notwendigen Schritte durchzuführen:

- Verwenden der Betriebskonsole
- Umzug der Agents mithilfe der Active Directory-Integration
- Ausführen des PowerShell-Skripts

Wir schauen uns alle drei Alternativen an.

Umzug der Agents mithilfe der Betriebskonsole

Um den Umzug der Agents mithilfe der Betriebskonsole durchzuführen, gehen Sie wie folgt vor:

1. Melden Sie sich an einem Computersystem an, auf dem die Betriebskonsole von Operations Manager 2007 R2 installiert ist. Verwenden Sie ein Benutzerkonto, welches über administrative Rechte innerhalb der Verwaltungsgruppe verfügt.
2. Klicken Sie im Navigationsschaltflächenbereich auf *Verwaltung*.
3. Erweitern Sie im Navigationsbereich zu *Verwaltung/Geräteverwaltung/Mit Agents verwaltet*.
4. Klicken Sie mit der rechten Maustaste auf die Windows Computer und wählen Sie im Kontextmenü den Menüeintrag *Primären Verwaltungsserver ändern*. Für UNIX und Linux-Computersysteme führen Sie diesen Arbeitsgang bitte im Navigationsbereich *UNIX/Linux Servers* aus.
5. Das Dialogfeld zur Auswahl eines alternativen Verwaltungsservers wird angezeigt. Klicken Sie auf den (neuen) sekundären Verwaltungsserver und schließen Sie danach das Dialogfeld.

Der Clientcomputer wird nach kurzer Zeit über die Veränderung informiert und versucht dann sofort, mit dem neuen Ansprechpartner zu kommunizieren.

Umzug der Agents mithilfe von Active Directory-Integration

Um den Clientcomputern von Operations Manager 2007 R2 auf Basis von Active Directory-Integration einen neuen Verwaltungsserver zuzuordnen, bedarf es mehrerer Konfigurationsänderungen. Zuerst löschen Sie die Konfigurationseinstellungen zur automatischen Agentzuweisung beim Verwaltungsserver, der entfernt werden soll. Danach erstellen wir eine Regel, die den neuen Verwaltungsserver als Failoversystem deklariert. Dieser Zwischenschritt ist notwendig, da den Clientsystemen nur so die Substitution mitgeteilt werden kann.

Ist die neue Regel erstellt und in Active Directory etabliert, löschen Sie etwa eine Stunde später die eben erstellte Konfigurationseinstellung. Das ist die offizielle Empfehlung von Microsoft. Erfahrungsgemäß können Sie diesen Schritt bereits nach 15 Minuten ausführen. In einem letzten Schritt erstellen Sie dann erneut eine Regel zur automatischen Agentzuweisung; dieses Mal jedoch nur unter Verwendung des neuen Verwaltungsservers.

Wenn Sie bisher gute Erfahrungen mit der Anwendung der Active Directory-Integration gemacht haben, empfiehlt sich die Bereitstellung von mindestens zwei kompatiblen Verwaltungsservern. Dann nämlich sind Sie in der Lage, nicht nur den Entfall des bisherigen Stammverwaltungsservers zu kompensieren; Sie können zugleich auch einen Failoverserver definieren.

Ausführen des PowerShell-Skripts

Um den Umzug der Agents skriptbasiert durchzuführen, gehen Sie wie folgt vor:

1. Melden Sie sich an einem Computersystem an, auf dem die Betriebskonsole von Operations Manager 2007 R2 installiert ist. Verwenden Sie hier ebenfalls ein Benutzerkonto, welches über administrative Rechte innerhalb der Verwaltungsgruppe verfügt.
2. Starten Sie eine Operations Manager Shell und führen Sie die folgenden Befehle aus:

```
$newMS = Get-ManagementServer | where {$_.Name -eq '<SecondaryMgmtServer.DomainName.COM>'}
$agent = Get-Agent | where {$_.PrincipalName -eq '<AgentComputer.Domain.COM>'}
Set-ManagementServer -AgentManagedComputer: $agent -PrimaryManagementServer: $newMS
```

Profis werden sich daraus ein Skript generieren und statt der einzelnen Zeilen die drei Anweisungszeilen in einem Rutsch ausführen. Alle anderen seien darauf hingewiesen, dass die beiden Variablen *SecondaryMgmtServer.DomainName.COM* und *<AgentComputer.Domain.COM>* durch die spezifischen Systemnamen in Ihrer Umgebung ersetzt werden müssen.

DI-16: Anmerkungen zur erforderlichen Aktualisierung von SQL Server

Zum Betrieb von System Center 2012 Operations Manager wird Microsoft SQL Server in einer der nachfolgenden Versionen vorausgesetzt:

- Microsoft SQL Server 2008 SP1
- SQL Server 2008 R2
- SQL Server 2008 R2 SP1

Je nach Unternehmens- und Datenbankgröße ist es mit einer Aktualisierung des Datenbankserverprodukts nicht getan. Gegebenenfalls muss die Datenbank auf ein anderes System umgezogen werden. Eventuell entscheiden Sie sich aufgrund der Datenmenge auch für eine Trennung von operativer und Data Warehouse-Datenbank. Großen Einfluss hat auch die Dimension der Überwachungssammeldienstdatenbank. Dazu gesellen sich dann noch lizenzrechtliche Besonderheiten, die ebenfalls Einfluss auf die Entscheidung ausüben. Beachten Sie insbesondere in Sachen Lizenzierung Kapitel 17 in diesem Buch.

All diese Aspekte machen eine ausführliche Behandlung aller Migrationsvarianten des Datenbanksystems an dieser Stelle nicht möglich, da sie den Rahmen sprengen würden. Microsoft hat alle wichtigen Informationen in mehreren TechNet-Artikeln bereitgestellt. Vorgestellt werden dort die notwendigen Details zu folgenden Szenarien:

- Umzug der operativen Datenbank
- Umzug der Data Warehouse-Datenbank
- Umzug der Überwachungssammeldienst-Datenbank
- Vorbereitung der Aktualisierung auf SQL Server 2008 R2
- Durchführen der Aktualisierung auf SQL Server 2008 R2

Sie finden den Artikel unter der Internetadresse *http://technet.microsoft.com/en-us/library/hh284674.aspx*.

Alternativ geben Sie im Suchfeld der Internetsuchmaschine Ihres Herzens den Text *Upgrading SQL Server (Operations Manager Upgrade)* ein.

Detailinformationen zu einzelnen Migrationsschritten

> **HINWEIS** Zum Zeitpunkt der Erstellung dieses Buchs ist SQL Server 2012 bereits veröffentlicht, eine Freigabe für System Center 2012 Operations Manager liegt jedoch noch nicht vor. Bitte informieren Sie sich diesbezüglich über Anpassungen in der Unterstützung durch und für die System Center-Familie bei Microsoft beziehungsweise auf der Website von Microsoft System Center.

DI-17: Aktualisierung eines sekundären Verwaltungsservers

Dieser Abschnitt zeigt Ihnen die notwendigen Schritte zur Aktualisierung eines sekundären Verwaltungsservers von Operations Manager 2007 R2 auf System Center 2012 Operations Manager. Wenden Sie die beschriebene Abfolge nur an, wenn alle notwendigen Vorbereitungen in Ihrer Checkliste erfolgreich abgeschlossen wurden.

> **HINWEIS** Ist auf Ihrem zu aktualisierenden, sekundären Verwaltungsserver die Webkonsole installiert, wird diese Rolle im Verlauf der Aktualisierung deinstalliert. In diesem Fall müssen Sie diese Rolle nach erfolgreicher Migration neu installieren.

Zur Durchführung benötigen wir den Datenträger von System Center 2012 Operations Manager, den Sie bitte auf dem betroffenen sekundären Verwaltungsserver bereitstellen. Führen Sie die nachfolgenden Schritte zur Aktualisierung des Systems aus:

1. Melden Sie sich auf dem sekundären Verwaltungsserver mit einem administrativen Benutzerkonto an, welches auch über administrative Rechte innerhalb der aktuellen Verwaltungsgruppe von Operations Manager 2007 R2 verfügt.
2. Starten Sie den Installationsprozess; starten Sie dazu *Setup.exe* auf dem Datenträger von System Center 2012 Operations Manager.
3. Klicken Sie auf den Hyperlink *Installieren* im angezeigten Dialogfeld.
4. Die Installationsroutine erkennt die installierten Komponenten und fordert Sie zur Zustimmung für die Durchführung der Aktualisierung auf. Klicken Sie auf die Schaltfläche *Weiter*.
5. Im nächsten Dialogfeld wird Ihnen der standardmäßig verwendete Installationspfad vorgeschlagen. Sollten keine triftigen Gründe dagegensprechen, übernehmen Sie diesen Vorschlag und klicken Sie erneut auf die Schaltfläche *Weiter*.
6. Nun werden die notwendigen Voraussetzungen zur erfolgreichen Durchführung der Migration überprüft. Sollten noch Korrekturen oder Ergänzungen notwendig sein, können Sie diese jetzt nachholen. Eine erneute Prüfung ist jederzeit möglich. Sind alle obligatorischen Voraussetzungen erfüllt, wird die Schaltfläche *Weiter* zur Nutzung freigegeben.
7. Im nächsten Dialogfeld wird die Angabe der erforderlichen Benutzerkonten abgefragt. Nutzen Sie hier auf jeden Fall Domänenbenutzerkonten. Danach kann die Aktualisierung beginnen.

> **HINWEIS** Der Prozess zur Aktualisierung eines sekundären Verwaltungsservers ist sehr schlank gehalten. Sind alle Voraussetzungen gegeben, entstehen keine weiteren Nacharbeiten. Nichtsdestotrotz ist die Migration Ihrer Verwaltungsgruppe erst abgeschlossen, wenn alle Komponenten auf System Center 2012 Operations Manager migriert sind.

DI-18: Aktualisierung der Verwaltungsgruppe auf dem sekundären Verwaltungsserver

Kann der Stammverwaltungsserver einer Operations Manager 2007 R2-Umgebung die Anforderungen für die Migration auf System Center 2012 Operations Manager nicht erfüllen, führt der Weg über einen zusätzlichen sekundären Verwaltungsserver.

Bitte achten Sie darauf, dass alle vorgelagerten Migrationsschritte in Ihrer Checkliste erfolgreich abgeschlossen sind, bevor Sie die nachfolgenden Arbeiten ausführen. Zur Durchführung benötigen wir auch hier den Datenträger von System Center 2012 Operations Manager, den Sie bitte auf dem betroffenen sekundären Verwaltungsserver bereitstellen. Führen Sie jetzt die nachfolgenden Schritte aus:

1. Melden Sie sich auf dem sekundären Verwaltungsserver mit einem administrativen Benutzerkonto an, welches auch über administrative Rechte innerhalb der aktuellen Verwaltungsgruppe von Operations Manager 2007 R2 verfügt.
2. Öffnen Sie ein Befehlszeilenfenster unter Verwendung der Option *Als Administrator ausführen*.
3. Wechseln Sie zum Verzeichnis des Datenträgers von System Center 2012 Operations Manager und führen Sie den Befehl *setup.exe /UpgradeManagementGroup* aus.
4. Das erste Dialogfeld der Installationsroutine wird angezeigt. Klicken Sie auf den Hyperlink *Installieren*.
5. Beachten Sie bitte den Hinweis hinsichtlich der Installation der Data Warehouse-Komponente, wenn diese nicht bereits installiert ist.
6. Bestätigen Sie die Lizenzvereinbarungen und gegebenenfalls auch im nächsten Fenster den vorgeschlagenen Installationspfad. Optional können Sie diesen bei Bedarf anpassen.
7. Beachten Sie im nächsten Dialogfeld die Ergebnisse zur Sicherstellung der erforderlichen Systemvoraussetzungen. Werden Fehler angezeigt, ist ein Weiterkommen an dieser Stelle nicht möglich und Sie müssen erst für eine Nachbesserung sorgen.
8. Ist die Data Warehouse-Komponente noch nicht installiert, werden Sie in den nachfolgenden Dialogfeldern nach den erforderlichen Parametern befragt. Konkret benötigen wir erst einmal den Namen des Datenbankservers und gegebenenfalls auch den Namen der zu verwendenden SQL Serverinstanz.
9. Nachfolgend werden die Benutzerkonten, die für den Betrieb zu verwenden sind, abgefragt. Bewährt hat sich aus meiner Erfahrung der Einsatz von Domänenbenutzerkonten. Das entspricht auch der Vorgabe von Microsoft.
10. Abschließend werden Sie noch nach Ihrer Entscheidung in Sachen Aktivierung von Windows Update gefragt. Obwohl seit offizieller Verfügbarkeit von Operations Manager 2007 R2 bis heute noch keine einzige Aktualisierung über Windows Update bereitgestellt wurde, empfiehlt es sich, dem Vorschlag zuzustimmen.
11. Starten Sie nun die Aktualisierung. Die erfolgreiche Beendigung quittiert Ihnen der Assistent mit einer entsprechenden Erfolgsmeldung.

HINWEIS Wenn Sie Ihren bisherigen Stammverwaltungsserver auf einem Clusterverbund betreiben, werden Sie aller Wahrscheinlichkeit nach eine Fehlermeldung bei der Überprüfung der Migrationsvoraussetzungen erhalten. Diese Fehlermeldung weist darauf hin, dass Agents weiterhin mit Ihrem Stammverwaltungsserver kommunizieren. Sollte diese Fehlermeldung bei Ihnen auftreten, gehen Sie wie folgt vor:

1. Starten Sie die Betriebskonsole.
2. Navigieren Sie zu *Verwaltung/Geräteverwaltung/Ohne Agents verwaltet*.
3. Löschen Sie die Einträge in dieser Liste.

Detailinformationen zu einzelnen Migrationsschritten

DI-19: Deinstallation von Stammverwaltungsserver und sekundärem Verwaltungsserver

Im Rahmen der Migration auf System Center 2012 Operations Manager gehört die Deinstallation des bestehenden Stammverwaltungsserver zu den letzten Schritten abhängig vom jeweiligen Szenario. Die Durchführung dieser Maßnahme ist unspektakulär und hat keine Auswirkung auf den laufenden Betrieb der bereits neu installierten Verwaltungsserver der »neuen Welt«. Führen Sie die folgenden Schritte zur Deinstallation der Rolle Stammverwaltungsserver durch:

1. Melden Sie sich auf dem Stammverwaltungsserver mit einem administrativen Benutzerkonto an.
2. Klicken Sie auf *Start/Systemsteuerung* und wählen Sie dort die Option *Programme und Funktionen*.
3. Klicken Sie mit der rechten Maustaste auf den Eintrag *Operations Manager 2007 R2* und wählen Sie im Kontextmenü den Menüeintrag *Deinstallieren*.
4. Bestätigen Sie die bevorstehende Deinstallation.

> **HINWEIS** Verwenden Sie die gleiche Vorgehensweise zur Deinstallation der Rolle eines sekundären Verwaltungsservers.

DI-20: Aktualisierung des Operations Manager 2007 R2-Gatewayservers

Diesen Abschnitt müssen Sie nur beachten, wenn Sie in Ihrem Unternehmen Operations Manager 2007 R2-Gatewayserver einsetzen. Deren Aktualisierung kann stattfinden, sobald die sekundären Verwaltungsserver erfolgreich auf System Center 2012 Operations Manager migriert wurden. Folgende Zutaten werden für eine erfolgreiche Durchführung benötigt:

- Ein Benutzerkonto mit lokalen Administrationsrechten auf dem Gatewayserver
- Der Installationsdatenträger von System Center 2012 Operations Manager, welchen Sie bitte auf dem Gatewayserver-System bereitstellen

Und nun frisch ans Werk. Führen Sie die nachfolgenden Arbeitsschritte zügig, aber ohne Hast durch:

1. Melden Sie sich mit dem bereitgestellten Benutzerkonto am Gatewayserver an.
2. Starten Sie die Installationsroutine auf dem Datenträger von System Center 2012 Operations Manager. Klicken Sie dazu gegebenenfalls auf die Applikation *Setup.exe*, welche im Hauptverzeichnis des Datenträgers zu finden ist. Stimmen Sie der je nach Systemkonfiguration zusätzlich angezeigten Warnmeldung in Sachen Benutzerkontensteuerung zu. Der Begrüßungsdialog wird angezeigt.
3. Klicken Sie im Bereich *Optionale Installationen* auf den Hyperlink *Gatewayverwaltungsserver*. Das Installationsprogramm für diese Sonderrolle wird gestartet. Arbeiten Sie sich durch die beiden informativen Dialogfelder und starten Sie am Ende den Aktualisierungsprozess.

Läuft alles wie erwartet glatt, beglückwünscht Sie die Installationsroutine mit einer persönlichen Erfolgsmeldung.

Damit ist die Aktualisierung der Gatewayserver-Rolle auf System Center 2012 Operations Manager erledigt. Wenn Sie der Harmonie nicht trauen und sich lieber auf harte Fakten verlassen wollen, kann ich Ihnen folgende Möglichkeit zur Überprüfung anbieten:

1. Starten Sie die Betriebskonsole von System Center 2012 Operations Manager.
2. Navigieren Sie zu *Verwaltung/Geräteverwaltung/Verwaltungsserver*.
3. Überprüfen Sie die angezeigte Versionsnummer für dieses System. Diese muss dem Muster 7.0.85xx.x entsprechen.

HINWEIS Sollte die Versionsnummer kurz nach der Aktualisierung noch nicht auf gewünschtem Niveau angelangt sein, bewahren Sie Ruhe. Die Aktualisierung dauert nach meiner Erfahrung bis zu 20 Minuten, ist jedoch stark abhängig von der Größe Ihrer Infrastruktur, der Anzahl der überwachten Systeme und installierten Management Packs.

Vergessen Sie nicht, dass System Center 2012 Operations Manager weitaus mehr prüft als nur die Erreichbarkeit der überwachten Entitäten. Dieser kontinuierliche Berechnungsprozess hat großen Einfluss auf die gefühlte Reaktionsgeschwindigkeit der Betriebskonsole. Dies gilt insbesondere während der Migrationsphase.

DI-21: Aktualisieren der Verwaltungsgruppe auf Stammverwaltungsserver

Herzlich willkommen zur Aktualisierung der Verwaltungsgruppe. Wir können die nachfolgenden Schritte durchführen, wenn das als Stammverwaltungsserver verwendete Serversystem die Hard- und Softwareanforderungen erfüllt. Wie bei den meisten Migrationsschritten benötigen wir auch an dieser Stelle ein Benutzerkonto, mit besonderen Rechten, die folgendermaßen ausgeprägt sein müssen:

- Lokale Administrationsrechte auf Ihrem Stammverwaltungsserver-System
- Administrative Rechte innerhalb der Verwaltungsgruppe von Operations Manager 2007 R2
- SQL Server-Administrationsrechte auf den Datenbankservern, welche die operative Datenbank und die Data Warehouse-Datenbank bereitstellen. Bitte nicht verwechseln mit betriebssystembezogenen Administrationsrechten!

HINWEIS System Center 2012 Operations Manager nutzt die SQL Server-Funktion Volltextsuche. Bitte achten Sie darauf, dass diese Funktion auf den von Ihnen verwendeten SQL Serversystemen vor der Durchführung der nachfolgenden Schritte eingerichtet ist.

Damit sind alle erforderlichen Zutaten vorbereitet und wir beginnen mit der Durchführung der Aktualisierung. Zur allgemeinen Auflockerung und aufgrund der Kritik eines Lesers meines letzten Buchs verzichte ich in diesem Abschnitt auf die explizite Erwähnung der Schaltfläche *Weiter*. Die restlichen 99,9 % aller Leser finden sich bestimmt ebenfalls zurecht. Und los geht's:

1. Melden Sie sich auf dem bisherigen Stammverwaltungsserver mit dem soeben bereitgestellten Benutzerkonto an. Starten Sie das Installationsprogramm von System Center 2012 Operations Manager. Klicken Sie dazu gegebenenfalls auf die Anwendung *Setup.exe*, die im Hauptverzeichnis des Datenträgers zu finden ist. Bestätigten Sie – je nach Sicherheitskonfiguration – den Hinweis zur Benutzerkontensteuerung.
2. Sie sehen jetzt den zentralen Begrüßungsbildschirm für alle Installationsprozesse. Klicken Sie auf den Hyperlink *Installieren*. Wählen Sie anschließend den Eintrag zur Aktualisierung von Operations Manager. Beachten Sie bitte, dass im weiteren Verlauf der Installation die Data Warehouse-Rolle mit installiert wird, sofern diese nicht bereits vorhanden ist.
3. Bestätigen Sie die Lizenzbestimmungen und überprüfen Sie im nächsten Dialogfeld die vorgeschlagenen Installationspfade. Passen Sie diese gegebenenfalls Ihren Anforderungen an. Ich empfehle, die Vorgaben zu übernehmen.
4. Im nächsten Dialogfeld werden die erforderlichen Voraussetzungen zur erfolgreichen Durchführung der Migration überprüft.
5. Ist die Data Warehouse-Komponente bis jetzt noch nicht am Start, fordert der Aktualisierungsprozess nun die erforderlichen Informationen wie Datenbankservername und Instanzname ein. Die im Nach-

Detailinformationen zu einzelnen Migrationsschritten

gang vorgeschlagenen Werte wie Datenbankname, Datenbankgröße und Verzeichnispfade sollten Sie übernehmen. Dies gilt insbesondere hinsichtlich der Verzeichnispfade, da deren Vorschlag auf der Konfiguration des SQL Servers beruht.

6. Im Nachgang werden Sie um Bekanntgabe der zu verwendenden Benutzerkonten gefragt. Verwenden Sie an dieser Stelle Domänenbenutzerkonten. Es empfiehlt sich, die bisher im Kontext von Operations Manager 2007 R2 verwendeten Konten weiter zu verwenden.
7. Damit sind alle erforderlichen Angaben gemacht und die Aktualisierung kann beginnen. Klicken Sie dazu auf die Schaltfläche *Aktualisieren*.

Verläuft der Prozess wie erwartet erfolgreich, teilt Ihnen das die Installationsroutine am Ende mit einer Erfolgsmeldung mit.

DI-22: Aktualisierung optionaler Funktionen

Zu den Kernkomponenten von Microsoft Operations Manager gehören unter anderem die Betriebskonsole, die operative und die Data Warehouse-Datenbank und natürlich auch der Verwaltungsserver. Andere Rollen wie beispielsweise Webkonsole und Berichterstattung sollten im Rahmen einer professionellen Integration ebenfalls installiert und in Betrieb genommen worden sein. Diese Komponenten zählen jedoch nicht zu den Kernfunktionen.

Sowohl Operations Manager 2007 R2 als auch System Center 2012 Operations Manager sind in der Lage, ihre Aufgabe auch ohne diese Bausteine zu erfüllen. Sie alle machen die Arbeit mit dieser Überwachungslösung aber weitaus komfortabler. In diesem Abschnitt werden wir uns um die notwendigen Schritte zur Aktualisierung der folgenden optionalen Funktionen von Operations Manager 2007 R2 kümmern:

- Aktualisierung einer eigenständig installierten Betriebskonsole
- Aktualisierung der Operations Manager 2007 R2-Webkonsole
- Aktualisierung der Berichterstattung
- Aktualisierung der Überwachungssammlung

Aktualisierung einer eigenständig installierten Betriebskonsole

Wenn Sie die Betriebskonsole für Operations Manager 2007 R2 beispielsweise auf Ihrem Arbeitsplatzcomputer oder auf einem Terminalserver bereitgestellt haben, muss diese im Rahmen der Migration auf System Center 2012 Operations Manager ebenfalls aktualisiert werden. Zur Durchführung dieser Schritte müssen folgende Voraussetzungen gegeben sein:

- Die Migration der Kernkomponenten auf System Center 2012 Operations Manager war erfolgreich
- Verwenden Sie ein Benutzerkonto mit administrativen Benutzerrechten auf dem Computersystem, welches die Betriebskonsole bereitstellt
- Das zur Durchführung der Migration verwendete Benutzerkonto muss darüber hinaus auch über administrative Rechte in der bisherigen Verwaltungsgruppe von Operations Manager 2007 R2 verfügen
- Die Mindestanforderungen für die Verwendung der Betriebskonsole müssen vom Computersystem erfüllt werden

Zusätzlich benötigen wir den Installationsdatenträger von System Center 2012 Operations Manager, den Sie auf dem Computersystem »einlegen«. Sind diese Anforderungen erfüllt, kann es auch schon losgehen:

1. Melden Sie sich auf dem Computersystem an, auf dem die Betriebskonsole aktualisiert werden soll.
2. Starten Sie das Installationsprogramm von System Center 2012 Operations Manager. Klicken Sie dazu gegebenenfalls auf die Anwendung *Setup.exe*, die Sie im Hauptverzeichnis des Datenträgers finden.
3. Bestätigen Sie – je nach Sicherheitskonfiguration – den Hinweis zur Benutzerkontensteuerung.
4. Klicken Sie auf den Hyperlink *Installieren* und danach auf den Eintrag zur Durchführung der Aktualisierung.
5. Bestätigen Sie im nächsten Dialogfeld den vorgeschlagenen Installationspfad beziehungsweise passen Sie den Vorschlag Ihren Erfordernissen an.
6. Als Nächstes werden die erforderlichen Voraussetzungen überprüft. Für die meisten, eventuell noch fehlenden Komponenten werden Ihnen Hyperlinks bereitgestellt, mithilfe derer Sie die Zusatzwerkzeuge herunterladen können. Sind alle Erfordernisse vorhanden, können Sie mit der Installationsroutine fortfahren.
7. Starten Sie jetzt den Aktualisierungsprozess. Nach erfolgreicher Installation der neuen Betriebskonsole beglückwünscht Sie das Installationsprogramm am Ende mit einer entsprechenden Meldung im Dialogfeld.

HINWEIS So überprüfen Sie den erfolgreichen Aktualisierungsprozess der Betriebskonsole:
1. Starten Sie den Registrierungseditor auf dem Verwaltungsserver. Verwenden Sie dazu das Programm *regedit.exe*.
2. Navigieren Sie zu *HKLM\Software\Microsoft\Microsoft Operations Manager\3.0\Setup*. Ist der Wert von *UIVersion* 7.0.85##.# – wobei ##.# für eine beliebige Zahlenkombination stehen kann – hat die Aktualisierung der Betriebskonsole auf Ihrem Arbeitsplatzcomputer geklappt.

Aktualisierung der Webkonsole von Operations Manager 2007 R2

Haben Sie die Webkonsole bisher auf einem separaten Serversystem bereitgestellt, muss diese auch separat aktualisiert werden. Diese Konstellation wird zwar offiziell von Microsoft unterstützt. Die Erfahrung zeigt jedoch, dass die Webkonsole besser zugleich auf einem System installiert wird, welches zugleich auch als Verwaltungsserver eingesetzt ist. Zur Durchführung der Aktualisierung müssen auch hier folgende Voraussetzungen erfüllt sein:

- Die Migration der Kernkomponenten auf System Center 2012 Operations Manager war erfolgreich
- Verwenden Sie ein Benutzerkonto mit administrativen Benutzerrechten auf dem Computersystem, welches die Webkonsole bereitstellt
- Das zur Durchführung der Migration verwendete Benutzerkonto muss darüber hinaus auch über administrative Rechte in der bisherigen Verwaltungsgruppe von Operations Manager 2007 R2 verfügen
- Die Mindestanforderungen zur Bereitstellung einer Webkonsole müssen vom Computersystem erfüllt werden

Zusätzlich benötigen wir natürlich auch hier den Installationsdatenträger von System Center 2012 Operations Manager. Sind diese Anforderungen erfüllt, beginnen wir mit der Aktualisierung der Webkonsole:
1. Melden Sie sich auf dem Computersystem an, auf dem die Webkonsole aktualisiert werden soll.
2. Starten Sie das Installationsprogramm von System Center 2012 Operations Manager. Klicken Sie dazu gegebenenfalls auf die Anwendung *Setup.exe*, die Sie im Hauptverzeichnis des Datenträgers finden.
3. Bestätigen Sie – je nach Sicherheitskonfiguration – den Hinweis zur Benutzerkontensteuerung.
4. Klicken Sie auf den Hyperlink *Installieren* und danach auf den Eintrag zur Durchführung der Aktualisierung.
5. Bestätigen Sie im nächsten Dialogfeld den vorgeschlagenen Installationspfad *C:\Program Files\System Center 2012\Operations Manager* beziehungsweise passen Sie den Vorschlag Ihren Erfordernissen an.

Detailinformationen zu einzelnen Migrationsschritten

6. Als Nächstes werden die erforderlichen Voraussetzungen überprüft. Sind alle Erfordernisse vorhanden, können Sie mit der Installationsroutine fortfahren.
7. Ist der Stammverwaltungsserver noch nicht aktualisiert worden oder nicht verfügbar, verlangt die Installationsroutine nach dem Namen des Verwaltungsservers. Geben Sie den Namen eines Verwaltungsservers in Ihrer neuen System Center 2012 Operations Manager-Infrastruktur ein, mit der die Webkonsole kommunizieren soll.
8. Selektieren Sie im nächsten Dialogfeld die zu verwendende Webseite. Sofern von Ihnen gewünscht und vorkonfiguriert aktivieren Sie zudem die Verwendung von SSL (Secure Sockets Layer).
9. Wählen Sie im nächsten Dialogfeld den gewünschten Authentifizierungs-Modus (*Formularbasiert* oder *Integriert*).
10. Starten Sie jetzt den Aktualisierungsprozess. Nach erfolgreicher Aktualisierung wird Sie auch hier das Installationsprogramm am Ende mit einer entsprechenden Meldung im Dialogfeld beglückwünschen.

Aktualisierung der Berichterstattung

Die Berichterstattung verwendet die Data Warehouse-Datenbank zur Bereitstellung einer Vielzahl von Analysen und Auswertungen. Wurde diese Rolle im Rahmen von Operations Manager 2007 R2 auf einem separaten Serversystem bereitgestellt, wenden Sie im Rahmen der Migration die nachfolgenden Schritte an.

Wenn die Migration Ihrer Verwaltungsgruppe zwangsläufig und aufgrund mangelnder Kompatibilität auf einem sekundären Verwaltungsserver durchgeführt wurde, muss die Konfigurationsdatei des Berichterstattungsservers manuell angepasst werden. Führen Sie diese Anpassung nicht vor der eigentlichen Aktualisierung des Berichterstattungsservers aus, wird der Migrationsprozess fehlschlagen.

Führen Sie die nachfolgende Schrittfolge nur dann durch, wenn die Aktualisierung Ihrer Verwaltungsgruppe nicht auf dem bisherigen Stammverwaltungsserver durchgeführt wurde!

1. Melden Sie sich auf dem als Berichterstattungsserver verwendeten Serversystem mit einem administrativen Benutzerkonto an.
2. Öffnen Sie ein Befehlszeilenfenster unter Verwendung der Option *Als Administrator ausführen*.
3. Navigieren Sie zum Verzeichnis, in dem die Datei *rsreportserver.config* gespeichert ist. Diese findet sich in der Regel im Verzeichnis *C:\Program Files\Microsoft SQL Server\MSRS10.MSSQLServer\Reporting Services\ReportServer*.
4. Erstellen Sie zuallererst eine Sicherungskopie der Datei *rsreportserver.config*.
5. Starten Sie im Befehlszeilenfenster das Texteditorprogramm durch folgende Eingabe: *Notepad.exe rsreportserver.config*.
6. Suchen Sie in der Datei den Namen des bisherigen Stammverwaltungsservers. Ersetzen Sie diesen Namen durch einen der neuen Verwaltungsserver.
7. Speichern Sie die Datei *rsreportserver.config*.

Nach dieser vorbereitenden Maßnahme können wir jetzt mit der eigentlichen Aktualisierung beginnen. Ordnungshalber müssen wir auch hier sicherstellen, dass die generell notwendigen Voraussetzungen vorhanden sind. Diese weichen nicht allzu sehr von den der beiden vorherigen Kollegen Betriebskonsole und Webkonsole ab:

- Die Migration der Kernkomponenten auf System Center 2012 Operations Manager war erfolgreich
- Verwenden Sie ein Benutzerkonto, welches über administrative Benutzerrechte auf dem Berichterstattungsserver-System verfügt

- Das zur Durchführung der Migration des Berichterstattungsservers verwendete Benutzerkonto muss darüber hinaus auch über administrative Rechte in der bisherigen Verwaltungsgruppe von Operations Manager 2007 R2 verfügen
- Die Mindestanforderungen zur Bereitstellung der Berichterstattungskomponente müssen vom Computersystem erfüllt werden

Führen Sie die folgenden Schritte aus, um die separat bereitgestellte Berichterstattungskomponente zu aktualisieren:

1. Melden Sie sich auf dem Computersystem an, auf dem die Berichterstattungskomponente aktualisiert werden soll.
2. Starten Sie das Installationsprogramm von System Center 2012 Operations Manager. Klicken Sie dazu gegebenenfalls auf die Anwendung *Setup.exe*, die Sie im Hauptverzeichnis des Datenträgers finden.
3. Bestätigen Sie – je nach Sicherheitskonfiguration – den Hinweis zur Benutzerkontensteuerung.
4. Klicken Sie auf den Hyperlink *Installieren* und danach auf den Eintrag zur Durchführung der Aktualisierung.
5. Bestätigen Sie im nächsten Dialogfeld den vorgeschlagenen Installationspfad *C:\Program Files\System Center 2012\Operations Manager* beziehungsweise passen Sie den Vorschlag Ihren Erfordernissen an.
6. Als Nächstes werden auch hier die erforderlichen Voraussetzungen überprüft. Sind alle Erfordernisse vorhanden, erlaubt die Installationsroutine die Fortsetzung.
7. Ist der Stammverwaltungsserver noch nicht aktualisiert worden oder nicht verfügbar, verlangt die Installationsroutine nach dem Namen des Verwaltungsservers. Geben Sie den Namen eines Verwaltungsservers Ihrer neuen System Center 2012 Operations Manager-Infrastruktur ein, mit der die Berichterstattungskomponente kommunizieren soll.
8. Starten Sie jetzt den Aktualisierungsprozess.

Nach erfolgreicher Aktualisierung wird Sie auch hier das Installationsprogramm am Ende mit einer entsprechenden Meldung im Dialogfeld beglückwünschen.

Aktualisierung der Überwachungssammlung

Führen Sie die folgenden Schritte aus, um das bisher als Überwachungssammelserver (ACS-Sammlung) verwendete Serversystem zu aktualisieren. Beachten Sie bitte, dass die Rolle ACS-Sammlung nur auf einem Verwaltungsserver oder Gatewayserver bereitgestellt werden kann. Bevor wir die Schritte besprechen, müssen wir auch hier erst einmal auf die generellen Voraussetzungen einen Blick werfen:

- Die Migration der Kernkomponenten auf System Center 2012 Operations Manager war erfolgreich
- Verwenden Sie ein Benutzerkonto, welches über administrative Benutzerrechte auf dem ACS-Sammlungsserver verfügt
- Das zur Durchführung der Migration der ACS-Sammlung verwendete Benutzerkonto muss über administrative Rechte in der bisherigen Verwaltungsgruppe von Operations Manager 2007 R2 verfügen
- Die Mindestanforderungen zur Bereitstellung der ACS-Sammlung müssen vom Computersystem erfüllt werden

Damit steigen wir in die Aktualisierung der ACS-Sammlungsrolle ein:

1. Melden Sie sich auf dem ACS-Sammlungsserver mit dem geeigneten Benutzerkonto an.
2. Starten Sie das Installationsprogramm von System Center 2012 Operations Manager. Klicken Sie dazu gegebenenfalls auf die Anwendung *Setup.exe*, die Sie im Hauptverzeichnis des Datenträgers finden.

Detailinformationen zu einzelnen Migrationsschritten

3. Bestätigten Sie – je nach Sicherheitskonfiguration – den Hinweis zur Benutzerkontensteuerung.
4. Klicken Sie auf den Hyperlink *Sammlungsdienste überwachen*.
5. Bestätigen Sie das Begrüßungsfenster und selektieren Sie im nachfolgenden Dialogfeld die Option zur Aktualisierung der ACS-Sammlungskonfiguration.
6. Selektieren Sie im nachfolgenden Fenster die Option *Vorhandene Datenbank verwenden*.
7. Bestätigen Sie die im nachfolgenden Dialogfeld angezeigten Vorgaben in Sachen DSN-Datenquelle und Datenbank und starten Sie abschließend den Aktualisierungsprozess.
8. Schließen Sie nach der erfolgreich durchgeführten Migration das Dialogfeld des Installationsprozesses.

DI-23: Sicherstellen der Kommunikation zwischen Stammverwaltungsserver und Gatewayserver

Kommuniziert ein Gatewayserver mit einem Stammverwaltungsserver, dessen Hard- und Softwarekonfiguration nicht den Vorgaben von System Center 2012 Operations Manager entspricht, sind zusätzliche Maßnahmen erforderlich. In diesem Fall muss dafür gesorgt werden, dass einer der kompatiblen sekundären Verwaltungsserver die Ansprechpartnerrolle für diesen Gatewayserver übernimmt.

Mit dem nachfolgenden Windows PowerShell-Skript können Sie sowohl den primären als auch den Failoververwaltungsserver für alle Gatewayserver ermitteln.

```
#Display Primary and Failover Management Servers for all Gateway Servers
$GWs = Get-SCOMManagementServer | where {$_.IsGateway -eq $true}
$GWs | sort | foreach {
Write-Host "";
"Gateway MS :: " + $_.Name;
"--Primary MS :: " + ($_.GetPrimaryManagementServer()).ComputerName;
$failoverServers = $_.getFailoverManagementServers();
foreach ($managementServer in $failoverServers) {
"--Failover MS :: " + ($managementServer.ComputerName);
}
}
Write-Host "";
```

Für die Kommunikation zwischen dem Gatewayserver und dem sekundären Verwaltungsserver benötigen wir eine gegenseitige Vertrauensstellung. Da die Verwendung von dem Gatewayserver genau dort stattfindet, wo die hierfür dringend benötigte Kerberosauthentifizierung nicht vorhanden ist, behelfen wir uns mit Zertifikaten. Ist Ihr sekundärer Verwaltungsserver noch nicht damit ausgestattet, werfen Sie bitte einen Blick auf Kapitel 18. Dort wird die Installation von dem Gatewayserver und der damit verbundenen Bereitstellung von Zertifikaten erläutert.

Nachdem die Bereitstellung des erforderlichen Zertifikats auf dem sekundären Verwaltungsserver erfolgt ist, müssen Sie für eine Änderung der Kommunikationspriorität auf dem betroffenen Gatewayserver sorgen. Aus dessen Sicht – und jetzt nicht verwirren lassen – wird der sekundäre Verwaltungsserver zum primären Verwaltungsserver und der offizielle Stammverwaltungsserver zum sekundären Verwaltungsserver.

DI-24: Deinstallation des Gatewayservers

Erfüllt ein als Gatewayserver verwendetes Computersystem nicht die Erfordernisse in Sachen Hard- und Softwarekonfiguration von System Center 2012 Operations Manager, muss dieses Defizit beseitigt werden. Schwer wird diese Maßnahme, wenn man sich »damals« für die Verwendung einer 32-Bit-Architektur entschieden hat. In diesem und ähnlichen irreparablen Fällen muss das System gegen ein neues ausgetauscht werden. Kommunizieren die überwachten Systeme dann mit dem neuen Gatewayserver, kann das bisher verwendete Serversystem abgebaut werden.

Die erforderlichen Schritte zum Rückbau eines Gatewayservers aus Sicht des Operations Manager 2007 R2 finden Sie in diesem Abschnitt zusammengefasst. Beginnen wir mit der Deinstallation der Funktion auf dem Gatewayserver:

1. Melden Sie sich auf dem bisher als Gatewayserver verwendeten Serversystem an. Verwenden Sie dazu ein Benutzerkonto mit administrativen Rechten. Idealerweise verwenden Sie das gleiche Benutzerkonto, mit dem die Einrichtung der Gateway-Rolle ursprünglich vorgenommen wurde.
2. Klicken Sie auf *Start/Systemsteuerung*. Wählen Sie innerhalb der Systemsteuerung den Eintrag *Programme und Funktionen*. Die Liste der installierten Programme wird angezeigt.
3. Klicken Sie mit der rechten Maustaste auf den Eintrag *System Center Operations Manager 2007 R2 Gateway* und wählen Sie im Kontextmenü den Menüeintrag *Deinstallieren*.

Damit ist die Gatewayserver-Rolle von diesem Serversystem entfernt. Um der Verwaltungsgruppe den geplanten Verlust des Gatewayservers mitzuteilen, reicht die eben beschriebene Maßnahme allerdings noch nicht. Wir müssen auf dem bisher als Kommunikationspartner verwendeten Verwaltungsserver einen zusätzlichen Löschbefehl ausführen. Die notwendigen Schritte finden Sie hier:

1. Melden Sie sich auf dem Verwaltungsserver an, der als Kommunikationspartner für den soeben deinstallierten Gatewayserver eingerichtet ist. Verwenden Sie dazu ein Benutzerkonto, welches über administrative Rechte innerhalb der Verwaltungsgruppe von Operations Manager 2007 R2 verfügt.
2. Öffnen Sie ein Befehlszeilenfenster unter Verwendung der Option *Als Administrator ausführen*.
3. Wechseln Sie in das Verzeichnis, in das Sie ursprünglich die zur Einrichtung erforderliche Anwendung *Microsoft.EnterpriseManagement.gatewayApprovalTool.exe* einkopiert haben.
4. Führen Sie den nachfolgenden Befehl aus. Beachten Sie dabei, die Variablen *ManagementserverFQDN* und *GatewayFQDN* mit dem vollständigen (voll qualifizierten) Namen des aktuellen Verwaltungsservers beziehungsweise des nicht mehr vorhandenen Gatewayserver zu ersetzen:

```
Microsoft.EnterpriseManagement.gatewayApprovalTool.exe /ManagementServerName=<managementserverFQDN> / GatewayName=<GatewayFQDN> /Action=Delete
```

5. Schließen Sie das Befehlszeilenfenster nach erfolgreicher Ausführung des Befehls.

HINWEIS So überprüfen Sie, ob der inkompatible Gatewayserver auch aus der Konfiguration der Verwaltungsgruppe verschwunden ist:

1. Starten Sie die Betriebskonsole.
2. Navigieren Sie zu *Überwachung/Ermitteltes Inventar*.
3. Klicken Sie im Taskbereich auf die Statusaktion *Zieltyp ändern*.
4. Suchen Sie nach dem Zielelementtyp *Gateway Server* und klicken Sie auf den angezeigten Eintrag.
5. Schließen Sie das Dialogfeld mit einem Klick auf die Schaltfläche *OK*.

Der bisherige Gatewayserver darf nun nicht mehr angezeigt werden.

Kapitel 8

Die Neuerungen

In diesem Kapitel:

Stammverwaltungsserver gibt es nicht mehr	186
Ressourcenpools	188
Keine generelle Speicherung im Standard-Management Pack mehr	191
Änderungen an der Funktionsweise des Wartungsmodus	192
Konfiguration der Windows-Dienste	193
Aus AVIcode wird APM	196
Webkonsole, Dashboards und SharePoint-Integration	198
Neue Möglichkeiten zur Agentkonfiguration	200
Veränderungen in der Betriebskonsole	201
Netzwerk-Monitoring	202
Änderungen an den PowerShell-Skripts	204

Die wichtigste Botschaft vorab: Wer sich in der Betriebskonsole von den Vorgängerversionen von System Center 2012 Operations Manager auskennt, wird keine Umgewöhnungsprobleme nach dem Umstieg auf die aktuelle Ausgabe erleben. Die Konsole hat sich optisch und inhaltlich eher marginal geändert. Das soll allerdings nicht darüber hinwegtäuschen, dass sich unter der Motorhaube einige erwähnenswerte Veränderungen eingestellt haben. Ziel dieses Kapitels ist es, Ihnen einen Überblick über diese Neuerung zu geben.

Manche Veränderungen beeinflussen die bisher bekannte Basisarchitektur und sollten unbedingt vor Beginn einer Installation Beachtung finden. In Kombination mit dem vorherigen Kapitel verfügen Sie dann über die notwendigen Kenntnisse, um sowohl in die Planung für die Aktualisierung einer bereits vorhandenen System Center 2012 Operations Manager-Installation als auch in den Aufbau einer komplett neuen Umgebung einzusteigen. Folgende Punkte werden wir im Nachgang behandeln:

- Stammverwaltungsserver
- Ressourcenpools
- Keine generelle Speicherung im Standard-Management Pack mehr
- Änderungen an der Funktionsweise des Wartungsmodus
- Konfiguration der Windows-Dienste
- Ermittlung von Netzwerkgeräten
- Aus AVIcode wird APM
- Webkonsole, Dashboards und SharePoint-Integration
- Neue Möglichkeiten zur Agentkonfiguration
- Veränderungen in der Betriebskonsole
- Netzwerk-Monitoring
- Änderungen an den PowerShell-Skripts

Stammverwaltungsserver gibt es nicht mehr

Die Achillesferse einer jeden Vorgängerinstallation von System Center 2012 Operations Manager war der Stammverwaltungsserver. Hier kam das gleiche Konzept zum Zug wie in früheren Windows NT-Domänen. Die älteren unter Ihnen werden sich noch schemenhaft daran erinnern; die Details sind sicherlich mittlerweile in irgendeiner Cloud verloren gegangen.

Die Funktion des Stammverwaltungsservers gab es bisher genau ein einziges Mal pro Verwaltungsgruppe. Er war die zentrale Kommunikationsschnittstelle für administrative Aufgaben zwischen dem Datenbankserver und den überwachten Computersystemen. Bei einem Ausfall dieser Komponente arbeitete die Infrastruktur weiter und die Agents sammelten weiterhin gehorsam Leistungsdaten ein. Eine Steuerung oder Auswertung war jedoch nicht mehr möglich. In der Betriebskonsole wurde der Ausfall des Stammverwaltungsservers meist zuallererst durch die vielen grauen Statussymbole der überwachten Entitäten ersichtlich.

Um einem Ausfall vorzubeugen, konnte diese Rolle als Clustersystem bereitgestellt werden. Wer sich mit dieser Herausforderung schon einmal beschäftigt hat, weiß meist, wie ein Sonnenaufgang mit Blick aus dem Rechenzentrum aussieht. Die Installation war aufwendig und verzieh keinerlei Abweichung vom strikten Installationsleitfaden. Dieses Konzept wurde bei der Neuentwicklung von System Center 2012 Operations Manager begraben. Die Rolle des Stammverwaltungsservers gibt es nicht mehr.

Stammverwaltungsserver gibt es nicht mehr

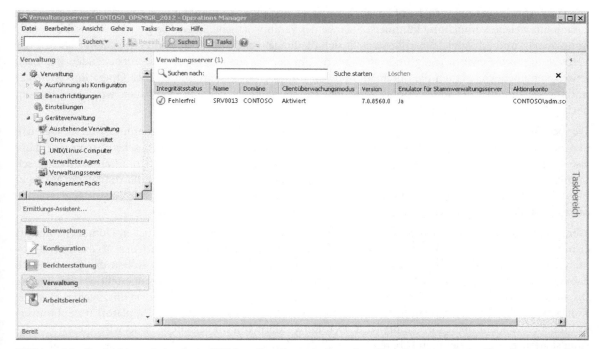

Abbildung 8.1 Der Betrieb von System Center 2012 Operations Manager mit nur einem Verwaltungsserver in einer Verwaltungsgruppe ist nicht empfehlenswert

Stattdessen gibt es künftig nur noch die Rolle des Verwaltungsservers, die funktionsbeschreibende Präposition »Stamm« entfällt. Verwaltungsserver kann es beliebig viele geben. Deren benötigte Anzahl basiert auf der einer Inbetriebnahme vorausgehenden Analyse Ihrer Infrastruktur. Auf die relevanten Skalierungsparameter gehen wir im Teil B des Buchs genauer ein. Wichtig an dieser Stelle ist, dass die Verwaltungsserver in ihrer Verantwortlichkeit jetzt gegenseitig gleichberechtigt sind. Fällt ein solches System aus, übernimmt einer der anderen Verwaltungsserver dessen Aufgabe. Das bezieht sich auch auf Verwaltungsaufgaben, was in den vorherigen Versionen schon aus konzeptionellen Gründen nicht machbar war. Die Rolle des Hauptverantwortlichen konnte nicht dynamisch ausgewechselt werden. Dass dieses Konzept der verteilten Verantwortung nur dann funktioniert, wenn mehrere dieser Systeme bereitgestellt werden, gehört ins Buch der Binsenweisheiten. Das Szenario in Abbildung 8.1 zeigt an, dass es in dieser Installationsvariante nur einen Verwaltungsserver gibt. Damit holen uns die Probleme aus der Vergangenheit in dieser Umgebung früher oder später wieder ein.

TIPP In einer produktiven Systemumgebung sollten Sie immer mit mindestens zwei, besser drei Verwaltungsservern pro Verwaltungsgruppe arbeiten. Damit ist die optimale Verfügbarkeit gewährleistet. Man geht dabei von der Wahrscheinlichkeit aus, dass in der Regel niemals zwei Systeme mit gleicher Aufgabe zum gleichen Zeitpunkt ausfallen. Mit diesem Konzept ist sichergestellt, dass einer der beiden Überlebenden die Chance hat, auf das drohende Fiasko eines Totalausfalls vorzeitig hinzuweisen. Während meiner Besuche in Redmond wurden von den verschiedenen Produkt-Managern meist drei als optimale Anzahl der Verwaltungsserver empfohlen.

Schrauben Sie die Anzahl der Verwaltungsserver höher als drei, stagniert die Effizienzkurve merklich, tendiert eher Richtung Abgrund. Die Implementierung einer höheren Anzahl von Verwaltungsservern sollte also gut überlegt und begründet sein. Sie ist immer im Zusammenhang mit der Komplexität und dem Ausmaß der zu überwachenden Infrastruktur zu betrachten.

Die Herausforderung bei verteilten Umgebungen ist es, zu jedem Zeitpunkt zu wissen, welches System sich gerade um welche Verbuchung kümmert. Solange der verantwortliche Server die gestellte Transaktion ordnungsgemäß und erfolgreich abschließt, stellt sich die Frage nicht. Was aber, wenn ein System während der Verbuchung in die ewigen Jagdgründe abwandert? Um den daraus möglicherweise entstehenden Inkonsistenzen vorzubeugen, werden die durchzuführenden Aufgaben in System Center 2012 Operations Manager mithilfe sogenannter Ressourcenpools verwaltet. Deren genauere Bedeutung schauen wir uns gleich im nachfolgenden Abschnitt genauer an.

Wer bei Abbildung 8.1 genau hingeschaut hat, sieht im mittleren Fenster, dem sogenannten Ergebnisbereich, den Begriff *Emulator für Stammverwaltungsserver* als Spaltenüberschrift. Komplett scheint man sich dann also doch noch vom Konzept des Stammverwaltungsservers verabschieden zu wollen. Microsoft hat diesen Tribut an die Vergangenheit in der neuen Version implementiert, um die Funktionalität von älteren Management Packs sicherzustellen, welche explizit nach der Rolle des Stammverwaltungsservers verlangen. Ohne dieses Zugeständnis wären zahlreiche, bisher verwendete Regelwerke nicht nutzbar.

Wer, wie eingangs dieses Abschnitts erwähnt, sich noch an die Einführung des aktuellen Domänenkonzepts erinnert, kann Verständnis für dieses Konzept aufbringen. Mit der damals verbundenen Ablösung von primären und sekundären Domänencontrollern erblickten die sogenannten FSMO-Rollen das Leben. Auch dabei handelt es sich um spezielle Aufgaben, die nur von genau einem System bereitgestellt werden dürfen. Bis zur nächsten Version von System Center Operations Manager ist allerdings davon auszugehen, dass die Kompatibilitätsproblematik nicht mehr vorhanden sein wird und das Konzept des Emulators für Stammverwaltungsserver nicht mehr fortgeführt wird. Den Entwicklern von Management Packs wird diese Veränderung sicherlich ebenso viel Freude bereiten wie all den Kunden, die mit dem Nadelöhr Stammverwaltungsserver ihre negativen Erfahrungen machen mussten.

> **HINWEIS** Die Rolle des Emulators für Stammverwaltungsserver wird immer dem zuerst installierten Verwaltungsserver zugewiesen. Wenn Sie von einer vorherigen Version auf System Center 2012 Operations Manager aktualisieren, wird der bisherige Stammverwaltungsserver zu einem Verwaltungsserver mit dem Attribut *Emulator für Stammverwaltungsserver*. Sollte die Durchführung der Aktualisierung bisher als sekundärer Verwaltungsserver verwendeten System gestartet werden, und wird dieser Installationsvorgang mit der Zusatzoption *UpgradeManagementGroup* durchgeführt werden, trägt nur dieser Verwaltungsserver nach erfolgreicher Migration das Attribut *Emulator für Stammverwaltungsserver*.

Ressourcenpools

Im vorangegangenen Abschnitt haben Sie erfahren, dass System Center 2012 Operations Manager ohne Verwaltungsserver ein ähnliches Verhalten an den Tag legt wie eine Molkerei ohne Strom. Die Kühe bei den Bauern fressen weiterhin ihr Heu und produzieren ohne Unterlass Milch. Die Milchlaster werden selbige zu den vereinbarten Zeiten abholen und zur Zentrale befördern. Ab jetzt stockt die Kette. Ohne Pumpe kann das Fett-/Wassergemisch nicht aus den Tanks abtransportiert, verarbeitet und letztendlich nicht im Regal des Händlers Ihrer Wahl auftauchen. Ohne Strom wird es aber auch schwierig, vor- und nachgelagerte Prozesse über den Ausfall zu informieren. Die Steuerung eines Ablaufs muss also geregelt werden.

Um die Verfügbarkeit der Verwaltungsserverrolle sicherzustellen, wurde deren Architektur komplett überarbeitet. Statt dem Highlander-Prinzip aus dem gleichnamigen Film ist jetzt die ständige Anwesenheit von mindestens zwei gleichberechtigten Verwaltungsservern erwünscht. Ersetzt man ein diktatorisches System durch kooperatives Management, tauchen allerdings ganz neue Probleme auf. Dort, wo es nämlich nicht nur einen gibt, der sagt, wer morgen noch atmen darf, müssen Aufgaben und Zuständigkeiten koordiniert wer-

Ressourcenpools

den. Kooperation ohne Koordination ist erfahrungsgemäß nur schwer möglich und führt früher oder später zu Problemen. Um diesen Problemen aus dem Weg zu gehen, wurden im Rahmen der Überarbeitung des Verwaltungsserverkonzepts die sogenannten Ressourcenpools kreiert.

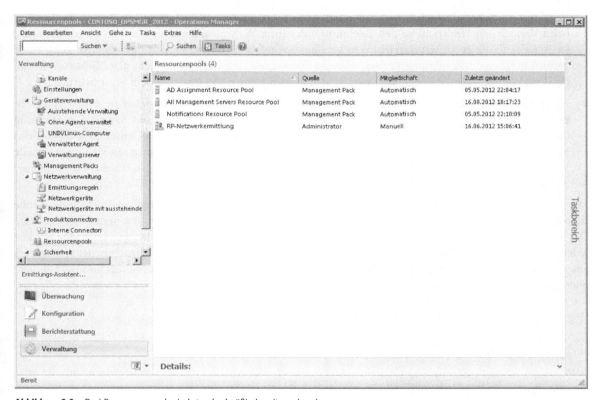

Abbildung 8.2 Drei Ressourcenpools sind standardmäßig bereits vorhanden

Nach der Installation von System Center 2012 Operations Manager sind zunächst drei dieser Ressourcenpools vorhanden. Wie in Abbildung 8.2 ersichtlich ist die Funktion im Navigationsbereich unter *Verwaltung/ Ressourcenpool* zu finden. Folgende Pools sind standardmäßig vorhanden:

- **All Management Servers Resource Pool** In diesem Ressourcenpool sind die meisten der bisher bekannten Verwaltungsserverinstanzen zusammengeführt. Dazu zählen die folgenden Funktionen:
  - Berechnung der Gruppenmitgliedschaften
  - Feststellung der Verfügbarkeiten
  - Berechnung des Integritätsstatus-Rollups verteilter Anwendungen
  - Bereinigung und Reorganisation der Datenbanken
- **Notifications Resource Pool** Microsoft hat sich entschieden, einen eigenen Ressourcenpool für die Abwicklung der Benachrichtigungsaufgabe bereitzustellen. Kommen mehrere Verwaltungsserver zum Einsatz, kann mithilfe dieser Differenzierung geregelt werden, welche Maschine(n) sich um den Versand der Alarmierungen kümmern soll(en). Reden wir – wie in den meisten Unternehmen – nur von der Versendung von klassischen E-Mails, ist eine Diskussion über eine Abgrenzung nur dann notwendig, wenn

Kollege Exchange-Administrator Sende- und Empfangsconnectors zum persönlichen Sperrgebiet auserkoren hat. Interessant wird es allerdings dann, wenn eine Kommunikation mithilfe von SMS-Nachrichten stattfinden soll. Für diese antiquierte, aber durchaus solide Sendevariante benötigt System Center 2012 Operations Manager nämlich ein spezielles SMS-Modem. Und da diese spezielle Hardware in der Regel nur an einem einzigen Serversystem betrieben wird, hätten andere Verwaltungsserver ein Problem beim Versuch, die Nachricht an den Telefonprovider Ihrer Wahl abzusondern. Wer sich gerade die Frage stellt, weshalb dieser Aufwand in früheren Versionen von System Center Operations Manager keine Rolle gespielt hat, den darf ich erinnern, dass es keine Stammverwaltungsserverrolle mehr gibt. Bisher war genau der – und nur er – für die Kommunikation zu den Administratoren in jeder Hinsicht verantwortlich.

- **AD Assignment Resource Pool** Der Dritte im Bunde standardmäßig vorhandener Ressourcenpools ist zuständig für alle Integritätsberechnungen rund um Active Directory. Microsoft hat die Überprüfung dieses Kernprozesses berechtigterweise in die Mitte der Betrachtung von System Center 2012 Operations Manager gesetzt. Verwaltungsserver, welche diesem Pool zugeordnet sind, kümmern sich also um alle Workflows rund um den Verzeichnisdienst, während den anderen Verwaltungsservern dieses Schicksal erspart bleibt.

Die Entwickler der Management Packs werden sehr schnell die neuen Möglichkeiten zur Leistungskontrolle innerhalb von System Center 2012 Operations Manager erkennen und eigene Ressourcenpools bereitstellen. Die in diesem Abschnitt angeführten Pools werden grundsätzlich automatisch verwaltet, was bedeutet, dass jeder neue Verwaltungsserver erst einmal diesen Containern zugeteilt wird. Grundsätzlich bedeutet zugleich auch, dass diese Zuordnung geändert werden kann. Jeder Ressourcenpool, mit Ausnahme von *All Management Servers Resource Pool*, kann auf manuelle Administration umgestellt werden.

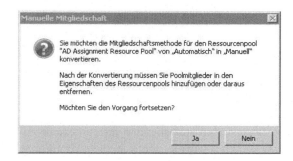

Abbildung 8.3 Die Umstellung auf manuelle Mitgliedschaftsregeln muss wohlüberlegt sein

Die Änderung von automatischer auf manuelle Administration von Ressourcenpools hat Konsequenzen für neu hinzukommende Verwaltungsserver. Das Dialogfeld aus Abbildung 8.3 strahlt dem Administrator entgegen, wenn er sich durch Klick mit der rechten Maustaste auf den gewünschten Ressourcenpool und der Auswahl des Kontextmenübefehls für die Umstellung auf *Manuell* entscheidet. Ab diesem Zeitpunkt sind Veränderungen bei der Ressourcenpoolzuordnung für die ausgewählten Objekte generell Handarbeit. Tendenziell ist der vorgegebene Automatismus der manuellen Pflege vorzuziehen. Administratoren machen sich durch die Abschaltung sinnvoller Automatikfunktionen nicht unabkömmlicher, im Gegenteil. Aus Erfahrung kann ich bestätigen, dass innovative Führungskräfte ein besonderes Auge auf Mitarbeiter mit Hang zur manuellen Systemadministration haben. Für alle Spezialisten mit Mausallergie bietet Microsoft auch an dieser Stelle die Möglichkeit zur Steuerung mittels PowerShell-Befehlen. Die relevanten Befehle zur Steuerung lauten wie folgt:

- *Get-SCOMResourcePool*
- *Set-SCOMResourcePool*

Um den Ressourcenpool zur Verwaltung von Active Directory auf manuelle Pflege umzustellen, führen Sie den nachfolgenden Befehl in der PowerShell-Befehlszeile aus:

```
Get-SCOMResourcePool -Name "AD Assignment Resource Pool" | Set-SCOMResourcePool -EnableAutomaticMembership $FALSE
```

Genau genommen sind es nicht die Verwaltungsserver selbst, die in diesen Pools konsolidiert werden können. Es sind die jeweils bereitgestellten Funktionen (Instanzen) eines Verwaltungsservers. Wenn das Microsoft Exchange Server-Produktteam ihr neues, für System Center 2012 Operations Manager optimiertes Management Pack zur Verfügung stellt, wird aller Voraussicht nach auch für die Überwachung dieser Serverlösung ein Ressourcenpool bereitgestellt. Sind in Ihrer Verwaltungsgruppe mehrere Verwaltungsserver installiert, muss gegebenenfalls explizit entschieden werden, welche der Server im dedizierten Ressourcenpool sich um die Überwachung von Microsoft Exchange kümmern.

Im zweiten Buch zu System Center 2012 Operations Manager werden wir uns die Ressourcenpools noch etwas genauer anschauen.

Keine generelle Speicherung im Standard-Management Pack mehr

Wird die Konfiguration von System Center 2012 Operations Manager den individuellen Bedürfnissen eines Unternehmens angepasst, müssen diese Änderungen gespeichert werden. Die Speicherung erfolgt immer in einem veränderbaren Management Pack. Damit ist gewährleistet, dass Änderungen jederzeit auch problemlos wieder zurückgenommen werden können, selbst wenn man sich an die Stelle nicht mehr erinnern kann, an der man ursprünglich gedreht hat. Im Zweifelsfall löscht man das zur Speicherung verwendete Management Pack einfach aus der Verwaltungsgruppe. Durch diese Maßnahme werden alle Änderungen rückgängig gemacht, die in diesem Management gespeichert waren. Hatte man dieses Management Pack vor der panisch motivierten Löschaktion und vorschriftsgemäß nach jeder vorgenommenen Anpassung exportiert, kann auf diese Weise auf verschiedene Anpassungsstufen zurückgegriffen werden.

System Center 2012 Operations Manager erlaubt die Verwendung beliebig vieler kundeneigener Management Packs. Die Herausforderung besteht darin, die geeignete Anzahl zu definieren, um sich nicht unnötige Probleme bei der Administration zu generieren. Zu viele Pakete verwirren die Administratoren und am Ende weiß keiner mehr so recht, in welches Management Pack welche Änderung gespeichert werden soll. Das andere Extrem ist der gänzliche Verzicht auf eigene Management Packs. Sofern Sie nicht im Anfall von Verzweiflung die Grundkonfiguration von System Center 2012 Operations Manager zerstört haben, steht Ihnen standardmäßig immer das sogenannte Standard-Management Pack zur Verfügung.

Kunden, die an dieser Stelle nicht oder nur schlecht beraten wurden, dachten in den Vorgängerversionen von System Center 2012 Operations Manager nicht länger über die Konsequenzen nach und speicherten die Anpassungen automatisch in eben dieses Paket. Dieser Komfort sorgte jedoch in aller Regel für ein chaotisches Sammelsurium von Anpassungen und wiederum darauf angepasste Anpassungen, die sich alle im Standard-Management Pack wiederfanden. Microsoft empfiehlt dringend, diesen Speicherort nicht für die eigenen Anpassungen zu verwenden. Durch eine Produktaktualisierung ist der Austausch des vorhandenen Standard-Management Packs gegen eine jungfräuliche Variante jederzeit möglich. Keine Panik: Ob dem so ist, können Sie der jeweils beigefügten Dokumentation entnehmen.

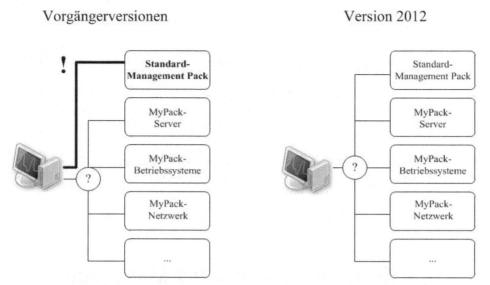

Abbildung 8.4 Eine versehentliche Speicherung von Konfigurationsänderungen in das Standard-Management Pack ist mit System Center 2012 Operations Manager nicht mehr möglich

In der aktuellen Version hat die Produktgruppe dem Schlendrian einen Riegel vorgeschoben. Der Administrator muss nun explizit bei jeder Änderung entscheiden, in welches Management Pack die Änderung gespeichert werden soll. Es wird zwar weiterhin das Standard-Management Pack als erster Vorschlag aufgelistet, der Speicherort muss jedoch jetzt explizit bestätigt werden.

Änderungen an der Funktionsweise des Wartungsmodus

Die Aufgabe von System Center 2012 Operations Manager ist es, Alarm zu schlagen, wenn eine überwachte Entität von den definierten Vorgabewerten abweicht. Gründe dafür gibt es so viele, wie es Regeln und Monitore in einem Management Pack gibt. Im Verlauf eines Computerlebens gibt es allerdings auch Situationen, in denen die Abweichung von der erwarteten Standardfunktion durchaus gewollt ist. Bestes Beispiel hierfür ist die Installation neuer Softwarekomponenten, die Installation von Software Updates oder das Sichern einer virtuellen Maschine im Offlinemodus. Alles Szenarien, bei denen der Blutdruck von System Center 2012 Operations Manager dynamisch Richtung Anschlag tendiert.

Um mit diesen gewollten Wartungsfenstern umgehen zu können, verfügt System Center Operations Manager über den sogenannten Wartungsmodus. Entitäten können für einen bestimmten Zeitraum oder bis zu einem bestimmten Zeitpunkt aus der Überwachung ausgeschlossen werden. Die Aktivierung dieses Modus wird in der Betriebskonsole neben den betroffenen Systemen und Prozessen in Form eines Schraubenschlüssel-Piktogramms visualisiert.

Ein wirklich großes Problem der Vorgängerversionen ergab sich, wenn man den Verwaltungsserver selbst in den Wartungsmodus gesetzt hat. Der daraus resultierende Effekt ist vergleichbar mit einem Anästhesisten, der sich selbst die Narkose legt, ohne vorher zu klären, wer ihn aus dem Tiefschlaf wieder aufweckt. Der Vergleich hinkt insofern, als dass ein professioneller Narkosearzt eine Dosis wählen wird, die ihn früher oder später wieder ins Leben zurückkatapultiert. Der Verwaltungsserver schafft es alleine nicht mehr, den Wartungsmodus zu verlassen, da die zuständigen Workflows zur Beendigung des Wartungszyklus nicht mehr ausgeführt werden können. Mit dieser Maßnahme legten Sie also Teile der Überwachung oder auch die gesamte Verwaltungsgruppe ins ewige Wachkoma.

Mit der aktuellen Version von System Center 2012 Operations Manager ist dieses Szenario nur noch von historischem Interesse. Dank der Ressourcenpools überwachen sich die Verwaltungsserver nun gegenseitig und können sich damit auch gegenseitig aus dem Wartungsmodus zurückholen. Sie als Profi haben schon lange erkannt, dass sich damit im Grunde nichts an der Funktionalität des Wartungsmodus selbst geändert hat. Stattdessen wird das vorhandene Manko durch eine Zusatzfunktion kompensiert.

WICHTIG Wenn Ihre System Center 2012 Operations Manager-Infrastruktur mit nur einem Verwaltungsserver betrieben wird, ändert sich an der Verhaltensweise des Wartungsmodus nichts. Das bedeutet, dass ein einzelner Verwaltungsserver weiterhin nicht in der Lage sein wird, sich aus seiner misslichen Situation nach Ablauf einer vordefinierten Zeit zu befreien. Um dem Problem zu entgehen, müssen Sie deshalb zumindest zwei Verwaltungsserver in einer Verwaltungsgruppe bereitstellen.

Konfiguration der Windows-Dienste

Wenn Ihnen ein Softwareunternehmen eine Serversoftware anbietet und diese Software dann auf dem Server mittels Autostart-Eintrag gestartet werden muss, sollten Sie sich Gedanken über alternative Softwarelieferanten machen. Leider ist das keine langweilige Binsenweisheit, sondern erlebte Realität. Zur Ehrenrettung aller Programmierer muss ich allerdings betonen, dass es sich dabei um wenige Einzelfälle handelt.

Bei System Center 2012 Operations Manager steht die Architektur auf professionellen Füßen und das Fundament wird durch Windows-Dienste bereitgestellt. Im Vergleich zur Vorgängerversion hat sich jedoch auch an dieser Ecke einiges geändert. Wurden in der Vorgängerversion die installierten Dienste in Abhängigkeit der Serverrolle in unterschiedlicher Kombination betrieben, sind jetzt auf allen Verwaltungsservern alle relevanten Dienste rund um die Uhr aktiv.

Damit wären wir eigentlich schon am Ende der Botschaft angelangt, denn Sie wissen jetzt, dass die folgenden drei Dienste auf allen Verwaltungsservern automatisch gestartet werden und aktiv sind:

- System Center Data Access Service
- System Center Management Configuration
- System Center Management

Wenn es da nicht noch einige interessante Details zu diesen Diensten zu erzählen gäbe. Denn natürlich hat die Veränderung der Startart andere Ursachen als die reine Befriedigung leidgeprüfter Administratoren. Diese musste beim Ausfall des bisher existenten Stammverwaltungsservers einen umständlichen Neukonfigurationsprozess starten und diese für System Center Operations Manager lebenswichtige Rolle manuell übertragen. Die Dienste wurden komplett überarbeitet und deren neue Architektur hat erhebliche Auswirkungen auf das Leistungsverhalten von System Center 2012 Operations Manager. Bevor wir uns die Unterschiede genauer anschauen, will ich Ihnen und mir mit der Tabelle 8.1 dabei helfen, die verwendete Terminologie im Kontext der System Center Operations Manager Dienste-Landschaft auf einheitliche Füße zu stellen. Bedauerlicherweise nehmen fachlich kompetente Menschen unterschiedliche Begriffe in den Mund, wenn sie von den Windows-Diensten sprechen.

Anzeigename in Windows-Diensten	Dienstname	EXE-Datei
System Center Data Access Service	OMSDK	Microsoft.Mom.Sdk.ServiceHost.exe
System Center Management Configuration	cshost	cshost.exe
System Center Management	HealthService	HealthService.exe
System Center Audit Forwarding	AdtAgent	AdtAgent.exe
System Center Management APM	System Center Management APM	InterceptSvc.exe

Tabelle 8.1 Übersicht über alle im Rahmen der Standardinstallation von System Center 2012 Operations Manager installierten Windows-Dienste

Mein Kollege Dieter Eltschkner hat für solche Konstellationen einen treffenden Begriff erschaffen: Vollkatastrophe. Das beschreibt treffend die hier erreichte didaktische Fehlleistung. Alle Insider wissen, dass sich an der Aufstellung aus Tabelle 8.1 zugleich auch recht gut die Entwicklung des Produkts seit dem Eintritt in die Microsoft-Familie ablesen lässt. Und niemand hat sich bisher die Mühe gemacht, die Begrifflichkeiten so zu synchronisieren, dass ein gemeinsamer Sprachgebrauch – im wahrsten Sinne des Wortes – möglich ist.

Die beiden zuletzt genannten Dienste fallen bei der aktuellen Diskussion im positiven Sinn aus dem Rahmen und bestätigen ein wenig die bekannte Ausnahme zur herrschenden Regel. Sowohl System Center Audit Forwarding als auch System Center Management APM gehören jedoch nicht zum Standardfunktionsumfang von OpsMgr und werden deshalb an anderer Stelle in diesem Kapitel beziehungsweise in diesem Buch betrachtet. Als aufmerksamer Leser dieses Kapitels verfügen Sie jetzt aber über eine wertvolle Übersetzungshilfe, wenn wieder einmal nicht darauf geachtet wird, dass Wissensvermittlung nur dann funktioniert, wenn Sender und Empfänger auf den gleichen Kommunikationskanal eingestellt sind. Schauen wir uns jetzt – wie bereits angekündigt – die Veränderungen an den drei zuerst genannten Windows-Diensten genauer an:

System Center Data Access Service

Der Anzeigename dieses Diensts erlaubt bereits Rückschlüsse auf den Zuständigkeitsbereich. Die Entwickler sprechen auch gerne vom SDK Service und setzen der Anzahl verfügbarer Begriffe für ein und dieselbe Sache damit ein Krönchen auf. Dieser Dienst fungiert als Schnittstelle der Verwaltungsgruppe zur Außenwelt. Er ermöglicht damit den Zugriff administrativer Werkzeuge auf die gesamte Konfiguration. Zu diesen Werkzeugen zählen die Betriebskonsole, die Webkonsole, Connectors und natürlich auch der Zugriff mittels PowerShell.

In der alten Welt wurde dieser Dienst nur auf dem Stammverwaltungsserver betrieben. In System Center 2012 Operations Manager läuft der System Center Data Access Service auf allen Verwaltungsservern zu jedem Zeitpunkt. Dies bedeutet, dass die Steuerung mittels Betriebskonsole jetzt mithilfe irgendeines Verwaltungsservers stattfinden kann. Sollte sich plötzlich ausgerechnet der Verwaltungsserver in die langen Sommerferien verabschieden, mit dem Ihre Betriebskonsole verbunden ist, müssen Sie allerdings die Konsole neu starten.

System Center Management Configuration

Dieser Windows-Dienst ist zuständig für die Ermittlung von Veränderungen an der aktuellen Konfiguration einer Verwaltungsgruppe. Wurden Veränderungen festgestellt, mussten diese an die anderen Verwaltungsserver weitergereicht werden. Bei der Entwicklung von System Center Operations Manager 2007 hatte man sich entschieden, die Konfiguration in den Hauptspeicher des Stammverwaltungsservers zu laden und alle Veränderungsoperationen dort durchzuführen. Die Idee an sich war gut, allein die Umsetzung war nicht wirklich praxisbezogen.

Vielleicht war man bei den ursprünglichen Überlegungen hinsichtlich der späteren Verwendung von System Center Operations Manager etwas zu zurückhaltend und glaubte nicht an den Einsatz in größeren Infrastrukturlandschaften. Genau das war und ist jedoch der Fall. In großen Umgebungen mit einigen Dutzend oder einigen Hundert Servern kann diese XML-Datei locker auf mehrere Gigabyte anwachsen, nicht selten bis auf 6 Gbyte. Das ist im Übrigen auch der Grund, weshalb man in einer System Center Operations Manager 2007-Landschaft problemlos eine Tasse Kaffee neben dem Neustart dieses Diensts trinken konnte.

Mit jeder Änderung an der Konfiguration wurden die 6 Gigabyte Datenbestand überarbeitet, was die Reaktionszeit des Stammverwaltungsservers und natürlich auch der anderen Verwaltungsserver nicht gerade in weltrekordverdächtige Hemisphären katapultierte. Neben der indiskutablen Wartezeit bis zur Einsatzbereitschaft dieser Komponente auf dem Server dauerte es bis zu eine Stunde, bevor die Clientagents auf den überwachten Serversystemen über Veränderungen informiert wurden.

Redmond ist weit weg. Aber nicht zu weit, als dass man in den Entwicklungsabteilungen des System Center-Teams nicht ein Einsehen mit den Kunden hatte. Und so machten sich die geistigen Väter der aktuellen Version von System Center 2012 Operations Manager ernsthafte Gedanken über diese unhaltbare Situation. Die Veränderung kann sich sehen lassen, denn das Nadelöhr wurde eliminiert. Um dieses Ergebnis zu erreichen, wurde der Dienst von Grund auf neu programmiert. Mit dem Wegfall des Stammverwaltungsservers entfällt auch die Abhängigkeit von einem einzelnen Serversystem. Da künftig Verwaltungsserver auf Basis der vorhandenen Ressourcenpools gleichberechtigt für die Bereitstellung relevanter Dienste und Funktionen verantwortlich sind, wurde die Konfigurationsdatenbank aus dem Hauptspeicher verbannt. Stattdessen liegt sie künftig in der operativen SQL Server-Datenbank der Verwaltungsgruppe. Als kleiner Nebeneffekt startet der Konfigurationsdienst auf den Verwaltungsservern unvergleichlich schneller in der aktuellen Version von System Center 2012 Operations Manager.

System Center Management

In der Vorgängerversion von System Center 2012 Operations Manager war dieser Windows-Dienst für die Durchführung der durchzuführenden Operationen innerhalb der Verwaltungsgruppe zuständig. Zentrale Anlaufstelle war auch in diesem Fall der Stammverwaltungsserver. Eine brisante Kombination, denn im Falle eines Ausfalls des Stammverwaltungsservers war die Operations Manager-Infrastruktur damit kopflos. Und wer schon einmal, wie weiter oben bereits erwähnt, mit dem Wartungsmodus experimentiert hat, weiß um die Tragweite dieses »Single Point of Failure«.

Wieder ist es die fundamentale Veränderung durch die Einführung der Ressourcenpools, welche diese brisante Situation entschärft. Statt einer einzigen Maschine sind jetzt alle Verwaltungsserver in der Lage, die zur Bearbeitung anstehenden Aufgaben entgegenzunehmen und abzuarbeiten. Die Informationen sind sinnvollerweise in einer zentralen Datenbank gespeichert. Durch die transaktionale Abarbeitung der Aufgaben kann sichergestellt werden, dass sowohl die logische Reihenfolge eingehalten als auch die erfolgreiche Durchführung obligatorisch ist.

Fazit

Die Abschaffung des Stammverwaltungsservers war eine geniale Idee. Ich bin mir nicht sicher, ob sich alle Entwickler darüber im Klaren waren, welchen Pakt mit dem Programmierteufeln sie damit geschlossen hatten. Die Aufgabe dieses Konzepts zog eine grundlegende Neuentwicklung der Verwaltungsstrategie nach sich. Aus Sicht des Produktmarketings konnte System Center 2012 Operations Manager allerdings nichts Besseres passieren. Das Einrichten eines Clusters zur Sicherstellung der Hochverfügbarkeit eines Stammverwaltungsservers war nicht nur extrem aufwändig. Bei der regelmäßigen Aktualisierung dieser Komponente musste der Administrator sehr genau auf die Einhaltung der vorgeschriebenen Schrittfolge achten. Die Durchführung erfolgte immer manuell, da zur Durchführung der Aktualisierung die im Cluster bereitgestellten Stammverwaltungsserver nacheinander und vor allen Dingen manuell auf den jeweils neuen Versionsstand angehoben wurden.

Microsoft hat für die Konfiguration und Administration von Clusterumgebungen viele Verbesserungen in die aktuelle Betriebssystemversionen einfließen lassen. Noch erfreulicher ist jedoch, dass sich die Entwicklermannschaft von System Center 2012 Operations Manager nicht länger von diesem Konzept abhängig gemacht hat. Man hat sich darauf besonnen, Daten dort hochverfügbar zu halten, wo sie entstehen beziehungsweise gespeichert werden. Im Mittelpunkt dieser Anforderung steht Microsoft SQL Server. Dieses Serverprodukt ist hervorragend für die unterschiedlichsten Bedürfnisse und Definitionen von Hochverfügbarkeit ausgeprägt. Statt dieses Konzept weiterhin in der Operations Manager-Welt zu adaptieren, sorgt das neue Redundanzkonzept für völlig neue Möglichkeiten. Es scheint so, als ob die verantwortlichen Kollegen dieses Teams die Tische in der Kantine auf dem Microsoft-Campus mit den Entwicklern von Active Directory teilen. Dort hat man die Vorteile der Verteilung relevanter Funktionalitäten auf mehrere, voneinander unabhängig agierende Serversysteme schon lange erkannt.

Durch Ressourcengruppen entfällt damit die Sorge um den Gesundheitszustand des bisher unverzichtbaren Nadelöhrs Stammverwaltungsserver. Es ist allerdings nicht damit getan, dass wir in regelmäßigen Abständen eine Grußkarte an den zuständigen Entwicklungschef in Redmond senden. Das neue Konzept baut auf der Annahme auf, dass Kunden wie Sie und ich mit mindestens zwei Verwaltungsservern an den Start gehen. Zusätzlich muss sichergestellt sein, dass die Latenzzeit zwischen den Verwaltungsservern nicht mehr als 5 Millisekunden beträgt. Wenn sich also Ihre Infrastruktur über den blauen Planeten oder darüber hinaus verteilt, sollten Sie diese künftig im zentralen Rechenzentrum konsolidieren.

Aus AVIcode wird APM

Relativ spät hat Microsoft eine vernünftige Möglichkeit zur Überwachung von .NET-basierten Anwendungen in System Center Operations Manager 2007 integriert. Auch bei dieser Spezialdisziplin hatte man sich gegen eine Eigenentwicklung entschieden und stattdessen auf die Akquise des Unternehmens AVIcode in der Version 5.7 gesetzt. Die schlechte Nachricht an dieser Stelle: Die verfügbaren Management Packs sind in der neuen Version von System Center 2012 Operations Manager nicht mehr verwendbar. Die gute Nachricht folgt stehenden Fußes: Die Integration von AVIcode geht nun weiter als zuvor. Bisher war es nämlich notwendig, eine eigene Infrastruktur zur Integration der Applikationsüberwachung neben System Center Operations Manager 2007 einzurichten.

Um eine eindeutige Abgrenzung zwischen alter und neuer Welt zu erreichen, hat Microsoft den Begriff AVIcode 5.7 an dieser Stelle begraben und spricht ab sofort von *Überwachung der Anwendungsleistung* (Application Performance Monitoring, APM). APM verfügt zwar über separate, webbasierte Analysekonsolen, ist aber vollständig in System Center 2012 Operations Manager integriert. Aufmerksamen Lesern wie Ihnen ist in diesem Zusammenhang sicherlich der letzte Eintrag aus Tabelle 8.1 aufgefallen. Dieser Windows-Dienst wird benötigt, um APM verwenden zu können. Die Startart steht standardmäßig auf *Deaktiviert*. Es gibt noch eine Reihe weiterer Konfigurationen, die durchgeführt werden müssen, bevor APM einsatzfähig ist.

Insbesondere gilt es, die ebenfalls notwendigen Management Packs zu importieren. Folgende Management Packs werden an dieser Stelle benötigt. Mit Ausnahme des zuletzt genannten kann man sie mittels der Import-Funktion aus dem Onlinekatalog von Microsoft in der jeweils aktuellen Version herunterladen und im selben Arbeitsgang importieren:

- *Microsoft.Windows.InternetInformationServices.CommonLibrary.mp*
- *Microsoft.Windows.InternetInformationServices.2008.mp*
- *Microsoft.Windows.Server.2008.Discovery.mp*
- *Microsoft.Windows.Server.Library.mp*
- *Microsoft.SystemCenter.Apm.Web.IIS7.mp*

Letzteres ist im Lieferumfang von System Center 2012 Operations Manager enthalten, findet sich also auf dem Datenträger im Verzeichnis \MANAGEMENTPACKS. Es wird nicht während des Installationsprozesses importiert und muss deshalb bei Bedarf nachgeladen werden. Eine ausführliche Anleitung stellt der Produkt-Datenträger durch einen Verweis auf die jeweils aktuelle Dokumentationsversion auf den Internetseiten von Microsoft bereit. Wir werden uns im Teil B dieses Buchs mit der Grundkonfiguration beschäftigen. Darüber hinaus kann ich Ihnen die folgende Webadresse ans Herz legen: *http://technet.microsoft.com/de-de/library/hh205979.aspx*. Auf dieser Seite wird die Einrichtung ebenfalls beschrieben.

WICHTIG Die Einrichtung von APM ist leider nicht so intuitiv wie vielleicht erwartet und setzt ein wenig Handarbeit voraus. Generell sollten Sie einige Dinge beachten:
- APM erlaubt nur noch die Überwachung von .NET-Applikationen, die auf Internetinformationsdiensten in der Version 7.0 (IIS 7.0) oder höher betrieben werden. Sind Ihre Applikationen also nicht kompatibel zur neuen in System Center 2012 Operations Manager integrierten Lösung, müssen Sie sich entscheiden:
  - Sie betreiben weiterhin die bisherige, auf System Center Operations Manager 2007 R2 basierte Überwachungslösung
  - Sie sorgen für die Kompatibilität Ihrer Anwendungen zu IIS 7.0
- Wenn Sie bisher AVIcode 5.7 zur Überwachung von .NET-Applikationen verwendet haben, müssen diese Programmteile manuell von den überwachten Maschinen deinstalliert werden. System Center 2012 Operations Manager ist an dieser Stelle nicht auf eine automatische Aktualisierung der alten Welt ausgelegt. Dazu gehen Sie wie folgt vor:
  - Deinstallieren Sie die AVIcode 5.7-Clientkomponente vom betroffenen Computer
  - Reparieren Sie die bereits installierte Clientkomponente von System Center 2012 Operations Manager auf der betroffenen Maschine. Dadurch wird der benötigte APM-Service nachträglich installiert.
  - Konfigurieren Sie die Überwachungsvorlagen mittels Betriebskonsole wie von Ihnen gewünscht

Innerhalb der Administrationskonsole bietet sich für die Anwender der Vorgängerversion ein vertrautes Bild. Die gewohnten Container sind weiterhin im Überwachungsbereich der Betriebskonsole zu finden. Ebenso bietet der Konfigurationsbereich die erwartete Vorlage zur Einrichtung einer .NET-Applikationsüberwachung an.

Fazit

Auch an dieser Stelle ist System Center 2012 Operations Manager erwachsen geworden. Durch die Integration einer professionellen Möglichkeit zur Überwachung von Applikationen komplettiert sich die Gesamtlösung um ein weiteres relevantes Filetstück. Unternehmen, die bereits auf eine längere Erfahrung mit der akquirierten Lösung von AVIcode zurückblicken können, werden mit der Konfiguration recht schnell durch sein. Ich empfehle allerdings, die Dokumentation an dieser Stelle zu beachten oder die in Teil B dieses Buchs beschriebenen Installationsschritte zu befolgen. Die falsche Installationsreihenfolge generiert sonst nur zusätzliche Arbeit und Frust.

Webkonsole, Dashboards und SharePoint-Integration

System Center 2012 Operations Manager bietet eine Vielzahl neuer Möglichkeiten zur visuellen Darstellung aktueller Zustände der überwachten Entitäten. Die Kombination aus mehreren einzelnen Diagrammen wird als Dashboard bezeichnet. Diese Dashboards lassen sich sowohl mithilfe der Betriebskonsole als auch in der Webkonsole von System Center 2012 Operations Manager anzeigen. Damit ist die Möglichkeit gegeben, mit relativ einfachen Mitteln ein Kontrollzentrum auf Basis beliebig kombinierter Internet Explorer-Dashboardseiten zu realisieren. Wir werden uns das in Teil B dieses Buchs genauer anschauen und im Rahmen der Grundkonfiguration auch ein eigenes Dashboard anlegen.

Die Möglichkeit zur Erstellung solcher Dashboards ist nicht neu, war aber bereits in der Vorgängerversion in durchaus ansehnlicher Weise implementiert. Neu hinzugekommen ist jetzt eine fast grenzenlose Konfigurationsmöglichkeit. Dashboards sind nicht mehr länger nur Sammler für eine Kombination von bereits vorhandenen Sichten. In einer standardmäßig bis zu 3x3 Felder großen Gitternetzstruktur lassen sich ohne Mühe und Programmieraufwand Messwerte und Statusinformationen unterschiedlicher Betrachtungswinkel kombinieren.

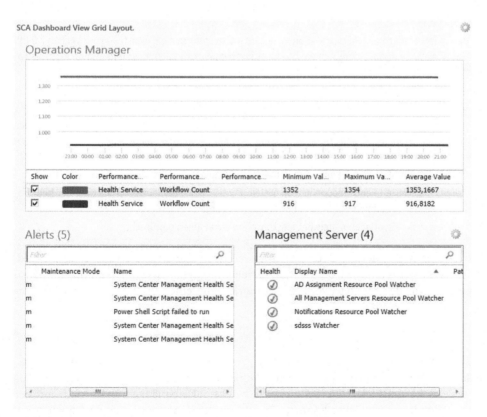

Abbildung 8.5 Neue Dashboard-Ansichten für überwachte aktive Netzwerkkomponenten

Für den Bereich der Netzwerkkomponentenüberwachung ist das Entwicklerteam schon einmal in Vorleistung gegangen. So findet man in der Betriebskonsole unter *Network Monitoring/Network Summary Dashboard* wichtige Analyseinformationen über die letzten 24 Stunden. Dazu zählen beispielsweise die nachfolgenden Werte:

- Knoten mit den schlechtesten Antwortzeiten
- Knoten mit höchster CPU-Nutzung
- Die Top 10 der am meisten beanspruchten Interfaces
- Die Top 10 der Interfaces mit den höchsten Sende- und Empfangsfehlerraten
- Interfaces mit den meisten Alarmmeldungen

Die Sicht der Knoten mit der höchsten CPU-Nutzung ist standardmäßig leer, da die CPU-Überwachung bei den Netzwerkkomponenten explizit aktiviert werden muss. Im Gegensatz dazu ist es einfach nur ein gutes Zeichen, wenn im Dashboard-Teil zur Ansicht der Interfaces mit den höchsten Sende- beziehungsweise Empfangsfehlerraten keine Entitäten gelistet werden. Die erstellten Dashboards können im Übrigen auch in den persönlichen Arbeitsbereich verlinkt werden.

Eine weitere Neuerung im Kapitel der Visualisierung ist die Integrationsmöglichkeit von System Center 2012 Operations Manager in SharePoint 2010. Dies bedeutet, dass aktuelle Statusinformationen über die Infrastruktur oder bestimmte Geschäftsprozesse mit unterschiedlichem Inhalt innerhalb beliebiger Webseiten in Form von Webparts zur Verfügung gestellt werden können. Interessant ist in diesem Zusammenhang, dass das Berechtigungskonfigurationskonzept von SharePoint 2010 ermöglicht, Mitarbeiter die gewünschten Informationen anzeigen lassen zu können, ohne dass diese über explizite Berechtigungen für System Center 2012 Operations Manager verfügen müssen.

Im Teil B dieses Buchs werden wir uns die notwendigen Konfigurationsschritte von SharePoint 2010 zur Integration von System Center 2012 Operations Manager ansehen. Den Entwicklern ist es gelungen, hierfür eine weder intuitive noch einfach nachvollziehbare Schrittfolge zu generieren. Die Vorgehensweise ist fehleranfällig und verlangt zwingend die Kooperation mit den Kollegen der SharePoint-Fraktion. Letztere Vorgabe ist sicherlich kein Fehler, da eine Kooperation zwischen den einzelnen Zuständigkeitsbereichen einer IT-Abteilung immer zu begrüßen ist. Man hätte die notwendigen Annäherungsversuche allerdings mit einer einfacher umzusetzenden Konfigurationsroutine subventionieren können. Machen Sie sich Ihr eigenes Bild im Teil B dieses Buchs.

Nicht vergessen werden darf an dieser Stelle die neu überarbeitete Webkonsole. Wer sie nutzen möchte, kommt an Silverlight nicht mehr vorbei. Beim ersten Aufruf wird der Anwender zur Installation dieser Webbrowsererweiterung aus eigenem Hause obligatorisch aufgefordert, sofern sie nicht bereits auf dem verwendeten Computersystem installiert ist. Im Gegenzug gibt es einen gefühlt schnelleren Zugriff auf die Sichten im Bereich der Überwachung von System Center 2012 Operations Manager im Vergleich zur Vorgängerversion. Bei der Verwendung der neuen Dashboards gibt es damit de facto keinen Qualitätsunterschied mehr im Vergleich zum Aufruf aus der Betriebskonsole.

Fazit

Eine Revolution stellt die Weiterentwicklung von System Center 2012 Operations Manager an dieser Stelle nicht wirklich dar. Man kann eher von einer Evolution sprechen. Die vielen in den letzten Jahren entwickelten Zusatzfunktionen sind jetzt standardmäßig integriert. Zum erfolgreichen Selbstläufer fehlt allerdings noch die ein oder andere Überarbeitung. Unbestritten gut gelungen ist die Überarbeitung der Dashboards, was sicherlich auch ein klein wenig der Integration der Netzwerküberwachung zuzuschreiben ist. Ohne eine vernünftige Visualisierung der Infrastrukturen wäre eine Akzeptanz bei den Netzwerkadministratoren sicherlich unwahrscheinlich. So besteht eine gute Chance, dass sich die Kollegen aus ihrer Festung herausbewegen und sich vielleicht etwas mehr für Prozesse statt für Prozessoren interessieren.

Neue Möglichkeiten zur Agentkonfiguration

In der Regel besteht eine 1:1-Beziehung zwischen installierter Clientkomponente und der Verwaltungsgruppe, der dieser Agent zugeordnet ist. Anders ausgedrückt wird jede mit einem System Center 2012 Operations Manager Agent ausgestattete Maschine von genau einer Verwaltungsgruppe überwacht. Auch an dieser Stelle gibt es keine Regel ohne Ausnahme. Insbesondere in komplexeren Umgebungen werden Systeme nicht selten mit mehreren Verwaltungsgruppen verbunden. Die Ursachen für diese Art der Konfiguration sind technisch oder organisatorisch motiviert. So sind insbesondere größere, weltweit angesiedelte Unternehmen in Bezug auf die administrativen Aufgaben in einer Matrixorganisation aufgestellt.

So kann es sein, dass die Zuständigkeit für die Serversysteme dem jeweiligen Standort zugeteilt ist, während alle SQL-Datenbankserver weltweit ausschließlich durch ein spezielles Team in Spanien überwacht werden. In diesem Fall ist eine Überlappung der Zuständigkeit ganz bewusst nicht gewünscht, das heißt, dass sich das SQL Server-Team nicht um die Belange der Betriebssysteme kümmert, auf denen Microsoft SQL Server betrieben wird. Für viele ist dieses Szenario nicht nachvollziehbar und tatsächlich zieht dieses Konzept meist Probleme bei präventiven Maßnahmen nach sich.

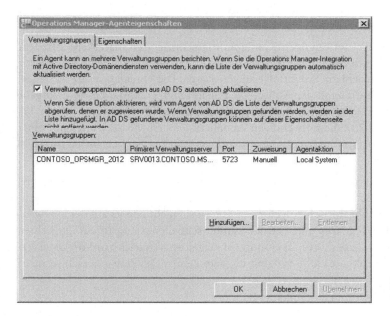

Abbildung 8.6 Die Einstellmöglichkeiten auf Clientseite wurden überarbeitet

System Center 2012 Operations Manager bietet die Möglichkeit, multiple Zuordnungen auf einfache Weise zu konfigurieren. Im Gegensatz zur Vorgängerversion muss dazu keine weitere Installation der Agentkomponente angestoßen werden. Stattdessen kann die Zuordnung mithilfe der grafischen Oberfläche in der Systemsteuerung direkt auf den Systemen vorgenommen werden.

Eine andere Ausprägung der mehrfachen Verwaltungsgruppenzuordnung resultiert aus dem separaten Aufbau einer Testumgebung für System Center 2012 Operations Manager. Da Testumgebungen nur selten ihrem Ziel einer repräsentativen Reproduktion der produktiven Wirklichkeit im kleineren Maßstab gerecht werden, ist die Integration einzelner Produktivsysteme eine durchaus sinnvolle Alternative. Die Abbildung 8.6 zeigt die grafische Oberfläche der Clientkomponente von System Center 2012 Operations Manager. Die Beschreibung im Dialogfeld dieser Abbildung weist auch auf einen verfügbaren Automatismus hin. Die Zuordnung in unterschiedliche Verwaltungsgruppen kann auch durch die Konfiguration der Active Directory-Konfiguration stattfinden.

Veränderungen in der Betriebskonsole

Das Gesicht von System Center Operations Manager hat sich von Version zu Version verändert. Diese Veränderung ist in erster Linie ein Tribut an die allgemeine Angleichung der Administrationskonsolen aller System Center Produkte von Microsoft. Ziel ist es, die Konsole nach und nach auf gleiche Optik zu hieven, um dadurch einen intuitiveren Umgang sicherzustellen. Getreu dem Motto »Kennst Du eine Konsole, kennst Du alle Konsolen!« Diese Metamorphose gelingt jedoch nur bedingt, denn die Funktionsweisen der Produkte unterscheiden sich an manchen Ecken einfach zu eklatant.

Eine wichtige Veränderung hat der rechte Bildschirmbereich der Betriebskonsole erfahren, die an vielen Stellen auch als Administrationskonsole bezeichnet wird. Dort fand man bisher den sogenannten Aktionsbereich. Der Aktionsbereich stellt dem hochmotivierten Administrator kontextsensitive Funktionen zur Verfügung. Je nachdem, mit welcher Entität man sich gerade in der Administrationskonsole beschäftigt, wurden im Aktionsbereich genau die Werkzeuge angeboten, die bei der Analyse des konkreten Sachverhalts unterstützen. Die schlechte Nachricht: Den Aktionsbereich gibt es nicht mehr.

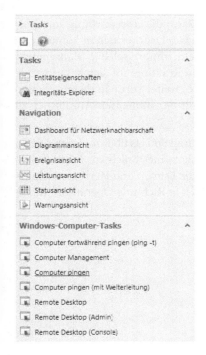

Abbildung 8.7 Der neu gestaltete Taskbereich

Bevor Sie jetzt in eine depressive Grundhaltung verfallen, kommt die gute Nachricht gleich hinterher. Der Aktionsbereich heißt jetzt Taskbereich. Neben dem neuen Namen wurde dem rechten Flügel der Administrationskonsole eine zusätzliche Funktionalität auferlegt. Wie Sie in Abbildung 8.7 sehen können, werden hier nun auch jene Tasks angeboten, die bisher nur über die rechte Maustaste beim Klick auf die jeweilige Entität abrufbar waren.

Was sich weiterhin nicht geändert hat, ist die Möglichkeit zum Ein- und Ausblenden des Taskbereichs. Die Menge an Informationen, die man sich in der Administrationskonsole von System Center 2012 Operations Manager anzeigen lassen kann, übersteigt manchmal das Fassungsvermögen selbst größter Bildschirme. Leider wird dann allzu oft auf den Taskbereich verzichtet und er verschwindet am rechten Bildschirmrand. Erfahrungsgemäß ist jedoch auf einem 24-Zoll-Monitor ausreichend Platz, um vom Mehrwert dieser nützlichen Kontextmenüfunktion rund um die Uhr profitieren zu können.

Fazit

Die Veränderungen an der Administrationskonsole von System Center 2012 Operations Manager halten sich im Vergleich zur Vorgängerversion in Grenzen. Das letzte deutliche Facelifting hat die Konsole mit der Einführung von System Center Operations Manager 2007 R2 erfahren. Daraus abzuleiten, dass sich an der täglichen Arbeit mit der Konsole nichts geändert hat, wäre falsch. Es gibt zahlreiche neue Funktionen, die Sie im Teil B dieses Buchs im Rahmen der Evaluierungsinstallation und Grundkonfiguration kennenlernen werden.

Netzwerk-Monitoring

Die unumstritten auffälligste und spannendste Veränderung hat System Center 2012 Operations Manager hinsichtlich der Möglichkeit zur Integration von Netzwerkkomponenten in die Überwachung erfahren. Hier blieb kein Stein auf dem anderen und Microsoft hat sich weitgehend vom bisherigen Konzept verabschiedet. In der Standardkonfiguration von System Center Operations Manager 2007 war die Überwachung von Routern und Switches durchaus möglich. Ohne zusätzliche Management Packs von Drittherstellern konnte man in größeren Umgebungen allerdings nicht viel damit anfangen. Nach dem Import solcher Management Packs war allerdings meist Schicht im Schacht, wenn es um eine zeitnahe Reaktion auf sich verändernde Gegebenheiten im Netzwerkbereich geht. Bedingt durch die Architektur des weiter vorne in diesem Kapitel beschriebenen Konfigurationsdiensts war der Stammverwaltungsserver mit der immensen Anzahl der zu überwachenden Ports überfordert. Das hat sich eklatant geändert.

Microsoft hat vom Hardwaregiganten EMC die Netzwerküberwachungslösung Smarts übernommen und in System Center 2012 Operations Manager integriert. Das Ergebnis kann sich meines Erachtens sehen lassen. Damit eröffnet sich Microsoft einen neuen Markt, da spätestens jetzt auch die Damen und Herren der eingeschworenen Netzwerkadministrationsgemeinschaft einen interessierten Blick in Richtung Operations Manager werfen werden.

Netzwerk-Monitoring

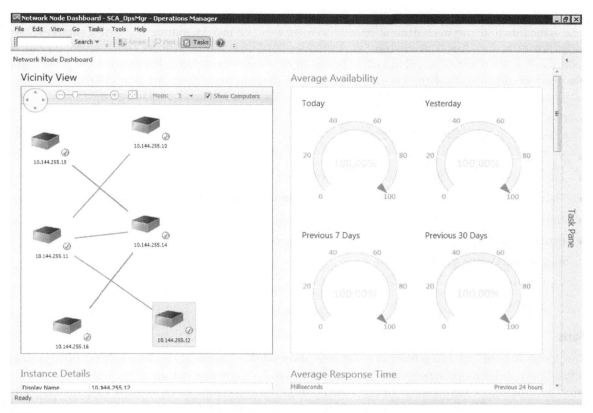

Abbildung 8.8 Die Monitoring-Möglichkeiten im Netzwerkbereich haben sich massiv verbessert

Die Ermittlung von Netzwerkkomponenten kann jetzt in regelmäßigen Abständen wiederholt werden. Damit ist sichergestellt, dass sich naturgemäß stattfindende Veränderungen an der Netzwerkinfrastruktur auch in System Center 2012 Operations Manager widerspiegeln. Durch die Fusionierung mit der professionellen Überwachungslösung von EMC stehen folgende größtenteils neuen Leistungsmerkmale auf der Preisliste:

- Darstellung der Netzwerkumgebung aus Sicht des selektierten Knotens
- Dynamische Generierung von Netzwerkdiagrammen
- Dashboard-Übersichten der überwachten Netzwerkkomponenten
- Standardmäßige Netzwerkkomponentenermittlung, Überwachung und Berichterstattung
- Ermittlung der Abhängigkeiten zwischen Servern und Netzwerkkomponenten
- Unterstützung unterschiedlicher Netzwerkkomponentenhersteller
- Multiprotokollunterstützung
- Unterstützung von SNMP v1, v2 und v3
- Unterstützung von IPv4 und IPv6

Diese Leistungserweiterung kann sich durchaus sehen lassen. System Center 2012 Operations Manager kommt damit einer ganzheitlichen Betrachtung von Infrastrukturen »out of the Box« sehr nahe. Für alle, die bereits Erfahrung mit Möglichkeiten aus den Vorgängerversionen von System Center 2012 Operations

Manager gemacht haben, muss ganz besonders betont werden, dass die Ports von Netzwerkkomponenten jetzt standardmäßig nur noch dann überwacht werden, wenn sie in Verwendung sind. Diese Anpassung ist sicherlich nicht bei allen Nutzern von System Center 2012 Operations Manager willkommen, adressiert jedoch den größten Kundenanteil in Sachen Bedarf an Netzwerküberwachung. Für Kunden, die genau dann alarmiert werden müssen, wenn ein eigentlich nicht in Verwendung befindlicher Port plötzlich und unerwartet aktiv wird, bleibt immer noch die Anpassung des Regelwerks mittels Überschreibungen.

Werfen wir noch einen Blick auf die Informationen, die uns die Netzwerküberwachung in der Grundkonfiguration von System Center 2012 Operations Manager bereits übermittelt:

- Verbindungsstatus
- Zugehörigkeit zu virtuellen Netzwerken (VLAN)
- HSRP (Hot Standby Router-Protokoll, ein proprietäres Protokoll von Cisco) -Gruppenunterstützung
- Umschaltung von Switchports auf Server-NIC
- Erkennen und Überwachen der Standardkomponenten eines Geräts
  - Zustand Port/Interface
  - Prozessor
  - Speicher

Fazit

Die Möglichkeiten zur Integration der Netzwerküberwachung stellen in der Tat einen Quantensprung gegenüber der Vorgängerversion von System Center 2012 Operations Manager dar. Die Tatsache, dass Microsoft die eigene Entwicklung an dieser Stelle aufgegeben und stattdessen auf eine ausgereifte Lösung eines der größten Hardwarelieferanten der Welt gesetzt hat, untermauert diese Aussage. Microsoft hat an dieser Stelle keine Zeit mehr für die erneute Erfindung des Rads verschwendet und ist damit auf einen Schlag konkurrenzfähig mit anderen proprietären Lösungen am Markt. Bleibt zu hoffen, dass die eher konservative Vereinigung introvertierter Netzwerkspezialisten ausreichende Flexibilität besitzt, sich diese neuen Möglichkeiten zumindest einmal anzuschauen. Die in System Center 2012 Operations Manager integrierte Netzwerküberwachung ist natürlich kein Ersatz für die proprietären Lösungen der Netzwerkkomponentenhersteller. Eine softwaretechnische Aktualisierung von Netzwerkkomponenten oder die Verteilung von Konfigurationen an diese Geräte steht aktuell nicht auf der Wunschliste der System Center-Entwicklungsteams. Wer sich jedoch für eine prozessorientierte Überwachung von IT-Landschaften interessiert, sollte den Platz der Netzwerkgurus auf der einsamen Netzwerkinsel infrage stellen.

Änderungen an den PowerShell-Skripts

Die Beliebtheit der PowerShell nimmt offensichtlich stetig zu. Der Hype ist noch nicht in allen Köpfen angekommen. Das wird sich jedoch früher oder später geben. Einen weiteren Angriff auf die undefinierbar große Menge der konservativen Verfechter grafischer Oberfläche hat das Entwicklerteam von System Center 2012 Operations Manager durch die Überarbeitung des verfügbaren PowerShell-Befehlssatzes vorgenommen. Viele Funktionen wurden neu in das Portfolio mit aufgenommen, die vorhandenen überarbeitet, um die neuen Möglichkeiten von PowerShell 2.0 nutzen zu können.

Allen PowerShell-Befehlen gemeinsam ist die jeweils im Befehl beinhaltete Zeichenfolge »SC«. Um mehr und aktuelle Informationen über die verfügbaren Befehle und deren Syntax zu erfahren, starten Sie die Operations Manager-Shell auf einem Ihrer Verwaltungsserver und geben den Befehl *Get-Help about_OpsMgr_WhatsNew* ein. Wer das PowerShell-Cmdlet von System Center 2012 Operations Manager vorzugsweise manuell in eine PowerShell importieren will oder muss, kann stattdessen auch den Befehl *Import-Module OM10* eingeben. Selbstverständlich muss das Modul auf dem von Ihnen verwendeten Computersystem installiert sein.

Um die PowerShell-Befehle verwenden zu können, müssen Sie eine Verbindung mit der gewünschten System Center 2012 Operations Manager-Verwaltungsgruppe einrichten. Dieser Arbeitsschritt entfällt, wenn Sie die Konsolenbefehle auf einem Verwaltungsserver verwenden. Um sich beispielsweise die aktuell verbundene Verwaltungsgruppe anzuzeigen, geben Sie den Befehl *Get-SCManagementGroupConnection* ein. Um sich mit einer alternativen Verwaltungsgruppe zu verbinden, verwenden Sie den PowerShell-Befehl *New-SCManagementGroupConnection* in folgender Ausprägung:

```
(New-SCMManagementGroupConnection -ComputerName Verwaltungsservername -Credential (Get-Credential
ANSOLEX_TEST\SCOM_ADM))
```

Für alle, die bereits in der Vorgängerversion von System Center 2012 Operations Manager mit PowerShell-Befehlen gearbeitet haben, empfiehlt sich in gleicher PowerShell-Oberfläche die Eingabe des Befehl *Get-Help about_OpsMgr_Cmdlet_Names*. In der angezeigten Textpassage werden auch die Befehle aufgelistet, die der Aktualisierung zur neuen Version zum Opfer gefallen sind.

Den Überblick über alle verfügbaren Cmdlets finden Sie im jeweils aktuellen Gesamtüberblick auf nachfolgender Internetseite: *http://technet.microsoft.com/en-us/library/hh305229.aspx*.

Fazit

Die Menge an verfügbaren Cmdlets hat sich nicht eklatant verändert. Deren Funktionalität wurde jedoch überarbeitet, um mit der neuen Architektur von System Center 2012 Operations Manager umgehen zu können. Hier ist insbesondere die Tatsache maßgebend, dass es keinen Stammverwaltungsserver mehr gibt und die de facto gleichberechtigten Verwaltungsserver in der neuen Welt mithilfe von Ressourcenpools organisiert werden. Für alle, die bisher intensiv mit dieser Art der Steuerung gearbeitet haben, bedeutet das, eine Nachtschicht einzulegen, denn die bisher verwendeten Automatisierungsskripts müssen überarbeitet werden.

Teil B

Inbetriebnahme

In diesem Teil:

Kapitel 9	Interaktion der Komponenten	209
Kapitel 10	Skalierung	221
Kapitel 11	Systemanforderungen	237
Kapitel 12	Durchführung der Installation	265
Kapitel 13	Die Hauptfunktionen im Überblick	321
Kapitel 14	Basiskonfiguration	405
Kapitel 15	Clientüberwachung und Datenschutz	429

Kapitel 9

Interaktion der Komponenten

In diesem Kapitel:
Aufgabe von System Center 2012 Operations Manager　　　　　　　　　　　　　　　　　210
Infrastruktur von System Center 2012 Operations Manager　　　　　　　　　　　　　213

Serveranforderungen müssen skalierbar sein. Ohne diese Eigenschaft werden sich weder Administratoren noch IT-Entscheider für den Erwerb und den Einsatz von Produkten durchringen können. Professionelle Softwareentwickler werfen deshalb immer einen Blick auf die Bandbreite möglicher Einsatzgebiete. Microsoft wäre nicht so erfolgreich, wenn das mittlerweile unüberschaubare Portfolio in kleinen Handwerksbetrieben nicht ebenso Verwendung finden könnte wie in den größten Konzernen dieser Welt. Welcher Einsatz in welcher Umgebung wirklich sinnvoll ist, entscheidet sich damit nicht über die Architektur der Software, sondern einzig durch die erforderliche Geschäftsprozessunterstützung.

Die Auswahl der geeigneten Serverprodukte und die Erstellung des daraus resultierenden Implementierungskonzepts sind die beiden größten Herausforderungen für alle IT-Verantwortlichen. Es ist wichtig, dass Sie sich diesbezüglich von Profis beraten lassen. Ein Profi definiert sich nicht über den Besuch eines Softwareseminars. Wie in vielen anderen Lebenssituationen auch ist theoretisches Wissen ohne fundierte Praxiserfahrung ähnlich effizient wie ein Fahrrad ohne Antriebskette. Wenn Sie an dieser These zweifeln, empfehle ich Ihnen folgenden Selbsttest in drei Schritten:

- Kaufen Sie sich das Buch »Golf spielen – Lernen von Profis für Profis«
- Lesen Sie das Buch
- Gewinnen Sie die US Open

Diametral zu meiner obigen Behauptung sollte sich die Weltrangliste noch in diesem Jahr verändern und Luke Donald schaut Ihren Namen von Platz zwei aus an. Beeilen Sie sich, denn Tiger Woods ist bereits wieder auf Platz 4.

In diesem Kapitel widmen wir uns nicht der Wissensvermittlung zur praktischen Anwendung von System Center 2012 Operations Manager. Diese Rolle ist den nachfolgenden Kapiteln in diesem Teil B des Buchs vorbehalten. Thema der nächsten Seite ist die konzeptionelle Vorstellung von System Center 2012 Operations Manager. Administratoren und sonstige Fans dieser Lösung zur Überwachung von IT-gestützten Geschäftsprozessen erfahren etwas mehr darüber, wie System Center 2012 Operations Manager im Zusammenspiel mit den einzelnen Komponenten arbeitet. Werfen wir einen Blick auf die Agenda dieses Kapitels:

- Aufgabe von System Center 2012 Operations Manager
- Infrastruktur von System Center 2012 Operations Manager

Aufgabe von System Center 2012 Operations Manager

Unabhängig von der jeweiligen Unternehmensgröße haben IT-Abteilungen die primäre Aufgabe, Funktionen zu unterstützen und bereitzustellen. Der englische Begriff hierfür lautet Services, welcher perfekt dafür geeignet ist, die zahlreichen Ausprägungen von Funktionen unter einem Hut zusammenzufassen. Dazu zählen unter anderem die folgenden Teilbereiche:

- Applikationsbereitstellung
- Zugriff auf alle Ressourcen im Rahmen des individuellen Berechtigungskonzepts
- Wiederherstellung von nicht verfügbaren IT-Diensten in vereinbarten Zeiträumen
- Sicherstellung des Datenzugriffs ausschließlich durch autorisierte Mitarbeiterinnen und Mitarbeiter
- Verfügbarkeit von Serversystemen
- Verfügbarkeit von zentralen Diensten, welche auf Basis von Serversystemen bereitgestellt werden

- Sicherstellung der Einhaltung vereinbarter Verarbeitungsgeschwindigkeiten
- Erreichbarkeit von Serveranwendungen
- Funktionsfähigkeit von Anwendungen, sowohl auf Server- als auch auf Clientseite
- Integrität der verwendeten Applikationen

Die Liste lässt sich problemlos erweitern, ist aber zur Beschreibung der Aufgaben von System Center 2012 Operations Manager erst einmal ausreichend. Nicht ausreichend ist in den meisten Unternehmen die Effizienz der verwendeten Werkzeuge zur Sicherstellung dieser verantwortungsvollen Aufgabe. Üblicherweise kümmert sich jeder Bereich mit seinen eigenen, über Jahre hinweg etablierten Methoden um die Erfüllung dieser Anforderung. Dazu gesellt sich eine meist technische Betrachtung dieser Aufgabenstellung.

Das Konzept von System Center 2012 Operations Manager ist nicht revolutionär. Am Markt tummelt sich seit Jahren, teilweise schon seit Jahrzehnten eine beachtliche Menge vergleichbarer Lösungen. Als Microsoft im Jahre 2000 ebenfalls den Sprung in dieses Haifischbecken wagte, war System Center Operations Manager bereits seit rund zwei Jahren als Produkt des Unternehmens NetIQ unterwegs. Mittlerweile sind wir in der vierten Generation der Lösung unter der Flagge von Microsoft angelangt. IT-Verantwortlichen ist die Tatsache der Existenz von System Center 2012 Operations Manager also weitgehend vertraut. Die Herausforderung für eine erfolgreiche Einführung und Verwendung scheint jedoch für viele Unternehmen weiterhin überraschend und unbeherrschbar.

Alle Überwachungslösungen am Markt verfolgen das Ziel, möglichst viele Informationen einer überwachten Umgebung zu sammeln und diese aus Sicht der bereitgestellten Anwendung zu interpretieren. Die Herausforderung dabei besteht in der ständigen Interpretation der Fülle an Informationen. Gelingt es, mögliche Abweichungen auf Basis dieser Interpretation frühzeitig zu erkennen, kann mit geeigneten Wiederherstellungsmaßnahmen gegengesteuert werden. Die Herausforderung für alle Anbieter am Markt ist, dabei alle möglichen Konstellationen von Betriebssystem- und Serverprodukten zu kennen und geeignete Maßnahmen in Form von passenden Programmbefehlen zur Verfügung zu stellen.

An dieser Stelle spielt System Center 2012 Operations Manager seinen Trumpf aus. Umgebungen, die in erster Linie auf Microsoft-Technologie basieren, bekommen die jeweils erforderliche Überwachungslogik quasi frei Haus zur Verfügung gestellt. Diese Anforderung kann kein Drittanbieter auf Dauer bereitstellen. Die Entwicklungsteams aus dem Hause Microsoft sind angehalten, bei Verfügbarkeit der jeweils neuen Version ihres Produkts auch ein Überwachungspaket (Management Pack) für System Center Operations Manager in aktueller Version kostenlos zu veröffentlichen. Andere Lösungen am Markt sind dazu verdammt, die Logik nach Verfügbarkeit der jeweiligen Anwendung nachzustellen und ein Regelwerk daraus abzuleiten. Die Realisierung dieser Aufgabe stellt einen hohen Invest für alle Drittanbieter dar, den sich diese von Ihnen als Kunden bezahlen lassen müssen.

Das ist auch der Grund, weshalb Überwachungslösungen über mehrere Jahre hinweg betrachtet an Popularität verlieren. Erscheint am Horizont eine neue Version einer bereits im Einsatz befindlichen Serveranwendung, muss sichergestellt sein, dass die neuen Funktionen bei der Überwachung berücksichtigt werden. Bietet der Anbieter einer Überwachungslösung bis auf weiteres kein überarbeitetes Regelwerk an, muss der verantwortliche Administrator entweder selbst Hand anlegen oder aber das Unternehmen verzichtet auf die Aktualisierung der Serveranwendung. Während die erste Variante enorme Arbeitszeit verschlingt, macht sich die zweite Option als Spaßbremse in innovativen Unternehmen und IT-Abteilungen populär. Mein Anspruch an eine moderne Informationstechnologie lässt sich mit keiner der beiden Varianten adressieren.

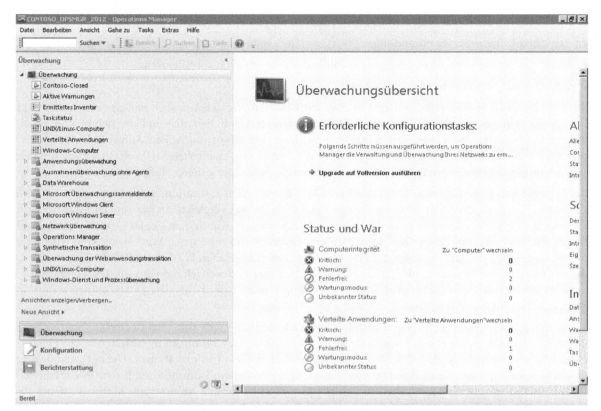

Abbildung 9.1 Verschiedene Betrachtungsweisen werden in der Betriebskonsole von System Center 2012 Operations Manager bereitgestellt

System Center 2012 Operations Manager versetzt Sie und Ihre Kolleginnen und Kollegen in die Lage, unterschiedliche Überwachungsszenarien unter einem Dach zu vereinen. Dreh- und Angelpunkt hierfür ist die sogenannte Betriebskonsole, wie Sie sie in Abbildung 9.1 sehen können. Hier werden aktuelle Informationen hinsichtlich der Leistung und Verfügbarkeit überwachter Systeme und Diensten bereitgestellt. Von hier aus können Sie auch auf historische Informationen zugreifen, um so beispielsweise die Leistungskurve einer unternehmenskritischen Webseite, einer logischen Festplatte oder einer bestimmten Applikation abzurufen.

Für die Datenermittlung zuständig sind sogenannte Agents der Clientkomponente von System Center 2012 Operations Manager. Diese werden auf den zu überwachenden Systemen installiert. Mit ihnen wird bestimmt, *wer* überwacht wird. Kann auf einem System ein solcher Agent nicht installiert werden, übernimmt ein anderes System mit installiertem Agent die Überwachung durch Remotezugriff. Agents sind verfügbar für die aktuellen Windows-Betriebssystemvarianten, aber auch für eine Vielzahl von Linux- und UNIX-Systemen. Auch aktive Netzwerkkomponenten sind in die Überwachung integrierbar. Auf diesen Geräten lassen sich jedoch keine Agents installieren und es muss hier generell eine Remoteüberwachung erfolgen.

Idealerweise leben wir in einer heilen Welt, in der weder die überwachten Systeme noch die darauf bereitgestellten Anwendungen jemals Probleme oder Ausfälle signalisieren. Sollte in Ihrem Rechenzentrum nicht so oft die Sonne scheinen, wird Ihnen System Center 2012 Operations Manager Auskunft darüber erteilen, welche überwachten Einheiten welche Probleme haben. Sie erhalten bei Bedarf individuelle Benachrichtigungen per E-Mail, SMS oder aber auch per Instant Messaging-Mitteilung.

Infrastruktur von System Center 2012 Operations Manager

Mit der Installation von System Center 2012 Operations Manager erleben Sie auch die Geburt der sogenannten Verwaltungsgruppe. Das ist der Name der organisatorischen Klammer über den für Ihr Unternehmen individuellen Überwachungsbereich. Ob Sie damit lediglich die Server Ihrer Active Directory-Domäne überwachen oder zusätzlich weitere verbundene Domänen, Netzwerkkomponenten und einzelne Rechnersysteme integrieren, liegt in Ihrer Hand.

Weitere Detailinformationen erhalten Sie im weiteren Verlauf des Buchs, insbesondere aber in Kapitel 13. In diesem Abschnitt werfen wir einen kurzen Blick auf die Basiskomponenten einer Verwaltungsgruppe. Folgende Rollen werden wir anschließend näher beleuchten:

- Verwaltungsserver
- Agents
- Windows-Dienste
- Management Packs
- Ermitteln und überwachen
- Kommunikation zwischen Verwaltungsserver und Agents

Verwaltungsserver

Steuern, Speichern, Analysieren und Berichten sind die Basisfunktionen von System Center 2012 Operations Manager. Am oberen Ende dieser Funktionskette – oder besser: dieser Verwaltungsgruppe – steht der Verwaltungsserver.

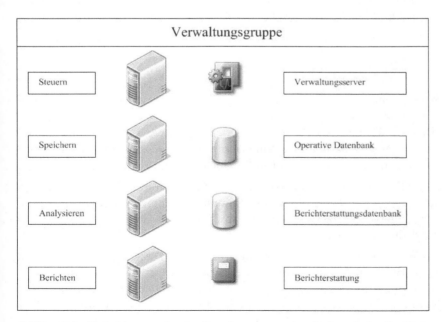

Abbildung 9.2 Die Basiskomponenten einer Verwaltungsgruppe, ohne die ein professionelles Arbeiten nicht wirklich möglich ist

Der Verwaltungsserver ist die Schnittstelle zwischen den überwachten Systemen und Prozessen, den überwachenden Administratoren und den verwendeten Datenbanken. Starten Sie die zur Steuerung einer Verwaltungsgruppe verwendete Betriebskonsole, verbindet sich diese immer mit dem Verwaltungsserver einer Verwaltungsgruppe. Je nach Größe Ihrer Infrastruktur sind mehrere Verwaltungsserver gleichzeitig im Einsatz.

In Abbildung 9.2 sehen Sie die weiteren Komponenten einer Basiskonfiguration von System Center 2012 Operations Manager. Die operative Datenbank speichert sowohl alle Informationen über die verwalteten Systeme als auch die Konfigurationseinstellungen, die die eigentliche Überwachung ausmachen. Darüber hinaus werden in der operativen Datenbank alle ermittelten Messwerte für einen Zeitraum von standardmäßig sieben Tage zwischengespeichert. Für eine Langzeitanalyse der eingesammelten Daten ist die Berichterstattungsdatenbank verantwortlich. Um auf diese Daten mit aufbereiteten Berichten zugreifen zu können, empfiehlt sich die Installation der Berichterstattung. Alle Komponenten aus Abbildung 9.2 können auf einem Serversystem installiert werden, wobei zum Betrieb der Datenbank Microsoft SQL Server 2008 oder höher benötigt wird.

Mit diesen Basiskomponenten ist der Betrieb einer Verwaltungsgruppe grundsätzlich sichergestellt. Weitere Rollen und Funktionen erweitern den Funktionsumfang ebenso wie die Installation weiterer Verwaltungsserver, sofern dies die Größe der überwachten Umgebung verlangt.

Verwaltungsserver werden in System Center 2012 Operations Manager sogenannten Ressourcenpools zugeordnet. Bestimmte Aufgabenstellungen werden somit nicht einem einzelnen Verwaltungsserver, sondern einem Ressourcenpool zugeordnet. Befindet sich in einem solchen Ressourcenpool mehr als ein Verwaltungsserver, steigt die Verfügbarkeitskurve für die jeweilige Aufgabe. Zugleich ist sichergestellt, dass sich immer genau ein Verwaltungsserver um die Ausführung einer Verwaltungsoperation kümmert. Ressourcenpools sind die Antwort auf den Anspruch an Hochverfügbarkeit von System Center 2012 Operations Manager.

Eine besondere Ausprägung von Verwaltungsserver ist der sogenannte Gatewayserver. Diese Rolle wird benötigt, wenn Sie Systeme aus einer fremden, nicht vertrauten Windows-Domänenwelt in ihrer Verwaltungsgruppe überwachen und steuern wollen. Mit der Einrichtung des Gatewayservers beschäftigen wir uns näher in Kapitel 16.

Agents

Die Clientkomponente von System Center 2012 Operations Manager ist der sogenannte Agent. Dabei handelt es sich in erster Linie um einen Windows-Dienst, der üblicherweise mit lokalen Systemberechtigungen ausgeführt wird. Er sammelt Daten und vergleicht diese mit definierten Grenzwerten. Bei einer inakzeptablen Abweichung generiert diese Komponente nach Vorgabe eine Warnmeldung beziehungsweise startet vorgegebene Anwendungen oder Skripts, um der Abweichung Paroli zu bieten.

Kommunikationspartner der Agentkomponente von System Center 2012 Operations Manager ist der Verwaltungsserver. Jedes Computersystem mit installiertem Agent kommuniziert immer mit genau einem Verwaltungsserver. Fällt dieser Verwaltungsserver unerwarteterweise aus, kann ein weiterer Verwaltungsserver als sekundärer Ansprechpartner definiert werden.

Der Agent ist weiterhin verantwortlich für die Ermittlung des Integritätsstatus. Dieser Status gibt Auskunft über den Gesundheitsgrad der überwachten Systeme. Verschlechtert sich der Integritätsstatus, generiert der Agent eine Warnmeldung und informiert den Verwaltungsserver über diese Veränderung. Über die Betriebskonsole erfährt dann wiederum der Administrator über diese Abweichung und kümmert sich hoffentlich

Infrastruktur von System Center 2012 Operations Manager

zeitnah um die notwendigen Gegenmaßnahmen. Die Informationen werden immer in Echtzeit bereitgestellt und die Betriebskonsole aktualisiert die eingehenden Statusveränderungen standardmäßig alle 15 Sekunden.

Ein Agent kann auch als sogenannter Proxyagent konfiguriert werden. In dieser Betriebsart kann System Center 2012 Operations Manager den Integritätsstatus verteilter Anwendungen interpretieren. Verteilte Anwendungen sind Lösungen, die durch das Zusammenspiel mehrerer einzelner Serversysteme ihre Leistungsfähigkeit entfalten und damit hochverfügbar sind. Dazu zählen beispielsweise Active Directory, Microsoft Exchange, Microsoft SharePoint und natürlich auch Microsoft-Clusterlösungen.

Neben der Möglichkeit zur Überwachung von verteilten Anwendungen ermöglicht die Proxyagent-Funktion auch die Überwachung von Systemen, auf denen die Installation eines Agent aus sicherheitsrelevanten, organisatorischen oder technischen Gründen nicht möglich ist.

HINWEIS Folgende Computersysteme werden aktuell durch proprietäre Agents von System Center 2012 Operations Manager unterstützt:

- HP-UX 11i Version 2 und Version 3 (Architektur PA-RISC und IA64)
- Oracle Solaris 9 (SPARC) und Solaris 10 (SPARC and x86)
- Red Hat Enterprise Linux 4, 5, und Version 6 (x86/x64)
- Novell SUSE Linux Enterprise Server 9 (x86), 10 mit Service Pack 1(x86/x64), und 11 (x86/x64)
- IBM AIX 5.3, AIX 6.1 (POWER), and AIX 7.1 (POWER)

Windows-Dienste

Auf jedem mit einer Agentkomponente ausgestatteten Computersystem läuft – wie bereits im letzten Abschnitt erwähnt – ein Windows-Dienst. In der deutschen Version finden Sie dazu einen Eintrag in der Dienste-Verwaltung unter dem Anzeigenamen *System Center-Verwaltung*. Weitere durch System Center 2012 Operations Manager bereitgestellte Windows-Dienste können installiert sein wie beispielsweise *System Center-Überwachungsweiterleitung* oder *System Center-Verwaltung APM*. Diese Dienste sind jedoch standardmäßig zunächst deaktiviert und werden für die Überwachung des Systems oder der bereitgestellten verteilten Anwendungen nicht benötigt.

HINWEIS Die Verwendung der Bezeichnung System Center-Verwaltung hat sich noch nicht überall etabliert. Das hängt ein Stück weit auch mit Historie von System Center Operations Manager zusammen. Wenngleich das die offizielle Bezeichnung ist, werden Sie in der Literatur auch immer wieder auf Stellen treffen, bei denen vom Health Service gesprochen wird. Damit ist ebenfalls der Windows-Dienst *System Center-Verwaltung* (englische Version: System Center Management) gemeint.

Der Windows-Dienst *System Center-Verwaltung* führt seine Aufgaben auch dann durch, wenn keine Verbindung zum Verwaltungsserver besteht. In diesem Fall speichert das temporär autistische Computersystem die ermittelten Informationen in eine lokale Datenbank. Ist die Verbindung zum Verwaltungsserver wieder verfügbar, werden die Daten weitergleitet.

Auf die Sicherstellung der Kommunikation zwischen Client- und Serverkomponente wird bei System Center 2012 Operations Manager großer Wert gelegt. Das ist kein Wunder, denn eine Echtzeitüberwachung ist nur sinnvoll, wenn die Informationen stets aktuell bereitgestellt werden.

Verbindungsabbrüche werden deshalb immer sowohl von den überwachten Systemen als auch vom Verwaltungsserver erkannt und interpretiert. So erwartet der Verwaltungsserver ein regelmäßiges Lebenszeichen vom Agent. Meldet sich der Windows-Dienst nicht mindestens einmal alle 60 Sekunden, überprüft der Verwaltungsserver zum einen die Erreichbarkeit der Maschine und zum anderen die Kommunikation mit dem Windows-Dienst. Beide Status werden getrennt voneinander betrachtet und so auch in der Betriebskonsole dargestellt.

Der Windows-Dienst *System Center-Verwaltung* ist auch auf dem Verwaltungsserver installiert und gestartet. Dort stellt er die Ausführung von Workflows sicher und regelt den Zugriff auf die einzelnen Berechtigungsobjekte. Zur Ausführung eines Workflows startet er einen Prozess namens *MonitoringHost.exe*, den Sie im Windows-Task-Manager auf der Registerkarte *Prozesse* gelistet sehen.

MonitoringHost-Prozesse kümmern sich um die Durchführung von Überwachungsaufgaben, sind für das Einsammeln der Leistungsmessungsdaten und unter anderem auch für das Ausführen von Aktionen wie beispielsweise Skripts zuständig. Auf dem Verwaltungsserver werden weiterhin die folgenden Windows-Dienste im Rahmen der Bereitstellung von System Center 2012 Operations Manager installiert:

- **System Center-Verwaltungskonfiguration**   Wenn es um die Verteilung der Konfigurationseinstellungen an die überwachten Server- und Clientsysteme geht, steht dieser Windows-Dienst im Rampenlicht. Er kümmert sich auch um die Integrität der Verwaltungsgruppe.
- **System Center Data Access Service**   Dieser Dienst stellt die Kommunikation zu den verbundenen Betriebskonsolen sicher, ermöglicht also die Steuerung von System Center 2012 Operations Manager durch den Administrator. Darüber hinaus ist er verantwortlich für das Schreiben der Informationen in die operative Datenbank.

Management Packs

Alles, was in der Welt von System Center 2012 Operations Manager im Rahmen der Überwachungstätigkeit geschieht, ist in Management Packs definiert. Sie werden durch einen Administrator bereitgestellt und danach sofort an die Agents übermittelt. Dort werden sie auf Verwendbarkeit geprüft und gegebenenfalls in die Überwachung integriert.

System Center 2012 Operations Manager unterscheidet bei der Durchführung von Überwachungsaufgaben generell zwischen Regeln und Monitoren. Wir gehen sehr ausführlich auf die Unterschiede im weiteren Verlauf des aktuellen Teils dieses Buchs ein. Um Sie an dieser Stelle jedoch nicht mit wildem Weiterblättern zu beschäftigen, anbei eine kurze Definition zum besseren Verständnis.

- Monitore funktionieren wie die Lämpchen im Armaturenbrett Ihres fahrbaren Untersatzes. Sofern Sie den elektronischen Weihnachtsbaum in Ihrem Traumauto hoffentlich nur beim Einschalten der Zündung zu Gesicht bekommen, steht einer entspannten Fahrt ins Grüne oder an Ihren Arbeitsplatz bekanntlich nichts im Wege. Gemein wird es, wenn Ihnen mehr als eine gelbe Lampe auf halber Strecke entgegenstrahlt. Und ganz unangenehm wird das Gefühl in der Magengegend, wenn statt einer gelben Lampe plötzlich die rote Motorlampe nervös »Grüß Gott« sagt.
- Monitore interpretieren die gemessenen Leistungsdaten. Werden vorgegebene Grenzwerte über- oder unterschritten, ändert sich der Integritätsstatus der überwachten Komponente auf Gelb (Warnung) oder Rot (Kritisch). Die Vielzahl von Monitoren ermöglicht eine sehr zielgenaue Lokalisierung von Problemen. Während also beispielsweise eine logische Festplatte aufgrund der eingesammelten Informationen bereits mit rotem Monitor angezeigt wird, ist das Betriebssystem dieses Computers noch im grünen Bereich. Solange die Funktion dieser Festplatte keine Auswirkung auf die Stabilität des Betriebssystems hat, gibt es für System Center 2012 Operations Manager keinen Einlass, die gesamte Maschine als fehlerhaft einzustufen.

- Regeln sind in erster Linie mit dem Einsammeln von Leistungsdaten beschäftigt. Zusätzlich zu dieser Aufgabenstellung kann man Regeln noch die Option zur Alarmierung bei der Über- oder Unterschreitung von eingestellten Grenzwerten mitgeben. Insofern überlappen sich die Aufgaben von Regeln und Monitoren an dieser Stelle leicht. Eine Regel wird Sie jedoch – im Gegensatz zu einem Monitor – darüber informieren, *wie oft* der Grenzwert über- oder unterschritten wurde. Ein Monitor informiert Sie nur darüber, *dass* dieser Zustand erreicht wurde.

Ermitteln und überwachen

Bevor uns System Center 2012 Operations Manager bei der Überwachung unserer Geschäftsprozesse unter die Arme greifen kann, bedarf es der erfolgreichen Durchführung einiger aufeinander aufbauender Teilprozesse. Diese Prozesse lassen sich in acht Schritte unterteilen, wie sie in Abbildung 9.3 ersichtlich sind.

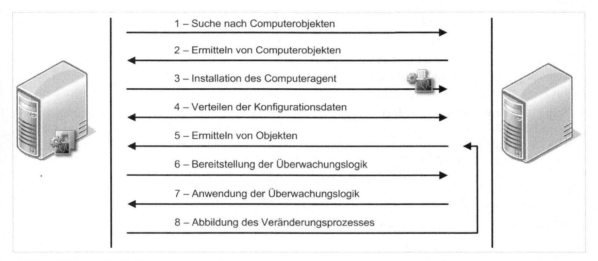

Abbildung 9.3 Acht Schritte bis zu einer stabilen Überwachung

Schauen wir uns die acht Schritte nachfolgend etwas genauer an:

- **Schritt 1 – Suche nach Computerobjekten** Der System Center 2012 Operations Manager-Administrator definiert, welche Computerobjekte er künftig mit einem Agent ausstatten möchte. Unterstützt werden Sie dabei durch unterschiedliche Suchstrategien. So können Sie beispielsweise die Expedition mit der Suche nach einem bestimmten Computernamen starten. Möglich ist aber auch ein Suchlauf nach Systemen, welche einer individuellen Namenskonvention folgen.

- **Schritt 2 – Ermitteln von Computerobjekten** Jeder Suchlauf endet mit einem Suchergebnis. Das Ergebnis wird durch folgende Faktoren beeinflusst:
  - Die Suchanfrage trifft auf Computernamen zu
  - Das für die verwendete Suche verwendete Benutzerkonto hat Zugriffsrechte auf die verwendete Active Directory-Infrastruktur
  - Auf den ermittelten Computerkonten ist noch kein Agent installiert

- **Schritt 3 – Installation des Computeragent** Der Verwaltungsserver startet mit der Installation des Computeragent auf den selektierten Computerobjekten. Während des Installationsprozesses wird ein Dialogfeld angezeigt. Sie können das Dialogfeld schließen, ohne dass dadurch die Installation unterbrochen wird. Ich empfehle Ihnen jedoch, auf die Rückmeldung zu warten, die Ihnen ebenfalls in diesem Dialogfeld angezeigt wird. Sollten Fehler während der Installation auftreten, helfen Ihnen diese Informationen bei der Recherche. Falls Sie das Dialogfeld bereits vorher schließen, ist das kein Weltuntergang. Die Rückmeldungen aus dem Installationsprozess sind in der Betriebskonsole im Navigationsbereich *Überwachung/Taskstatus* einsehbar.

- **Schritt 4 – Verteilen der Konfigurationsdaten** Der Computeragent ist jetzt aktiv und fordert vom Verwaltungsserver seines Vertrauens die Konfigurationsinformationen an. Dieser Prozess ist iterativ. Das bedeutet, dass System Center 2012 Operations Manager zuerst ermittelt, welcher Betriebssystemtyp auf dem System installiert ist. Nach diesem Schritt können wir beispielsweise folgende Aussagen über das aktuelle Computersystem treffen:
  - Es handelt sich um ein Computersystem der Klasse *Windows-Computer*
  - Es handelt sich um ein Computersystem der Klasse *Windows Server-Computer*

  Der Verwaltungsserver interpretiert diese Informationen und stellt dem Computersystem eine Art Fragenkatalog zur Verfügung. Inhalte dieses Katalogs sind betriebssystemspezifische Funktionen und Rollen. Im Kontext von System Center 2012 Operations Manager werden diese Merkmalen *Klassen* genannt.

- **Schritt 5 – Ermitteln von Objekten** Jetzt wird die Überwachung konkret. Der Agent ermittelt anhand der Klassenliste die aktuell auf diesem System installierten und damit in Einsatz befindlichen Objekte. Das Computerobjekt transferiert die ermittelten Objekte zum Verwaltungsserver. Ab jetzt können wir folgende konkretisierende Aussage treffen:
  - Es handelt sich um ein Windows-Computersystem der Klasse *Windows Server 2008*
  - Es handelt sich um ein Windows-Computersystem der Klasse *Windows Server 2008 R2*

  Ganz schön bürokratisch und aufwändig, finden Sie nicht? Nur so ist aber eine professionelle Überwachung überhaupt möglich.

- **Schritt 6 – Bereitstellung der Überwachungslogik** Der Verwaltungsserver sendet die aktuell installierte Überwachungslogik an den Agent. Gesendet werden alle relevanten Bestandteile der importierten Management Packs, welche auf der ermittelten Klasse aufbauen. Führt man das Beispiel von soeben fort, könnte damit folgende Aussage getroffen werden:
  - Es handelt sich um ein Windows Server 2008 R2-Computersystem der Klasse *DNS-Server*
  - Es handelt sich um ein Windows Server 2008 R2-Computersystem der Klasse *Active Directory-Domänencontroller*

  Die konkrete Ermittlung ist immer abhängig von den bereitgestellten Management Packs.

- **Schritt 7 – Anwendung der Überwachungslogik** Der Agent wendet die bereitgestellten Regeln und Monitore an. Er sorgt auch für die Ausführung von Workflows und Skripts im Rahmen der Überwachungslogik. Die ermittelten Informationen werden zum Verwaltungsserver gesendet.

- **Schritt 8 – Abbildung des Veränderungsprozesses** System Center 2012 Operations Manager erkennt Veränderungen an den installierten Funktionen und Rollen. Der Agent informiert den Verwaltungsserver über diese Veränderungen. Darüber hinaus werden auf dem Verwaltungsserver weitere beziehungsweise aktualisierte Management Packs bereitgestellt.

> **HINWEIS** Der eben geschilderte Prozess beschreibt ganz offensichtlich die Kommunikation mit einem Windows-Computersystem. System Center 2012 Operations Manager ist jedoch auch in der Lage, UNIX- und Linux-Computersysteme sowie aktive Netzwerkkomponenten zu ermitteln und zu überwachen. Während für UNIX- und Linux-Computersysteme proprietäre Agents bereitgestellt werden, werden Netzwerkkomponenten ohne lokal installierten Agent überwacht. In diesem Fall übernimmt ein Computersystem mit installiertem Agent die Remoteüberwachung.

Kommunikation zwischen Verwaltungsserver und Agents

Zum Schluss gehen wir noch einmal auf das Zusammenspiel zwischen den Verwaltungsservern und den Agents etwas genauer ein. Um eine Aussage über die Erreichbarkeit und Funktionsbereitschaft eines überwachten, mit Agents ausgestatteten Systems treffen zu können, prüft System Center 2012 Operations Manager grundsätzlich immer die folgenden drei Vitalzeichen:

- Kann der Verwaltungsserver das überwachte Computersystem über das Netzwerk erreichen?
- Arbeitet der Agent auf dem überwachten Computersystem ordnungsgemäß?
- Meldet sich der Agent in regelmäßigen Abständen beim Verwaltungsserver?

Der Verwaltungsserver überprüft kontinuierlich die Erreichbarkeit der in die Überwachung eingebundenen Computersysteme. Läuft dieser Test ins Leere, wird der Administrator darüber in der Betriebskonsole visuell informiert. Das Statussymbol des Systems wird in grau dargestellt, der zuletzt ermittelte Status in Form eines Häkchens, eines Ausrufzeichens oder eines Kreuzes wird weiterhin angezeigt.

Ist ein Windows-Serversystem betroffen, reagiert System Center 2012 Operations Manager mit entsprechenden Alarmmeldungen. Bei einem Windows-Clientbetriebssystem sieht der Reaktionsverlauf standardmäßig anders aus, da dieses Betriebssystem nicht für einen 24-Stunden-Betrieb vorgesehen ist. So könnten Sie beispielsweise für die Überwachung von Kiosksystemen sorgen, die im Rahmen der üblichen Arbeitszeiten online sein müssen, während ein automatisches Herunterfahren täglich um 19:30 Uhr nicht für eine Alarmierung sorgen würde.

Sollte eine Workstation als Serversystem missbraucht werden, besteht jedoch die Möglichkeit, das Regelwerk von System Center 2012 Operations Manager entsprechend dieser unerwarteten Konfiguration anzupassen.

Ob ein Agent ordnungsgemäß arbeitet, wird nicht dem Zufall überlassen. Der Verwaltungsserver überprüft dazu kontinuierlich die Funktionsweise der Clientkomponente. Wird beispielsweise der Windows-Dienst *System Center-Verwaltung* unerwartet beendet, ist die Maschine weiterhin noch erreichbar. Es werden jedoch keine Überwachungsdaten mehr beim Verwaltungsserver eintreffen.

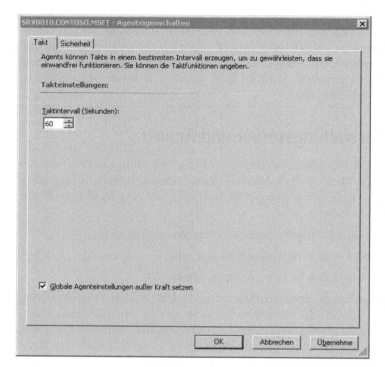

Abbildung 9.4 Die Anpassung des Taktintervalls ist pro überwachtem Computersystem möglich

Alle 60 Sekunden muss sich der Agent beim zugeordneten Verwaltungsserver mit einem Datenpaket melden. Tut er das nicht, wartet der Verwaltungsserver insgesamt drei Zyklen ab, bevor er den Status des Systems auf *Kritisch* heraufstuft. Dies bedeutet, dass eine Maschine mit nicht funktionierender Agentkomponente nach spätestens 180 Sekunden als fehlerhaft in der Betriebskonsole auffällt. Das Taktintervall von 60 Sekunden lässt sich pro Agent anpassen, wie Sie in Abbildung 9.4 sehen können.

Der Agent sendet sowohl Informationen über die ermittelten Objekte als auch die generierten Warnmeldungen zum Verwaltungsserver. Der Verwaltungsserver sorgt dafür, dass diese Stammdaten in die operative Datenbank geschrieben werden. Dieser Prozess stellt die Aktualität der Konfigurationsdatenbank sowie die Interpretation des Integritätsstatus der überwachten Entitäten sicher. Im laufenden Überwachungsprozess hat der Agent die Aufgabe, Leistungsdaten einzusammeln und auf auftretende Ereignisse zu achten.

Auch diese Daten werden in Echtzeit zum zuständigen Verwaltungsserver gesendet. Während die Stammdaten nur in der operativen Datenbank landen, werden die Leistungsüberwachungsinformationen sowohl in der operativen Datenbank als auch in der Berichterstattungsdatenbank gespeichert. Die Speicherung der Daten in beiden Datenbanken erfolgt synchron.

Um den Netzwerkverkehr nicht unnötig in die Höhe zu treiben, macht System Center 2012 Operations Manager vom Qualitätsanspruch der Echtzeitdatenübertragung nur selten Gebrauch. Werden Leistungsparameter überwacht, liefert der Agent nur dann Informationen an den Verwaltungsserver, wenn die Abweichung einen bestimmten Toleranzwert über- oder unterschreitet.

Kapitel 10

Skalierung

In diesem Kapitel:

Belastungsgrenzen	223
Netzwerkverkehr	225
Vergleich unterschiedlicher Skalierungsvarianten	228

Wie installiert man Microsoft-Software erfolgreich? Vor 25 Jahren war diese Frage mit einem Klick auf die Installationsroutine *Setup.exe* zu beantworten. In 25 Jahren werden aus Kindern erwachsene Menschen und aus Garagenfirmen Weltkonzerne. Die Anzahl der Menschen, die mit Microsoft-Technologie immer noch mit gleichem Anspruch wie vor Jahren umgehen, ist weiterhin beängstigend. Das ist der Grund, weshalb sich beispielsweise dramatisch viele SharePoint-Projekte nach Jahren in Luft auflösen. Ein falscher Maßstab während der einer Implementierung vorausgehenden Planungsphase ist oft die Ursache für dieses nüchterne Erwachen. Dabei ist das Rezept zur Verbesserung der Erfolgsquote recht einfach. Es braucht nur einen Schuss vernünftige Vorbereitung und eine gehörige Portion Prozessanalyse. In diesem Kapitel werfen wir einen Blick auf die unterschiedlichen Installationsstrategien.

Die meisten Microsoft-Serverprodukte sind für den Einsatz in Unternehmen unterschiedlicher Größe ausgelegt. System Center 2012 Operations Manager erlaubt die Installation und Bereitstellung fast aller Komponenten auf nur einem Computersystem. Das ist nicht nur für kleinere Unternehmen sinnvoll, sondern bietet auch in größeren Infrastrukturen die Möglichkeit, Testszenarien mit überschaubarem Hardwareaufwand durchzuführen.

Sprechen wir von Skalierung, geht es an dieser Stelle weniger um die technischen Systemvoraussetzungen. Diese wurden im vorherigen Kapitel bereits besprochen. Im aktuellen Kapitel soll die Frage nach der perfekten Anzahl der Serversysteme beantwortet werden. Um es gleich vorweg zu nehmen: Eine amtlich beglaubigte Antwort hierfür wird Ihnen niemand geben können. Und wenn das doch jemals ein Consultant behauptet, können Sie für den Rest seiner Präsentation gerne auch andere Dinge tun. In den Vorgängerversionen von System Center 2012 Operations Manager war der Stammverwaltungsserver das Nadelöhr, durch das alle eingesammelten und zu verteilenden Informationen durch mussten.

Deshalb hatte ich während meinen Projekten immer etwas Magenschmerzen, wenn die Anzahl der überwachten Systeme in den dreistelligen Bereich rutschte. Blieb es bei der reinen System- und Betriebssystemüberwachung der integrierten Serversysteme, war alles kein Problem. Damit war aber das Hauptargument für die Implementierung von System Center Operations Manager 2007 vom Tisch, denn wer sich nur für Serververfügbarkeiten interessiert, erhält auf dem Markt weitaus günstigere Produkte. Wer jedoch nach einer Lösung zur Überwachung komplexer IT-basierter Prozesse Ausschau gehalten hat, landete früher oder später beim Angebot von Microsoft. Wird die Anzahl der überwachten Prozesse zu hoch, beginnt System Center Operations Manager 2007, merklich träge zu werden. Ein Teufelskreis, der eine sogenannte optimale Skalierung insbesondere in großen Einsatzszenarien unmöglich machte.

Das Problem der durch die Überwachung erzeugten Datenmenge bleibt weiterhin bestehen. Ohne eine qualifizierte Informationsbasis kann auch keine sinnvolle Aus- und Bewertung stattfinden. Was sich massiv geändert hat, ist die Reaktionsgeschwindigkeit. Durch die Verteilung der Aufgaben auf beliebig viele gleichberechtigte Stammverwaltungsserver hat eine ausgereifte Konzeptionierungsphase durchaus Auswirkung auf die langfristige Zufriedenheit der Nutzer von System Center 2012 Operations Manager.

Wir betrachten das Thema Skalierung in diesem Kapitel aus folgenden unterschiedlichen Blickwinkeln:

- Belastungsgrenzen
- Netzwerkverkehr
- Vergleich unterschiedlicher Skalierungsvarianten

Belastungsgrenzen

Bevor ein Auto auf bundesdeutsche Straßen darf, wird es in klimatisch extremen Gegenden unseres blauen Planeten aufs Gemeinste belastet. Diese fiesen Tests kennt auch Microsoft und hat sich hierfür eigene Labors auf dem Campus in Redmond gebaut. Läuft man an den Glasfronten dieser Rechenzentren entlang, ist man etwas enttäuscht. Irgendwie erwartet der eigene Größenwahn eine unüberschaubare Weite des Raums, an dessen nur schemenhaft erkennbarem Ende gerade noch die Rückleuchten von Raumschiff Enterprise erkennbar sind. Die Zeiten haben sich geändert, denn beeindruckende Rechenleistung passt heute in erstaunlich wenig Raum. Und so stehen die meisten Besucher ein klein wenig enttäuscht mit Ihrem kostenlosen Softgetränk vor der Glasscheibe.

Microsoft führt in diesen Labors Belastungstests für die eigenen Entwicklungsabteilungen und auch im Auftrag von Großkunden durch. Diese Tests gab es während der Entwicklungszeit von System Center 2012 Operations Manager im Rahmen jedes Entwicklungsabschnitts. Ziel ist es, die bisherigen Leistungsindikatoren um ein Vielfaches zu übertreffen. Wie Sie in Tabelle 10.1 sehen können – wir vergleichen die Vorgängerversion mit der aktuellen Ausgabe von System Center Operations Manager –, ist dies dem Entwicklerteam an manchen Stellen auch gelungen.

Indikator	Operations Manager 2007 R2	System Center 2012 Operations Manager
Gleichzeitig nutzbare Betriebskonsolen	50	50
Anzahl mit Agents ausgestatteter Systeme pro zuständigem Verwaltungsserver	2.500	3.000
Anzahl mit Agents ausgestatteter Systeme pro Gatewayserver	1.500	2.000
Anzahl Systeme in Ausnahmeüberwachung pro Verwaltungsserver	25.000	25.000
Anzahl Systeme in Ausnahmeüberwachung pro Verwaltungsgruppe	100.000	100.000
Maximale Einbindung in unterschiedliche Verwaltungsgruppen pro überwachtem System	4	4
Anzahl ohne Agent überwachter Systeme pro Verwaltungsserver	10	10
Anzahl ohne Agent überwachter Systeme pro Verwaltungsgruppe	60	60
Anzahl mit Agent ausgestatte UNIX- oder Linux-Systeme pro Verwaltungsgruppe	6.000	6.000 bei 50 gleichzeitig verwendeten Administrationskonsolen, 15.000 bei 25 gleichzeitig verwendeten

Tabelle 10.1 Vergleich der Leistungsindikatoren von System Center Operations Manager 2007 R2 und System Center 2012 Operations Manager

Ich denke, Ihre Begeisterung hält sich nach dem Studium von Tabelle 10.1 erst einmal in Grenzen. Microsoft befragt in solchen Situation immer einen repräsentativen Kundendurchschnitt. Offensichtlich war niemand an der Umfrage beteiligt, dem die vorhandenen Limits ein Dorn im Auge waren. Zusammenfassend kann man an dieser Stelle manifestieren, dass revolutionäre Änderungen eventuell erst in der nächsten Auflage von System Center Operations Manager zu erwarten sind. Immerhin ist die Anzahl der Systeme pro Verwaltungsserver um 20 % nach oben geschnellt.

Zusätzlich hat man sich um die Integration der fremden Welten bemüht und kann von einer realistischen Integration von durchschnittlich 1.000 UNIX- beziehungsweise Linux-Systemen ausgehen. Es gibt zahlreiche Unternehmen weltweit, die sich in diesen Stückzahlen bewegen. Sie bleiben jedoch in einer klassischen A-B-C-Verteilung an der Spitze des Eisbergs. Die große Kundenmittelschicht wird diese Anzahl von Nicht-Windows-Betriebssystemen niemals unterstützen müssen.

Als es um die Zielsetzung für die aktuelle Version von System Center Operations Manager ging, standen die Integration neuer Funktionalitäten und neue Leistungsmerkmale im Fokus. Werfen wir deshalb mit der nächsten Tabelle einen Blick auf Grenzwerte, die vor System Center 2012 Operations Manager noch gar nicht existent waren beziehungsweise noch keine Rolle gespielt haben.

Indikator	SCOM 2012
Verwaltungsserver pro Verwaltungsgruppe	10
Unix oder Linux Computer pro Verwaltungsserver	500
Unix oder Linux Computer pro Gatewayserver	100
Verwaltete Netzwerkgeräte pro Ressourcenpool mit drei oder mehr Verwaltungsservern	1.000
Verwaltete Netzwerkgeräte, verteilt auf zwei Ressourcenpools	2.000
Agents für x_X Application Performance Monitoring (APM)	700
Mit APM überwachte Applikationen	400
Überwachte URL-Adressen pro zuständigem Verwaltungsserver	3.000
Überwachte URL-Adresse pro Verwaltungsgruppe	12.000
Überwachte URL-Adresse pro Agent	50

Tabelle 10.2 Neue Leistungsmerkmale mit System Center 2012 Operations Manager

Die Ursache für die Leistungssteigerung ist immer wieder auf die grundlegende Veränderung des Verwaltungsserverkonzepts zurückzuführen. Diese Anpassung war zwingend notwendig, um den Weg für die Integration zusätzlicher Entitäten überhaupt erst zu ermöglichen.

Die in Tabelle 10.2 aufgeführte Anzahl von Verwaltungsservern entspricht der von Microsoft getesteten Menge. Auf Rückfrage bei der Entwicklungsmannschaft in Redmond wurde mir allerdings auch mitgeteilt, dass es keine technische Restriktion gibt, um weitere Verwaltungsserver einzusetzen. Allerdings leistet Microsoft beim Überschreiten der getesteten Anzahl keinen Support mehr.

WICHTIG Bitte beachten Sie, dass die Diskussion in Sachen Skalierung bei System Center 2012 Operations Manager nicht allein an der Anzahl der zu überwachenden Systeme festzumachen ist. Richtig Druck bekommt eine Verwaltungsgruppe erst, wenn Sie mit der Überwachung von Prozessen beginnen. Sie sollten sich deshalb unbedingt mit dem Consultant Ihres Vertrauens über Ihre konkreten Überwachungsziele unterhalten, bevor Sie mit der Installation beginnen. Sie werden auf diesen Aspekt noch mehrfach in diesem Kapitel stoßen.

Fazit

Die bereitgestellten Leistungsreserven sind im Hinblick auf die Anzahl zu verwaltender Geräte in den meisten Fällen ausreichend. Microsoft hat die Gestaltung der Indikatoren nicht dem Zufall überlassen, sondern im Vorfeld der Entwicklung von System Center 2012 Operations Manager bei Bestandskunden sehr genau recherchiert. IT-Verantwortliche in Unternehmen mit mehreren zehntausend Mitarbeitern sollten dennoch die Augen nicht vor einer Präsentation der Möglichkeiten dieser Lösung verschließen. Wer sich schwerpunktmäßig im Microsoft-Umfeld bewegt, ist hier richtig, denn die Einrichtung einer Überwachung kann nicht schneller realisiert werden. Durch die Bereitstellung einer größeren Anzahl von Verwaltungsservern oder aber auch durch die Kopplung mehrerer Verwaltungsgruppen besteht prinzipiell keine Limitierung. Mit der Einschränkung »prinzipiell« will ich die faktischen Leistungsindikatoren nicht infrage stellen, sondern auf die anspruchsvolle Etablierung einer notwendigen und geeigneten Organisationsstruktur hinweisen. Das wird leider immer wieder bei solchen Projekten vernachlässigt.

Netzwerkverkehr

Geht es um die Realisierung eines System Center Operations Manager-Projekts, müssen immer mehrere Bereiche einer IT-Abteilung mit ins Boot. Bei den von mir durchgeführten Implementierungen habe ich darüber hinaus immer Wert auf die Einbeziehung der Fachbereiche gelegt. Hat man keine Ahnung von den Geschäftsprozessen, die mithilfe einer IT-Infrastruktur effizienter abgewickelt werden sollen, fehlen auch die Kenntnisse darüber, welche der einzelnen Einzelschritte wirklich wichtig sind.

Bei diesen vorbereitenden Gesprächen waren immer auch die Kolleginnen und Kollegen der Netzwerkadministration mit eingebunden. Neben der Diskussion um die Möglichkeiten zur Einbindung aktiver Netzwerkkomponenten stand auch immer die Frage nach der zu erwartenden Belastung des Netzwerks selbst im Mittelpunkt. Einige Kollegen aus den Entwicklungsteams in Redmond haben diese Frage in der Vergangenheit zu beantworten versucht, und es gab auch einige Drittthersteller, die hierfür Kalkulationsdatenblätter zur Verfügung stellen. Alles in allem bleibt es aber bei einem Näherungswert, der von reellen Zahlen meist abweicht. Dazu ein Beispiel aus der Welt der Netzwerküberwachung.

Standardmäßig werden mit System Center 2012 Operations Manager nur aktive Ports in der Überwachung eingebundener Switches überwacht. Die Kontrolle beschränkt sich auf die Statusüberprüfung dieser Ports und der durchschnittlichen Antwortzeit. Eine ganze Reihe weiterer Leistungsindikatoren können ebenfalls aus dem Stand heraus überwacht werden. Deren Aktivierung ist mit wenigen Mausklicks erledigt. Und plötzlich trifft da ein mittelschwerer Tsunami auf den zuständigen Verwaltungsservern ein.

Bei der Betrachtung der zusätzlich zu erwartenden Netzwerklast sind deshalb nicht die von Microsoft veröffentlichten Richtwerte von Bedeutung. Man sollte sich vielmehr die Zeit nehmen und das Zusammenspiel zwischen Verwaltungsserver und eine der aktiven Netzwerkkomponenten in einem Testumfeld genauestens analysieren. Die Herausforderung wird allerdings dann darin bestehen, die maximale Anzahl der Ports auf dem Testswitch während der Testphase unter Last zu bekommen. Hierfür stehen jedoch ausreichend Stresstestwerkzeuge auf dem Markt zur Verfügung. Schauen wir uns die Analyse des erzeugten Netzwerkverkehrs jetzt einmal genauer an.

Generierte Netzwerklast

Die Menge an Daten, welche von den Agents zum jeweils zuständigen Verwaltungsserver gesendet wird, ist stark von der Art und der Anzahl installierter Management Packs abhängig. Dazu kommt die unbekannte Größe Ihrer individuellen Anpassungen im jeweiligen Management Pack. Zahlreiche Regeln und Monitore in einem Management Pack sind standardmäßig deaktiviert. Für eine »normale« Überwachung von Komponenten ist es oft nicht notwendig, sämtliche vorbereitete Leistungsindikatoren und Überprüfungsskripts eines Management Packs zu verwenden. Ein Überblick über alle verfügbaren Optionen findet sich in der korrespondierenden Dokumentation. Es lohnt sich immer, dort einen Blick hineinzuwerfen.

Generell gilt, dass der Datentransport zwischen Agent und Verwaltungsserver immer komprimiert stattfindet. Microsoft hat für interne Tests bereits in der Vorgängerversion von System Center 2012 Operations Manager eine Umgebung mit den folgenden typischen Management Packs ausgestattet:

- Active Directory
- Betriebssystem
- DNS
- Basis-Management Packs von System Center Operations Manager

Bei diesem Test wurde ermittelt, dass der überwachte Server eine Datenmenge von 500 Byte pro Sekunde zum Verwaltungsserver übermittelte. In dieser Umgebung waren 150 Server mit der Clientkomponente ausgestattet. Auf Verwaltungsserverseite wurde dabei ein Verkehrsaufkommen von 75 Kbyte pro Sekunde ermittelt. Danach wurde der gleiche Test mit einer Anzahl von 2.000 Agents durchgeführt. Zusätzlich hat man weitere Management Packs importiert, die ein Überwachungsverhalten unter realen Bedingungen simulieren. Bei diesem Szenario wurde auf dem Verwaltungsserver ein Datenaufkommen von 200 Kbyte pro Sekunde gemessen. Dieses Ergebnis zeigt, dass der Datenverkehr zwischen den verwalteten Systemen und den Verwaltungsservern komprimiert stattfindet.

HINWEIS Basierend auf dem eben geschilderten Komprimierungsverhalten empfiehlt Microsoft im Übrigen, Verwaltungsserver an zentraler Stelle zu platzieren. Mit anderen Worten: Microsoft rät davon ab, Verwaltungsserver an verteilten Standorten zu installieren, da mit dieser Maßnahme keine zusätzliche Reduzierung der übertragenen Datenmenge stattfindet.

Erforderliche Datendurchsatzraten

Standortanbindungen verfügen in der heutigen Zeit in der Regel über einen Breitbandanschluss. Egal, ob ein mittlerweile nicht mehr so modernes MPLS-Netzwerk oder eine rein internetbasierte VPN-Verbindung etabliert ist: Die Datendurchsatzraten sind meist so gut, dass man sich über einen Engpass nur wenig Gedanken macht. Vergessen darf man dabei allerdings nicht, dass aus einem Rinnsal sehr schnell ein kleiner Sturzbach oder sogar ein ausgewachsener Fluss werden kann. Auch der Rhein lässt beim Anblick seiner Quelle nicht unbedingt darauf schließen, was man dann in Köln zu Gesicht bekommt, wenn man an dessen Ufer entlang schlendert.

Ähnliche Herausforderungen können am Horizont einer Netzwerkabteilung auftauchen, wenn man versäumt, regelmäßig mit den Nutzern dieser Infrastruktur Rücksprache zu halten. Dieser Kommunikation wird in professionell organisierten Fachabteilungen ausreichend Zeit eingeräumt. Richtig problematisch wird es nämlich dann, wenn die Netzwerkverwaltungsfunktionen eine größere Durchsatzrate in Anspruch nehmen, als die Anwendungen der IT-Anwender. Das ist insbesondere bei Diensten relevant, die eine zugesicherte Bandbreite zur Verfügung gestellt bekommen müssen. Dazu zählen Applikationen wie beispielsweise IP-basierte Telefonie, Videokonferenzsysteme oder aber auch ERP-Systeme wie SAP R/3.

Netzwerkverkehr

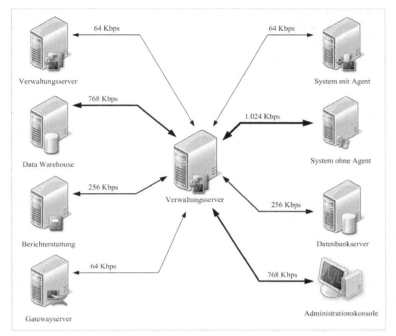

Abbildung 10.1 Übersicht über die Durchsatzraten bei der Kommunikation mit der zentralen Verwaltungsserverkomponente

Bevor System Center 2012 Operations Manager im eigenen Haus zum Einsatz kommen kann, muss deshalb auch über die Mindestanforderung der einzelnen Komponenten hinsichtlich der erforderlichen Durchsatzraten gesprochen werden. In Abbildung 10.1 sehen Sie die Werte für die Kommunikation zwischen dem Verwaltungsserver und dessen direkten Ansprechpartnern. Verhältnismäßig dekadent sieht hier der Wert für den Gedankenaustausch zwischen Verwaltungsserver und System ohne installierten Agent aus. Die Überwachung ohne die Clientkomponente von System Center 2012 Operations Manager sollte deshalb eher die Ausnahme bleiben. Zur vollständigen Übersicht sind in der Tabelle 10.3 diese Werte nochmals aufgeführt. Zusätzlich finden Sie hier die restlichen Durchsatzraten – jeweils in Kilobit pro Sekunde (Kbps) – für die Kommunikation zwischen den weiteren Komponenten.

Komponente A	Komponente B	Minimale Rate
Verwaltungsserver	System mit Agent	64 Kbps
Verwaltungsserver	System ohne Agent	1.024 Kbps
Verwaltungsserver	Operative Datenbank	256 Kbps
Verwaltungsserver	Administrationskonsole	768 Kbps
Verwaltungsserver	Verwaltungsserver	64 Kbps
Verwaltungsserver	Data Warehouse-Datenbank	768 Kbps
Verwaltungsserver	Berichterstattungsserver	256 Kbps
Verwaltungsserver	Gatewayserver	64 Kbps
Verwaltungsgruppe	Eingebundene Verwaltungsgruppe	1.024 Kbps

Tabelle 10.3 Übersicht der Datendurchsatzraten zwischen den Server- und Clientkomponenten von System Center 2012 Operations Manager

Komponente A	Komponente B	Minimale Rate
Webkonsolenserver	Webkonsole	128 Kbps
Berichterstattungsdatenbankserver	Berichterstattungsserver	1.024 Kbps
Administrationskonsole	Berichterstattungsserver	768 Kbps
Überwachungssammeldienst	Überwachungssammeldienst-Datenbank	768 Kbps

Tabelle 10.3 Übersicht der Datendurchsatzraten zwischen den Server- und Clientkomponenten von System Center 2012 Operations Manager *(Fortsetzung)*

Fazit

Vor der Implementierung von System Center 2012 Operations Manager sollten Sie unbedingt einen Abgleich mit den verfügbaren Bandbreiten zwischen den Standorten durchführen. Das gilt natürlich auch für die Ressourcen, die Ihnen im lokalen Netzwerk zur Verfügung stehen. Selbst in Zeiten von x-fachen Gigabitwerten sind verfügbare Ressourcen weiterhin endlich. Darüber hinaus sollten Sie wissen, dass die Kollegen vom technischen Support aus dem Hause Microsoft bei Problemen mit der Funktionalität von System Center 2012 Operations Manager auch einen Blick auf die verfügbaren Durchsatzraten werfen. Sollten diese nicht ausreichend dimensioniert sein, kann es gut sein, dass Ihre Anfrage mit dieser Begründung vorübergehend geschlossen wird.

Vergleich unterschiedlicher Skalierungsvarianten

Wenn uns die Kollegen aus der Netzwerkfraktion mit ausreichend Leitungskapazität ausgestattet haben, spricht nichts mehr dagegen, uns mit einer möglichen Implementierungsstrategie zu beschäftigen. Und auch spricht nichts dagegen, alle Komponenten auf einem einzigen Serversystem zur Verfügung zu stellen. Spätestens dann, wenn die Anzahl der zu überwachenden Systeme in den zweistelligen Bereich hineinrutscht, wird die Luft für dieses System aber ziemlich dünn. Da hilft dann auch nicht die zusätzliche Bereitstellung weiterer Ressourcen, was heutzutage in einer virtuellen Umgebung kein Problem mehr darstellt.

Engpass wird früher oder später der Datendurchsatz werden. Das bezieht sich nicht nur auf die Datenmenge, die von den überwachten Systemen und den Verwaltungsservern ausgetauscht wird. Es betrifft genauso die Verarbeitung in Richtung Datenbank und natürlich auch die Verwendung der Betriebskonsole im laufenden Betrieb. Die Hauptkomponenten von System Center 2012 Operations Manager sollten deshalb idealerweise auf mehrere separate Serversysteme verteilt werden. Wir schauen uns in diesem Abschnitt die folgenden Varianten genauer an:

- Installation aller Komponenten auf einem System
- Empfohlene Installationsvariante
- Verteilung aller Komponenten auf unterschiedliche Systeme

HINWEIS Microsoft hat mit der Einführung von System Center 2012 Operations Manager das Lizenzsystem überarbeitet. Wir haben uns darüber bereits im vorherigen Kapitel ausgiebig gefreut. Wichtig an dieser Stelle ist die erneute Erinnerung, dass Sie künftig nicht mehr die Serverkomponenten der System Center-Familie lizenzieren, sondern nur die mit der jeweiligen Clientkomponente *Computersysteme*. Somit ist auch die Verwendung von Microsoft SQL Server nicht mehr separat lizenzierungspflichtig, solange Sie die SQL Server-Installation ausschließlich für die Speicherung und Verwaltung von Datenbeständen aus der System Center-Familie verwenden.

Vergleich unterschiedlicher Skalierungsvarianten

Sofern Ihre Informationsquellen in Sachen Datenbank nur von »SQL Server« oder »SQL Server-Technologie« sprechen, freuen Sie sich bitte nicht zu früh. Damit ist nur die Standard-Edition von Microsoft SQL Server gemeint, leider nicht die Enterprise-Edition. Sehr bedauerlich, da genau diese Version für einen vernünftigen Einsatz der Überwachungssammeldienste verwendet werden sollte.

Installation aller Komponenten auf einem System

Bei dieser Skalierungsvariante werden alle Komponenten einer Verwaltungsgruppe auf einem Windows Server 2008 R2-System mit Service Pack 1 oder höher installiert. Die Betriebssysteminstallation muss zwingend Mitglied einer Active Directory-Domäne sein; die Verwendung eines Domänencontrollers ist möglich, allerdings nicht zu empfehlen. Auch die Entscheidung hinsichtlich der Installation auf physischer oder virtueller Hardware liegt in Ihrer Hand. In meinen Testszenarien installiere ich die Administrationskonsole ebenfalls auf solchen Arche Noah-Umgebungen. Empfehlenswert ist jedoch, an dieser Stelle eine Unterbrechung des Konsolidierungswahnsinn einzuleiten und stattdessen die Administrationskonsole beispielsweise auf Ihrer Workstation zu installieren. Grund hierfür ist, dass diese Komponente weiterhin extrem ressourcenhungrig ist und die restlichen Komponenten damit definitiv benachteiligt werden.

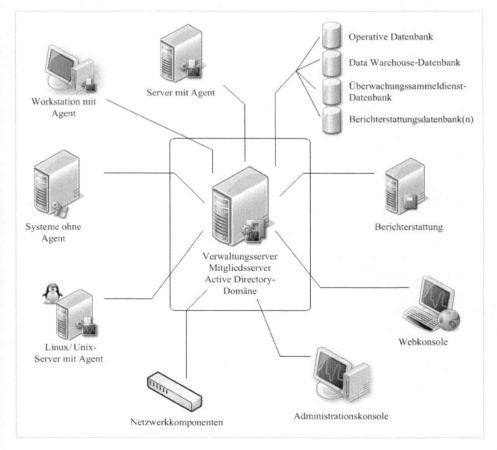

Abbildung 10.2 Nicht für produktive Umgebungen zu empfehlen: alle Komponenten auf einer Maschine

Dieses Szenario sollte für folgende Anforderungen gewählt werden:

- Ausprobieren der Möglichkeiten von System Center 2012 Operations Manager
- Etablierung einer Testumgebung
- Als Basis für die Management Pack-Entwicklung

Die Installation ist voll funktionsfähig, es spricht damit nichts gegen einen Einsatz in einer produktiven Umgebung. Eine Trennung der einzelnen Rollen war in früheren Versionen weitaus wichtiger, als es heute der Fall ist. Dies lag an der besonderen Belastung des Stammverwaltungsservers, den es seit System Center 2012 Operations Manager nicht mehr gibt. Dennoch sollten Sie bedenken, dass sich die Schreib- und Lesetätigkeit auf der Datenbank im oberen Bereich der Top-10-Statistik Ihrer Infrastruktur wiederfinden wird. Microsoft empfiehlt deshalb gebetsmühlenhaft, die hoch frequentierte Datenbank besser auf eine separate, im Idealfall sogar auf eine physische Plattform zu installieren.

Empfohlene Installationsvariante

Für die meisten Unternehmen wird die eben geschilderte Installationsvariante für einen produktiven Einsatz definitiv nicht geeignet sein. Sehr wohl ergibt das Konzept der Ein-Server-Strategie für Entwicklungsumgebungen Sinn.

Nachdem Microsoft die Lizenzierung für alle System Center-Systeme überarbeitet hat, müssen bisher sinnvolle Installationsvarianten ebenfalls auf den Prüfstand. So habe ich in den vergangenen Jahren meinen ehemaligen Kunden immer empfohlen, sich sehr genau über die Platzierung des Datenbankservers Gedanken zu machen. Dabei geht es nicht nur um die im vorherigen Abschnitt geschilderte Herausforderung hinsichtlich der zu erwartenden Schreib- und Leseoperationen. Eine Rolle spielt auch die im Rahmen der Lizenzumstellung kostenneutrale Nutzung von Microsoft SQL Server. Solange der Datenbankserver ausschließlich für die Speicherung von Daten aus der System Center-Welt verwendet wird, kann er jeweils auch pro Serverprodukt installiert werden. Eine durchaus zu überdenkende Alternative, insbesondere in rein virtuellen Umgebungen. Hier gibt es allerdings kein Falsch und kein Richtig.

Dieses Szenario sollte für folgende Anforderungen gewählt werden:

- Produktiver Einsatz in mittelständischen Unternehmen
- Basis für eine wachstumsorientierte und beliebig ausbaubare Überwachungsumgebung
- Effiziente Administration bei Verwendung vorhandener Authentifizierungstechnologien (Kerberos)
- Überwachung einer Ein-Domänen-Umgebung oder Überwachung von Domänenstrukturen mit gegenseitiger Vertrauensstellung

Die an dieser Stelle vorgestellte Variante ist deshalb nur als Empfehlung zu sehen, die für die meisten Umgebungen als durchaus praktikabel einzustufen ist. Sollte das Konzept für Ihre Infrastruktur nicht passen, ist das kein Grund, Energie in einen bösen Brief an den Buchverlag zu investieren. Der Vorschlag bedient lediglich das neue Lizenzierungsmodell von Microsoft. Die bisher von mir favorisierte konsolidierte Verwendung eines einzigen, zentralisierten Datenbankservers für alle Anwendungen rückt aus diesem Grund zurück in die zweite Reihe.

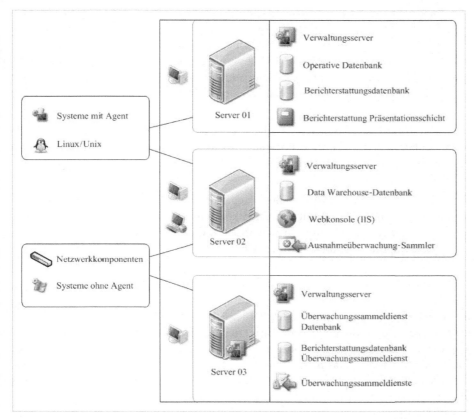

Abbildung 10.3 Eine mögliche Alternative zur verteilten Installation von System Center 2012 Operations Manager

Im Beispiel aus Abbildung 10.3 sind zum Leidwesen aller SQL Server-Administratoren drei getrennte Datenbankinstallationen am Start. Eine Trennung von operativer Datenbank und Data Warehouse-Datenbank wirkt sich allerdings nur dann leistungssteigernd aus, wenn beide Systeme nicht den gleichen Speicherbereich innerhalb einer virtuellen Serverumgebung nutzen. Server 01 wird zugleich als Berichterstattungsserver verwendet. Das bedeutet, dass auf diesem System zusätzlich eine SQL Berichtsserverkomponente benötigt wird.

Die Berichterstattungsdatenbank fällt erfahrungsgemäß nicht ins Gewicht und hat keinen Einfluss auf das Leistungsverhalten. Sollten sich allerdings die bereitgestellten Berichte von System Center 2012 Operations Manager in Ihrem Unternehmen großer Beliebtheit erfreuen, ist eine Trennung dieser Funktion auf einen separaten Server sinnvoll. Ohne den »Flaschenhals« Stammverwaltungsserver ist das allerdings – wie bereits erwähnt – erst einmal nicht als kritisch einzustufen.

Auf Server 02 wird ein Internetinformationsdienst für die Bereitstellung der Webkonsole von System Center 2012 Operations Manager installiert. Zusätzlich wird dessen Dateisystem als Datensammler für alle unerwarteten System- und Applikationsabstürze verwendet. Die Ausnahmeüberwachung (Application Exception Monitoring, AEM) ist für die Analyse solcher Vorkommnisse sehr gut geeignet. Wussten Sie eigentlich, dass System- und Applikationsabstürze in der Regel immer unerwartet sind?

Auf Server 03 werden die Komponenten der Überwachungssammeldienste installiert. Die Zugriffsprotokollierung spielt in immer mehr Unternehmen eine große Rolle und war im Übrigen bei den meisten meiner ehemaligen Kunden der Hauptgrund, um mit System Center Operations Manager 2007 zu starten. Keine andere Software beherrscht diese Disziplin so gut. Unterschätzt wird dabei jedoch oft die generierte Datenmenge, die in Echtzeit von den Systemen in Richtung Datenbankserver geschossen wird. Insbesondere in großen Konzernen wurden die Überwachungssammeldienste zum Nadelöhr. Deshalb ist eine Trennung absolut sinnvoll.

Jedoch gilt auch hier, dass man keine Augenwischerei betreiben darf. Treffen sich die Schreib- und Lesevorgänge der Datenbankinstallationen auf dem gleichen Plattencontroller, ist niemandem mit dieser Separierung geholfen. Nicht einmal Microsoft, die sich aufgrund des veränderten Lizenzierungsmodells nicht mehr über zusätzliche SQL Server-Lizenzen freuen können.

Server 01 und Server 02 werden sich bei diesem vorgestellten Szenario im gleichen Ressourcenpool wiederfinden und sich die Aufgabe zur Kommunikation mit den Clientkomponenten teilen. Server 02 und Server 03 teilen sich einen weiteren Ressourcenpool, kümmern sich aber um die Netzwerkkomponenten und um die Systeme, welche ohne Agentkomponenten überwacht werden.

Fazit

Das in diesem Abschnitt vorgestellte Konfigurationsmodell berücksichtigt die neue Architektur von System Center 2012 Operations Manager. Durch die eingebaute Lastverteilung der Verwaltungsserver können die weiteren Rollen wie beispielsweise Berichterstattung oder aber die Überwachungssammeldienste durchaus auf diesen Systemen mit installiert werden. Das neue Lizenzmodell und die Tatsache, dass die Virtualisierungstechnologie mittlerweile in fast allen Rechenzentren Einzug gehalten hat, unterstützen die im Vergleich zur Vorgängerversion entspannte Vorgehensweise bei der Installation.

Verteilung aller Komponenten auf unterschiedliche Systeme

Die in diesem Abschnitt vorgestellte Installationsvariante generiert ohne Frage den größten Installations- und Verwaltungsaufwand. Zugleich wird sie jedoch genau den Umgebungen gerecht, die aufgrund ihrer Größe, der geografischen Ausdehnung oder eines besonderen Sicherheitsbedarfs zusätzliche Authentifizierungsmethoden benötigen.

Dieses Konzept berücksichtigt alle Komponenten von System Center 2012 Operations Manager und kann problemlos weiter ausgebaut werden. Schauen wir uns das Konzept aus Abbildung 10.4 im Uhrzeigersinn genauer an:

- SQL-Datenbanksystem
- Berichterstattung
- Administrationskonsole
- Webkonsole
- Ressourcenpool
- Überwachte Systeme
- Umgebungen ohne Vertrauensstellungen

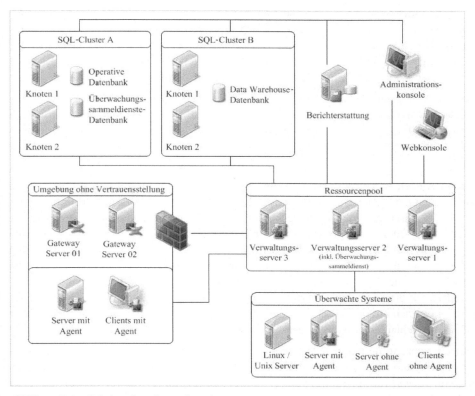

Abbildung 10.4 Abdeckung komplexer Infrastrukturen mit System Center 2012 Operations Manager erfordert einen höheren administrativen Aufwand

SQL-Datenbanksystem

Da alle relevanten Informationen einer Verwaltungsgruppe in Datenbanken gespeichert werden, wird durch die Verwendung eines Clusters für den Datenbankserver das Optimum an Sicherheit bereitgestellt. Microsoft empfiehlt, die Datenbankserver auf getrennten physischen Systemen zu betreiben, wenngleich es keine in Sachen virtueller Plattformen gibt. Lässt es das Budget zu, ist eine Trennung von operativer Datenbank und Data Warehouse-Datenbank sinnvoll. In diesem hier beschriebenen Beispiel liegen die Daten der Überwachungssammeldienste auf der gleichen Datenbankmaschine wie die operative Datenbank. Das ist nicht der Weisheit letzter Schluss, denn je nach Verwendungsgrad der Sicherheitsprotokollierung in Ihrem Unternehmen kann die Speicherung dieser Daten auch auf dem als Cluster B beschriebenen System sinnvoll sein.

Berichterstattung

Die Berichterstattung erhält eine eigene Datenbank, um sich losgelöst von der aktuellen Belastung des operativen Überwachungsgeschäfts voll und ganz auf die Erstellung der Berichte konzentrieren zu können. In diesem Kontext ist es wichtig, über die Verwendung der bereitgestellten Auswertungsmöglichkeiten zu sprechen. Die Berichte bieten weitaus mehr als nur langweilige Auflistungen von Konfigurationsanpassungen und viele davon sind durchaus auch auf Managementebene verwendbar.

Wenn Sie bis jetzt schon mit System Center Operations Manager 2007 gearbeitet haben, sollten Sie in dieser Angelegenheit recherchieren, um die konkreten Bedarfe festzustellen. Gegebenenfalls kann man die Berichterstattung der Überwachungssammeldienste ebenfalls auf diesem System implementieren. Bei der Berichterstattungskomponente der Überwachungssammeldienste handelt sich um eine separate Auswertungsschnittstelle, die nichts mit der normalen Berichterstattung zu tun hat. Einige System Center-Consultants haben die beiden, von Microsoft ganz bewusst getrennt gehaltenen Komponenten fusioniert. Die Berichte werden dann auf Wunsch auch in der Administrationskonsole gemeinsam angezeigt. Von dieser Vorgehensweise rate ich ab.

In den Berichten der Überwachungssammeldienste stehen je nach Art der eingesammelten Ereignisse personenbezogene Daten. Diese Informationen dürfen nur einem ausgewählten Kreis zugänglich gemacht werden und haben nichts im Tagesgeschäft des Administrators für System Center 2012 Operations Manager verloren.

Administrationskonsole

Die Meinungen über den richtigen Bereitstellungspunkt für die Administrationskonsole gehen auseinander. Die einen schwören auf eine Nutzung dieses Steuerungsinstruments mittels Remotedesktopverbindung zum Verwaltungsserver. Der Vorteil dieser Vorgehensweise liegt auf der Hand, denn bei einer Aktualisierung einer derart komplexen System Center 2012 Operations Manager-Infrastruktur wird damit niemals auch nur eine Administrationskonsole vergessen. Andere entwickeln bei der eben geschilderten Methode Aggressionen, weil man die Serversysteme vor unnötiger Last durch administrative Arbeiten unbedingt schützen sollte. Manche dieser Zeitgenossen schwören auf die Bereitstellung aller Administrationskonsolen der unterschiedlichen Serverprodukte auf einem oder mehreren Terminalservern. Und dann gibt es da auch noch die Fraktion, die auf eine lokale Installation der Konsolen auf den lokalen Arbeitsplatzrechnern der IT-Kollegen schwört. Ich selbst habe mittlerweile alle Phasen durchlaufen und bin derzeit bei der zuletzt genannten Phase angekommen.

Entscheiden Sie sich für eine dezentrale Bereitstellung von Administrationskonsolen, müssen Sie die ständige Aktualisierung dieser verteilten Anwendungen unbedingt im Auge behalten. Es kommt nicht selten vor, dass die Aktualisierung von Serverprodukten eine Steuerung mit Konsolen aus Vorgängerversionen nicht mehr ermöglicht. Aus dem Blickwinkel der Lastverteilung und der optimalen Bereitstellung von Ressourcen ist die Installation auf lokalen Administrationsarbeitsplätzen den beiden anderen Alternativen vorzuziehen. Über den Lebenszyklus eines Produkts wird diese Strategie nur funktionieren wenn zugleich auch ein professionelles Änderungsmanagement (Change Management) etabliert ist.

Webkonsole

Der Aufruf der Webkonsole ist von allen aktuellen Windows-Systemen innerhalb der Domäne möglich. Ob man primär mit diesem Steuerungsinstrument arbeitet oder die vollwertige Administrationskonsole vorzieht, wird eine subjektive Entscheidung jedes einzelnen Administrators sein. Die damit bereitgestellten Möglichkeiten sind nicht mit denen der Administrationskonsole vergleichbar. Wer einen schnellen Zugriff auf den Status der Infrastruktur haben möchte, wird diese Alternative jedoch zu schätzen wissen.

Die Funktion der Webkonsole wird in diesem Szenario auf einem der Verwaltungsserver bereitgestellt. In den Vorgängerversionen von System Center 2012 Operations Manager war der primäre Verwaltungsserver für diese Rolle nicht geeignet. Durch die Veränderung des Verwaltungsserverkonzepts ist diese Empfehlung nun nicht mehr relevant.

Ressourcenpool

In Abbildung 10.4 werden alle Verwaltungsserver als ein Ressourcenpool dargestellt. Ressourcenpools kann es in System Center 2012 Operations Manager mehrere mit unterschiedlichen Kombinationen der darin enthaltenen Verwaltungsserver geben. An dieser Stelle soll in der Abbildung die Summe aller Verwaltungsserver – unabhängig von deren letztendlicher Anwendung – in dieser Verwaltungsgruppe illustriert werden.

Einige Rollen in System Center 2012 Operations Manager setzen voraus, dass die Rolle des Verwaltungsservers ebenfalls auf der jeweiligen Maschine installiert ist. Diese Abhängigkeit betrifft beispielsweise auch die Überwachungssammeldienste (Audit Collection Service, ACS). Dieser Dienst ist zuständig für die Konsolidierung sämtlicher zu protokollierender Sicherheitsereignisse innerhalb der überwachten Infrastruktur. ACS kann einen Server durchaus nachhaltig beschäftigen, auch wenn er nur Daten von dem System empfängt und sie an die Datenbank weiterleitet. Wie hoch der Auslastungsgrad eines solchen Applikationsservers ist, hängt von Faktoren wie beispielsweise der Anzahl der in die Überwachung involvierten Systeme oder der Anzahl relevanter Ereigniskennungen ab. Schon in mittelgroßen Umgebungen sollte dieser Verwaltungsserver nicht unbedingt zugleich auch als primärer Ansprechpartner in Sachen Monitoring für die mit einem Agent ausgestatteten Serversysteme verwendet werden.

Die Anzahl von Verwaltungsservern kann beliebig erhöht werden. Wie bereits weiter oben in diesem Kapitel erwähnt, übernimmt Microsoft den Support von Umgebungen von bis zu 10 Verwaltungsservern pro Verwaltungsgruppe. Technisch sind problemlos mehr möglich, es besteht jedoch das Risiko, dass Ihnen der technische Support von Microsoft nicht weiterhelfen will oder kann.

System Center 2012 Operations Manager hält jetzt fast schon paradiesische Freiheiten hinsichtlich der Gleichbehandlung von Verwaltungsservern bereit. Sie sollten jedoch keinesfalls versäumen, diese Systeme innerhalb der vorhandenen und vielleicht auch von Ihnen selbst angelegten Ressourcenpools wohl überlegt zu verteilen.

Überwachte Systeme

Arbeiten Sie in einem Unternehmen, in dem das Szenario aus Abbildung 10.4 die gegebenen Anforderungen widerspiegelt, ist der Betrieb von Computersystemen mit Betriebssystemen ohne Windows-Logo durchaus an der Tagesordnung. Ich hoffe zwar immer noch auf die Einsicht von IT-Verantwortlichen hinsichtlich einer objektiven Betrachtung von Infrastrukturbetriebskosten. Ich fürchte jedoch, dass weiterhin viele Unternehmen dem Irrglauben verfallen werden, ein Mix aus unterschiedlichen Systemen, Architekturen und Betriebssystemderivaten sei sicherer und wirtschaftlicher. Ob sich das jemals ändert, steht in den Sternen. Und bis Astrologen das Geheimnis zur Vermittlung dieser Botschaft entdeckt haben, werden Systemumgebungen weiterhin meist bunt gemischt und redundanter Aufwand betrieben.

Microsoft hat bereits vor einigen Jahren diesen Schuss gehört und verstanden, dass man sich öffnen muss, um früher oder später nicht von an einem vorbeiziehenden Evolutionen überrollt zu werden. System Center 2012 Operations Manager unterstützt nicht nur Linux und UNIX mit einem eigenen, proprietären Agent. Diese beiden alternativen Betriebssystemwelten sind in den IT-Landschaften dieser Welt neben Microsoft Windows jedoch am ehesten anzutreffen. Deshalb sind diese Drittanbieterumgebungen stellvertretend für die anderen unterstützen Betriebssysteme in der Abbildung aufgeführt. Generell können Betriebssysteme somit auf folgende drei Arten in die Überwachungsprozesse von System Center 2012 Operations Manager eingebunden werden:

- Windows-Systeme mit installierter Clientkomponente (Überwachung mit Agent)
- Windows-Systeme ohne installierte Clientkomponente (agentlose Überwachung)
- Überwachung von dritten Betriebssystemen mit proprietärer Clientkomponente

Jedes der überwachten Systeme ist immer genau einem Verwaltungsserver zugeordnet. Was in Abbildung 10.4 jedoch nicht erkennbar ist, ist die Möglichkeit, Windows-Systemen mit installierter Clientkomponente einen weiteren Verwaltungsserver zuzuweisen. Damit ist eine redundante Kommunikation mit der Verwaltungsgruppe möglich, die im Falle einer Kapitulation des als erstem definierten Verwaltungsserver einen Datenaustausch weiterhin sicherstellt.

Umgebungen ohne Vertrauensstellungen

System Center 2012 Operations Manager hält sehr viel von gegenseitigem Vertrauen und zeigt an dieser Stelle fast schon menschliche Züge. Ohne eine auf Kerberos basierende Authentifizierung, wie sie explizit durch Active Directory bereitgestellt wird, erlaubt System Center 2012 Operations Manager keine Kommunikation zwischen den beteiligten Protagonisten. Umgehen lässt sich diese Restriktion nur durch Etablierung einer alternativen, zertifikatbasierten Vertrauensstellung. Dieses Szenario kommt immer dann zum Einsatz, wenn Systeme in die Überwachung aufgenommen werden sollen, die sich in fremden Domänen oder Umgebungen ohne Active Directory-Infrastruktur befinden. Als Korrespondent zwischen den Welten müssen dann sogenannte Gatewayserver bereitgestellt werden. Dabei handelt es sich um eine spezielle Rolle aus dem Rundum-Sorglos-Paket von System Center 2012 Operations Manager.

Es klingt auf den ersten Blick etwas widersprüchlich, aber Microsoft empfiehlt den Einsatz von Gatewayservern tatsächlich auch innerhalb einer Domäneninfrastruktur. Verwaltungsserver akzeptieren nur sehr geringe Latenzzeiten und sollten sich nach Vorgabe sogar im selben Subnetz befinden. Der Grund liegt im Umgang mit der Nichterreichbarkeit von Verwaltungsservern. Microsoft kann keine solide Interpretation von Failoverszenarien durchführen. Eine unzuverlässige Erreichbarkeit zwischen den Verwaltungsservern könnte nämlich dazu führen, dass die Serverkollegen zur Selbstbeschäftigung tendieren und sich den »Ball« der Nichtverfügbarkeit im Sekundenrhythmus jeweils zuwerfen. Das ist ein Tribut für den Verzicht auf die komplexe und anspruchsvolle Clustertechnologie.

Gerade in großen Unternehmen mit Standorten, die über keine optimale Anbindung verfügen, kann das zum Problem werden. Und dieses Problem lässt sich durch den Einsatz von Gatewayservern eliminieren. Durch die Verwendung von zwei Gatewayservern kann im aktuellen Szenario wiederum eine Redundanz hinsichtlich der Kommunikation zwischen Client- und Serverkomponente erreicht werden.

Fazit

Der Aufbau einer komplexen Infrastruktur für System Center 2012 Operations Manager gestaltet sich in der aktuellen Version zwar noch genauso aufwändig wie in den Vorgängerversionen. Durch den Verzicht komplizierter zu konfigurierender Redundanztechnologien wird die Implementierung jedoch weitaus mehr Spaß machen. Welche Rollen an welchen Standorten in welcher Menge installiert werden oder ob sogar zusätzlich noch über die Zusammenschaltung mehrerer Verwaltungsgruppen nachgedacht werden sollte, muss eine professionelle Planungs- und Analysephase im Vorfeld der eigentlichen Implementierung ergeben. Auf diese sollten sie keinesfalls verzichten, wenn Sie nicht mehrfach mit der Installationsroutine von System Center 2012 Operations Manager Bekanntschaft machen wollen.

Kapitel 11

Systemanforderungen

In diesem Kapitel:
Generelle Voraussetzungen und Besonderheiten	239
Allgemeine Hardwareanforderungen	254
Anforderung an die Überwachung der Anwendungsleistung	263

System Center 2012 Operations Manager lässt sich fast beliebig skalieren. Damit ist eine Implementierung in Unternehmen unterschiedlichster Größe möglich. Solche Sätze lieben die Kolleginnen und Kollegen aus der Marketingabteilung. Universelle, auf unterschiedliche Kundengruppen gleichzeitig anwendbare Werbekonzepte sind kostengünstiger zu produzieren und mit weniger Anstrengung zu implementieren als kundenspezifische Individuallösungen.

Das ist generell ein großer Vorteil der Produkte aus dem Hause Microsoft, denn auf die meisten Serverapplikationen trifft das Konzept der nahezu beliebigen Skalierbarkeit zu. Skalierung bedeutet jedoch nicht, dass sich bei der Veränderung des Maßstabs nur die Anzahl der benötigten Systeme ändert. Es verändert sich gewissermaßen auch die Statik der gesamten Konstruktion. Sie haben das bereits im vorherigen Kapitel kennengelernt.

Wächst Ihr Unternehmen, sollten Sie deshalb auf jeden Fall darauf gefasst sein, dass die vorhandenen »Balken« unter der neuen Last hörbar zu knirschen beginnen. Um den Super-GAU auszuschließen, sollten Sie deshalb vor einer Infrastrukturerweiterung externe Dienstleister konsultieren, mit denen Sie Ihre Ideen zumindest diskutieren. Ein, zwei Tage Consultingdienstleistung ist immer gut investierte Zeit, denn Sie erhalten dadurch stets neue Impulse von außen.

Ob Sie diese dann in Ihrem Unternehmen anwenden, entscheiden ganz allein Sie. Diese Strategie erspart Ihnen jedoch einiges an Ärger. Ihre Infrastruktur wird nicht zusammenbrechen, wenn die Überwachung mithilfe System Center 2012 Operations Manager für eine Weile nicht mehr funktioniert. Wenn Sie diese Lösung auch zur Abbildung und Ermittlung von Service Level nutzen, wäre deren Zuverlässigkeit ohne Zweifel von Vorteil.

System Center 2012 Operations Manager besteht aus einer Sammlung einzelner Rollen. Diese Rollen sind zum Teil voneinander abhängig (ohne Datenbankserver läuft nichts), zum Teil optional (Überwachungssammeldienste). Allen gemeinsam ist, dass Microsoft gewisse Mindestanforderungen hinsichtlich der bereitgestellten Soft- und Hardware vorgibt. Abhängig von Ihrer Entscheidung in Sachen Installationsstrategie addieren oder konsolidieren sich diese Anforderungen. In diesem Kapitel will ich auf diese Besonderheiten eingehen.

Basis für die Betrachtung sind die offiziellen Vorgaben aus Redmond, die wir für jedes einzelne System analysieren. Der Mehrwert dieses Kapitels gegenüber dem Studium der originalen Daten von Microsoft ist die zusätzliche Betrachtung und Dokumentation meiner praktischen Erfahrungen aus der Projektarbeit.

Es wird auch an dieser Stelle wieder Leser geben, die mit dem einen oder anderen Beispiel aus dem realen Leben nichts anfangen können. Sofern Sie zu dieser Spezies gehören und schon jetzt damit beschäftigt sind, Ihre Adrenalinproduktion anzukurbeln, darf ich Ihnen versichern, dass nicht alle Praxisbeispiele nicht in allen Umgebungen anwendbar sind. Und das ist auch gut so, wusste bereits Klaus Wowereit, der zumindest 2012 noch immer regierender Bürgermeister von Berlin ist.

Unsere Agenda in diesem Teil des Buchs sieht also wie folgt aus:

- Generelle Voraussetzungen und Besonderheiten
- Hardwareanforderungen
- Rollenbasierte Anforderungen
- Anforderung an die Überwachung der Anwendungsleistung

Generelle Voraussetzungen und Besonderheiten

Für die Installationsphase der aktuellen Version von System Center 2012 Operations Manager hat sich Microsoft einige Veränderungen einfallen lassen, die wir uns in diesem Abschnitt anschauen werden. Diese Veränderungen werden in erster Linie dann für Sie interessant sein, wenn Sie sich bereits mit System Center Operations Manager 2007 beschäftigt haben. Insgesamt fokussieren wir somit den Blick auf die folgenden Gliederungspunkte:

- Prüfung der Voraussetzungen
- Bildschirmgröße
- Unterstützung in virtualisierten Umgebungen
- Firewallkonfiguration
- Verwendung von Clustersystemen
- Sprachunterstützung

Prüfung der Voraussetzungen

Endkunden haben mit diesem Thema in der Regel nur einmal pro Lebenszyklus von System Center 2012 Operations Manager zu tun gehabt: der Anwendung zur Voraussetzungsprüfung. Diese Anwendung war der eigentlichen Installation der erforderlichen Komponenten von System Center 2012 Operations Manager vorgeschaltet. Insbesondere in größeren Umgebungen war es von Vorteil, dass man diese Anwendung auch separat, also losgelöst von der Durchführung der eigentlichen Installation verwenden konnte.

Microsoft hat die Voraussetzungsprüfungsapplikation in die ewigen Jagdgründe befördert. Die Trauer darüber hält sich in Grenzen, wenn man weiß, dass das Setup von System Center 2012 Operations Manager diese Überprüfung dennoch ausführt und zwar, sobald Sie die gewünschten Funktionen selektiert haben. Diese Art der Sicherstellung notwendiger Systemvoraussetzungen ist die gängige Vorgehensweise bei den meisten Softwareinstallationspaketen.

Sehr empfehlenswert ist auch das sogenannte System Center 2012 Operations Manager Sizing Helper Tool. Dabei handelt es sich um eine Ansammlung von Excel-Arbeitsblättern, die zur Berechnung der Ressourcenbedarfe einer System Center 2012 Operations Manager Infrastruktur verwendet werden können. Nach dem Herunterladen und Öffnen der Arbeitsmappe stehen Ihnen die folgenden Themenbereiche zur Auswahl zur Verfügung:

- **Erste Schritte** In diesem Bereich erhalten Sie eine Übersicht über die offiziellen Leistungsgrenzen von System Center 2012 Operations Manager. Hilfreich sind an dieser Stelle auch die Verweise auf die zusätzliche Dokumentation zum Themenbereich Überwachungssammeldienste. Des Weiteren werden in diesen Abschnitt auch die empfohlenen Vorgehensweisen für die Aspekte Hochverfügbarkeit, Netzwerküberwachung, Virtualisierung und Festplattenkonfiguration vorgestellt.

- **Standardinstallation** Ein Klick auf diese Schaltfläche führt Sie zum ersten kleinen Fragenkatalog dieses Abends. Nach Eingabe der Anzahl zu überwachender Computersysteme und Netzwerkkomponenten ermittelt dieses wertvolle Zusatzwerkzeug die optimale Konfiguration für Ihre Umgebung. Insbesondere die Dimensionierung der Datenbanken imponiert den meisten Nutzern beim ersten Mal, übertrifft sie doch in der Regel weit die subjektive Schätzung der meisten Administratoren.

- **Erweiterte Bereitstellungsoptionen** Benötigen Sie in Ihrer Umgebung die etwas anspruchsvolleren Funktionen wie Gatewayserver, UNIX-, Linux- oder Webseiten-Überwachung, wird Ihnen dieser Themenbereich sicherlich dabei helfen, die erforderlichen Ressourcen genauer zu beziffern. Insbesondere die Überwachung von Webseiten hatte in den vergangenen Versionen einen merklichen Einfluss auf die Gesamtleistung der Infrastruktur. Durch die architektonische Änderung von System Center 2012 Operations Manager hat sich diese Situation zwar beruhigt. Dennoch sollten Sie unbedingt darauf achten, wie viele Webseiten Sie überwachen wollen. Ich rate Ihnen nicht, »einfach mal so zum Test« die Internetseite *www.microsoft.com* zu überwachen ...

- **Erweiterte Datenbankdimensionierung** Wenn Sie wissen wollen, wie Sie die für System Center 2012 Operations Manager erforderliche Datenspeicherung optimal organisieren können, sind Sie hier richtig. Datenbankbasierte Serveranwendungen leben von möglichst geringen Zugriffszeiten sowohl beim Schreiben als auch beim Lesen der bewegten Daten. Mit einer fachmännischen RAID-Konfiguration können solche Infrastrukturen merkliche Leistungssteigerungen erfahren. Dieser Abschnitt hilft Ihnen bei der Ausarbeitung eines solchen Konzepts.

Sie finden das System Center 2012 Operations Manager Sizing Helper Tool unter folgender Internetadresse: *http://www.microsoft.com/download/en/details.aspx?displaylang=en&id=29270*. Unter dieser Adresse finden Sie darüber hinaus noch eine Ansammlung spezieller Management Packs zur Überwachung von Java Enterprise Edition (JEE)-basierten Applikationsservern wie IBM WebSphere, Oracle WebLogic, Red Hat JBoss und Apache Tomcat. Die Management Packs sind in unterschiedlichen Sprachvarianten vorhanden und können durch die Installation der jeweiligen MSI-Datei für den Import in System Center 2012 Operations Manager bereitgestellt werden. Die hier vorgestellte Excel-Arbeitsmappe finden Sie auf der Internetseite ganz am Ende der Liste und nur in englischer Sprache. Vergessen Sie nicht, in Ihrem Excel die Ausführung von Makros zuzulassen und die Bearbeitung von Inhalten zu erlauben.

Bildschirmgröße

Es ist beeindruckend, wie viele Administratoren heute noch mit 17-Zoll-Bildschirmen arbeiten. Diese Diagonale reduziert die Bandbreite der anwendbaren Bildschirmauflösungen auf 1.024x768 Bildpunkte am oberen Ende der nach unten offenen Skala. Bereits während der Entwicklungsphase von System Center Operations Manager 2007 wurden wir in Redmond zu diesem Thema von den Produkt-Managern befragt. Die einhellige Meinung aller beteiligten Kunden- und Partnervertreter war, dass die Arbeit an solchen Bildschirmarbeitsplätzen niemandem mehr Freudentränen in die Augen treibt.

System Center 2012 Operations Manager lebt von einem immensen Potential abbildbarer Echtzeitinformationen innerhalb der Betriebskonsole. Das aktuelle Design dieser Konsole überfordert Bildschirme mit Auflösungen unter 1.280x1.024 Bildpunkten. Das Entwicklerteam von System Center 2012 Operations Manager hat das als minimale Systemanforderung am Administrationsarbeitsplatz vorgegeben. Nicht viel besser sieht es übrigens bei den anderen Brüdern und Schwestern aus der System Center-Familie aus. Gönnen Sie sich deshalb idealerweise einen Monitor mit einer Bildschirmdiagonalen über 21 Zoll beziehungsweise ein Notebook mit leistungsfähiger Auflösung. Andernfalls wird es Ihnen nicht gelingen, den erforderlichen Überblick über alle Optionen und Vorkommnisse zu halten.

> **HINWEIS** System Center-Produkte wurden hinsichtlich ihres Ressourcenhungers in der aktuellen Version überarbeitet und optimiert. Es existiert jedoch auch in der aktuellen Version ein großes Optimierungspotential in Sachen Reaktionsgeschwindigkeit. Das betrifft nicht nur die Zugriffe auf Datenträger und Netzwerk. Auch die Anforderungen an die Bildschirmausgabe sind

sportlich. Ich arbeite sehr oft mit drei Konsolen gleichzeitig (System Center 2012 Operations Manager, System Center 2012 Configuration Manager und System Center 2012 Service Manager 2012). In dieser Konstellation ist eine Windows 7-Workstation mit 4 Gbyte Hauptspeicher und Intel Core i5 vPro-Prozessor durchaus damit beschäftigt, die Grafikkarte vom Suizid abzuhalten.

Unterstützung in virtualisierten Umgebungen

Es ist noch nicht allzu lange her, als Microsoft auf das Thema Virtualisierung ähnlich erfreut reagiert hat wie eine Katze auf eine Dusche. Die Evolution hat das Verhalten dieser Haustiere im Verlauf der letzten Jahre noch nicht verändert. Bei Microsoft sieht das, wie wir alle wissen, erheblich anders aus. Dies liegt nicht zuletzt an der unbestritten phänomenalen Erfolgsgeschichte des größten Mitbewerbers VMware. Was viele jedoch übersehen, sind die immensen Investitionen von Microsoft in den vergangenen Jahren in die Entwicklung einer eigenen Virtualisierungswelt. Das Ergebnis kann sich nicht erst seit gestern sehen lassen.

In vielen Gesprächen, die ich in den vergangenen Jahren mit Entscheidern zu diesem Thema geführt hatte, stellte ich immer wieder eine Frage. Bleiben die emotionalen Aspekte außen vor – was Grundlage einer professionellen Diskussion sein sollte – muss man sich auf den Vergleich der Funktionen fokussieren: »Welche Leistungsmerkmale werden in Ihrer Infrastruktur benötigt, welchen nutzen Sie Stand heute?« Mir sind zwei Fälle bekannt, bei denen der Funktionsumfang von Hyper-V nachweislich nicht ausreichte. In allen anderen Fällen hätte eine Migration zum Auslauf des aktuell laufenden Wartungsvertrags eine erhebliche Kostenersparnis bei gleicher Leistung zur Folge gehabt.

Mittlerweile hat sich das geändert: Microsoft Windows Server 2012 stellt weitere Leistungsmerkmale bereit. Was immer bleiben wird, ist eine gesunde Skepsis vor Veränderung. Es gibt heute noch zahlreiche Unternehmen, die ihre Daten mit nicht mehr gewarteten Betriebssystemversionen wie IBM OS/2 oder Microsoft Windows NT Server 3.x verwalten. Sie werden es mit sachlichen Argumenten niemals schaffen, einen eingefleischten BMW-Fahrer zum Wechsel auf die Marke aus Ingolstadt zu bewegen. In dieser Angelegenheit schwingt die Automobilbranche auf der gleichen Tonfrequenz wie die Informationstechnologie.

Während diese Zeilen entstehen, wird die IT-Infrastruktur meines Unternehmens von VMware auf Hyper-V migriert. Die Gründe wurden soeben genannt: günstigere Lizenz- und Wartungskosten sowie effizientere Anwendung von vorhandenem Skill bei meinen Mitarbeitern. Darüber hinaus deckt der verfügbare Funktionsumfang die Anforderungen und Ansprüche unseres Unternehmens in mehr als ausreichender Form ab. Microsoft hat seine Hausaufgaben gemacht.

Schon seit längerer Zeit gibt es keine Restriktion von Microsoft mehr hinsichtlich des Betriebs von Serverprodukten auf virtuellen Plattformen. Das gilt auch für alle Mitglieder der System Center-Familie, solange die weiter oben in diesem Kapitel vorgestellten Minimalanforderungen eingehalten werden.

Microsoft empfiehlt jedoch auch, die Speicherung und Verwaltung der Datenbanken auf einem separat beigestellten physischen Plattenstapel (Direct Attached Storage, DAS) zu realisieren.

Letztendlich kommt es auf Ihre Anforderungen an die Qualität der errechneten Informationen an. Datenbankanwendungen sollten für die Verwaltung der Datenbestände nicht auf zugriffsoptimierte Zwischenspeicherungsalgorithmen ohne Batteriepufferung auf Hardwareebene bauen. Das kann zu Inkonsistenzen und Fehlinterpretationen führen, wenngleich mir solche Fälle bisher nur selten untergekommen sind. Das heißt jedoch nicht, dass es sie nicht gibt. Wenn Sie System Center 2012 Operations Manager nur zur aktuellen Verfügbarkeitskontrolle Ihrer Systeme und Entitäten verwenden, mag dieser Qualitätsanspruch übertrieben sein, und je nach Belastung Ihrer Virtualisierungsumgebung spricht nichts gegen den Betrieb der Datenbanken auf eben dieser Systemlandschaft. Planen Sie jedoch, auf Basis der ermittelten Daten von System

Center 2012 Operations Manager Vereinbarungen zum Servicelevel zu definieren, sollten Sie Ihre eigenen Ansprüche an den Vorgaben des Entwicklerteams von Microsoft orientieren.

Firewallkonfiguration

In fast keinem Thema gehen die Meinungen so weit auseinander wie beim Thema Firewall. Seit Microsoft diesen Schutzmechanismus auf den Betriebssystemen implementiert hat, sind in manchen IT-Abteilungen zusätzliche Planstellen geschaffen worden.

Professionelle Gesamtkonzepte machen die Verwendung dieser Sicherungsschicht innerhalb einer geschützten Umgebung überflüssig. Erfahrungsgemäß leiden Unternehmen unter einer Vielzahl von Sicherheits- und Organisationsproblemen, wenn versucht wird, mit der Betriebssystemfirewall Symptome statt Ursachen zu bekämpfen. Anders sieht das bei mobilen Arbeitsplatzrechnern, den Notebooks, aus. Dort gibt es aus meiner Sicht nichts Effizienteres als die Windows Firewall. Richtig konfiguriert – aktiv, wenn außerhalb der Domäne – schützt diese Funktion ohne zusätzliche Investition vor unerlaubtem Zugriff.

Unabhängig davon, ob Sie für den Einsatz von System Center 2012 Operations Manager die Windows-Firewall nutzen oder nicht, sollten Sie über die verwendeten Ports Bescheid wissen. Wir schauen uns diese Ports nachfolgend und jeweils aus Sicht einer der relevanten Rollen an. Damit sieht die Gestaltung der nachfolgenden Seiten wie folgt aus:

- Verwendete Ports der Verwaltungsserver
- Verwendete Ports der Gatewayserver
- Verwendete Ports für die Berichterstattung
- Verwendete Ports für die Betriebskonsole
- Verwendete Ports für Connectors
- Verwendete Ports für die Webkonsole
- Verwendete Ports für den Webkonsolenbrowser
- Verwendete Ports für Agents
- Verwendete Ports für Überwachungssammeldienste
- Verwendete Ports für die Ausnahmeüberwachung
- Verwendete Ports für die Teilnahme am CEIP

Tauchen wir somit ein in eine genauere Betrachtung der von System Center 2012 Operations Manager verwendeten Kommunikationskanäle.

Verwendete Ports der Verwaltungsserver

Es hat sich nicht viel geändert im Vergleich zur Vorgängerversion von System Center 2012 Operations Manager. Die Ports sind gleich geblieben. Worauf Sie allerdings achten sollten, ist die Portkonfiguration für die Kommunikation zwischen Verwaltungsserver und Netzwerkgeräten. Wie Sie wissen, arbeiten wir bei System Center 2012 Operations Manager mit sogenannten Ressourcenpools. Vereinfacht gesagt, vertreten sich alle Verwaltungsserver in einem Ressourcenpool. Wenn Sie also beispielsweise zur Überwachung der Netzwerkkomponenten zwei Verwaltungsserver dediziert einrichten, müssen auch beide in der Lage sein, sich mit den definierten Netzwerkkomponenten uneingeschränkt in beide Richtungen unterhalten zu können. Verwendet werden dazu die beiden verbindungslosen, für SNMP standardmäßig definierten Ports 161 und 162, wie in Abbildung 11.1 gezeigt.

Generelle Voraussetzungen und Besonderheiten

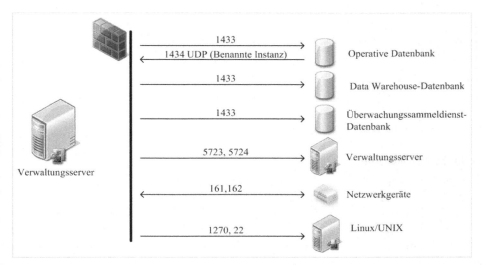

Abbildung 11.1 Die verwendeten Ports aus Sicht eines Verwaltungsservers

Verwendete Ports der Gatewayserver

Der Gatewayserver kommt fast immer dort zum Einsatz, wo die Regelung der Kommunikation mit Firewalls obligatorisch ist. Er unterhält sich auf der einen Seite mit den ihm zugeordneten Agents. Deren Kommunikationskanäle lernen wir gleich im Abschnitt »Verwendete Ports für Agents« kennen. In Richtung »sicheres Netz« plappert diese Rolle immer mit einem Verwaltungsserver, wobei die Verbindung immer vom Gatewayserver aus etabliert wird, wie die Illustration in Abbildung 11.2 zeigen soll.

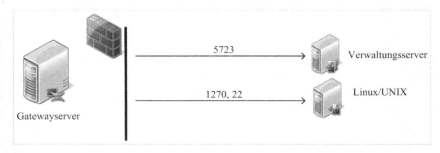

Abbildung 11.2 Die verwendeten Ports aus Sicht des Gatewayservers

Verwendete Ports für die Berichterstattung

Die Berichterstattungsrolle saugt sich die aufzubereitenden Daten aus der Data Warehouse-Datenbank und nutzt dazu den von SQL Server üblicherweise verwendeten Kommunikationskanal. Nur während der Installation dieser Rolle muss Port 5724 wie in Abbildung 11.3 gezeigt geöffnet sein. Nach der erfolgreichen Bereitstellung kann dieser Kanal wieder geschlossen werden; jeder weitere Datenaustausch vom Verwaltungsserver zum Berichterstattungsserver findet dann auf Port 5723 statt.

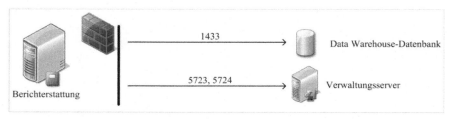

Abbildung 11.3   Die verwendeten Ports aus Sicht der Berichterstattungsrolle

Verwendete Ports für die Betriebskonsole

Die Betriebskonsole kommuniziert grundsätzlich immer mit dem Verwaltungsserver. Wie auch schon in früheren Versionen von System Center Operations Manager üblich, wird hierfür Port 5724 verwendet. In der aktuellen Version ist die Kommunikation jedoch nicht nur auf einen dedizierten Verwaltungsserver beschränkt, denn es gibt bekanntlich keinen sogenannten Stammverwaltungsserver mehr. Das bedeutet, dass Sie gegebenenfalls die bereits bestehenden Firewallregeln an dieser Stelle überarbeiten und alle vorhandenen Verwaltungsserver als potentielle Kommunikationspartner eintragen müssen.

Abbildung 11.4   Der einzige verwendete Port aus Sicht der Betriebskonsole

Verwendete Ports für Connectors

Wenn die Überwachungsergebnisse separater Verwaltungsgruppen an zentraler Stelle zusammengeführt werden sollen, kommt das Connectorframework zum Einsatz. Dieser definierte Austauschkanal wird auch dann verwendet, wenn Überwachungslösungen von Drittanbietern mit System Center 2012 Operations Manager verbunden werden. Verwendet wird an dieser Stelle Port 51095 wie in Abbildung 11.5 gezeigt.

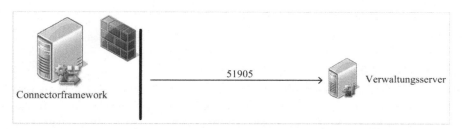

Abbildung 11.5   Der zur Verbindung mit anderen Überwachungslösungen verwendete Port

Verwendete Ports für die Webkonsole

Die Webkonsole kommt überall dort zum Einsatz, wo eine Betriebskonsole nicht griffbereit ist. Sie versorgt den interessierten (und berechtigten) Administrator mit den wichtigsten Statusinformationen rund um die

Generelle Voraussetzungen und Besonderheiten

überwachten Entitäten. Dazu kommuniziert die Webkonsole zum einen direkt mit der operativen Datenbank. Zum anderen ist die URL-Adresse zur Webkonsole auch in der Basiskonfiguration der Verwaltungsgruppe gespeichert. Zu einem späteren Zeitpunkt kann die Webadresse aus gegebenem Anlass samt Port frei geändert werden. Bitte verwechseln Sie übrigens diese Kommunikationsplattform nicht mit der eigentlichen Bedieneroberfläche beim Webzugriff, dem Webkonsolenbrowser. Dessen Ports schauen wir uns gleich als Nächstes an.

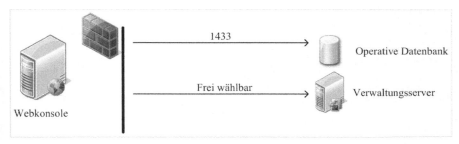

Abbildung 11.6 Die verwendeten Ports der Webkonsole

Verwendete Ports für den Webkonsolenbrowser

Als Administrator werden Sie beim täglichen Arbeiten mit System Center 2012 Operations Manager manchmal auch die Webkonsole statt der Betriebskonsole verwenden. Die Informationen werden damit schneller geladen und ein Zugriff ist damit schneller möglich. Verwendet wird standardmäßig einer der beiden etablierten HTTP-Ports 80 oder 443. Letzterer sorgt für eine verschlüsselte Datenübertragung, setzt jedoch die Verwendung eines Zertifikats voraus. Im nachfolgenden Kapitel 12 werden wir die Konfiguration auf Basis von HTTPS, also mit Port 443, vornehmen.

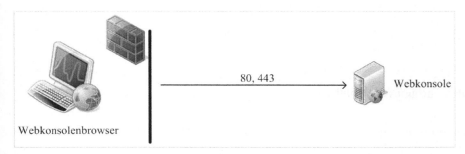

Abbildung 11.7 Die Kommunikationsschnittstellen des Webkonsolenbrowsers

Verwendete Ports für Agents

Die Clientkomponente von System Center 2012 Operations Manager verwendet standardmäßig Port 5723 zum Gedankenaustausch mit dem zuständigen Verwaltungsserver. Bitte denken Sie daran, dass sich die Kommunikation zwischen Agent und Verwaltungsserver auch als 1:n-Beziehung darstellen kann. Das ist der Fall, wenn Sie mehrere Verwaltungsserver verwenden. Solche Szenarien werden üblicherweise zur Erreichung einer höheren Verfügbarkeit etabliert. Fällt der primär zuständige Verwaltungsserver vorübergehend aus, kann ein weiterer Verwaltungsserver temporär dessen Zuständigkeit bis zum Eintritt der Wiederverfügbarkeit übernehmen.

Agents, die in nicht vertrauten Umgebungen betrieben werden, kommunizieren in der Regel über einen Gatewayserver. Der standardmäßig eingestellte Funkkanal zwischen Clientkomponente und Gatewayserver ist ebenfalls Port 5723.

Der Begriff »standardmäßig« impliziert, dass es auch Ausnahmen geben kann. Im aktuellen Szenario lässt sich der Port während der Installationsphase anpassen.

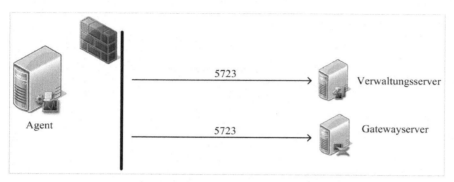

Abbildung 11.8 Die verwendeten Ports für die Kommunikation zwischen Agent und Verwaltungsserver

> **HINWEIS**   In Abbildung 11.8 sind, wie in allen anderen Abschnitten dieses Abschnittes auch, nur die Ports aufgeführt, welche zur Übermittlung der operativen Daten verwendet werden. Zur Durchführung der Installation und Wartung der Clientkomponente werden weitere Ports benötigt. Dabei handelt es sich um folgende Ports, die üblicherweise im Bereich der Dateiübertragung verwendet werden:

- 135/UDP
- 137/UDP
- 138/UDP
- 139/TCP
- 445/TCP

Verwendete Ports für Überwachungssammeldienste

Die Überwachungssammelfunktion ist auf allen Systemen verfügbar, auf denen die Clientkomponente von System Center 2012 Operations Manager installiert ist. Sie muss allerdings separat aktiviert werden. Wie das funktioniert, schauen wir uns im Teil C dieses Buchs genauer an. Verwendet wird hierfür standardmäßig Port 51909. Wird die Verwendung eines anderen Ports gewünscht, kann dieser über die Registrierung angepasst werden.

Über diesen Port kommuniziert der Agent mit aktivierter Komponente mit dem sogenannten Überwachungssammeldienst (Audit Collection Service, ACS) Sammlungsserver. Dieser wiederum schreibt die Daten danach in die Überwachungssammeldienst-Datenbank und nutzt hierfür, wie in Abbildung 11.1 auf Seite 243 gezeigt, üblicherweise SQL-Port 1433. Ein ACS-Sammlungsserver ist übrigens gleichzeitig immer auch ein »normaler« Verwaltungsserver.

Generelle Voraussetzungen und Besonderheiten

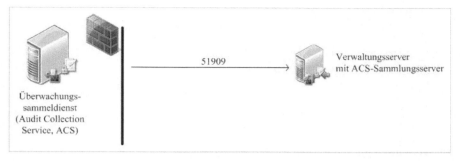

Abbildung 11.9   Zur Sammlung der Audit-Informationen wird Port 51909 verwendet

Verwendete Ports für die Ausnahmeüberwachung

Die Ausnahmeüberwachung (Application Exception Monitoring, AEM) ist eine hervorragende Möglichkeit, um einen zentralen Überblick über Applikationsabstürze im Unternehmen zu erhalten. Da die meisten System Center-Systemingenieure nichts damit anfangen können, bleibt diese Funktion in der Regel im Verborgenen. Für mich stand dieses Leistungsmerkmal in allen Planungsgespräche auf der Hauptagenda. Die Implementierung ist denkbar einfach und man kann diese Funktion losgelöst von den restlichen Prozessen nutzen, die System Center 2012 Operations Manager bereitstellt. Wir widmen uns im Teil C dieses Buchs diesem Thema etwas ausführlicher.

AEM verwendet zur Übertragung der Daten zwischen überwachten Clientsystemen und AEM-Server den Port 51906. Auch dieser Port lässt sich verändern und zwar bei der Konfiguration der AEM-Gruppenrichtlinie.

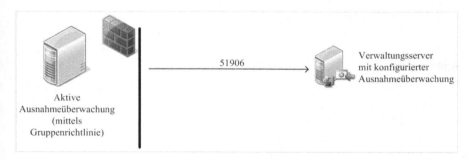

Abbildung 11.10   Der verwendete Port bei aktiver Ausnahmeüberwachung

Verwendete Ports für die Teilnahme am CEIP

Microsoft ist wie jedes andere Softwareunternehmen brennend an Feedback interessiert. Um aus diesem Feedback auch Maßnahmen für künftige Versionen der Softwareprodukte ableiten zu können, müssen die Daten auswertbar aufbereitet werden.

Ob Sie beziehungsweise Ihr Unternehmen am sogenannten Programm zur Verbesserung der Benutzerfreundlichkeit (Microsoft Customer Experience Improvement Program, CEIP) teilnehmen, entscheiden Sie während der Basiskonfiguration von System Center 2012 Operations Manager. Nach der Aktivierung sammeln die Agents anonymisierte Daten und senden diese zum Verwaltungsserver. Verwendet wird hierfür, wie in Abbildung 11.11 gezeigt, Port 51907. Von dort gehen die Daten in komprimierter Form in regelmäßigen Abständen direkt zu Microsoft – immer vorausgesetzt, Sie erlauben diesen Datentransfer.

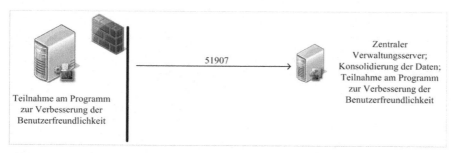

Abbildung 11.11   Der verwendete Port zur Unterstützung der Entwicklungsmannschaft bei Microsoft

Wir werfen im Teil C dieses Buchs einen genaueren Blick auf diese Funktion. Der verwendete Port 51907 lässt sich während der Konfiguration anpassen.

Verwendung von Clustersystemen

Mit der aktuellen Version von System Center 2012 Operations Manager hat das Schreckgespenst Clusterkonfiguration etwas an Wirkung verloren. Das liegt zum einen daran, dass sich die Einrichtung eines Clustersystems unter Windows Server 2008 R2 erheblich einfacher gestaltet, als das bisher der Fall war. Zum anderen entfällt mit System Center 2012 Operations Manager die Installation eines Clustersystems, um den neuralgischen Knotenpunkt Verwaltungsserver hochverfügbar bereitzustellen. Genauer gesagt ist Clustering keine Option mehr für die Verwaltungsserverrolle. Microsoft unterstützt diese Strategie nicht mehr!

Weiterhin unterstützt wird die Bereitstellung des verwendeten SQL Servers auf einer Clusterkonfiguration. In diesem Abschnitt schauen wir uns die erlaubten Varianten genauer an. Wir werfen zusätzlich auch einen Blick auf die Alternativen, die Microsoft offiziell unterstützt, allerdings nicht empfiehlt.

Unterstützte Clusterkonfigurationen

Soll eine Rolle von System Center 2012 Operations Manager auf einem Clustersystem betrieben werden, muss dieser Cluster mit einem Quorumlaufwerk ausgestattet sein. Die Verteilung des Clusters über mehrere, geografisch getrennte Standorte wird ebenfalls unterstützt. Replikationstechnologien können ebenfalls zum Einsatz gelangen. Dauert der Datenabgleich zwischen den Knoten zu lange, könnte System Center 2012 Operations Manager mit einem automatischen Failover reagieren.

Microsoft empfiehlt die Einrichtung von synchronen Plattenspiegeln zwischen den betroffenen Standorten.

Insgesamt können drei Rollen von System Center 2012 Operations Manager auf einem 2-Wege-Clustersystem bereitgestellt werden. Es handelt sich dabei um die folgenden drei Datenbankrollen:

- Operative Datenbank
- Data Warehouse-Datenbank
- Überwachungssammeldienst-Datenbank

Mit anderen Worten und etwas nüchterner formuliert: System Center 2012 Operations Manager verwendet die unterstützten Möglichkeiten des SQL Servers in Sachen Clusterfunktionalität, allerdings nur auf 2-Knoten-Clustersystemen.

Generelle Voraussetzungen und Besonderheiten

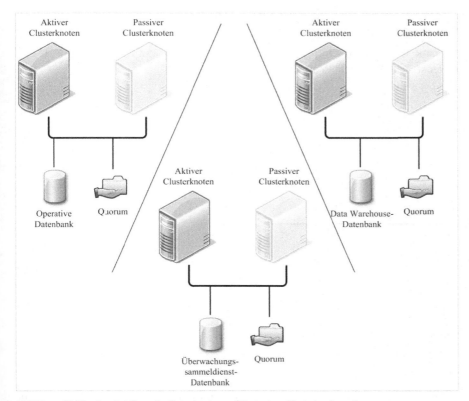

Abbildung 11.12 Bereitstellung der Datenbanken auf Basis einer Clusterkonfiguration

In Abbildung 11.12 sind die drei Datenbanken jeweils an einem symbolisierten Aktiv-/Passiv-Cluster angeschlossen. Das entspricht der offiziellen Vorgabe von Microsoft. Beachten Sie, dass keine weiteren Rollen von System Center 2012 Operations Manager auf einem dieser Clustersysteme bereitgestellt werden sollte. In letzter Konsequenz bedeutet das, dass jede Datenbank in einem eigenen Clustersystem bereitgestellt werden muss, um bei Problemen mit der Systemlandschaft Unterstützung vom Microsoft-Support erhalten zu können.

Nicht empfohlene Clusterkonfigurationen

Nicht jedes Unternehmen kann sich eine dreifache Aktiv-/Passiv-Clusterumgebung leisten, um darauf die Daten einer Überwachungslösung zu verwalten. Aus diesem Grund drückt Microsoft die Augen ganz fest zu, wenn sich Kunden für eine Konsolidierung der Datenbanken entschließen. Allerdings ist auch an dieser Stelle die Toleranzgrenze nicht allzu niedrig.

Was Sie in Abbildung 11.13 sehen, ist es möglich und offiziell geduldet, die drei relevanten Datenbanken von System Center 2012 Operations Manager auf einem SQL Server-Clustersystem bereitzustellen. Zwischen dieser, für die meisten Kunden mit Clustersystem am ehesten anwendbaren, Strategie und der in Abbildung 11.12 vorgestellten Variante sind sämtliche Abstufungen realisierbar. Das bedeutet, dass Sie auch eine beliebige Kombination der Datenbanken auf zwei Clustersystemen bereitstellen können. Beispiele hierfür:

- Operative Datenbank und Data Warehouse-Datenbank auf Clustersystem 1. Überwachungssammeldienst-Datenbank auf Clustersystem 2.

- Operative Datenbank auf Clustersystem 1. Data Warehouse-Datenbank und Überwachungssammeldienst-Datenbank auf Clustersystem 2.
- Data Warehouse-Datenbank und Überwachungssammeldienst-Datenbank auf Clustersystem 1 und Überwachungssammeldienst-Datenbank allein auf Clustersystem 2.

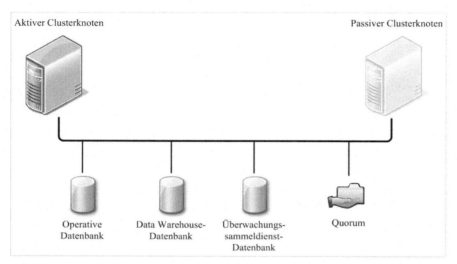

Abbildung 11.13 Ohne Gewähr und gegebenenfalls auch ohne Support ist die Kombination der Datenbanken auf einem Aktiv-/Passiv-Clustersystem

Unbestritten muss man neben dem Hinweis der in Frage gestellten Bereitschaft zur Unterstützung im Falle eines Problems auch die daraus resultierende Systembelastung in Betracht ziehen.

Damit wir uns nicht falsch verstehen: Microsoft lehnt die Unterstützung einer komplett konsolidierten Datenbankumgebung nicht ab. Liegt die Ursache Ihrer Probleme in einer lausigen Antwortzeit der zentral verwalteten Datenbanken, wird der Systemtechniker jedoch gelangweilt in Richtung Hinweistext »Allgemeine Spielregeln für die Bereitstellung von Datenbanken für System Center 2012 Operations Manager« deuten.

Sprachunterstützung

Sprachversionen gehören nicht zu den beliebtesten Bestandteilen auf der Aufgabenliste der Entwicklerteams in Redmond. Bei den Umsatzträgern aus der Office-Familie und der Betriebssystempalette hat sich in den letzten Jahren einiges geändert. Man hat sich das Konzept von SAP offensichtlich näher angeschaut und adaptiert. Die Enterprise Kunden profitieren in erster Linie von dieser Änderung.

Die Produkte, die diesem Kundenkreis zur Verfügung gestellt werden, werden immer in englischer Sprache fertiggestellt. Die gewünschten Sprachpakete werden bei Bedarf zusätzlich installiert. Das gilt auch für die Betriebssysteme, die als Basis für alle Szenarien in diesem Buch verwendet werden.

Für System Center 2012 Operations Manager gilt dieses Konzept leider ebenso wenig wie für alle anderen Produkte aus der System Center-Familie. Diese Produkte werden nach der offiziellen Freigabe durch die Produktgruppe lokalisiert und sind dann in getrennten Sprachversionen meist 30 bis 60 Tage nach Verfügbarkeit der englischen Version ebenfalls erhältlich.

Generelle Voraussetzungen und Besonderheiten

Ähnlich einfach wie das Lizenzsystem von Microsoft lässt sich somit auch die Redmonder Sprachenphilosophie erklären. Fangen wir mit der vermeintlich trivialen Botschaft an und betrachten dann die Besonderheiten für multilinguale Umgebungen

- Lokalisierte Sprachversionen
- Besonderheiten beim mehrsprachigen Einsatz

Lokalisierte Sprachversionen

System Center 2012 Operations Manager ist in den folgenden Sprachversionen verfügbar:

- Englisch
- Deutsch
- Französisch
- Japanisch
- Spanisch
- Vereinfachtes Chinesisch
- Russisch
- Italienisch
- Portugiesisch

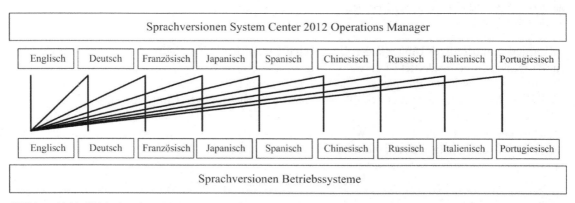

Abbildung 11.14 Welche Sprachversionen von System Center 2012 Operations Manager können auf welchen lokalisierten Betriebssystemversionen verwendet werden?

Erfahrungsgemäß wird die Sprachversion von System Center 2012 Operations Manager auf Betriebssystemen verwendet, die in gleicher Nationalität betrieben werden. Was jederzeit möglich ist, ist die Verwendung der englischen Version von System Center 2012 Operations Manager unabhängig von der Sprache der Betriebssysteme. In Abbildung 11.14 sind der Übersichtlichkeit wegen nur die Betriebssystemversionen in gleicher Sprachversion wie die von System Center 2012 Operations Manager abgebildet.

Besonderheiten beim mehrsprachigen Einsatz

In mehrsprachigen Umgebungen ergeben sich zusätzliche Herausforderungen. Zuallererst muss die Frage geklärt werden, welche Aspekte konkret beachtet werden müssen. Einige Beispiele:

- Administratoren unterschiedlicher Nationalität haben den Anspruch, die Betriebskonsole in ihrer jeweiligen Sprache zu nutzen (Abbildung 11.15)
- Die Betriebssysteme sind in unterschiedlichen Sprachversionen installiert (Abbildung 11.16)
- Alle überwachten Systeme sind (beispielsweise) in deutscher Sprache installiert. Alle Administrationsarbeiten sollen ebenfalls in deutscher Sprache durchgeführt werden (Abbildung 11.17).

Schauen wir uns die Beispiele von soeben etwas genauer an.

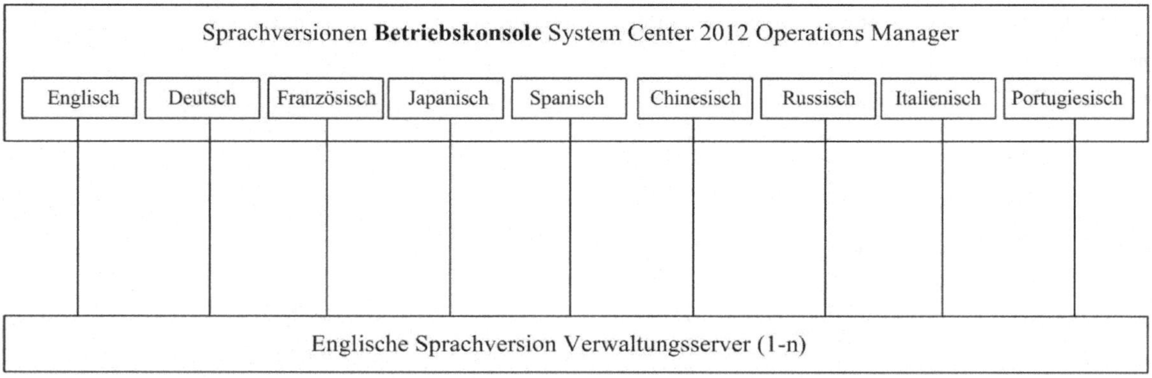

Sprachversionen **Betriebskonsole** System Center 2012 Operations Manager								
Englisch	Deutsch	Französisch	Japanisch	Spanisch	Chinesisch	Russisch	Italienisch	Portugiesisch
Englische Sprachversion Verwaltungsserver (1-n)								

Abbildung 11.15 Multilinguale Umgebung mit unterschiedlichen Sprachversionen der Betriebskonsole. Englisch ist kein Muss in einer multilingualen Umgebung.

In mittleren und großen Umgebungen ist es keine Seltenheit, sogar üblich, dass die Systemverfügbarkeit rund um die Uhr gewährleistet ist. In weltweit agierenden Konzernen stellt man dies durch eine Administrationsbereitschaft in unterschiedlichen Zeitzonen sicher. Sofern die Betriebskonsole von System Center 2012 Operations Manager in den unterschiedlichen Ländern in der jeweiligen Landessprache bereitgestellt werden muss, sollten die Basiskomponenten wie Verwaltungsserver und Berichterstattungsserver in englischer Sprache installiert werden, um ein Sprachwirrwarr bei der späteren Verwendung der Management Packs zu vermeiden. Sie können jedoch problemlos Betriebskonsolen in unterschiedlichen Sprachen auch mit beliebigen Sprachversionen von Verwaltungsservern kombinieren.

Dieses Konzept verlangt zusätzlich nach der Bereitstellung von Sprachpaketen für die importierten Management Packs. Diese werden von Microsoft für die meisten Themenbereiche zur Verfügung gestellt. Drittanbieter stellen diesen Komfort möglicherweise nicht zur Verfügung. Ist kein Sprachpaket für ein Management Pack verfügbar, werden alle themenbezogenen Meldungen unabhängig von der verwendeten Sprachversion der Betriebskonsole in der Sprache des Management Packs angezeigt.

HINWEIS Manche Kunden stellen administrative Werkzeuge gerne zentralisiert auf einem Terminalserver zur Verfügung. Das spart Zeit bei der Aktualisierung und stellt sicher, dass alle Kolleginnen und Kollegen auf aktuelle Versionen zugreifen. Die Bereitstellung einer multilingualen Konsole via Terminalserver ist leider nicht möglich; pro Betriebssysteminstallation kann jeweils nur eine Sprachversion der Betriebskonsole installiert werden.

Generelle Voraussetzungen und Besonderheiten

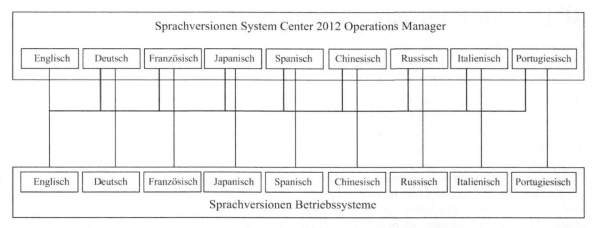

Abbildung 11.16 Englisch geht immer; die Variationsmöglichkeiten bei der Sprachversion der Clientkomponente

Werden in Ihrem Unternehmen Betriebssysteme mit unterschiedlichen Sprachversionen verwendet, dann empfiehlt es sich, die englischsprachige Variante von System Center 2012 Operations Manager zu verwenden. Entspricht eine Verwaltungsgruppe einem geographischen Standort, können Sie auch die dort jeweils zutreffende Landessprachenversion von System Center 2012 Operations Manager verwenden. Alle Verwaltungsgruppen könnten dann wiederum über Connectors an zentraler Stelle konsolidiert werden. In diesem Fall sollten Sie auf die Vielzahl von zusätzlich zu installierenden Sprachpaketen für die Management Packs ein Auge werfen.

HINWEIS Achten Sie darauf, dass Sie pro Verwaltungsgruppe neben der englischen Sprachversion immer nur noch eine weitere Sprachvariante verwenden. Mit anderen Worten: Installieren Sie die Clientkomponenten in deutscher Sprache, sollten Sie die eingesetzten Sprachversionen der Betriebskonsolen auf Englisch und Deutsch beschränken.

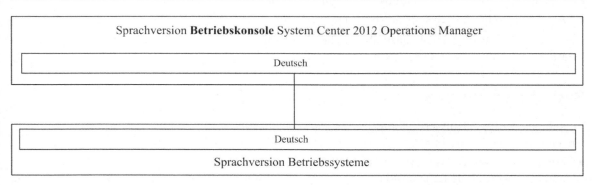

Abbildung 11.17 Variante ohne Herausforderung: gleiche Sprache bei Betriebskonsole und Serverkomponenten

Die Variante mit dem geringsten Schwierigkeitsfaktor wird in Abbildung 11.17 vorgestellt. In einer Umgebung, bei der sowohl Serverkomponenten als auch Betriebskonsole in der gleichen Sprachversion installiert werden, sind keinerlei Probleme zu erwarten.

Allgemeine Hardwareanforderungen

System Center 2012 Operations Manager läuft problemlos in einer virtuellen Umgebung auf Ihrem Notebook. Allerdings sollten Sie diesen Hinweis nur zu Demonstrationszwecken beherzigen. Und selbst da werden Sie nicht wirklich lange glücklich sein.

In diesem Abschnitt werden wir uns deshalb um die Mindestvoraussetzungen kümmern, die System Center 2012 Operations Manager für eine akzeptable Arbeitsweise voraussetzt. Beginnen wollen wir mit einem Blick auf allgemeine Spielregeln, die Sie vor dem ersten Tritt auf die Spielfläche kennen und vielleicht auch beherzigen sollten. Danach kurbeln wir das Fernglas auf die Anforderungen der zu verwendenden Serversysteme.

HINWEIS   Die Anforderungen sind nachfolgend für jede Rolle getrennt betrachtet und wir gehen somit davon aus, dass jede Rolle jeweils separat auf einem Betriebssystem installiert wird. Wenn Sie planen, mehrere Rollen auf einem Serversystem zu installieren, dann verwenden Sie bitte die jeweils höherwertige Anforderung. Erfahrungsgemäß kann es allerdings auch nicht schaden, die Werte gegebenenfalls auch zu kumulieren. Das ist obligatorisch, wenn Sie beispielsweise den benötigten Plattenplatz der Datenbanken kalkulieren wollen.

Abhängigkeiten von der Prozessorarchitektur

Generell gilt, dass die Zeiten der 32-Bit-Unterstützung für Serverkomponenten nun weitgehend vorbei sind. Die zur Überwachung von Systemen benötigte Clientkomponente ist allerdings weiterhin als 32-Bit-Variante verfügbar. Es gelten folgende Spielregeln:

- Die 32-Bit-Clientkomponente lässt sich nicht auf einem 64-Bit-Computersystem installieren
- Microsoft stellt sowohl 64-Bit- als auch 32-Bit-Varianten für die folgenden Funktionen zur Verfügung:
  - Clientkomponente (Agent)
  - Betriebskonsole
- Der Agent ist weiterhin auch für 64-Bit-Itanium-Computersysteme verfügbar
- Alle Serverkomponenten sind auf x64-Computersystemen lauffähig

Die Einschränkungen sind nicht allzu überraschend und spiegeln den fortschreitenden Wandel der Systemlandschaften bei den Kunden von 32 Bit auf 64 Bit wider.

Basisanforderungen an die Datenbankplattform

Im Rahmen der Datenbankserverkonfiguration gibt es ebenfalls einige Besonderheiten, die bei den vorbereitenden Arbeiten berücksichtigt werden müssen. Schauen wir uns diese einmal genauer an:

- Zur Datenverwaltung von System Center 2012 Operations Manager kann Microsoft SQL Server 2008 und SQL Server 2008 R2 jeweils in der Standard- als auch in der Enterprise-Edition verwendet werden. Hinsichtlich der Nutzung von SQL Server 2012 beachten Sie bitte die aktuellen Hinweise unter folgender Adresse: *http://technet.microsoft.com/en-us/library/hh205990.aspx*.
- Im Rahmen des neuen Lizenzierungsmodells von Microsoft System Center können die im Lieferumfang der jeweiligen Edition bereitgestellten SQL Server-Produkte ohne weitere Mehrkosten verwendet werden. Diese bezieht sich jedoch ausschließlich auf die Nutzung zur Verwaltung der Datenbestände, welche von Microsoft System Center-Produkten produziert werden. Enthalten ist übrigens jeweils nur die Standard-Edition, was die Freude leider etwas eintrübt. Microsoft empfiehlt nämlich zum Betrieb der Überwa-

chungssammeldienste die Nutzung von SQL Server 2008 oder höher in der Enterprise-Edition. Erfahrungsgemäß kann ich bei größeren Unternehmungen übrigens nicht mehr von Empfehlung sprechen. Ohne SQL Server in der Enterprise-Edition werden Sie die zu verarbeitende Datenmenge nicht bewältigt bekommen, es sei denn, Sie verzichten auf die Datensicherung. Genau die hält die Datenverarbeitung bei SQL Server während der Durchführung des Sicherungsprozesses an.

- Sowohl für die Datenverwaltung als auch für die Berichterstattung werden SQL Server-Produkte in einer 32-Bit-Variante nicht mehr unterstützt
- Die gleichzeitige Verwendung von SQL Server-Funktionen aus verschiedenen SQL Server-Editionen wird nicht unterstützt. Erfahrungsgemäß gibt es beim Mix der von System Center 2012 Operations Manager verwendeten Funktionen keine Probleme. Sie sollten sich allerdings im Klaren darüber sein, dass Microsoft Ihnen den Support verweigern kann, wenn beispielsweise die Berichterstattungskomponente aus der Enterprise-Edition von SQL Server im Mix mit der Datenbankkomponente aus der Standard-Edition in produktiven Umgebungen zum Einsatz kommt.
- Die Sortierreihenfolge von SQL Server muss auf SQL_Latin1_General_CP1_CI_AS eingestellt sein. Jede andere Sortierreihenfolge wird nicht unterstützt. Diesem Punkt sollten Sie bei allen System Center-Produkten extreme Aufmerksamkeit schenken, denn sie variiert teilweise zwischen den Produkten. Die Sortierreihenfolge wird bei der Installation von SQL Server festgelegt und kann später genauso flexibel geändert werden wie der Antriebsmotor auf einem Hochseefrachter.
- Der Windows-Dienst *SQL Server-Agent* muss gestartet und der Start auf *Automatisch* eingestellt sein
- Wichtig für Sie, wenn Sie sich in einer Migrationsumgebung befinden: Die Installation und der Betrieb der Berichterstattung von System Center Operations Manager 2007 R2 und System Center 2012 Operations Manager auf gleichem Server wird von Microsoft nicht unterstützt
- Die SQL Serverberechtigungsrolle *db_owner* muss mit einem Domänenkonto verknüpft sein
- Die Serverauthentifizierung des verwendeten SQL Servers sollte auf Windows-Authentifizierung eingestellt sein. Der Betrieb im sogenannten gemischten Modus ist zwar auch möglich. Wenn Sie aber SQL Server-eigene Benutzerkonten zu den Benutzern der operativen Datenbank hinzufügen, wird System Center 2012 Operations Manager nicht mehr funktionieren. Genauer gesagt lässt sich danach der Windows-Dienst *System Center Data Access Service* nicht mehr starten.
- Wenn Sie System Center 2012 Operations Manager auch zur Überwachung Ihrer Netzwerkkomponenten verwenden wollen, empfiehlt Microsoft die temporäre Datenbank von SQL Server auf separate Platten zu verschieben. Läuft Ihr Datenbankserver auf einer virtuellen Plattform gemeinsam mit vielen anderen Serversystemen, erzielen Sie mit dieser Maßnahme nicht unbedingt den zu erwartenden Leistungsgewinn.

HINWEIS Datenbankserver haben in erster Linie folgende Aufgabe: sehr große Datenmengen in sehr kurzer Zeit in der gewünschten Zusammenstellung auf Datenträger zu schreiben oder sie von dort zu lesen. Je mehr virtuelle Serversysteme mit unterschiedlichen Aufgabenstellungen sich den gleichen Weg von und zum gleichen Datenspeichermedium teilen, desto eher haben Sie den gleichen Effekt wie auf der A5 am Freitagnachmittag.

Sie sollten deshalb immer wieder überprüfen, ob nicht die Verlagerung der zur Datenspeicherung verwendeten Datenträger auf ein separates Speichermedium notwendig wird.

Rollenbasierte Anforderungen

Kommen wir nun zu den Soft- und Hardwareanforderungen, die für einen vernünftigen Betrieb von System Center 2012 Operations Manager als Untergrenzen betrachtet werden müssen. Wie Sie wissen, kann man von bestimmten Dingen im Leben nie genug bekommen. Das gilt auch für das Leben von Serversystemen, wenngleich sich deren Bedürfnisse auf die Attribute Haupt- und Plattenspeicher, Prozessorleistung und -kerne sowie Netzwerkdurchsatz reduzieren lassen. Allen gemeinsam ist die Weisheit, dass sich zu viel von etwas kontraproduktiv oder sogar leistungsmindernd auswirken kann.

Da die meisten Leser dieser Zeilen mit virtuellen Umgebungen ausgestattet sind, ist die Zuteilung oder Reduzierung solcher Ressourcen auch im Nachhinein kein allzu großes Problem mehr. Achten Sie deshalb auf die Leistungskurve von System Center 2012 Operations Manager. Glücklicherweise kann sich System Center 2012 Operations Manager selbst überwachen und Ihnen Auskunft über die aktuelle Leistungskurve geben.

Im weiteren Verlauf dieses Abschnitts werden wir die Anforderungen anhand der verschiedenen Rollen von System Center 2012 Operations Manager betrachten. Die Reihenfolge gestaltet sich dabei wie folgt:

- Verwaltungsserver
- Betriebskonsole
- Webkonsole
- Operative Datenbank
- Clientkomponente Windows
- Clientkomponente UNIX und Linux
- Berichterstattung
- Data Warehouse
- Gatewayserver

Verwaltungsserver

Für eine erfolgreiche Installation dieser Rolle müssen Sie auf dem verwendeten Serversystem über mindestens 1 Gbyte freiem Speicherplatz auf der Systempartition (in der Regel ist dies das Laufwerk C:\) verfügen. Beim Betriebssystem führt kein Weg an den aktuellen 64-Bit-Versionen vorbei. Da System Center 2012 Operations Manager Ihre grafischen Anweisungen in PowerShell-Befehle umwandelt, ist die Existenz dieser mehr oder weniger intuitiven Befehlszeilenoberfläche obligatorisch.

Neben einigen weiteren Funktionen, die wir gleich anschließend in der Auflistungsübersicht kennenlernen, benötigt der Verwaltungsserver auch die im Betriebssystem integrierte Funktion *Windows Remote Management*. Dabei handelt es sich um einen – nicht von Microsoft erfundenen – Standard zur Steuerung von Systemen in heterogenen Netzwerken. Mit anderen Worten: Ohne *Windows Remote Management* gibt es keine Integration von Microsoft-fremden Systemwelten in System Center 2012 Operations Manager.

Nachfolgend die Aufstellung aller Anforderungen für den Verwaltungsserver:

- Betriebssystem muss Windows Server 2008 R2, Service Pack 1 oder höher sein. Für aktuellere Betriebssystemversionen immer die Freigabe von Microsoft beachten.
- Unterstützte Serverarchitektur: x64
- Benötigter Plattenplatz auf Systempartition (*%SYSTEMDRIVE%*) mindestens 1.024 Mbyte
- Windows PowerShell, Version 2.0
- Funktion *Windows Remote Management* muss aktiviert sein
- Microsoft Core XML Services in Version 6.0
- Sowohl .NET Framework 3.5 Service Pack 1 als auch .NET Framework 4; bitte achten Sie auf die richtige Installationsreihenfolge

Betriebskonsole

Die Betriebskonsole von System Center 2012 Operations Manager wird wohl in den meisten Fällen auf den Arbeitsplatzrechnern der IT-Kolleginnen und -Kollegen installiert werden. Ich installiere zwar immer die Konsole noch zusätzlich auf dem Verwaltungsserver, nutze sie aber nur, wenn mich meine Arbeit direkt auf dessen RDP-Konsole verschlägt. Die Betriebskonsole zieht ohne Zweifel einiges an Strom und beeinflusst damit die Ausführung der eigentlichen Aufgaben dieser Serverrolle.

Dennoch kann die Betriebskonsole auf alle aktuellen Microsoft-Betriebssystemen ab Windows Vista installiert werden. Abhängig vom verwendeten Betriebssystem werden die 32-Bit- oder die 64-Bit-Variante installiert. Ein Mix auf dem gleichen System ist nicht möglich. Benötigt werden zur Installation lächerliche 512 Mbyte Plattenspeicher auf der Systempartition, wobei ausschließlich NTFS-formatierte Plattensysteme vom Installationsprogramm akzeptiert werden. Nachfolgend nun die technischen Voraussetzungen im Überblick:

- Unterstützte Betriebssysteme: Windows Vista, Windows 7, Windows Server 2008, Windows Server 2008 R2 und Windows Server 2008 R2 SP1 sowie aktuellere Betriebssysteme. Für aktuellere Betriebssystemversionen immer die Freigabe von Microsoft beachten.
- Prozessorarchitektur muss x64 für Serversysteme sein. Für Betriebssysteme auf Workstations wird alternativ x64 oder x86 vorausgesetzt.
- Benötigter Plattenplatz auf Systempartition mindestens 512 Mbyte
- Partition muss im NTFS-Dateiformat formatiert sein
- Microsoft Report Viewer 2008 SP1 Redistributable-Paket
- Je nach Betriebssystemversion zusätzlich Microsoft .NET Framework 3.4 SP1 Hotfix
- Windows Installer in der Version 3.1 oder höher
- Windows PowerShell, Version 2.0
- Sowohl .NET Framework 3.5 Service Pack 1 als auch .NET Framework 4; bitte achten Sie auf die richtige Installationsreihenfolge

Webkonsole

Der webbasierte Zugriff auf die operativen Funktionen der Betriebskonsole kann mithilfe der Webkonsole realisiert werden. Deren Leistungsumfang kann nicht mit den Möglichkeiten der Betriebskonsole verglichen werden. Um diesen Service bereitzustellen, benötigen wir ordnungsgemäß konfigurierte Internetinformationsdienste auf einem dafür freigegebenen Serversystem.

Ein wichtiger Hinweis für alle Konsolidierungsfreaks wie mich: Die Webkonsole darf nicht auf einem Serversystem bereitgestellt werden, auf dem zugleich eine beliebige Variante von Microsoft SharePoint installiert ist. Werfen wir einen Blick auf die Voraussetzungen:

- Betriebssystem muss Windows Server 2008 R2, Service Pack 1 oder höher sein. Für aktuellere Betriebssystemversionen immer die Freigabe von Microsoft beachten.
- Unterstützte Serverarchitektur: x64
- Unterstützte Browser: Internet Explorer 7, Internet Explorer 8, Internet Explorer 9
- Die Rolle Internet Informationsdienst muss installiert und konfiguriert sein. Folgende Rollenfunktionen sind erforderlich:
  - Statischer Inhalt
  - Standarddokument
  - Verzeichnis durchsuchen

- HTTP-Fehler
- HTTP-Protokollierung
- Anforderungsüberwachung
- Anforderungsfilterung
- Komprimierung statischer Inhalte
- Unterstützung von Webservern (IIS)
- IIS 6-Metabasiskompatibilität
- ASP.NET
- Windows-Authentifizierung
- Unterstützte Protokollvarianten sind HTTP und HTTPS
- Sowohl .NET Framework 3.5 Service Pack 1 als auch .NET Framework 4; bitte achten Sie auf die richtige Installationsreihenfolge

HINWEIS   An dieser Stelle noch zwei Hinweise im Kontext der Konfiguration von Internetinformationsdienste (IIS) zur Verwendung als Plattform für die Webkonsole von System Center 2012 Operations Manager:

- ISAPI und CGI Einschränkungen müssen für ASP.NET 4 aktiviert, also erlaubt sein. Sie finden diese Einstellung in der IIS-Verwaltungskonsole:
  - Klicken Sie dort auf *ISAPI und CGI Einschränkungen*
  - Selektieren Sie *ASP.NET v4.0.30319* und klicken Sie danach auf *Erlaubt*
- Installieren Sie IIS vor der Installation von .NET Framework 4. Das erspart Ihnen zusätzliche Arbeit. Falls Sie nicht auf mich hören wollen und die Reihenfolge vertauschen, muss ASP.NET 4.0 nachträglich in IIS registriert werden:
  - Starten Sie eine Befehlszeile im administrativen Modus
  - Führen Sie den folgenden Befehl aus:

%WINDIR%\Microsoft.NET\Framework64\v4.0.30319\aspnet_regiis.exe -r

Operative Datenbank

Die operative Datenbank ist das Herzstück von System Center 2012 Operations Manager. Hier werden sämtliche Stamm- und Bewegungsdaten sowie die Konfiguration Ihrer Verwaltungsgruppe gespeichert. Die dokumentierten Anforderungen werden den Datenbankspezialisten unter Ihnen keinerlei Kopfzerbrechen bereiten. Einzig die Sortierreihenfolge könnte sich zum Krisenherd mausern. Ist die nicht richtig eingestellt, lässt sich System Center 2012 Operations Manager nicht installieren.

Es besteht die Möglichkeit, die Sortierreihenfolge eines bereits installierten SQL Server-Systems im Nachgang zu ändern. Davon rate ich Ihnen allerdings ab. Und ich rate Ihnen auch ab, sich diesbezüglich den Hinweisen der zahlreichen im Internet vorhandenen Hobbydatenbankadministratoren hinzugeben. Folgende Spielregeln sind zu beachten, damit System Center 2012 Operations Manager mit der Installation der operativen Datenbank beginnt:

- Verfügbarer Plattenplatz auf Datenbankserver für die Dateien der operativen Datenbank 1.024 Mbyte. Dieser Plattenplatz wird bei der Installation von System Center 2012 Operations Manager standardmäßig fest reserviert. Gehen Sie davon aus, dass dieser Platz nicht lange ausreicht. Für eine Näherungskalkulation basierend auf den Gegebenheiten Ihrer Infrastruktur verwenden Sie die weiter oben in diesem Kapitel erwähnte Excel-Arbeitsmappe.

- Die verwendeten Partitionen müssen im NTFS-Dateiformat formatiert sein
- Betriebssystem muss Windows Server 2008 R2, Service Pack 1oder höher sein. Für aktuellere Betriebssystemversionen immer die Freigabe von Microsoft beachten.
- Unterstützte Serverarchitektur: x64.
- Windows Installer in der Version 3.1 oder höher
- Microsoft SQL Server in einer der nachfolgenden Versionen:
    - SQL Server 2008 SP1
    - SQL Server 2008 R2
    - SQL Server 2008 R2 SP1

    Für höhere Versionen bitte unbedingt immer die Freigabe von Microsoft abwarten!
- Sortierreihenfolge des verwendeten SQL Servers: SQL_Latin1_General_CP1_CI_AS
- SQL Server-Volltextsuche
- Sowohl .NET Framework 3.5 Service Pack 1 als auch .NET Framework 4; bitte achten Sie auf die richtige Installationsreihenfolge

TIPP Achten Sie auf die Größe und Lage der temporären Datei (Temp DB) Ihrer SQL Server-Installation. Diese kann je nach Umfang Ihrer überwachten Infrastruktur schnell zum unerwünschten Nadelöhr mutieren. Von Microsoft durchgeführte Tests unter Realbedingungen in einer Umgebung mit 1.000 verteilten Agents attestieren einen beachtlichen Ressourcenhunger. In einer solchen Welt benötigt diese Datenbank 8 Gbyte und die korrespondierende Protokolldatei zusätzliche 2 Gbyte.

Clientkomponente Windows

Des Operations Managers liebstes Kind hat seine Kinderstube unbestritten von Microsoft. Mit anderen Worten: System Center 2012 Operations Manager ist ohne Zweifel für die Überwachung von Prozessen optimiert, die auf Basis von Windows Betriebssystemen betrieben werden. Dass mittlerweile ausreichend Toleranz auch für die Welten der Drittanbieter vorhanden ist, werden Sie gleich im nächsten Abschnitt dieses Kapitels anhand der dort angeführten Anforderungsliste feststellen. Konzentrieren wir uns jetzt erst einmal auf die hauseigenen Produkte.

Die Anforderungen der Clientkomponente an das Betriebssystem sind überschaubar. Überhaupt ist diese auch als Agent bezeichnete Rolle sehr pflegeleicht. Eine Installation während des laufenden Betriebs von was auch immer ist ebenso ohne Neustart möglich wie dessen Deinstallation. Probleme gibt es aktuell nur, wenn Sie den Agent auf einem System installieren wollen, auf dem auch System Center 2012 Service Manager-Serverkomponenten installiert sind. Um es auf den Punkt zu bringen: Das funktioniert nicht! Man hat mir auf Nachfrage allerdings versprochen, dass man sich dieser etwas peinlichen Unstimmigkeit in Kürze annehmen will.

Die Hardwareanforderungen für die Clientkomponente sind übersichtlich und bedürfen keiner zusätzlichen Erklärung:

- Unterstützte Betriebssysteme:
    - Windows Server 2003 mit Service Pack 2 (SP2)
    - Windows Server 2008 SP2
    - Windows Server 2008 R2
    - Windows Server 2008 R2 SP1
    - Windows Server 2012
    - Windows XP Professional x64 Edition SP2

- Windows XP Professional SP3
- Windows Vista SP2
- Windows 7
- Windows 8

Bitte beachten Sie vor der Verwendung von hier nicht aufgelisteten Betriebssystemversionen immer die Freigabe von Microsoft.

- Unterstützte Prozessorarchitekturen:
  - x64
  - x86
  - IA64
- Windows Installer in der Version 3.1 oder höher
- Microsoft Core XML Services in Version 6.0
- Windows PowerShell, Version 2.0

Wie Sie wissen, stellt die Clientkomponente von System Center 2012 Operations Manager nur die Plattform für die eigentliche Überwachung bereit. Ohne Management Packs wird Ihnen die kostspielige Infrastruktur nicht mehr Informationen vermitteln als das Ergebnis eines Erreichbarkeitstests. Welche Leistungsmerkmale und Funktionen ein Management Pack in sich trägt, ist in vielen Fällen in der separat bereitgestellten Dokumentation nachzulesen. Sollten Sie sicher sein, dass die von Ihnen importierten und auf den Computersystemen zum Einsatz kommenden Management Packs keine PowerShell-Befehle ausführen, können Sie auf die Installation von Windows PowerShell auf den betroffenen Computersystemen verzichten.

Clientkomponente UNIX und Linux

Vorbei die Zeit, in der es nur Großrechnerbetriebssysteme und Windows gab. Seit etlichen Jahren ist Linux im Wortschatz vieler Administratoren zu finden. Mittlerweile kommt die vermeintlich kostenlose Software in vielen Unternehmen zum Einsatz. Ein infrastruktureller Siegeszug sieht zwar anders aus, dennoch hat Microsoft ausreichend Respekt vor diesen Mitbewerbern. Deshalb sind sie im Kontext von System Center 2012 Operations Manager mittlerweile etabliert.

Die Installation dieser Clientkomponente gestaltet sich jedoch weiterhin nicht so intuitiv wie die des Windows-Derivats. Anhand meiner Projekterfahrung aus einigen Implementierungen mit Nicht-Windows-Clientsystemen kann ich Ihnen allerdings versichern, dass es bei keinem einzigen Fall an der proprietären Clientkomponente gelegen hat. Ursache für eine Zeitverzögerung bei der Installation der Agents war stets die nur langsam ansteigende Kooperationskurve der Linux-Administratoren.

Hinsichtlich der ordnungsgemäßen Vorgehensweise bei der Verteilung der Clientkomponente werden wir uns im Rahmen der Erstinstallation nochmals präziser unterhalten. An dieser Stelle stellen wir erst einmal die ebenfalls übersichtlichen Anforderungen hinsichtlich der Softwareversion zusammen. Mit an Bord sind im Übrigen neben den Linux-Derivaten auch alle anderen derzeit unterstützten Betriebssystemprodukte und -versionen:

- HP-UX 11i Version 2 und Version 3 (Architektur PA-RISC und IA64)
- Oracle Solaris 9 (SPARC) und Solaris 10 (SPARC and x86)
- Red Hat Enterprise Linux 4, 5, und Version 6 (x86/x64)
- Novell SUSE Linux Enterprise Server 9 (x86), 10 mit Service Pack 1(x86/x64), und 11 (x86/x64)
- IBM AIX 5.3, AIX 6.1 (POWER), and AIX 7.1 (POWER)

> **TIPP** Es entzieht sich meiner Vorstellungskraft, weshalb immer noch derart emotionale Diskussionen zwischen Linux- und Windows-Befürwortern geführt werden. Dieses Verhalten hat sich über die Jahre nicht merklich geändert. In Vorbereitung einer Implementierung von System Center 2012 Operations Manager sollten Sie jedoch religiöse Charakterzüge auf die Seite legen und für eine kooperative Projektarbeit sorgen. Die meiste Zeit während der Implementierung wird durch eine unzureichend umfassende Kommunikation zwischen den Fachbereichen verschwendet. Seien Sie professionell!

Berichterstattung

Die Berichterstattungsrolle ist die Präsentationsschicht der Data Warehouse-Datenbank. Sofern Auswertungen in nicht allzu großer Menge benötigt werden, sind die Anforderungen überschaubar. Wie bei allen anderen Rollen reichen dann die Mindestanforderungen des Betriebssystems selbst in Sachen verfügbaren Hauptspeichers. Das ändert sich jedoch schnell, wenn die Analysten unter Ihnen Blut lecken und sich in die Vielzahl der bereitgestellten Berichte verlieben.

Abhängig von der Anzahl der in die Überwachung integrierten Systeme und der verwendeten Management Packs kann die Berichterstattungsrolle einiges zu tun bekommen. Für die Berichtsaufbereitung sind die SQL Server Reporting Services verantwortlich. Auf dieser Ebene werden auch die Zugriffsrechte auf die Berichte und das Datenzugriffsmodell gespeichert. Diese Informationen werden ebenfalls in Datenbanken gespeichert.

Abhängig von Ihrer Implementierungsstrategie müssen Sie dann zusätzlich auch noch die Datenbankkomponente von SQL Server 2008 (oder höher) auf dieser Servermaschine installieren. Um die Anzahl der SQL-Datenbankserverinstallationen nicht maßlos in die Höhe zu treiben, habe ich bei meinen Projekten immer die Konsolidierung der für die Berichterstattung benötigten Datenbanken auf einem zentralen SQL Server favorisiert. Welchen Weg Sie auch immer gehen wollen, hier sind die Mindestanforderungen, die Sie bei einer Installation aller benötigten Komponenten auf dem gleichen Serversystem einhalten müssen:

- Unterstützte Serverarchitektur: x64
- Benötigter Plattenplatz auf Systempartition mindestens 1 Gbyte (1.024 Mbyte)
- Betriebssystem muss Windows Server 2008 R2, Service Pack 1 oder höher sein. Für aktuellere Betriebssystemversionen immer die Freigabe von Microsoft beachten.
- Unterstützt werden aktuell die Datenbankversionen SQL Server 2008 Service Pack 1 (SP1), SQL Server 2008 R2, oder SQL Server 2008 R2 SP1. Hinsichtlich der Nutzung von SQL Server 2012 beachten Sie bitte die aktuellen Hinweise unter folgender Adresse: *http://technet.microsoft.com/en-us/library/hh205990.aspx*. Die Datenbankkomponente wird nur benötigt, wenn Sie sie Datenverwaltung der Berichterstattungskomponente auf gleichem Serversystem betreiben wollen.
- Für die Berichterstattung werden SQL Server Reporting Services in einer der folgenden Versionen benötigt: SQL Server 2008 SP1, SQL Server 2008 R2, oder SQL Server 2008 R2 SP1. Hinsichtlich der Nutzung von SQL Server 2012 Reporting Services beachten Sie bitte ebenfalls die aktuellen Hinweise unter bereits genannter Adresse: *http://technet.microsoft.com/en-us/library/hh205990.aspx*.
- Einzig unterstütze Sortierreihenfolge: SQL_Latin1_General_CP1_CI_AS (Bitte unbedingt bei der Installation von Microsoft SQL Server beachten! Das erspart viel Ärger!)
- Bevor Sie eine höhere Version des Datenbankservers einsetzen, versichern Sie sich um die Freigabe durch Microsoft
- Der Remoteregistrierungsdienst muss aktiviert und gestartet sein
- Sowohl .NET Framework 3.5 Service Pack 1 als auch .NET Framework 4; bitte achten Sie auf die richtige Installationsreihenfolge

Data Warehouse

Analysen werden bei System Center 2012 Operations Manager immer aus der Data Warehouse-Datenbank bedient. Das bedeutet, dass in dieser Datenbank alle Informationen über den vor Implementierungsstart festzulegenden Auswertungszeitraum gespeichert werden. Während das Wachstum der operativen Datenbank bereits nach kurzer Zeit stagniert, kann die Größe der Data Warehouse-Datenbank in manchen Umgebungen durchaus auf bedrohliche Rekordwerte klettern. Es ist deshalb gut zu überlegen, auf welche vergangenen Zeiträume man zu Auswertungszwecken jederzeit Zugriff benötigt.

Der erforderliche Speicherplatz von 1 Gbyte (1.024 Mbyte) für die Datenbankdatei ist deshalb nur für kurze Zeit realistisch. Das zu erwartende Speichervolumen richtet sich nach unterschiedlichen Faktoren wie beispielsweise der Anzahl der in die Überwachung integrierten Systeme oder die Anzahl der importierten Management Packs.

Wenn Sie diesen Abschnitt der Systemanforderungen komplett studiert haben, werden Ihnen die nachfolgenden Mindestanforderungen der Data Warehouse-Rolle bereits bekannt vorkommen, denn sie unterscheiden sich nicht allzu sehr von denen der operativen Datenbank. Worauf Sie ein besonderes Augenmerk legen sollten, ist die Einhaltung der Vorgabe in Sachen Sortierreihenfolge und der konkrete Verzehr an Hauptspeicher im laufenden Betrieb:

- Verfügbarer Plattenplatz auf Datenbankserver für die Dateien der Data Warehouse-Datenbank zum Zeitpunkt der Installation: 1.024 Mbyte
- Die verwendeten Partitionen müssen im NTFS-Dateiformat formatiert sein
- Betriebssystem muss Windows Server 2008 Service Pack 2, Windows Server 2008 R2, Service Pack 1 oder Windows Server 2012 sein. Für aktuellere Betriebssystemversionen immer die Freigabe von Microsoft beachten.
- Unterstützte Serverarchitektur: x64
- Microsoft SQL Server in einer der nachfolgenden Versionen:
    - SQL Server 2008 SP1
    - SQL Server 2008 R2
    - SQL Server 2008 R2 SP1

    Auch an dieser Stelle gilt, dass vor Nutzung von SQL Server 2012 die aktuellen Hinweise unter der Adresse *http://technet.microsoft.com/en-us/library/hh205990.aspx* zu beachten sind.
- Sortierreihenfolge des verwendeten SQL Servers: SQL_Latin1_General_CP1_CI_AS
- SQL Server-Volltextsuche
- Sowohl .NET Framework 3.5 Service Pack 1 als auch .NET Framework 4; bitte achten Sie auf die richtige Installationsreihenfolge

Gatewayserver

Kommen wir zum Stiefkind der System Center 2012 Operations Manager Server-Familie, dem Gatewayserver. Er sorgt für die Anbindung von domänenfremden Infrastrukturen. Für die Konfiguration dieser Komponente benötigen Sie die volle Konzentration. Das Entwicklerteam hat in diesem Fall ein relativ aufwändiges Einrichtungsprozedere vorgeschrieben. Damit wollte man sicherlich erreichen, dass die verantwortlichen Kollegen das Serversystem, auf dem diese Rolle betrieben wird, niemals mehr vergessen wird.

Die technologischen Mindestanforderungen sind so übersichtlich, dass man sie schon fast auswendig lernen kann:

- Benötigter Plattenplatz auf der Systempartition mindestens 1 Gbyte (1.024 Mbyte)
- Betriebssystem muss Windows Server 2008 Service R2 mit Service Pack 1 oder höher sein. Für aktuellere Betriebssystemversionen immer die Freigabe von Microsoft beachten.
- Unterstützte Serverarchitektur: x64
- Windows PowerShell, Version 2.0
- .NET Framework 4 wird benötigt, wenn der Gatewayserver UNIX- oder Lunix-Agents oder Netzwerkkomponenten verwalten soll
- Microsoft Core XML Services in Version 6.0

Anforderung an die Überwachung der Anwendungsleistung

Wer einen Überblick über die Verfügbarkeit und das Leistungsverhalten seiner .NET-Applikationen haben möchte, bekommt durch den Einsatz von System Center 2012 Operations Manager und der Verwendung der Überwachung der Anwendungsleistung (Application Performance Monitoring, APM) wertvolle Informationen geliefert. Die Technologie ist nicht neu; Microsoft hat diese Funktion bereits in der Vorgängerversion von System Center 2012 Operations Manager als zusätzlich zu installierende Komponente empfohlen. Mittlerweile gibt es nur noch die Erinnerung an das Softwareprodukt AVIcode 5.7, denn Microsoft hat die Software kurzerhand in die aktuelle Version von System Center 2012 Operations Manager integriert.

Die Voraussetzungen für die Verwendung sind überschaubar, sollten allerdings in diesem Kapitel ebenfalls Erwähnung finden. Abhängig davon, ob Sie AVIcode 5.7 bereits verwendet haben, gibt es nämlich einiges vorzubereiten, bevor Sie mit der Überwachung von Webapplikationen und Webservices mit System Center 2012 Operations Manager loslegen können. Diese Besonderheiten schauen wir uns kurz an:

- Vorbereitungen für Nutzer der Vorgängerversion
- Voraussetzungen für den erfolgreichen Einsatz von APM

Vorbereitungen für Nutzer der Vorgängerversion

System Center Operations Manager verfügt bereits in der Vorgängerversion über die Fähigkeit zur umfassenden Überwachung und Auswertung von Applikationen, die mithilfe der Internetinformationsdienste (IIS) bereitgestellt werden. Dazu wurde bislang ein eigener AVIcode-Windows-Dienst auf den Maschinen installiert, die für die Bereitstellung dieser Applikationen zuständig waren.

In System Center 2012 Operations Manager gibt es diesen Dienst nicht mehr und es wird stattdessen mit dem .NET Application Performance Monitoring-Dienst gearbeitet. Was Sie wissen müssen: Der Wechsel auf die aktuelle Version von System Center Operations Manager ändert nichts an der Überwachung der .NET-Applikationen.

Nach der Migration arbeitet der AVIcode-Windows-Dienst weiter. Sie müssen diese Funktion gegebenenfalls manuell von den betroffenen Servern deinstallieren, um die Überwachung an das neue, in den Operations Manager vollintegrierte Applikationsüberwachungspaket zu übergeben. Die wichtigsten Aspekte nochmals zusammengefasst:

- Eine Aktualisierung der Clientkomponente auf bereits in die Überwachung integrierte Server setzt System Center Operations Manager 2007 R2 mit den aktuell verfügbaren kumulativen Aktualisierungen voraus
- Während der Aktualisierung auf System Center 2012 Operations Manager wird die vorhandene Überwachung auf Basis von AVIcode 5.7 nicht aktualisiert. Der AVIcode-Agent arbeitet weiter wie bisher.
- Wünschen Sie keinen manuell durchzuführenden Umstieg auf die native Integration in System Center 2012 Operations Manager, müssen Sie folgende Management Packs importieren:
  - *AVIcode.DotNet.SystemCenter.Enterprise.Monitoring.mpb*
  - *AVIcode.DotNet.SystemCenter.Client.Monitoring.mp*
- Diese Management Packs sind im Lieferumfang von System Center 2012 Operations Manager enthalten

Microsoft empfiehlt, nach der Aktualisierung auf System Center 2012 Operations Manager die bisher verwendete Überwachung mit AVIcode gegen die neue, in System Center 2012 Operations Manager integrierte Methodik abzulösen.

Voraussetzungen für den erfolgreichen Einsatz von APM

Wenn Sie sich bisher noch nicht mit der Thematik zur Überwachung von .NET-Applikationen beschäftigt haben, gibt es für Sie auch nichts zu bereinigen. Die konsequente Integration dieser Zusatzfunktionalität verlangt den nutzenden Unternehmen manuelle Zusatzarbeiten ab.

Sind Sie auf der grünen Wiese von Application Performance Monitoring aufgewacht, müssen Sie lediglich die nachfolgenden Voraussetzungen schaffen, um in den Genuss dieses Leistungsmerkmals zu gelangen:

- Installieren Sie die Webkonsole. Die Webkonsole kann auf einem separaten Server als eigenständige Rolle von System Center 2012 Operations Manager installiert werden. Es empfiehlt sich jedoch, die Webkonsole auf einem System zu installieren, welches auch als Verwaltungsserver arbeitet.
- Importieren Sie die folgenden Management Packs:
  - *Microsoft.Windows.InternetInformationServices.2008.mp*
  - *Microsoft.SystemCenter.Apm.Web.IIS7.mp*

Letztgenanntes Management Pack wird Ihnen auf dem Datenträger von System Center 2012 Operations Manager im Verzeichnis *ManagementPacks* zur Verfügung gestellt.

Kapitel 12

Durchführung der Installation

In diesem Kapitel:

Vorbereitende Aufgaben	266
Installation SQL Server 2008 R2	270
Inbetriebnahme der Verwaltungsgruppe	285
Installation Berichterstattung	296
Installation der Webkonsole	308
Offene Punkte	318

Kennen Sie den Unterschied zwischen Theorie und Praxis? Ich bin mir sicher, vielen von Ihnen fällt gerade jetzt mindestens ein gutes Beispiel aus Ihrem persönlichen Umfeld ein, welches die Vorteile praktischer Anwendung eindeutig belegt. Mindestens ebenso viele priorisieren die Reihenfolge anders herum und schwören auf eine profunde theoretische Basis. Wie man es macht, man macht es niemals allen recht.

Dieses Kapitel hat das Ziel, Ihnen einen ersten Umgang mit System Center 2012 Operations Manager zu ermöglichen. Wir installieren die Basiskomponenten, die für den Einsatz in einer typischen IT-Landschaft benötigt werden. Wir halten uns in diesem Kapitel auch nicht mit den Besonderheiten der typischerweise dringend notwendigen Skalierung auf, denn (fast) alle Komponenten werden auf einem einzigen Serversystem installiert. Als Voraussetzung benötigen wir lediglich einen ordnungsgemäß installierten Server mit dem Betriebssystem Windows Server 2008 R2 oder höher. Da es sich um eine Demonstrationsinstallation handelt, bestehen keinerlei Bedenken, diese Maschine virtuell bereitzustellen.

Zusätzlich benötigen Sie noch die Datenträger oder Installationsdatenquellen von System Center 2012 in der von Ihnen lizenzierten Variante. Alternativ können Sie sich System Center 2012 als Evaluierungsversion von der folgenden Microsoft-Webseite herunterladen:

http://technet.microsoft.com/de-de/evalcenter/hh505660.aspx?ocid=otc-f-corp-jtc-DPR&wt.mc_id=TEC_103_1_4

Diese Version ist dann für 180 Tage in vollem Funktionsumfang verwendbar.

HINWEIS Wenn Sie Windows Server 2012 als Basis für System Center 2012 Operations Manager verwenden wollen, denken Sie bitte an die zusätzliche Bereitstellung von Service Pack 1 (oder höher) für System Center 2012 Operations Manager.

Steigen wir also wie versprochen in die Arbeit ein. Dieses Kapitel teilt sich in die folgenden fünf Abschnitte auf:

- Vorbereitende Aufgaben
- Installation von SQL Server 2008 R2
- Inbetriebnahme der Verwaltungsgruppe
- Installation der Berichterstattung
- Installation der Webkonsole

Vorbereitende Aufgaben

Das Ziel ist die Durchführung einer voll funktionsfähigen Installation der Basiskomponenten von System Center 2012 Operations Manager in möglichst kurzer Zeit. Getreu diesem Motto komprimieren wir die vorbereitenden Maßnahmen auf die notwendigen Schritte.

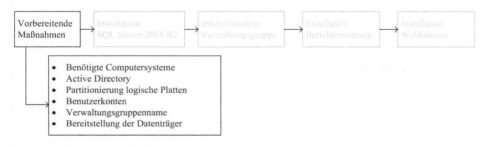

Abbildung 12.1 Die notwendigen Meilensteine zur erfolgreichen Bereitstellung einer Evaluierungsumgebung

Um den Überblick nicht zu verlieren, verfolgen wir die Meilensteine des Installationsverlaufs anhand der Abbildung 12.1. Die Komplexität hält sich ohne Zweifel in Grenzen. Umso wichtiger ist, während der schnellen Ablauffolge nichts zu vergessen und die wenigen Voraussetzungen fundiert bereitzustellen.

Die Planung und Einführung dieser prozessorientierten Lösung von Microsoft in einer professionellen Umgebung muss ausführlich, kompetent, seriös und wohlüberlegt erfolgen. Tun Sie das nicht, werden Sie nicht viel Freude mit den Auswertungen haben, die Ihnen System Center 2012 Operations Manager liefert. Denken Sie bitte daran, wenn Sie die nachfolgenden Schritte in Ihrer Umgebung reproduzieren und verwenden Sie die hier geschilderte Vorgehensweise nur zur Evaluierung. Steigen wir ein!

Ich setze voraus, dass Ihnen eine ordnungsgemäß konfigurierte Active Directory-Infrastruktur zur Verfügung steht. Im nachfolgenden Beispiel strapazieren wir hierfür die im Microsoft-Umfeld wohlbekannte Domäne namens CONTOSO.MSFT. Damit sind implizit folgende Voraussetzungen ebenfalls gegeben:

- Mindestens ein ordnungsgemäß konfigurierter DNS-Server
- Domänenfunktionsebene muss Windows 2000 Nativ oder höher sein
- Gesamtstrukturfunktionsebene höher als Windows 2000
- Mindestens ein separater Domänencontroller, auf dem keine Serverkomponenten von System Center 2012 Operations Manager installiert werden
- Mindestens ein separater Mitgliedsserver der Domäne CONTOSO.MSFT, auf dem (fast) alle relevanten Serverkomponenten von System Center 2012 Operations Manager installiert werden
- Kenntnisse über die Administration von Active Directory
- Deaktivierung der Windows-Firewall beim Domänenbetrieb. Alternativ können auch die relevanten Ports explizit freigeschaltet werden.

Wenn Sie Ihre Lizenz zum Weitermachen an dieser Stelle noch nicht abgeben mussten, schreiten wir jetzt zum Eingemachten. Wir müssen uns um folgende Themen im Vorfeld kümmern:

- Partitionierung des Mitgliedsservers
- Verwendete Benutzerkonten
- Namensvergabe der Verwaltungsgruppe
- Bereitstellung der Datenträger

Partitionierung des Mitgliedsservers

Der nachfolgende Vorschlag zur Konfiguration der logischen Festplatten auf unserem zukünftigen System Center 2012 Operations Manager-Server muss nicht Ihre Vorstellungen treffen. Und sollten Sie eine bessere Idee basierend auf Ihrem Erfahrungsschatz haben, wenden Sie diese bitte an. Eine allgemeingültig optimale Lösung gibt es sowieso nicht mehr, da zu viele individuell unterschiedliche Parameter eine Rolle spielen.

Für eine Evaluierungsumgebung reicht die Aufteilung der Partitionen auf Basis der Idee aus Abbildung 12.2 allemal aus. Sollte es sich beim Serversystem um eine virtuelle Maschine handeln, deren logische Platten in Personalunion auf dem gleichen physischen Plattenstapel beherbergt sind, ist eine Partitionierung in erster Linie rein kosmetischer Natur. Dennoch gehört der Partitionierung ein klein wenig Augenmerk geschenkt, denn sie ist ein wichtiger Faktor, um auch später mit nur wenig Aufwand skalieren zu können. Logische Laufwerke lassen sich schnell auf andere Plattensysteme umziehen. Im Gegensatz dazu ist die nachträgliche

Änderung von Laufwerkpfaden eher etwas für wenig ausgelastete Administratoren, die nach Arbeitsbeschaffungsmaßnahmen Ausschau halten. Insbesondere bei der gleich im Anschluss anstehenden Installation von SQL Server 2008 R2 können im Rahmen der Basisinstallation die Standardpfade für Datenbankdateien und Transaktionsprotokolle definiert werden. Ich lege auf diesen Installationsschritt sehr viel Wert, denn man spart sich damit bei der späteren Verwendung des Datenbankservers sehr viel Zeit.

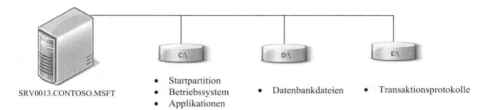

Abbildung 12.2   Vorschlag zur Aufteilung der Partitionen auf unserem künftigen System Center 2012 Operations Manager Server

Wie Sie in Abbildung 12.2 ebenfalls sehen können, hat unser Server auch schon gleich einen Namen erhalten: SRV0013.CONTOSO.MSFT. Der Name ist mehr oder weniger willkürlich gewählt und ist im weiteren Verlauf dieses Kapitels nur noch im Rahmen einiger Installationsschritte relevant.

Verwendete Benutzerkonten

Ein klein wenig anspruchsvoller als die Partitionierung der logischen Laufwerke ist die Definition der Benutzerkonten. Zur Durchführung der Installation benötigen wir Konten für folgende Rollen:

- SQL Server-Administration
- System Center 2012 Operations Manager-Aktionsausführung
- System Center 2012 Operations Manager-Konfiguration
- System Center 2012 Operations Manager-Datenlesen

Für die Evaluierungsinstallation von System Center 2012 Operations Manager verwenden wir die zwei nachfolgenden Domänenkonten:

- **adm.sql**   Mit diesem Benutzerkonto werden wir alle Installations-, Betriebs- und Administrationsarbeiten rund um SQL Server 2008 R2 ausführen. Dieses Konto erhält somit auch das SQL-Administrationsrecht.

- **adm.scom**   Dieses Benutzerkonto wird während der Installation von System Center 2012 Operations Manager für alle einzurichtenden Berechtigungen verwendet

Beide Konten verfügen über Domänenadministrationsrechte und haben damit Vollzugriff auf alle Mitgliedscomputer unserer Domäne CONTOSO.MSFT.

> **HINWEIS**   Ich weiß, dass der Einsatz von Domänenadministrationskonten für die Einrichtung von Serveranwendungen in vielen Unternehmen nicht durchsetzbar ist. Die Einrichtung in der von uns avisierten Evaluierungsumgebung verläuft damit weitaus weniger aufwändig, als wenn wir mit lokalen Administrationskonten arbeiten würden. Microsoft empfiehlt den Einsatz von Domänenadministrationskonten im Rahmen von System Center 2012 Operations Manager nur an bestimmten Stellen. Deren Verwendung ist jedoch keinesfalls verboten oder würde gar zum Verlust des Supports bei Microsoft führen. Mir ist keine einzige System Center Operations Manager-Infrastruktur bekannt, in der durch die Verwendung von Domänenadministrationskonten ein Sicherheitsproblem entstanden ist.

Namensvergabe der Verwaltungsgruppe

Haben Sie Kinder? Dann erinnern Sie sich sicherlich noch an die Situation, als Sie sich mit Ihrem Partner auf den Namen des Stammhalters verständigen mussten. Ich hoffe, Sie hatten ähnliches Glück wie ich: Entweder Sie geben nach, oder Sie setzen sich durch ...

Wie auch immer: Selten ändert sich der Vorname, der einmal in der Geburtsurkunde eingetragen wird. Es sei denn, man heißt Prince und hat plötzlich ein finanzielles Problem mit seiner Plattenfirma. In allen anderen Fällen ist der Name flexibel änderbar wie die Eiger Nordwand.

Dieses Konzept trifft auch auf den sogenannten Verwaltungsgruppennamen unserer System Center 2012 Operations Manager-Installation zu. Mit der Installation des ersten Verwaltungsservers wird der Verwaltungsgruppenname manifestiert. Jede weitere Verwaltungsserverinstallation verlangt dann nach eben diesem Gruppennamen.

Wird ein Computersystem mit der Clientkomponente von System Center 2012 Operations Manager versorgt, muss bei der Installation unter anderem auch der Verwaltungsgruppenname mit angegeben werden. Man kann diesen Namen auch in Active Directory veröffentlichen; letztendlich kommuniziert ein Computer aber immer mit Verwaltungsgruppen. »Kommunikation« ist an dieser Stelle der absolut geeignete Begriff, denn es werden nicht nur Daten beim Verwaltungsserver abgeliefert. Die überwachten Computer empfangen auch Befehle, die es auszuführen gilt.

Ein mit der Clientkomponente ausgestatteter Computer kann zugleich mit maximal vier verschiedenen Verwaltungsgruppen kooperieren. Je nach Umgebung kann die Anwendung dieser Möglichkeit durchaus sinnvoll sein. Wir unterhalten uns im nachfolgenden Kapitel 13 genauer über die Funktionsweise der Clientkomponente, dem sogenannten Agent.

Bereitstellung der Datenträger

Die vielleicht einfachste Einzelmaßnahme im Rahmen der vorbereitenden Arbeiten ist die Bereitstellung der Datenträger. Zumindest, wenn man über einen Lizenzvertrag mit Microsoft verfügt. Idealerweise ist das ein sogenanntes Enterprise Agreement mit Software Assurance (EA/SA). Dann nämlich sind Sie in der Lage, sich die Datenträger der benötigten Produkte aus dem Lizenzierungsportal herunterzuladen.

Haben Sie schon gehört: Microsoft verschenkt Serverprodukte. Zumindest könnte man das glauben, wenn man im Internet nach den Möglichkeiten zur Beschaffung von System Center 2012 Operations Manager recherchiert. Dass diese Aussage so nicht stimmt, wissen all diejenigen, die über eine lizenzierte Version von System Center 2012 Operations Manager verfügen können. Um es an dieser Stelle kurz zu machen, die wichtigsten Facts im Kurzüberblick:

- System Center 2012 Operations Manager wird als eigenständiges Serverprodukt nicht mehr verkauft
- System Center 2012 Operations Manager ist nun Teil der System Center-Familie
- Eine Kombination verschiedener System Center-Produkte wird in unterschiedlichen Editionen bereitgestellt
- Lizenziert werden ausschließlich die mit System Center verwalteten Clientsysteme, nicht mehr die Serversoftware

Mehr zum Thema Lizenzierung erfahren Sie in Kapitel 17. Immer seltener werden in Unternehmen die klassischen Datenträger wie CDs oder DVDs verwendet. Stattdessen werden ISO-Dateien bereitgestellt und als virtueller optischer Datenträger dem jeweiligen Serversystem zur Verfügung gestellt.

> **TIPP** Microsoft offeriert an vielen Stellen die Serverprodukte zum kostenlosen Herunterladen und Testen. Die sogenannten Evaluierungsversionen erlauben die Verwendung des jeweiligen Produkts über einen Zeitraum von 120 bis 180 Tagen. Das reicht in der Regel mehr als aus, um eine Evaluierung in der eigenen Infrastruktur durchzuführen. Eine gute Internetadresse für den Download der kostenlosen Testversionen finden Sie hier: *http://www.microsoft.com/de-de/server/testen.aspx*.

Genug vorbereitet; jetzt geht's los!

Installation von SQL Server 2008 R2

Steigen wir ein mit der Installation von SQL Server 2008 R2. Zum aktuellen Zeitpunkt ist SQL Server 2012 zwar bereits verfügbar. Eine offizielle Freigabe zur Installation von System Center 2012 Operations Manager auf Basis der aktuellsten Version des Datenbankservers ist jedoch noch nicht vorhanden. Diese Freigabe sollten Sie immer abwarten, bevor Sie aktualisieren. Für den weiteren Verlauf des Jahres 2012 ist Service Pack 1 für System Center 2012 Operations Manager angekündigt. Damit soll in erster Linie die Kompatibilität zur neuen Serverbetriebssystemversion Windows Server 2012 realisiert werden.

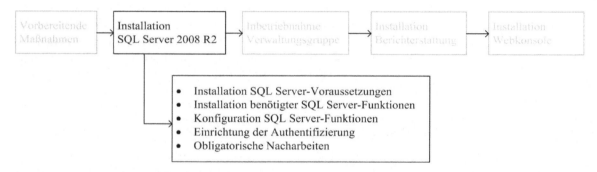

Abbildung 12.3 Die notwendigen Schritte im aktuellen Meilenstein zur Installation von SQL Server 2008 R2

Lizenzrechtlich legitim ist die Verwendung von SQL Server 2008 R2 in der sogenannten Standard-Edition. Sofern Sie Microsoft SQL Server ausschließlich für die Verwaltung der Daten von System Center-Produkten verwenden, ist der Einsatz ohne zusätzliche Lizenzkosten verbunden. Diese Version werden wir auch im Verlauf der Installation verwenden. Bedauerlicherweise müssen wir damit auf einige Funktionen verzichten, die uns mit der Enterprise-Edition von SQL Server 2008 R2 zur Verfügung gestellt werden. Gegebener Preis und damit erzielbare Mehrleistung müssen wohl überlegt analysiert werden.

Wie Sie in Abbildung 12.3 sehen, werden wir uns nachfolgend um die folgenden Zwischenziele besonders bemühen:

- Installation der SQL Server-Voraussetzungen
- Installation benötigter SQL Server-Funktionen
- Konfiguration der SQL Server-Funktionen
- Einrichtung der Authentifizierung
- Obligatorische Nacharbeiten

Für eine optimale Nachvollziehbarkeit hat sich die Verwendung von Original-Bildschirmkopien bewährt. Ich bitte all diejenigen um Nachsicht, die über ausreichend Phantasie verfügen und diese Abbildungen als eher lästig empfinden. Die Menge an kritischen Rückmeldungen zu dieser Vorgehensweise nach meinem letzten Buch ist jedoch überschaubar. Offensichtlich hat sich nur ein einziger Leser daran gestört und ich bitte Sie persönlich nochmals im Namen aller anderen Anwender um Nachsicht für die unterstützenden Illustrationen.

Bitte führen Sie die nachfolgenden Schritte auf Ihrem künftigen System Center 2012 Operations Manager-Serversystem durch:

1. Melden Sie sich an der Maschine mit dem von Ihnen während der Vorbereitungsmaßnahme angelegten Domänenadministrationskonto an.
2. Stellen Sie den virtuellen beziehungsweise physischen Datenträger von SQL Server 2008 R2 für den Benutzerkontext des von Ihnen verwendeten Serversystems bereit.

Installation der SQL Server-Voraussetzungen

Zur erfolgreichen Installation von SQL Server 2008 R2 benötigen wir das Betriebssystemfeature .NET Framework 3.5.1. Diese Installation zieht die automatische Konfiguration weiterer Rollen und Funktionen nach sich. Führen Sie dazu die nachfolgenden Schritte aus:

1. Starten Sie den Server-Manager. Dieser wird standardmäßig nach erfolgreicher Anmeldung gestartet. Alternativ finden Sie das korrespondierende Symbol direkt neben der Windows-Schaltfläche.
2. Erweitern Sie in der Administrationskonsole die Menüstruktur zu *Server-Manager (Servername)/Features*.
3. Überprüfen Sie, ob Sie in der Featureübersicht den Eintrag *.NET Framework 3.5.1-Features* aufgelistet finden. Ist der Eintrag bereits vorhanden, können Sie an dieser Stelle eine Pause einlegen und danach mit dem nächsten Teilschritt, der Installation der SQL Server-Funktionen, fortfahren. Andernfalls geht es mit den nächsten Schritt in dieser Aufzählung weiter.
4. Klicken Sie im rechten Bereich auf den Hyperlink *Features hinzufügen*. Das Dialogfeld *Assistent zum Hinzufügen von Features/Features auswählen* wird angezeigt.
5. Aktivieren Sie das Kontrollkästchen *.NET Framework 3.5.1-Features*. Dadurch wird ein weiteres Dialogfeld angezeigt. Sie werden darüber informiert, dass zusätzliche Rollen und Features benötigt werden, um dieses Feature zu installieren. Für .NET Framework 3.5.1 werden Basisfunktionen der Webserverrolle benötigt.
6. Klicken Sie auf die Schaltfläche *Erforderliche Rollendienste hinzufügen*. Das automatisch geöffnete Dialogfeld wird damit geschlossen. Wir sind wieder zurück im Dialogfeld *Features auswählen*. Klicken Sie auf die Schaltfläche *Weiter*.
7. Nun wird das Dialogfeld aus Abbildung 12.4 angezeigt. Klicken Sie auf die Schaltfläche *Weiter*.
8. Im nächsten Dialogfeld *Rollendienste auswählen* werden die benötigten und somit automatisch selektierten Basisfunktionen aufgelistet. Ändern Sie an dieser Vorauswahl nichts und klicken Sie auf die Schaltfläche *Weiter*.
9. Das Dialogfeld *Installationsauswahl bestätigen* wird angezeigt. Beachten Sie die generierten Informationsmeldungen. Klicken Sie danach auf die Schaltfläche *Installieren*. Damit beginnt das System mit der Durchführung der gewünschten Veränderungen.

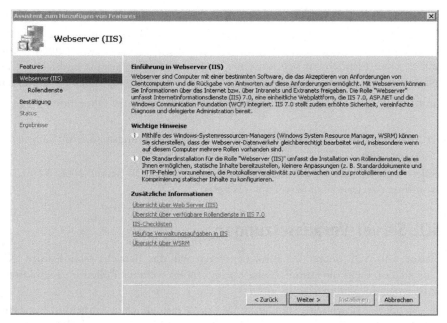

Abbildung 12.4 Die Installation der erforderlichen Komponenten der Webserver-Rolle werden installiert

10. Kurze Zeit später wird Ihnen im Idealfall das Serversystem den erfolgreichen Abschluss der durchgeführten Installationsmaßnahme bestätigen. Ihr Bildschirm sollte deshalb ein mit Abbildung 12.5 vergleichbares Dialogfeld anzeigen. Klicken Sie zum Abschluss auf die Schaltfläche *Schließen*.

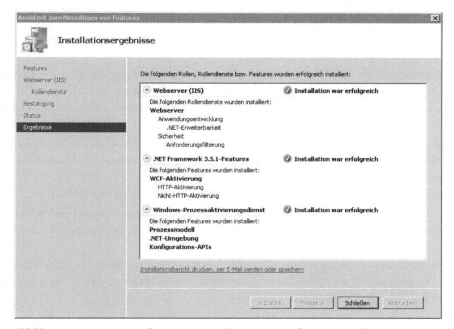

Abbildung 12.5 Die Zusammenfassung nach der erfolgreich durchgeführten Neukonfiguration

Installation von SQL Server 2008 R2

Am Ende dieser Teilaufgabe sollte der Inhalt der Featureliste im Server-Manager Ihres Systems mit dem Inhalt aus Abbildung 12.6 übereinstimmen. Damit sind wir bereit zur Durchführung der Installation von SQL Server 2008 R2.

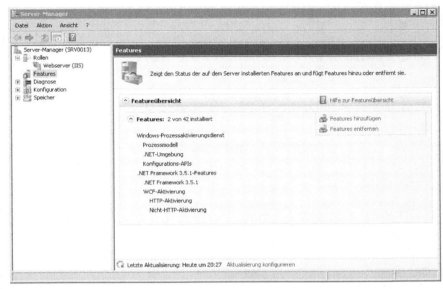

Abbildung 12.6 Die Vorbereitungen für die erfolgreiche Installation von SQL Server 2008 R2 sind damit abgeschlossen

> **HINWEIS** Wir werden im späteren Verlauf der Installation von System Center 2012 Operations Manager ein weiteres Mal zusätzliche Rollen und Features installieren müssen. Um Ihnen einen besseren Überblick zu geben, welche Voraussetzungen für welche Serverrollen von System Center 2012 Operations Manager benötigt werden, habe ich darauf verzichtet, an dieser Stelle sämtliche Voraussetzungen für alle nachfolgenden Schritte pauschal zu installieren.

Installation benötigter SQL Server-Funktionen

Jetzt wird's endlich ernst. Wir steigen ein in die Installation der benötigten Funktionen von SQL Server 2008 R2:

1. Klicken Sie doppelt auf das Datenträgersymbol Ihres optischen oder virtuellen Laufwerks, mit dem der Datenträger von SQL Server 2008 R2 bereitgestellt ist. Sollte ein automatischer Start des Dialogfelds *SQL Server-Installationscenter* nicht stattfinden, können Sie stattdessen auch die Anwendung *Setup.exe* im Hauptverzeichnis des Datenträgerverzeichnisses mit einem Doppelklick starten.

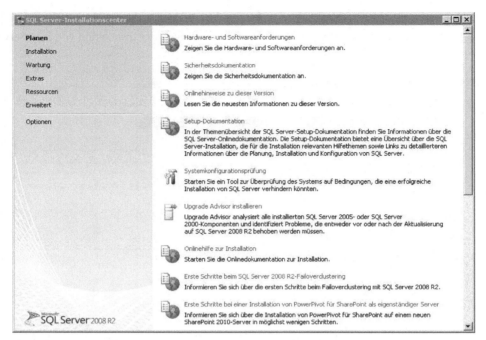

Abbildung 12.7   Die zentrale Steuerungseinheit rund um die SQL Server-Installation

2. Es wird das Dialogfeld entsprechend Abbildung 12.7 angezeigt.
3. Klicken Sie im linken Bereich des Dialogfelds auf *Installation*.

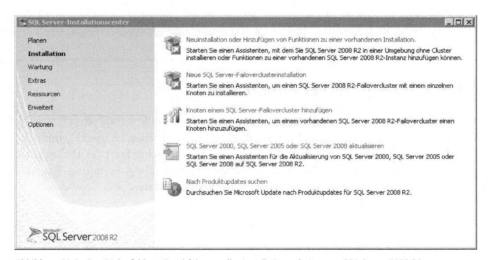

Abbildung 12.8   Das Dialogfeld zur Durchführung aller Installationsarbeiten von SQL Server 2008 R2

4. Klicken Sie im rechten Bereich des Dialogfelds aus Abbildung 12.8 auf den Hyperlink *Neuinstallation oder Hinzufügen von Funktionen zu einer vorhandenen Installation*. Gegebenenfalls wird ein weiteres Dia-

Installation von SQL Server 2008 R2

logfeld angezeigt, welches nach der Freigabe zur Ausführung der Installationsapplikation bittet. Klicken Sie dann auf die Schaltfläche *OK*.

5. Das Dialogfeld *Setupunterstützungsregeln* wird angezeigt. Es werden die zur Durchführung des Setups notwendigen Zusatzkomponenten installiert beziehungsweise überprüft, ob diese bereits installiert sind.
6. Im Normalfall wird dieser Vorgang erfolgreich abgeschlossen. Sollten an dieser Stelle Fehler aufgetreten sein, können Sie die ermittelten Probleme durch einen Klick auf die Schaltfläche *Details anzeigen* analysieren. Bestätigen Sie anschließend mit der Schaltfläche *OK*.

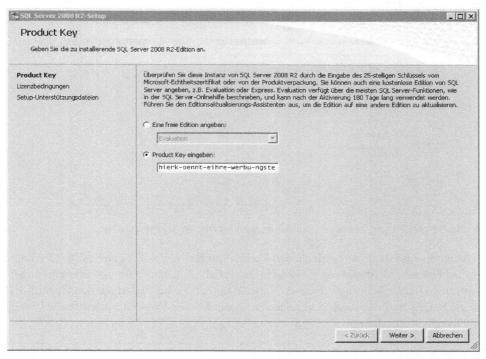

Abbildung 12.9 Die im Rahmen von System Center bereitgestellte SQL Server 2008 R2-Version ist bereits mit einem Produktschlüssel ausgestattet

7. Im nächsten Dialogfeld wird der Lizenzschlüssel von SQL Server 2008 R2 abgefragt. Sofern Sie einen Datenträger verwenden, der Ihnen im Rahmen des Erwerbs von Microsoft System Center zur Verfügung gestellt wurde, ist der Lizenzschlüssel bereits eingetragen. Bestätigen Sie diese Angabe mit einem Klick auf die Schaltfläche *Weiter*.
8. Nachfolgend wird Ihre Zustimmung zu den Lizenzbestimmungen von Microsoft eingeholt. Aktivieren Sie dazu das Kontrollkästchen *Ich akzeptiere die Lizenzbedingungen*. Sofern Sie das Entwicklerteam bei der Weiterentwicklung von SQL Server 2008 R2 unterstützen wollen, aktivieren Sie zusätzlich das Kontrollkästchen *Daten zur Funktionsverwendung an Microsoft senden*. Klicken Sie danach auf die Schaltfläche *Weiter*.
9. Das aktuelle Dialogfeld fordert nun die Installation der sogenannten Unterstützungskomponenten an. Klicken Sie dazu im gleichnamigen Dialogfeld auf die Schaltfläche *Installieren*. Die Installation ist in kurzer Zeit abgeschlossen.

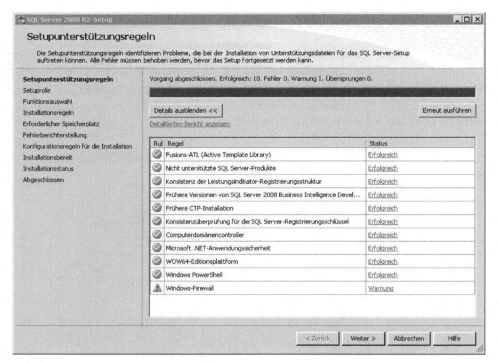

Abbildung 12.10 Bevor es losgehen kann, werden die Ergebnisse der Voraussetzungsüberprüfung angezeigt

10. Nach einigen Minuten sind die innerbetrieblichen Vorbereitungen von SQL Server 2008 R2 erfolgreich abgeschlossen. Im Fenster aus Abbildung 12.10 wird das erzielte Ergebnis zusammenfassend angezeigt. Die einzige Warnung zeigt in Richtung Windows-Firewall. Klicken Sie bei Bedarf auf den Hyperlink *Warnung*, um sich die Details zu dieser Analyse anzeigen zu lassen. Klicken Sie auf die Schaltfläche *Weiter*, um zum nächsten Dialogfeld zu gelangen.

HINWEIS Der Installationsprozess von SQL Server möchte Sie mit der Warnmeldung zum Thema Windows-Firewall darauf aufmerksam machen, dass auf diesem Serversystem selbige derzeit aktiviert ist. Dabei unterscheidet die Applikation nicht zwischen den unter Umständen unterschiedlichen Einstellungen der drei standardmäßig vorhandenen Profile *Domänenprofil*, *Privates Profil* und *Öffentliches Profil*.

Bei einer praxisbezogenen Konfiguration wird ein Mitgliedsserver standardmäßig immer die Firewall-Variante *Domänenprofil* verwenden. Eine IT-Abteilung sollte niemals in die Situation kommen, mit dieser Funktionalität für Sicherheit im Unternehmen sorgen zu müssen. Mit anderen Worten: Hat die Sicherheitsabteilung innerhalb der IT seine Hausaufgaben richtig gemacht, kann das Domänenprofil generell deaktiviert werden.

Sollten Sie oder Ihre Sicherheitsabteilung dennoch auf ein aktiviertes Domänenprofil auf dem verwendeten Mitgliedsserver bestehen, müssen Sie die relevanten Kommunikationsports manuell konfigurieren. Weitere Informationen stellt Ihnen Microsoft unter der folgenden Adresse bereit: *http://go.microsoft.com/fwlink/?LinkId=94001*.

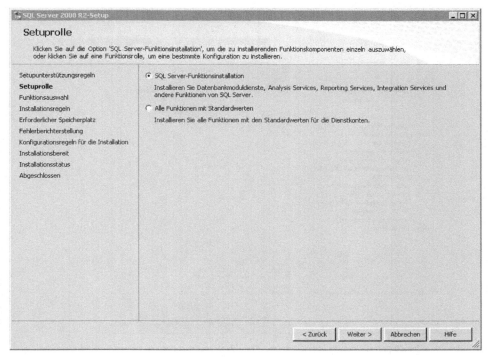

Abbildung 12.11 Treffen Sie die Entscheidung, ob die Setuproutine alle Komponenten installieren soll

Konfiguration der SQL Server-Funktionen

Als Nächstes muss entschieden werden, ob im Rahmen dieses Installationsprozesses gleich alle Komponenten von SQL Server 2008 R2 auf einmal installiert werden. Wir benötigen für die Verwendung von System Center 2012 Operations Manager nur einige wenige Funktionen aus dem Gesamtportfolio:

1. Aktivieren Sie im Dialogfeld von Abbildung 12.11 die Option *SQL Server-Funktionsinstallation* und klicken Sie danach auf die Schaltfläche *Weiter*.

2. Selektieren Sie im Dialogfeld *Funktionsauswahl* die Einträge *Datenbankmoduldienste*, *Volltextsuche*, *Reporting Services*, *Verwaltungstools ? Vollständig* und – sofern noch nicht bereits automatisch selektiert – den Eintrag *Verwaltungstools – Einfach*. Die vorgegebenen Verzeichnispfade in Abbildung 12.12 können Sie bei Bedarf anpassen. Klicken Sie danach auf die Schaltfläche *Weiter*.

3. Das Setupprogramm prüft nun die Machbarkeit zur Durchführung der Installation in der gewünschten Konstellation. Dazu werden sogenannte Installationsregeln durchlaufen, die man sich bei großer Langeweile in aller Ruhe im Detail anschauen kann. Spannend wird die Analyse allerdings dann, wenn das Ergebnis dieser Überprüfung auf Fehler oder Warnungen stößt. Klicken Sie im Dialogfeld *Installationsregeln* nach Ihrer Analyse auf die Schaltfläche *Weiter*.

4. Das Dialogfeld *Instanzkonfiguration* wird als Nächstes angezeigt. Der zu installierende SQL Server wird ausschließlich zur Verwaltung der Daten von System Center 2012 Operations Manager verwendet. Somit besteht keine Notwendigkeit, mehrere voneinander unabhängige Instanzen bereitzustellen, und es sind auch noch keine weiteren Instanzen auf diesem System aktiv. Ich empfehle Ihnen, die vorgeschlagenen Einstellungen aus Abbildung 12.13 zu belassen. Klicken Sie deshalb ohne langes Zögern auf die Schaltfläche *Weiter*.

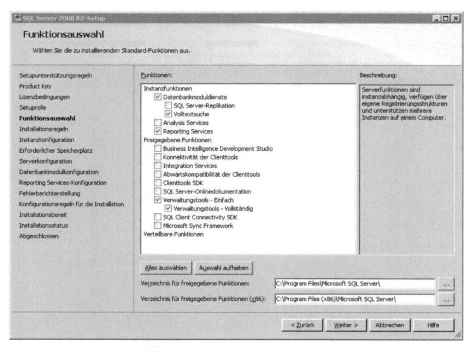

Abbildung 12.12 Die Auswahl der benötigten Funktionen von SQL Server 2008 R2 zur Inbetriebnahme von System Center 2012 Operations Manager

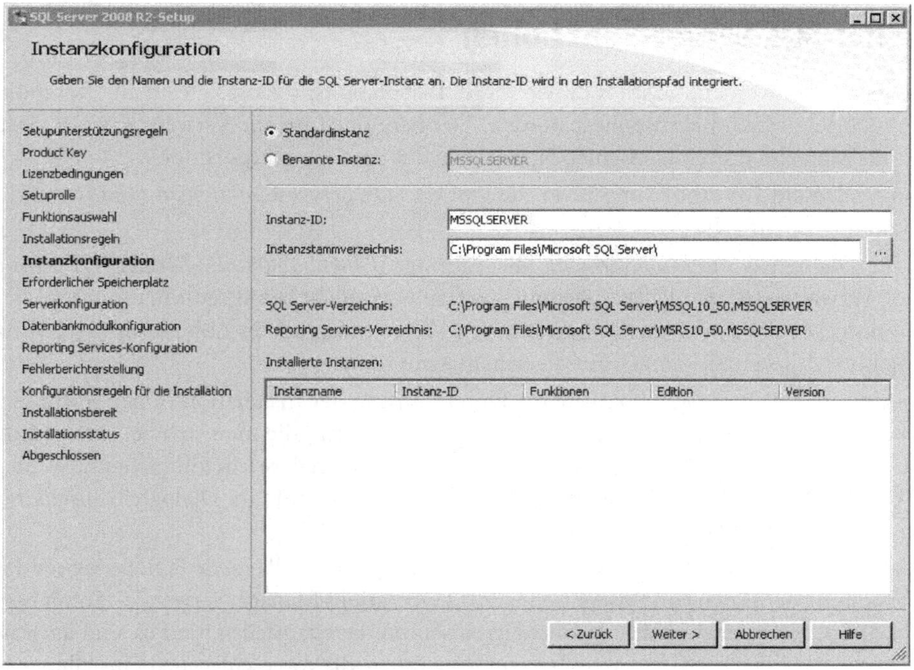

Abbildung 12.13 Der Name der Instanz ist festzulegen

Installation von SQL Server 2008 R2

5. In einem weiteren Dialogfeld, auf das ich an dieser Stelle verzichte, wird der zur erfolgreichen Installation kalkulierte Speicherplatz angezeigt. Sind die Ressourcen zu knapp bemessen, wird die Fortsetzung des bisher so erfolgreichen Installationsprozesses unterbrochen. Sofern ausreichend Plattenkapazität für die Installation der Serverapplikation vorhanden ist, können Sie jedoch getrost auf die meist gedrückte Schaltfläche dieser Welt (*Weiter*) klicken.

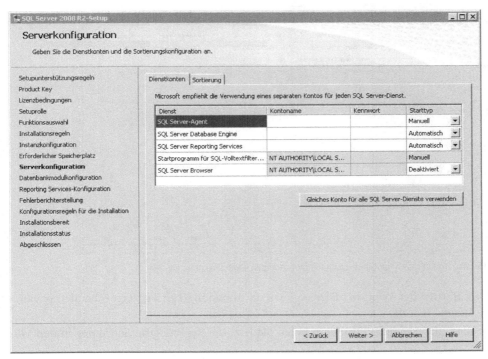

Abbildung 12.14 Festlegung der verwendeten Konten

Als Nächstes müssen die zu verwendenden Benutzerkonten definiert werden. Die Benutzerkonten werden im laufenden Betrieb von den Windows-Diensten des SQL Servers verwendet. Je nach Einsatzgebiet und Anforderungen Ihres Berechtigungskonzepts kann die Verwendung mehrerer unterschiedlicher Konten sinnvoll sein. Die hier gewählte Vorgehensweise ist jedoch typisch für die meisten mittelständischen Unternehmen. Dort werden in der Regel Benutzerkonten aus Active Directory verwendet und man setzt auf den Einsatz von nur einem Konto.

1. Klicken Sie im Dialogfeld aus Abbildung 12.14 auf die Schaltfläche *Gleiches Konto für alle SQL Server-Dienste verwenden*. Ein gleichnamiges Dialogfeld wird daraufhin geöffnet. Klicken Sie dort auf die Schaltfläche *Durchsuchen*.
2. Ein weiteres, den meisten Lesern vertrautes Dialogfeld (*Benutzer, Computer oder Gruppe auswählen*) wird zusätzlich geöffnet. Selektieren Sie nun die gewünschten Benutzerkonten und schließen Sie danach die Dialogfelder in umgekehrter Reihenfolge.

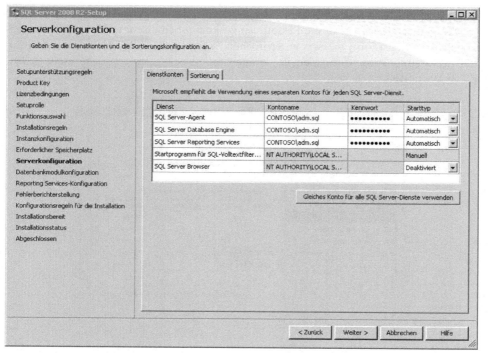

Abbildung 12.15 Das Ergebnis nach der Gleichschaltung der benötigten Benutzerkennungen

3. Passen Sie den *Starttyp* der Windows-Dienste – wie in Abbildung 12.15 gezeigt – bei den oberen drei Diensten auf *Automatisch* an.
4. Verlassen Sie nicht das Dialogfeld, sondern holen Sie jetzt die Registerkarte *Sortierung* in den Vordergrund.
5. Klicken Sie auf die Schaltfläche *Anpassen*. Das Dialogfeld *Sortierung des SQL Servers 2008 R2-Datenbankmoduls anpassen* wird geöffnet.
6. Selektieren Sie die Option *SQL-Sortierung, verwendet für Abwärtskompatibilität* und im damit eingabebereiten Listenfeld den Eintrag *Latin1_General_CI_AS*. Übernehmen Sie diesen Wert in das Eingabefeld aus dem vorherigen Dialogfeld durch einen Klick auf die Schaltfläche *OK*. Es ist extrem wichtig, dass Sie diese Sortierreihenfolge übernehmen.
7. Hat alles geklappt, muss Ihr hauseigenes Ergebnis mit der Optik aus Abbildung 12.16 übereinstimmen. Klicken Sie auf die Schaltfläche *Weiter*. Damit gelangen Sie zum Themenbereich Datenbankmodulkonfiguration von SQL Server 2008 R2-Setup.

Installation von SQL Server 2008 R2

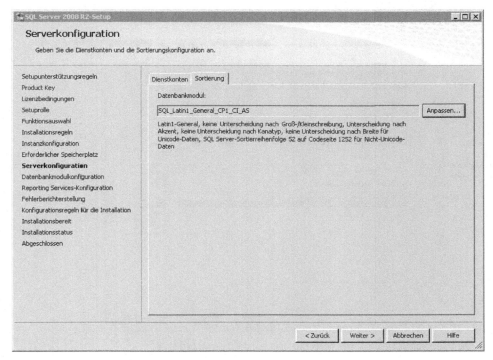

Abbildung 12.16 Auf die richtige Sortierreihenfolge kommt es an!

Einrichtung der Authentifizierung

Im nächsten Schritt muss festgelegt werden, wer überhaupt den SQL Server später administrieren darf. Die Zeiten, als jeder lokale Administrator implizit SQL Server-Administrationsrechte hatte, sind schon lange vorbei. Dieses Konzept erlaubt eine Trennung von Installations- und Administrationsprozessen.

Da in den meisten Umgebungen der installierende Administrator später den SQL Server administrieren wird, hat Microsoft freundlicherweise die Schaltfläche *Aktuellen Benutzer hinzufügen* in das Dialogfeld der Datenbankmodulkonfiguration eingebunden.

In unserem Szenario erhalten beide im Abschnitt »Verwendete Benutzerkonten« ab Seite 268 vorgestellte Benutzerkonten das Privileg zur Administration des SQL Servers.

1. Sofern Sie, wie ich, neben dem aktuellen Benutzer ein weiteres Benutzerkonto hinzufügen wollen, klicken Sie auf die Schaltfläche *Hinzufügen* und wählen mithilfe des bereits bekannten Selektionsdialogfelds das zusätzliche gewünschte Benutzerkonto aus.
2. Der voreingestellte Authentifizierungsmodus wird beibehalten. Diese Einstellung wird von System Center 2012 Operations Manager gefordert.
3. Holen Sie jetzt im gleichen Dialogfeld die Registerkarte *Datenverzeichnisse* in den Vordergrund.

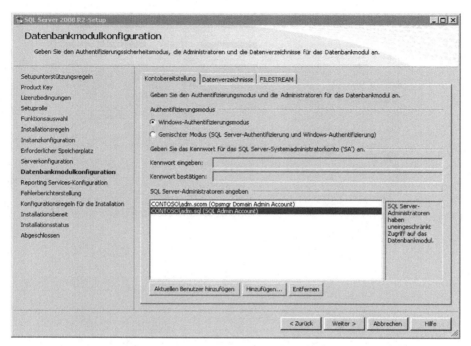

Abbildung 12.17 Die Konfiguration der SQL Server-Administratoren und der Datenverzeichnisse

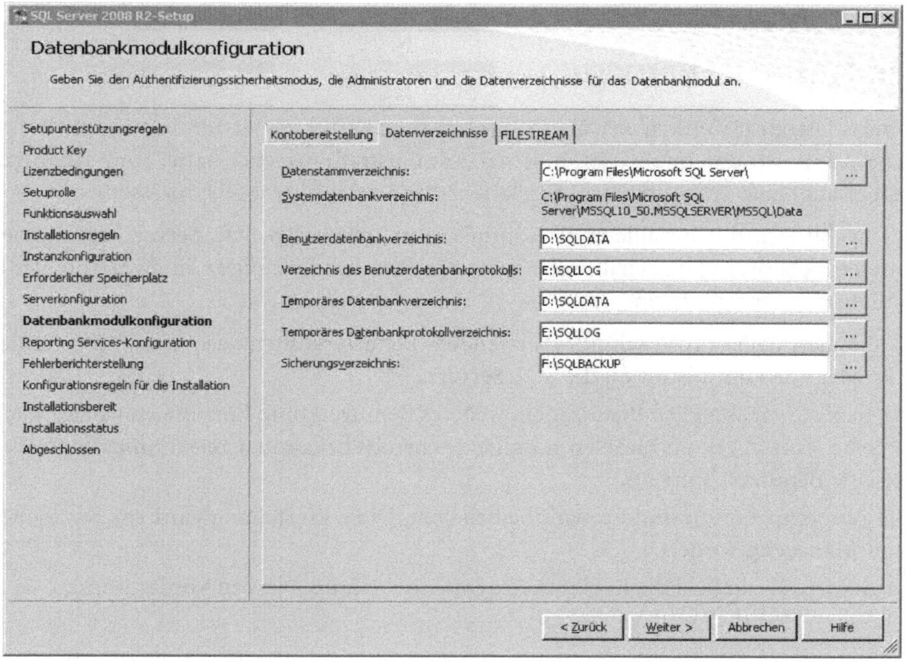

Abbildung 12.18 Die Konfiguration der Datenverzeichnispfade

Installation von SQL Server 2008 R2

Im Dialogfeld *Datenbankmodulkonfiguration* werden auf der Registerkarte *Datenverzeichnisse* die Verzeichnispfade zu den unterschiedlichen Datenbankobjekten von SQL Server 2008 R2 definiert. Diese Konfiguration ist nicht zwingend und wird oft erst während der produktiven Nutzung des Datenbankservers nachgeholt. Ich empfehle, die Anpassung während der Installationsphase vorzunehmen.

Damit ersparen Sie sich später eine Menge Mehrarbeit, denn SQL Server 2008 R2 speichert die Datenbanken standardmäßig in den hier voreingestellten Verzeichnispfaden. Und diese zeigen ebenso standardmäßig auf das Installationsverzeichnis des Betriebssystems. Um sich also einen späteren Umzug von bereits in Nutzung befindlichen Datenbanken zu ersparen, sollten Sie zumindest die folgenden Pfade entsprechend der Abbildung 12.18 anpassen:

- *Benutzerdatenbankverzeichnis*
- *Verzeichnis des Benutzerdatenbankprotokolls*
- *Temporäres Datenbankverzeichnis*
- *Temporäres Datenbankprotokollverzeichnis*

Das *Sicherungsverzeichnis* sollte so gewählt werden, dass spätere interne Sicherungsjobs von SQL Server nicht die gleichen logischen Verzeichnisse verwenden wie die produktiv verwendeten Datenbanken.

HINWEIS Die Registerkarte *FILESTREAM* lassen wir für unser aktuelles Projekt unberücksichtigt. Dabei handelt es sich um eine Neuerung seit SQL Server 2008. Diese Funktion erlaubt es, große Dateiobjekte (sogenannten Binary Large Objects, BLOB) wie beispielsweise Office-Dokumente, Videos oder aber auch ausführbare Dateien zu speichern. Die Speicherung erfolgt außerhalb der SQL Server-Datenbank in einer NTFS-formatierten logischen Partition ohne eigene Laufwerkszuordnung. Gegenüber dem Administrator oder dem Anwender werden die Objekte dann aber trotzdem so behandelt wie jeder andere Datentyp von SQL Server.

Damit kann SQL Server auch mit Objekten umgehen, welche die 2-Gbyte-Schallgrenze durchbrechen.

Zusammenfassend gesagt ist die Aktivierung der FILESTREAM-Funktion sinnvoll, wenn Dateiobjekte in SQL Server verwaltet werden sollen und eine Größe von ein bis zwei Mbyte überschreiten. Wichtig zu wissen ist darüber hinaus, dass FILESTREAM-Daten nicht verschlüsselt gespeichert werden.

Auf die Illustration der nachfolgenden fünf Dialogfelder verzichten wir an dieser Stelle, denn es geschieht hier nur wenig oder nichts Erklärungswürdiges. Dennoch fassen wir die Schritte nachfolgend zusammen:

- **Dialogfeld *Reporting Services-Konfiguration*** Selektieren Sie in diesem Dialogfeld die Option *Berichtsserver installieren, aber nicht konfigurieren* und klicken Sie auf die Schaltfläche *Weiter*
- **Dialogfeld *Fehlerberichterstellung*** Sofern Sie sozial veranlagt sind und auf anonymisiertem Wege den Entwicklungskollegen in Redmond zur kontinuierlichen Verbesserung von Microsoft SQL Server verhelfen wollen, aktivieren Sie das hierfür vorgesehene Kontrollkästchen
- **Dialogfeld *Konfigurationsregeln für die Installation*** Achten Sie auf die Zusammenfassungszeile im mittleren Bereich des Dialogfelds. Der Zähler für Fehler muss, der Zähler für Warnungen sollte jeweils die Ziffer 0 anzeigen. Ist das nicht der Fall, lassen Sie sich mit der gleichnamigen Schaltfläche die Details aus dem vorbereitenden Protokoll anzeigen.
- **Dialogfeld *Installationsbereit*** Endlich einmal die Möglichkeit, eine neue Schaltfläche kennenzulernen: Klicken Sie auf die Schaltfläche *Installieren*

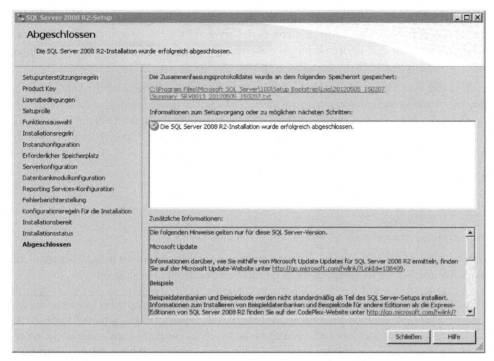

Abbildung 12.19   Der erfolgreiche Abschluss der Installation von SQL Server 2008 R2 wird attestiert

Nach kurzer Zeit ist die Installation von SQL Server 2008 R2 auf Basis Ihrer Angaben durchgeführt. Ihr Server sollte Ihnen mit einem Dialogfeld mit vergleichbarem Inhalt wie die Abbildung 12.19 entgegenlächeln. Alle Details über den Installationsverlauf finden Sie zusammengefasst im bereitgestellten Protokoll. Diese können Sie über einen Mausklick auf den Hyperlink im oberen Bereich des Dialogfelds erreichen.

Obligatorische Nacharbeiten

Ihr SQL Server 2008 R2 ist damit einsatzbereit. Dennoch sollten Sie sich vor der Freigabe zur Verwendung in einer produktiven Umgebung immer noch um eventuell verfügbare Aktualisierungen kümmern. Dazu zählen bei SQL Server die zwei nachfolgenden Kategorien

- Service Packs
- Kumulative Aktualisierungen

Insbesondere auf das Einspielen der kumulativen Aktualisierungen (Cumulative Updates, CU) wird großen Wert gelegt. Dabei handelt es sich ebenfalls um Aktualisierungen, welche die Zeit bis zur Veröffentlichung des nächsten Service Packs überbrücken und bisher freigegebene Hotfixes in einem Installationspaket zusammenfassen.

Kumulative Aktualisierungen sind immer nur für eine bestimmte SQL Server-Versionsnummer (sogenannte Builds) freigegeben. Die Produktversion von SQL Server 2008 R2, welche im Gesamtpaket von Microsoft System Center aktuell zur Verfügung gestellt wird, trägt die Versionsnummer 10.50.2796.00. Das entspricht SQL Server 2008 R2 inklusive Service Pack 1 und CU4.

Den besten Überblick erhalten Sie, wenn Sie nach den folgenden Begriffen mithilfe der von Ihnen bevorzugten Internetsuchmaschine einen Blick ins Internet werfen:

- SQL Server 2008 R2 Service Pack
- SQL Server 2008 R2 Cumulative Update

Bing bietet Ihnen unter diesen Suchbegriffen zahlreiche Ergebnisse an. Achten Sie bitte unbedingt darauf, dass Sie nur auf Suchergebnisse zugreifen, die sich um »SQL Server 2008 R2« kümmern. Viele Suchergebnisse verweisen nämlich auch auf die Vorgängerversion (SQL Server 2008). Für dieses Produkt gibt es eigene Service Packs und kumulative Aktualisierungen. Diese sind jedoch nicht kompatibel zu SQL Server 2008 R2.

Hinsichtlich der Architektur können Sie beim Herunterladen keinen Fehler machen, denn SQL Server 2008 R2 wird serverseitig nur noch als 64-Bit-Variante angeboten. Weiterhin gibt es Clientkomponenten, die sowohl in einer 64-Bit-, einer 32-Bit- und zusätzlich auch noch als IA64-Version erhältlich sind. Unser aktuelles Tun fokussiert sich jedoch auf die Serverkomponenten, welche nur noch die 64-Bit-Sprache sprechen.

Laden Sie also gegebenenfalls sowohl das jüngste Service Pack für SQL Server 2008 R2 als auch das jüngste kumulative Aktualisierungspaket herunter und installieren Sie beide Pakete in dieser Reihenfolge. Auf die Durchführung der Installation dieser Aktualisierungen gehe ich an dieser Stelle nicht näher ein. SQL Server 2008 R2 leitet Sie sicher wie auf einem Fangstrahl zum Ziel. Ihnen werden nur diejenigen Komponenten zur Aktualisierung angeboten, auf die das von Ihnen gestartete Updatepaket angewendet werden kann. Ist bereits eine höhere Versionsnummer bei Ihnen installiert, weist Sie das von Ihnen gestartet Aktualisierungspaket darauf hin und unterbindet die somit sinnfreie Durchführung einer Aktualisierung.

HINWEIS Die im Rahmen des System Center-Softwarepakets ausgelieferte Version von SQL Server 2008 R2 (oder höher) ist immer kompatibel zu den Produkten von Microsoft System Center. Eine Aktualisierung ist immer nur dann notwendig, wenn zwischen dem Zeitpunkt der Bereitstellung der Datenträger und der Installation einige Zeit vergangen ist. Eine Überprüfung auf verfügbare Aktualisierungen ist also immer zu empfehlen.

Inbetriebnahme der Verwaltungsgruppe

Kommen wir jetzt zur Installation der Kernkomponenten von System Center 2012 Operations Manager. Wie Sie bereits wissen, besteht unsere Überwachungslösung aus mehreren einzelnen Funktionen. Und wie versprochen werden wir das Ziel nicht aus dem Auge verlieren, (fast) alle dieser Funktionen auf dem ausgewählten Serversystem in Betrieb zu nehmen. Um den Überblick nicht zu verlieren, werden wir in diesem Abschnitt jedoch erst einmal die beiden wichtigsten Bausteine berücksichtigen.

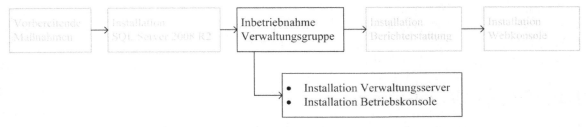

Abbildung 12.20 Die Installation der ersten Kernfunktionen von System Center 2012 Operations Manager steht an

Was für eine Windows-Domäne die Domänenbezeichnung, ist für System Center 2012 Operations Manager der Verwaltungsgruppenname. Mit der Installation des ersten Verwaltungsservers wird dieser Name definiert. Wir beginnen deshalb mit der Installation dieser elementaren Funktion. Wie Sie in Abbildung 12.20 sehen können, werden die folgenden Installationsschritte in diesem Abschnitt behandelt:

- Installation des Verwaltungsservers
- Installation der Betriebskonsole

Die Installationsroutine von System Center 2012 Operations Manager erlaubt es, mehrere Rollen gleichzeitig zu installieren. Um die Inbetriebnahme so schnell wie möglich zu einem erfolgreichen Abschluss zu bringen, werden wir beide Komponenten in einem Arbeitsgang installieren. Dennoch bleibt uns auch an dieser Stelle der Ordnung halber keine andere Wahl, als die notwendigen Vorbereitungen explizit zu beachten.

Vorbereitende Maßnahmen

Die nachfolgenden Installationsschritte werden auf unserem Serversystem SRV0013.CONTOSO.MSFT durchgeführt. Dort ist bereits SQL Server 2008 R2 installiert. Bevor wir gleich mit der Installation beginnen können, müssen folgende vorbereitende Maßnahmen abgeschlossen sein:

- **Anmelden mit eingerichtetem Benutzerkonto auf Server SRV0013**   Verwenden Sie zur Durchführung der Installation das weiter vorne in diesem Kapitel erstellte Benutzerkonto *contoso\adm.scom*. Hierbei handelt es sich um ein Konto, welches der Active Directory-Benutzergruppe *Domänenadministratoren* zugehört.
- **Bereitstellen des Datenträgers von System Center 2012 Operations Manager**   Dies erfolgt je nach Datenträgertyp durch Einlegen in ein optisches Laufwerk oder aber durch Einbinden der ISO-Datei als virtuelles Laufwerk.
- **Zugang zum Internet**   Die Betriebskonsole benötigt zusätzliche Komponenten, die nicht im Lieferumfang von System Center 2012 Operations Manager enthalten sind. In Zeiten, wo sich Kinder auf ihrem Smartphone online die Ergebnisse der letzten DSDS-Ausstrahlung anzeigen lassen, geht auch Microsoft davon aus, dass ein Administrator damit keine Probleme haben sollte. Sollte Ihre Sicherheitsabteilung allerdings der Meinung sein, mit der konsequenten Sperrung des HTTP-Datenverkehrs für Alle dem Unternehmen einen Gefallen getan zu haben, müssen wir eine separate Softwarebeschaffung organisieren. Dazu werde ich Ihnen im weiteren Verlauf die Stelle nennen, an denen mündige Mitglieder Ihrer IT-Abteilung die für sie benötigten Dateien herunterladen können.

Ich will an dieser Stelle noch einmal darauf hinweisen, dass die Verwendung der Betriebskonsole auf einem Verwaltungsserver in einer produktiven Umgebung nicht empfehlenswert ist. Die Betriebskonsole ist wie in der Vorgängerversion auch extrem ressourcenhungrig. Wenn Sie das Serversystem mit ausreichend Ressourcen – insbesondere hinsichtlich des verfügbaren Hauptspeichers – ausstatten, spricht nichts dagegen, fürs Erste damit zu starten. Sobald mehrere Kollegen damit arbeiten dürfen, müssen Sie sich ernsthafte Gedanken um eine alternative Bereitstellung machen.

Durchführung der Inbetriebnahme

Beginnen wir mit der Installation des Verwaltungsservers und der Betriebskonsole auf dem Server SRV0013.CONTOSO.MSFT:

Inbetriebnahme der Verwaltungsgruppe

1. Klicken Sie doppelt auf das Symbol des virtuellen Datenträgers im Windows-Explorer.

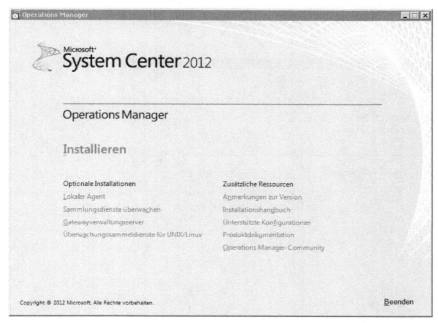

Abbildung 12.21   Das Einstiegsbild der Installationsroutine von System Center 2012 Operations Manager

2. Klicken Sie auf den unübersehbaren Hyperlink *Installieren*, wie in Abbildung 12.21 ersichtlich.

Abbildung 12.22   Die Auswahl der gewünschten Funktionen

3. Das Dialogfeld *Erste Schritte* wird angezeigt. Aktivieren Sie die Kontrollkästchen *Verwaltungsserver* und *Betriebskonsole*. Wenn Sie eine genauere Beschreibung zur jeweiligen Funktion erhalten möchten, klicken Sie auf die korrespondierende Schaltfläche jeweils am Ende der Zeile. Klicken Sie abschließend auf die Schaltfläche *Weiter*.

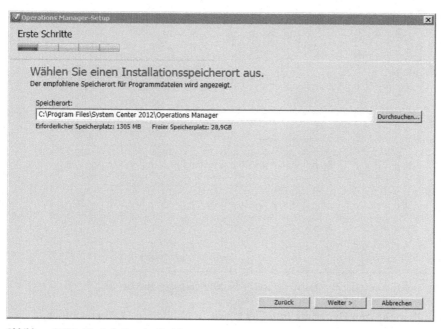

Abbildung 12.23 Die Definition des Speicherorts

Als Nächstes wird der Installationsspeicherort abgefragt. Generell spricht nichts dagegen, diesen Pfad wie in Abbildung 12.23 gezeigt und vorgeschlagen zu übernehmen. In dieser Verzeichnisstruktur werden neben den Programmdateien auch die importierten Management Packs und die kundeneigenen Anpassungen gespeichert. Alle Details der späteren Verwaltungsgruppe liegen jedoch in der Datenbank, die von SQL Server 2008 R2 verwaltet wird. Diese Datenbanken haben wir im vorherigen Abschnitt dieses Kapitels wohlweislich auf separate Laufwerke verbannt.

4. Sofern eine Anpassung des Installationsspeicherorts erforderlich ist, klicken Sie auf die dafür vorgesehene Schaltfläche *Durchsuchen* und wählen Sie anschließend den von Ihnen gewünschten Verzeichnispfad.
5. Mehr gibt es hier nicht zu tun. Klicken Sie also abschließend auf die Schaltfläche *Weiter*.

Inbetriebnahme der Verwaltungsgruppe

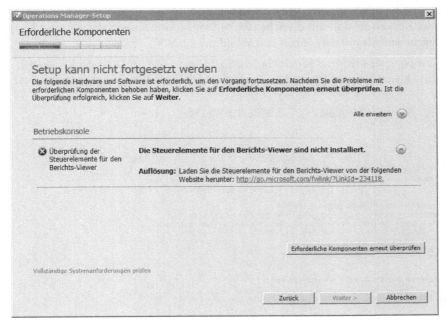

Abbildung 12.24 Das Steuerelement für den Berichts-Viewer wird benötigt

Für den Einsatz der Betriebskonsole, welche im Rahmen dieser Installationsoperation selektiert wurde, werden die sogenannten Steuerelemente für den Berichts-Viewer benötigt. Ohne diese Zusatzkomponente wären Sie später nicht in der Lage, auf die umfangreichen Berichte und die darin enthaltenen Grafiken zuzugreifen.

Die Steuerelemente für den Berichts-Viewer sind nicht im Lieferumfang von System Center 2012 Operations Manager enthalten. Die Installation wird deshalb unterbrochen. Es besteht jedoch kein Grund zur Panik. Es ist nicht erforderlich, den bisher erfolgreich verlaufenden Installationsprozess an dieser Stelle zu beenden.

Klicken Sie auf die Schaltfläche am Ende der Zeile, um sich die Details zur Fehlermeldung anzeigen zu lassen. Wie in Abbildung 12.24 ersichtlich, hat das Entwicklerteam freundlicherweise gleich den Hyperlink zur fehlenden Komponente beigefügt.

Sofern Sie auf dem aktuellen Serversystem den Download direkt ausführen können, klicken Sie auf den Hyperlink. Laden Sie die Berichts-Viewer-Komponente herunter und führen Sie die Installation durch. Das Dialogfeld zur Durchführung der Installation von System Center 2012 Operations Manager können Sie in dieser Zeit getrost im Hintergrund warten lassen.

HINWEIS Die Installation der Steuerelemente für den Berichts-Viewer wird mit insgesamt drei Dialogfeldern umrahmt. Auf die Abbildung dieser Dialogfelder verzichte ich, will sie jedoch an dieser Stelle zusammenfassen:

- Nach einem Doppelklick auf das Softwarepaket wird Ihnen das Setup-Dialogfeld angezeigt
- Im zweiten Dialogfeld bestätigen Sie Ihre Zustimmung zu den Lizenzbestimmungen und können wahlweise auch noch am Programm zur Qualitätssteigerung der Softwareprodukte aus dem Hause Microsoft teilnehmen. Zu gewinnen gibt es allerdings nichts.
- Das dritte Dialogfeld attestiert die erfolgreiche Installation der Steuerelemente für den Berichts-Viewer. An dieser Stelle bietet Ihnen das Setup noch die Möglichkeit, nach neuen Aktualisierungen bei Windows Update nachzufragen. Sofern diese Vorgehensweise nicht gegen einen in Ihrem Haus etablierten Change-Prozess verstößt, lohnt sich die Überprüfung immer.

Holen Sie das Dialogfeld zur Durchführung der Installation von System Center 2012 Operations Manager wieder in den Vordergrund. Klicken Sie dort auf die Schaltfläche *Erforderliche Komponenten erneut überprüfen* und vergleichen Sie gegebenenfalls mit dem Inhalt aus Abbildung 12.24.

Das rote Kreuz vor der Komponente wird jetzt verschwinden. Stattdessen wird im Dialogfeld angezeigt, dass alle Voraussetzungen für die Durchführung der Installation erfüllt sind. Klicken Sie auf die Schaltfläche *Weiter*.

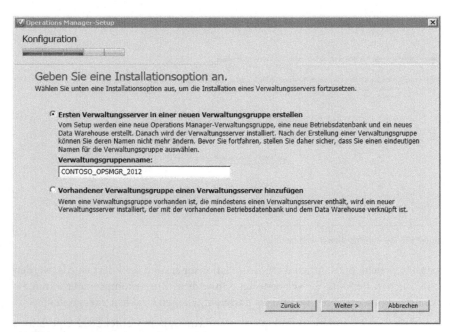

Abbildung 12.25 Die Festlegung des Verwaltungsgruppennamens

Im bevorstehenden Installationsschritt wird es ernst, denn jetzt muss der Name der künftigen Verwaltungsgruppe von System Center 2012 Operations Manager festgelegt werden. Dieser Name kann später nicht mehr geändert werden. Eine Anpassung des Namens hätte die Auflösung der Verwaltungsgruppe und deren Neuinstallation unter dem neuen Namen zur Folge.

Da wir die Verwaltungsgruppe neu erstellen, behalten wir die vorgegebene Selektion der Option *Ersten Verwaltungsserver in einer neuen Verwaltungsgruppe erstellen* bei. Vergeben Sie bitte einen geeigneten Verwaltungsgruppennamen. Diese Verwaltungsgruppe wird einstufig bleiben, da wir uns lediglich die Installation einer Evaluierungsumgebung vorgenommen haben. In größeren Umgebungen mit vielen Standorten sollten Sie bei der Namensvergabe auch die Möglichkeit einer Konsolidierung von Verwaltungsgruppen bedenken, wenn Sie sich über die Namensvergabe Gedanken machen. Erfahrungsgemäß kann man mit einer sinnvollen Nomenklatur Hierarchien veranschaulichen.

1. Tragen Sie im Feld *Verwaltungsgruppenname* den von Ihnen gewünschten Namen ein und klicken Sie anschließend auf die Schaltfläche *Weiter*.
2. Im nächsten Dialogfeld wird Ihre Zustimmung zu den Lizenzbestimmungen abgefragt. Auf die Darstellung dieses Fensters verzichte ich an dieser Stelle. Ich gehe davon aus, dass Sie sich die umfassenden Bedingungen ausdrucken und mit Ihrem Rechtsanwalt diskutiert haben, bevor Sie das Kontrollkästchen *Ich habe die Lizenzbedingungen sorgfältig gelesen und stimme ihnen zu* aktivieren.

3. Klicken Sie danach auf die uns allen ans Herz gewachsene Schaltfläche *Weiter*.

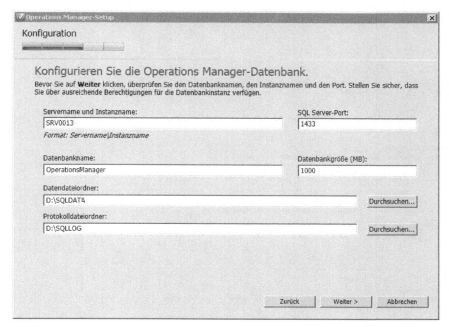

Abbildung 12.26 Die Konfiguration der Operations Manager-Datenbank

Als Nächstes kümmern wir uns um die Konfiguration des Datenbankservers für die beiden in diesem Installationsabschnitt benötigten Datenbanken. Im Dialogfeld aus Abbildung 12.26 sehen Sie den zu verwendenden Server bereits eingetragen, da unser Serversystem wie bereits bekannt alle relevanten Rollen in Personalunion beherbergen wird.

Sollten Sie sich entschließen, einen anderen, ordnungsgemäß vorbereiteten SQL Server verwenden zu wollen, tragen Sie einfach den Namen der gewünschten Servermaschine im entsprechenden Feld des Dialogfelds *Konfiguration* ein. Sobald Sie das Feld verlassen (beispielsweise durch Betätigen der ⇆-Taste), überprüft die Installationsroutine die Verwendbarkeit. Beachten Sie bitte auch die anderen Felder im Dialogfeld aus Abbildung 12.26.

- Der SQL Server-Port wird standardmäßig mit 1433 deklariert. Wird in größeren Umgebungen mit SQL Server-Instanzen gearbeitet, muss hier gegebenenfalls ein anderer Port angewendet werden.

- Im Feld *Datenbankname* wird der Begriff *OperationsManager* vorgeschlagen. Dieser Name kann von Ihnen angepasst werden. Eine Anpassung hat keine Auswirkung auf den späteren Betrieb von System Center 2012 Operations Manager.

- Die originäre Datenbankgröße wird mit 1 Gbyte vorgegeben. Das reicht in einer Evaluierungsumgebung allemal aus und ist selbst für mittlere Umgebungen eine gute Dimensionierung für die ersten Tage und Wochen. Es empfiehlt sich, diesen Wert zu übernehmen. SQL Server erstellt dadurch im weiteren Verlauf der Installation eine Datendatei auf dem Dateisystem in der angegebenen Größe.

- Die Felder *Datendateiordner* und *Protokolldateiordner* sind bereits ausgefüllt, da wir mit den vorbereitenden Maßnahmen während der SQL Server-Installation alle wichtigen Hausaufgaben erledigt haben. Diese Werte werden vom Installationsprogramm beim SQL Server angefragt und dann wie hier ersichtlich als Vorschlagswert übernommen.

Wenn Sie mit den vordefinierten Werten einverstanden sind, klicken Sie bitte auf die Schaltfläche *Weiter*.

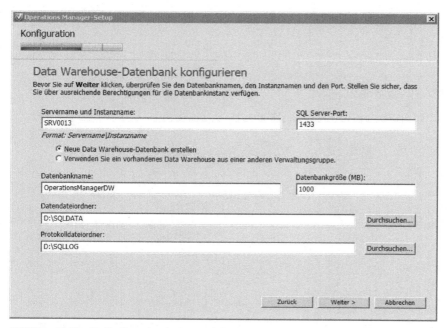

Abbildung 12.27   Die Konfiguration der Data Warehouse-Datenbank

Der nächste Arbeitsschritt ähnelt weitgehend dem soeben abgeschlossenen. Es geht um die Konfiguration der Data Warehouse-Datenbank. In diese Datenbank werden alle auswertbaren Informationen gespeichert. Die Berichterstattung bedient sich mit den Daten aus dieser Datenbank. Die Abbildung 12.27 zeigt die verfügbaren Eingabefelder. Werfen wir einen Blick auf die wesentlichen Unterschiede zur Konfiguration der operativen Datenbank:

- Neue Data Warehouse-Datenbank erstellen. System Center 2012 Operations Manager erlaubt die Konsolidierung der Berichterstattung mehrerer Verwaltungsgruppen in eine Data Warehouse-Datenbank. Spätestens an dieser Stelle ergibt die sinnvolle Vergabe von Verwaltungsgruppennamen einen Sinn.

  Es ist sicherlich nachvollziehbar, warum der Datenbankname der Data Warehouse-Datenbank vom Namen der operativen Datenbank abweichen muss. Machen Sie sich hier in größeren Umgebungen ausreichend konzeptionelle Gedanken. Generell empfiehlt es sich, die vorgeschlagenen Namen zu übernehmen.

- Die originäre Datenbankgröße wird auch bei der Data Warehouse-Datenbank mit 1 Gbyte vorgeschlagen. Auch hier gilt, dass diese Größe für den Anfang ausreichend ist und nicht verändert werden muss. Sie sollten jedoch beachten, dass die Data Warehouse-Datenbank naturgemäß größer als die operative Datenbank werden wird, da sie große Datenmengen über einen erheblich längeren Zeitraum speichern und verwalten wird.

Wenn Sie mit allem einverstanden sind, klicken Sie auf die Schaltfläche *Weiter*.

Inbetriebnahme der Verwaltungsgruppe

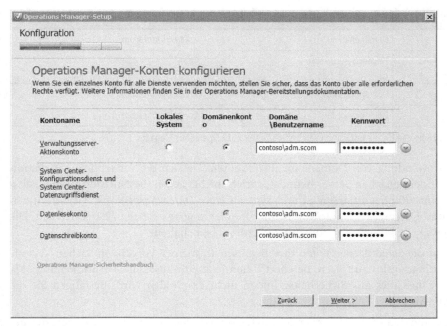

Abbildung 12.28 Die Konfiguration der Operations Manager-Konten

Kümmern wir uns nun um die Konfiguration der zu verwendenden Benutzerkonten. Insgesamt werden wir während dieser Installationsphase mit vier unterschiedlichen Kontonamen zu tun haben:

- **Verwaltungsserveraktionskonto** Sofern nicht anders konfiguriert, wird System Center 2012 Operations Manager dieses Konto für die meisten auszuführenden Aufgaben verwenden. Dies betrifft auch alle Operationen auf den später in die Überwachung integrierten Computersystemen.

- **System Center-Konfigurationsdienst und System Center-Datenzugriffsdienst** Für alle Schreib- und Leseprozesse rund um die operative Datenbank von System Center 2012 Operations Manager wird dieses Konto verwendet.

- **Datenlesekonto** Wenn Sie sich später voller Stolz die Analysen von System Center 2012 Operations Manager betrachten, wird dieses Konto für den Lesevorgang aus der Data Warehouse-Datenbank verwendet.

- **Datenschreibkonto** System Center 2012 Operations Manager verwendet dieses Konto, um Daten aus der operativen Datenbank zu lesen und diese in die Data Warehouse-Datenbank zu übertragen.

An dieser Stelle sei schon einmal gesagt, dass sowohl lokale als auch Active Directory-verwaltete Benutzerkonten verwendet werden können und dass beide Alternativen je nach Umgebung sinnvoll sind. Wir werden im aktuellen Szenario folgende Konstellation zur Anwendung bringen:

Kontennamen	Kontentyp	Benutzerkonto
Verwaltungsserveraktionskonto	Domänenkonto	*contoso\adm.scom*
System Center-Konfigurationsdienst und System Center-Datenzugriffsdienst	Lokales Systemkonto	n/a
Datenlesekonto	Domänenkonto	*contoso\adm.scom*
Datenschreibkonto	Domänenkonto	*contoso\adm.scom*

Tabelle 12.1 Anwendung der Benutzerkonten für die Installation von System Center 2012 Operations Manager

Ich empfehle generell die Anwendung von Domänenbenutzerkonten. Da sich die verwendete Installation von SQL Server 2008 R2 auf dem gleichen Server befindet, spricht nichts gegen die Nutzung eines lokalen Systemkontos für *System Center-Konfigurationsdienst* und *System Center-Datenzugriffsdienst*. Gerne können Sie auch beim Datenlese- und Datenschreibkonto von meiner Empfehlung aus Tabelle 12.1 abweichen. Die Vorgabe für das Verwaltungsserveraktionskonto sollten Sie allerdings beibehalten.

Klicken Sie abschließend auf die Schaltfläche *Weiter*. Ihre Bereitschaft, meiner Vorgabe in Sachen Verwaltungsserveraktionskonto bedingungslos zu folgen, beschert Ihnen jetzt eine zusätzliche Warnmeldung. Sie werden darauf hingewiesen, dass dies aus Sicherheitsgründen nicht empfohlen wird. Bestätigen Sie die Warnmeldung und vertrauen Sie mir!

Auf die Darstellung der nächsten drei Dialogfelder verzichte ich wieder an dieser Stelle, weil sie keine diskussionswürdigen Innovationen in sich tragen. Dennoch finden Sie nachfolgend eine kurze Zusammenfassung:

- **Dialogfeld** *Zustimmung zum Programm zur Verbesserung der Benutzerfreundlichkeit und Fehlerberichterstattung* Mit der ersten Option entscheiden Sie sich durch Selektion der entsprechenden Option, ob das Entwicklerteam anonymisierte Informationen über die Verwendung von System Center 2012 Operations Manager von Ihnen erhalten darf. Die zweite Option aktiviert eine automatische Übermittlung von Fehlermeldungen in ebenfalls anonymisierter Form zu Microsoft. Ich empfehle, beide Optionen zu aktivieren. Keine der beiden Optionen wird dazu führen, dass Bill Gates oder Steve Ballmer morgen vor Ihrer Haustür stehen werden, um Ihnen einen Blumenstrauß zu überreichen.

- **Dialogfeld** *Microsoft Update* Entscheiden Sie, ob System Center 2012 Operations Manager auf Ihrem Server in den Katalog der zu überprüfenden Softwareaktualisierung mit aufgenommen wird oder nicht. Es empfiehlt sich, diese Option zu aktivieren, wenngleich bis heute noch keine einzige Aktualisierung von System Center 2012 Operations Manager oder der Vorgängerversion über Windows Update verteilt wurde. Irgendwann ist allerdings immer das erste Mal.

- **Dialogfeld** *Installationsübersicht* Mit dem nächsten Klick auf die Schaltfläche *Weiter* beginnt die Installation von System Center 2012 Operations Manager. Alle Vorgaben sind an dieser Stelle nochmals zusammengefasst.

Inbetriebnahme der Verwaltungsgruppe

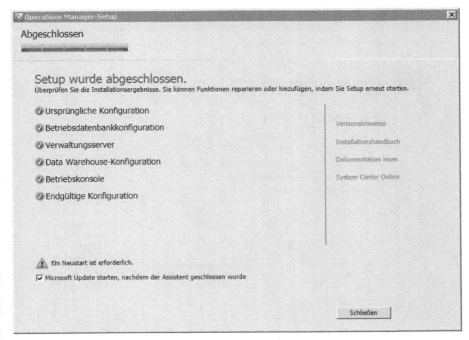

Abbildung 12.29   Ziel erreicht: System Center 2012 Operations Manager ist einsatzfähig

Nach kurzer Zeit ist die Installation erfolgreich durchgeführt und das Dialogfeld aus Abbildung 12.29 ist auf Ihrem Bildschirm zu sehen. Den Hilfeschrei nach einem Neustart links unten im Dialogfeld sollten Sie nicht ignorieren. Um die Spannung zu steigern, empfehle ich deshalb das Serversystem durchzustarten, nachdem Sie das obige Dialogfeld mit einem Klick auf die gleichnamige Schaltfläche geschlossen haben.

1. Melden Sie sich abschließend auf dem Serversystem mit dem Konto an, welches Sie soeben zur Durchführung der Installation verwendet haben. In unserem Fall ist das *contoso\adm.scom*.
2. Klicken Sie auf *Start/Alle Programme/Microsoft System Center 2012/Operations Manager/Operations Console*.

Herzlichen Glückwunsch, damit ist System Center 2012 Operations Manager funktionsfähig installiert. Die wichtigsten Elemente diskutieren wir im nachfolgenden Kapitel 13. Mit den standardmäßig vorhandenen Konfigurationsmöglichkeiten setzen wir uns in Kapitel 14 auseinander.

Falls Sie mit System Center Operations Manager bereits gearbeitet haben, können Sie in Abbildung 12.30 erkennen, dass die Betriebskonsole nicht alle Funktionen vollständig auflistet. Es fehlt die Berichterstattung. Das ist jedoch nicht weiter verwunderlich, weil deren Installation uns noch bevorsteht. Darum kümmern wir uns jetzt anschließend genauso wie um die Installation der Webkonsole von System Center 2012 Operations Manager.

Abbildung 12.30 Der erste Blick auf die frisch installierte Betriebskonsole

Installation der Berichterstattung

Kümmern wir uns nun um die Berichterstattung von System Center 2012 Operations Manager. Deren Bereitstellung ist ebenfalls geprägt von gewissen Vorarbeiten, welche wir für einen erfolgreichen Installationsverlauf dieser Funktion absolvieren müssen.

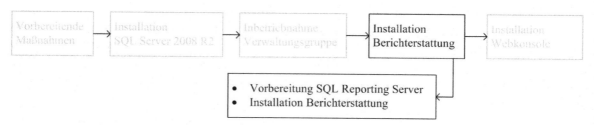

Abbildung 12.31 Die Berichterstattung von System Center 2012 Operations Manager verwendet SQL Server 2008 R2 Reporting Services

In erster Linie geht es dabei um die Konfiguration der bereits zu Beginn dieses Kapitels installierten SQL Server 2008 R2 Reporting Services. Diese sind zwar installiert, auf die Durchführung der Standardkonfiguration haben wir jedoch bewusst verzichtet. Mein Ziel war, mit Ihnen die Konfiguration dieser Basisfunktion einmal zu durchlaufen. Sehr oft ist es in der Vergangenheit schon geschehen, dass die Berichterstattung von System Center 2012 Operations Manager aufgrund eines Fehlers in SQL Server Reporting Services nicht mehr ordnungsgemäß funktioniert hat. In diesem Fall sollte bekannt sein, wie Konfiguration aufgebaut ist. Somit durchlaufen wir anschließend die folgenden Abschnitte:

- Vorbereitende Maßnahme zur Konfiguration der SQL Server Reporting Services
- Konfiguration der SQL Server Reporting Services
- Vorbereitende Maßnahmen zur Installation der Berichterstattung
- Installation der Berichterstattungskomponente
- Überprüfung einer erfolgreichen Installation der Berichterstattungskomponente

Vorbereitende Maßnahme zur Konfiguration der SQL Server Reporting Services

Wie bereits erwähnt, ist die Installation der Funktion SQL Server Reporting Services bereits weiter vorne in diesem Kapitel abgehandelt worden. Um die Konfiguration durchführen zu können, ist die folgende vorbereitende Maßnahme erforderlich:

- **Anmelden mit eingerichtetem Benutzerkonto auf Server SRV0013** Verwenden Sie zur Durchführung der Installation das weiter vorne in diesem Kapitel erstellte Benutzerkonto *contoso\adm.sql*. Dieses Benutzerkonto wurde auch zur Installation von SQL Server 2008 R2 verwendet.

Den Datenträger von SQL Server 2008 R2 benötigen wir zur Durchführung der Konfiguration nicht. Wie versprochen sind die vorbereitenden Maßnahmen an dieser Stelle überschaubar, und so können wir ohne weitere Verzögerung mit der eigentlichen Konfiguration von SQL Server Reporting Services starten.

Konfiguration der SQL Server Reporting Services

Klicken Sie auf *Start/Alle Programme/Microsoft SQL Server 2008 R2/Konfigurationstools/Konfigurations-Manager für Reporting Services*. Gegebenenfalls wird anschließend eine zusätzliche Warnmeldung der Benutzerkontensteuerung angezeigt, welche Sie getrost bestätigen können.

Abbildung 12.32 Das Dialogfeld zur Konfigurationsverbindung für Reporting Services wird angezeigt

1. Das Dialogfeld zur Konfigurationsverbindung für Reporting Services wird angezeigt. Da sich bereits eine funktionsfähige Installation auf unserer Maschine befindet, übernehmen wir die Werte und verbinden uns mit einem Klick auf die gleichnamige Schaltfläche aus Abbildung 12.32.

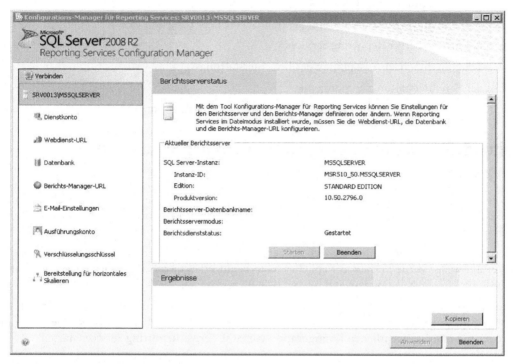

Abbildung 12.33 Der Begrüßungsbildschirm des Konfigurations-Managers für SQL Server 2008 R2

2. Das Dialogfeld des Konfigurations-Managers ist zweigeteilt, wie Sie in Abbildung 12.33 sehen können. Auf der linken Seite finden sich die Konfigurationsbereiche, von denen wir einige im weiteren Verlauf bearbeiten werden. Auf der rechten Seite finden Sie jeweils die Details zum ausgewählten Konfigurationsbereich.
3. Klicken Sie im Konfigurationsbereich auf den Eintrag *Webdienst-URL*.
4. Übernehmen Sie die vorgegebenen Werte und klicken Sie auf die Schaltfläche *Anwenden* am rechten unteren Rand des Dialogfelds.
5. Kurze Zeit danach wird im unteren Bereich des Dialogfelds die erfolgreiche Konfiguration bestätigt. Wechseln Sie jetzt mit einem Klick auf *Datenbank* im Konfigurationsbereich zum nächsten Arbeitsschritt.
6. Klicken Sie im rechten Bereich auf die Schaltfläche *Datenbank ändern*. Das Dialogfeld *Assistent zum Konfigurieren der Berichtsserver-Datenbank* wird eingeblendet.
7. Übernehmen Sie die selektierte Option *Neue Berichtsserver-Datenbank erstellen* und klicken Sie auf die Schaltfläche *Weiter*.

Installation der Berichterstattung

Abbildung 12.34 Die erfolgreich konfigurierte Webdienst-URL

8. Im nächsten Dialogschritt wird die Verbindung mit dem Datenbankserver hergestellt. Da wir den lokal installierten Datenbankserver verwenden, können Sie die vorgeschlagenen Werte übernehmen. Falls Sie dem bisher positiven Verlauf nicht über den Weg trauen, klicken Sie zur Überprüfung auf die Schaltfläche *Verbindung testen*. Sie sollten schon nach kurzer Zeit die Meldung *Der Verbindungstest war erfolgreich* angezeigt bekommen. Schließen Sie das Meldungsfeld, sobald sich Ihre Freude über den bisherigen Erfolg gelegt hat, und klicken Sie danach auf die Schaltfläche *Weiter*.

9. Übernehmen Sie den vorgeschlagenen Datenbanknamen *ReportServer*. Behalten Sie weiterhin auch die selektierte Option für den *Berichtsservermodus* (einheitlicher Modus) bei. Klicken Sie auf die Schaltfläche *Weiter*.

10. Das Dialogfeld zur Anpassung der Anmeldeinformationen wird angezeigt. Behalten Sie auch hier den voreingestellten Listeintrag für den Authentifizierungstyp bei (*Anmeldeinformationen des Dienstes*). Klicken Sie danach auf die Schaltfläche *Weiter*.

11. Im nächsten Dialogfeld werden Ihre Angaben zusammengefasst. Klicken Sie auf *Weiter*, damit die erforderlichen Datenbanken auf dem Datenbankserver erstellt werden.

12. Kurze Zeit danach erhalten Sie die Rückmeldung über die erfolgreich durchgeführten Arbeitsschritte. Klicken Sie auf *Fertig stellen*, um zum Hauptdialog zurückzukehren.

13. Wechseln Sie zum nächsten Funktionsabschnitt *Berichts-Manager-URL*.

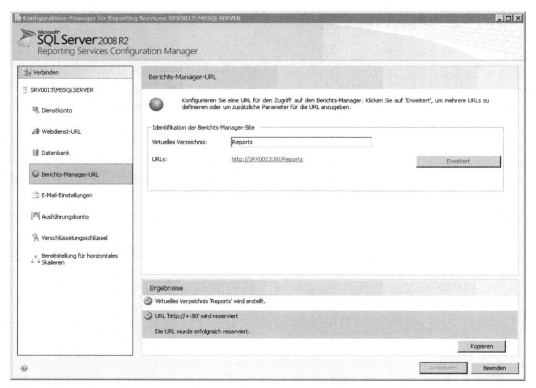

Abbildung 12.35 Alle notwendigen Schritte sind somit erledigt

14. Klicken Sie unten rechts auf die Schaltfläche *Anwenden*.
15. Kurze Zeit danach sollte das Dialogfeld dem aus Abbildung 12.35 weitgehend ähneln.

Die folgenden Konfigurationsdetails werden vorerst nicht benötigt und deshalb an dieser Stelle nicht konfiguriert:

- E-Mail-Einstellungen
- Ausführungskonto
- Verschlüsselungsschlüssel
- Bereitstellung für horizontales Skalieren

Abbildung 12.36 Das Resultat der erfolgreich abgeschlossenen Vorbereitungen: die Stammseite der SQL Server Reporting Services

Für einen weiteren Test können Sie die erstellte URL-Adresse anklicken, die Ihnen im Dialogfeld aus Abbildung 12.35 angeboten wird. Als Resultat muss Ihnen Ihr Internet Explorer die Webseite anzeigen, die Sie mit Abbildung 12.36 vergleichen können.

Sobald Sie die nächsten beiden Abschnitte abgeschlossen haben, wird sich diese Internetseite mit den verfügbaren Berichten nach und nach füllen. Welche Berichte verfügbar sind, wird in erster Linie durch den Import von Management Packs gesteuert. Diese beinhalten in den meisten Fällen auch die Auswertungen.

Sollten Sie sich zu einem späteren Zeitpunkt entscheiden, die Berichterstattung auf einem anderen Serversystem bereitzustellen, wird System Center 2012 Operations Manager diese Veränderung bemerken. Sofern Sie sich also an eine reguläre Deinstallation und Neuinstallation dieser Funktion halten, füllt sich die Berichterstattung immer wieder selbst, ist damit gleichermaßen und im wahrsten Sinne des Wortes auf Selbstheilung programmiert.

Vorbereitende Maßnahmen zur Installation der Berichterstattung

Die Benutzerkontensteuerung beschert uns Installationsfreaks immer wieder neue Überraschungen. Während den zurückliegenden Projekten kam es nicht selten vor, dass sich die Installation der SQL Server Reporting Services problemlos durchführen ließ. Sobald jedoch ein anderer Benutzer als der installierende selbst auf die Internetseite aus Abbildung 12.36 zugreifen wollte, wurde dieser freundlich, aber bestimmt auf seine sicherheitstechnische Inkompetenz hingewiesen. Mit den Reporting Services aus Microsoft SQL Server 2008 waren weitere spannende Phänomene vorprogrammiert. Dort war je nach Korrekturstand der Datenbankserversoftware nach erfolgreicher Installation durch einen administrativen Benutzer nur noch der Zugriff mit einem lokalen Administrationskonto möglich.

Beruhigend, dass diese Zeiten offensichtlich der Vergangenheit angehören, denn seit System Center 2012 Operations Manager und der damit verbundenen Verwendung von SQL Server 2008 R2 sind diese Verhaltensweisen nicht mehr zu beachten. Ungeachtet dessen empfehle ich Ihnen, sich mit einem anderen Benutzerkonto am Berichterstattungsserver anzumelden und den Zugriff auf die von SQL Server Reporting Services erstellte Internetseite sicherzustellen. Diese Prüfung ist unter anderem der Grund für den aktuellen Abschnitt dieses Kapitels. Führen Sie somit bitte folgende Schritte am Serversystem (SRV0013.CONTOSO.MSFT) nach erfolgreicher Beendigung der Schritte aus dem vorherigen Abschnitt durch:

1. Melden Sie sich mit dem Benutzerkonto *contoso\adm.sql* ab.
2. Melden Sie sich mit dem Benutzerkonto *contoso\adm.scom* an.
3. Klicken Sie auf *Start/Alle Programme/Microsoft SQL Server 2008 R2/Konfigurationstools/Konfigurations-Manager für Reporting Services*.
4. Das Dialogfeld *Konfigurationsverbindung* für Reporting Services wird angezeigt. Verbinden Sie sich mit der angezeigten, derzeit einzigen Berichtsserverinstanz (MSSQLSERVER).
5. Klicken Sie im linken Bereich auf *Berichts-Manager-URL*.
6. Klicken Sie auf die im mittleren Bereich des Bildschirms angezeigte URL-Adresse. In meinem Fall ist das *http://SRV0013:80/Reports*.

Sie sollten jetzt die gleiche Internetseite angezeigt bekommen, die Sie auch in Abbildung 12.36 sehen können. Sollte das aufgrund von fehlenden Berechtigungen nicht möglich sein, müssen Sie sich erneut mit dem Benutzer *contoso\adm.sql* anmelden. Im Kontext dieses Benutzers müssen dann auf der eben genannten Internetseite die Berechtigungen angepasst werden.

1. Schließen Sie die Internetseite wieder, ohne vorher daran Einstellungen vorzunehmen.
2. Beenden Sie den Konfigurations-Manager für Reporting Services (*SRV0013\MSSQLSERVER*).
3. Stellen Sie den Datenträger von System Center 2012 Operations Manager in gewohnter Manier bereit. Dies erfolgt wie bisher auch je nach Datenträgertyp durch Einlegen in ein optisches Laufwerk oder aber durch Einbinden der ISO-Datei als virtuelles Laufwerk.

Durchführung der Inbetriebnahme

Alle Vorbereitungen sind getroffen, und wir können mit der Installation der Berichterstattungskomponente von System Center 2012 Operations Manager beginnen:

1. Klicken Sie doppelt auf das Symbol des Installationsprogramms von System Center 2012 Operations Manager, welches am optischen Laufwerk angezeigt wird.

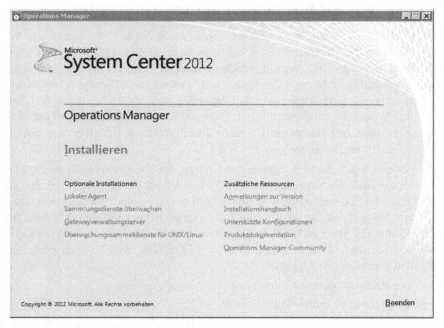

Abbildung 12.37 Begrüßungsbildschirm der Installationsroutine von System Center 2012 Operations Manager

2. Der bereits bekannte Begrüßungsbildschirm des Installationsprogramms von System Center 2012 Operations Manager wird angezeigt. Klicken Sie auf den Hyperlink *Installieren*.

Installation der Berichterstattung

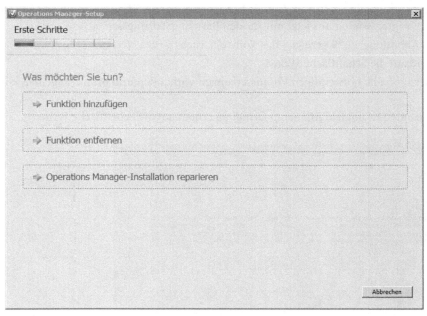

Abbildung 12.38 Die Auswahl der Optionen des Installationsprogramms

3. Auf dem aktuellen Serversystem sind bereits Funktionen von System Center 2012 Operations Manager installiert. Deshalb empfiehlt sich das Installationsprogramm auch mit der Option, installierte Funktionen zu entfernen. Wir schauen aber nur nach vorne und klicken deshalb auf *Funktion hinzufügen*.

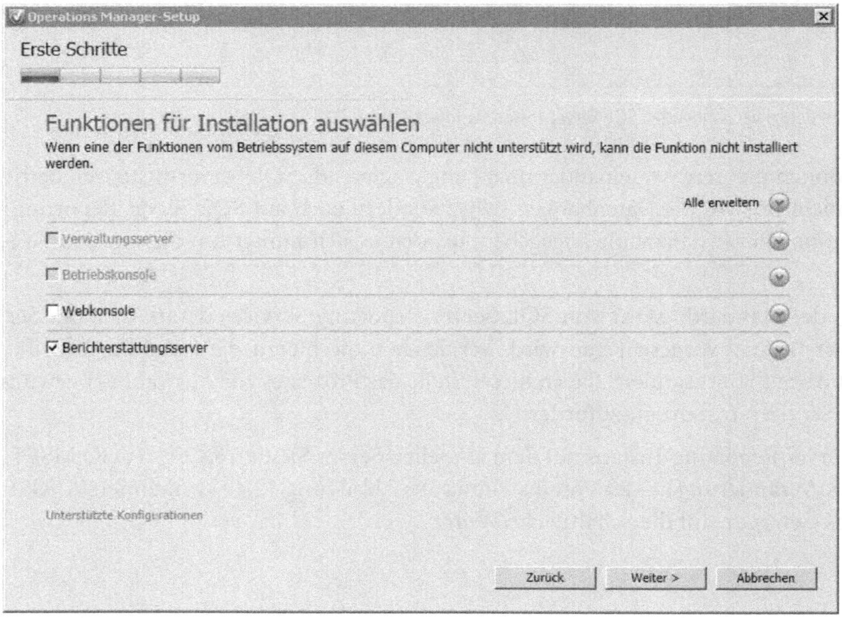

Abbildung 12.39 Die Übersicht der noch verfügbaren Funktionen

Da die Funktionen *Verwaltungsserver* und *Betriebskonsole* bereits installiert sind, werden diese nicht mehr zur Selektion angeboten. Wir interessieren uns jetzt nur für den Berichterstattungsserver:

1. Aktivieren Sie – wie in Abbildung 12.39 gezeigt – das Kontrollkästchen *Berichterstattungsserver*.
2. Klicken Sie anschließend auf die Schaltfläche *Weiter*.

   Das Setup überprüft jetzt, ob alle notwendigen Voraussetzungen vorhanden und ordnungsgemäß konfiguriert sind.
3. Klicken Sie im nachfolgenden Dialogfeld *Mit Setup fortfahren* erneut auf die Schaltfläche *Weiter*.

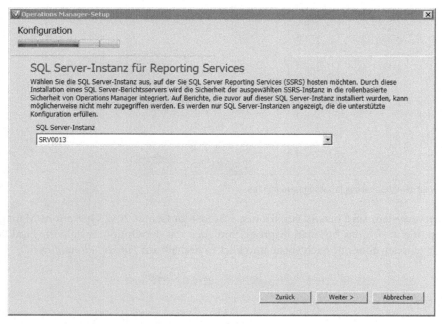

Abbildung 12.40   Die Auswahl der zu verwendenden SQL Server-Instanz wird angezeigt

Auf einem Serversystem können mehrere, voneinander unabhängig agierende SQL Server-Instanzen betrieben werden. Das bezieht sich nicht nur auf die Datenbanken selbst, sondern auch auf SQL Server Reporting Services. Wird bei der Installation kein Instanzname angegeben, handelt es sich immer um die sogenannte Standardinstanz.

Sie erkennen die Auswahl der Standardinstanz von SQL Server Reporting Services daran, dass der Servername selbst als SQL Server-Instanz vorgeschlagen wird. Vergleichen Sie hierzu die Abbildung 12.40. Das Installationsprogramm ist darauf konditioniert, Sie an dieser Stelle des Prozesses zur Auswahl der gewünschten SQL Server Reporting Services-Instanz aufzufordern.

Da derzeit nur eine SQL Server Reporting-Instanz auf dem aktuellen Server SRV0013.CONTOSO.MSFT installiert ist, müssen Sie keine Veränderung an der Voreinstellung aus Abbildung 12.40 vornehmen. Klicken Sie stattdessen ohne schlechtes Gewissen auf die Schaltfläche *Weiter*.

Installation der Berichterstattung

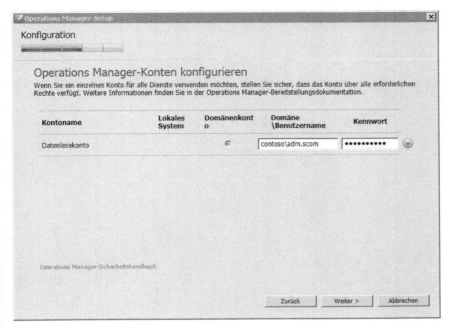

Abbildung 12.41 Definition des zu verwendenden Benutzerkontos

Zur Bereitstellung der Berichte benötigen wir ein Benutzerkonto, welches über ausreichende Berechtigungen verfügt. Mit diesem Konto werden unter anderem auch die Daten aus der Data Warehouse-Datenbank gelesen. Wie Sie in Abbildung 12.41 sehen können, wird bei diesem Konto die Option *Lokales System* nicht angeboten.

1. Tragen Sie im Dialogfeld *Operations Manager-Konten konfigurieren* das von Ihnen gewünschte Domänenbenutzerkonto ein. Im aktuellen Szenario verwende ich dafür weiterhin das Benutzerkonto *contoso\adm.scom*.
2. Geben Sie das korrespondierende Kennwort ein und klicken Sie danach auf die Schaltfläche *Weiter*.
3. Das Installationsprogramm validiert jetzt Benutzerkonto und Kennwort.

Auf die nächsten drei Dialogfelder verzichten wir aufgrund nicht vorhandener Besonderheiten wieder einmal. Stattdessen nachfolgend deren Inhalt im Schnelldurchlauf:

- **Dialogfeld *Berichterstattung für operative Daten***   Entscheiden Sie, ob das Entwicklerteam von System Center 2012 Operations Manager anonymisierte Kenntnis über Ihre Arbeit mit diesem Produkt erhalten darf oder nicht. Ich selektiere hier immer die Option *Ja, ich bin bereit, anonym teilzunehmen*.

- **Dialogfeld *Installationsübersicht***   In diesem Fenster werden alle von Ihnen eingegebenen Parameter noch einmal zusammenfassend angezeigt. Nach einem Klick auf die Schaltfläche *Installieren* beginnt die Installationsroutine mit der Ausbringung der Programmdateien. Dieser Prozess dauert einige Minuten.

Hat alles geklappt – und von nichts anderem gehen wir aus – werden wir nach kurzer Zeit vom Dialogfeld aus Abbildung 12.42 begrüßt. Optional können Sie nun noch das Kontrollkästchen *Microsoft Update starten, nachdem der Assistent geschlossen wurde* aktivieren.

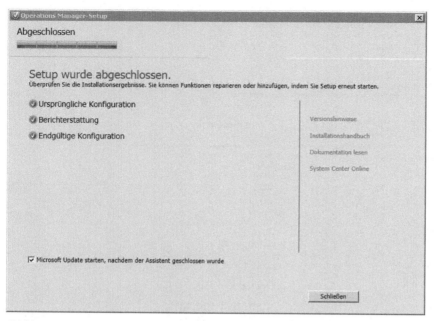

Abbildung 12.42   Wir feiern die erfolgreiche Durchführung der Installation

Nachdem Sie dann auf die Schaltfläche *Schließen* geklickt haben, wird Windows Update aus der Systemsteuerung aufgerufen. Sie müssen zusätzlich noch auf den Hyperlink *Nach Updates suchen* klicken, damit Ihr Server beginnt, nach Aktualisierungen zu suchen, die in Bezug zu der soeben durchgeführten Installation stehen. Sofern Sie in Ihrem Unternehmen einen internen Windows Update installiert und Ihre Domäne entsprechend konfiguriert haben, wird dieser erst zeitversetzt eventuelle Aktualisierung anbieten.

Die Installation der Berichterstattungskomponente ist damit abgeschlossen.

Überprüfung einer erfolgreichen Installation der Berichterstattungskomponente

Es gibt unterschiedliche Stellen, an denen wir die erfolgreiche Installation der Berichterstattungskomponente von System Center 2012 Operations Manager überprüfen können. Die folgenden werden wir uns in diesem Zusammenhang anschauen:

- Erfolgreiche Integration in die Betriebskonsole
- Erfolgreiche Bereitstellung der verfügbaren Berichte

Erfolgreiche Integration in die Betriebskonsole

Nach der Installation der Berichterstattungskomponente freut sich der ambitionierte Administrator auf den ersten Start der Betriebskonsole von System Center 2012 Operations Manager. Ist bei der Installation alles erfolgreich verlaufen, erscheint bei den Navigationsschaltflächen der Betriebskonsole ein neuer Eintrag.

In dem auch als »Wunderbar« bekannten Bereich der Betriebskonsole taucht nun zusätzlich auch die Berichterstattung auf. Lassen Sie uns überprüfen, ob Ihre Betriebskonsole Ihres Verwaltungsserver dieses Merkmal ebenso aufweist.

Installation der Berichterstattung

Klicken Sie dazu auf *Start/Alle Programme/Microsoft System Center 2012/Operations Manager/Operations Console*. Nach einem kurzen Moment ist die Betriebskonsole geladen und in der »Wunderbar« sollte der Eintrag *Berichterstattung* vorhanden sein. Vergleichen Sie hierzu auch die Abbildung 12.43.

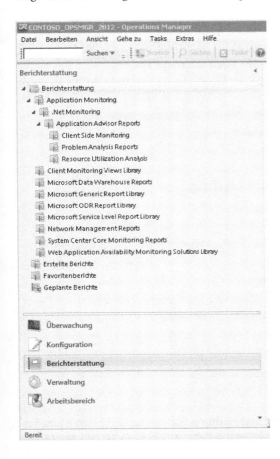

Abbildung 12.43 Die Berichte werden jetzt in der Betriebskonsole angeboten

Die Liste der verfügbaren Berichte variiert abhängig von den bereits importierten Management Packs. Die Struktur in Abbildung 12.43 spiegelt den Inhalt direkt nach der ersten Inbetriebnahme wieder. Sollten Sie nicht sofort alle Einträge auf Ihrem System wiederfinden, ist das kein Grund zur Panik. Die Berichterstattung wird immer asynchron bedient. Dies bedeutet, dass Auswertungen immer erst nach einigen Minuten und je nach Anzahl von Management Packs auch erst nach einem längeren Zeitraum gelistet werden.

Klicken Sie im Navigationsbereich beispielsweise auf den Eintrag *Microsoft ODR Report Library*, sollten Sie im Ergebnisbereich der Betriebskonsole folgende Berichte aufgelistet bekommen:

- *Häufigste Warnungen*
- *Instanzbereich*
- *Management Packs*
- *Verwaltungsgruppe*
- *Warnungen pro Tag*

Markieren Sie einen dieser Einträge und klicken Sie danach im Aufgabenbereich auf *Öffnen*. Danach sollte der entsprechende Bericht aufbereitet werden.

Erfolgreiche Bereitstellung der verfügbaren Berichte

Eine eher technische Überprüfung können wir durch den Aufruf der Internetseite vornehmen, die wir etwas weiter vorne in diesem Kapitel mithilfe des Konfigurations-Managers für Reporting Services generiert hatten:

1. Starten Sie auf dem Serversystem (SRV0013.CONTOSO.MSFT) den Internet Explorer.
2. Rufen Sie die Berichts-Manager-URL auf. Die Adresse in unserem Beispiel lautet *http://SRV0013:80/Reports*.

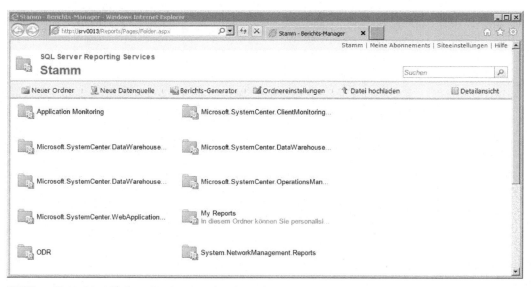

Abbildung 12.44 Die verfügbaren Berichte aus technischer Sicht

System Center 2012 Operations Manager verwendet zur Berichtsverwaltung SQL Server 2012 Reporting Services. Dort werden die Berichte über eine HTTP-Schnittstelle bereitgestellt. Aus diesem Grund lassen sich Kategorien, Berichte, aber auch die technischen Einstellungen mithilfe des Internet Explorers anzeigen.

Normalerweise werden Sie während der täglichen Arbeit mit der Berichterstattung von System Center 2012 Operations Manager niemals Bekanntschaft mit der HTTP-Oberfläche aus Abbildung 12.44 machen.

Ein Blick auf diese Präsentationsschicht ist jedoch vergleichbar mit dem Blick in den Maschinenraum eines Schiffs. Und bei uns sieht es ganz danach aus, dass die Berichterstattung erfolgreich und ordnungsgemäß installiert wurde.

Installation der Webkonsole

Wer, aus welchen Gründen auch immer, keinen Zugriff auf die Betriebskonsole von System Center 2012 Operations Manager haben kann, wird das alternative Administrationswerkzeug Webkonsole zu schätzen wissen. Sie bietet zwar bei weitem nicht den Leistungsumfang der Betriebskonsole. Für operative Arbeiten in Sachen Prozessüberwachung reichen die bereitgestellten Möglichkeiten aber allemal.

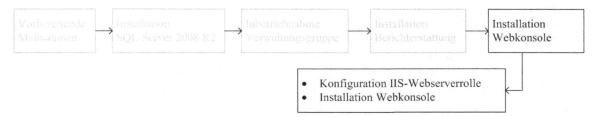

Abbildung 12.45 Letzter Schritt: die Installation der Webkonsole

Um die Bereitstellung dieser Funktion von System Center 2012 Operations Manager wollen wir uns in diesem Abschnitt kümmern. Sie erinnern sich, dass wir für die Bereitstellung der Berichterstattung keine Webserverrolle auf dem Server bereitstellen mussten, obwohl diese Komponente die Standardkommunikationskanäle (80,443) der Internetinformationsdienste verwendet. Der Grund hierfür ist, dass die SQL Server 2012 Reporting Services die Anfrage auf diesen Ports selbst befriedigen.

Werden auf einem Serversystem Internetseiten bereitgestellt, um deren Verwaltung sich auch SQL Server 2012 Reporting Services kümmern, muss darauf geachtet werden, dass es zu keinen Überlappungen bei den URL-Adressen kommt. Solange diese eindeutig sind, harmonisiert die Koexistenz der beiden Anbieter auf einem Serversystem ohne Problem.

Auch für diese Funktion von System Center 2012 Operations Manager müssen wir einige vorbereitende Maßnahmen treffen. In erster Linie geht es dabei um die Konfiguration der Webserverrolle auf dem verwendenden Serversystem. Steigen wir somit gleich in die Vorbereitungsarbeiten ein, bevor wir dann mit der Installation der Webkonsole beginnen können.

Vorbereitende Maßnahmen zur Installation der Webkonsole

Zur Bereitstellung der Webkonsole müssen folgende Voraussetzungen gegeben sein:

- Die Installation der Webkonsole erfolgt auf einem Server, der bereits als Verwaltungsserver für System Center 2012 Operations Manager verwendet wird
- Die Rolle *Webserver (IIS)* muss auf Betriebssystemebene ordnungsgemäß konfiguriert sein
- ASP.NET 4.0 muss registriert sein
- Die Verwendung von SSL muss vorbereitet sein

Konfiguration der Webserverrolle

Der erstgenannte Aspekt wird bereits erfüllt, denn alle Rollen von System Center 2012 Operations Manager befinden sich auf unserem Server SRV0013.CONTOSO.MSFT. Bei einer Skalierung für größere Umgebungen bedeutet das jedoch, dass Sie mit mindestens zwei, besser drei oder mehr Verwaltungsservern arbeiten sollten.

Bei der Vorbereitung des zweiten Punkts scheiden sich oft die Geister. Microsoft hat in den vergangenen Jahren viel dafür getan, den Kritikern in Sachen Sicherheit der Internetinformationsdienste die Luft aus den Segeln zu nehmen. Wie Sie wissen, ist ein Windows-Serversystem in der aktuellen Version nach der Erstinstallation um sämtliche Funktionen und Rollen beraubt. Der Administrator muss die gewünschten Leistungsmerkmale aktivieren und konfigurieren.

Insbesondere bei der Webserverrolle ist die richtige Auswahl der Rollendienste nur zum Teil eine bewusste Entscheidung. Es gibt nämlich Verbindungen zwischen den einzelnen Rollen und Funktionen, die für eine implizite Installation der benötigten Abhängigkeiten sorgt. Versuchen Sie beispielsweise das Feature *.NET Framework 3.5.1* auf Ihrem Server zu installieren, was wir bereits weiter vorne in diesem Kapitel hinter uns gebracht haben. Mit diesem Installationsschritt wurden automatisch auch Rollendienste der Webserverrolle bereitgestellt.

Positiv formuliert bedeutet das, dass wir zur Installation der für die Webkonsole benötigten Internetinformationsdienste nicht ganz von vorne beginnen müssen. Benötigt werden die folgenden Rollendienste:

- Statischer Inhalt
- IIS 6-Metabasiskompatibilität
- Windows-Authentifizierung
- Statischer Inhalt
- Verzeichnissuche
- HTTP-Fehler
- HTTP-Protokollierung
- Anforderungsmonitor
- Komprimierung statischer Inhalte
- IIS-Verwaltungskonsole

Darüber hinaus müssen folgende zusätzliche konfigurationstechnische Voraussetzungen erfüllt sein:

- ISAPI- und CGI-Einschränkungen in Internetinformationsdienste für ASP.NET 4.0 müssen vorhanden und aktiviert sein
- ASP.NET 4.0-Handler müssen in Internetinformationsdienste registriert sein

Die beiden zuletzt genannten Voraussetzungen erledigen sich von alleine, wenn die Installation der Webserverrolle erfolgreich durchgeführt wurde. Beginnen wir mit der Installation der Webserverrolle auf unserem Serversystem. Wie bereits erwähnt: Bedenken Sie bitte, dass dort schon Rollendienste von Internetinformationsdienste installiert sind.

1. Melden Sie sich mit einem administrativen Benutzerkonto auf dem Verwaltungsserver an. Verwenden Sie idealerweise das Domänenbenutzerkonto *contoso\adm.scom*, welches wir später auch zur Installation der System Center 2012 Operations Manager-Funktion *Webkonsole* nutzen werden.
2. Klicken Sie auf das Server-Manager-Symbol, welches sich direkt rechts neben der *Start*-Schaltfläche befindet.
3. Klicken Sie im linken Bereich des Server-Managers auf *Rollen*.
4. Scrollen Sie im rechten Bereich bis zum Eintrag *Webserver (IIS)*. Beachten Sie bitte die bereits installierten Rollendienste.
5. Klicken Sie auf den Hyperlink *Rollendienste hinzufügen*. Das gleichnamige Dialogfeld wird angezeigt.
6. Aktivieren Sie zusätzlich die Kontrollkästchen der folgenden Rollendienste (sofern noch nicht aktiviert):
    - Verzeichnissuche
    - HTTP-Fehler
    - HTTP-Protokollierung
    - Anforderungsmonitor
    - Windows-Authentifizierung

Installation der Webkonsole

- Komprimierung statischer Inhalte
- IIS6-Verwaltungskompatibilität
- IIS-Verwaltungskonsole
- IIS-Verwaltungsskripts und -tools
- Verwaltungsdienst

7. Klicken Sie danach auf die Schaltfläche *Weiter* und im nächsten Dialogfeld auf die Schaltfläche *Installieren*.

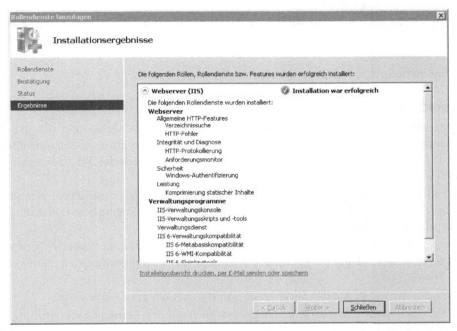

Abbildung 12.46 Die Webserverrolle wurde erfolgreich für die Installation der Webkonsole von System Center 2012 Operations Manager konfiguriert

Nach einem kurzen Moment wird Ihnen die erfolgreiche Durchführung der Konfiguration bestätigt. Klicken Sie abschließend auf die Schaltfläche *Schließen*, wie in Abbildung 12.46 ersichtlich. Schließen Sie danach auch den Server-Manager.

Registrierung von ASP.NET 4.0

Da Rollendienste des Webservers bereits installiert waren, müssen wir eine zusätzliche Ehrenrunde bei den vorbereitenden Arbeiten einlegen und ASP.NET 4.0 nachträglich installieren. Gehen Sie dazu wie folgt vor:

1. Starten Sie ein Eingabeaufforderungsfenster auf unserem Server SRV013.CONTOSO.MSFT. Klicken Sie dazu auf *Start* und danach mit der rechten Maustaste auf den Eintrag *Eingabeaufforderung*.
2. Klicken Sie im Kontextmenü auf den Menüeintrag *Als Administrator ausführen*. Bestätigen Sie die Warnmeldung der Benutzerkontensteuerung mit einem Klick auf die Schaltfläche *Ja*. Eine vertraute Eingabeaufforderung wird angezeigt. Wichtig: In der Titelleiste muss das Wort »Administrator« auftauchen!
3. Geben Sie den folgenden Befehl ein und bestätigen Sie mit der ⏎-Taste:
   `%WINDIR%\Microsoft.NET\Framework64\v4.0.30319\aspnet_regiis.exe -r`

4. Einen Moment später wird Ihnen die erfolgreiche Registrierung bestätigt. Schließen Sie das Fenster der Eingabeaufforderung durch Eingabe des Befehls *Exit* und abschließender Bestätigung mit der ⏎-Taste.

Jetzt müssen wir uns noch um die Zulassung der eben registrierten Erweiterung kümmern. Das erreichen wir mit der Unterstützung des Internetinformationsdienste (IIS)-Managers:

1. Klicken Sie auf *Start/Verwaltung/Internetinformationsdienste (IIS)-Manager*.
2. Klicken Sie im linken Fenster auf den Servereintrag *SRV0013 (CONTOSO\adm.scom)*.
3. Klicken Sie im mittleren Bereich des Managers doppelt auf den Eintrag *ISAPI- und CGI-Einschränkungen*. Sie finden den Eintrag im Abschnitt *IIS*.
4. Im mittleren Bereich werden jetzt die registrierten Erweiterungen aufgelistet. Klicken Sie nacheinander mit der rechten Maustaste auf die beiden Einträge *ASP.NET v4.0.30319* und wählen Sie jeweils im Kontextmenü den Befehl *Zulassen* aus.
5. Schließen Sie den Internetinformationsdienste-Manager.

Vorbereitung zur Verwendung von SSL

Letzte abschließende Arbeit ist die Bereitstellung eines SSL-Zertifikats und die Aktivierung von SSL auf unserem Webserver. Idealerweise sollten Sie mit domänenbasierten Zertifikaten arbeiten. Dazu benötigen wir allerdings die Active Directory-Zertifikatdienste und diese sollten sinnvollerweise auf einer separaten Maschine bereitgestellt werden.

Um mit den vorbereitenden Maßnahmen an dieser Stelle nicht über das Ziel hinauszuschießen, verwenden wir die Möglichkeit, ein selbstsigniertes Zertifikat zu erstellen. Dieses ist standardmäßig bereits erstellt. Führen Sie folgende Schritte durch, um die Existenz zu überprüfen:

1. Sofern Sie den Internetinformationsdienste-Manager bereits geschlossen haben, kommen wir jetzt zum Kapitel »Nicht zur Strafe, nur zur Übung«: Klicken Sie nochmals auf *Start/Verwaltung/Internetinformationsdienste (IIS)-Manager*.
2. Klicken Sie im linken Fenster wieder auf den Servereintrag *SRV0013 (CONTOSO\adm.scom)*.
3. Klicken Sie dieses Mal im mittleren Bereich des Managers doppelt auf den Eintrag *Serverzertifikate*. Sie finden auch diesen Eintrag im Abschnitt *IIS*.
4. Im mittleren Fenster sollte jetzt mindestens ein Eintrag aufgelistet werden. Achten Sie darauf, dass das Ablaufdatum nicht in der Vergangenheit liegt.
5. Beenden Sie den Internetinformationsdienste (IIS)-Manager dieses Mal noch nicht.

Jetzt weisen wir das vorhandene Zertifikat der im Nachgang verwendeten Internetseite zu. Derzeit »hört« die Standardwebsite nur auf Port 80. Dazu führen Sie bitte – erneut mit dem Internetinformationsdienste (IIS)-Manager – die folgenden Schritte aus:

1. Erweitern Sie im Internetinformationsdienste (IIS)-Manager auf der linken Seite zu *SRV0013 (CONTOSO\adm.scom)/Sites/Default Web Site*.
2. Klicken Sie im rechten Aktionsbereich auf den Hyperlink *Bindungen*. Das Dialogfeld *Sitebindungen* wird eingeblendet.
3. Klicken Sie auf die Schaltfläche *Hinzufügen*. Das Dialogfeld *Sitebindung hinzufügen* wird angezeigt.
4. Wählen Sie in der Auswahlliste *Typ* den Eintrag *https* aus. Belassen Sie die Auswahlliste *IP-Adresse* auf *Keine zugewiesen* und das Feld *Port* auf *443*.
5. Selektieren Sie in der Auswahlliste *SSL-Zertifikat* das Zertifikat, welches wir bei der vorangegangenen Überprüfung ausfindig gemacht hatten. Klicken Sie anschließend auf die Schaltfläche *OK*. Im Dialogfeld *Sitebindungen* muss nun der zusätzlich ausgewählte Typ *https* aufgeführt sein.

Installation der Webkonsole

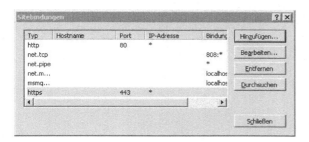

Abbildung 12.47 Die Internetseite kann nun auch mit HTTPS-Verbindungen umgehen

6. Klicken Sie auf die Schaltfläche *Schließen*, um das Dialogfeld aus Abbildung 12.47 zu verlassen.

Damit sind die vorbereitenden Maßnahmen zur Installation der Webkonsole abgeschlossen.

Durchführung der Inbetriebnahme

Wir befinden uns im Endspurt. Nun steht nur noch die Installation der Webkonsole von System Center 2012 Operations Manager bevor. Diese Komponente verlangt den Administratoren die meiste vorbereitende Handarbeit ab. Diese haben wir mit dem letzten Abschnitt hinter uns gebracht, und so können wir ohne weitere Vorreden in die Installationsarbeiten einsteigen:

1. Sofern noch nicht geschehen, melden Sie sich mit dem Domänenbenutzerkonto *CONTOSO\adm.scom* am Server Ihrer Wahl (*SRV0013.CONTOSO.MSFT*) an.
2. Stellen Sie den Datenträger von System Center 2012 Operations Manager in gewohnter Manier bereit. Dies erfolgt – wie bereits bekannt – je nach Datenträgertyp durch Einlegen in ein optisches Laufwerk oder aber durch Einbinden der ISO-Datei als virtuelles Laufwerk.
3. Klicken Sie doppelt auf das Symbol des Installationsprogramms von System Center 2012 Operations Manager, welches am optischen Laufwerk angezeigt wird.

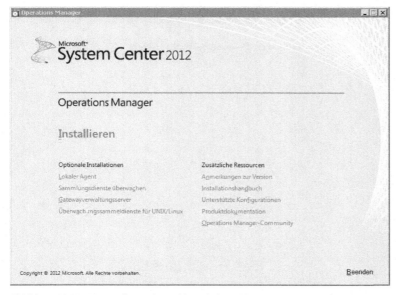

Abbildung 12.48 Die Installation der Webkonsole kann beginnen

4. Klicken Sie im Dialogfeld aus Abbildung 12.48 auf den Hyperlink *Installieren*.

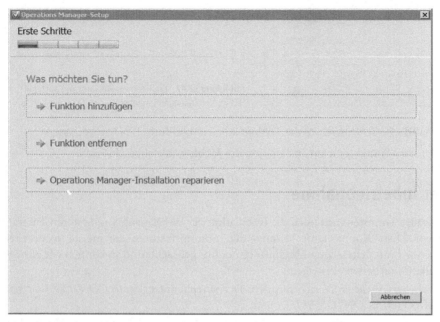

Abbildung 12.49 Die Auswahl der gewünschten Funktion des Installationsprogramms

5. Das Dialogfeld *Erste Schritte* wird angezeigt. Klicken Sie auf den Hyperlink *Funktion hinzufügen*.

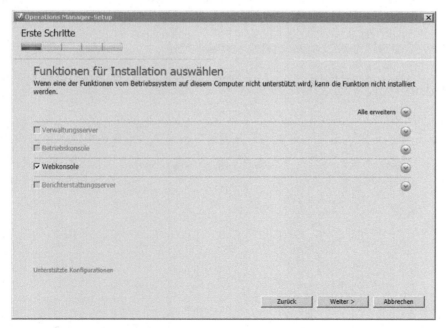

Abbildung 12.50 Die Auswahl der gewünschten Funktionen

6. Da bereits alle anderen Funktionen auf diesem Server installiert worden sind, bleibt uns nur noch die Aktivierung des Kontrollkästchens für die Installation der Webkonsole. Klicken Sie nach dessen Aktivierung auf die Schaltfläche *Weiter*.

Das Installationsprogramm überprüft jetzt die benötigten Voraussetzungen. Da wir hervorragend vorgelegt haben, steht der Durchführung der Installation nichts mehr im Wege. Klicken Sie deshalb im hier nicht dargestellten Dialogfeld *Mit Setup fortfahren* auf die Schaltfläche *Weiter*.

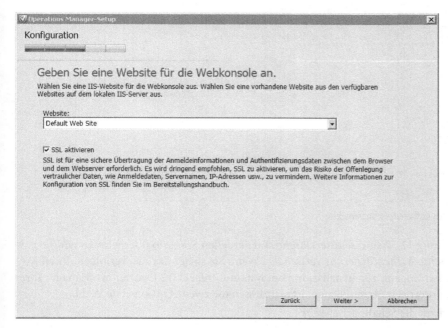

Abbildung 12.51 Die Auswahl der zu verwendenden Webseite

Als Nächstes müssen Sie die Webseite definieren, auf deren Basis das Installationsprogramm die Webkonsole von System Center 2012 Operations Manager bereitstellen kann.

1. Da wir auf dem aktuell verwendeten Verwaltungsserver nur eine einzige Webseite eingerichtet haben, fällt die Wahl nicht weiter schwer, und wir akzeptieren den Eintrag der Auswahlliste.
2. Markieren Sie zusätzlich das Kontrollkästchen *SSL aktivieren*.
3. Klicken Sie anschließend auf die Schaltfläche *Weiter*.

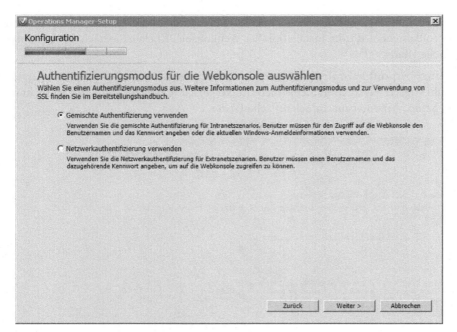

Abbildung 12.52 Festlegung des Authentifizierungsmodus

Die Optionen aus Abbildung 12.52 sind selbsterklärend. Im aktuellen Szenario übernehmen wir die vorselektierte Option *Gemischte Authentifizierung verwenden*. Wenn Sie später das Ziel verfolgen, Ihren Kolleginnen und Kollegen den Zugang zur Installation von System Center 2012 Operations Manager Ihres Unternehmens über das Internet zu ermöglichen, ist stattdessen die zweite Option erste Wahl.

4. Klicken Sie anschließend auf die Schaltfläche *Weiter*.
5. Abschließend werden Ihnen alle Konfigurationspunkte nochmals auf einem separaten Dialogfeld zusammenfassend angezeigt. Klicken Sie hier auf die Schaltfläche *Installieren*, damit das Installationsprogramm die Konfiguration durchführen kann.

Kurze Zeit später ist die Installation erledigt. Im Dialogfeld aus Abbildung 12.53 wird uns wie bereits gewohnt die Möglichkeit gegeben, online nach Updates zu suchen. Sofern Sie Ihre Computer mit einem internen Windows Update-Server oder mit System Center 2012 Configuration Manager aktualisieren, wird die Bereitstellung der Aktualisierungen erst im Rahmen des etablierten Change-Prozesses geschehen.

6. Klicken Sie abschließend auf die Schaltfläche *Schließen*.

Installation der Webkonsole

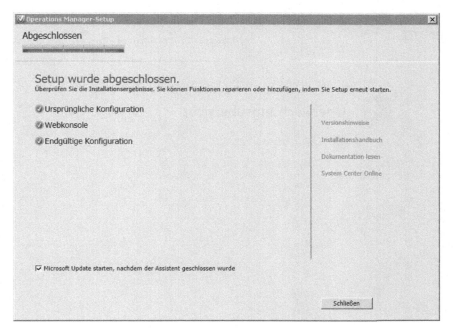

Abbildung 12.53 Die erfolgreiche Installation der Webkonsole ist Geschichte

Überprüfung einer erfolgreichen Installation der Webkonsole

Als Webseite für die Installation von System Center 2012 Operations Manager wurde die Standardwebseite des Verwaltungsservers verwendet. Daraus ergibt sich die zu verwendende URL-Adresse *https://srv013.contoso.msft/OperationsManager.*

1. Starten Sie den Internet Explorer auf dem Verwaltungsserver SRV0013.CONTOSO.MSFT.
2. Tragen Sie die URL-Adresse *https://srv013.contoso.msft/OperationsManager* ein.
3. Bestätigen Sie gegebenenfalls die Fortsetzung zum Abruf der Webseite aufgrund eines unbekannten Zertifikats.

HINWEIS   An dieser Stelle wird unser Szenario eventuell jäh von der Aufforderung zur Installation von Microsoft Silverlight unterbrochen. System Center 2012 Operations Manager verwendet für die Anwendung der Webkonsole diese Erweiterung. Klicken Sie zur Installation auf das eingeblendete Logo und führen Sie die Installationsdatei aus.

Denken Sie über eine vorbeugende Verteilung von Microsoft Silverlight in Ihrem Unternehmen nach.

Wenn Sie die Webkonsole zum ersten Mal starten, werden Sie dazu aufgefordert, zusätzliche Konfigurationsschritte auszuführen. Klicken Sie dazu auf die Schaltfläche *Konfigurieren*. Eine weitere Installationsdatei kommt dadurch zur Ausführung.

Führen Sie auch diese Applikation aus. Nach wenigen Sekunden wird Ihnen die erfolgreiche Ausführung bestätigt. Schließen Sie das Dialogfeld durch einen Klick auf die gleichnamige Schaltfläche. Drücken Sie anschließend die Funktionstaste [F5], um den Inhalt des Internet Explorers zu aktualisieren.

Abbildung 12.54   Die Webkonsole ist betriebsbereit

Nun sollten Sie die Navigationsschaltflächen *Überwachung* und *Arbeitsbereich* in der Webkonsole angezeigt bekommen. Damit ist sowohl die Installation als auch die Überprüfung der Funktionsbereitschaft abgeschlossen.

Offene Punkte

Der Appetit kommt meist beim Essen. Im Verlauf der hoffentlich reibungslosen Installation von System Center 2012 Operations Manager sind Ihnen sicherlich auch einige Fragen eingefallen, auf die Sie in diesem Kapitel keine Antwort gefunden haben. Einige davon sind so offensichtlich, dass ich Sie nicht ohne einen weiteren Kommentar aus diesem Kapitel dazu verabschieden möchte:

- **Anpassung der Datenbankgröße**   Die Datenbanken sind mit einer Standardgröße voreingestellt. Früher oder später wird das eine Gigabyte Speicherbereich zu Ende gehen. System Center 2012 Operations Manager würde Ihnen das frühzeitig mitteilen, aber dazu müssen Sie erst einmal mit den Warnmeldungen umgehen können.

  Wir werden uns mit der Anpassung der Datenbankgröße in Kapitel 14 beschäftigen. Planen Sie dessen Studium erst in einem halben Jahr, empfehle ich Ihnen, diesen Plan noch einmal zu überdenken.

- **Installation weiterer Funktionen**   Das Ziel dieses Kapitels war die schnellstmögliche Inbetriebnahme von System Center 2012 Operations Manager. Sonderfunktionen wie Gatewayserver, Überwachungssammeldienste, Ausnahmeüberwachung oder APM zählen nicht zu den Kernfunktionen und werden auch von separaten Installationsroutinen bereitgestellt. Wir werden einige dieser Funktionen im Teil C dieses Buchs kennenlernen.

- **Berechtigungskonzept**   Ganz bewusst haben wir alle Installationsarbeiten mit Domänenadministrationskonten durchgefügt. Diese Konten haben erst einmal vollen Zugriff auf alle Funktionen und Prozesse von System Center 2012 Operations Manager. Mit diesen Konten werden Sie in einer produktiven Umgebung nicht arbeiten. Das Berechtigungskonzept flankiert auch die Verwendung der Webkonsole und schränkt die dort verfügbaren Möglichkeiten basierend auf den erforderlichen Berechtigungen ein.
- **Aufbau der Betriebskonsole**   Gleich im anschließenden Kapitel werfen wir einen genaueren Blick auf den Aufbau und die Inhalte von Betriebskonsole und Webkonsole.

Kapitel 13
Die Hauptfunktionen im Überblick

In diesem Kapitel:

Der Aufbau der Betriebskonsole	322
Generelle Funktionen der Betriebskonsole	324
Der Aufbau der Webkonsole	326
Vorstellung der Arbeitsbereiche	328

In Kapitel 12 haben wir die Basisinstallation von System Center 2012 Operations Manager erfolgreich durchgeführt. Nun wird es Zeit, dass wir uns die bereitgestellten Funktionen einmal genauer ansehen. Auf den nächsten Seiten lernen wir den Aufbau von Betriebskonsole und Webkonsole genauer kennen. Wir machen Halt in jedem Navigationsabschnitt der Konsolen und besprechen die dort zur Verfügung gestellten Merkmale. Steigen wir ein mit dem Blick von ganz oben auf die Betriebskonsole.

Der Aufbau der Betriebskonsole

Die Betriebskonsole von System Center 2012 Operations Manager ist – wie bereits die Vorgängerversion – in sechs getrennte Teilbereiche untergliedert.

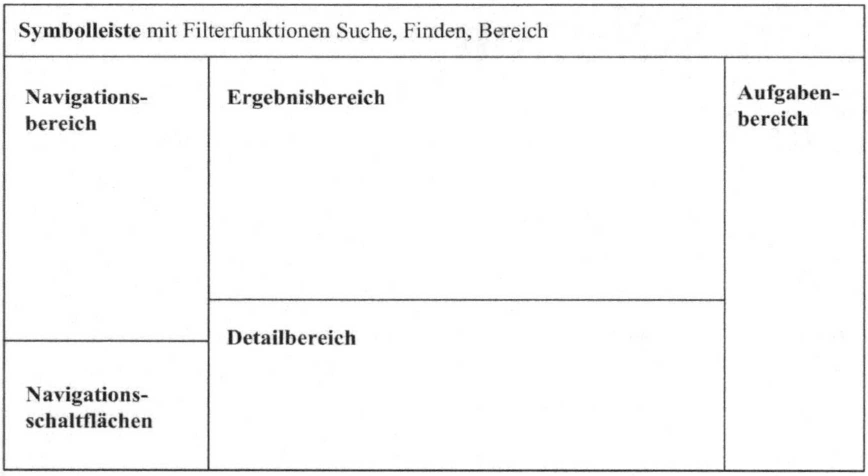

```
┌─────────────────────────────────────────────────────────────────────┐
│ Symbolleiste mit Filterfunktionen Suche, Finden, Bereich            │
├──────────────┬──────────────────────────────────┬───────────────────┤
│ Navigations- │ Ergebnisbereich                  │ Aufgaben-         │
│ bereich      │                                  │ bereich           │
│              │                                  │                   │
│              │                                  │                   │
│              │                                  │                   │
│              ├──────────────────────────────────┤                   │
│              │ Detailbereich                    │                   │
│ Navigations- │                                  │                   │
│ schaltflächen│                                  │                   │
└──────────────┴──────────────────────────────────┴───────────────────┘
```

Abbildung 13.1 Der schematische Aufbau der Betriebskonsole von System Center 2012 Operations Manager

Eines gleich vorweg: Ganz gleich, welchen Bildschirm Sie für die Arbeit mit der Betriebskonsole von System Center 2012 Operations Manager verwenden, es könnten immer ein paar Zoll mehr sein. Die Flut an Informationen, welche die Konsole bereitstellt, kann leicht zur Überforderung der Administratoren führen. Diesen Eindruck macht das grafische Regiezentrum von System Center 2012 Operations Manager allerdings nicht direkt nach der Erstinstallation. Richtig Stimmung kommt erst auf, wenn die ersten Management Packs importiert und die ersten Agents ausgerollt sind. Spätestens dann müssen wir uns über ein sinnvolles Berechtigungskonzept unterhalten. Darum werden wir uns in Kapitel 15 kümmern.

Genießen Sie also den Augenblick, denn so harmlos wie in Abbildung 13.1 werden Sie die Betriebskonsole nie mehr zu Gesicht bekommen. Folgende Inhalte werden damit bereitgestellt:

- **Symbolleiste** Der Symbolleistenbereich bereitet in erster Linie den Zugang zu den klassischen Menüleisten wie beispielsweise *Datei*, *Bearbeiten*, *Ansicht*, *Extras* oder *Hilfe*. Erfahrungsgemäß wird diesem Bereich im täglichen Betrieb nur wenig Achtung beigemessen, denn die erforderlichen Hauptfunktionen werden über Kontextmenüs eingeblendet.

    Leider werden bei all diesem Komfort weitere Funktionen der Symbolleiste ignoriert. Dazu zählt insbesondere eine sehr leistungsfähige Volltextsuche. Wer schon einmal mehrere Dutzend oder Hundert Systeme mithilfe von System Center 2012 Operations Manager überwacht hat, weiß diesen Mehrwert zu schätzen. Es ermöglicht eine zielstrebige Suche nach bestimmten Warnmeldungen, welche in der Fülle von Informationen sonst nur schwer auffindbar sind.

- **Navigationsschaltflächen** Das Design und der Aufbau der Betriebskonsole hat auffallende Ähnlichkeit mit der Optik des Mailclients Microsoft Outlook. Die Entscheidung, sich an dessen Konzept anzulehnen, basiert auf der Popularität dieser Applikationen; keine andere Anwendung hat in Sachen Bedienerfreundlichkeit eine derart hohe breite Akzeptanz in allen Anwenderschichten. Ins Auge fällt dabei sofort die Schaltfläche im linken unteren Bereich der Konsole.

  Mittlerweile ist es hinlänglich bekannt, dass der Navigationsschaltflächenbereich insbesondere in den USA gerne auch als Wonderbar bezeichnet wird. Woher dieser Kosename kommt, lässt sich nur erahnen. Böse Zungen behaupten, er wäre einem Freudschen Buchstabenverdreher eines Chefentwicklers zu verdanken, der allzu lange ausschließlich mit seiner Workstation Kontakt hatte. Wir werden es wohl nie erfahren.

  Ungeachtet dieser unbestätigten Legende ist dieser Bereich als Einstieg sowohl für die administrativen als auch für die operativen Prozesse konzipiert. Wir werden uns gleich anschließend in diesem Kapitel die bereitgestellten Funktionen in Abhängigkeit von der jeweils selektierten Navigationsschaltfläche anschauen.

- **Navigationsbereich** Der Inhalt des Navigationsbereichs am linken Flügel der Betriebskonsole wird dynamisch in Abhängigkeit der selektierten Navigationsschaltfläche gefüllt. Die Funktion lässt sich erneut am besten an der Funktionsweise von Outlook erklären.

  Je nachdem, ob Sie dort auf *Kalender*, *E-Mail* oder *Kontakte* klicken, ändert sich der Aufbau des Navigationsbereichs und gibt die themenbezogenen Elemente zur Auswahl frei. Welche Funktionen genau in welchem Navigationsbereich zu finden sind, werden Sie gleich anschließend bei unserem Rundflug durch die Betriebskonsole kennenlernen.

- **Ergebnisbereich** Erneut bietet sich Outlook hervorragend für eine plastische Erklärung der Funktionsweise dieses Elements der Betriebskonsole an. Wenn Sie dort die Navigationsschaltfläche *E-Mails* selektieren und danach einen E-Mail-Ordner im Navigationsbereich auswählen, werden Ihnen die darin enthalten Elemente im Ergebnisbereich aufgelistet.

  Von hier aus – und damit wieder zurück in der Betriebskonsole von System Center 2012 Operations Manager – gelangen Sie mit einem Doppelklick in die Detailansicht des im Ergebnisbereich selektierten Elements.

- **Detailbereich** Markiert man eines der Elemente aus dem Ergebnisbereich mittels Mausklick, werden bereits einige mehr oder weniger interessante Details im gleichnamigen Bereich zur Anzeige gebracht. Im Gegensatz zu Microsoft Outlook sind die Informationen im Detailbereich jedoch nicht nur eine Vorschau. Ein Doppelklick auf ein Element im Ergebnisbereich blendet in der Regel völlig andere Informationen im eigenen Dialogfeld ein.

- **Aufgabenbereich** An dieser Stelle endet unsere Vergleichbarkeit der Bedienungselemente zwischen Microsoft Outlook und System Center 2012 Operations Manager. Einen Aufgabenbereich kennt der E-Mail-Client nämlich nicht, wenngleich die Verwaltung von Aufgaben sehr wohl zu den Disziplinen von Outlook gehört. Abhängig vom im Ergebnisbereich selektierten Element werden im Aufgabenbereich Werkzeuge und Methoden bereitgestellt, mit denen man das selektierte Objekte bearbeiten oder manipulieren kann. Klicken Sie beispielsweise auf ein Datenbankobjekt, offeriert Ihnen der Aufgabenbereich Werkzeuge, um diese Datenbank zu verkleinern, offline zu setzen oder einen Datenbankcheck durchzuführen.

Ein Klick auf ein Serversystem verändert den Inhalt des Aufgabenbereichs völlig. Statt Datenbankverwaltungswerkzeuge stehen uns jetzt die Möglichkeiten zum Zugriff auf den Server-Manager oder zur Durchführung von Netzwerküberprüfungen (Ipconfig, Ping) zur Verfügung.

Insbesondere mit diesem Bereich haben viele Nutzer große Akzeptanzprobleme. Es steckt im Blut, instinktiv eine RDP-Sitzung auf ein Computersystem manuell zu initiieren und dann dort die benötigten Werkzeuge und Befehle auszuführen. Wenn man sich allerdings erst einmal bewusst auf die Möglichkeiten des Aufgabenbereichs eingelassen hat, ändert sich diese Einstellung nach und nach. Probieren Sie es aus und zeigen Sie Ihren Gewohnheiten, wer der Chef im Hause ist.

> **HINWEIS** Die offizielle Bezeichnung »Aufgabenbereich« wird in der Praxis sehr oft auch durch den Begriff »Taskbereich« ersetzt. Manche Begrifflichkeiten entwickeln ein Eigenleben und finden trotz akkurat durchgeführter Übersetzungsarbeit keinen Einzug in den Sprachgebrauch in den Wortschatz an Anwendern. Mit diesem Phänomen kämpfen auch andere Branchen. Kennen Sie beispielsweise Raider?

Generelle Funktionen der Betriebskonsole

Es gibt einige Funktionen der Betriebskonsole, die Sie kennen sollten. Sie stehen in keinem direkten Zusammenhang mit der Verwendung der Konsole als Steuerungszentrale für System Center 2012 Operations Manager.

Grundsätzlich gilt, dass Sie sich mit den Leistungsmerkmalen der Konsole selbst beschäftigen sollten. Wenn Ihnen diese Funktionen bekannt sind und wenn deren Verwendung nach und nach in Fleisch und Blut übergeht, wird ihre Arbeit effizienter. Das gilt für jede Konsole und nicht erst seit System Center 2012 Operations Manager. Vergleichen Sie das mit den Funktionen in einem Auto.

Wer sich heutzutage ein neues Fahrzeug der Mittel- oder Oberklasse bestellt, wird mit Zusatzfunktionen geradezu überschüttet. Würde man Jahre später die Nutzung der eingebauten Merkmale analysieren, wäre manch ein Ingenieur in Wolfsburg, München oder Ingolstadt persönlich beleidigt. Nicht selten gehen Autos Jahre später zurück in die Presse, und manch ein Assistenzsystem wurde niemals oder nur selten verwendet. Das Verhaltensmuster von Autofahrern unterscheidet sich also oft nicht allzu sehr von dem der IT-Administratoren. Ein Glück, dass wir zu keiner der beiden Spezies gehören.

Die einzelnen Bereiche der Betriebskonsole lassen sich gegeneinander an den Abgrenzungslinien verschieben. Damit sollten Sie bewusst arbeiten. Insbesondere im Ergebnisbereich sind nicht selten alle angezeigten Informationen für eine Ursachenforschung relevant. Wie in Microsoft Excel können Sie in diesem Bereich zusätzliche Felder einblenden oder nicht benötigte Informationen ausblenden. Und weil »Spalten ein- und ausblenden« so langweilig klingt, sprechen wir hier von *Ansicht personalisieren*. Dieser Befehl steht Ihnen im Kontextmenü des Ergebnisbereichs zur Verfügung.

Abbildung 13.2 Interessante Leitungsmerkmale im Symbolleistenbereich

Der Symbolleistenbereich in der Betriebskonsole besteht aus drei voneinander unabhängigen Teilbereichen. Glauben Sie nicht? Dann schauen Sie etwas genauer auf die senkrechte Punktleisten im unteren Bereich aus Abbildung 13.2. Klicken Sie auf diese Punktleiste und halten Sie die Maustaste gedrückt. Danach können Sie die Symbolleisten frei verschieben. Sicherlich wird eine Revolution anders definiert. Dennoch sollten Sie

Generelle Funktionen der Betriebskonsole

diese Möglichkeit kennen, denn es ist davon auszugehen, dass in kommenden Versionen mehr und mehr auf diese Menübandleisten gesetzt wird.

Viel wichtiger sind die Schaltflächen in der rechten Menübandleiste aus Abbildung 13.2. Die Schaltfläche *Suchen* blendet die Suchfunktion im Ergebnisbereich der Betriebskonsole ein. Wir schauen uns die Verhaltensweise gleich noch etwas genauer an. Mit der Schaltfläche *Tasks* blenden Sie den Aufgabenbereich im rechten Rand der Konsole ein und aus. In Situationen, in denen Sie viele Informationen im Ergebnisbereich sichten müssen, kann der Bildschirm nicht groß genug sein. Dann stört Sie eventuell sogar der Aufgabenbereich. Er benötigt Platz und die dort bereitgestellten – an sich wertvollen – Funktionen stehen nur im Weg. Wenn Sie sich daran gewöhnen, mit dieser Schaltfläche zu arbeiten, können Sie den Aufgabenbereich ganz bewusst zuschalten und ausblenden.

Neben der Überschrift *Tasks* im Aufgabenbereich und *Überwachung* im Navigationsbereich finden sich die Symbole »<« und »>«. Ein Klick auf eines dieser Symbole komprimiert den kompletten Bereich an den linken beziehungsweise rechten Bildschirmrand. Auch dieser Mechanismus ist bei Microsoft Outlook ausgeliehen und wird sicherlich genauso oft verwendet wie in der Betriebskonsole von System Center 2012 Operations Manager. Üben Sie ein wenig; Sie werden damit unbestritten effizienter.

Das Suchfeld aus Abbildung 13.2 erlaubt eine Volltextsuche über alle Inhalte der Betriebskonsole. Die Ergebnismenge ist dann ähnlich zielführend wie der Suchbegriff *Microsoft* bei BING. Direkt neben dem Feld und direkt neben dem Begriff *Suchen* findet sich ein Menüdreieck, über das Sie die Volltextsuche auf Teilbereiche der Konsole reduzieren können. Die Suchergebnisse werden dann übrigens in einem eigenen Dialogfeld angezeigt, welches über die Betriebskonsole gelegt wird.

Die Schaltfläche *Bereich* schauen wir uns im nächsten Kapitel und im Rahmen der Basiskonfiguration an. Es an dieser Stelle zu erklären, bringt uns zu tief in das speziell erforderliche Know-how von System Center 2012 Operations Manager. Aber keine Sorge: Ich bleibe Ihnen diese Antwort sicherlich nicht schuldig.

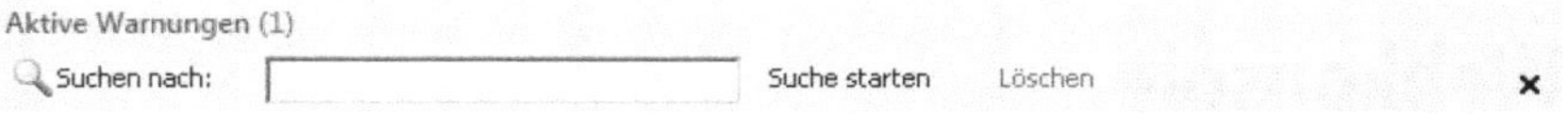

Aktive Warnungen (1)
Suchen nach: [   ]   Suche starten   Löschen   ×

Abbildung 13.3   Ein Blick auf den oberen Bereich des Ergebnisbereichs

Ist die Schaltfläche *Suchen* aus Abbildung 13.2 aktiv, wird am oberen Ende des Ergebnisbereichs das Suchfenster aus Abbildung 13.3 bereitgestellt. Lassen Sie sich von der hier angezeigten Überschrift *Aktive Warnungen* nicht irritieren, denn je nach Auswahl im Navigationsbereich ändert sich diese Überschrift. Jeweils in Klammer wird die Anzahl der gelisteten Einträge angezeigt. Wenn die Anzahl der aktiven Warnungen merklich in den zweistelligen Bereich tendiert, sollten Sie Ihre Aktivitätsstrategie überdenken.

Begriffe, die Sie im oben ersichtlichen Eingabefeld eintippen, werden im aktuellen Inhalt aus dem Ergebnisbereich gegengeprüft. Diese Funktion werden Sie zu schätzen wissen, wenn Sie bei der Analyse der generierten Warnmeldungen nach einem bestimmten Symptom suchen. Sie hilft aber auch ungemein, wenn Sie auf der Suche nach einem bestimmten Computersystem oder einem bestimmten überwachten Prozess sind.

Wenn Sie übrigens das Kreuz am rechten Rand des Bereichs aus Abbildung 13.3 neugierig macht, klicken Sie einfach mal drauf. Der Suchbereich wird damit geschlossen. Mit einem Klick auf die Schaltfläche *Suchen* aus Abbildung 13.2 ist alles wieder da.

Abbildung 13.4 Besonderheiten des Navigationsschaltflächenbereichs

Werfen wir noch einen Blick auf die Besonderheiten im Navigationsschaltflächenbereich. Recht unscheinbar in der rechten unteren Ecke aus Abbildung 13.4 blickt uns verschlafen das dort angebrachte Menüdreieck an. Ein Klick auf diese Funktion offeriert uns die folgenden Möglichkeiten:

- **Reduzieren und Erweitern der angezeigten Schaltflächen**   Welche Schaltflächen im Navigationsschaltflächenbereich sichtbar sind, basiert in erster Linie auf den für Sie eingerichteten Berechtigungen. Operatoren werden beispielsweise niemals die Schaltfläche *Konfiguration* zu Gesicht bekommen. Verfügen Sie über den vollen Zugriff wie unser Kollege aus Abbildung 13.4, können Sie mit dieser Funktion die Anzahl der Schaltflächen aus Gründen der Übersichtlichkeit gerne reduzieren oder vielleicht auch erweitern.

  Gleiches funktioniert übrigens auch über einen Klick mit der Maus auf die Leiste am oberen Ende des Navigationsschaltflächenbereichs. Halten Sie die Maustaste gedrückt und verschieben Sie die Leiste vertikal.

- **Reihenfolge der Schaltfläche anpassen**   Das Kontextmenü des Navigationsschaltflächenbereichs erlaubt Ihnen auch, die Reihenfolge der Schaltflächen anzupassen. Klicken Sie dazu auf das Menüdreieck und wählen Sie im Kontextmenü den Menüeintrag *Navigationsbereichsoptionen*. Ein zusätzliches Dialogfeld wird eingeblendet, über das Sie die Reihenfolge der Schaltflächen anpassen können.

Der Aufbau der Webkonsole

Der Aufbau der Webkonsole entspricht in Bezug auf die folgenden Elemente der Architektur der Betriebskonsole:

- Navigationsschaltflächen
- Navigationsbereich
- Ergebnisbereich
- Detailbereich
- Aufgabenbereich

Nicht mehr auffindbar ist die Symbolleiste. Deren Funktionalität konnte sich auf Webseiten nicht wirklich durchsetzen. Trotzdem gibt es den Zugriff auf die Volltextsuche. Diese und andere sinnvolle Funktionen wandern in den Kopf des Detailbereichs.

Die verfügbaren Elemente im Navigationsschaltflächenbereich der Webkonsole von System Center 2012 Operations Manager sind übersichtlicher als die der Betriebskonsole. Übersichtlich ist in diesem Zusammenhang von gleicher Bedeutung wie der Trubel in der Fußgängerzone von Erndtebrück (Siegerland) Samstagnacht um 02:30 Uhr. Microsoft hat sich entschieden, nur die wesentlichen, für einen operativen Prozess notwendigen Funktionen darüber anzubieten. Entsprechend kurz ist damit auch die Liste der Objekte, die wir in der Webkonsole finden und besprechen können.

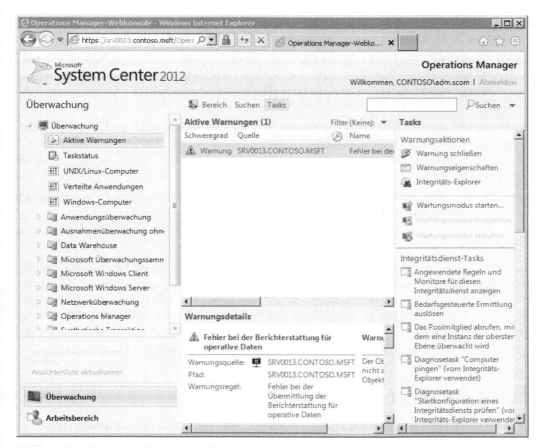

Abbildung 13.5 Ein erster Blick auf unsere Webkonsole

Alle Funktionen zur administrativen Steuerung sind der Betriebskonsole vorbehalten. Somit treffen wir auf unserem optischen Laufsteg in Abbildung 13.5 im Bereich der Navigationsschaltflächen nur auf die beiden Elemente *Überwachung* und (persönlicher) *Arbeitsbereich*. Auf alle Elemente der Konsolen gehen wir gleich anschließend im nächsten Abschnitt genauer ein, beginnend jeweils mit den einzelnen Eintragungen im Navigationsschaltflächenbereich.

Nicht ganz unwichtig ist die Tatsache, dass die Webkonsole ebenso wie die Betriebskonsole die Berechtigungsprofile anhand des angemeldeten Benutzers verarbeitet. Das bedeutet, dass Ihre Operatoren (administrativen Mitarbeiter) immer nur Zugriff auf die Entitäten erhalten, für die sie auch verantwortlich sind. Gleiches gilt für den Zugriff auf die korrespondierenden Ereignis- und Leistungsdaten. Wird die Webkonsole auf einem Domänenmitgliedcomputer gestartet, erfolgt auf Basis der aktuellen Installationsvariante eine automatische Anmeldung an der Webkonsole. Einmalig installiert sein muss jedoch die Erweiterung Microsoft Silverlight.

HINWEIS   Die obige Abbildung ist zugleich auch ein Warnsignal an alle Nutzer mit kleinem Bildschirm. 1.024x768 Bildpunkte sind weder zeitgemäß noch geeignet, um einen guten Job mit diesem Werkzeug zu leisten.

Auf den ersten Blick unterscheiden sich somit Betriebskonsole und Webkonsole im Wesentlichen durch den reduzierten Leistungsumfang. Es gibt jedoch noch einige Punkte mehr, die Ihnen bekannt sein sollten:

- **Sortierung von Einträgen**   Die Umsortierung von Listen ist in der Webkonsole generell nicht möglich. Dort, wo diese Möglichkeit zur Verfügung steht, werden die Einträge immer nur auf Basis der aktuell angezeigten Einträge vorgenommen, also nicht basierend auf den gesamten List-Vorrat wie bei der Betriebskonsole.
- **Anzahl der Warnmeldungen**   Die Anzahl von Warnmeldungen in Betriebskonsole und Webkonsole differiert. In der Webkonsole werden die informativen Warnmeldungen standardmäßig nicht angezeigt.
- **Ausführen von Aufgaben**   Die Ausführung von Aufgaben mit erweiterten Berechtigungen ist mittels Webkonsole nicht möglich
- **Erstellen von Sichten**   Die Webkonsole erlaubt es nicht, Sichten anzupassen oder zu erstellen. Möglich ist jedoch, im Arbeitsbereich der Webkonsole eigene Dashboardansichten zu erstellen.
- **Erstellen von Benachrichtigungsabonnements**   Mithilfe der Webkonsole können keine Abonnements erstellt werden. Diese Möglichkeit ist der Betriebskonsole vorbehalten.

Für den operativen Einsatz ist die Webkonsole optimal ausgestattet. Sie ist nahtlos in ein hoffentlich vorhandenes Berechtigungskonzept eingebunden, erlaubt den Zugriff auf alle wichtigen Informationen. Die Einschränkung beim Umgang mit großen Datenbeständen halte ich für vernachlässigbar. Wer im operativen Einsatz mit mehreren 100 offenen Warnmeldungen zu kämpfen hat, sollte die Ursache für ineffiziente Bearbeitung an anderer Stelle suchen. Leider passiert aber genau das in den meisten Projekten, und damit schwenkt die anfängliche Zufriedenheit mit System Center 2012 Operations Manager zusehends in Richtung Frust.

Vorstellung der Arbeitsbereiche

Leider ist den Übersetzern bei den Begrifflichkeiten von System Center 2012 Operations Manager ein kleiner Fehler unterlaufen, der uns im weiteren Verlauf dieses Kapitels etwas im Wege steht. Es geht um die Verwendung der Terminologie rund um den *Arbeitsbereich*. Diesen Umstand müssen wir kurz klären, bevor Sie verstehen können, was Sie in diesem Abschnitt genau erwarten wird.

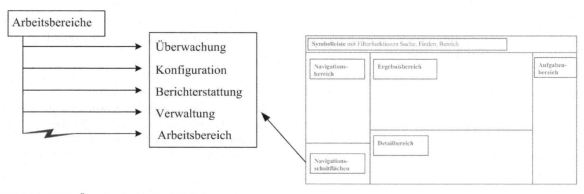

Abbildung 13.6   Überschneidende Begrifflichkeiten

Vorstellung der Arbeitsbereiche

Bereits weiter oben in diesem Kapitel haben Sie in Abbildung 13.1 (siehe Seite 322) erfahren, dass der linke, untere Bereich der Betriebskonsole als Navigationsschaltflächenbereich bezeichnet wird. In diesem Bereich findet sich für jeden der sogenannten Arbeitsbereiche eine eigene Schaltfläche. In der englischen Version von System Center 2012 Operations Manager tragen diese Schaltflächen die folgenden Namen:

- Monitoring (Überwachung)
- Authoring (Konfiguration)
- Reporting (Berichterstattung)
- Administration (Verwaltung)
- My Workspace (Arbeitsbereich)

Das Problem beruht auf der Übersetzung der letztgenannten Schaltfläche, denn dieser Arbeitsbereich sollte eigentlich als *Mein Arbeitsbereich* übersetzt werden. Fakt ist jedoch die Bezeichnungsüberlappung in der deutschen Variante.

Die Welt geht sicherlich aus anderen Gründen irgendwann einmal unter und deshalb will ich auch nicht mehr Zeit in die Erklärung dieses Umstands investieren. Da sich im weiteren Verlauf dieses Kapitels sehr viel um die Arbeitsbereiche dreht, sollten Sie über diese Besonderheit informiert sein. Um keine Verwirrung bei der weiteren Verwendung dieses Buchs aufkommen zu lassen, werden wir an dieser und auch an allen anderen Stellen von *Mein Arbeitsbereich* sprechen, wenn ich den unteren Eintrag der Liste aller Arbeitsbereiche meine. Die deutsche Sprache ist eine schöne Sprache, wenn man damit aufgewachsen ist.

Lernen wir nachfolgend die einzelnen Arbeitsbereiche näher kennen. Wir orientieren uns bei der Reise durch den Navigationsschaltflächenbereich an der Auflistungsreihenfolge von soeben. Damit steigen wir ein mit dem Arbeitsbereich Überwachung. Ziel ist, Ihnen die Inhalte der einzelnen Bereiche zu erklären. Wir werden auf die Aufwendung von konkreten Beispielszenarien jedoch verzichten. Diesen Blick in die fast reale Welt unserer Evaluierungsumgebung wagen wir erst im nächsten Kapitel.

Der Arbeitsbereich *Überwachung*

Das tägliche Geschäft – und damit ist nichts Anstößiges gemeint – spiegelt sich im Arbeitsbereich *Überwachung* wieder. Hier werden alle Informationen bereitgestellt, die zur proaktiven Überwachung Ihrer Infrastruktur und der darauf betriebenen Prozesse benötigt werden.

Blick in den Navigationsbereich

Der Inhalt des Navigationsbereichs (links oben in der Betriebskonsole von Abbildung 13.7) basiert auf den importierten Management Packs. Gleich nach der Erstinstallation sollte dieser Bereich bei Ihnen die gleichen Inhalte aufzeigen wie in unserem Beispiel hier. Die unterschiedlichen Container wie beispielsweise *Aktive Warnungen* und *Windows-Computer* oder Ordner (beispielsweise *Microsoft Windows Client* und *Operations Manager*) interpretieren die Systemlandschaft. Diese Landschaft wird dabei als Entitätsmodell betrachtet. Was Entitäten sind und wie genau diese Aufspaltung funktioniert, haben Sie bereits in Kapitel 4 dieses Buchs kennengelernt.

Je größer die Menge an importierten oder auch selbst erstellten Management Packs, desto größer ist die Anzahl der Eintragungen im Navigationsbereich. Abhängig vom selektierten Container in diesem Bereich verändert sich auch der Inhalt im daneben angesiedelten Ergebnisbereich. Dass wir in der obigen Referenzabbildung nur einen einzigen Eintrag vorfinden, lässt keine Rückschlüsse auf eine fehlerfreie Systemlandschaft zu. Derzeit wird nämlich nur die Funktionalität von System Center 2012 Operations Manager selbst überwacht.

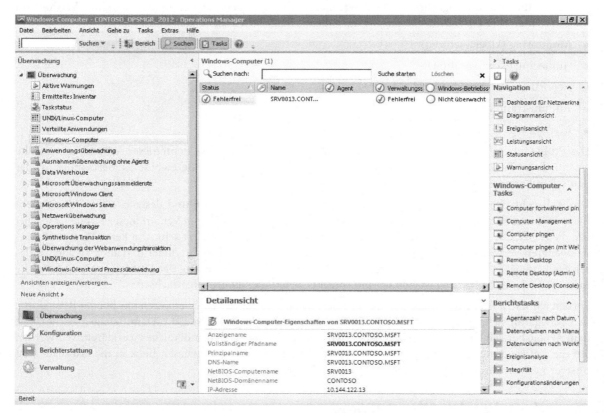

Abbildung 13.7   Die Betriebskonsole bei ausgewähltem Arbeitsbereich *Überwachung*

Ohne bereitgestellte Management Packs wissen wir nichts über den Gemütszustand der Computersysteme. Und selbst wenn wir Management Packs zur Überwachung von Microsoft Windows Server 2008 R2 importiert hätten, wäre der Informationsgehalt nur wenig höher. Warum? Genau, weil wir neben dem Import von Management Packs auch noch für die Verteilung der Agents auf die Computersysteme sorgen müssen.

Blick in den Ergebnisbereich am Beispiel von Warnungen

Fakt ist, dass derzeit eine Warnmeldung mit mittlerem Schweregrad ansteht. Sie bezieht sich laut Kontextmeldung auf ein Problem mit der Berichterstattung für die operative Datenbank. Weitere Informationen können wir in der aktuellen Darstellung leider nicht erkennen, da die meisten Felder in der Zeile aufgrund von Platzmangel nicht erkennbar sind. Wenn Sie einen Bildschirm mit geeigneterer Auflösung als ich verwenden, werden Ihnen pro Warnmeldung die folgenden Spalten standardmäßig angezeigt:

- **Schweregrad**   System Center 2012 Operations Manager unterscheidet generell zwischen den Schweregraden *Information* (blaues Symbol), *Warnung* (gelbes Symbol) und *Kritisch* (rotes Symbol).
- **Quelle**   Im Gegensatz zu vielen anderen Überwachungslösungen wird bei System Center 2012 Operations Manager immer die nächst höhere Entitätsinstanz als Quelle angegeben. Das klingt kompliziert, ist

es aber nicht wirklich. Ein Beispiel: Reduziert sich der verfügbare Platz im Transaktionsprotokoll einer Datenbank unter einen bestimmten Schwellwert, wird hier als Quelle immer der Datenbankname auftauchen, nicht aber der Servername, auf dem die Datenbank läuft.

Da in diesem Fall die Berichterstattungskomponente durch das Serversystem selbst bereitgestellt wird, taucht im Feld Quelle der vertraute vollständige Name des Serversystems auf.

- **Wartungsmodus** Jeder Neustart eines mit der Agentkomponente ausgestatteten Computersystems würde – je nach Auswahl der importierten Management Packs – ein Feuerwerk von Warnmeldungen generieren. Aber nicht jeder Neustart ist ungeplant.

  In professionellen organisierten IT-Infrastrukturen gehören solche Wartungsfenster zur täglichen Normalität. Setzt man die betroffene Entität in den Wartungsmodus, wird System Center 2012 Operations Manager keine Warnmeldungen im voreingestellten Wartungsfensterzeitraum generieren. Ob der Wartungsmodus für eine Entität aktiv ist, wird in dieser Spalte angezeigt.

- **Name der Warnmeldung** In dieser Spalte finden Sie die Kurzbezeichnung der generierten Warnmeldung. Inwieweit uns dieser Text schon bei der Fehleranalyse helfen kann, unterscheidet sich von Fall zu Fall. Im aktuellen Fall reicht allein diese Information sicherlich nicht aus.

- **Auflösungsstatus** Jede neu generierte Warnmeldung erhält standardmäßig den Auflösungsstatus *Neu*. Dieser Status kann durch kundenindividuelle Ergänzungen beliebig geändert werden. Ist eine Warnmeldung nicht mehr gültig, erhält sie den Status *Abgeschlossen*. Warnmeldungen können über die Betriebskonsole nicht gelöscht werden. Die Verwaltung erfolgt ausschließlich über den Auflösungsstatus.

- **Erstellt** In dieser Spalte wird der Zeitpunkt der Erstellung der Warnmeldung angezeigt. Diese Information ist ein wichtiges Indiz bei der Ursachensuche. Für eine sinnvolle Priorisierung muss allerdings auch immer die sogenannte Wiederholungsanzahl berücksichtigt werden. Diese – standardmäßig nicht eingeblendete Information – gibt uns Auskunft über die Häufigkeit des Auftretens dieses Problems.

- **Alter** Das Feld *Alter* steht in direkter Beziehung mit dem Wert aus Feld *Erstellt*. Damit lässt sich schnell erkennen, wie lange dieses Problem schon ansteht.

Blick in den Ergebnisbereich am Beispiel Windows-Computer

Die eben durchgeführte Analyse der Inhalte aus dem Ergebnisbereich wurde auf Basis der ausgewählten Sicht *Warnmeldungen* vorgenommen. Abhängig von der jeweils im Navigationsbereich ausgewählten Sicht ändern sich die Inhalte und damit auch Spaltenwerte im Ergebnisbereich. Wir machen deshalb anschließend einen zweiten Durchlauf mit der ausgewählten Sicht *Windows-Computer*.

Dinge lassen sich mit der größten Effizienz an einfachen Beispielen erklären. Wir nutzen deshalb den Zeitpunkt, an dem nur ein einziger Computer in die Überwachung integriert ist. Entsprechend entspannt sehen dann auch die Inhalte des Ergebnisbereichs aus Abbildung 13.8 aus.

Wichtig an dieser Stelle ist, dass sich die Inhalte geändert haben. Die Sicht, die wir in diesem Szenario gewählt haben, adressiert andere Aufgaben als im vorherigen Beispiel. Mit diesem Blickwinkel müssen Sie immer antreten, wenn Sie sich irgendeine Sicht der Betriebskonsole zu Gemüte führen. Folgende Informationen werden im Ergebnisbereich angezeigt:

- **Status** System Center 2012 Operations Manager interpretiert den Integritätsstatus des Computersystems. Diese Statusinformation ist allerdings kein Indikator dafür, dass Dienste, welche auf diesem Computer betrieben werden, ebenfalls ohne Probleme funktionieren. Das Symbol des *Status* trifft lediglich die Aussage, dass alle Entitäten einwandfrei funktionieren, die man für eine kontinuierliche Stabilität des Windows-Computers benötigt.

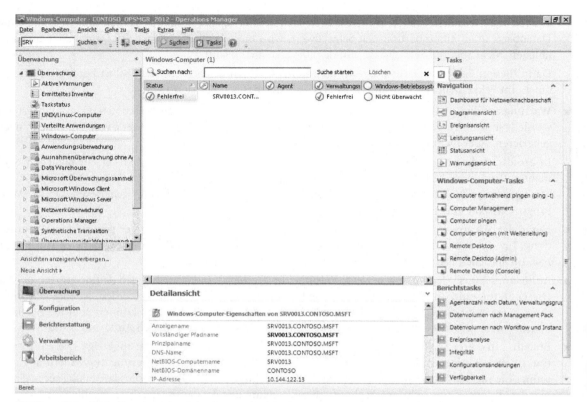

Abbildung 13.8 Gleiche Konsole, andere Sicht: dieses Mal auf die überwachten Computer

Wenn also die Systempartition ein Füllgrad von 95 % hat, wird das Symbol auf Warnung oder Kritisch wechseln. Eine logische *E:*-Partition, auf der keinerlei Bestandteile des Betriebssystems gespeichert werden, hat dagegen keinen Einfluss auf den hier angezeigten Status. Würden wir neben dem Windows-Betriebssystem auch noch die Hardware überwachen, würde ein ausgefallener Lüfter diesen Status ebenfalls beeinflussen.

- **Name** Diese Spalte spricht für sich. Sie zeigt den vollständigen, voll qualifizierten Namen des Computersystems an.

- **Agent** Preisfrage: Warum ist beim einzig gelisteten System in Abbildung 13.8 diese Spalte ohne Inhalt? Weil auf diesem Windows-Computer kein Agent installiert ist! Ein Verwaltungsserver wird implizit überwacht; die zusätzliche Installation eines Agents entfällt.

- **Verwaltungsserver** Die Erklärung der vorherigen Spalte ist gleichzeitig auch die Erklärung für die Spalte *Verwaltungsserver*. Hier wird der Integritätsstatus dieser Rolle von System Center 2012 Operations Manager interpretiert. Diese Spalte wäre bei einem Windows-Computer mit installiertem Agent leer. Im konkreten Fall kann also die Aussage getroffen werden, dass die Rolle *Verwaltungsserver*, welche auf Windows-Computersystem SRV0013.CONTOSO.MSFT installiert ist, derzeit einwandfrei funktioniert.

- **Windows-Betriebssystem** Ein Windows-Computer funktioniert nur auf einer geeigneten Plattform. Mit den entsprechenden Management Packs eines Hardwareherstellers könnten wir damit beispielsweise auch die Funktionsfähigkeit der Speicherriegel oder den Schließmechanismus des Gehäuses abfragen. Die Liste lässt sich beliebig fortsetzen und natürlich auch auf virtuelle Umgebungen transferieren.

Im konkreten Fall wird uns angezeigt, dass System Center 2012 Operations Manager keine Ahnung von dem Integritätsstatus des Betriebssystems hat. Der Grund hierfür ist schnell gefunden: Derzeit ist kein Management Pack für die Überwachung des Betriebssystems installiert. Ein grüner Kreis ohne Häkchensymbol bedeutet, dass System Center 2012 Operations Manager die Entität zwar erkennt, aber keine Überwachung stattfindet.

Die aktuelle Konstellation ist ein gutes Beispiel für das große Risiko einer Fehlinterpretation bei der Bewertung des Integritätsstatus. Der Integritätsstatus am linken Ende dieser Sicht bedeutet nicht mehr als: »Aufgrund der mir vorliegenden Informationen kann System Center 2012 Operations Manager keine Fehler feststellen. Deshalb wird der Integritätsstatus als einwandfrei eingestuft.« Wer schon mal ein Auto bei einem zwielichtigen Gebrauchtwagenhändler gekauft hat, weiß, dass solche Interpretationen schnell auf der Ladefläche eines Abschleppdiensts enden können.

Noch eine Anmerkung zu einem Detail: In der Spaltenüberschrift werden die Statussymbole nochmals angezeigt. Die Symbole zeigen hier immer den schlechtesten Integritätsstatus der überwachten Entität. Bei einer übersichtlichen Liste wie im aktuellen Beispiel mit nur einem Eintrag mag sich das fragwürdig darstellen. Wenn Sie mehrere hundert oder tausend Einträge im Ergebnisbereich gelistet bekommen, ist diese Kumulation Ihre einige Chance, Ausreißer auf einer Seite weiter hinten wahrzunehmen.

Blick in den Detailbereich

Sobald Sie einen Listeneintrag im Ergebnisbereich selektieren, werden Ihnen weitere Einzelheiten zu diesem Eintrag im Detailbereich angezeigt. Werden im Ergebnisbereich die aktuellen Warnungen eingeblendet, sehen Sie im Detailbereich in der Regel eine ausführlichere Fehlerbeschreibung. Darüber hinaus wird hier auch die Produktwissensquelle für dieses Vorkommnis angezeigt.

Abbildung 13.9 Der Detailbereich bei einem selektierten Windows-Computer

Werfen Sie stattdessen im Ergebnisbereich einen Blick auf die überwachten Windows-Computer, werden Ihnen wie in Abbildung 13.9 ersichtlich alle verfügbaren Informationen zum selektierten Computersystem im Detailbereich angezeigt. Es gibt keine eindeutige Regel, welche Informationen Sie im Detailbereich zu Gesicht bekommen. Ausschlaggebend ist entweder die Motivation des verantwortlichen Produkt-Managers für das Management Pack oder die Mitteilungsfreudigkeit eines Entwicklers, der den Text für die Produktwissensquelle zu liefern hat.

Es hängt also zu einem großen Teil von der Strategie der Entwickler ab. Insbesondere die Management Packs für die hauseigenen Produkte von Microsoft sind meist vorbildlich aufgebaut. Sie liefern neben ausführlichen Wissensdatenbankartikel auch noch den Zugriff auf Werkzeuge, die das ein oder andere Problem direkt beheben können. Leider ist aber auch das keine Garantiebestätigung.

Die Motivation zur Erstellung von Management Packs basiert auf einer Direktive der Geschäftsführung in Redmond. Die Entwicklungsabteilungen profitieren nicht von dieser zusätzlichen Mehrarbeit, ganz im Gegenteil. Lediglich die Produktgruppe von SQL Server hat hierzu eine grundsätzlich andere Einstellung. Durch ein professionelles Monitoring entsteht eine Win-Win-Situation.

Blick in den Aufgabenbereich

Das Angebot im Aufgabenbereich ist ebenso individuell wie der Aufbau des Ereignis- und des Detailbereichs. Die einzelnen Aktionen an dieser Stelle aufzulisten wäre ein hoffnungsloses Unterfangen, denn die Konstellation ist nicht nur vom Typ der ausgewählten Informationen im Ergebnisbereich abhängig. Zusätzlich dazu werden die verfügbaren Werkzeuge durch die importierten Management Packs mitbestimmt.

Auch die Kategorisierung der Tasks ist individuell und lässt sich nicht verallgemeinern. Einzig die Berichterstattung ist bei den meisten Entitäten immer vorhanden. Ich kann Ihnen wirklich nur empfehlen, sich mit dem Aufgabenbereich näher zu beschäftigen, denn Sie können damit einiges an Lebens- und Arbeitszeit einsparen. Die Herausforderung wird allerdings sein, sich an die Verwendung direkt aus der Betriebskonsole heraus zu gewöhnen. Das wird nur funktionieren, wenn Sie sich bewusst darauf einlassen. Ihr interner Gewohnheits-Schweinehund wird immer zur gewohnten Motorik neigen und stattdessen die jeweilige Administrationsapplikation manuell ansteuern.

Bei der Erstellung von Tasks wird generell zwischen den beiden folgenden Typen unterschieden:

- **Agenttask** Tasks von diesem Typ werden nicht auf dem Rechner ausgeführt, auf dem die Betriebskonsole ausgeführt wird. Agenttasks werden zum betroffenen Computersystem gesendet und dort durch die Clientkomponente von System Center 2012 Operations Manager ausgeführt. Das Ergebnis wird dann zur Betriebskonsole zurückgesendet und dort angezeigt.

    Ein Beispiel für eine Agenttask ist die Ausführung des Befehls *ipconfig*. Die Ausführung dieses Befehls auf dem Rechner, der die Betriebskonsole bereitstellt, ergibt keinen Sinn, wenn ich die Information beispielsweise vom Exchange Server benötige.

    Die Ausführung der Agenttask findet auf einem entfernten Computersystem statt. Zur Ausführung dieser Aufgabe werden unter Umständen zusätzliche oder explizite Berechtigungen benötigt. Diese Berechtigungen können bei der Ausführung von Agenttasks mitgegeben werden. Dazu wird vor der Durchführung dieses Prozesses ein zusätzliches Fenster eingeblendet, in dem notwendige Parameter und die gegebenenfalls benötigten Berechtigungen eingegeben werden können. Ein Beispiel hierfür sehen Sie in Abbildung 13.10.

Vorstellung der Arbeitsbereiche

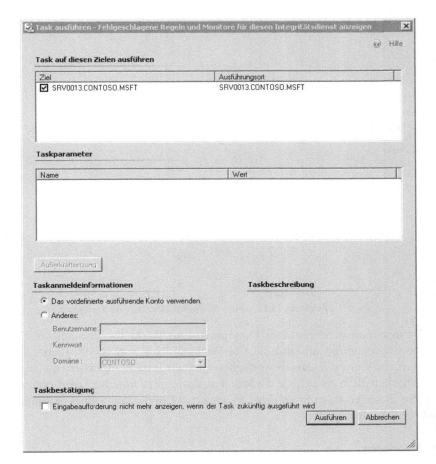

Abbildung 13.10 Bei Agenttasks wird dieses Dialogfeld zusätzlich eingeblendet

- **Konsolentask** Für Funktionen, welche nicht auf dem überwachten Computersystem ausgeführt werden müssen, verwendet System Center 2012 Operations Manager sogenannte Konsolentasks. Der Bezeichnung entsprechend werden diese Befehle dort ausgeführt, wo auch die Betriebskonsole ausgeführt wird. Ein Beispiel hierfür ist die Überprüfung der Erreichbarkeit mithilfe des Ping-Befehls. Die Ausführung dieses Befehls benötigt keine speziellen Berechtigungen.

Der Arbeitsbereich *Konfiguration*

Welche Logik zur Überwachung bestimmter Entitäten angewendet wird, definiert sich durch die Inhalte der importierten Management Packs. Dieses komplexe Regelwerk wird beim Import in einzelne Funktionen zerlegt und ist danach im Bereich Konfiguration der Betriebskonsole zugänglich.

Blick in den Navigationsbereich

Die nachfolgende Beschreibung dieses Arbeitsbereichs wird nicht ausreichen, um eigene Regeln oder Monitore zu erstellen. Wir schauen uns aber alle im Navigationsbereich angebotenen Funktionen genau an. Danach sind Sie in der Lage, die Teildisziplinen zu definieren und gegeneinander abzugrenzen.

Abbildung 13.11 Blick in den Navigationsbereich der Konfiguration

Die im Navigationsbereich *Konfiguration* bereitgestellten Funktionen und Werkzeuge ermöglichen dem Administrator ohne zusätzlichen Programmieraufwand die Überwachungslogik von System Center 2012 Operations Manager zu erweitern. Auch hier gilt, dass die verfügbaren Inhalte je nach importierten Management Packs variieren können. Dies betrifft in erster Linie die Menge an Assistenten unterhalb des Containers Management Pack-Vorlagen. Ziel dieser Vorlagen ist es, einen Monitor zur Überwachung einer bestimmten Funktion mit nur wenigen Mausklicks einzurichten.

Teilbereich *Management Pack-Vorlagen*

Werfen wir jetzt einen Blick auf die einzelnen Vorlagen. Damit sind Sie in der Lage, auch die anderen Vorlagen anzuwenden.

- **OLE DB-Datenquellen** Wenn Ihr Ziel die Überwachung einer OLE-DB-fähigen Datenbank ist, ist dieser Assistent die erste Wahl. Damit ist weniger die Überwachung eines SQL Servers gemeint, denn dieses Serverprodukt wird eh schon nach allen Regeln der Kunst durch das korrespondierende Management Pack überwacht.

  Hier geht es mehr um die Idee, bestimmte Datenbankabfragen auszuführen und deren Durchführungszeit zu messen. Bei komplexen Abfragen lässt sich damit die Wahrnehmung der Anwender bei der Anwendung einer Datenbankanwendung reproduzieren. Man erhält damit valide Referenzmessungen zum Vergleich mit den subjektiven Klagen der Anwender. System Center 2012 Operations Manager unterstützt standardmäßig folgende Datenbankanbieter:

    - Microsoft OLE DB Provider für Analysis Services 10.0
    - Microsoft OLE DB Provider für Indexing Services
    - Microsoft OLE DB Provider für ODBC-Treiber
    - Microsoft OLE DB Provider für SQL Server

- Microsoft OLE DB Provider für einfache Treiber
- MSDataShape
- Microsoft OLE DB Provider für Microsoft-Verzeichnisdienste
- Nativer SQL Server-Client

Die Idee: Sie lassen eine Datenbankabfrage ausführen und müssen danach die Verbindungs-, Abfrage- und Abrufzeit in Millisekunden. Pro Zeitwert definieren Sie eine Warnschwelle und eine kritische Schwelle. Zum Schluss legen Sie fest, welche(s) Computersystem(e) diese Abfrage in welchem Zyklus ausführen sollen. Letzterer Parameter sichert dann auch noch eine objektive Betrachtung aus unterschiedlichen Netzwerkwinkeln. Bequemer geht es nicht.

- **Prozessüberwachung** Wenn Sie wissen wollen, ob ein bestimmter Prozess auf den in die Überwachung integrierten Systemen ausgeführt wird, sind Sie hier richtig. Der Assistent erlaubt aber auch die genau entgegengesetzte Überwachung. Sie können somit sicherstellen, dass ein gewisser Prozess nicht ausgeführt werden darf. Andernfalls schlägt System Center 2012 Operations Manager Alarm.

  Die Überprüfung wird eingeschränkt auf eine zu definierende Gruppe von Systemen. Darüber hinaus können Sie festlegen, wie hoch die Anzahl der parallel laufenden, gleichnamigen Prozesse mindestens sein muss oder maximal sein darf. Zusätzlich können die Leistungsindikatoren CPU-Auslastung und Speicherauslastung mit in die Bewertung einfließen.

- **TCP-Port** Es folgt ein Satz mit drei Parametern: Sie wollen wissen, ob ein *bestimmter* Port auf einem *bestimmten* Netzwerkgerät von *einem oder mehreren* Computersystem(en) erreichbar ist? Dann ist diese Vorlage Ihr bester Freund.

- **Überwachung der .NET-Anwendungsleistung** An dieser Stelle zitiere ich 1:1 den Beschreibungstext des Assistenten, denn es gibt keine treffendere Erklärung. Mit dieser Vorlage können Sie in IIS 7 gehostete ASP.NET- und WCF-Anwendungen überwachen. Sie können eine(n) oder mehrere Anwendungen und Dienste auswählen und die Überwachung auf Leistung und Ausnahmeereignisse konfigurieren. Zur Überwachung von ASP.NET-Anwendungen und Webdiensten muss das Windows Server Internetinformationsdienste 7.0-Management Pack installiert sein.

  Dieser Assistent ist Basis für die Konfiguration der Überwachung der Anwendungsleistung (Application Performane Monitoring. APM) mit System Center 2012 Operations Manager.

- **Überwachung der UNIX/Linux-Protokolldatei** Die Integration von Nicht-Windows-Computersystemen in die Überwachung mit System Center 2012 Operations Manager ist nicht neu. Dieser Assistent ermöglicht eine sehr schnelle Einrichtung zur Überwachung von bestimmten Protokolldateien auf Linux- und/oder UNIX-Systemen. Voraussetzung ist ein erfolgreich eingerichteter und funktionsfähiger Agent auf dem zu überwachenden Computersystem. Zusätzlich müssen die ebenfalls benötigten speziellen Benutzerkonten eingerichtet sein. Ohne diese Konten würde jedoch die Einrichtung der proprietären Agentsoftware scheitern.

- **Überwachung der Webanwendungstransaktionen** Immer wieder gern gesehen bei den potentiellen Kunden von System Center 2012 Operations Manager war die Möglichkeit zur Überwachung bestimmter Internetseiten. Damit kann das Antwortzeitverhalten protokolliert werden und erlaubt damit gegebenenfalls einen Vergleich mit den Protesten Ihrer Anwender bei vermeintlichen Internetverbindungsproblemen.

Die Konfiguration kann im Nachgang noch sehr detailliert angepasst werden. Das bezieht sich sowohl auf die aufzurufenden Seiten als auch auf die Leistungswerte, die ihren Einfluss auf den Integritätszustand ausüben.

- **UNIX/Linux-Prozessüberwachung**   Die Verwaltung von Prozessen folgt bei UNIX und Linux einer anderen Logik als bei Windows. Das ist der Grund, warum bei der Prozessüberwachung jeweils ein spezieller Assistent zum Einsatz kommt. Die Schwerpunkte der Auswertung sind deshalb auch etwas anders gelagert und die Leistungsindikatoren werden aktuell nicht berücksichtigt. In Sachen Zuverlässigkeit bei der Überwachung gibt es allerdings keine Differenzierung.

- **Verfügbarkeitsüberwachung von Webanwendungen**   Standardmäßig ist es leider nicht möglich, die Überprüfung von Verfügbarkeit und Leistung einer oder mehreren Internetseite aus einem externen Betrachtungswinkel durchzuführen. Microsoft bietet hierfür eine Erweiterung für System Center 2012 Operations Manager an, den sogenannten System Center Global Service Monitor. Dazu platziert Microsoft Überwachungssatelliten weltweit, die von System Center 2012 Operations Manager-Installationen auf Kundenseite verwendet werden können.

  Inwieweit diese Dienstleistung kostenneutral von Microsoft bereitgestellt wird, stand bei Redaktionsschluss noch nicht fest. Aktuell hilft Ihnen dieser Assistent bei der Erstellung von Überwachungseinstellungen für mehrere Internetseiten gleichzeitig. Die nachträglichen Anpassungsmöglichkeiten sind hier genauso möglich wie beim Assistent zur Überwachung der Webanwendungstransaktionen.

- **Windows-Dienst**   Die Überwachung von Diensten gehört zu den beliebtesten Disziplinen der Administratoren von System Center 2012 Operations Manager. Nach der Angabe des Dienstnamens und der Definition der Zielgruppe bestimmen Sie die Schwellenwerte, welche eine Alarmierung auslösen. Dazu gehören – vergleichbar mit der Prozessüberwachung – die Leistungsindikatoren CPU-Auslastung und Speicherauslastung.

  Im Gegensatz zur Prozessüberwachung achtet der mit diesem Assistent erstellte Monitor darauf, dass der überwachte Dienst läuft. Optional kann man die Überwachung nur auf Dienste eingrenzen, die auf die Startart *Automatisch* eingestellt sind.

Mit der Einrichtung von Monitoren durch die eben beschriebenen Vorlagen werden wir uns im nachfolgenden Kapitel etwas genauer beschäftigen. Dort werden wir auf Basis von zwei der Assistenten die Funktionsweise kennenlernen.

Teilbereich *Verteilte Anwendungen*

Verteilte Anwendungen sind die Königsdisziplin von System Center 2012 Operations Manager. Damit ist es möglich, beliebig komplexe Prozesse zu überwachen. IT-basierte Prozesse bestehen in der Regel aus unterschiedlichen IT-Komponenten, welche zusammenarbeiten. Ein Anwender fordert beispielsweise Daten aus einer Datenbank an. Der Datenbankserver wird auf einer virtuellen Serverplattform bereitgestellt. Zur Präsentation der Daten werden dann wiederum Webapplikationen verwendet, welche aus Redundanzgründen an verschiedenen Zugangspunkten weltweit platziert sind.

Ein anderes Szenario ist die Überwachung eines Fußballstadions. Die Überwachung mit System Center Operations Manager war eines meiner ersten Projekte vor einigen Jahren. Hier sind zahlreiche Geräte und Funktionen über das Netzwerk miteinander verbunden. Dazu zählt heutzutage neben der Funktionsüberwachung von Drehkreuzen oder Videokameras auch die Überprüfung der Switchportbelegung. In der Bundesliga tummeln sich während eines solchen Spieles neben den staatlichen Institutionen auch unterschiedliche Übertragungsunternehmen. Allen gemeinsam ist der Bedarf zur Nutzung der Stadion-internen Netzwerkinfrastruktur. Und ganz nebenbei will jedes Bierchen und Würstchen während der Pause auch bezahlt werden; vorzugsweise mit vereinseigenen Kreditkarten.

Viele dieser Prozesse hängen voneinander ab und einige davon sind kritischer hinsichtlich ihrer Verfügbarkeit als andere. Deren gegenseitige Abhängigkeit zu visualisieren und im richtigen Moment gegebenenfalls auch zu alarmieren ist eine Aufgabe, die System Center 2012 Operations Manager hervorragend lösen kann.

Die Realisierung einer solchen Anforderung ist nicht trivial. Dabei nimmt die genaue Planung der Ablaufdiagramme – vorzugsweise mit Microsoft Visio 2010 – die meiste Zeit in Anspruch. Der Gesamtprozess muss in einzelne Teilprozesse zerlegt werden, welche wiederum aufeinander aufbauen. Diese Planung kostete im damaligen Prozess die meiste Zeit und es bedarf mehrerer Anläufe, um die richtige Strategie anzuwenden. Erschreckend einfach ist dann wiederum die Abbildung in System Center 2012 Operations Manager. Man kann das gesamte Projekt auch gut mit dem Bau eines Wolkenkratzers vergleichen: Ist alles gut vorbereitet, muss bei der Realisierung nur noch auf die Einhaltung der notwendigen Disziplin durch die operativen Kolleginnen und Kollegen geachtet werden. Deren Prozesswissen ist Teil des Gesamterfolgs.

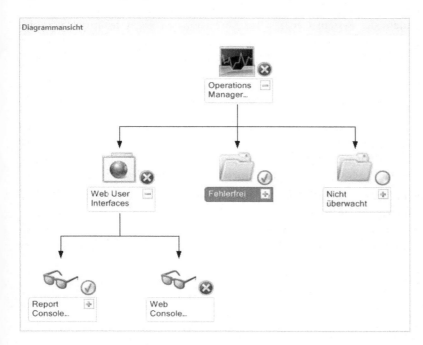

Abbildung 13.12 Die erste verteilte Anwendung ist gleich nach der Installation vorhanden und kann

System Center 2012 Operations Manager ist selbst eine verteilte Anwendung. Was liegt also näher, als die vorhandene Funktion für seine eigenen Zwecke zu nutzen. Wir können uns die verteilte Anwendung namens *Operations Manager-Verwaltungsgruppe* anzeigen, um einen ersten Eindruck über die Möglichkeiten dieses Leistungsmerkmals zu erhalten. Führen Sie die nachfolgenden Schritte im Navigationsbereich *Konfiguration/ Verteilte Anwendungen* aus:

1. Markieren Sie den im Detailbereich bisher einzig vorhanden Eintrag *Operations Manager-Verwaltungsgruppe*.
2. Klicken Sie im Aufgabenbereich auf den Link *Diagramm anzeigen*.
3. Ein neues Dialogfeld wird geöffnet und die Grafik aus Abbildung 13.12 wird angezeigt.

Die Symbole können in Ihrer Darstellung leicht variieren. Und weil im wirklichen Leben immer wieder einmal etwas schief geht, habe ich mir erlaubt, eine Situation zu verwenden, in der eine Fehlfunktion festgestellt wurde.

Was Sie hier sehen, ist die visualisierte Standardansicht einer verteilten Anwendung. Innerhalb von System Center 2012 Operations Manager werden diese Diagramme immer hierarchisch dargestellt. Wichtig am aktuellen Beispiel ist die Differenzierung in folgende Kategorien:

- Komponenten in kritischem Zustand
- Fehlerfreie Komponenten
- Nicht überwachte Komponenten

Wenn Sie den Container *Fehlerfrei* erweitern, werden Sie eine weitere Containerstruktur vorfinden. Aufgrund der großen Menge überwachter Entitäten gruppiert System Center 2012 Operations Manager die Elemente nach dem Alphabet, wenn die Informationsfülle den verfügbaren Bildschirmplatz übersteigt.

Finden Sie Gefallen an diesem Werkzeug, suchen Sie sich bitte einen Sparringspartner für die Realisierung. Sie benötigen erst einmal niemanden, der System Center 2012 Operations Manager technisch versteht. Ebenso wenig bringen Sie Kolleginnen und Kollegen weiter, die keine praktischen Erfahrungen mit den Besonderheiten Ihres Business haben. Gefragt sind Menschen, die sich mit Ihren gelebten Prozessen auseinandersetzen können.

Teilbereich *Gruppen*

Gruppen haben bei System Center 2012 Operations Manager eine vergleichbare Funktion wie Gruppen bei Active Directory. Sie dienen der logischen oder organisatorischen Zusammenfassung von Verwaltungsobjekten. Einstellungen und Anpassungen werden bei System Center 2012 Operations Manager vorzugsweise gegen Gruppen, beziehungsweise deren Mitglieder angewendet und nicht gegen einzelne Entitäten.

Den Begriff Entität ist im Kontext von Active Directory nicht geläufig. Dort spricht man in der Regel nur von Benutzern, Sicherheits- und Verteilungsgruppen sowie von Computerkonten. In System Center 2012 Operations Manager ist die Variationsmöglichkeit unterschiedlicher Entitätstypen fast unendlich. Und genau an dieser Stelle gilt es, die Funktionalität von Gruppen von Active Directory und Gruppen von System Center 2012 Operations Manager zu unterscheiden.

Abbildung 13.13 Eine Auswahl der existierenden Gruppen gleich nach der Erstinstallation

Der Vorteil bei der Arbeit mit Gruppen liegt auf der Hand. Kommen neue Systeme mit gleicher Rollenfunktion hinzu, muss nicht das gesamte Regelwerk von vorne aufgebaut werden. Rund 30 dieser Gruppen sind bereits nach der Installation von System Center 2012 Operations Manager vorhanden. Die meisten davon sind bereits in Funktion und werden für die Anpassung von Regeln und Monitore verwendet.

Beachten Sie bitte die beiden oberen Gruppen aus Abbildung 13.13. Die Gruppe *All Business Critical Windows 2000/XP Clients* muss explizit vom Administrator mit den Namen der Computersysteme gefüllt werden, welche später einer intensiveren Überwachung unterzogen werden. Die zweite Gruppe füllt sich hingegen dynamisch mithilfe der inventarisierten Informationen, die von der Clientkomponenten ermittelt wurden.

Beides sind Beispiele, bei denen Sie weiterhin komfortabel Parallelen zu Active Directory ziehen können. Arbeiten mit System Center 2012 Operations Manager heißt jedoch in erster Linie, sich von der Computerdenke zu lösen. Die Überwachung eines Computers spielt hier eine untergeordnete Rolle. Das betrifft physische Geräte ebenso wie virtuelle Maschinen. Ich habe diese Besonderheit bereits im Teil A des Buchs in Kapitel 4 thematisiert.

Gruppen konsolidieren einzelne Funktionseinheiten. Stellen Sie sich vor, Sie sitzen hinter dem Lenkrad Ihres Autos. Wie ist die Logik im Cockpit der meisten Pkw aufgebaut? »Auto geht« und »Auto geht nicht«? Oder zeigen Ihnen die Lämpchen und Displays nicht eher die Betriebsbereitschaft einzelner Teilfunktionen an?

Eine weitere Reise ins Phantasia-Land: Stellen Sie sich vor, Sie säßen an einem Kontrollpult, bei dem die Statusinformationen aller Displays und aller Lämpchen der Fahrzeuge eines großen Fahrzeugparks zusammengeführt werden. Früher oder später würden Sie nach einer Gruppierungsmöglichkeit von unterschiedlichen, für Sie wichtigen Kategorien fragen. Und genau das ist mit Gruppen möglich.

Gruppen erlauben also den logischen Zusammenschluss von Funktionsbereichen. Hierzu einige Beispiele:

- Alle Systempartitionen
- Alle SQL Server-Datenbanken
- Alle Netzwerkkarten
- Alle Temperaturfühler in Racks in Gebäude 0303
- Logische Festplatten D: auf allen SAP-Applikationsservern

Die Liste lässt sich beliebig fortsetzen. Sie werden bei Ihrer Arbeit mit System Center 2012 Operations Manager erleben, dass die Anzahl dieser Gruppen fast exponentiell mit den importierten Management Packs anwächst. Spätestens wenn Sie damit beginnen, eigene verteilte Anwendungen zu erstellen, gesellen sich weitere Gruppen aus Ihrer hauseigenen Werkstatt mit dazu.

▲ Gruppe "Alle Operations Manager-Objekte"/All Operations Manager Objects Group	9
▲ Datenbanken/Databases	2
Data Warehouse-Datenbank/Data Warehouse Database	0
Operations Manager-Datenbank/Operations Database	0
Datenzugriffsdienstgruppe/Data Access Service Group	0
Gruppe "Verwaltungskonfigurationsdienst"/Management Configuration Service Group	0
Integritätsdienst-Watcher-Gruppe/Microsoft.SystemCenter.AgentWatchersGroup	0
Integritätsdienst-Watcher-Gruppe/Microsoft.SystemCenter.CollectionManagementServerWatcherGroup	0
Operations Manager-Agents/Operations Manager Agents	0
Operations Manager-Gatewayserver/Operations Manager Gateway Servers	0
Ressourcenpool für alle Verwaltungsserver/All Management Servers Resource Pool	0
Webbenutzeroberflächen/Web User Interfaces	0

Abbildung 13.14 Gruppen können in System Center 2012 Operations Manager geschachtelt werden

Gruppen von System Center 2012 Operations Manager können geschachtelt werden. Ein gutes Beispiel ist der Abzug des Detailbereichs in Abbildung 13.14. In der rechten Spalte wird uns erfreulicherweise jeweils die Anzahl der direkt eingebundenen Gruppen angezeigt. Auch eine mehrfache Inkludierung ist möglich.

Der intuitive Doppelklick auf einer der Gruppen führt uns leider nicht zur erwarteten Anzeige der Gruppenmitglieder. Im Gegensatz zu Active Directory zeigt uns diese Funktion den Aufbau des Gruppenobjekts an. Der Aufbau einer Gruppe wird durch die folgenden Registerkarten charakterisiert:

- **Explizite Mitgliedschaft(en)**   Hier werden Entitäten einzeln selektiert geführt
- **Dynamische Mitgliedschaft(en)**   Entitäten können auch über generische Abfragen (Regeln) hinzugefügt werden
- **Untergruppen**   Hier werden geschachtelte Gruppen eingefügt
- **Ausgeschlossene Mitglieder**   Damit können einzelne Entitäten ausgeschlossen werden, die aufgrund ihrer Eigenschaft möglicherweise durch eine dynamische gezogen wurden, aber nicht erwünscht sind
- **Produktwissensquelle**   Der Hersteller des Management Packs kann hier Erläuterungen zum spezifischen Aufbau der Gruppe und eventuell auch zu deren Verwendung hinterlegen
- **Firmeninterne Wissensdatenbank**   Hier können Sie kundenspezifische Informationen hinterlegen
- **Außerkraftsetzungen**   Hiermit können die Eigenschaften der Gruppe in Bezug auf bestimmte Entitäten oder andere Gruppen beeinflusst werden. Das ergibt insbesondere dann Sinn, wenn die Gruppe aus einem nicht veränderbaren Management Pack stammt. Ein Beispiel: Sie definieren eine (kundeneigene) Gruppe mit besonders volatilen Datenbanken. Diese Datenbanken sollen bei der Überwachung komplett ausgenommen werden. Nun können Sie die eine Außerkraftsetzung definieren und deaktivieren diese Regel für Mitglieder Ihrer neuen Gruppe.

HINWEIS   Was bei Einsteigern immer wieder zu Frust führt: Viele Objekte lassen sich nicht ändern. Fast alle Gruppen, die Sie sich nach der Installation von System Center 2012 Operations Manager anschauen, gehören dieser Spezies an. All diese Objekte entstammen den sogenannten nicht änderbaren Management Packs. Deren Anpassung funktioniert standardmäßig nur über die eben angesprochenen Außerkraftsetzungen. Auch damit werden wir uns in Kapitel 14 beschäftigen.

Wenn Sie sich die Mitglieder eine Gruppe anzeigen lassen wollen, wenden Sie folgende Methode an:

- Achten Sie darauf, dass im Navigationsbereich *Konfiguration/Gruppen* ausgewählt ist
- Klicken Sie im Detailbereich mit der rechten Maustaste auf das gewünschte Gruppenobjekt. Wählen Sie im Kontextmenü den Eintrag *Gruppenmitglieder anzeigen* aus.

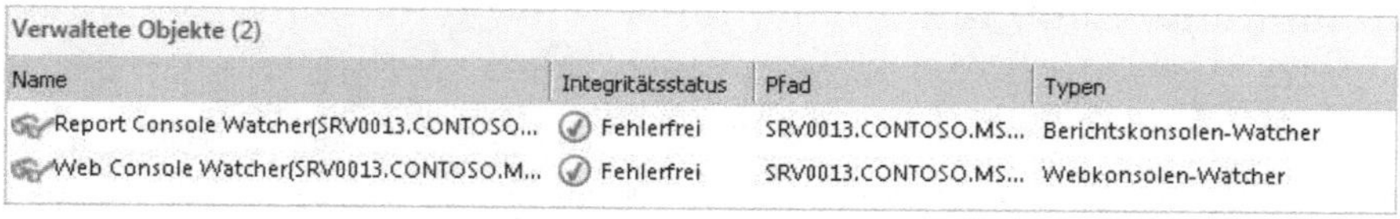

Verwaltete Objekte (2)			
Name	Integritätsstatus	Pfad	Typen
Report Console Watcher(SRV0013.CONTOSO...	Fehlerfrei	SRV0013.CONTOSO.MS...	Berichtskonsolen-Watcher
Web Console Watcher(SRV0013.CONTOSO.M...	Fehlerfrei	SRV0013.CONTOSO.MS...	Webkonsolen-Watcher

Abbildung 13.15   Die Gruppenmitglieder der Gruppe Webbenutzeroberflächen/Web User Interfaces

Ein sinnvoller Nebeneffekt dieser kleinen Übung ist, dass man dabei die Bekanntschaft mit all den Symbolen der unterschiedlichen Entitäten macht. Es ist nicht selten, dass die Funktion einer Entität nur am Symbol, nicht aber am Namen auszumachen ist.

Abbildung 13.16 Der Aufgabenbereich für Gruppenobjekte

Unabhängig vom selektierten Gruppenobjekt werden im Aufgabenbereich standardmäßig die gleichen Operationen angeboten. Wie Sie in Abbildung 13.16 sehen können, stehen die nachfolgenden Möglichkeiten bereit:

- **Neue Gruppe erstellen** Die Bezeichnung der Aufgabe ist selbstsprechend. Wenn Sie eigene Gruppenobjekte erstellen, müssen diese – wie alle anderen selbst erstellten Objekte in System Center 2012 Operations Manager auch – in einem kundeneigenen Management Pack gespeichert werden.

- **Eigenschaften** Zeigt die Eigenschaften des Gruppenobjekts anhand der weiter oben vorgestellten Registerkarten an

- **Gruppenmitgliedschaft anzeigen** Listet die Entitäten auf, die auf Basis der eingestellten Selektionskriterien mit dieser Gruppe selektiert wurden

- **Gruppenstatus anzeigen** Zeigt den Integritätsstatus der Gruppenmitglieder an

- **Diagramm anzeigen** Diese Funktion zeigt nicht nur den Integritätsstatus der Entität. Sie erlaubt auch den grafischen Durchgriff auf die untergeordneten Entitäten.

- **Löschen** Dieser Link ist nur aktiv, wenn Sie ein Gruppenobjekt aus dem kundeneigenen Verwaltungsbereich selektiert haben. Nur diese können auch gelöscht werden.

- **Aktualisieren** Aktualisiert die aktuelle Übersicht aller Gruppenobjekte

Teilbereich *Management Pack-Objekte*

Die Triebfeder von System Center 2012 Operations Manager sind unbestritten die Management Packs. Die darin enthaltene Logik sorgt dafür, dass eine Datenbank, eine logische Platte oder aber auch ein Active Directory ohne zusätzliche Eingriffe und unabhängig von Anzahl und Komplexität überwacht werden können. Eingriffe in diesen Automatismus sind jederzeit möglich und in den meisten Fällen auch sinnvoll. Trotzdem drehen sich die Zahnräder erst einmal auch ohne Nacharbeiten und erlauben die Überwachung von IT-gestützten Geschäftsprozessen.

In diesem Abschnitt werden wir die Management Pack-Objekte kennenlernen. Wir gehen dabei nicht in der gleichen Reihenfolge vor, in der die Objekte in der Betriebskonsole aufgelistet sind. Vielmehr berücksichtigen wir bei der nachfolgenden Auflistung die Abhängigkeit der Objekttypen untereinander und ändern deshalb die Reihenfolge der Vorstellung ein klein wenig ab.

HINWEIS Bevor wir einsteigen, noch ein Hinweis. Die Anzahl der Objekte, die in diesen Ansichten gelistet werden, werden schnell drei- bis vierstellige Werte annehmen. Um die Übersicht dennoch zu ermöglichen, werden die Objekte sogenannten Zielen zugeordnet. Populäre Ziele werden mit einem besonderen Kennzeichen ausgestattet und gelten damit als *gebräuchliche Ziele*. Was ein gebräuchliches Ziel ist, bestimmt der Entwickler eines Management Packs.

Abbildung 13.17 Am oberen Ende des Detailbereichs wird angezeigt, ob die Filterfunktion aktiv ist

Standardmäßig werden in einer Listenansicht der Management Pack-Objekte erst einmal nur die gebräuchlichen Ziele eingeblendet. Ob die Filterfunktion aktiv ist oder nicht, erkennen Sie an einer gelblichen Statusleiste im oberen Bereich des Detailbereichs. Die Leiste bietet nur wenig Platz zur Darstellung der erwünschten Information. Deshalb ist es nicht sinnvoll, sich auf den sichtbaren Text zu verlassen.

Wenn Sie mit der Filterfunktion arbeiten, klicken Sie besser auf den Hyperlink *Bereich ändern*, denn dann können Sie die Filterfunktion entsprechend Ihren Wünschen anpassen und sehen den gesamten verfügbaren Inhalt.

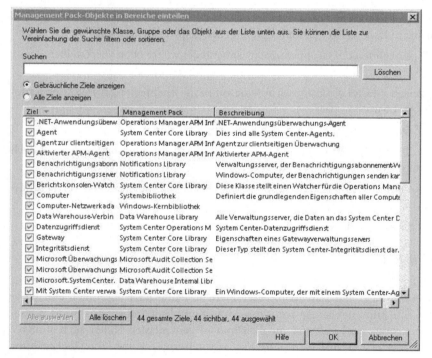

Abbildung 13.18 Das Dialogfeld zur Anpassung der Filterfunktion »Ziele«

Das danach eingeblendete Dialogfeld ermöglicht Ihnen, Einfluss auf die angezeigten Objekte zu nehmen. Im oberen Bereich aus Abbildung 13.18 können Sie durch Selektion der Option *Alle Ziele anzeigen* Zugriff auf die Gesamtmenge aller verfügbaren Objekte dieser Objektklasse erhalten. Suchen Sie nach einem bestimmten Objekt, hilft Ihnen das Suchfeld weiter, welches sich eben im oberen Bereich des Dialogfelds befindet.

Interessieren Sie sich nur für einzelne Ziele, so aktivieren Sie das Kontrollkästchen vor dem jeweiligen Eintrag aus der angezeigten Liste. Und keine Angst: Die Schaltfläche *Alle löschen* löscht nicht die Objekte, sondern lediglich die aktuelle Vorbelegung der Kontrollkästchen. Das ist insbesondere dann relevant, wenn Sie nach einer bewussten Selektion ein weiteres Mal in dieses Dialogfeld einsteigen, um nach einer anderen Konstellation Ausschau zu halten.

Wenn Sie mit den Management Pack-Objekten arbeiten, sollten Sie Ihren Blick für die fast unscheinbare Filteranzeige aus Abbildung 13.17 sensibilisieren.

Folgende Objektklassen werden uns in der aktuellen Version von System Center 2012 Operations Manager angeboten:

- Attribute
- Objektermittlungen
- Regeln
- Monitore
- Außerkraftsetzungen
- Ansichten
- Servicelevel-Überwachungen
- Aufgaben

Attribute

Um eine Entität unmissverständlich definieren zu können, muss man sie beschreiben. Das gilt auch für alle Objekte des täglichen Lebens und ebenso auch für uns Menschen. Um einen Menschen eindeutig als solchen zu beschreiben, benötigen wir eine Reihe von Attributen. Um einen Mann oder eine Frau eindeutig zu beschreiben, benötigen wir wiederum alle Attribute für die Entität Mensch plus einige weiterer Merkmale, die das jeweilige Geschlecht vom anderen abgrenzen. Diese Vorgehensweise lässt sich beliebig fortsetzen, wenn wir weiterhin noch mehr über die Herkunft oder über sprachliche Spezifikationen herausbekommen wollen.

> **WICHTIG** Attribute beantworten immer eindeutige Fragen. Ein Beispiel für eine Fragestellung, die mithilfe von Attributen nicht beantwortet werden könnte: »Welche Sprache spricht diese Frau?« Eine erlaubte Fragestellung ist dagegen: »Spricht diese Frau spanisch?« Das Konzept basiert also auf eindeutigen Fragen mit eindeutigen Antworten.

Attribute beschreiben also immer genau eine besondere Eigenschaft. Mehrere Attribute zusammen beschreiben eine bestimmte Entität. Bauen Entitäten aufeinander auf, muss man mit diesem Modell nicht jedes Mal von vorne beginnen, denn die Attribute werden vererbt.

Ein gutes Beispiel hierfür ist Abbildung 13.19. Hier sieht man deutlich, welche Attribute sich die Entität Windows-Client bei der Entität Windows-Computer ausborgt. Lediglich ein weiteres Attribut – der Anzeigename – unterscheidet einen Windows-Computer von einem Windows-Client. Durch dieses Konzept kann man Gerätschaften beliebig filigran voneinander differenzieren, ohne jedes Mal eine komplette neue Definition von Attributen aufbauen zu müssen.

Die Management Packs, welche diese Attribute liefern, sind unveränderbar. Das bedeutet, dass sich Entwickler auf die Existenz und die Definition von diesen Attributen verlassen können, wenn diese gegebenenfalls ihre eigenen Entitäten abgrenzen wollen.

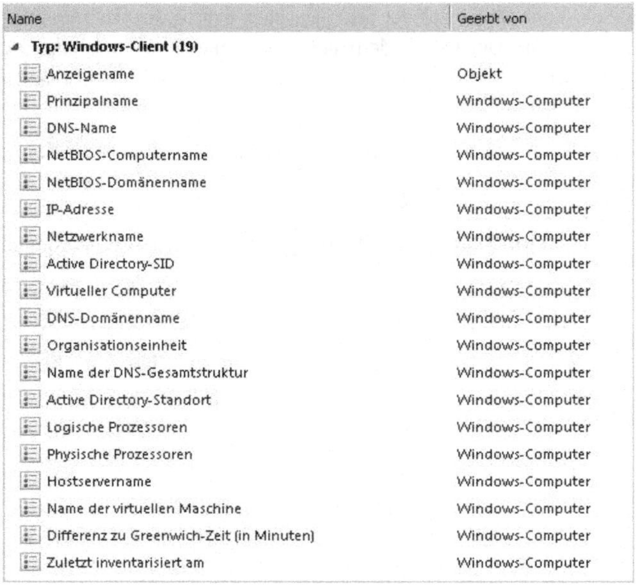

Name	Geerbt von
▲ **Typ: Windows-Client (19)**	
Anzeigename	Objekt
Prinzipalname	Windows-Computer
DNS-Name	Windows-Computer
NetBIOS-Computername	Windows-Computer
NetBIOS-Domänenname	Windows-Computer
IP-Adresse	Windows-Computer
Netzwerkname	Windows-Computer
Active Directory-SID	Windows-Computer
Virtueller Computer	Windows-Computer
DNS-Domänenname	Windows-Computer
Organisationseinheit	Windows-Computer
Name der DNS-Gesamtstruktur	Windows-Computer
Active Directory-Standort	Windows-Computer
Logische Prozessoren	Windows-Computer
Physische Prozessoren	Windows-Computer
Hostservername	Windows-Computer
Name der virtuellen Maschine	Windows-Computer
Differenz zu Greenwich-Zeit (in Minuten)	Windows-Computer
Zuletzt inventarisiert am	Windows-Computer

Abbildung 13.19 Alle Attribute für den Entitätstyp Windows-Client

Ein Attribut definiert sich immer über das Auslesen von Werten oder Schlüsseln aus der Registrierung oder über die Abfrage eines WMI-Anbieters. Damit sind Sie in der Lage, auch eigene Attribute zu definieren und zu verwenden. So wäre es zum Beispiel machbar, dass Sie in der Registrierung Ihrer Server den Standort speichern, um diesen dann wiederum mithilfe von System Center 2012 Operations Manager als Selektionskriterium für den weiteren Überwachungsprozess zu nutzen.

Objektermittlungen

System Center 2012 Operations Manager überwacht den Integritätszustand von Entitäten. Wir sind damit also in der Lage, die Verfügbarkeit und Funktionsbereitschaft einer logischen Platte, einer Netzwerkkarte, einer IIS-Webseite oder aber auch eines Windows Computers im Vergleich zu definierten Vorgabewerten zu interpretieren.

Dazu vergleicht die Clientkomponente von System Center 2012 Operations Manager die vorgegebene Charakteristik eines zu überwachenden Objekts mit den Vorgaben aus den importierten Management Packs. Ohne Management Pack für Windows Server 2008 wird System Center 2012 Operations Manager somit nicht in der Lage sein, den Status eines Servers dieses Typs zu ermitteln.

Ein Beispiel: Stellen Sie sich vor, Sie hätten das Management Pack zur Überwachung von DNS-Server basierend auf Windows Server 2008 importiert. Auf allen Computersystemen Ihres Rechenzentrums ist die Clientkomponente von System Center 2012 Operations Manager installiert. Da derzeit jedoch auf keinem Ihrer Server diese DNS-Serverrolle installiert und konfiguriert ist, wird System Center 2012 Operations Manager logischerweise auch nichts zum Überwachen finden.

Aufgrund des importierten und damit auf allen Systemen bereitgestellten Management Packs für DNS-Server wird die Clientkomponente von System Center 2012 Operations Manager nach jeder Änderung an der Konfiguration des überwachten Rechnersystems erneut prüfen, ob die DNS-Serverrolle jetzt installiert wurde. Diesen Prozess durchläuft die Clientkomponente kontinuierlich und natürlich auch dann, wenn ein neues Management Pack installiert wird. Damit ist sichergestellt, dass die Überwachung einer Funktion sofort beginnt, sobald die Clientkomponente von System Center 2012 Operations Manager ein zu überwachendes Objekt ermittelt hat.

Mithilfe von Attributen definieren wir die Eindeutigkeit einer Entität. Die Objektermittlung gibt der Entität ein Gesicht.

Regeln

Die Protokollierung von Ereignissen und Leistungsdaten ist den Regeln vorbehalten. Man kann deren Funktionalität mit einem Langzeit-EKG beim Arzt Ihres Vertrauens vergleichen. Damit ist man in der Lage, zeitraumbezogene Analysen hinsichtlich des Verhaltens und der Verfügbarkeit von Entitäten zu durchzuführen. Folgende Quellen können für die ereignisbasierte Protokollierung verwendet werden:

- Generisches CSV-Protokoll
- Generisches Textprotokoll
- NT-Ereignisprotokoll
- SNMP-Ereignisprotokoll
- SNMP-Trap
- Syslog
- WMI-Ereignisse

Für die leistungsbasierte Protokollierung können die nachfolgenden Quellen angezapft werden:

- SNMP-Leistung
- WMI-Leistung
- Windows-Leistung

Damit lässt sich schon eine Menge an Fragen über die Laufzeit von Systemen beantworten. Wer neben einer ausführlichen Protokollierung zusätzlich noch eine Alarmierung bei Überschreitung bestimmter Grenzwerte wünscht, kann sich bei den sogenannten ereignisbasierten Warnungsgenerierungsregeln bedienen. Folgende Regeln stehen hierfür bereit:

- Generisches CSV-Protokoll
- Generisches Textprotokoll
- NT-Ereignisprotokoll
- SNMP-Trap
- Syslog (Warnung)
- UNIX/Linux-Shellbefehl
- WMI-Ereignis

Mit ereignisbasierten Warnungsgenerierungsregeln sind Sie in der Lage, die Anzahl von Über- und Unterschreitungen vorgegebener Grenzwerte innerhalb eines Zeitraums zu ermitteln. Wir werden gleich bei der Besprechung der Monitore feststellen, dass diese dazu nicht in der Lage sind. Mit der Erstellung von Regeln beschäftigen wir uns in Kapitel 14 etwas genauer.

Monitore

Die beste Erklärung für die Funktionsweise eines Monitors liefert Ihnen Ihr eigener PKW, wenn Sie ausreichend lange nicht tanken. In allen Modellen auf der ganzen Welt lächelt Sie dann hoffentlich frühzeitig genug eine rote Warnlampe an. Diese Warnlampe hat folgende Eigenschaften:

- Sie wird aktiviert, sobald der voreingestellte Grenzwerte unterschritten wird
- Sie leuchtet rot
- Sie leuchtet weiter, auch wenn kein Benzin mehr im Tank ist

Diese etwas banale anmutende Erläuterung beschreibt die Eigenschaften, auf die es ankommt. Ein Monitor alarmiert, sobald Schwellenwerte über- oder unterschritten werden. Je nach Monitor können Sie auch mit zwei Schwellenwerten arbeiten und damit neben den Zuständen *Normal* (grün) und *Kritisch* (rot) auch noch eine dramaturgische Vorwarnstufe (gelb) einbauen. Und im Gegensatz zu einer Regel gibt ein Monitor keine Auskunft über die Anzahl der konkreten Vorkommnisse pro definiertem Schwellenwert.

In der aktuellen Version System Center 2012 Operations Manager steht eine Vielzahl von Monitortypen zur eigenen Erstellung bereit. Bevor Sie sich daran machen, eigene Monitore zu erstellen, sollten Sie immer zuerst das Angebot in Sachen Monitore der Management Packs überprüfen. In der Regel sind dort meist schon alle Monitore für den Hausgebrauch vorhanden. Das soll Sie allerdings nicht davon abhalten, sich mit Erstellung eigener Regelwerke zu beschäftigen. Hier ist ein Überblick über die verfügbaren Monitortypen. Haben Sie Geduld bei der Durchsicht. Wir sehen uns nach Sonnenaufgang wieder:

- SNMP/Testbasierte Erkennung/Erkennung einfacher Ereignisse/Monitor SNMP-Test
- SNMP/Trapbasierte Erkennung/Einfache Traperkennung/Monitor SNMP-Trap
- WMI-Leistungsindikatoren/Statische Schwellenwerte/Einfacher Schwellenwert/Aufeinander folgende Abtastung über Schwellenwert
- WMI-Leistungsindikatoren/Statische Schwellenwerte/Einfacher Schwellenwert/Delta-Schwellenwert
- WMI-Leistungsindikatoren/Statische Schwellenwerte/Einfacher Schwellenwert/Durchschnittlicher Schwellenwert
- WMI-Leistungsindikatoren/Statische Schwellenwerte/Einfacher Schwellenwert/Einfacher Schwellenwert
- WMI-Leistungsindikatoren/Statische Schwellenwerte/Doppelte Schwellenwerte/ Doppelter Schwellenwert
- Protokolldateien/Textprotokoll/Erkennung wiederholter Ereignisse/Ereignis zurücksetzen
- Protokolldateien/Textprotokoll/Erkennung wiederholter Ereignisse/Manuelle Zurücksetzung
- Protokolldateien/Textprotokoll/Erkennung wiederholter Ereignisse/Timer-Zurücksetzung
- Protokolldateien/Textprotokoll/Erkennung einfacher Ereignisse/Ereignis zurücksetzen
- Protokolldateien/Textprotokoll/Erkennung einfacher Ereignisse/Manuelle Zurücksetzung
- Protokolldateien/Textprotokoll/Erkennung einfacher Ereignisse/Timer-Zurücksetzung
- Textprotokoll (CSV)/Textprotokoll/Erkennung wiederholter Ereignisse/Ereignis zurücksetzen
- Textprotokoll (CSV)/Textprotokoll/Erkennung wiederholter Ereignisse/Manuelle Zurücksetzung
- Textprotokoll (CSV)/Textprotokoll/Erkennung wiederholter Ereignisse/Timer-Zurücksetzung
- Textprotokoll (CSV)/Textprotokoll/Erkennung einfacher Ereignisse/Ereignis zurücksetzen
- Textprotokoll (CSV)/Textprotokoll/Erkennung einfacher Ereignisse/Manuelle Zurücksetzung
- Textprotokoll (CSV)/Textprotokoll/Erkennung einfacher Ereignisse/Timer-Zurücksetzung
- Windows-Ereignisse/Erkennung einfacher Ereignisse/Manuelle Zurücksetzung
- Windows-Ereignisse/Erkennung einfacher Ereignisse/Timer-Zurücksetzung
- Windows-Ereignisse/Erkennung einfacher Ereignisse/Windows-Ereigniszurücksetzung
- Windows-Ereignisse/Erkennung wiederholter Ereignisse/Manuelle Zurücksetzung
- Windows-Ereignisse/Erkennung wiederholter Ereignisse/Timer-Zurücksetzung
- Windows-Ereignisse/Erkennung wiederholter Ereignisse/Windows-Ereigniszurücksetzung

Vorstellung der Arbeitsbereiche

- Windows-Ereignisse/Erkennung fehlender Ereignisse/Manuelle Zurücksetzung
- Windows-Ereignisse/Erkennung fehlender Ereignisse/Timer-Zurücksetzung
- Windows-Ereignisse/Erkennung fehlender Ereignisse/Windows-Ereigniszurücksetzung
- Windows-Ereignisse/Erkennung korrelierter Ereignisse/Manuelle Zurücksetzung
- Windows-Ereignisse/Erkennung korrelierter Ereignisse/Timer-Zurücksetzung
- Windows-Ereignisse/Erkennung korrelierter Ereignisse/Windows-Ereigniszurücksetzung
- Windows-Ereignisse/Erkennung korrelierter fehlender Ereignisse/Manuelle Zurücksetzung
- Windows-Ereignisse/Erkennung korrelierter fehlender Ereignisse/Timer-Zurücksetzung
- Windows-Ereignisse/Erkennung korrelierter fehlender Ereignisse/Windows-Ereigniszurücksetzung
- Windows-Dienste/Einfacher Dienstmonitor
- Windows Leistungsindikatoren/Sich selbst optimierende Schwellenwerte/2 Zustände unter
- Windows Leistungsindikatoren/Sich selbst optimierende Schwellenwerte/2 Zustände über
- Windows Leistungsindikatoren/Sich selbst optimierende Schwellenwerte/Basislinienüberwachung mit drei Zuständen
- Windows Leistungsindikatoren/Sich selbst optimierende Schwellenwerte/Basislinienüberwachung mit zwei Zuständen
- Windows Leistungsindikatoren/Statische Schwellenwerte/Doppelte Schwellenwerte/Doppelter Schwellenwert
- Windows Leistungsindikatoren/Statische Schwellenwerte/Einfacher Schwellenwert/Aufeinander folgende Abtastungen über Schwellenwert
- Windows Leistungsindikatoren/Statische Schwellenwerte/Einfacher Schwellenwert/Delta-Schwellenwert
- Windows Leistungsindikatoren/Statische Schwellenwerte/Einfacher Schwellenwert/Durchschnittlicher Schwellenwert
- Windows Leistungsindikatoren/Statische Schwellenwerte/Einfacher Schwellenwert/Einfacher Schwellenwert
- Skripting/Generisch/Drei-Status-Monitor für UNIX/Linux-Shellbefehl
- Skripting/Generisch/Monitor für drei Status für zeitgesteuerte Skripts
- Skripting/Generisch/Monitor für zwei Status für zeitgesteuerte Skripts
- Skripting/Generisch/Zwei-Status-Monitor für UNIX/Linux-Shellbefehl
- WMI-Ereignisse/Erkennung einfacher Ereignisse/Manuelle Zurücksetzung
- WMI-Ereignisse/Erkennung einfacher Ereignisse/Timer-Zurücksetzung
- WMI-Ereignisse/Erkennung einfacher Ereignisse/WMI-Ereigniszurücksetzung
- WMI-Ereignisse/Erkennung wiederholter Ereignisse/Manuelle Zurücksetzung
- WMI-Ereignisse/Erkennung wiederholter Ereignisse/Timer-Zurücksetzung
- WMI-Ereignisse/Erkennung wiederholter Ereignisse/WMI-Ereigniszurücksetzung

Sollte Ihnen noch die eine oder andere Variante fehlen, findet sich bestimmt jemand in Redmond, der diese Liste mit weiteren Monitortypen ergänzen wird. Beispiele für jeden Monitor sind im Rahmen des zweiten Buchs vorgesehen. Einige der Monitore sind sicherlich selbsterklärend, andere wiederum verlangen nach einer vorauseilenden Erklärung.

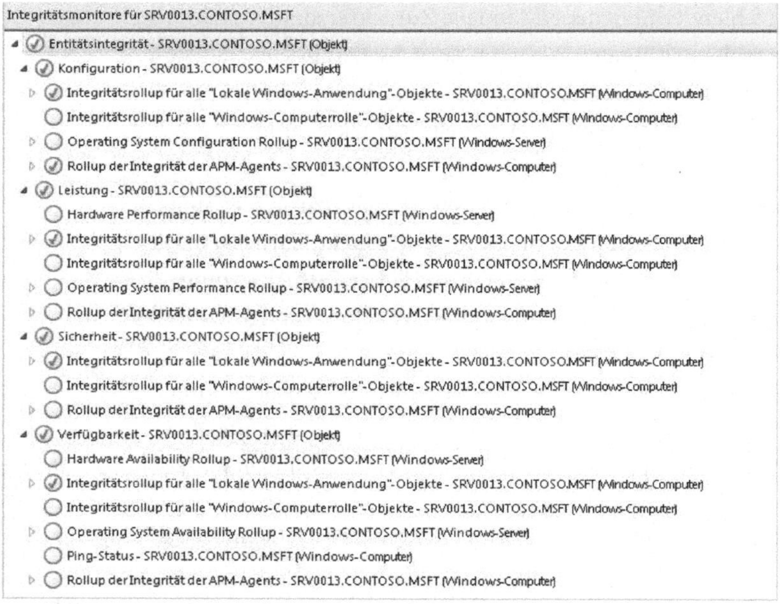

Abbildung 13.20 Aufteilung der Monitore in Kategorien

Monitore werden grundsätzlich in sogenannten Rollupmonitoren zusammengefasst. Dabei handelt sich in erster Linie um Ordnungsinstrumente. Dabei wird standardmäßig in folgende Themenbereiche unterschieden:

- Konfiguration
- Leistung
- Sicherheit
- Verfügbarkeit

Je nach Management Pack können weitere Rollupmonitore vorhanden sein. Bei der späteren Betrachtung des Integritätszustands einer Entität werden die applizierten Monitore nach genau dieser Einordnung visualisiert dargestellt. Ein Beispiel hierfür sehen Sie in Abbildung 13.20. Sie können dieses Dialogfeld leicht selbst aufrufen. Gehen Sie dazu wie folgt vor:

1. Klicken Sie im Navigationsschaltflächenbereich auf *Überwachung*.
2. Klicken Sie im Navigationsbereich auf *Überwachung/Windows-Computer*.
3. Klicken Sie mit der rechten Maustaste im Ergebnisbereich auf einen der dort gelisteten Computer; derzeit sollte dort nur ein Computersystem aufgeführt sein.
4. Wählen Sie im Kontextmenü den Eintrag *Öffnen/Integritätsexplorer für Computernamen* aus.
5. Der Integritäts-Explorer wird in einem separaten Dialogfeld geöffnet. Beachten Sie bitte, dass standardmäßig nur die fehlerhaften Monitore angezeigt werden. Um die Anzeige wie in Abbildung 13.20 zu erhalten, klicken Sie einfach auf das Kreuz im gelb hinterlegten Feld in der linken Spalte.
6. Schließen Sie zum Abschluss das Dialogfeld wieder.

Hat ein Monitor der jeweiligen Rollupkategorie einen Fehler festgestellt, wird der übergeordnete Rollupmonitor ebenfalls auf diesen Status gesetzt. Dieses Konzept erlaubt eine bessere Übersicht insbesondere bei sehr komplexen Entitäten mit Hunderten von Monitoren.

Monitore sind verantwortlich für die Symbole vor der jeweiligen Entität in allen Status-Sichten. Sie sind somit der Dreh- und Angelpunkt für die Interpretation des Gesundheitszustands eines jeden Gerätes, Festplatte, Temperaturfühlers, Systemgehäusedeckels oder Switchport.

Neben den normalen und den Rollupmonitoren stellt System Center 2012 Operations Manager noch die sogenannten Abhängigkeitsmonitore bereit. Abhängigkeitsmonitore erlauben uns die separate Betrachtung der Integrität eines Services, der aus mehreren einzelnen Entitäten besteht.

Das prominenteste Beispiel hierfür ist Active Directory. In der Regel wird Active Directory mit mindestens zwei Domänencontrollern zur Verfügung gestellt. Abhängig von der Unternehmensgröße finden sich weitere Server, die die Verfügbarkeit dieser essentiellen Basisfunktion sicherstellen. Nehmen wir einmal an, dass in Ihrem Unternehmen fünf Domänencontroller ihre Arbeit verrichten; auf Besonderheiten für geografisch getrennte Standorte nehmen wir bei dieser beispielhaften Betrachtung erst einmal keine Rücksicht. Beim Ausfall einer dieser Maschinen ist die Einsatzfähigkeit der Dienste von Active Directory nicht in Frage gestellt. Die Mitarbeiterinnen und Mitarbeiter können sich weiterhin anmelden, Kennwörter ändern oder Ressourcen nutzen. Das gleiche Bild ergibt sich beim Ausfall eines weiteren Domänencontrollers. Erst beim Ausfall der dritten Maschine ist die Konsistenz des Verzeichnisdienstes in Gefahr und es besteht spätestens jetzt Handlungsbedarf.

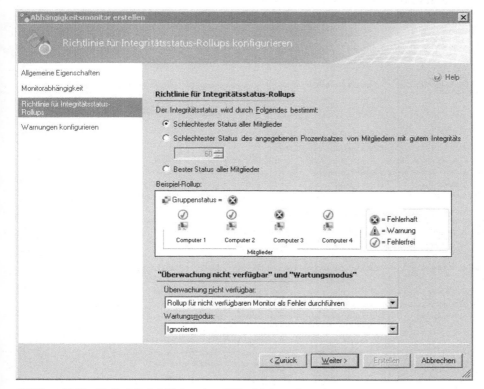

Abbildung 13.21 Die Einstellmöglichkeiten eines Abhängigkeitsmonitors

Mit System Center 2012 Operations Manager und durch den Einsatz eines Abhängigkeitsmonitors kann man eine Richtlinie definieren, welche diese gegenseitige Abhängigkeit bewerten und in Form einer Statusanzeige darstellen kann. Folgende Alternativen bietet uns System Center 2012 Operations Manager hierfür im Standard:

- Schlechtester Status aller Mitglieder
- Schlechtester Status des angegebenen Prozentsatzes von Mitgliedern mit gutem Integritätsstatus
- Bester Status aller Mitglieder

Das Management Pack für Active Directory arbeitet von Haus aus mit solchen Abhängigkeitsmonitoren. Das trifft auch auf alle anderen Management Packs zu, welche Dienste überwachen, die aus einer beliebigen Anzahl von Entitäten bestehen. Die Verfügbarkeit eines IT-Prozesses kann also durch Redundanz mehrerer Entitäten sichergestellt werden. Überwacht System Center 2012 Operations Manager diesen Prozess mithilfe von Abhängigkeitsmonitoren, wird der Prozess als kritisch eingestuft, wenn nur eine einzige Entität zum Einsatz kommt. Oder mit anderen Worten: Wenn Motor von Hubschrauber kaputt, dann Absturz!

Sollte in Ihrem Unternehmen nur ein einzelner Domänencontroller für die Bereitstellung der Verzeichnisdienste sorgen, sollten Sie diesen Zustand dringend ändern oder auf den Einsatz von System Center 2012 Operations Manager verzichten.

Werfen wir nun noch einen Blick in den Ergebnisbereich der Betriebskonsole, damit Sie ein besseres Gefühl beim Umgang mit der Fülle an Informationen rund um Monitore bekommen können.

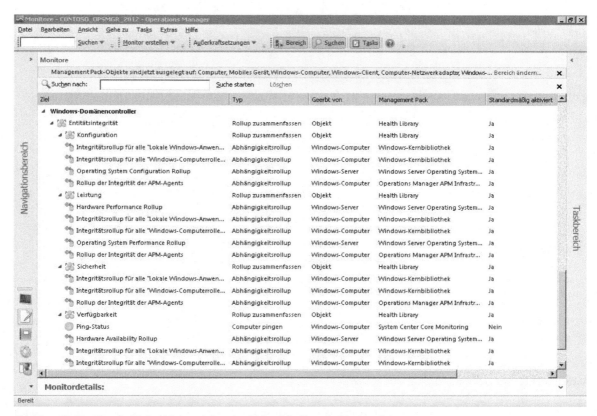

Abbildung 13.22   Platz da: Die Betriebskonsole legt den Blick auf die Liste aller Monitore frei

Um alle wichtigen Informationen auf einen Blick sehen zu können, habe ich den Navigationsbereich, den Detailbereich und den Aufgabenbereich jeweils minimiert. Damit wird die Menge aller aktuell bereitgestellten Monitore im Ergebnisbereich freigelegt. In Abbildung 13.22 sehen Sie die aufgeklappte Struktur für die Monitore der Windows-Domänencontroller.

Bei den meisten Monitoren handelt es sich um Abhängigkeitsrollupmonitore. *Normale* Monitore sind fast keine gelistet. Die Ursache hierfür ist schnell gefunden. Wir arbeiten weiterhin mit einer Standardinstallation von System Center 2012 Operations Manager, in der ganz bewusst keine weiteren Management Packs eingespielt sind. System Center 2012 Operations Manager kann dadurch Windows-Domänencontroller zwar schon ermitteln, aber eben noch nicht überwachen. Die Überwachung ist also quasi vorbereitet, aber mit noch sehr wenig Leben gefüllt.

Im unteren Bereich der Liste findet sich ein Monitor mit dem Namen *Ping-Status*. Wie Sie in der Spalte *Standardmäßig aktiviert* ganz rechts erkennen können, ist dieser Monitor jedoch nicht aktiv. Viele Management Packs arbeiten mit dieser Option und stellen Monitore zur Verfügung, welche standardmäßig jedoch nicht aktiviert sind. Auch hierfür gibt es einen Grund. Manche Management Packs überlappen sich hinsichtlich der überwachten Entitäten. Das trifft beispielsweise bei der Überwachung üblicher Systemparameter wie Festplattendurchsatz oder Netzwerklast zu. Um eine redundante Datenverarbeitung auszuschließen, werden deshalb einige Monitore standardmäßig deaktiviert. Mithilfe von Außerkraftsetzungen können solche Monitore dann aktiviert werden. Wie das grundsätzlich funktioniert, schauen wir uns gleich im nächsten Abschnitt genauer an. Ein konkretes Beispiel werden wir im nachfolgenden Kapitel miteinander durchspielen.

Die angezeigte Liste aus Abbildung 13.21 gibt noch mehr Informationen preis. So wird uns beispielsweise auch der Monitortyp angezeigt. Noch interessanter ist die Spalte *Geerbt von*. Wie bereits weiter oben bei den Attributen angesprochen, werden Management Pack-Objekte wenn möglich wiederverwendet. Die meisten Monitore werden im konkreten Beispiel für Objekte vom Typ *Windows-Computer* und *Windows-Server* verwendet. Das bestätigt dann auch, dass es sich bei Windows-Domänencontroller um eine besondere Ausprägung von Windows-Computern handelt. Solange keine spezifischen Management Packs importiert sind, werden diese Computertypen identisch behandelt. Der Eintrag *Objekt* in Spalte *Geerbt von* bedeutet, dass dieser Monitor speziell für diesen Objekttyp kreiert wurde. Durchaus denkbar, dass dieser wiederum zu einer höheren Ebene vererbt und dort wiederverwendet wird.

HINWEIS Die eben geschilderte Vererbungslehre ist bei System Center 2012 Operations Manager von elementarer Bedeutung. Beim Import eines Management Packs wird geprüft, ob erforderliche Pakete bereits importiert sind. Die Programmierer von Management Packs verlassen sich also darauf, dass notwendige Monitor-Objekte bereits vorhanden (importiert) sind. Ist dies nicht der Fall, können Sie das jeweilige Management Pack nicht importieren. In der aktuellen Version von System Center 2012 Operations Manager hat man allerdings aus dem Frust der Anwender gelernt: Statt eines lapidaren Fehlers werden Sie aufgefordert, dem Import der fehlenden Management Packs zuzustimmen. Dieser Komfort wird Ihnen angeboten, wenn Sie Management Packs direkt von Microsoft herunterladen. Er sollte Sie allerdings nicht davon entbinden, sich mit der Funktionsweise des Management Packs ausgiebig auseinanderzusetzen.

Außerkraftsetzungen

Jede Änderung in System Center 2012 Operations Manager setzt eine gegebene Einstellung außer Kraft. Was reichlich bürokratisch klingt, hilft uns am Ende des Tages, den Überblick über die Konfiguration von System Center 2012 Operations Manager zu bewahren. Wenn Sie sich mit Microsoft Word und den dort bereitgestellten Vorlagen etwas auskennen, ist Ihnen das Konzept nicht fremd. Das gleiche Konzept wird ebenso bei der Arbeit mit Gruppenrichtlinien angewendet.

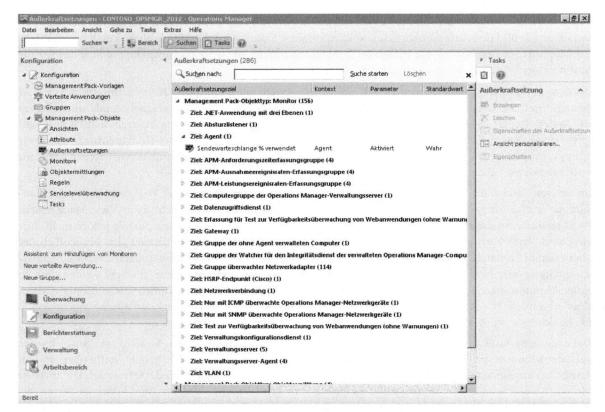

Abbildung 13.23   Zahlreiche Außerkraftsetzungen werden automatisch gesetzt

Ursprüngliche Einstellungen werden niemals geändert, sondern immer nur durch angepasste Werte überschrieben. Löscht man die Überschreibung, ist alles wieder beim Alten. Bereits während der Installation von System Center 2012 Operations Manager werden zahlreiche dieser Überschreibungen vorgenommen, wie man in Abbildung 13.23 erkennen kann.

Im Kontext von System Center 2012 Operations Manager werden diese Anpassungen Außerkraftsetzungen genannt. Der Begriff ist nicht falsch zu verstehen, deutet er doch darauf hin, dass Dinge deaktiviert werden. Der englische Originalbegriff *Overrrides* ist hier die bessere Wahl, um das Konzept zu verstehen. Wir verwenden jedoch im weiteren Verlauf die offizielle Übersetzung *Außerkraftsetzung*.

Außerkraftsetzungen werden immer direkt am Management Pack-Objekt durchgeführt. Wenn Sie beispielsweise mit den Schwellenwerten eines bestimmten Monitors nicht einverstanden sind, dann passen Sie diesen Monitor mithilfe von Außerkraftsetzungen an. Der hier besprochene und in der Betriebskonsole aufgeführte gleichnamige Teilbereich dient dann nur der zentralen Übersichtlichkeit aller vorgenommenen Anpassungen.

Viele Außerkraftsetzungen werden während der Installation von System Center 2012 Operations Manager durch die Installationsroutinen vorgenommen. Die Programmierer der Management Packs nutzen dabei genau die gleichen Möglichkeiten, die auch wir hier zur Verfügung gestellt bekommen. Überschreibungen, die Teil des Installationsprozesses sind, lassen sich jedoch in der Regel nicht löschen. Anpassungen lassen sich jedoch in einem zweiten Arbeitsgang durch die Erstellung weiterer Außerkraftsetzungen in die von Ihnen gewünschte Himmelsrichtung drehen. Damit sollte man allerdings vorsichtig umgehen, denn meist hat die Einstellung eines bestimmten Werts im Rahmen des Installationsprozesses einen Sinn. Es gibt allerdings auch ausreichend Fälle, bei denen die Programmierer bestimmte Werte mithilfe der Außerkraftsetzung vorgeben, welche sich dann aber beim Kunden als nicht praxistauglich erweisen.

In Kapitel 14 werden Sie erfahren, wie man eigene Regeln und Monitore erstellt. Dort werden wir uns auch mit den Möglichkeiten zur Anpassung bereitgestellter Monitore und Regeln beschäftigen. Die, die Sie selbst vorgenommen haben, können im Detailbereich der Außerkraftsetzungen wieder gelöscht werden. Folgende Besonderheiten von Außerkraftsetzungen sollten Sie zur weiteren Verwendung noch berücksichtigen:

- **Außerkraftsetzungen sind zeitpunktbezogen** System Center 2012 Operations Manager beginnt mit der Überwachung eines Leistungsindikators, sobald Sie die zuständige Regel oder den verantwortlichen Monitor zur Verteilung bereitgestellt haben. Messungen sind logischerweise also immer zeitpunktbezogen. Angenommen, Sie ändern jetzt die Schwellenwerte dieser Regel und wollen, dass die der Reduzierung einer bestimmten verfügbaren Ressource schon bei 30 % statt wie bisher bei 10 % protokolliert wird. System Center 2012 Operations Manager wird diese Änderung ebenfalls zeitpunktbezogen entgegennehmen. Bei der späteren Analyse der Leistungskurve müssen Sie die zeitlich versetzte Anwendung immer berücksichtigen.

- **Zeitpunktbezogene Berichterstattung von Außerkraftsetzungen** System Center 2012 Operations Manager hilft Ihnen bei der zeitpunktbezogenen Betrachtung und stellt hierfür einen speziellen Bericht bereit. Sie finden diesen Bericht unter *Berichterstattung/Microsoft Generic Report Library/Außerkraftsetzungen*.

Beachten Sie die Attribute der Außerkraftsetzungen Was in Abbildung 13.23 nur schwer erkennbar ist: Jede Überschreibung hat eine Vielzahl von Attributen, die bei deren Erstellung fortgeschrieben werden. Dazu zählen unter anderem die folgenden Informationen:

- **Außerkraftsetzungsziel** Gegen welches Management Pack-Objekt (Regel, Monitor etc.) wird diese Außerkraftsetzung angewendet? Klicken Sie mit der rechten Maustaste auf die Außerkraftsetzung und wählen Sie dann im Kontextmenü den Eintrag *Eigenschaften des Außerkraftsetzungsziels* aus. Sie gelangen dadurch zum Management Pack-Objekt.

- **Standardwert** Welcher Wert ist standardmäßig vorgegeben?

- **Außerkraftsetzungswert** Mit welchem Wert wird der Standardwert durch diese Maßnahme außer Kraft gesetzt?

- **Bereich** Wird die Außerkraftsetzung für eine ganze Klasse von Entitäten, für eine bestimmte Gruppe oder nur für ganz bestimmte Entitäten appliziert?

- **Erzwungen** Kommen mehrere, sich eventuell widersprechende Außerkraftsetzungen zum Zug, gewinnt die Anpassung, die mit dem Kennzeichen *Erzwungen* vorgenommen wurde

- **Erstellungsdatum** Wann wurde die Außerkraftsetzung eingestellt?

Ansichten

Alles, was Sie in System Center 2012 Operations Manager über die überwachten Entitäten zu Gesicht bekommen, wird in sogenannten Sichten dargestellt. Grundsätzlich werden Ansichten durch den Import eines Management Packs bereitgestellt. Wie bei den Außerkraftsetzungen, ist dieser hier vorgestellte Teilbereich der Betriebskonsole primär als Zusammenfassung aller Objekte gleichen Typs zu sehen. Es ist nicht möglich, an dieser Stelle neue Ansichten zu erstellen. Entsprechend langweilig gestaltet sich damit auch der Aufgabenbereich beim Blick in die Ansichten.

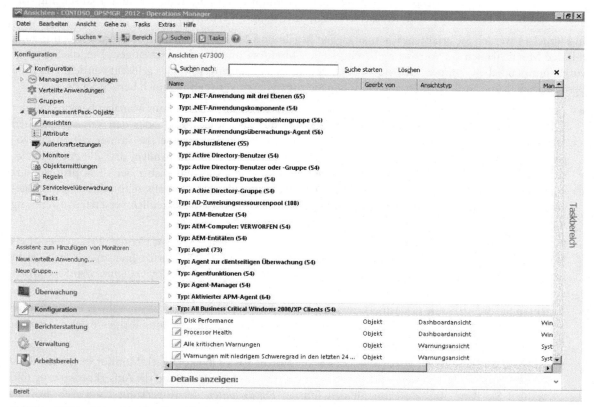

Abbildung 13.24 Blick auf den Detailbereich *Ansichten* innerhalb der Betriebskonsole

Lassen Sie sich von der großen Menge verfügbarer Ansichten nicht irritieren. Die Zahl oberhalb des Detailbereichs trifft keine Aussage über die Anzahl unterschiedlicher Sichten. Im konkreten Beispiel aus Abbildung 13.24 sind das kurz nach der Installation angeblich weit über 47.000 Ansichten.

Sie müssen für die nächsten Wochen nicht auf Ihre Mittagspause verzichten, um diese vermeintlich große Menge von Ansichten auswendig zu lernen. Der Detailbereich will Ihnen vielmehr die Botschaft vermitteln, welche Ansichten für welche Entitätsklassen verfügbar sind. Nehmen wir einmal an, Sie wollen wissen, ob es einem logischen Datenträger derzeit gut geht. Um diese Frage zu beantworten, müssen wir uns einige Leistungsindikatoren genauer anschauen und die Einhaltung der spezifischen Schwellenwerte interpretieren. Wir wollen die Antworten auf folgende Fragen wissen:

- Ist ausreichend Platz auf dem logischen Datenträger vorhanden?
- Bewegt sich der Schreib- und Lesedurchsatz in akzeptierbaren Grenzen?
- Ist die Schreib-Warteschlange unterhalb des kritischen Schwellenwerts?

Es kommen einige weitere Fragen dazu, um in der Betriebskonsole an geeigneter Stelle mithilfe eines grünen, eines gelben oder eines roten Symbols die Integrität des Datenträgers reflektiert zu bekommen. Eine solche geeignete Stelle findet sich in der Betriebskonsole im Navigationsbereich unter *Überwachung/Microsoft Windows Server/Health Monitoring/Disk Health*. Wenn Sie jetzt ganz aufgeregt das Lesen dieser Zeilen unterbrechen und diese Sicht in der Betriebskonsole aufrufen, werden Sie erst einmal enttäuscht, denn es werden keine Informationen angezeigt.

Der Schuldige für diese Enttäuschung ist wieder einmal ein nicht importiertes Management Pack. Die Ansicht selbst ist jedoch vorhanden, wie Sie widerspruchslos zugeben müssen. Die Analyse der Integrität von Datenträger ergibt nicht nur an dieser Stelle – im Kontext von Windows Server – einen Sinn. Der Zugriff auf diese Ansicht bietet sich auch in zahlreichen anderen Szenarien an, denn Festplatten sind essentieller Bestandteil der Informationstechnologie. Und genau dieser Zusammenhang ergibt sich bei der Betrachtung des Detailbereichs aus Abbildung 13.24. Das Management Pack teilt System Center 2012 Operations Manager mit, für welche Entitätsklassen eine Ansicht verwendet werden kann. System Center 2012 Operations Manager stellt diesen Zusammenhang danach grafisch dar. Dadurch ergibt sich eine vielfach redundante Auflistung der gleichen Ansicht.

Um diese Funktionalität zu untermauern, führen Sie bitte folgenden Test aus; vergleichen Sie dazu Abbildung 13.24:

1. Geben Sie im Eingabefeld *Suchen nach* im Detailbereich der Betriebskonsole den Begriff »Disk Health« ein. Drücken Sie danach die ⏎-Taste oder klicken Sie auf die Schaltfläche *Suche starten*.
2. Nach einigen Momenten werden Ihnen alle Entitätsklassen aufgelistet, die auf Ansichten mit dieser Bezeichnung aufgrund des Vererbungskonzepts zugreifen können.
3. Das Ergebnis folgt einer generischen Suchanfrage, was bedeutet, dass auch alle anderen Ansichten aufgelistet werden, die diesen Begriff im Namen tragen.

Um vom Sucherergebnis wieder in die Ansicht aller Ansichten zurückzuwechseln, klicken Sie auf die Schaltfläche *Löschen* im oberen Bereich des Detailbereichs, gleich neben der Schaltfläche *Suche starten*.

Servicelevel-Überwachungen

Wer mit dieser Funktion von System Center 2012 Operations Manager arbeitet, macht IT-gestützte Geschäftsprozesse transparent. Diese Tatsache sollte Ihnen keine Angst machen, denn wir leben in einer Zeit, die das Thema Outsourcing im täglichen Sprachgebrauch etabliert hat. Die Begrifflichkeit hat sich über die Jahre leicht verändert, und wir reden heute mehr über Software als Service (Software as a Service, SaaS) oder Cloud-Computing. All das sind Mutationen des gleichen Themas: die Verlagerung von IT-Dienstleistungen aus den eigenen vier Wänden des Unternehmens hin zum global agierenden SaaS-Provider.

Bevor ein professioneller Anbieter mit Ihnen einen Vertrag schließt, wird dieser das Gespräch mit Ihnen suchen. Jetzt müssen Sie ziemlich genau definieren, wie die in Anspruch zu nehmende Leistung aussehen soll. Sie können davon ausgehen, dass er Ihnen nichts anbieten wird, was er nicht leisten kann. Und Sie können davon ausgehen, dass jede vorher nicht vereinbarte – aber technisch machbare – Mehrleistung den Betrag auf der monatlichen Rechnung nach oben korrigieren wird. Um das jederzeit belegen zu können, wird Sie der Anbieter turnusmäßig mit eindrucksvollen Statistiken beglücken, welche die Inanspruchnahme der bereitgestellten Leistungen belegen. Warum investieren IT-Verantwortliche eigentlich lieber in die Vereinbarung solcher Verträge mit externen Anbietern, anstatt diese Anstrengung für die Messbarkeit der eigenen Leistungen in Kauf zu nehmen?

Die Überwachung von Verfügbarkeiten ist das Kerngeschäft von System Center 2012 Operations Manager. Diese Überwachung und Kontrolle lässt sich bis in die unterste Entitätsstufe einer IT-Infrastruktur realisieren. Die Servicelevel-Überwachung ändert die Sichtweise von der Betrachtung des hauseigenen Mikrokosmos in Richtung Gesamtüberblick. Sind IT-Prozesse eindeutig dokumentiert, können diese hiermit kontinuierlich hinsichtlich der Verfügbarkeit und der Einhaltung vereinbarter Mindestanforderungen überwacht werden.

In nur wenigen der von mir realisierten Projekte wurde diese Funktion nachhaltig verwendet. Die Ursache hierfür gründet auf der eingangs dieses Abschnitts angesprochenen Problematik. IT-Verantwortliche suchen ihr Glück vorzugsweise im Gespräch mit externen Beratern, weil sie selbst nur selten über die Fähigkeit verfügen, die Abteilung als internen Dienstleister zu etablieren. System Center 2012 Operations Manager wird in den meisten Fällen durch die IT-Infrastruktur eingeführt, selten durch Applikationsverantwortliche, fast niemals durch die IT-Leitung. Genau hier muss das Thema jedoch aufgehängt werden.

Leider hat sich in den letzten 10 Jahren meines Erachtens an dieser Problematik nichts geändert. IT-Verantwortliche sind oft langgediente Mitarbeiter oder hervorragend theoretisch geschult. Selten trifft man auf empathische Personen, die sich nicht schämen, sich einen Prozess aus Sicht der Fachabteilung erklären zu lassen. Sie werden ein Beispiel für die Serviceüberwachung in Kapitel 14 kennenlernen.

Aufgaben

Ebenfalls Bestandteil der Management Pack-Objekte sind die Aufgaben, an vielen Stellen direkt und ohne Übersetzungsaufwand *Tasks* genannt. Aufgaben sind kontextbezogene Werkzeuge. Je nach aktueller Ansicht stellt die Betriebskonsole dem Operator bei seiner täglichen Arbeit die passenden Funktionen am rechten äußeren Bildschirmrand – dem Aufgabenbereich – zur Verfügung.

Bei den Aufgaben wird zwischen den beiden nachfolgenden Typen unterschieden:

- **Agenttasks** Diese Funktionen werden zum jeweiligen Agent gesendet und dort lokal ausgeführt. Das Ergebnis wird dann an die Betriebskonsole zurückgesendet und dort im Dialogfeld des Aufgabenaufrufs angezeigt. Sofern man das jeweilige Werkzeug parametrisiert ausführen kann, sind diese Werte beim Start einer Agenttask konfigurierbar. Das aktuell genutzte Benutzerkonto des Operators muss nicht über ausreichende Rechte zur erfolgreichen Durchführung des angebotenen Befehls verfügen. Um beispielsweise eine SQL Server-Datenbank offline zu setzen, kann bei der Agenttask explizit ein anderes, geeignetes Benutzerkonto mit angegeben werden.

- **Konsolentasks** Aufgaben dieses Typs werden auf dem System ausgeführt, auf dem der Operator aktuell seine Betriebskonsole ausführt. Idealerweise ist auf solchen Arbeitsplätzen das gesamte Arsenal verfügbarer und benötigter Administrationswerkzeuge aller Serveranwendungen und Betriebssysteme installiert. System Center 2012 Operations Manager kann dann die jeweilige Konsole starten und diese auch gleich mit dem gewünschten Serversystem verbinden.

Welche Aufgaben verfügbar sind, entscheidet erst einmal das Management Pack. Sie können davon ausgehen, dass die Vielfalt der Aufgaben weitaus größer ist als Ihre persönlichen Anforderungen. Bevor Sie sich mit der Erstellung eigener Tasks beschäftigen, sollten Sie zuerst das Angebot des jeweiligen Management Packs abwarten.

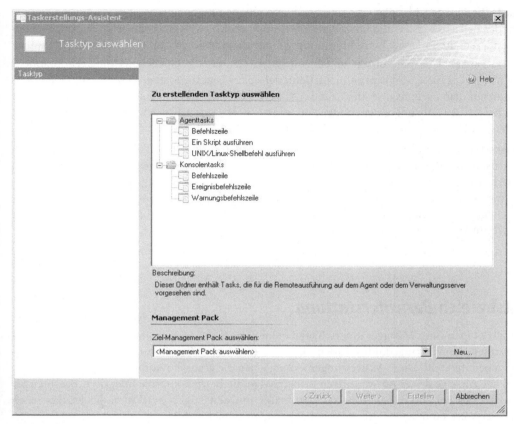

Abbildung 13.25   Tasks können bei Bedarf individuell erstellt werden

Wenn Sie dennoch eigene Aufgaben erstellen wollen, finden Sie den entsprechenden Einstieg im Aufgabenbereich der Betriebskonsole. Klicken Sie dort auf die Schaltfläche *Neuen Task erstellen*. Danach wird Ihnen das Dialogfeld aus Abbildung 13.25 angezeigt. Dort sehen Sie auch, dass die beiden Tasktypen unterschiedliche Ausprägungen von Tasks zulassen:

- **Agenttasks/Befehlszeile**   Zur Erstellung einer solchen Task müssen Sie zuerst die Entitätsklasse definieren. Danach geben Sie den Pfad zum gewünschten Befehl sowie eventuell notwendige Parameter an.
- **Agenttasks/Ein Skript ausführen**   Auch hier wird als Erstes die Entitätsklasse definiert. Im nächsten Schritt ist dann ausreichend Platz zur Festlegung eines VBS-Skripts. Damit die Task im Fehlerfall nicht in einer Endlosschleife endet, definieren Sie hier noch zusätzlich einen Timeoutzeitraum.
- **Agenttasks/UNIX/Linux-Shellbefehl ausführen**   Nicht-Windows-Betriebssysteme können mit VBS-Skripts nicht viel anfangen. Der Syntax sieht im UNIX/Linux-Umfeld bekanntermaßen anders aus. Entsprechend wichtig ist es, bei der Definition einer solchen Task auf die richtige Entitätsklasse zu achten, damit der Befehl auch nur UNIX- und/oder Linux-Systemen angeboten wird.
- **Konsolentasks/Befehlszeile**   Die Definition einer Task dieses Typs unterscheidet sich nicht wesentlich von der Agenttask-Variante. Der wesentliche Unterschied liegt in der Festlegung des Pfads zum auszuführenden Befehl.

- **Konsolentasks/Ereignisbefehlszeile** – Angenommen, Sie arbeiten im operativen Betrieb in der Überwachungssicht der Betriebskonsole und klicken auf ein Computerobjekt. Dann erhalten Sie im Aufgabenbereich unter anderem die Tasks zur Einrichtung einer Remotedesktopsitzung auf dieses System angeboten.

  Klicken Sie statt auf ein Computerobjekt auf ein von System Center 2012 Operations Manager dokumentiertes Ereignis, gibt es diese Möglichkeit nicht, denn der Fokus liegt für System Center 2012 Operations Manager dann auf dem Ereignis und nicht auf der Maschine, auf der das Ereignis ursprünglich generiert wurde. Um bei der Ausführung einer Aufgabe auf eine andere Entitätsklasse zu lenken, gibt es diesen Tasktyp. Eines der Beispiele in Kapitel 14 wird diese Besonderheit behandeln.

- **Konsolentasks/Warnungsbefehlszeile** Der große Unterschied sowohl bei diesem als auch bei dem zuvor beschriebenen Tasktyp ist der Entfall zur Angabe der Entitätsklasse. Ereignis- und Warnungsbefehlszeilentasks werden explizit nur bei der Ansicht von Warnungen, beziehungsweise Ereignissen angezeigt. Der Anwendungsfall dieses Tasktyps ist weitgehend vergleichbar mit dem soeben geschilderten Szenario. Der Unterschied ergibt sich aus der Bezeichnung, denn Warnungsbefehlszeilentasks werden nur bei der Arbeit mit Warnungen angeboten.

Die notwendigen Schritte zur Anlage einer Aufgabe schauen wir uns in Kapitel 14 an einem Beispiel genauer an.

Der Arbeitsbereich *Berichterstattung*

System Center 2012 Operations Manager unterscheidet beim Zugriff zur Auswertungen generell zwei unterschiedliche Varianten. Für die ungeduldigen Menschen ist der Ad-hoc-Zugriff auf Analysedaten der Leistungsindikatoren bereitgestellt. Diese Auswertungen ermöglichen die grafische Aufbereitung der ermittelten Leistungswerte. Die Anzeige dieser Auswertungen ist nahtlos in die Betriebskonsole integriert. Beachten Sie bitte, dass diese Art der Berichtsaufbereitung standardmäßig nur den Zugriff auf Daten der letzten sieben Tage erlaubt. Dieser Wert kann bei Bedarf angepasst werden, muss aber nicht!

Ungeduldige Menschen müssen jetzt stark sein, denn um diese Art von Auswertungen geht es in diesem Abschnitt nicht. Um Ihnen dennoch einen Einblick in die Ad-hoc-Analysen der Leistungsindikatoren zu ermöglichen, schweifen wir kurz ab und rufen eine solche Auswertung in der Betriebskonsole auf. Folgen Sie dazu den nachfolgenden Arbeitsschritten:

1. Klicken Sie im Navigationsschaltflächenbereich auf *Überwachung*.
2. Klicken Sie im Navigationsbereich auf *Überwachung/Windows-Computer*. Im Ergebnisbereich wird jetzt zumindest unser Verwaltungsserver gelistet.
3. Klicken Sie mit der rechten Maustaste auf den Listeintrag im Ergebnisbereich und wählen Sie im Kontextmenü den Eintrag *Öffnen/Leistungsansicht* aus.

   Ein separates Dialogfeld wird geöffnet. Dort enthalten ist ein vorerst leeres Diagrammfenster. Im unteren Bereich des Dialogfelds finden Sie die zu diesem Entitätstyp zuordenbaren Leistungsindikatoren.
4. Aktivieren Sie die gewünschten Kontrollkästchen, um die Leistungskurven ins Diagrammfenster zu übernehmen.

Wichtig an dieser Stelle ist, dass die hier angezeigten Daten direkt aus der operativen Datenbank gezogen werden. Für die ganzen Kerle und Frauen unter Ihnen ist das natürlich ein unbefriedigendes Animationsprogramm, denn es fehlt die Langzeitbetrachtung. Darum kümmert sich die Berichterstattungsdatenbank von System Center 2012 Operations Manager. Sie wird von den Verwaltungsservern kontinuierlich mit allen eingesammelten Informationen gefüllt. Der Aufbewahrungszeitraum liegt leicht über den sieben Tagen, welche für die Leistungsindikatoren-Daten in der operativen Datenbank vorgesehen sind. Je nach Informationstyp stehen für die Datenspeicherung standardmäßig bis zu 400 Tage zu Buche. Auch dieser Wert lässt sich problemlos anpassen.

Einer meiner ehemaligen Kunden hat darauf bestanden, diesen Wert auf das Zehnfache anzuheben. Der Grund: Der Wirtschaftsprüfer wurde über die Implementierung von System Center 2012 Operations Manager informiert und über dessen Möglichkeiten insbesondere hinsichtlich der Überwachung von Verfügbarkeiten und der Protokollierung von Veränderungen aufgeklärt. Das hat ihm offensichtlich so gut gefallen, dass dieser im Abschlussbericht die Aufbewahrung über mindestens 10 Jahre empfohlen hat. Dieser Empfehlung wurde stattgegeben. Die Datenbank wächst heute noch ...

Abbildung 13.26 Die Ansicht des Navigationsbereichs *Berichterstattung*

Die Gesamtmenge aller verfügbaren Berichte ist im Navigationsbereich *Berichterstattung* zu finden. Werden Management Packs importiert, werden die darin ebenfalls enthaltenen Berichte automatisch hier bereitgestellt. Der Übersichtlichkeit wegen bringt jeder Themenbereich seine eigene Kategorie mit ein, sodass die Übersichtlichkeit gewahrt bleibt.

In Abbildung 13.26 sehen Sie den Inhalt der Berichterstattung direkt nach der erfolgreichen Installation der Basiskomponenten von System Center 2012 Operations Manager, zu denen auch die Berichterstattung gehört. Allerdings ist die Berichterstattung eine eigenständige Komponente, welche im Installationsprozess explizit aufgerufen werden muss. Bei der Installation dieser Komponente wird allerdings nur noch die Präsentationsschicht der Berichterstattung installiert. Konkret gesagt wird dabei eine bereits vorkonfigurierte Instanz von SQL Server 2008 R2 Reporting Server in Beschlag genommen und für die Verwendung als Auswertungsaufbereitungsserver von System Center 2012 Operations Manager konfiguriert. Was Sie in der Betriebskonsole aus Abbildung 13.26 sehen, ist somit nichts anderes, wie der Inhalt aus der von System Center 2012 Operations Manager für die Berichterstattung verwendete SQL Server Reporting Server-Instanz.

Die Datenbank, in der alle Bewegungsdaten von System Center 2012 Operations Manager gespeichert werden – die sogenannten Berichterstattungsdatenbank –, wird bereits als absolute Basiskomponente während der Bereitstellung der operativen Datenbank mit installiert. Die Datenerfassung und die Datenaufbereitung sind damit zwei voneinander unabhängige Disziplinen. Dieses Konzept erlaubt dann beispielsweise auch einen späteren Umzug der Berichterstattungsaufbereitung auf ein anderes Serversystem.

Exkurs zur Datenkonsolidierung

Während die Anzahl der bereitgestellten Berichte mit jedem importieren Management Pack wächst, reduziert sich leider oft das Verständnis hinsichtlich der ausgewerteten Daten und aufbereiteten Diagramme. Das hängt zum einen damit zusammen, dass sich die Nutzer erst mit dem Entitätsmodell von System Center 2012 Operations Manager anfreunden müssen. Wählt man den Bericht zur Anzeige der Verfügbarkeit einer SQL Server-Datenbank aus, wird man nur eine leere Seite angezeigt bekommen, selektiert man die falsche Entität als Basis für die Berichtaufbereitung.

Zum anderen erschrecken viele Administratoren, wenn Sie sich die Langzeitanalyse von Leistungsindikatoren oder Ereignissen anzeigen lassen. Ich möchte an dieser Stelle deshalb einen kleinen Exkurs in die Philosophie der Datenkonsolidierung von System Center 2012 Operations Manager vornehmen.

In System Center 2012 Operations Manager werden die eingesammelten Informationen in sogenannte Datentypen differenziert. Einige Beispiele für Datentypen:

- **Ereignisinformationen** Hierbei handelt es sich um die eingesammelten Informationen aus den Ereignisanzeigen
- **Warnungen** Informationen, die durch die Überwachungstätigkeit generiert wurden und die Abweichung vom gewünschten Normalbetrieb für eine der Entitäten attestiert
- **Leistungsdaten** Jeder Leistungsindikator, der von System Center 2012 Operations Manager zur Interpretation des Integritätszustandes einer Entität verwendet wird

Diese Datentypen werden wiederum in DataSets zusammengefasst. Machen Sie sich nicht die Mühe, die DataSets Ihrer Installation mit denen eines befreundeten Administrators in einem anderen Unternehmen zu vergleichen. Welcher Datentyp welchem DataSet zugeordnet wird, bestimmt der Programmierer des Management Packs. Somit ist durchaus denkbar, dass wir in Ihrer Berichterstattungsdatenbank separate DataSets finden, die ebenfalls Datentypen aus der obigen Auflistung enthalten.

Es klingt nach einer Binsenweisheit: Je mehr Management Packs, desto größer die Berichterstattungsdatenbank. Während die Größe der operativen Datenbank spätestens nach sieben Tagen – gerechnet vom letzten Import eines Management Packs und der Installation eines Agent – stagniert, wächst die Berichterstattungsdatenbank über einen sehr langen Zeitraum weiter. Insbesondere Leistungsindikatoren können hier für Unmut mit den Kollegen aus der Plattenspeicherabteilung sorgen, denn je nach Management Pack werden Unmengen von Leistungsabtastungen pro Stunde vorgenommen. All diese Detailwerte über 400 Tage oder länger zu halten ist in der Regel nicht notwendig.

In den meisten Fällen reicht es auch, Daten eines Leistungsindikators über gewisse Zeiträume zusammenzuführen und nur noch errechnete Mittelwerte zu speichern. Genau das geschieht kontinuierlich in der Berichterstattungsdatenbank von System Center 2012 Operations Manager. Üblicherweise werden die Daten abhängig vom DataSet nach folgender Regel aggregiert:

- Rohdaten (keine Aggregation)
- Stundenbasis
- Tagesbasis

In Tabelle 13.1 sehen Sie eine Zusammenstellung der Aggregation von DataSets, die in System Center 2012 Operations Manager standardmäßig vorhanden sind.

Vorstellung der Arbeitsbereiche

DataSet-Name	Aggregationszeitraum	Maximale Aufbewahrungszeit (Tage)
Warnmeldungen	Rohdaten	400
Ereignisdaten	Rohdaten	100
Leistungsdaten	Rohdaten	10
Leistungsdaten	Stündlich	400
Leistungsdaten	Täglich	400
Statusinformationen Entitäten	Rohdaten	180
Statusinformationen Entitäten	Stündlich	400
Statusinformationen Entitäten	Täglich	400

Tabelle 13.1 Auszug der Aggregationswerte von System Center 2012 Operations Manager

Die Aufbewahrungszeiten lassen sich abhängig vom Aggregationszeitraum anpassen. Die Anpassung erfolgt mithilfe von SQL Server-Befehlen. Eine weitergehende Behandlung dieses Themas ist für das zweite Buch zu System Center 2012 Operations Manager vorgesehen. Sofern Sie hier Unterstützung benötigen, wenden Sie sich bitte an einen Kollegen mit ausreichend SQL Server-Know-how.

Das Datenkonsolidierungskonzept sorgt mit dem eben geschilderten Konzept für eine in den meisten Unternehmen anwendbare Datenaggregation. Letztendlich bedeutet das, dass Sie beispielsweise auf Leistungsdaten, welche älter als ein Tag sind, spätestens nach 10 Tagen nicht mehr in voller Detailgenauigkeit zugreifen können. Von System Center 2012 Operations Manager erzeugte Warnmeldungen werden dagegen über 400 Tage mit allen Informationen in der Datenbank gehalten.

Verwenden von Berichten im Navigationsbereich

Wie bereits eingangs dieses Abschnitts erwähnt, können Sie auf die Gesamtmenge aller verfügbaren Berichte im Navigationsbereich *Berichterstattung* in der Betriebskonsole zugreifen. Fehlt diese Navigationsschaltfläche, wurde die Berichterstattung noch nicht oder nicht ordnungsgemäß installiert.

Die Berichte werden im Navigationsbereich kategorisiert dargestellt. Klicken Sie im Navigationsbereich auf die für Sie interessante Kategorie, werden im Ergebnisbereich die korrespondierenden Berichte aufgelistet. Sobald Sie einen der Berichte mit der Maus selektieren, werden im Aufgabenbereich am rechten Rand der Betriebskonsole die Hyperlinks *Öffnen* und *Zeitplan* aktiv. Handelt es sich bei dem Bericht um einen eigen erstellten Bericht, wird zusätzlich noch die Löschfunktion als Hyperlink bereitgestellt.

Abbildung 13.27 Auf die richtigen Parameter kommt es bei der Berichterstattung an

Die Funktionsweise der Berichterstattung und damit der Umgang mit den bereitgestellten Werkzeugen sind intuitiv und bedürfen keiner ausführlichen Erklärung. Auf einige wenige Punkte sollten Sie jedoch ein genaueres Augenmerk legen, um auf den kompletten Leistungsumfang zurückgreifen zu können.

- **Zeitraumfelder** Rufen Sie einen Bericht im Navigationsbereich *Berichterstattung* auf, so wird dieser ohne Parameter gestartet. Die Zeitraumfelder sind in der Regel schon vorbelegt. Lassen Sie sich durch den Begriff *An* als Datumsfeldbezeichnung im linken Bereich der Abbildung 13.27 nicht in die Irre führen. Bei der Feldbezeichnung handelt es sich um das Ergebnis einer automatischen Übersetzung des Begriffes *To* aus dem Englischen. Richtigerweise sollte hier *Bis* stehen.

    Die Zeitraumfelder können sowohl mit absoluten als auch mit relativen Werten belegt werden. Die verfügbaren Variablen werden Ihnen angeboten, wenn Sie mit der linke Maustaste auf die Schaltfläche am rechten Rand des jeweiligen Felds klicken. Dort finden Sie auch den Eintrag *Erweitert*.

    Mit *Erweitert* können Sie zusätzlich mit sogenannten Offsetwerten arbeiten. Damit ist es beispielsweise möglich, immer dynamisch auf die letzten 30 Tage als Berichtszeitraum zu verweisen.

- **Zeitzone** Die Zeitzone spielt bei Berichten von System Center 2012 Operations Manager eine besondere Rolle, denn diese Berichte sind immer zeitpunktbezogen. Im oben beigefügten Beispiel aus Abbildung 13.27 könnte man meinen, dass ich diese Tests auf einem Server durchgeführt habe, welcher in der Zeitzone von Windhoek steht. Stimmt aber nicht. Die Vorauswahl kommt in diesem Fall von SQL Server Reporting Services und muss vor Berichtstart korrigiert werden.

- **Objekte** Mit der richtigen Auswahl der Objekte steht und fällt der Erfolg einer Auswertung. Wird ein Bericht wie hier beschrieben aus dem Navigationsbereich heraus gestartet, müssen diese Daten durch Sie selektiert werden. Wählen Sie die falsche Entität, bleibt die Auswertung leer.

Abbildung 13.28 Die Kopfleiste wird reduziert, sobald der Bericht gestartet wird

Nachdem der Bericht ausgeführt wurde und die Auswertung angezeigt wird, wird die Kopfleiste des Berichts in der Regel reduziert. Die meisten darin enthaltenen Schaltflächen sind mittlerweile gängige Kollegen des täglichen IT-Lebens. Worauf Sie jedoch achten sollten, ist die dritte Schaltfläche von links aus Abbildung 13.28. Beim zärtlichen drüberfahren mit der Maus wird sie sich Ihnen als Schaltfläche mit der Bezeichnung *Parameterbereich ein-/ausblenden* vorstellen. Nutzen Sie diese Schaltfläche, wenn Sie mit dem angezeigten Ergebnis nicht zufrieden sind, damit Sie Ihre Parameterauswahl noch einmal überarbeiten können. Das spart Zeit und reduziert bei den Berichten mit großer Parameteranzahl auch den Frustfaktor.

Zeitplangesteuerte Ausführung von Berichten

Manche Auswertungen würde man gerne öfter wiedersehen. System Center 2012 Operations Manager erlaubt es uns, diese Berichte zeitgesteuert ausführen zu lassen. Um hier keine Lorbeeren an falsche Helden zu verteilen: Genau genommen stellt uns Microsoft SQL Server Reporting Services diese Möglichkeit zur Verfügung und System Center 2012 Operations Manager partizipiert nur von dieser Möglichkeit. Mit folgenden Themen müssen wir uns beschäftigen, damit wir in der Lage sind, Berichte von System Center 2012 Operations Manager automatisiert und vor allen Dingen erfolgreich ausführen zu lassen:

- **Lieferungsmethode** Was nach einer alternativen Anlieferungsmethode der Spedition Ihres Vertrauens klingt, stellt bei SQL Server Reporting Services die Frage nach dem Wohin mit den Daten? Grundsätzlich bietet Ihnen die Berichterstattung die Möglichkeit, zeitversetzt ausgeführte Berichte im Dateisystem abzulegen. Alternativ können Sie sich den fertiggestellten Bericht auch per E-Mail zusenden lassen. Dazu müssen in der Konfiguration der von System Center 2012 Operations Manager verwendeten Instanz von SQL Server Reporting Services die E-Mail-Einstellungen konfiguriert werden. Nachdem diese Daten gepflegt sind, bietet Ihnen die zeitgesteuerte Berichterstellung in System Center 2012 Operations Manager zusätzlich noch die Lieferungsmethode *E-Mail* mit an.

- **Erforderliche Parameter** Wie bereits thematisiert, müssen Sie sich im Vorfeld Gedanken über die gewünschten Parameterwerte machen. Bei einer zeitversetzten Ausführung ist hier ein besonderes Augenmerk auf den Auswertungszeitraum zu legen, da als Zeitbasis immer der Zeitpunkt der Ausführung relevant ist. Planen Sie eine periodische Ausführung, werden Sie die Verwendung von Offsetwerten zu schätzen wissen.

Schauen wir uns die notwendigen Schritte zur Einstellung eines zeitplangesteuerten Berichts von System Center 2012 Operations Manager anhand eines Beispielszenarios einmal an. Auf die beiden Lieferungsmethoden gehen wir jeweils gesondert ein. Verwendet wird für dieses Beispiel der Bericht *Häufigste Warnungen*, den Sie in der Berichtkategorie *Microsoft ODR Report Library* finden. Führen Sie dazu die nachfolgenden Schritte durch:

1. Markieren Sie den Bericht *Häufigste Warnungen* im Ergebnisbereich der Betriebskonsole.
2. Klicken Sie im Aufgabenbereich am rechten Rand der Betriebskonsole auf den Link *Zeitplan*.
3. Das Dialogfeld *Einen Bericht abonnieren* wird angezeigt. Tragen Sie im Feld *Beschreibung* eine aussagekräftige Bezeichnung für diese zeitgesteuerte Berichterstellung ein.

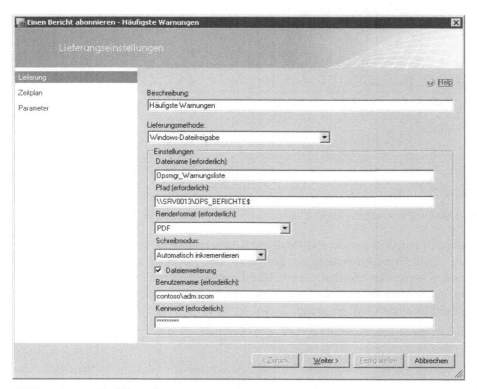

Abbildung 13.29 Dialogfeld zur Pflege der Parameter für die zeitgesteuerte Ausführung und Speicherung im Dateisystem

- **Alternative 1**   Um den Bericht im Dateisystem zu speichern, wählen Sie in der Auswahlliste *Lieferungsmethode* den Eintrag *Windows-Dateifreigabe*. Die erforderlichen Felder werden eingeblendet.
    - Vergleichen Sie bei der Pflege Ihrer Angaben die Vorschläge aus Abbildung 13.29. Achten Sie dabei darauf, dass die Freigabe zum Verzeichnispfad im gleichnamigen Feld eingerichtet ist. Das verwendete Benutzerkonto muss über ausreichende Schreibrechte für diese Freigabe verfügen.

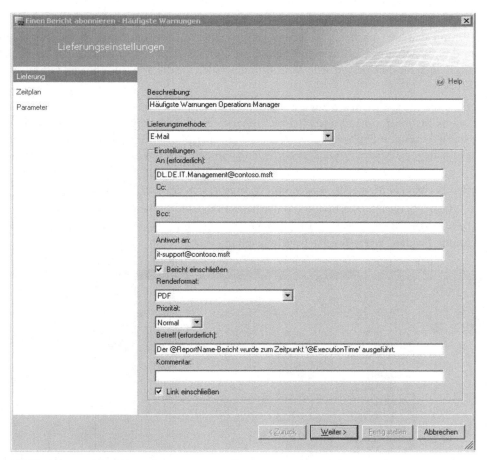

Abbildung 13.30   Dialogfeld zur Pflege der Parameter für die zeitgesteuerte Ausführung und Versendung per E-Mail

- **Alternative 2**   Um den erstellten Bericht als E-Mail an die interessierten Empfänger zu versenden, selektieren Sie im Auswahlfeld *Lieferungsmethode* den Eintrag *E-Mail*. Nochmals zur Erinnerung: Dieser Eintrag ist nur verfügbar, wenn die erforderlichen E-Mail-Einstellungen in der verwendeten Instanz von SQL Server Reporting Services konfiguriert sind. Es werden dann die relevanten Felder im Kontext der Zustellung mittels elektronischer Post angezeigt.
    - Pflegen Sie alle obligatorischen und bei Bedarf auch optionalen Felder. Vergleichen Sie dazu auch die Abbildung 13.30.
    - Klicken Sie in beiden Alternativen abschließend auf die Schaltfläche *Weiter*. Das Dialogfeld *Abonnementzeitplan* wird angezeigt.

- Erstellen Sie den gewünschten Zeitplan. Achten Sie in diesem Zusammenhang auch auf die Möglichkeit, das Abonnement hinsichtlich der periodischen Laufzeit einzugrenzen. Hierfür können Sie optional ein Ablaufdatum mit angeben. Klicken Sie danach auf die Schaltfläche *Weiter*.
- Das Dialogfeld *Berichtsparameter* wird angezeigt. Bei diesem Bericht halten sich die verfügbaren Parameter in Grenzen. Grenzen Sie den Auswertungszeitraum basierend auf Ihren Anforderungen ein. Es empfiehlt sich, hier mit Offsetzeiträumen zu arbeiten. Achten Sie auch auf die richtige Auswahl der Zeitzone. Klicken Sie anschließend auf die Schaltfläche *Fertig stellen*.

Alle zeitgesteuerten Auswertungen finden Sie im Navigationsbereich unter *Berichterstattung/Geplante Berichte*. Selektieren Sie diese Kategorie, um Zugriff auf die Einträge im Ergebnisbereich zu erhalten. Dort werden Ihnen auch Details zum jeweiligen Bericht angezeigt. Die Details sind insbesondere dann wichtig, wenn die Erstellung nicht wie erwartet erfolgt, beziehungsweise bei der Ausführung ein Problem aufgetreten ist. Im Feld *Status* wird deshalb zu jedem Bericht das Ergebnis der letzten Durchführung angezeigt.

HINWEIS Bei der Konfiguration zur Erstellung zeitversetzter Berichte wird auch die Lieferungsmethode NULL-Übermittlungsanbieter aufgeführt. Diese Variante ist für den hier thematisierten Einsatz nicht geeignet.

SQL Server Reporting Services lassen sich auch im integrierten SharePoint-Modus installieren und betreiben. In diesem Fall wird als zusätzliche Lieferungsmethode *SharePoint Bibliothek* angeboten. Wenn Sie beabsichtigen, zeitgesteuert erstellte Berichte in einer SharePoint-Umgebung bereitzustellen, empfehle ich Ihnen, stattdessen mit der Lieferungsmethode *E-Mail* zu arbeiten. Microsoft SharePoint Server ist in der Lage, eingehende E-Mails zu verarbeiten und diese in einer Bibliothek abzulegen. Eine sehr effiziente Methode.

Wem die bereitgestellten Berichte nicht ausreichen oder wer mit deren Darstellung nicht einverstanden ist, der kann sich seine eigenen Auswertungen basteln. Wir werden uns mit den hierfür standardmäßig bereitgestellten Möglichkeiten im Teil C dieses Buchs beschäftigen.

Verwendung von Berichte im Aufgabenbereich

Wie Sie im zurückliegenden Abschnitt erfahren haben, ist im Arbeitsbereich *Berichterstattung* der Zugriff auf alle Auswertungen möglich, welche durch den Import der Management Packs bereitgestellt werden. Der große Nachteil bei der Verwendung dieser erschlagenden Angebotsvielfalt ist, dass alle Berichte in dieser »Berichtsbibliothek« nicht parametrisiert sind. Insbesondere bei der Treffsicherheit bei der Auswahl einer meist einzig richtigen Entität ist der Vergleich zur Teilnahme an einer Lotterie durchaus erlaubt.

Eine andere, weitaus komfortablere Methode des Zugriffs ist der kontextbezogene Aufruf der gewünschten Berichte direkt im Aufgabenbereich. Diese Möglichkeiten stehen den operativen Nutzern im Arbeitsbereich *Überwachung* zur Verfügung. Vergleichbar mit den jeweils entitätsbezogenen Aufgaben (Tasks) stellt System Center 2012 Operations Manager auch die passenden Berichte bereit. Diese sind dann bereits mit den erforderlichen Objektparametern vorbelegt. Eine fehlerhafte Auswertung ist somit zumindest hinsichtlich der fehlerträchtigen Vorauswahl von Entitäten so gut wie ausgeschlossen.

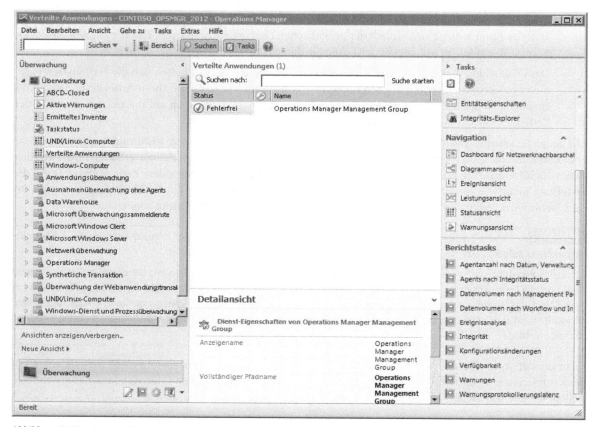

Abbildung 13.31   Je nach Selektion der gewünschten Entität werden die vorbereiteten Berichte im Aufgabenbereich dynamisch aufgelistet

Um die kontextbezogenen Berichte verwenden zu können, markieren Sie im Detailbereich das gewünschte Objekt. Im Aufgabenbereich werden dann dynamisch die verfügbaren Berichtstasks aufgelistet. Vergleichen Sie dazu bitte die Abbildung 13.31. Der Aufruf des gewünschten Berichts ist dann nur noch Formsache.

Der Arbeitsbereich *Verwaltung*

Während den Einführungsmaßnahmen von System Center Operations Manager bei meinen Projekten verglich ich den Arbeitsbereich *Verwaltung* in der Betriebskonsole immer mit dem Menübefehl *Extras/ Optionen*. Dieser Aufruf war und ist in vielen Anwendungen das Tor zu den verfügbaren Konfigurationsmöglichkeiten. Mittlerweile hat sich das ein wenig geändert; die Notwendigkeit zur Konfiguration der Serverprodukte und Applikationen ist jedoch weiterhin vorhanden.

Ziel dieses Abschnitts ist es, Ihnen alle Einstellmöglichkeiten im Bereich der Verwaltung von System Center 2012 Operations Manager vorzustellen und Sie gegebenenfalls auch auf Besonderheiten hinzuweisen.

Vorstellung der Arbeitsbereiche

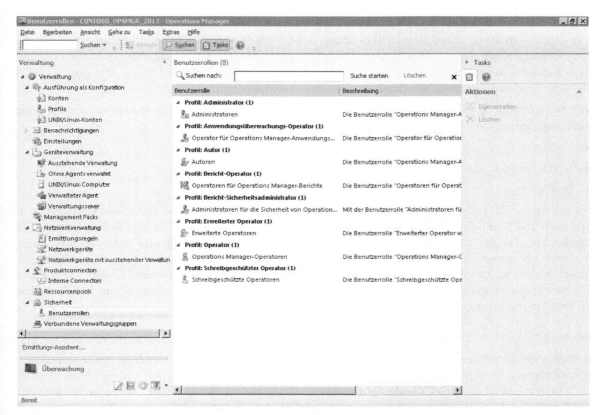

Abbildung 13.32   Ein erster Blick in den Verwaltungsbereich der Betriebskonsole

Wie Sie in Abbildung 13.32 sehen können, sind die verfügbaren Einstellungen hierarchisch im Navigationsbereich angeordnet. Folgende Hauptkategorien werden wir im weiteren Verlauf dieses Abschnitts besprechen:

- Ausführung als Konfiguration
- Benachrichtigung
- Einstellungen
- Geräteverwaltung
- Management Packs
- Netzwerkverwaltung
- Produktconnectors
- Ressourcenpools
- Sicherheit
- Verbundene Verwaltungsgruppen

Ausführung als Konfiguration

Der erste Abschnitt im Arbeitsbereich *Verwaltung*, den wir hier besprechen werden, kümmert sich um alle Fragen rund um Benutzerkonten und deren Verwendung in System Center 2012 Operations Manager. Leider ist den Programmierern an dieser Stelle kein Meilenstein in Sachen intuitiver Bedienung gelungen. Es bedarf also einer gewissen Erklärung, um damit effizient umgehen zu können.

Wie Sie in Abbildung 13.32 sehen können, untergliedert sich der Bereich *Ausführung als Konfiguration* in die folgenden Teilaspekte:

- Konten
- UNIX/Linux-Konten
- Profile

System Center 2012 Operations Manager hat in erster Linie die Aufgabe, die Funktionsbereitschaft von Systemen und Lösungen sicherzustellen. Um diese Aufgabe lösen zu können, benötigt System Center 2012 Operations Manager Zugriff auf all diese Systeme und Lösungen. Im Idealfall wird dafür das sogenannte Aktionskonto verwendet, welches bei der Basisinstallation angegeben wurde. Diese Vorgehensweise würde jedoch bedeuten, dass dieses Benutzerkonto auf alle Ressourcen zumindest lesenden Zugriff, für manche Überwachungsoperationen auch administrative Zugriffsrechte benötigt. Mit dieser Strategie haben viele IT-Abteilungen in vielen Unternehmen ein Problem; durchaus zu Recht.

Konten

Weitaus sinnvoller und aus sicherheitstechnischer Sicht transparenter ist die Verwendung von verschiedenen Benutzerkonten für verschiedene Überwachungsaufgaben. Das Zugriffsregelungskonzept von System Center 2012 Operations Manager erlaubt die Verwendung beliebig vieler unterschiedlicher Benutzerkonten. Wir definieren also beispielsweise explizite Konten zur Erfüllung der Überwachungsaufgabe von Microsoft SharePoint Server, Microsoft SQL Server oder Microsoft Exchange Server. Eine Kollegin, beziehungsweise ein Kollege aus dem jeweiligen Verantwortungsbereich kann dazu die Anmeldedaten direkt in der Betriebskonsole erfassen und zwar ohne dass der Administrator von System Center 2012 Operations Manager Zugriff auf das jeweilige Kennwort hat.

Ginge es nach Microsoft, würde die IT-Landschaft eines Unternehmens ausschließlich durch Produkte aus Redmond bestehen. Für uns alle sicherlich überraschend ist die Tatsache, dass die Realität geringfügig anders aussieht. In den Entwicklungsbüros von System Center 2012 Operations Manager hat man diesen Schuss schon lange gehört und man unterstützt nicht erst seit der aktuellen Version eine große Palette von Drittanbietern. Im aktuellen Kontext bedeutet das, dass wir nicht nur mit der Verwaltung von Windows-Benutzerkonten für die Regelung des Zugriffs aufwarten können. Folgende Kontentypen werden von System Center 2012 Operations Manager aktuell unterstützt:

- Windows
- Community String
- Standardauthentifizierung
- Einfache Authentifizierung
- Digestauthentifizierung
- Binäre Authentifizierung
- Aktionskonto
- SNMPv3-Konto

Darüber hinaus kommen auch die Freunde der Pinguin-Fraktion nicht zu kurz. Darüber unterhalten wir uns gleich im separaten Abschnitt. Die Kontentypen werden differenziert, weil für die unterschiedlichen Ausprägungen unterschiedliche Angaben gemacht werden müssen. Während der Konfiguration wird lediglich die Korrektheit des zu wiederholenden Kennworts geprüft. Alle anderen Informationen – insbesondere die korrekte Schreibweise von Benutzernamen und Kennwort – fällt erst bei der anschließenden Verwendung auf.

Einige wenige Konten werden bereits bei der Basisinstallation von System Center 2012 Operations Manager angelegt und konfiguriert. Dazu zählen die folgenden Konten:

- Standardaktionskonto
- Lokales Systemaktionskonto
- Konto für die Data Warehouse-Berichtbereitstellung
- Lokales Windows-Systemkonto
- Windows-Netzwerkdienstkonto

Bei all den hier genannten Konten handelt es sich um Windows-Benutzerkonten. Die beiden erst genannten werden in System Center 2012 Operations Manager als sogenanntes *Aktionskonto* deklariert. Mit dem Aktionskonto versucht System Center 2012 Operations Manager die operativen Aufgaben auszuführen, solange kein anderes, explizit für eine Aufgabe konfiguriertes Konto angelegt ist. Je nach Anspruch der IT-Abteilung an ein ausgefeiltes Sicherheitskonzept kann die Liste der Konten in System Center 2012 Operations Manager also durchaus bildschirmfüllende Ausmaße annehmen.

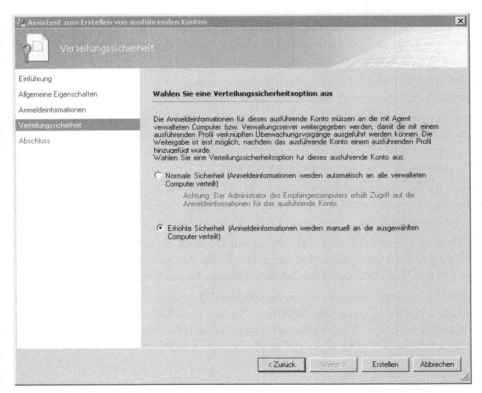

Abbildung 13.33 Die Verteilungssicherheitsoption erlaubt eine sehr genaue Zuordnung von Benutzerkonten

Außer dem Standardaktionskonto kann keines der eben genannten, direkt nach der Basisinstallation vorhandenen Konten geändert werden. Legen Sie neue Konten an, werden Sie vom Assistent am Ende des Dialogs gefragt, ob das Benutzerkonto auf allen mit der Clientkomponente von System Center 2012 Operations Manager ausgestatteten Systemen bereitgestellt werden soll. Weitaus spannender und geringfügig anspruchsvoller ist die Verwendung der Option *Erhöhte Sicherheit*, wie in Abbildung 13.33 gezeigt. Wählen Sie diese Option, müssen Sie nach erfolgreicher Anlage des Kontos erneut in die Eigenschaften mittels Doppelklick einsteigen und dann auf der Registerkarte *Verteilung* für die Eintragung der Computernamen sorgen, auf denen dieses Konto angewendet werden darf.

Fazit: Die Verwendung der Verteilungssicherheitsoption *Erhöhte Sicherheit* erlaubt eine sehr genaue und vor allen Dingen auch jederzeit belegbare Steuerung von Benutzerkonten. Ändert sich Ihre Infrastruktur, weil zusätzliche Server mit weiteren Serverrollen ausgestattet werden, müssen Sie stets auf eine akkurate Nachpflege der Verteilungssicherheitsoption achten. Diese Vorgehensweise ist keine Besonderheit in professionell organisierten Umgebungen, wo man die eigenen Prozesse an den Vorgaben von ITIL zumindest anlehnt.

Ändern wir den Blickwinkel um 180 Grad. Befinden sich dagegen die Administration von System Center 2012 Operations Manager und die Benutzerverwaltung Ihrer IT in organisatorisch gleichem Zuständigkeitsbereich, können Sie auf den Mehraufwand der erhöhten Sicherheit getrost verzichten. Dieses Organisationskonzept findet sich in vielen mittelständischen Unternehmen wieder und ist nicht unbedingt ein Indikator für ein Sicherheitsproblem.

UNIX/Linux-Konten

UNIX- und Linux-Administratoren werden sich in diesem Abschnitt nur langweilen, denn Sie wissen, dass das Berechtigungskonzept in dieser Betriebssystemwelt nach anderen Spielregeln funktioniert. Beim genaueren Hinschauen stellt man allerdings auch als passionierter Windows-Administrator fest, dass man in beiden Welten letztendlich nur mit Wasser kocht.

In der UNIX- und Linux-Welt unterscheidet man im Kontext von System Center 2012 Operations Manager zwischen zwei den folgenden beiden Kontentypen:

- **Agentwartungskonto** Dieses Konto wird verwendet, um die proprietäre Clientkomponente von System Center 2012 Operations Manager auf die Rechner der Opposition zu installieren. Bei der Konfiguration dieses Kontos entscheidet der Administrator, ob ein Secure Shell (SSH)-Schlüssel verwendet werden soll, oder ob »nur« mit Benutzernamen und Kennwort gearbeitet wird.

- **Überwachungskonto** Ist der Agent von System Center 2012 Operations Manager auf einem Linux- oder UNIX-System erfolgreich installiert, wird in der Regel dieser Kontentyp für die Durchführung der Überwachungsaufgaben verwendet.

Ich rate Ihnen, die Kollegen der Pinguin-Fraktion frühzeitig mit ins Boot zu nehmen und sie über die Arbeitsweise von System Center 2012 Operations Manager aufzuklären. Hier gibt es keine bessere Strategie als die Integration einer Testmaschine mit anschließender Verteilung der Clientkomponente.

Die Vorbehalte insbesondere von Linux-Administratoren sind bedauerlicherweise symptomatisch und erfordern zusätzliche Zeit bei der Implementierung. Offensichtlich erwarten diese Kollegen, dass sämtliche Festplatten auf ihren Systemen mit sofortiger Wirkung formatiert werden, sobald diese den Firmennamen des Weltmarktführers speichern müssen. Es tobt hier immer noch eine Art Glaubenskrieg; überflüssig und fast schon infantil.

Ich hatte in der Vergangenheit mehrere Projekte bei mehreren sehr großen Kunden, bei denen die Integration von Linux- und UNIX-Systemen und damit die Installation der eigens dafür entwickelten Agents Teil des Auftrags war. Bei keinem einzigen dieser Projekte gab es Probleme mit der Stabilität oder Leistungsfähigkeit nach der Installation der Clientkomponente. Bei den meisten Systemen entdeckte das Standard Management Pack für Linux-Systeme von System Center 2012 Operations Manager jedoch Fehler in der System- und Sicherheitskonfiguration. Nutzen Sie deshalb dieses Projekt zur Schaffung vertrauensbildender Maßnahmen zwischen Ihnen und Ihren Kollegen.

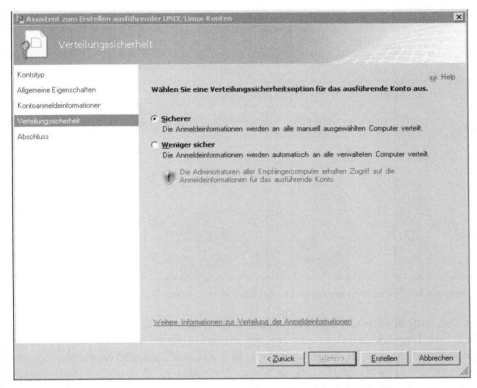

Abbildung 13.34 Auch bei UNIX- und Linux-Konten wird die Verteilungssicherheitsoptionsfrage gestellt

Sie beginnen mit der Erstellung der UNIX- und Linux-Konten, indem Sie den gleichnamigen Eintrag im Navigationsbereich selektieren und danach im Aufgabenbereich die Schaltfläche *Ausführendes Konto erstellen* anklicken. Beim letzten Arbeitsschritt werden Sie aufgefordert, sich auf die gewünschte Verteilungssicherheitsoption festzulegen.

In vielen Umgebungen besteht immer noch eine 1:1-Zuordnung zwischen UNIX/Linux-Benutzerkonto und Betriebssysteminstallation. In diesen Fällen ist die Auswahl sinnvoller Optionen im Handumdrehen auf *Sicherer* reduziert. Diese Option ist unbestritten auch die erste Wahl, um zu jedem Zeitpunkt die Aussage darüber zu treffen zu können, welches Konto auf welchem System von System Center 2012 Operations Manager verwendet wird.

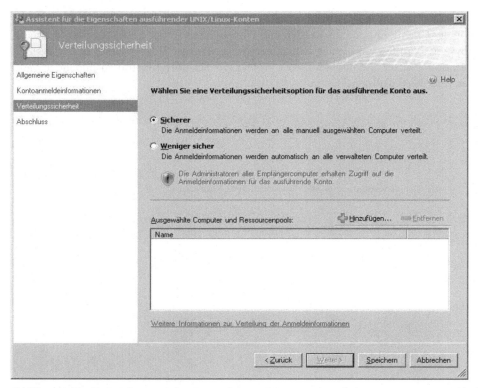

Abbildung 13.35 Die Zuordnung zwischen Benutzerkonto und Computersystem findet in einem zweiten Durchlauf statt

Nach der erfolgreichen Erstellung der erforderlichen Benutzerkonten greifen wir dazu mit einem beherzten Doppelklick nochmals auf die Eigenschaften des Kontos zu. Im Dialogfeld *Verteilungssicherheit* wird Ihnen jetzt ein Auswahlfenster offeriert, in dem Sie die Zuordnung zum jeweiligen Computersystem vornehmen können. Klicken Sie dazu auf die Schaltfläche *Hinzufügen*, wie in Abbildung 13.35 ersichtlich, und wählen Sie anschließend das gewünschte Computerkonto aus.

HINWEIS Die Zuweisung eines Agentwartung-Benutzerkontos zu einem bestimmten Computersystem wird insofern zum Problem, als dass dieses Computerobjekt zu diesem Zeitpunkt in System Center 2012 Operations Manager noch gar nicht bekannt ist. Das ist eine klassisches Henne-Ei-Situation, denn ohne Clientkomponente kein überwachtes Computerobjekt, aber ohne Computerobjekt auch keine eindeutige Kontenzuweisung und damit keine Möglichkeit zur Installation der Clientkomponente.

Die Lösung des gordischen Knotens ist nicht allzu schwer. Sie müssen lediglich darauf achten, dass die konfigurierten Agentwartung-Konten entweder dem zuständigen Verwaltungsserver oder aber dem für die Verwaltung von Linux- und UNIX-Systemen zuständigen Ressourcenpool zugeordnet werden. Auch diese Zuordnung kann über das Dialogfeld aus Abbildung 13.35 realisiert werden. Führen Sie dazu die nachfolgenden Schritte aus:

1. Klicken Sie auf die Schaltfläche *Hinzufügen*. Das Dialogfeld *Computersuche* wird angezeigt.
2. Selektieren Sie in der Auswahlliste *Option* den Eintrag *Verwaltungsserver anzeigen* oder *Nach Ressourcenpoolnamen suchen*. Klicken Sie danach auf die Schaltfläche *Suchen*.
3. Im Listenfeld *Verfügbare Elemente* werden Ihnen die der Selektion entsprechenden Einträge angezeigt.

4. Selektieren Sie den gewünschten Eintrag und klicken Sie danach auf die Schaltfläche *Hinzufügen*. Klicken Sie danach auf die Schaltfläche *OK*.
5. Speichern Sie abschließend die vorgenommenen Anpassungen des Dialogfelds *Verteilungssicherheit*.

Damit ist sichergestellt, dass die Erstinstallation der Clientkomponente durchgeführt werden kann.

Profile

Profile sind das fehlende Zahnrad zwischen Konten und Computersystemen. Damit ist es möglich, Benutzerkonten funktionsbasiert auf den überwachten Systemen bereitzustellen. Profile sind Teil vieler Management Packs. Administratoren definieren dort, welches Konto zur Durchführung einer Überwachungsaufgabe verwendet werden soll. Dieser Konfigurationsschritt wird oft vergessen, was dazu führt, dass System Center 2012 Operations Manager keine Statusinformationen von Systemen oder Prozessen interpretieren kann.

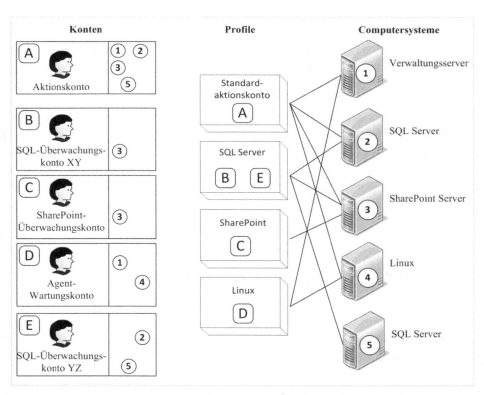

Abbildung 13.36 Profile erlauben die Zuordnung von Konten zu Überwachungsaufgaben

Profile werden nicht für die Verknüpfung von Konten und Computersystemen verwendet. Dazu ist die weiter oben beschriebene Verteilungssicherheitsoption auf Kontenebene zuständig. Profile stellen Konten für bestimmte Überwachungsaufgaben bereit. Dieses Dreiecksverhältnis zwischen Konten, Profilen und Computersystemen erlaubt eine beliebig genaue Verknüpfung dieser Entitäten. Die Abbildung 13.36 soll diesen Zusammenhang ein wenig verdeutlichen. Schauen wir uns dazu beispielhaft die beiden SQL-Überwachungskonten »XY« und »YZ« genauer an.

Konto XY ist mittels Verteilungssicherheitsoption auf Computersystem 3 fixiert. Abhängig davon, welchem Profil dieses Konto zugeteilt ist, wird System Center 2012 Operations Manager dieses Konto auf diesem Computersystem zu Einsatz bringen. In unserem fiktiven Beispiel ist auf Computersystem 3 gleich noch die SQL Server-Datenbank für SharePoint Server installiert. Konto XY besitzt hierfür Leserechte, und deshalb wird System Center 2012 Operations Manager die Überwachung von SQL Server dort auch ausführen können.

Konto YZ ist ebenfalls für die Durchführung von Überwachungsaufgaben rund um SQL Server vorgesehen. System Center 2012 Operations Manager wird dieses Konto jedoch nicht auf Computersystem 3 zum Einsatz bringen, da es über die Verteilungssicherheitsoption nur für die Systeme 3 und 5 freigeschaltet ist.

HINWEIS Achten Sie bitte immer auf die korrekte Pflege der Profile. Vergessen Sie dabei nicht, dass die Einstellung der Verteilungssicherheitsoption Einfluss auf die Verwendung von Konten in den Profilen hat. Wird ein Profil nicht mit Benutzerkonten gepflegt, versucht System Center 2012 Operations Manager standardmäßig das Aktionskonto einzusetzen.

Benachrichtigung

Eine der Funktionen, welche gleich nach dem ersten Einrichten von System Center 2012 Operations Manager von Kunden angefragt wird, ist die Benachrichtigungsfunktion. Erfahrungsgemäß sollten Sie dieses Thema auf Ihrer Agenda etwas weiter hinten anordnen. Bevor wir über den Einsatz von E-Mails als Werkzeug zur Alarmierung nachdenken, müssen wir uns erst darüber im Klaren sein, wer welche Informationen benötigt.

Die falsche Strategie sorgt dafür, dass Sie von System Center 2012 Operations Manager mit Benachrichtigungen überschüttet werden. Das Risiko ist groß, dass Sie durch die Menge an übermittelter Information schlichtweg überfordert sind und am Ende nicht mehr in der Lage sind, eine effiziente Analyse durchzuführen.

Dennoch – oder genau deshalb – sollten wir jetzt über die einzelnen Teilfunktionen von Benachrichtigungen sprechen. Wenn Sie im Navigationsbereich von Verwaltung den Eintrag Benachrichtigungen erweitern, werden Ihnen die folgenden Einträge entgegenstrahlen:

- Abonnements
- Abonnenten
- Kanäle

Aus dramaturgischen Gründen beginnen wir mit der genauen Betrachtung am unteren Ende der Liste und arbeiten uns langsam aber sicher nach oben.

Kanäle

Ohne ein Schienennetz wird der schnellste ICE nicht von A nach B kommen. Ähnlich ist der Zusammenhang zwischen Benachrichtigungen und Benachrichtigungskanälen. Bevor wir also ereignisgesteuert alarmiert werden können, benötigen wir die geeignete Infrastruktur. Folgende Kanäle können wir in System Center 2012 Operations Manager einrichten:

- **E-Mail** Der Klassiker in Sachen Nachrichtenvermittlung ist die E-Mail-Nachricht. Bei der Einrichtung will System Center 2012 Operations Manager von Ihnen den vollständigen Namen des zu verwendenden SMTP-Servers sowie eine gegebenenfalls erforderliche Identifikation zur Authentifizierung wissen. Sie können bis zu drei SMTP-Server angeben, sodass die Zustellung einer Benachrichtigung auch dann sichergestellt ist, wenn Ihr primärer E-Mail-Server derzeit keine Lust zum Arbeiten hat. Um einen neuen SMTP-Kanal gehen Sie wie folgt vor:
    - Öffnen Sie im Navigationsbereich *Verwaltung* den Knoten *Benachrichtigungen/Kanäle*

- Klicken Sie im Aufgabenbereich auf die Schaltfläche *Neu/E-Mail (SMTP)*
- Folgen Sie dem Assistenten durch die einzelnen Dialogfelder und pflegen Sie die relevanten Informationen ein
- Belassen Sie die Angabe im Dialogschritt *Format* wie vorgegeben
- Speichern Sie die Einstellungen unter dem von Ihnen gewählten Benachrichtigungskanalnamen

- **Sofortnachricht** Wenn Sie in Ihrem Unternehmen eine Microsoft Lync-Infrastruktur betreiben, können Sie diese Art der Kommunikation ebenfalls in System Center 2012 Operations Manager verwenden. Die Anbindung funktioniert auch mit der Vorgängerversion von Microsoft Lync, Microsoft Office Communication Server und auch mit anderen SIP-fähigen Instant-Messaging-Lösungen (IM).

Nachrichten, die über diesen Kanal versendet werden, werden synchron und ohne Verzögerung an die definierten Empfänger (Abonnenten) durchgestellt, sobald diese mit einem IM-Client erreichbar sind.

Bei der Konfiguration werden Sie nach dem Namen des IM-Servers beziehungsweise des IM-Serverpools gefragt. Des Weiteren müssen das Kommunikationsprotokoll und der zu verwendende Port festgelegt werden. Üblicherweise verwendet man Port 5060 (TCP) oder Port 5061 (TLS).

Um einen neuen Kanal für die Übermittlung von Sofortnachrichten einzurichten, orientieren Sie sich an der nachfolgenden Vorgehensweise:

- Öffnen Sie im Navigationsbereich *Verwaltung* den Knoten *Benachrichtigungen/Kanäle*
- Klicken Sie im Aufgabenbereich auf die Schaltfläche *Neu/Sofortnachricht (IM)*
- Folgen Sie dem Assistenten durch die einzelnen Dialogfelder und pflegen Sie die relevanten Informationen ein
- Belassen Sie auch bei diesem Kommunikationskanal die Angaben im Dialogschritt *Format* wie vorgegeben
- Speichern Sie die Einstellungen unter dem von Ihnen gewählten Benachrichtigungskanalnamen

- **Textnachricht** Zu den Dinosauriern der Benachrichtigungstechnik gehört sicherlich die gute alte SMS-Nachricht. Damit dieser Kommunikationskanal verwendet werden kann, muss ein GSM-Modem direkt an einem der Verwaltungsserver angeschlossen sein. Die Einrichtung dieses Kommunikationskanals in System Center 2012 Operations Manager ist dann denkbar einfach:

- Öffnen Sie im Navigationsbereich *Verwaltung* den Knoten *Benachrichtigungen/Kanäle*
- Klicken Sie im Aufgabenbereich auf die Schaltfläche *Neu/Textnachricht (SMS)*
- Belassen Sie bei diesem Kommunikationskanal die Angaben im einzigen Dialogschritt wie vorgegeben
- Speichern Sie die Einstellungen unter dem von Ihnen gewählten Benachrichtigungskanalnamen

- **Befehl** In großen Rechenzentren kann die Lokalisierung eines bestimmten Rechnersystems zu einem langwierigen Unterfangen werden. Insbesondere dann, wenn die Rechnerschränke wie geklonte Schafe aussehen und sich in den langen Gängen kaum unterscheiden, kann es hilfreich sein, wenn man mit visueller Unterstützung seinem geographischen Ziel näher gebracht wird.

Für ein solches Szenario hat Microsoft den Kanaltyp *Befehl* in System Center 2012 Operations Manager eingebaut. Wenn Sie Ihre Serverracks beispielsweise mit einer IP-Lampe ausstatten, könnte Ihnen diese bei einem Vorfall mit einem der eingebauten Server den Weg zeigen. Aber auch andere Befehle, deren Ausführung im Zusammenhang mit einem Warnungsereignis sinnvoll sind, können über diesen Benachrichtigungskanal ausgelöst werden.

Zur Einrichtung müssen Sie den Pfad zur Applikation, deren Namen sowie gegebenenfalls benötigte Befehlszeilenparameter und ein Startordner angegeben werden. Die Einrichtung verläuft analog der bereits beschriebenen Vorgehensweise bei den anderen Benachrichtigungskanälen. Verwenden Sie in diesem Fall die Schaltfläche *Neu/Befehl* im Aufgabenbereich.

Abonnenten

Abonnenten sind die potentiellen Empfänger der zu versendenden Benachrichtigungen. Bei der Anlage eines Abonnenten legen Sie zuerst fest, in welchem Zeitraum der Abonnent generell Nachrichten zugestellt bekommen soll. Dadurch ist es beispielsweise möglich, Schichtmodelle in System Center 2012 Operations Manager abzubilden.

Danach erfragt der Assistent die Abonnentenadressen. Pro Abonnent ist es also möglich, unterschiedliche Empfängeradressen zu hinterlegen. Pro Empfängeradresse können dann wiederum individuelle Zeitpläne hinterlegt werden. Damit ist eine sehr flexible Ausgestaltung einer Benachrichtigungsstrategie möglich. Diese Vielfalt ist auf der anderen Seite allerdings sehr fehleranfällig, wenn man sich nicht vor Beginn der Abonnentenpflege ausgiebig Gedanken über das gewünschte Ziel macht.

TIPP Bei der Einrichtung von Abonnenten müssen Sie ein wenig auf die gut gemeinten Standardvorgaben des Assistenten achten. Diese sollten Sie nicht übernehmen und stattdessen Ihre eigene Terminologie anwenden. Diese Vorgehensweise ist auch deshalb so wichtig, weil Sie sonst den Überblick über die Kombination aus Abonnentennamen und jeweils zugeordneter Abonnentenadresse verlieren.

Wir schauen uns die Einrichtung eines Abonnenten nachfolgend einmal an. Zur besseren Übersicht verzichte ich dabei jeweils auf den Abflug in die Einrichtung eines Zeitplans. Sollten Sie in Ihrer Umgebung Zeitpläne verwenden wollen, achten Sie bitte darauf, dass sich diese nicht gegenseitig ausschließen. Es wäre nicht das erste Mal, dass System Center 2012 Operations Manager vermeintlich ein Problem mit der Zustellung von Alarmmeldungen hat. Die Ursache dieses Problems findet sich in dieser Konstellation nämlich nicht selten in den sich gegenseitig ausschließenden Zeitplänen.

1. Öffnen Sie im Navigationsbereich *Verwaltung* den Knoten *Benachrichtigungen/Abonnenten*.
2. Klicken Sie im Aufgabenbereich auf die Schaltfläche *Neu*. Der Assistent für Benachrichtigungsabonnenten wird gestartet und der Dialogschritt *Beschreibung* angezeigt.

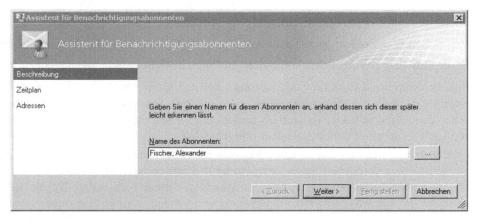

Abbildung 13.37 Wählen Sie eine nachvollziehbare Nomenklatur für die Namen der Abonnenten aus

3. Im Feld *Name des Abonnenten* wird Ihnen jetzt das Benutzerkonto des aktuell angemeldeten Benutzers in der Schreibweise *Domäne\Anmeldename* vorgeschlagen. Ändern Sie diesen Wert und verwenden Sie hier eine eindeutige Schreibweise für eine eindeutige Erkennbarkeit der einzelnen Abonnenten.

Ich empfehle Ihnen nicht, die Schaltfläche am rechten Rand des Eingabefelds zu verwenden. Die Abbildung 13.37 ist inhaltlich zwar sehr übersichtlich, soll aber die Idee für diese Vorgehensweise unterstreichen. Klicken Sie anschließend auf die Schaltfläche *Weiter*.

Der Dialogschritt *Zeitplan* wird angezeigt. Wir nehmen wie bereits erwähnt an dieser Stelle keine Anpassung vor. Das bedeutet, dass an diesen Abonnenten grundsätzlich rund um die Uhr Benachrichtigungen zugestellt werden können. Klicken Sie auf die Schaltfläche *Weiter*.

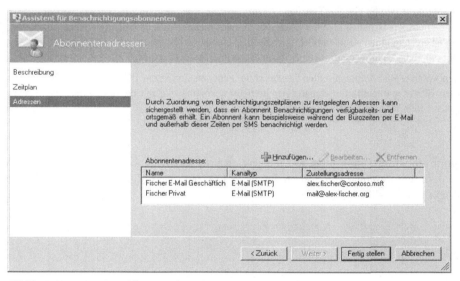

Abbildung 13.38 Ein Beispiel für unterschiedliche Abonnentenadressen

4. Wir sind im Dialogschritt *Adressen* angelangt. An dieser Stelle pflegen Sie die Abonnentenadressen für den soeben definierten Abonnenten. Zum besseren Verständnis habe ich in Abbildung 13.38 eine mögliche Konstellation vorbereitet.

5. Klicken Sie im Dialogfeld aus Abbildung 13.38 auf die Schaltfläche *Hinzufügen*. Ein neues Dialogfeld mit der Bezeichnung *Beschreiben Sie die Abonnentenadresse* wird eingeblendet.

6. Pflegen Sie im Feld *Adressname* eine aussagekräftige Bezeichnung ein; im obigen Beispiel habe ich als Adressname einmal »Fischer E-Mail Geschäftlich« und einmal »Fischer Privat« verwendet. Klicken Sie danach auf die Schaltfläche *Weiter*.

7. Der Dialogschritt *Kanal* wird eingeblendet. Wählen Sie in der Auswahlliste *Kanaltyp* den gewünschten Kommunikationskanal aus. Achten Sie darauf, dass der verwendete Kanal vorher konfiguriert wurde, da ansonsten logischerweise keine Informationsübermittlung über diesen Kanal stattfinden kann. Im aktuellen Beispiel wähle ich den Eintrag *E-Mail (SMTP)*.

8. Tragen Sie im Feld *Zustellungsadresse für den ausgewählten Kanal* die gewünschte E-Mail-Adresse ein. System Center 2012 Operations Manager wird Ihnen in diesem Feld die E-Mail-Adresse des aktuell angemeldeten Benutzerkontos einblenden. Ändern Sie diese bitte nach Ihren Wünschen ab. Klicken Sie danach auf die Schaltfläche *Weiter*.

9. Der Dialogschritt *Zeitplan* wird angezeigt. Sofern Sie es wünschen, können Sie hier unterschiedliche Zeitpläne hinterlegen. Achten Sie darauf, dass sich die Zeitpläne nicht gegenseitig ausschließen. Für die Pflege der Zeitpläne werden weitere Dialogfelder eingeblendet, auf deren Darstellung wir an dieser Stelle verzichten.
10. Speichern Sie abschließend die Abonnentenadresse mit einem Klick auf die Schaltfläche *Fertig stellen*. Wenn Sie alle Abonnentenadressen nach Ihren Wünschen eingepflegt haben, schließen Sie das aktuelle Dialogfeld mit einem erneuten Klick auf die Schaltfläche *Fertig stellen*.
11. Der Dialogschritt *Adressen* ist jetzt aktiv. Folgen Sie dem Assistenten durch die einzelnen Dialogfelder und pflegen Sie die relevanten Informationen ein.

TIPP Ob Sie mit persönlichen Abonnenten oder stattdessen mit Gruppenadressaten arbeiten, ist eine Frage Ihrer Strategie. Unbestritten ist die Verantwortung für einzelne Funktionen, Prozesse oder Systeme immer genau einer Person zugeordnet. Für die Sicherstellung der Betriebsbereitschaft sind in der Regel jedoch meist mehrere Kolleginnen und Kollegen zuständig. Wie bei der Vergabe von Zugriffsberechtigungen auch, empfiehlt sich deshalb immer die Nutzung von Verteilergruppen, selbst wenn in diesen Gruppen bedingt durch die Mitarbeiteranzahl einer IT-Abteilung jeweils nur eine E-Mail-Adresse eingetragen ist.

Mit der Verwendung von privaten E-Mail-Adressen sollten Sie vorsichtig umgehen. Zu diesem Thema muss die IT-Leitung unbedingt vorher gehört werden. Gibt es in Ihrem Unternehmen einen Betriebsrat, kommen Sie an einer entsprechenden Präsentation Ihres Abonnentenkonzepts vor Ihrer Mitarbeitervertretung nicht vorbei.

Abonnements

Die gewünschten Kommunikationskanäle sind konfiguriert und die möglichen Abonnenten angelegt. Jetzt müssen wir nur noch definieren, welche von System Center 2012 Operations Manager erzeugten Warnmeldungen an wen zugestellt werden sollen.

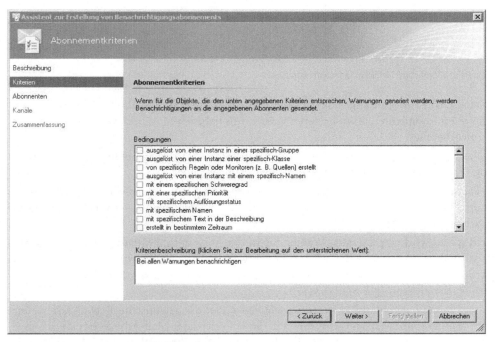

Abbildung 13.39   Zahlreiche vordefinierte Bedingungen können individuell angepasst werden

Wer sich schon einmal mit dem Posteingangs-Assistenten von Microsoft Outlook 2010 beschäftigt hat, wird sich bei der Arbeit mit diesem Assistenten wie zu Hause fühlen. System Center 2012 Operations Manager bietet ein ganzes Arsenal von Bedingungen an, die Sie zur Definition des Regelwerks verwenden können.

Die Flut von Benachrichtigungen, welche von System Center 2012 Operations Manager versendet werden können, wird eine Person allein nicht bewältigen können. Sie sollten deshalb das Beispiel aus Abbildung 13.39 nicht in Ihrer Umgebung adaptieren. Würde man diesen Dialogschritt ohne weitere Konfiguration übernehmen, erhält der im nächsten Schritt zu definierende Abonnent einen Eindruck über die Geschwätzigkeit der installierten Management Packs.

Um ein Abonnement einzurichten, orientieren Sie sich an der nachfolgend geschilderten Schrittfolge:

1. Sofern noch nicht geschehen, öffnen Sie im Navigationsbereich *Verwaltung* den Knoten *Benachrichtigungen/Abonnements*.
2. Klicken Sie im Aufgabenbereich auf die Schaltfläche *Neu*. Der Assistent zur Erstellung von Benachrichtigungsabonnements wird gestartet. Vergeben Sie im Feld *Abonnementnamen* eine aussagekräftige Bezeichnung wie beispielsweise »Alle neuen Warnmeldungen zu mir«.
   Nicht zwingend notwendig ist die Eingabe einer ergänzenden Beschreibung im dafür vorgesehen Feld. Ich habe das meinen Kunden allerdings immer ans Herz gelegt, denn System Center 2012 Operations Manager schreibt leider nicht mit, wer welche Änderung vorgenommen hat. Um den anderen Kolleginnen und Kollegen die Recherche zu erleichtern, sollten Sie deshalb zumindest so etwas wie Ihr Kurzzeichen und ein Erstellungsdatum in das Feld *Beschreibung* eintragen.
   Klicken Sie anschließend auf die Schaltfläche *Weiter*.
3. Der Dialogschritt *Kriterien* wird angezeigt. Aktivieren Sie die gewünschte Bedingung (siehe Abbildung 13.39).
4. Für dieses Testszenario aktivieren Sie das Kontrollkästchen *mit spezifischem Auflösungsstatus*. Im Feld *Kriterienbeschreibung* werden Parameter für die ausgewählte Bedingung eingeblendet. Klicken Sie auf den hierfür angezeigten Hyperlink. Das Dialogfeld *Auflösungsstatus* wird eingeblendet.
5. Aktivieren Sie das Kontrollkästchen *Neu(0)*. Klicken Sie danach auf die Schaltfläche *OK*, um das Dialogfeld *Auflösungsstatus* wieder zu schließen. Klicken Sie auf die Schaltfläche *Weiter*.
6. Der Dialogschritt *Abonnenten* wird angezeigt. Klicken Sie auf die Schaltfläche *Hinzufügen*.
7. Das Dialogfeld *Abonnentensuche* wird eingeblendet. Klicken Sie hier auf die Schaltfläche *Suchen*.
8. Die von Ihnen im Vorfeld angelegten Abonnenten werden aufgelistet. Selektieren Sie den gewünschten Abonnenten und klicken Sie danach auf die Schaltfläche *Hinzufügen* und anschließend auf die Schaltfläche *OK*.
9. Wir befinden uns jetzt im Dialogfeld aus Abbildung 13.40. Klicken Sie auf die Schaltfläche *Weiter*, um zum Dialogschritt *Kanäle* zu gelangen.
10. Klicken Sie auf die Schaltflächen *Hinzufügen*. Selektieren Sie anschließend mit der gleichen Vorgehensweise wie eben bei der Auswahl des Abonnenten den gewünschten Kommunikationskanal.
    Achten Sie im aktuellen Dialogfeld auf die zusätzliche Option *Warnungsalterung*. Diese Option erlaubt es Ihnen, auf eine Warnmeldung erst dann mit einer Benachrichtigung zu reagieren, wenn diese über einen vordefinierten Zeitraum vorhanden ist. Damit vermeiden Sie Datenaufkommen bei sich kurzfristig verändernden Messwerten. Sie können mit dieser Funktion auch eine Benachrichtigungseskalation realisieren, indem Sie die gleiche Bedingung für einen anderen Abonnenten mit einer anderen Warnungsalterung definieren.

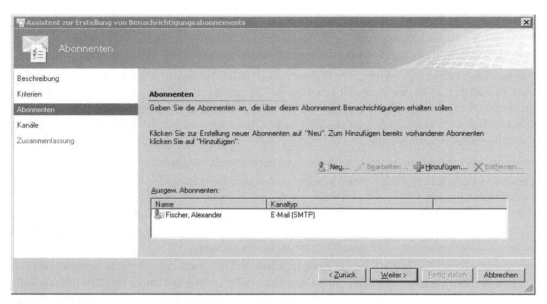

Abbildung 13.40 Der gewünschte Abonnent wurde dem Benachrichtigungsabonnement hinzugefügt

11. Klicken Sie anschließend auf die Schaltfläche *Weiter*.
12. Im letzten Dialogschritt werden Ihre Angaben noch einmal zusammenfassend angezeigt. Hier haben Sie zusätzlich noch die Möglichkeit, das aktuelle Abonnement vorübergehend zu deaktivieren. Das korrespondierende Kontrollkästchen ist aktuell aktiv.
13. Schließen Sie die Konfiguration nun noch mit einem beherzten Druck mit der linken, beziehungsweise – für alle Linkshänder – rechten Maustaste auf die Schaltfläche *Fertig stellen* ab.

TIPP   Die Einrichtung zur Übermittlung von Benachrichtigungen sollten Sie in Ihrer Prioritätsliste relativ weit hinten einordnen. Der Grund hierfür ist recht banal. E-Mails wurden ursprünglich dafür konzipiert, Informationen asynchron und ohne Anspruch auf sofortige Reaktion von A nach B zu senden. Wenn ein Monitor in System Center 2012 Operations Manager eine Benachrichtigung generiert, bezieht sich diese Information immer auf den aktuellen Zustand einer Entität. Dieser Zustand kann sich innerhalb kürzester Zeit wieder ändern und damit wäre die ursprüngliche Benachrichtigung de facto nicht mehr gültig.

Dieses Spiel kann sich je nach Situation kontinuierlich fortsetzen, sodass Sie nicht mehr in der Lage sind, anhand der vorliegenden E-Mails eine konkrete Aussage über den Integritätszustand einer Entität zu treffen. Diese Vorgehensweise war auch nicht das Ziel bei der Entwicklung einer Benachrichtigungskomponente für System Center 2012 Operations Manager. Die einzig valide Aussage hinsichtlich des aktuellen Zustands Ihrer Prozesse und Systeme erhalten Sie beim Blick in den Überwachungsbereich der Betriebskonsole von System Center 2012 Operations Manager.

Einstellungen

Konfigurationen, die sich sonst nirgends im Bereich *Verwaltung* unterbringen ließen, hat das Entwicklerteam von System Center 2012 Operations Manager im Punkt *Einstellungen* zusammengefasst. Soweit notwendig, werden wir uns mit der Konfiguration dieser Optionen im anschließenden Kapitel näher beschäftigen. An dieser Stelle will ich Ihnen nur die jeweilige Bedeutung kurz erklären:

- **Agent/Takt**   Nach der Installation der Clientkomponente von System Center 2012 Operations Manager auf einem Computersystem, hat der Agent die Aufgabe, sich regelmäßig bei seinem zuständigen Verwaltungsserver zu melden. Das Intervall wird an dieser Stelle festgelegt und ist standardmäßig auf 60 Sekunden voreingestellt. Der Wert kann pro Agent individuell geändert werden.

- **Allgemein/Warnungen** System Center 2012 Operations Manager kennt standardmäßig die beiden Warnungszustände *Neu* und *Geschlossen*. Weitere 254 Warnungszustände können an dieser Stelle von Ihnen individuell definiert werden.

  Auf der Registerkarte *Automatische Warnungsauflösung* können Sie definieren, was mit unbearbeiteten Warnmeldungen geschehen soll. Standardmäßig werden diese nach 30 Tagen Nichtbeachtung auf den Status *Geschlossen* gesetzt. Ist die Ursache des Problems noch nicht gefunden, wird übrigens gleich danach erneut eine neue Warnmeldung generiert, welche dann wiederum maximal 30 Tage auf Ihre Beachtung wartet.

  Hat ein Prozess oder ein Computersystem ein Problem, werden dadurch nicht selten gleich mehrere Warnmeldungen von unterschiedlichen Management Packs ausgelöst. Wird die Ursache gefunden und behoben, sind damit auf einen Schlag unterschiedliche Warnmeldungen obsolet. Die zweite Einstellmöglichkeit auf der Registerkarte *Automatische Warnungsauflösung* kümmert sich um diese Abhängigkeit und sorgt dafür, dass Warnmeldungen automatisch auf Status *Geschlossen* gesetzt werden, wenn die Ursache der ursprünglichen Störung mittlerweile behoben wurde. Standardmäßig ist dieser Zeitraum auf sieben Tage voreingestellt.

- **Allgemein/Datenbankoptimierung** Diese Einstellung sorgt für eine Selbstreinigung der operativen Datenbank. Folgende Datensätze – mit Ausnahme von Leistungssignatur – werden damit nach sieben Tagen automatisch aus dieser Datenbank entfernt:

  - Aufgelöste Warnungen
  - Ereignisdaten
  - Leistungsdaten
  - Taskverlauf (Aufgabenverlauf)
  - Auftragsdaten
  - Ereignisdaten zur Statusänderung
  - Leistungssignatur (2 Tage)
  - Wartungsmodusverlauf
  - Verfügbarkeitsverlauf

  Die Bereinigungsaktion betrifft nicht Daten in der Berichterstattungsdatenbank von System Center 2012 Operations Manager.

- **Allgemein/Datenschutz** Microsoft ist interessiert an Informationen über die Nutzung ihrer Softwareprodukte. In Zeiten von Facebook sollte uns das keine grauen Haare machen; während dort nur persönliche Informationen mit wachsender Begeisterung zur Schau getragen werden, interessiert sich Microsoft nur für anonymisierte Informationen. Die Beteiligung an dieser Feedbackrunde ist freiwillig (anders als bei Facebook) und Microsoft unterscheidet in die folgenden Teildisziplinen:

  - Programm zur Verbesserung der Benutzerfreundlichkeit
  - Berichte für operative Daten
  - Fehlerberichterstattung
  - Fehlerübertragung

Die Daten werden übrigens tatsächlich von Microsoft verwertet und von den Entwicklungsabteilungen verwendet. Super spannend ist dabei die zuletzt genannte Variante, die *Fehlerübertragung*. Wird die Ausnahmenüberwachung von System Center 2012 Operations Manager eingerichtet, werden Programmabstürze zentral dokumentiert. Ist die Fehlerübertragung aktiv, gehen diese Informationen – in von Ihnen zu bestimmender Granularität – nach Redmond. Wird dort festgestellt, dass für dieses Problem ein Hotfix vorliegt, werden diese Informationen wieder an Ihre System Center 2012 Operations Manager-Installation zurückübermittelt.

- **Allgemein/Berichterstattung** Auf dieser Registerkarte wird die URL-Adresse des Berichtsservers eingetragen. Läuft das Installationsprogramm der Berichterstattung fehlerfrei durch, sollte dieses Feld automatisch richtig gepflegt sein, und es bedarf keiner manuellen Nacharbeit.

- **Allgemein/Webadressen** Hier finden wir die URL-Adresse zur Webkonsole. Auch dieser Wert wird vom erfolgreich durchgeführten Installationsprogramm implizit mit gepflegt und bedarf grundsätzlich keiner manuellen Anpassung.

  Die zweite auf dieser Seite zu pflegende URL-Adresse ist *Onlinewissensquelle für das Produkt*. Viele Unternehmen pflegen eigenständige Wissensdatenbanken, in denen Arbeitsabläufe und Vorgehensweisen bei technischen Problemstellungen abgelegt sind. Mit dieser Adresse kann die hausinterne Wissensdatenbank in erzeugte Alarmmeldungen integriert werden.

  Würden Sie beispielsweise in diesem Feld die Adresse *http://contosohilfe/alleartikel.aspx?s=<alert source>* angeben, könnten Ihre Kollegen dynamisch auf Ihre eigenen Artikel zugreifen. Diese Adresse würde dann in den Alarmmeldungen mit eingeblendet.

- **Server/Takt** Etwas weiter oben haben Sie bei der Einstellung *Agent/Takt* gelernt, dass sich ein mit der Clientkomponente von System Center 2012 Operations Manager ausgestattetes Computersystem mindestens alle 60 Sekunden beim zuständigen Verwaltungsserver melden muss.

  Nun sind Verwaltungsserver keine Unmenschen und verzeihen es schon einmal, wenn ein Agent diese Vorgabe nicht wie vorgegeben einhält. Bevor ein Verwaltungsserver einen Agent als nicht mehr kommunikativ einstuft, wartet er standardmäßig drei Taktzyklen. Rechnerisch ergibt das eine Toleranzzeit von 180 Sekunden, bevor System Center 2012 Operations Manager das Statussymbol des Agents in grauer Farbe darstellt.

- **Server/Sicherheit** Hier wird definiert, wie System Center 2012 Operations Manager mit manuell installierten Agents umgehen soll. Standardmäßig ist hier die Option *Neue manuelle Agentinstallation ablehnen* ausgewählt. Diese Option sorgt dafür, dass Sie niemals eines schönen Morgens von einem Dutzend neuen, manuell installierten Systemen in System Center 2012 Operations Manager überrascht werden. Mit der alternativen Option *Neue manuelle Agentinstallation in der Ansicht für ausstehende Verwaltung überprüfen* erleben Sie allerdings ebenso keine Überraschung. Dafür bekommen Sie jedoch mit, wenn jemand gerne neue Systeme in System Center 2012 Operations Manager integriert haben möchte. Von der Aktivierung des Kontrollkästchens *Neue manuell installierte Agents automatisch genehmigen* rate ich allerdings ab.

Geräteverwaltung

Alle Verwaltungsserver und alle Computersysteme, die in die Überwachung integriert sind, sind im Bereich der Geräteverwaltung gelistet. Hier sind wir auch an der richtigen Stelle, wenn es darum geht, die Clientkomponenten von System Center 2012 Operations Manager auf weitere Systeme zu verteilen. Folgende Aufteilung wird uns unterhalb der Geräteverwaltung angeboten:

- **Ausstehende Verwaltung**   Je nach Einstellung der Option *Server/Sicherheit* (siehe den Abschnitt von soeben) werden Systeme mit neu installiertem Agent nicht sofort in die Überwachung aufgenommen. Diese Systeme werden dann hier gelistet und warten auf Ihre Genehmigung. Bei der Installation von Aktualisierungen werden oft auch Clientkomponenten aktualisiert.

  Diesen Aktualisierungsprozess lässt sich System Center 2012 Operations Manager ebenfalls von Ihnen genehmigen. Sie sollten deshalb nach jeder Veränderung am Softwarestand einen Blick in den Container *Ausstehende Verwaltung* werfen und die anstehende Aktualisierung der Agents ebenfalls genehmigen.

- **Ohne Agents verwaltet**   Systeme, auf denen aus verschiedenen Gründen keine Clientkomponente von System Center 2012 Operations Manager installiert werden kann oder darf, werden hier bestandsgeführt. Die Bezeichnung dieses Teilbereichs ist wieder einmal einer etwas unglücklichen Übersetzung aus dem Englischen zu verdanken. Dort werden zu überwachende Systeme ohne Clientkomponente als »Agentless Computer« definiert.

  Ohne Agents verwaltete Computer werden fernüberwacht. Diese Arbeit kann jedes Computersystem mit vollwertigem Agent oder aber auch ein Verwaltungsserver übernehmen. Der fernüberwachende Computer wird in diesem Zusammenhang als Proxyagent bezeichnet. An dieser Stelle der Verwaltung erlaubt die Betriebskonsole eine Veränderung des Proxyagents.

- **UNIX/Linux-Computer**   Welche Systeme wir in dieser Abteilung aufgelistet bekommen, liegt sicherlich auf der Hand. Hier ist es auch möglich, die Zuordnung des verwalteten Ressourcenpools zu ändern oder das Entfernen des installierten Agents zu initiieren.

- **Verwalteter Agent**   Alle Windows-Computersysteme mit installiertem Agent, welche der aktuellen Verwaltungsgruppe zugehörig sind, werden hier gelistet. An dieser Stelle kann man auch die Agenttaktfrequenz individuell pro Computersystem konfigurieren.

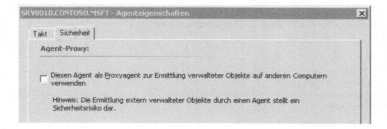

Abbildung 13.41   Eine Sicherheitsfunktion, die man generell aktivieren sollte

Ganz wichtig an dieser Stelle ist auch die Möglichkeit zur Aktivierung des Proxyagents. Ist diese Funktion nicht aktiv, darf ein Computersystem keine Analyseinformationen eines Diensts übermitteln, welche darauf zur Verfügung gestellt wird. Ein Beispiel hierfür ist Active Directory. Auch wenn es sich dabei offiziell um eine Sicherheitsfunktion von System Center 2012 Operations Manager handelt, sollten Sie das Kontrollkästchen bei allen überwachten und mit Agents ausgestatteten Windows-Systemen setzen. Die Management Packs für die komplexeren Serveranwendungen wie beispielsweise SharePoint, Exchange oder eben Active Directory verlangen standardmäßig danach.

- **Verwaltungsserver**   Hier werden alle als Verwaltungsserver konfigurierte Serversysteme gelistet. An dieser Stelle lässt sich auch der Clientüberwachungsmodus für die Ausnahmeüberwachung aktivieren. Mit der aktuellen Version von System Center Operations Manager ist die Rolle des sogenannten Stammverwaltungsservers hinfällig geworden. Um die auf dem Markt existierenden Management Packs für die Verwendung unter System Center 2012 Operations Manager nicht auszuschließen, übernimmt einer der Verwaltungsserver die Rolle des Emulators. Welcher Verwaltungsserver diese Rolle gerade intus hat, ist ebenfalls in der Auflistung zu erkennen.

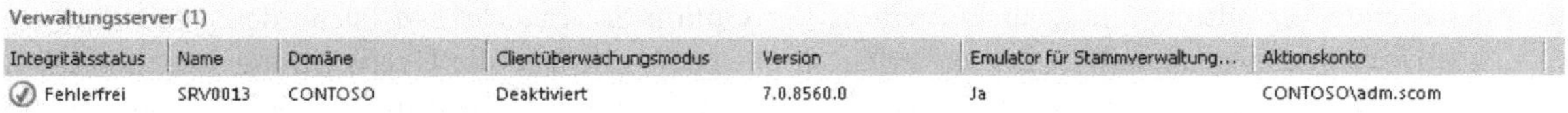

Verwaltungsserver (1)						
Integritätsstatus	Name	Domäne	Clientüberwachungsmodus	Version	Emulator für Stammverwaltung...	Aktionskonto
Fehlerfrei	SRV0013	CONTOSO	Deaktiviert	7.0.8560.0	Ja	CONTOSO\adm.scom

Abbildung 13.42 Wichtige Informationen werden pro Verwaltungsserver angezeigt

Die Aufteilung der Geräte in die eben vorgestellten Teilbereiche dient in erster Linie der Übersichtlichkeit. Darüber hinaus werden für die verschiedenen Gerätetypen unterschiedliche Befehlssätze bereitgestellt. In der Tabelle 13.2 finden Sie alle Funktionen zusammengestellt, die Ihnen die Betriebskonsole an dieser Stelle entweder im Aufgabenbereich oder mithilfe des jeweiligen Kontextmenüs anbietet.

Bereich	Befehl(e)
Geräteverwaltung	Ermittlungs-Assistent (Kontextmenü). Ermöglicht die Verteilung der Clientkomponente auf weitere Computersysteme.
Ausstehende Verwaltung	Genehmigen. Aufnahme in die Überwachung genehmigen oder Aktualisierung genehmigen. Ablehnen. Aufnahme oder Aktualisierung ablehnen. Agent installieren
Ohne Agents verwaltet	Eigenschaften anzeigen Proxyagent ändern Eintrag löschen
UNIX/Linux-Agent	Ressourcenpool ändern Upgrade für Agent ausführen Agent deinstallieren Löschen ohne Entfernen des Agents
Verwalteter Agent	Eigenschaften anzeigen (inklusive Steuerung Proxyagent-Funktion) Primärer Verwaltungsserver ändern Agent reparieren Agent deinstallieren Löschen ohne Entfernen des Agents
Verwaltungsserver	Eigenschaften anzeigen Clientüberwachung konfigurieren/deaktivieren Löschen

Tabelle 13.2 Übersicht der Funktionen rund um die Geräteverwaltung

Management Packs

Management Packs sind der Treibstoff von System Center 2012 Operations Manager. In ihnen steckt das notwendige Wissen, um einen komplexen Prozess, eine ganze Netzwerkinfrastruktur oder aber auch eine beliebige Anzahl von Serversystemen überwachen zu können. Damit System Center 2012 Operations Manager die darin enthaltene Logik verwenden kann, müssen Management Packs importiert werden. Nach dem Import gibt es kein Halten mehr, denn die darin enthaltene Überwachungslogik wird auf (fast) allen Systemen mit installierter Clientkomponente automatisch und ohne weitere Zeitverzögerung bereitgestellt. Alle importierten Management Packs werden im Verwaltungsbereich der Betriebskonsole im gleichnamigen Container aufgelistet.

Vorstellung der Arbeitsbereiche

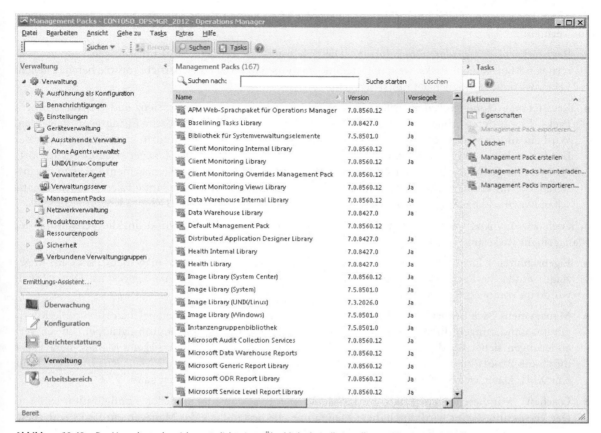

Abbildung 13.43 Der Verwaltungsbereich ermöglicht einen Überblick über alle installierten Management Packs

Die Verwaltung von Management Packs gestaltet sich wenig spektakulär. Entsprechend übersichtlich ist dann auch die Vielfalt der verfügbaren Schaltflächen im Aufgabenbereich der Betriebskonsole wie in Abbildung 13.43 ersichtlich. Bevor wir einen Blick auf die verfügbaren Aktionen werfen, will ich Ihr Augenmerk auf den Inhalt der Management Pack-Liste lenken.

Neben dem Namen des Management Packs werden hier nämlich noch weitere Informationen bereitgestellt. Die Versionsnummer ist ein sehr wichtiges Merkmal. Beim Import eines bereits vorhandenen Management Packs vergleicht der Verwaltungsserver die Versionsnummer der bereits vorhandenen Version mit der des zu importierenden. Der Import ist nur möglich, wenn sich die Versionsnummer durch den Import erhöht.

Ebenso interessant ist die Spalte *Versiegelt*. Sie zeigt an, ob die Inhalte des Management Packs veränderbar sind, oder lediglich durch Überschreibungen für den laufenden Betrieb angepasst werden können.

Weitere, in Abbildung 13.43 nicht ersichtliche Spalten sind nachfolgend zusammenfassend aufgeführt:

- **Importdatum** Attestiert den Zeitpunkt des erfolgreichen Imports des jeweiligen Management Packs mit der aktuellen Versionsnummer. Die Information ist nicht unerheblich, wenn Sie sich später Warnungsanalysen ansehen und sich wundern, dass sich Schwellenwerte von einem Tag auf den anderen verändern.

- **Beschreibung** Hilft oft, den Umfang eines Management Packs besser zu verstehen

Es stehen Ihnen nach einem Doppelklick auf eines der Management Packs folgende weitere Informationen zur Verfügung:

- **Registerkarte *Wissensdatenbankeintrag*** Diese Registerkarte ermöglicht es umsichtigen Programmierern von Management Packs, weitere Detailinformationen innerhalb der Betriebskonsole bereitzustellen. Leider wird diese Möglichkeit nur selten genutzt.

- **Registerkarte *Abhängigkeiten*** Management Packs profitieren von der Existenz anderer Management Packs. Es existieren Abhängigkeiten, die beim Import und auch beim Löschvorgang geprüft werden. Wird ein anderes Paket vorausgesetzt, weigert sich der Assistent zur Durchführung des Imports oder der Löschung. In der aktuellen Version von System Center 2012 Operations Manager erkennt der Import-Assistent die Situation und bietet sich an, die Bereitstellung des fehlenden Management Packs zu organisieren. Das funktioniert allerdings nur, wenn der Hersteller der Pakete die gesamte Palette zum automatischen Download bei Microsoft bereitstellt.

Schauen wir uns jetzt noch die verfügbaren Aktionen im Aufgabenbereich rund um die Verwaltung der Management Packs an:

- **Eigenschaften** Ein Klick auf diesen Eintrag zeigt die Eigenschaften des Management Packs an. Angezeigt werden die Registerkarten *Allgemein*, *Wissensdatenbankeintrag* und *Abhängigkeiten*. Deren Inhalt wurde im vorangegangenen Abschnitt vorgestellt.

- **Management Pack exportieren** Unversiegelte Management Packs sind die Speicherorte für alle Konfigurationsänderungen Ihrer System Center 2012 Operations Manager-Verwaltungsgruppe. Um die Veränderungen sicher für die Nachwelt zugänglich zu machen, können unversiegelte Management Packs durch die Exportfunktion gesichert werden. System Center 2012 Operations Manager generiert daraus eine XML-Datei, welche bei Bedarf mit einem XML-Editor bearbeitet werden kann.

- **Löschen** Mit diesem Hyperlink wird das Management Pack aus der aktuellen Konfiguration entfernt. Der Verwaltungsserver wird durch diese Maßnahme alle Bestandteile des Management Packs entfernen. Auf den überwachten Clientsystemen werden dadurch auch die Überwachungsregeln, welche dem gelöschten Management Pack entstammen, gelöscht.

- **Management Pack erstellen** Mithilfe dieser Funktion können Sie eigene Management Pack-Objekte erstellen, welche dann als Sammelcontainer für die von Ihnen durchgeführten Anpassungen verwendet werden können. Diese Management Packs sind immer unversiegelt. Achten Sie darauf, dass sich die Anzahl von kundeneigenen Management Packs auf die maximal benötigte Menge reduziert. Wie so oft im Leben ist weder zu viel noch zu wenig eine richtige Dosierung.

Bewährt hat sich die Erstellung von Management Packs zur Abbildung einer Klassifizierung der Anforderungen. Konkret lautet die Empfehlung, jeweils ein Management Pack zur Speicherung der Änderungen für die folgenden drei Bereiche bereitzustellen:

- Anwendungen und Serverapplikationen
- Betriebssysteme
- Netzwerk

Bei einer größeren Menge von Management Packs besteht die Gefahr, dass Sie den Überblick über den jeweiligen Speicherort verlieren. Wichtig: Aufeinander aufbauende Konfigurationsanpassungen müssen immer im gleichen nicht versiegelten Management Pack gespeichert sein. Achten Sie bei der Erstellung eines Management Packs auf die Verwendung aussagekräftiger Bezeichnungen. Ebenso wichtig ist es, mit der Versionsnummerierung aktiv zu arbeiten. Um Veränderungen im Bedarfsfall reproduzieren zu können, bietet sich dazu ein Export nach jedem für Sie wichtigen Veränderungsprozess an.

- **Management Pack herunterladen**   Bevor man Management Packs importieren kann, müssen diese in Ihrer Infrastruktur bereitgestellt werden. Für diesen Arbeitsschritt stellt System Center 2012 Operations Manager die Möglichkeit zum Download bereit.

Heruntergeladene Management Packs sind in erster Linie nichts anderes als eine oder mehrere binäre Dateien, in denen das Regelwerk zur Überwachung des von Ihnen gewünschten Prozesses enthalten ist. Die Funktion *Management Pack herunterladen* greift dabei auf den Onlinekatalog von Microsoft zurück, in dem eine Vielzahl von Management Packs bereitgestellt wird. Einige Drittanbieter nutzen dieses Portal ebenso, um kostenlose Management Packs dort ebenfalls mit anzubieten.

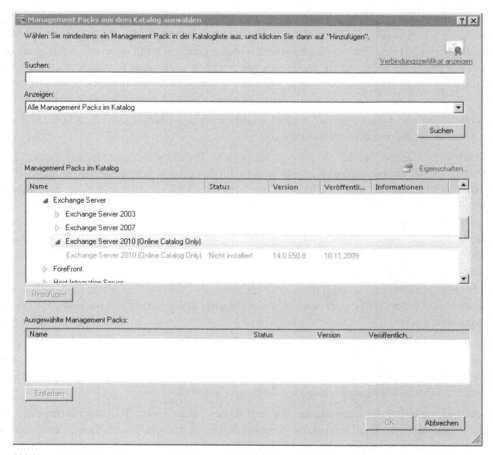

Abbildung 13.44   Einige Management Packs lassen sich trotz Listung nicht herunterladen

Sie werden allerdings auch bemerken, dass sich einige der Pakete nicht herunterladen lassen, obwohl sie im Katalog gelistet sind. Microsoft möchte bei diesen Management Packs vermeiden, dass ein Import ohne erforderliches Studium der Konfigurationsanleitung erfolgt. Mit einem Doppelklick auf den beispielhaften Eintrag aus Abbildung 13.44 werden die Eigenschaften des Pakets und damit auch der Hyperlink für den separaten Download von Dateien und Anleitung angezeigt.

- **Management Pack importieren** Schuld an dem soeben geschilderten Verhalten sind die passionierten Nutzer des Befehls *Management Pack importieren*. Damit umgehen sie die lästige Schrittfolge des expliziten Herunterladens und dem danach folgenden manuellen Importvorgangs. In einem Aufwasch wird all das erledigt. Die große Gefahr bei diesem sehr komfortablen Automatismus besteht darin, dass Administratoren zu euphorisch werden und Management Packs ohne vorherige Überprüfung in großen Massen importieren. Genau diese All-inclusive-Funktionalität wird damit bereitgestellt.

Sie werden sich in Kapitel 14 noch genauer mit dem Bereitstellungsprozess von Management Packs beschäftigen und den Ablauf anhand eines konkreten Beispiels kennenlernen.

Netzwerkverwaltung

Die Möglichkeiten zur Integration von aktiven Netzwerkkomponenten in die Überwachungsprozesse von System Center 2012 Operations Manager hat sich im Vergleich zur Vorgängerversion massiv geändert. Auf die Hintergründe bin ich bereits im achten Kapitel näher eingegangen. Auf den Punkt gebracht: Die Möglichkeit zur Integration von aktiven Netzwerkkomponenten in die Überwachung ist wirklich gut gelungen. Es gibt allerdings auch einige Aspekte, welche die soeben gestartet Euphoriephase merklich einbrechen lassen. Diese werden wir im nächsten Kapitel antreffen, wenn es um die eigentliche Einrichtung der Netzwerkverwaltung geht.

Im Bereich der Verwaltung von System Center 2012 Operations Manager lassen sich die folgenden Funktionsbereiche im Kontext der Netzwerkverwaltung finden:

- **Ermittlungsregeln** In diesem Bereich definieren Sie, welche IP-Adressbereiche System Center 2012 Operations Manager nach aktiven Netzwerkkomponenten durchsuchen soll. Exakt ausformuliert bedeutet das, dass die IP-Adressen der aktiven Netzwerkkomponenten explizit eingetragen werden müssen. Zusätzlich kann dann mithilfe von Ein- oder Ausschlusskriterien für eine generische Zusammenstellung der Gerätelisten gesorgt werden. Gesteuert über einen beliebig variablen Zeitplan wird System Center 2012 Operations Manager dann Veränderungen in der Zusammensetzung der vorhandenen aktiven Netzwerkkomponenten feststellen. Daraus ergibt sich dann gegebenenfalls eine Veränderung in der Anzahl der überwachten Geräte.

    Bei der Einrichtung einer Ermittlungsregel müssen unter anderem auch Benutzerkonten angegeben werden, mit denen System Center 2012 Operations Manager Zugriff auf die Konfigurationseinstellungen der Netzwerkkomponenten erhält.

- **Netzwerkgeräte** Sobald System Center 2012 Operations Manager aktive Netzwerkgeräte auf Basis einer oder mehrerer Ermittlungsregeln ausfindig gemacht hat, füllt sich diese Liste. Neben dem Namen und der IP-Adresse der Komponente wird hier auch das sogenannte *Ausführende Konto* angezeigt, mit dem System Center 2012 Operations Manager lesenden Zugang erlangt hat.

- **Netzwerkgeräte mit ausstehender Verwaltung** Es liegt in der Natur einer IT-Infrastruktur, dass sich Dinge über die Zeit verändern. Wird eine aktive Netzwerkkomponente von System Center 2012 Operations Manager trotz Einschluss in einer definierten Ermittlungsregel nicht mehr gefunden, werden diese Geräte hier gelistet. Angegeben wird auch ein Grund für die ausbleibende Kommunikation.

System Center 2012 Operations Manager unterscheidet im Kontext der Netzwerkverwaltung zwischen Übermittlung und Überwachung. Die Gewaltenteilung ist hier klar geregelt, und bei der Erstellung einer Ermittlungsregel muss diese Entscheidung getroffen werden, wie Sie in Abbildung 13.45 sehen können.

Vorstellung der Arbeitsbereiche

Bereich	Befehle
Ermittlungsregeln	Ausführen – Sofortige Ausführung der Ermittlungsregel Löschen – Löscht die selektierte Ermittlungsregel Aktualisieren Netzwerkgeräte ermitteln – Öffnet das Dialogfeld zur Erstellung einer neuen Ermittlungsregel
Netzwerkgeräte	Eigenschaften – Anzeige der Eigenschaften der ermittelten Netzwerkkomponente Gerät neu ermitteln Proxyagent ändern – Anpassung des Kommunikationsknotens in Richtung System Center 2012 Operations Manager Löschen
Netzwerkgeräte mit ausstehender Verwaltung	Neuermittlung übertragen – System Center 2012 Operations Manager versucht erneut, die markierte aktive Netzwerkkomponente zu lokalisieren Eigenschaften von Ermittlungsregeln – Ruft das Dialogfeld zur Anzeige der Eigenschaften der Ermittlungsregel an, welche für die Lokalisierung dieser Komponente verantwortlich ist Löschen

Tabelle 13.3 Die Übersicht aller verfügbaren Befehle im Aufgabenbereich der Netzwerkverwaltung

Um die Ermittlung kümmert sich immer genau ein Verwaltungsserver. Als Kommunikationsknoten für die Überwachung der Statusinformation wird ebenfalls immer ein Verwaltungsserver verwendet. Statt diese Aufgabe jedoch nur einem einzigen System zu überlassen, wird bei der Einrichtung der Ermittlungsregel ein Ressourcenpool angefragt und verwendet.

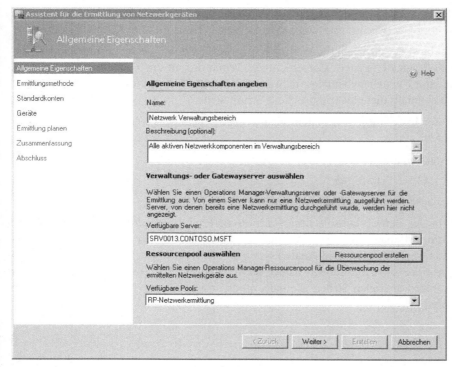

Abbildung 13.45 Einstieg in die Erstellung einer Ermittlungsregel

Ressourcenpools sind neu seit der aktuellen Version von System Center 2012 Operations Manager. Mehrere Verwaltungsserver werden dabei logisch in einer Gruppe zusammengefasst. Die Zuweisung von Überwachungsaufgaben erfolgt dann an diesen Ressourcenpool. Arbeiten Sie mit mehreren Verwaltungsservern, können diese unterschiedlichen Ressourcenpools zugewiesen werden. Für die Überwachung der Netzwerkkomponenten erstellen wir dazu explizit solche besondere Gruppe.

Mehr zur Einrichtung der Netzwerkverwaltung erfahren Sie – wie bereits erwähnt – in Kapitel 14.

Produktconnectors

Um System Center 2012 Operations Manager mit anderen Softwarelösungen zu verbinden, werden sogenannte Produktconnectors verwendet. Auf eine offizielle Übersetzung ins Deutsche hat Microsoft an dieser Stelle, warum auch immer, verzichtet. Vielleicht, weil man in diesem Bereich der Verwaltung nur selten etwas zu tun hat.

Das allerdings hat weniger damit zu tun, dass es keine Gründe gäbe, System Center 2012 Operations Manager mit anderen Produkten kommunizieren zu lassen, ganz im Gegenteil. Spätestens nach der zusätzlichen Installation von System Center Service Manager 2012 in Ihrem Unternehmen kommen Produktconnectors voll zur Geltung.

Richtet man dann nämlich einen Connector zwischen diesen beiden Lösungen ein, erfolgt ein bilateraler Datenaustausch. System Center 2012 Operations Manager überträgt über diese Schnittstelle Warnmeldungen, aus denen System Center Service Manager 2012 einen Incident erstellt. Die dadurch generierte Incident-ID wird wiederum an System Center 2012 Operations Manager zurückgesendet und dort der Warnmeldung zugeordnet. Ab diesem Zeitpunkt sind Warnung (System Center 2012 Operations Manager) und Incident (System Center Service Manager 2012) fest miteinander verbunden. Über die Zusammenarbeit der Service Management-Komponente und Überwachungslösung haben Sie bereits etwas mehr in Kapitel 5 erfahren.

Microsoft ist sich sehr wohl bewusst, dass sich die Welt nicht nur um Redmond dreht; zumindest trifft das auf die Kolleginnen und Kollegen der System Center-Entwicklermannschaft zu. Deshalb ist es möglich, Überwachungslösungen anderer Hersteller ebenfalls mit System Center 2012 Operations Manager zu verheiraten. Verwendet wird dazu ebenfalls diese hier besprochene Schnittstelle.

Standardmäßig sind nach der Installation von System Center 2012 Operations Manager bereits folgende Produktconnectors vorhanden:

- Interner Netzwerküberwachungsconnector
- Interner Connector für SMASH-Ermittlung
- Interner Operations Manager-Connector

Sie finden diese Einträge in der Betriebskonsole unter *Verwaltung/Produktconnectors/Interne Connectors*. System Center 2012 Operations Manager verwendet Connectors in erster Linie, um den Informationsfluss zwischen unterschiedlichen Überwachungs- und Analysesystemen sicherzustellen. Wie Sie an der obigen Auflistung sehen können, profitiert das Produkt jedoch auch selbst von dieser Schnittstelle, da System Center 2012 Operations Manager intern an vielen Stellen ebenfalls modular arbeitet und Daten zwischen diesen Modulen transportiert werden müssen.

Vorstellung der Arbeitsbereiche

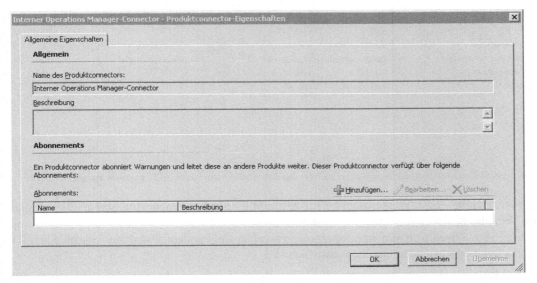

Abbildung 13.46 Abonnements können in den Eigenschaften der Connectors gepflegt werden

Werfen wir noch kurz einen Blick auf den Aufgabenbereich der Produktconnectors. Dort finden sich lediglich die folgenden beiden Aktionsangebote:

- Integritäts-Explorer anzeigen
- Eigenschaften

Klicken Sie doppelt auf einen der vorhandenen Connectors, wird Ihnen in der Eigenschaftenansicht die Möglichkeit zur Pflege von Abonnements angeboten. Grundsätzlich sollten Sie an den vorhandenen Einstellungen nichts verändern, da die Konfiguration generell immer im Rahmen der Installation der gewünschten Schnittstelle stattfindet. Die gähnende Leere im Listenfeld *Abonnements* aus Abbildung 13.46 deutet nicht darauf hin, dass dieser Connector arbeitslos ist.

Auch das Entfernen von Connectors gehört zum Aufgabenbereich der Installationsprogramme. Microsoft ist an dieser Stelle leider selbst kein gutes Vorbild, denn der Connector von System Center Service Manager 2012 wird bei Auflösung der Zusammenarbeit mit System Center 2012 Operations Manager nicht entfernt.

Entfernen von Produktconnectors

Um einen verwaisten Connector zu entfernen, muss man in die Tiefen von PowerShell abtauchen. Verweichlichte Grafikoberflächenadministratoren wie ich haben an dieser Stelle keine Chance mehr und müssen die Maus zur Seite schubsen. Wenn Sie mehr über die Vorgehensweise zum Entfernen eines nicht mehr benötigten Connectors wissen wollen, werfen Sie bitte einen Blick in den Knowledge Base-Artikel 2626670 von Microsoft (*http://support.microsoft.com/kb/2626670*).

Ressourcenpools

Zu den Neuerungen in der aktuellen Version von System Center 2012 Operations Manager zählen die Ressourcenpools. Sie haben bereits weiter vorne in diesem Kapitel – zuletzt im Zusammenhang mit der Einrichtung der Netzwerkverwaltung – mit dieser Funktion Bekanntschaft gemacht.

Abbildung 13.47 Einige Ressourcenpools sind bereits direkt nach der Installation von System Center 2012 Operations Manager angelegt

Ressourcenpools erlauben es, Verwaltungsserver für bestimmte Aufgabengebiete zusammenzufassen. Sind ausreichend Verwaltungsserver vorhanden, kann man beispielsweise zwei davon explizit zur Überwachung und Verwaltung von aktiven Netzwerkkomponenten verwenden. Zwei andere sind dann ausschließlich für die Versendung von Benachrichtigungen verantwortlich.

Direkt nach der Installation von System Center 2012 Operations Manager sind bereits drei Ressourcenpools angelegt, die Sie in Abbildung 13.47 sehen können. Die standardmäßig vorhandenen Pools sind so eingestellt, dass deren Mitglieder automatisch ermittelt werden. Sie erkennen diese Eigenschaft am Status in der Spalte *Mitgliedschaft*. Und ebenfalls standardmäßig sind alle vorhandenen Verwaltungsserver implizit Mitglieder dieser Pools. Der gereizte Leser fragt sich mittlerweile, wo der tiefere Sinn in diesem Konzept zu finden ist.

Generell ist System Center 2012 Operations Manager dafür konzipiert, mit überschaubarem Konfigurationsaufwand in Betrieb gehen zu können. Diese Philosophie beinhaltet auch die Anforderung, dass sich der verantwortliche Administrator erst einmal nicht mit Feineinstellungen herumschlagen muss, wenn er das nicht will. Hinsichtlich der Architektur von Ressourcenpools bedeutet das, dass man sich de facto um nichts kümmern muss, denn alle Verwaltungsserver sind für alle Aufgaben gleichermaßen verantwortlich.

Erst wenn die Infrastruktur wächst und damit auch die Last auf den Verwaltungsservern steigt, sollte man sich über eine Aufteilung der Aufgaben konkret Gedanken machen. Bestimmte Funktionen wie beispielsweise die Versendung von Benachrichtigungen sollten auf jeden Fall sichergestellt sein. Deshalb sind generell alle Verwaltungsserver für diese Basisfunktionen gleichermaßen verantwortlich. Das ist der Grund, weshalb die drei standardmäßig vorhandenen Ressourcenpools automatisch konfiguriert werden.

Ressourcenpools sind in erster Linie für die Steuerung der Verwaltung von Netzwerkgeräten und Linux- beziehungsweise UNIX-Rechnern eingeführt worden. Das erklärt auch den vierten, manuell angelegten Ressourcenpool in Abbildung 13.47 mit der von mir frei gewählten Bezeichnung *RP-Netzwerkermittlung*, welcher in Abbildung 13.45 Verwendung findet. An diesem Beispiel merkt der aufmerksame Leser, wie wichtig eine eindeutige und sinnvolle Bezeichnung ist. Für die Ermittlung von aktiven Netzwerkkomponenten wird nämlich immer genau ein Verwaltungsserver verwendet. Für die Überwachung wird dann der Ressourcenpool verwendet. Mit der in diesem Beispiel gewählten Kombination aus Ressourcenpoolbezeichnung und anschließender Verwendung ist Ihnen der Unmut Ihrer Kollegen sicher. Nutzen Sie mein schlechtes Beispiel als Gedankenstütze zur Anwendung einer nachvollziehbaren und korrekten Bezeichnungspflege.

Eigen erstellte Ressourcenpools sind immer vom Mitgliedschaftstyp *Manuell* und können so jederzeit angepasst werden. Die Zuweisung von Verwaltungsservern zu solchen Ressourcenpools findet entsprechend dieser Typenbezeichnung manuell und nicht dynamisch statt. Eine Verwendung zur Verwaltung unterschiedlicher Server- oder Prozesswelten in der reinen Windows-Welt ist derzeit noch nicht geplant, allerdings durchaus realisierbar.

Erstellen eigener Ressourcenpools

Folgen Sie den nachfolgenden Arbeitsschritten, um einen eigenen Ressourcenpool anzulegen.

1. Klicken Sie im Navigationsschaltflächenbereich der Betriebskonsole auf *Verwaltung*.
2. Öffnen Sie im Navigationsbereich den Knoten *Verwaltung/Ressourcenpools*.
3. Klicken Sie im am rechten Rand der Betriebskonsole – im Aufgaben- oder Taskbereich – auf die Schaltfläche *Ressourcenpool erstellen*. Das Dialogfeld *Assistent zum Erstellen von Ressourcenpools* wird angezeigt.
4. Pflegen Sie im Dialogschritt *Allgemeine Eigenschaften* im Feld *Name* eine sprechende und vor allen Dingen aufgabenbezogen korrekte Bezeichnung ein. Ich empfehle Ihnen, zusätzlich auch noch eine aussagekräftige *Beschreibung* unter Angabe von Erstelldatum und Autor im gleichnamigen Feld einzugeben. Klicken Sie danach auf die Schaltfläche *Weiter*.
5. Fügen Sie im Dialogschritt *Poolmitgliedschaft* über die Schaltfläche *Hinzufügen* die gewünschten Verwaltungsserver hinzu. Sie werden hier durch einen separaten Dialogschritt vom Assistenten unterstützt. Klicken Sie danach erneut auf die Schaltfläche *Weiter*.

Damit ist die Erstellung des Ressourcenpools bereits vollzogen. Im aktuellen Dialogschritt wird Ihnen eine Zusammenfassung Ihrer Konfiguration angezeigt. Klicken Sie abschließend auf die Schaltfläche *Erstellen*.

Fazit

Ressourcenpools ergeben Sinn, wenn Sie mehrere Verwaltungsserver in Ihrer Umgebung einsetzen. Nur dann kann eine Lastverteilung auch wirklich stattfinden. Deren Erfindung ist dem Feedback vieler Kunden geschuldet, welche eine große Anzahl von aktiven Netzwerkkomponenten und UNIX/Linux-Systemen in die Überwachung mittels System Center Operations Manager eingebunden haben. Dies bestätigt auch meine eigene Erfahrung in den letzten Jahren bei unterschiedlichen Kunden. Viele waren und sind extrem an der Einbindung von Netzwerkgeräten interessiert. Je nach Portanzahl der eingebundenen Switches reichen schon zwei dieser Verteilungskomponenten, um System Center Operations Manager in der vorherigen Version merklich in die Knie zu zwingen.

> **TIPP** Um den Mitgliedschaftstyp eines Ressourcenpools von *Automatisch* auf *Manuell* zu ändern, führen Sie die nachfolgende Schrittfolge aus:

1. Markieren Sie den gewünschten Ressourcenpool.
2. Klicken Sie im Aufgabenbereich der Betriebskonsole auf die Schaltfläche *Manuelle Mitgliedschaft*.

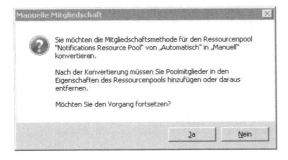

Abbildung 13.48 Ein vorsichtiger Umgang mit dieser Nachfrage ist erforderlich

3. Das Dialogfeld aus Abbildung 13.48 wird angezeigt. Klicken Sie auf die Schaltfläche *Ja,* wandelt System Center 2012 Operations Manager den bisher automatisch verwalteten Ressourcenpool in eine manuell geführte Liste um.

Wenn Sie mehr Informationen über den Umgang mit Ressourcenpools für die Verwaltung von UNIX- und Linux-Computer erhalten wollen, werfen Sie einen Blick auf die Internetseite *http://technet.microsoft.com/de-de/library/hh287152.aspx.*

Sicherheit

System Center 2012 Operations Manager verwendet für die Vergabe von Zugriffsrechten ein eigenes Sicherheitskonzept. Dazu werden Active Directory-Gruppen oder -Benutzer sogenannten Benutzerrollen zugeordnet. Eine Benutzerrolle definiert ein eindeutig definiertes Aufgabenumfeld und manifestiert damit auch die Zugriffsrechte, die die jeweiligen Kolleginnen und Kollegen erhalten.

Rolle	Rollenbeschreibung	Profilbeschreibung
Administrator	Administratoren haben vollen Zugriff auf alle Vorgänge. Ihr Warteschlangenbereich und ihr Gruppenbereich enthalten dementsprechend alle Objekte im System.	Die Benutzerrolle »Operations Manager-Administratoren« wird beim Setup erstellt und kann nicht gelöscht werden. Diese Rolle muss mindestens eine globale Gruppe enthalten.
Anwendungsüberwachungs-Operator	Das Profil »Anwendungsüberwachungs-Operator« enthält eine Gruppe von Berechtigungen für Benutzer, die auf Application Diagnostics zugreifen müssen. Mit einer auf dem Profil »Anwendungsüberwachungs-Operator« basierenden Rolle können Mitglieder Ereignisse der Anwendungsüberwachung in der Application Diagnostics-Webkonsole einsehen.	Die Benutzerrolle »Operator für Operations Manager-Anwendungsüberwachung« wird beim Setup mit globaler Bereichsdefinition erstellt und kann nicht gelöscht werden
Autor	Autoren können alle Arbeitsaufgaben, die sich in ihrem Warteschlangenbereich befinden, und alle Konfigurationselemente, die sich in ihrem Gruppenbereich befinden, erstellen oder bearbeiten. Sie können auch die Ankündigungen, die im Operations Manager-Selfservice-Portal angezeigt werden, erstellen, bearbeiten oder löschen. Autoren können außerdem beschränkte Anpassungen vornehmen, die in Management Packs gespeichert werden. Zu solchen Anpassungen gehören das Erstellen, Bearbeiten und Löschen von Listenelementen, Tasks, Vorlagen, Ansichten und Ansichtsordnern.	Die Benutzerrolle »Operations Manager-Autor« wird beim Setup mit globaler Bereichsdefinition erstellt und kann nicht gelöscht werden
Bericht-Operator	Das Profil »Bericht-Operator« enthält eine Gruppe von Berechtigungen für Benutzer, die auf Berichte zugreifen müssen. Mit einer auf dem Profil »Bericht-Operator« basierenden Rolle können Mitglieder entsprechend ihres konfigurierten Bereichs Berichte anzeigen.	Die Benutzerrolle »Operatoren für Operations Manager-Berichte« wird während der Installation mit globaler Bereichsdefinition erstellt
Bericht-Sicherheitsadministrator	Das Profil »Bericht-Sicherheitsadministrator« enthält eine Gruppe von Berechtigungen, die so entworfen wurden, dass die Integration der Sicherheit von SQL Server Reporting Services mit Operations Manager möglich ist	Mit der Benutzerrolle »Administratoren für die Sicherheit von Operations Manager-Berichten« wird die Integration der Sicherheit von SQL Server Reporting Services und Operations Manager-Benutzerrollen ermöglicht. Operations Manager-Administratoren können mit dieser Rolle den Zugriff auf Berichte steuern. Der Bereich dieser Rolle kann nicht geändert werden.

Tabelle 13.4 Übersicht über die originalen Definitionen der Benutzerrollenprofile von System Center 2012 Operations Manager

Rolle	Rollenbeschreibung	Profilbeschreibung
Erweiterter Operator	Erweiterte Operatoren können alle Arbeitsaufgaben, die sich in ihrem Warteschlangenbereich befinden, und alle Konfigurationselemente, die sich in ihrem Gruppenbereich befinden, erstellen oder bearbeiten	Die Benutzerrolle »Erweiterter Operator von Operations Manager« wird beim Setup mit globaler Bereichsdefinition erstellt und kann nicht gelöscht werden
Operator	Benutzerrollen, die auf dem Operatorprofil basieren, können Arbeitsaufträge erstellen und Incidents aktualisieren, die sich in ihrem Warteschlangenbereich befinden. Sie können Status und Anmerkungen von manuellen Aktivitäten aktualisieren. Sie haben außerdem Lesezugriff auf andere Arbeitsaufgaben, die sich in ihrem Warteschlangenbereich befinden, und auf andere Konfigurationselemente, die sich in ihrem Gruppenbereich befinden.	Die Benutzerrolle »Operations Manager-Operatoren« wird beim Setup mit globaler Bereichsdefinition erstellt und kann nicht gelöscht werden
Schreibgeschützter Operator	Schreibgeschützte Operatoren haben schreibgeschützten Zugriff auf Arbeitsaufgaben, die sich in ihrem Warteschlangenbereich befinden, und auf Konfigurationselemente, die sich in ihrem Gruppenbereich befinden	Die Benutzerrolle »Schreibgeschützte Operatoren« wird beim Operations Manager-Setup mit globaler Bereichsdefinition erstellt und kann nicht gelöscht werden

Tabelle 13.4 Übersicht über die originalen Definitionen der Benutzerrollenprofile von System Center 2012 Operations Manager *(Fortsetzung)*

Um Ihnen eine erste Übersicht über die jeweilige Ausprägung der vorhandenen Benutzerrolle zu geben, habe ich mir erlaubt, in Tabelle 13.4 die Originaltexte aus der Betriebskonsole aufzulisten. Eine der wenigen Stellen in diesem Buch, an denen ich das Guttenberg-Konzept einer eigenen Ausformulierung vorziehe. Am Inhalt der Tabelle lässt sich allerdings auch erkennen, dass aus semantisch korrekten 1:1-Übersetzungen häufig aussagelose Worthülsen werden. Wir steigen deshalb in diesem Abschnitt etwas tiefer in die Aspekte ein, mit denen Sie beim Aufbau eines Berechtigungskonzepts in System Center 2012 Operations Manager konfrontiert werden.

Das Berechtigungskonzept ermöglicht die Zuweisung von Zugriffsrechten und Rechten zur Durchführung bestimmter Operationen an verwalteten und generierten Objekten. Mit *verwalteten Objekten* sind alle Entitäten gemeint, um die sich System Center 2012 Operations Manager kümmert. Dazu zählen beispielsweise alle Server, Active Directory oder eine Exchange-Infrastruktur. Generierte Objekte sind alle Warnmeldungen, welche aufgrund einer Abweichung vom vorher definierten Zustand erzeugt werden.

Einige der Benutzerrollenprofile erlauben die Erstellung eigener Benutzerrollen, einige davon gibt es nur ein einziges Mal. Von folgenden Benutzerrollenprofilen können keine separaten Benutzerrollen erzeugt werden:

- **Administrator** Der klassische Highlander, den es eben nur einmal im Dorf gibt. Diesem Profil können erwartungsgemäß beliebig sinnvolle Benutzerkonten zugewiesen werden. Es ist jedoch nicht möglich, ein Mitglied dieses Benutzerprofils in seinen Rechten einzuschränken. Wenn Sie also in einer Matrixorganisation unterwegs sind und den Zugriff auf Objekte beispielsweise gemäß der geografischen Aufteilung Ihres Konzerns differenzieren wollen, haben Sie an dieser Stelle Pech gehabt. Man könnte das Benutzerrollenprofil von System Center 2012 Operations Manager an dieser Stelle mit einem Domänenadministrator in Active Directory vergleichen.

- **Anwendungsüberwachungs-Operator** Dieses Profil ist neu in System Center 2012 Operations Manager. Hier werden Active Directory- oder Benutzergruppen eingetragen, welche sich nur um die Analyse der Anwendungsüberwachungsdateninformationen kümmern sollen.

- **Bericht-Sicherheitsadministrator** Dieses Profil ermöglicht die Administration zur Regelung des Zugriffs auf die Berichterstattung. Es steuert nicht den Zugriff auf die verfügbaren Berichte selbst. Standardmäßig ist hier das Benutzerkonto eingetragen, mit dem die Installation von System Center 2012 Operations Manager beziehungsweise der Berichterstattung durchgeführt wurde.

Für alle anderen Benutzerrollenprofile lassen sich separate Benutzerrollen einrichten. Damit ist es möglich, unterschiedlichen Personen einen unterschiedlichen Zugriff auf alle vorhandenen Objekttypen zu ermöglichen. In System Center 2012 Operations Manager sind Entitäten in Gruppen zusammengefasst. Wir reden also nicht von einem einzelnen SharePoint-Server, sondern von einer SharePoint-Infrastrukturgruppe. Wir reden allerdings ebenso von einer Windows-Computergruppe, einer Datenbankgruppe und so weiter ...

Das Computersystem selbst steht also bei System Center 2012 Operations Manager nicht mehr im Mittelpunkt. Stattdessen schauen wir immer mit der Prozessbetrachtungsbrille auf alles, was in System Center 2012 Operations Manager eingebunden ist. Dieses Konzept der Gruppierung ist Grundlage für die Berechtigungsvorgabe auf Basis von Benutzerrollenprofilen.

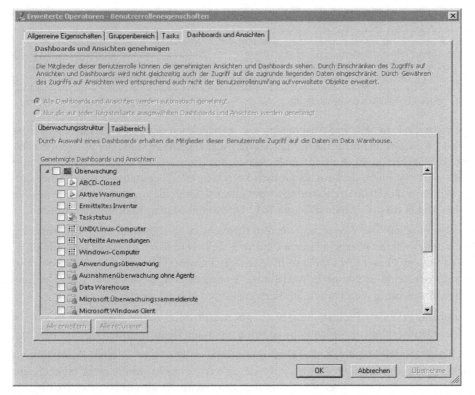

Abbildung 13.49 Die abgeblendete Darstellung deutet darauf hin, dass sich an der Standardbenutzerrolle keine Veränderungen vornehmen lassen

In den standardmäßig vorhandenen Benutzerrollen lassen sich weder Gruppenbereiche noch die anderen Ordnungsfunktionen wie *Tasks* oder *Dashboards und Ansichten* eingrenzen. Das funktioniert erst, wenn Sie sich an die Arbeit machen und eigene Ausprägungen für eine der folgenden Benutzerrollenprofile anlegen:

- Operator
- Bericht-Operator
- Schreibgeschützter Operator
- Autor
- Erweiterter Operator

Lassen Sie sich also nicht entmutigen, wenn Sie sich mit einem Doppelklick die Eigenschaften einer der vorhandenen Rollen von eben aufgeführten Typ anzeigen lassen und keine Möglichkeit zur Anpassung finden. Diese Möglichkeit ist erst gegeben, wenn Sie eigene Rollen anlegen. Wenig spektakulär ist übrigens die Anpassbarkeit der Benutzerrolle *Bericht-Operator*. Deren Stunde schlägt erst dann, wenn Sie verhindern wollen, dass Kolleginnen und Kollegen auf bestimmte Berichte in der Berichterstattung von System Center 2012 Operations Manager zugreifen können. System Center 2012 Operations Manager generiert bei der Erstellung einer Benutzerrolle vom Typ *Bericht-Operator* einen eindeutigen Schlüssel (ID), welcher dann von Ihnen in SQL Server Reporting Services weiterverwendet werden muss. Dort müssen Sie dann eine eigene Rollenzuweisung erstellen, welche wiederum zum Zugriff auf die von Ihnen explizit freigegebenen Berichte verwendet wird.

Benutzerrolle	Fokus			
	Autorbereich	Gruppenbereich	Tasks	Dashboard und Ansichten
Operator	Nicht verfügbar	Anpassbar	Anpassbar	Anpassbar
Administrator	Nicht anpassbar	Nicht anpassbar	Nicht anpassbar	Nicht anpassbar
Schreibgeschützter Operator	Nicht verfügbar	Anpassbar	Nicht verfügbar	Nicht anpassbar
Autor	Anpassbar	Anpassbar	Nicht anpassbar	Anpassbar
Erweiterter Operator	Nicht verfügbar	Anpassbar	Anpassbar	Anpassbar

Tabelle 13.5 Die Möglichkeiten bei der Pflege von Benutzerrollen

Wie Sie in Tabelle 13.5 erkennen können, sind manche Bereiche bei der Pflege von Benutzerrollen anpassbar und einige davon überhaupt nicht verfügbar. So kann beispielsweise nur ein Mitglied der Benutzerrolle Administrator oder Autor auf den Konfigurationsbereich (Autorbereich) von System Center 2012 Operations Manager zugreifen.

Eine typische Vorgehensweise bei der Pflege von Benutzerrollen ist die Erstellung unterschiedlicher Operatorrollen. Durch die Zuweisung unterschiedlicher Gruppenberechtigungen, Tasks sowie Dashboards und Ansichten erreichen Sie, dass die Mitarbeiterinnen und Mitarbeiter eben nur die Statusinformationen in der Betriebskonsole zu Gesicht bekommen, für welche sie jeweils zuständig sind. Findet sich ein Benutzerkonto in mehreren Benutzerrollen wieder, werden die unterschiedlichen Rechteausprägungen kumuliert. Daraus ergibt sich als Umkehrschluss, dass ein Mitglied der Benutzerrolle *Operator* in keiner anderen Benutzerrolle aufgeführt sein muss.

HINWEIS Sehen Sie das Konzept von Benutzerrollen nicht nur als Möglichkeit, um den Zugriff auf Informationen einzuschränken. Die Fülle an Daten in System Center 2012 Operations Manager kann schnell unübersichtlich werden. In größeren IT-Abteilungen ist nicht jeder an allen Vorkommnissen gleichermaßen interessiert. Stattdessen können Sie mit Benutzerrollen erheblich zur Übersichtlichkeit beitragen. Die zuständigen Kollegen für die ERP-Anwendungen sehen deshalb bei Ihrem Blick in die Betriebskonsole nur die aktuellen Integritätszustände für alle Entitäten, die zur Funktionsbereitschaft von SAP zuständig sind. Ob der logische Datenträger einer der Server von System Center 2012 Configuration Manager gerade ein Platz- oder Durchsatzproblem bemängelt, erfahren nur die Kollegen des Infrastrukturteams.

Erstellen von Benutzerrollen

Um eigene Benutzerrollen zu erstellen, gehen Sie wie folgt vor:

1. Klicken Sie im Navigationsschaltflächenbereich der Betriebskonsole auf *Verwaltung*.
2. Öffnen Sie im Navigationsbereich den Knoten *Verwaltung/Sicherheit* und klicken Sie mit der rechten Maustaste auf den darunter angesiedelten Eintrag *Benutzerrollen*.
3. Wählen Sie im Kontextmenü den Eintrag *Neue Benutzerrolle* aus. Klicken Sie im jetzt zusätzlich angezeigten Dialogfeld auf die gewünschte Benutzerrolle.

Pflegen Sie die einzelnen Felder und Fokusbereiche nach Ihren Vorstellungen, beziehungsweise auf Basis Ihres sicherlich vorhandenen Konzepts. Auf eine detaillierte Beschreibung sämtlicher Dialogschritte erlaube ich mir an dieser Stelle zu verzichten. Viel wichtiger ist meines Erachtens an dieser Stelle, dass Sie folgende Punkte bei der Erstellung von Benutzerrollen beachten:

- Wenn Sie den Zugriff auf Gruppenbereiche, Tasks, Dashboards oder Ansichten nur selektiv freigeben, ist diese Auswahl statisch. Das bedeutet, dass bei einem späteren Import neuer Management Packs, welche möglicherweise weitere Entitäten zum gleichen Zuständigkeitsbereich adressieren, eine manuelle Überarbeitung stattfinden muss.
- Damit Berechtigungen angewendet werden, muss der betroffenen Anwender die Betriebskonsole schließen und neu öffnen. Werden darüber hinaus neue Active Directory-Gruppen angelegt und verwendet, muss das betroffene Benutzerkonto ab- und wieder angemeldet werden.
- Pflegen Sie nicht nur sprechende Bezeichnungen für Benutzerrollen, sondern auch eine aussagekräftige Beschreibung. Tragen Sie dort vorzugsweise den Zeitpunkt der Erstellung und gerne auch Ihren Namen oder Ihr Kurzzeichen ein. Beim nächsten pflegenden Zugriff auf diese Rolle nach einem halben Jahr freut sich der dann zuständige Kollege, denn er weiß, mit wem er über die damals vorgenommenen Anpassungen sprechen muss. Leider hat Microsoft auch in dieser Version auf die Abbildung einer Änderungshistorie verzichtet. Ich hatte zwar die Gelegenheit, diesen Wunsch direkt und persönlich beim Entwicklerteam in Redmond einzureichen und war auch nicht allein mit dieser Bitte. Jedoch sind selbst bei Microsoft Entwicklungsressourcen nicht unendlich vorhanden und ich wurde deshalb mit diesem Wunsch auf die nächste (oder übernächste) Version vertröstet.

Verbundene Verwaltungsgruppen

In größeren Infrastrukturen oder überall dort, wo die Einhaltung erhöhter Sicherheitsanforderungen gewährleistet sein muss, ist die Möglichkeit zur Verbindung von separaten Verwaltungsgruppen ein Thema. Es werden keine zusätzlichen Verwaltungsserver für diese Einrichtung benötigt. Verwendet werden stattdessen die Verwaltungsserver bestehender, bisher getrennt agierender Verwaltungsgruppen.

Verwaltungsgruppen können über mehrere Stufen hinweg eingerichtet werden. Die empfangende Verwaltungsgruppe wird dabei immer als *lokale Verwaltungsgruppe* bezeichnet. Auf Basis von Abbildung 13.50 ist Verwaltungsgruppe A somit die lokale Verwaltungsgruppe und die Verwaltungsgruppen B, C und D – aus Sicht von Verwaltungsgruppe A – die verbundenen Verwaltungsgruppe. Die Verbindung von Verwaltungsgruppen C und E macht Verwaltungsgruppe C zur lokalen Verwaltungsgruppe für den Zusammenschluss mit der verbundenen Verwaltungsgruppe E.

Sie sollten allerdings nicht dem Trugschluss verfallen, dass dadurch eine transitive Verbindung zwischen Verwaltungsgruppe A und Verwaltungsgruppe E etabliert wurde. Der Datenaustausch ist jeweils auf die eingerichtete 1:1-Verbindung beschränkt. Ob unter diesen Umständen das Konzept aus obiger Abbildung Sinn ergibt, ist eine durchaus berechtigte Frage. Besteht das Ziel in einer konsolidierten Steuerung von Verwaltungsgruppen B, C, D und E, muss Verwaltungsgruppe E direkt als verbundene Verwaltungsgruppe mit A verbunden werden. Mehr Verwaltungsgruppen in einem Abschnitt geht nicht.

Vorstellung der Arbeitsbereiche

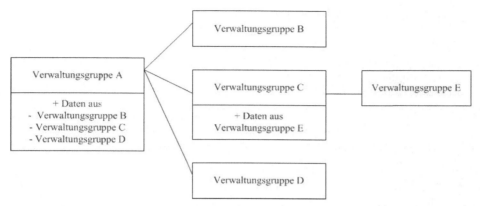

Abbildung 13.50 Verbundene Verwaltungsgruppen können auch über mehrere Stufen hinweg eingerichtet werden

Verbundene Verwaltungsgruppen eröffnen die Möglichkeit zur Überwachung von weit mehr als der regulär unterstützten Anzahl von Clientsystemen pro Verwaltungsgruppe. Voraussetzung für diese, jederzeit wieder lösbare Fusionierung ist der Zugriff auf die jeweils verwendeten Benutzerkonten von Active Directory. Ich empfehle Ihnen, hierfür das jeweilige Standardaktionskonto in die Benutzerrolle des Administrators gegenseitig einzutragen.

Darüber hinaus ist es wichtig, dass die Namensauflösung für beide Verwaltungsgruppen gegenseitig möglich ist. Befinden sich die Installation in unterschiedlichen DNS-Namensräumen, müssen Sie gegebenenfalls mit sekundären Zonen auf den DNS-Servern für eine einwandfreie Namensauflösung sorgen.

Für die Einrichtung einer verbundenen Verwaltungsgruppe gehen Sie wie nachfolgend geschildert vor. Führen Sie die Schritte auf dem Verwaltungsserver der lokalen Verwaltungsgruppe aus.

1. Klicken Sie im Navigationsschaltflächenbereich der Betriebskonsole auf *Verwaltung*.
2. Öffnen Sie im Navigationsbereich den Knoten *Verwaltung/Verbundene Verwaltungsgruppen*.
3. Klicken Sie im Aufgabenbereich auf die Schaltfläche *Verwaltungsgruppe hinzufügen*. Das gleichlautende Dialogfeld wird angezeigt.
4. Tragen Sie den Namen der zu verbindenden *Verwaltungsgruppe* ein. Pflegen Sie auch den vollqualifizierten Namen des *Verwaltungsservers* der einzubindenden Verwaltungsgruppe ein. Sollten dort mehrere Verwaltungsserver ihren Dienst verrichten, verwenden Sie bitte den Emulator für Stammverwaltungsserver.

Zur Einrichtung der verbundenen Verwaltungsgruppe werden die TCP-Ports 5723 und 5724 verwendet.

Möglicherweise werden nach der Einrichtung der Verbindung keine Benachrichtigungen an die lokale Verwaltungsgruppe weitergeleitet. In der aktuellen Version von System Center 2012 Operations Manager liegt das womöglich an einem Fehler bei der Installation der Serverkomponenten. Die Installation verläuft zwar erfolgreich, System Center 2012 Operations Manager wird jedoch im Evaluationsmodus eingerichtet. Erkennbar ist das am Hyperlink *Upgrade auf Vollversion ausführen*, welcher im Ergebnisbereich des Verwaltungsbereichs angezeigt wird.

Sollte dieser Zustand auch auf Ihre Installation zutreffen, obwohl Sie eine Vollversion zur Installation eingesetzt haben, hilft Ihnen der Microsoft-Knowledge-Base-Artikel 2699998 (*http://support.microsoft.com/kb/2699998*) dabei, dieses Problem zu lösen. Danach klappt's dann auch mit dem Informationsfluss zwischen den verbundenen Verwaltungsgruppen.

Der Arbeitsbereich *Mein Arbeitsbereich*

Jeder Nutzer von System Center 2012 Operations Manager hat die Möglichkeit, sich eine individuelle Konstellation der benötigten Sichten zusammenzustellen. Dafür hat Microsoft den Arbeitsbereich *Mein Arbeitsbereich* in die Betriebskonsole mit aufgenommen. Das Konzept ist grundsätzlich vergleichbar mit der Pflege von Favoriten bei Microsoft Internet Explorer.

Um eine Sicht aus dem Überwachungsbereich in den eigenen Bereich zu übernehmen, gehen Sie wie im nachfolgend geschilderten Beispiel vor. Wir verwenden dazu die Standardstatussicht *Windows-Computer*.

1. Klicken Sie im Navigationsschaltflächenbereich der Betriebskonsole auf *Überwachung*.
2. Öffnen Sie im Navigationsbereich den Knoten *Überwachung/Windows-Computer*.
3. Klicken Sie mit der rechten Maustaste auf die Statussicht *Windows-Computer* und wählen Sie im Kontextmenü den Eintrag *Dem Arbeitsbereich hinzufügen* aus.

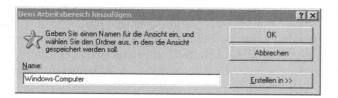

Abbildung 13.51 Dialogfeld zur Übernahme einer vorhandenen Sicht in den eigenen Arbeitsbereich

4. Sofern gewünscht, können Sie den vorgeschlagenen Anzeigename der ausgewählten Sicht abändern. Optional haben Sie auch die Möglichkeit, die Sicht in einer eigenen Ablagestruktur zu erstellen. Klicken Sie abschließend auf die Schaltfläche *OK*.

Wenn Sie eine Sicht in Ihren eigenen Arbeitsbereich übernehmen, bekommt dieses Ansichtsobjekt ein gewisses Eigenleben. Sollte sich nämlich der Name des Originals ändern, wird diese Änderung in Ihrem Arbeitsbereich auf das kopierte Objekt nicht angewendet. Mit anderen Worten: Werden Originalnamen von Sichten angepasst, behalten die Referenzen im eigenen Arbeitsbereich ihre Namen. Was Sie zusätzlich wissen sollten:

- Wenn sich Selektionsparameter von Sichten ändern, die Sie in Ihrem Arbeitsbereich eingebunden haben, wird diese Anpassung in der Sicht ihrer »Kopie« ebenfalls angewendet. System Center 2012 Operations Manager verweist also lediglich auf die Originalsicht. Damit ist sichergestellt, dass Veränderungen an den Selektionsparametern jederzeit angewendet werden.
- Wird eine Ansicht im Überwachungsbereich gelöscht, verschwindet der von Ihnen gebuchte Link auch aus Ihrem Arbeitsbereich.

Der Zugriff auf die eigenen Favoriten wird Ihnen auch mithilfe der Webkonsole gewährt. Das ist eine gute Nachricht, für alle Administratoren, die mit dieser funktionsreduzierten, aber dennoch leistungsfähigen Alternative zur Betriebskonsole häufig arbeiten.

Gespeicherte Suchvorgänge

System Center 2012 Operations Manager bietet mithilfe der Volltextsuche auch Zugriff auf Informationstypen, die sich nicht so leicht über den strukturierten Zugriff des Überwachungsbereichs ausfindig machen lassen. Dazu lassen sich die individuellen Suchabfragen im eigenen Arbeitsbereich speichern. Suchabfragen bieten die Möglichkeit, folgende Objekttypen in System Center 2012 Operations Manager zu durchsuchen:

- Ansichten

- Ereignisse
- Monitore
- Objektermittlungen
- Regeln
- Tasks
- Verwaltete Objekte
- Warnungen

Bei der Einrichtung des Suchvorgangs wird jeweils die Suchabfrage, nicht aber das Ergebnis gespeichert. Der erneute Aufruf einer Suchabfrage erfolgt dann durch die Schaltfläche *Suche starten* im Aufgabenbereich des eigenen Arbeitsbereichs.

Um einen Suchvorgang zu erstellen und danach zu speichern, gehen Sie wie folgt vor:

1. Klicken Sie im Navigationsschaltflächenbereich der Betriebskonsole auf *Arbeitsbereich*.
2. Öffnen Sie im Navigationsbereich den Knoten *Arbeitsbereich/Gespeicherte Suchvorgänge*.
3. Klicken Sie im Aufgabenbereich auf die Schaltfläche *Neue Suche erstellen*. Das Dialogfeld *Erweiterte Suche* wird angezeigt.
4. Selektieren Sie den gewünschten Objekttyp in der dafür bereitgestellten Auswahlliste.
5. Im darunter liegenden Listenfeld werden die verfügbaren Selektionsparameter aufgelistet. Aktivieren Sie die Kontrollkästchen der gewünschten Selektionsparameter.

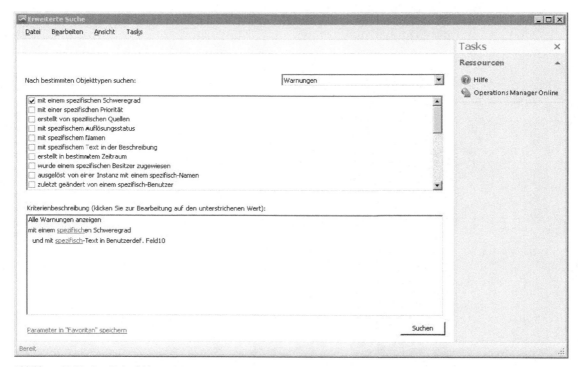

Abbildung 13.52 Das Dialogfeld zur genaueren Bestimmung der Suchkriterien

6. Im Listenfeld *Kriterienbeschreibung* können die gewünschten Spezifikationen durch einen Klick auf den jeweiligen Hyperlink festgelegt werden.
7. Mit einem Klick auf die Schaltfläche *Parameter in Favoriten speichern* wird Ihre Suchabfrage für künftige Verwendung gesichert. Der Klick auf die Schaltfläche *Suchen* führt die Suchabfrage auf Basis der voreingestellten Selektionskriterien aus.

Kapitel 14

Basiskonfiguration

In diesem Kapitel:

Installationsvarianten der Clientkomponente	406
Importieren von Management Packs	410
Erstellen eines eigenen Management Packs	415
Erstellen und Verwalten von Gruppen	416
Anpassen von Überwachungseinstellungen	418
Erstellen einer Regel	421
Erstellen eines Monitors	424

Dieses Kapitel soll Ihnen bei den ersten operativen Schritten in System Center 2012 Operations Manager helfen. Wer in Sachen Operations Manager 2007 R2 schon zu den alten Hasen gehört, wird hier keine revolutionären Dinge erfahren, die nicht bereits bekannt sind. Aber beurteilen Sie das anhand eines ersten Überblicks am besten selbst:

- Installationsvarianten der Clientkomponente
- Importieren von Management Packs
- Erstellen und Verwalten von Gruppen
- Anpassen von Überwachungseinstellungen
- Erstellen von Regeln und Monitoren

Installationsvarianten der Clientkomponente

System Center 2012 Operations Manager bietet in Sachen Installation der Clientkomponente generell zwei verschiedene Vorgehensweisen an. Zum einen besteht die Möglichkeit, den Agent mithilfe der sogenannten Clientpush-Installation auf den zu überwachenden Maschinen zu installieren. Der zweite Weg ist die manuelle Installation durch Start des Softwarepakets quasi am lebenden Computerobjekt. In diesem Abschnitt werden wir beide Szenarien durchspielen und auch jeweils auf Besonderheiten eingehen. Voraussetzung zur Durchführung der beschriebenen Schritte ist eine bereits funktionsfähige System Center 2012 Operations Manager-Infrastruktur. Hierbei unterstütze ich Sie mit den Hinweisen und Ratschlägen in Kapitel 12.

Clientpush-Installation

Bevor wir mit der Installation der Clientkomponente auf Basis der Clientpush-Variante beginnen können, müssen wir sicherstellen, dass die Server- und Clientcomputer die Mindestanforderungen in Sachen Hard- und Software erfüllen. Darüber hinaus muss gewährleistet sein, dass das im Nachgang verwendete Installationskonto über Rechte zur Durchführung der Installation auf dem avisierten Computersystem verfügt.

In vielen Fällen wird dies durch die Verwendung des Standardaktionskontos sichergestellt. Je umfangreicher die Umgebung und je anspruchsvoller die Sicherheitsanforderungen, desto größer die Wahrscheinlichkeit, dass wir nicht so einfach zum Ziel kommen. Kann das Standardaktionskonto nicht verwendet werden, können die Kollegen des Sicherheitsbereichs weitere Konten bereitstellen, die Sie dann wiederum verwenden können. Das Gute daran: Die Sicherheitsabteilung muss die Kennwörter nicht bekannt geben, um eine erfolgreiche Installation und spätere Nutzung von System Center 2012 Operations Manager zu ermöglichen.

Im nachfolgenden Beispiel verwenden wir das während der Grundkonfiguration von System Center 2012 Operations Manager festgelegte Standardaktionskonto. Wir installieren mithilfe der Clientpush-Methode den Agent exemplarisch auf nur einer Servermaschine. Diese Methode ist allerdings dafür prädestiniert, eine weitaus größere Anzahl von Maschinen in einem Arbeitsgang mit der Clientkomponente auszustatten.

Melden Sie sich mit einem administrativen Benutzerkonto an einer Maschine an, auf der die Betriebskonsole installiert ist. In kleineren Umgebungen kann das durchaus ein Verwaltungsserver sein. In einer Infrastruktur mit mehreren hundert oder tausend überwachter Server und damit bereitgestellten verteilten Anwendungen empfiehlt sich die Bereitstellung der Betriebskonsole auf einem separaten Administrationsarbeitsplatz.

1. Klicken Sie im Navigationsschaltflächenbereich auf *Verwaltung*.
2. Klicken Sie im linken, mittleren Bereich der Betriebskonsole auf den Hyperlink *Ermittlungs-Assistent*.

3. Belassen Sie die Auswahl der zu ermittelnden und zu verwaltenden Computer und Geräte auf *Windows-Computer*.
4. Achten Sie darauf, dass im nächsten Dialogschritt *Automatisch oder Erweitert?* die Option *Erweiterte Ermittlung* selektiert ist.

   Wenn Sie mehrere Verwaltungsserver installiert haben, achten Sie im Listenfeld *Verwaltungsserver* auf die Selektion der gewünschten Maschine. Er wird damit der primäre Kommunikationspartner der gleich anschließend mit einem Agent versehenen Systeme festgelegt.
5. Klicken Sie im Dialogschritt *Ermittlungsmethode* auf die Schaltfläche *Konfigurieren*. Das Dialogfeld *Computer suchen* wird eingeblendet. Tragen Sie den Namen des Systems ein, auf dem Sie die Clientkomponente von System Center 2012 Operations Manager installieren wollen.

   Beachten Sie bitte, dass die Selektion der Computersysteme generisch erfolgt. Das heißt, dass alle Computerobjekte gefunden werden, die mit der angegebenen Zeichenfolge beginnen.
6. Ich trage an dieser Stelle »SRV0011« ein. Schließen Sie das Dialogfeld anschließend. Der Inhalt des Felds *Active Directory überprüfen* im aktuellen Dialogschritt hat nun in meinem Fall den folgenden Inhalt: *(&(sAMAccountType=805306369)(name=SRV0011*))*.
7. Im nächsten Dialogschritt *Administratorkonto* legen Sie fest, mit welchem Benutzerkonto die Installation der Clientkomponente durchgeführt wird. Spricht sicherheitstechnisch nichts gegen die Verwendung von Standardaktionskontos, belassen Sie die Selektion wie vorgeschlagen auf *Ausgewähltes Verwaltungsserver-Aktionskonto verwenden*. Klicken Sie anschließend auf die Schaltfläche *Ermitteln*.
8. System Center 2012 Operations Manager selektiert nun alle Computerkonten im angegebenen Active Directory-Verzeichnisdienst, auf die die angegebenen Parameter zutreffen. Im nächsten Dialogschritt *Objekte zur Verwaltung auswählen* werden diese im Listenfeld *Ermittlungsergebnisse* aufgeführt, sofern dort nicht schon bereits die Clientkomponente von System Center 2012 Operations Manager installiert ist.
9. Aktivieren Sie das Kontrollkästchen der gewünschten Computersysteme oder klicken Sie alternativ auf die Schaltfläche *Alle auswählen*. Klicken Sie anschließend auf die Schaltfläche *Weiter*.
10. Im letzten Dialogschritt geben Sie an, mit welchem Benutzerkonto der Agent später ausgeführt werden soll. In der Regel empfiehlt sich die Verwendung der vorgeschlagenen Option *Lokales System*.
11. Noch ein letzter Klick auf die Schaltfläche *Fertig stellen* und System Center 2012 Operations Manager beginnt mit der Verteilung und Installation auf den selektierten Computersystemen.

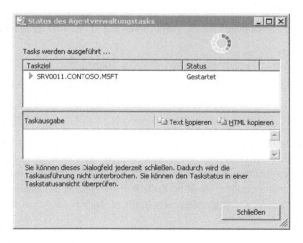

Abbildung 14.1 Der Verteilungsprozess kann jederzeit überwacht werden

Jetzt blendet der Installations-Assistent das Dialogfeld aus Abbildung 14.1 ein. Sie können dieses Fenster jederzeit schließen, es empfiehlt sich jedoch insbesondere bei einer größeren Anzahl von zu verteilenden Clientkomponenten, die jeweilige Rückmeldung abzuwarten. Verläuft der Installationsprozess wie erwartet, wird der Text in der Zeile *Status* von *Gestartet* auf *Erfolg* springen.

Sie können aber auch später auf die Informationen in Sachen Installationsverlauf zugreifen. Dazu wechseln Sie in der Betriebskonsole in den Navigationsbereich *Überwachung*. Öffnen Sie dann den Knoten *Überwachung/Taskstatus*. Hier sind alle Ergebnisse inklusive eventueller Fehlermeldungen aufgelistet.

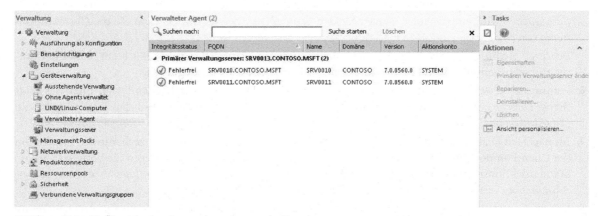

Abbildung 14.2 Die Übersicht über die verwalteten Systeme der Verwaltungsgruppe

Werden Sie nicht ungeduldig, wenn das Statussymbol der verwalteten Agents nicht sofort nach der Installation von einem grünen Kreis auf einen grünen Kreis mit integriertem Haken wechselt. Die Konfiguration der Agents dauert seine Zeit und ist stark von der Anzahl der bereits in Überwachung befindlichen Systeme und der importierten Management Packs abhängig. Spätestens nach 15 Minuten sollte der Zustand wie in Abbildung 14.2 dargestellt erreicht sein.

HINWEIS Aktivieren Sie nach erfolgreicher Installation der Clientkomponente auch gleich noch die *Agent-Proxy*-Option. Führen Sie dazu die folgenden Schritte aus.

1. Markieren Sie den neu hinzugefügten Eintrag wie in Abbildung 14.2 ersichtlich.
2. Klicken Sie rechts im Aktionsbereich auf *Eigenschaften*. Für alle Doppelklickfetischisten: Diesen Schritt ersparen Sie sich mit einem Doppelklick auf den neu hinzugefügten Eintrag.
3. Das Dialogfeld *Agenteigenschaften* wird angezeigt. Holen Sie die Registerkarte *Sicherheit* in den Vordergrund.
4. Aktivieren Sie das Kontrollkästchen *Diesen Agent als Proxyagent zur Ermittlung verwalteter Objekte auf anderen Computern verwenden*.
5. Schließen Sie das Dialogfeld.

Seit der Veröffentlichung von Operations Manager 2007 wird die Auswirkung dieser Option auf die Sicherheit einer Infrastruktur im Internet diskutiert. Fakt ist, dass diese Option für alle Systeme gesetzt sein muss, die an sogenannten verteilten Anwendungen beteiligt sind. Aktivieren Sie diese Option beispielsweise auf einem Domänencontroller oder Exchange Server nicht, werden Sie keine aussagekräftige Analyse des Integritätsstatus Ihrer Anwendung erhalten. Mir ist bis heute kein einziger Fall bekannt, in der durch die Aktivierung der *Agent-Proxy*-Funktion ein nachweisbares Sicherheitsproblem eingetreten ist. Auch hier liegt selbstverständlich die letzte Entscheidung bei Ihnen.

Manuelle Installation der Clientkomponente

Die Möglichkeit zur automatischen Verteilung der Clientkomponente von System Center 2012 Operations Manager hat einen Charme, dem man in der Regel nicht widerstehen kann. Allerdings gibt es im Leben einer System Center 2012 Operations Manager-Infrastruktur auch Situationen, die diese Art der Softwareverteilung unmöglich machen. Dazu zählen besondere Sicherheitsanforderungen im Unternehmen bezüglich der Softwareinstallation. Vielerorts ist es nur bestimmten Bereichen einer IT-Abteilung vorbehalten, Software auf Serversysteme zu installieren. Eine andere Ursache kann in der Verwendung von System Center 2012 Operations Manager zur Überwachung von Systemen in nicht vertrauten Systemlandschaften begründet sein. Diese Gegebenheiten erfordern die manuelle Installation der Clientkomponente.

Ein weiteres Anwendungsszenario ergibt sich durch den täglichen Neuaufbau großer Serverfarmen in einer Terminalserverlandschaft. Mithilfe der Active Directory-Integration können alle notwendigen Parameter wie Verwaltungsgruppe oder primärer Verwaltungsserver zentral bereitgestellt werden. Im nachfolgenden Beispiel behandeln wir die manuelle Installation auf einem Server, der Mitglied in der Domäne *contoso.msft* ist.

ACHTUNG Wenn Sie die Active Directory-Integration zur automatisierten Bereitstellung der relevanten Verwaltungsgruppeninformationen verwenden wollen, beachten Sie bitte dazu unbedingt das Kapitel 18. Dort werden alle notwendigen Schritte beschrieben, die zur Einrichtung Ihrer Active Directory-Infrastruktur notwendig sind. Ohne die Durchführung der dort beschriebenen Konfiguration schlägt die automatische Erkennung der Installationsparameter schief.

Verwenden Sie des Weiteren ein Benutzerkonto, welches Mitglied in der Active Directory-Sicherheitsgruppe ist, die bei der Konfiguration der Active Directory-Integration verwendet wurde.

Folgende Voraussetzungen müssen zur erfolgreichen Durchführung erfüllt sein:

- Sie benötigen Zugriff auf die Installationsdateien der Clientkomponente von System Center 2012 Operations Manager. Dies kann entweder durch die Bereitstellung des Datenträgers erfolgen oder durch einen Zugriff über das Netzwerk auf den Verwaltungsserver. Dort werden die Installationsdateien ebenfalls bereitgestellt. Wir werden die Netzwerkszugriffsvariante in diesem Beispiel anwenden.

- Sie benötigen ein Benutzerkonto mit lokalen Administrationsberechtigungen auf dem Serversystem, das mit der Clientkomponente von System Center 2012 Operations Manager ausgestattet werden soll.

- Richten Sie auf Ihrem Verwaltungsserver eine Netzwerkfreigabe für das Verzeichnis ein, in dem die Clientkomponenten bereitgestellt sind. Standardmäßig handelt es sich dabei um das Verzeichnis *C:\Programme\System Center 2012\Operations Manager\Server\AgentManagement*. Geben Sie dieses Verzeichnis unter dem Freigabenamen *AgentManagement$* frei. Für die Freigabeberechtigungen schlage ich *Leserechte* für *Jeden* vor.

Beginnen wir mit der Arbeit. Melden Sie sich dazu auf diesem Serversystem entsprechend der soeben genannten Vorgaben an. In meinem Szenario handelt sich dabei um den Server *srv0015.contoso.msft*.

1. Greifen Sie auf die eben eingerichtete Dateifreigabe zu. Klicken Sie dazu nach erfolgreicher Anmeldung auf *Start/Ausführen*. Tragen Sie im Feld *Öffnen* den Text »\\Name_Ihres_Verwaltungsservers\AgentManagement$« ein. In meinem Szenario lautet der Name des Verwaltungsserver *srv0013.contoso.msft*. Daraus ergibt sich die Eingabe »\\srv0013\AgentManagement$«. Drücken Sie danach die ⏎-Taste.

2. Klicken Sie doppelt auf das korrespondierende Architekturverzeichnis. Da auf dem Server *srv0015.contoso.msft* Windows Server 2008 R2 installiert ist, verwende ich die Installationsdateien im Unterverzeichnis *\amd64*.

3. Klicken Sie doppelt auf das Installationsprogramm *MOMAgent.msi*. Das Begrüßungsfenster des Installationsprogramms für die Clientkomponente von System Center 2012 Operations Manager wird angezeigt. Beachten Sie bitte, dass die Anweisungen in den Dialogfeldern gegebenenfalls in englischer Sprache angezeigt werden.
4. Klicken Sie zweimal auf die Schaltfläche *Weiter (Next)*. Das Dialogfeld *Konfiguration der Verwaltungsgruppe (Management Group Configuration)* wird jetzt angezeigt. Deaktivieren Sie das Kontrollkästchen *Verwaltungsgruppeninformationen angeben (Specify Management Group information)*.
5. Klicken Sie danach auf die Schaltfläche *Weiter* und anschließend auf die Schaltfläche *Install*. Je nach Einstellung Ihres Betriebssystems wird jetzt noch Ihre Zustimmung in Sachen Benutzerkontensteuerung abgefragt. Bestätigen Sie diese Meldung.
6. Kurze Zeit später wird das Computersystem in der Betriebskonsole unter *Verwaltung/Geräteverwaltung/Ausstehende Verwaltung* gelistet. Markieren Sie den Eintrag und klicken Sie im Taskbereich der Betriebskonsole auf *Genehmigen*.

HINWEIS Bitte beachten Sie, dass dies nur dann der Fall ist, wenn die Sicherheitseinstellungen wie in Kapitel 18 beschrieben, vorgenommen wurden. Ohne diese Anpassung werden Computersysteme mit neu installierter Clientkomponente von System Center 2012 Operations Manager ignoriert.

Aktivieren Sie zuletzt noch die Proxyagent-Funktion. Vergleichen Sie dazu die Abbildung 14.2 in diesem Kapitel und die dort beschriebene Vorgehensweise. Diese Einstellung ist zur Überwachung eines Serversystems nicht zwingend erforderlich. Sobald der Server jedoch für die Bereitstellung verteilter Anwendung verwendet wird, ist die Aktivierung obligatorisch.

Importieren von Management Packs

Erst mit dem Import von Management Packs kommt Leben in die System Center 2012 Operations Manager-Bude. Sie stellen das erforderliche Regelwerk zur Durchführung einer intelligenten Verfügbarkeitskontrolle bereit. Der Prozess der Bereitstellung von Management Packs ist gleichbedeutend mit dem Import dieser Steuerungsdateien. Alles andere wie beispielsweise die Verteilung auf die überwachten Systeme und die Anwendung der darin enthaltenen Regeln und Monitore erledigt in erster Linie die Clientkomponente von System Center 2012 Operations Manager.

Management Packs werden also importiert. Dieser Vorgang geschieht mithilfe der Betriebskonsole. Viele dieser Pakete stellt Microsoft im Onlineportal zur Verfügung. Die komfortabelste Erledigung des Imports besteht darin, sich den Inhalt des Onlineportals anzeigen zu lassen. Danach markiert man die gewünschten Management Packs und sorgt in einem Rutsch für den Download und den Import in Ihre Verwaltungsgruppe.

HINWEIS Die komfortable Methode, Management Packs bereitzustellen, sorgt oft für ein unüberlegtes Importieren nicht benötigter Pakete. Verwenden Sie nur bewusst ausgewählte Management Packs. Projektleiter, die bei der Einführung und Verwendung von Operations Manager 2007 R2 gescheitert sind, wurden meist von der Flut an generierten Warn- und Fehlermeldungen hoffnungslos überfordert.

Gehen Sie stattdessen den Weg der kleinen Schritte. Nehmen Sie sich bewusst ein Management Pack beziehungsweise einen Überwachungsbereich nach dem anderen vor, sorgen Sie für eine Anpassung der Regelwerke auf Ihre Erfordernisse. Erst dann importieren Sie die Management Packs zur Steuerung des nächsten Themenkomplexes.

Besonderheiten in Sachen Management Packs

Bevor wir uns den automatischen Download und Import von Management Packs aus dem Microsoft Onlineportal anschauen, beachten Sie bitte die folgenden Besonderheiten, über die Sie Bescheid wissen sollten:

- Für einige Themenbereiche ist dieser Automatismus nicht verfügbar. Sie sehen zwar das Management Pack in der Liste der verfügbaren Pakete; der Eintrag lässt sich jedoch nicht zum Download markieren. Stattdessen finden Sie in der Beschreibung einen Verweis auf einen Hyperlink. Dieser Hyperlink führt zu einem konventionellen Downloadbereich des Management Packs. Dieser beinhaltet jedoch zusätzlich eine ausführliche Beschreibung zwingend erforderlicher Anpassungen. Die Botschaft an dieser Stelle: Erst lesen, dann manuell importieren. Eine große Herausforderung für viele Männer (und auch Frauen), die Gebrauchsanleitungen eh für überbewertet halten. Ich nehme mich da nicht aus.

- Lesen Sie die Anleitung zu diesen speziellen Management Packs unbedingt durch, bevor Sie mit dem Import beginnen. Einmal importiert, beginnt System Center 2012 Operations Manager sofort mit der Verteilung an die überwachten Systeme. Sie haben auf diesen Automatismus keinen Einfluss.

- Immer mehr Drittanbieter stellen Management Packs für System Center 2012 Operations Manager bereit. Hardwarehersteller tun dies in der Regel kostenlos. Firmen, die auf die Entwicklung von Management Packs spezialisiert sind, verlangen einen entsprechenden Obolus. Diese Management Packs werden Sie eher selten im Onlineportal von Microsoft wiederfinden, wenngleich Microsoft den Drittanbietern diese Möglichkeit offeriert.

  Wird Ihnen ein kostenloses oder kostenpflichtiges Management Pack zur Verfügung gestellt, verwenden Sie die fast gleiche Vorgehensweise für den Import wie bei der vollautomatischen Bereitstellung. Ich weise Sie im nachfolgenden Szenario an entsprechender Stelle darauf hin.

- Beim Importvorgang überprüft der Assistent, ob ein gleiches Management Pack mit einer anderen Versionsnummer bereits importiert ist. Ist das der Fall, gilt die Regel, dass sich ein bereits importiertes Management Pack mit niederer Versionsnummer aktualisieren lässt. Ein bereits bereitgestelltes Management Pack mit höherer Versionsnummer kann mithilfe dieser Vorgehensweise nicht durch ein Management Pack mit niederer Versionsnummer ersetzt werden. Um dieses Ziel zu erreichen, müssen Sie das bereits vorhandene Management Pack löschen.

- Management Packs können aufeinander aufbauen. Insbesondere bei komplexeren Anwendungen wie SharePoint Server, Active Directory oder SQL Server ist das der Fall. Das Löschen eines Management Packs, welches ein anderes Management Pack voraussetzt, ist nicht möglich. Zum Entfernen von Management Packs müssen Sie deshalb gegebenenfalls für die Löschung in umgekehrter Reihenfolge wie beim Importvorgang sorgen.

- Es kommt sehr selten vor, aber manchmal macht der Fehlerteufel auch nicht vor einem Management Pack halt. Während meiner aktiven Implementierungszeit ist das glücklicherweise nur einmal aufgetreten. Dieses Management Pack hat aufgrund eines fehlerhaften Skripts für eine dauerhafte Auslastung der Prozessoren auf den Domänencontrollern von 95% gesorgt. Bewahren Sie in einem solchen Fall Ruhe. Für eine sofortige Behebung des Problems reicht es völlig aus, wenn Sie das Management Pack in Ihrer Verwaltungsgruppe löschen. Der zuständige Verwaltungsserver wird diese Order an alle überwachten Systeme kommunizieren und die Ursache ist damit ohne weitere Aufwendungen oder Kollateralschäden beseitigt.

- Werden Ihnen Management Packs aus dubiosen Quellen angeboten, seien Sie aufmerksam! Management Packs können unter anderem auch Skripts enthalten, die sich im Normalfall um die Analyse der Gegebenheiten auf den Systemen und den verteilten Anwendungen kümmern sollen. Diese Fähigkeit kann durchaus auch für eine Manipulation an den Systemen ausgenutzt werden. Achten Sie deshalb unbedingt auf eine seriöse Herkunft.

Bereitstellung mithilfe der Betriebskonsole

Zur erfolgreichen Durchführung des Imports von Management Packs mithilfe der Betriebskonsole müssen folgende Voraussetzungen erfüllt sein:

- Sie verwenden ein Benutzerkonto, welches über administrative Berechtigungen innerhalb der Verwaltungsgruppe von System Center 2012 Operations Manager verfügt
- Das von Ihnen verwendete Benutzerkonto hat das Recht zum Herunterladen der Management Pack-Dateien aus dem Downloadbereich von Microsoft. Zum Download werden die Protokolle HTTP und HTTPS verwendet.

Beginnen wir mit dem Start der Betriebskonsole und einem Klick auf den Navigationsschaltflächenbereich *Verwaltung*.

1. Öffnen Sie den Knoten *Verwaltung/Management Packs*.
2. Klicken Sie im *Tasks*-Bereich innerhalb der Betriebskonsole auf den Hyperlink *Management Packs importieren*.

HINWEIS Die Verwendung des Hyperlinks *Management Packs herunterladen* sorgt lediglich für die Durchführung des Downloads. Sie könnten sich dann die einzelnen Dateien – womöglich auch die beinhaltete Beschreibung – anschauen beziehungsweise in einer Testumgebung bereitstellen.

3. Klicken Sie im angezeigten Dialogfeld auf den Hyperlink *Hinzufügen* und wählen Sie im jetzt ersichtlichen Untermenü den Eintrag *Aus Katalog hinzufügen*. Die Betriebskonsole versucht jetzt eine Verbindung zum Onlineportal von Microsoft zu etablieren.
4. Das Dialogfeld *Management Packs aus dem Katalog auswählen* wird eingeblendet. Beachten Sie die Optionen im Auswahlfeld *Anzeigen*. Ich empfehle an dieser Stelle immer eine Überprüfung auf aktualisierte Management Packs.
5. Belassen Sie die Auswahl im Feld *Anzeigen* auf *Alle Management Packs im Katalog anzeigen*. Tragen Sie ergänzend im Feld *Suchen* den Begriff »Active Directory« ein. Klicken Sie danach auf die Schaltfläche *Suchen*.
6. Im Listenfeld *Management Packs im Katalog* wird der Begriff *Microsoft Corporation* angezeigt. Erweitern Sie die Struktur, um sich die selektierte im Detail anzeigen zu können.

   Diese Vorgehensweise ist extrem wichtig, da sich unter einigen Rubriken eine Vielzahl von Management Packs befindet, welche für die Überwachung von Active Directory in einem ersten Schritt nicht benötigt werden. Darüber hinaus sind hier auch alle verfügbaren Sprachpakete inkludiert. Selektieren Sie deshalb insbesondere zu Beginn Ihrer Arbeit mit System Center 2012 Operations Manager niemals eine ganze Struktur zum Herunterladen. Selektieren Sie stattdessen immer nur einzelne Pakete und nur das, was Sie auch wirklich benötigen.

Importieren von Management Packs

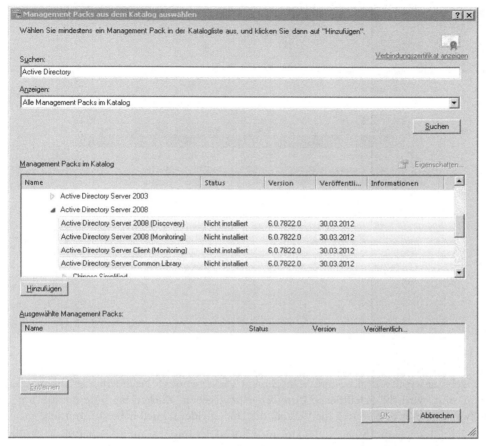

Abbildung 14.3 Achten Sie auf die richtige Auswahl der wirklich benötigten Management Packs

7. Ich erweitere zu *Microsoft Corporation/Windows Server/Active Directory Server 2008*. Dort werden die vier Management Packs wie in Abbildung 14.3 markiert. Klicken Sie anschließend auf die Schaltfläche *Hinzufügen*. Die ausgewählten Management Packs werden im gleichnamigen Listenfeld angezeigt. Klicken Sie auf die Schaltfläche *OK*.

8. Der Assistent versucht jetzt, die ausgewählten Management Packs herunterzuladen und gleich danach zu importieren. In dieser Konstellation kommt es zu einer gewollten Unterbrechung. Die Verwendung der gewählten Management Packs erfordert den Import weiterer Basispakete, welche bisher noch nicht importiert sind. Klicken Sie auf den Hyperlink *Auflösen*, wie in Abbildung 14.4 ersichtlich.

9. In einem weiten Dialogfeld werden die fehlenden Management Packs gelistet. Klicken Sie dort auf die Schaltfläche *Auflösen*. Wiederholen Sie diesen Schritt für alle aufzulösenden Abhängigkeiten.

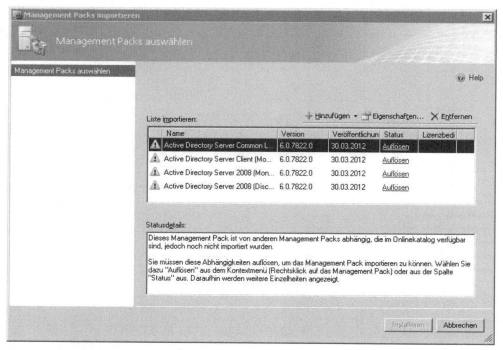

Abbildung 14.4 Fehlerhafte Abhängigkeiten müssen zuerst noch aufgelöst werden

10. In meiner Umgebung wurden drei weitere Management Packs benötigt. Nachdem alle Abhängigkeiten jetzt konsistent sind, wird die Schaltfläche *Installieren* freigegeben. Klicken Sie bitte darauf, um dem eigentlichen Zweck unserer Reise durch die Vielzahl der Dialogfelder schnell nahe zu kommen.
11. Klicken Sie nach erfolgreichem Abschluss des Downloads und des Imports auf die Schaltfläche *Schließen*. Klicken Sie vor optisch bestätigtem Abschluss auf die Schaltfläche *Beenden*, unterbrechen Sie den Prozess.
12. Um den Rest kümmert sich die Verwaltungsgruppe selbst. Das Regelwerk steht wenige Augenblicke später auf allen überwachten Systemen zur möglichen Anwendung bereit. Angewendet wird natürlich nur, was anwendbar ist. Das bedeutet, dass das eben importierte Regelwerk auch nur auf Domänencontroller angewendet wird.

HINWEIS Wer so neugierig ist wie ich, kann einen Blick in das Verzeichnis *C:\Program Files\System Center Operations Manager\Agent\Health Service State\Management Packs* auf den überwachten Systemen werfen. Dorthin werden die importierten Management Packs vom Verwaltungsserver entsendet. Ändern Sie keinesfalls etwas an dessen Inhalt, beziehungsweise nur dann, wenn Sie der Microsoft-Spezialist während eines hoffentlich nie eintretenden Supportfalls darum bittet.

Und zum Schluss dieses Abschnitts noch eine kleine Hausaufgabe: Stellen Sie auf gleichem Weg wie soeben geschildert das Management Pack zur Überwachung des von Ihnen verwendeten SQL Servers bereit.

Erstellen eines eigenen Management Packs

Jede Veränderung an der Konfiguration Ihrer Verwaltungsgruppe muss gespeichert werden. Diese Veränderungen werden ebenfalls in Management Packs gesichert. Zur Speicherung können jedoch nur sogenannte veränderbare Management Packs verwendet werden. Wenn Sie intensiv mit System Center 2012 Operations Manager arbeiten, werden Sie früher oder später nicht nur Regelwerke anpassen, sondern sich auch um die Erstellung von verteilten Anwendungen kümmern. Für alle diese Anpassungen empfiehlt es sich, ein oder mehrere veränderbare Management Packs zu erstellen.

Die Erstellung ist sehr einfach und wird Ihnen bei jeder manuell durchgeführten Konfigurationsänderung quasi unter die Nase gehalten. Damit Sie bei der Anwendung der nachfolgenden Szenarien nicht vom eigentlichen Tun abgelenkt werden, erstellen wir in diesem Abschnitt explizit ein eigenes Management Pack. Wie immer benötigen wir dazu ein Benutzerkonto mit administrativen Rechten innerhalb Ihrer Verwaltungsgruppe.

1. Starten Sie die Betriebskonsole und navigieren Sie zu *Verwaltung/Management Packs*.
2. Klicken Sie im *Tasks*-Bereich auf den Hyperlink *Management Pack erstellen*. Ein entsprechendes Dialogfeld wird geöffnet.
3. Vergeben Sie einen aussagekräftigen Namen wie beispielsweise »1_Contoso_Meine_Anpassungen_Alle_Server«. Die Unterstriche zwischen den einzelnen Begrifflichkeiten sind mehr Kosmetik und nicht zwingend erforderlich. Wichtig ist, dass Sie eine Bezeichnung wählen, die für Sie aus der Fülle von Informationen heraussticht.
4. Die *Versionsnummer* müssen Sie jetzt noch nicht anpassen. Sie spielt eine Rolle, wenn Sie später Veränderungen an diesem Management Pack vornehmen und daraus resultierende Versionsstände voneinander abgrenzen wollen.
5. Tragen Sie im Feld *Beschreibung* sinnvolle Ergänzungen ein. Sie werden Ihnen später dabei helfen, sich an Ihr ursprüngliches Handeln zu erinnern. Vergleichen Sie Ihre Entscheidung mit dem Vorschlag aus Abbildung 14.5.

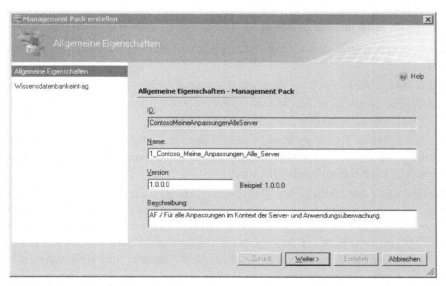

Abbildung 14.5 Vorschlag für die Bezeichnung eines eigenen Management Packs

6. Klicken Sie auf die Schaltfläche *Weiter* und Sie gelangen zum Dialogschritt *Wissensdatenbankeintrag*. Hier können Sie zusätzliche Informationen bereitstellen, die im späteren Verlauf und bei der Verwendung Ihres Management Packs anderen Kollegen ein zusätzliches Bild Ihrer Absichten geben können. Voraussetzung zur Bearbeitung dieses Informationsfelds ist Microsoft Office Word 2010. Um den Inhalt den Wissensdatenbankeintrag zu bearbeiten, klicken Sie auf die dafür vorgesehen Schaltfläche.
7. Klicken Sie abschließend auf die Schaltfläche *Erstellen*.

HINWEIS Es empfiehlt sich, die Anzahl von eigenen Management Packs auf ein Minimum zu reduzieren. Zu viele veränderbare Management Packs haben die gleiche Wirkung wie zu viele Ablagemöglichkeiten auf dem Schreibtisch: am Ende findet man überhaupt nichts mehr. Aus rein technischer Sicht ist es ebenfalls wichtig, dass die individuellen Anpassungen nicht allzu sehr verstreut gespeichert werden. Wenn Sie nämlich damit beginnen, eigene verteilte Anwendungen auf Basis eigener Regelwerke und Filtergruppen aufzubauen, ist eine Verwaltung innerhalb eines Management Packs in den meisten Fällen obligatorisch.

Aus rein organisatorischer Betrachtungsweise ist allerdings die Trennung von Anpassungen in die Teilbereiche Server und Netzwerk durchaus sinnvoll. Eine allgemeingültige Vorgehensweise gibt es nicht.

Erstellen und Verwalten von Gruppen

Gruppen dienen bei System Center 2012 Operations Manager der gezielten Anwendung von Regeln und Monitoren. Für die richtige Anwendung von Gruppen muss man wissen, dass System Center 2012 Operations Manager in Entitäten und nicht in Computersystemen denkt. Regeln und Monitore werden immer gegen eine oder mehrere Entitäten angewendet. Vergleichen Sie das mit einem Medikament, das Sie zu sich nehmen. Eingeführt wird es in aller Regel über den Mund. Angewendet wird es jedoch gegen Krankheiten eines ganz bestimmten Organs. Für diesen Vergleich kann man ein Organ im weitesten Sinne als Entität bezeichnen. Für alle anderen Organe ist dieses Medikament in der Regel nicht anwendbar. Das Beispiel hinkt etwas, denn bekanntlich werden Medikamente nicht nur über den Mund zugefügt und Medikamente können durchaus auch eine unerwünschte Nebenwirkung entfalten. Das Prinzip der entitätsbezogenen Anwendung von Regelwerken und Filterfunktionen lässt sich jedoch schon gut erkennen. Wenn Sie mehr über Entitäten erfahren wollen, werfen Sie einen Blick in Kapitel 4.

Um die Anwendbarkeit von Gruppen in System Center 2012 Operations Manager vorzustellen, verwenden wir das folgende Szenario:

- Alle notwendigen Management Packs zur Überwachung der vorhandenen SQL Server sind installiert. Ebenso ist auf allen SQL Serversystemen die Clientkomponente von System Center 2012 Operations Manager installiert.
- Die Überwachung des verfügbaren Speicherplatzes innerhalb der temporären Datenbanken aller SQL Server soll eingeschränkt werden. Es soll keine Warnmeldung mehr erzeugt werden, wenn der erste standardmäßig vorgegebene Schwellenwert unterschritten wird.

Die Anpassung der Konfiguration hinsichtlich der Alarmierung schauen wir uns gleich im nächsten Abschnitt an. An dieser Stelle kümmern wir uns nur um die Erstellung einer Gruppe, in der alle temporären Datenbanken der SQL Server aufgeführt sind. Zur Speicherung der Anpassungen verwende ich das im vorherigen Abschnitt erstellte Management Pack *1_Contoso_Meine_Anpassungen*. Verwenden Sie zur erfolgreichen Durchführung des nachfolgenden Szenarios ein Benutzerkonto mit administrativen Rechten in Ihrer Verwaltungsgruppe und starten Sie die Betriebskonsole.

1. Klicken Sie im Navigationsschaltflächenbereich auf *Konfiguration*.

Erstellen und Verwalten von Gruppen

2. Öffnen Sie den Knoten *Konfiguration/Gruppen*.
3. Klicken Sie im *Tasks*-Bereich auf den Hyperlink *Neue Gruppe erstellen*. Der zuständige Assistent heißt Sie am heutigen Tag herzlich willkommen.
4. Vergeben Sie einen aussagekräftigen Namen für Ihre neue Gruppe. In meinem Beispiel verwende ich die auffällige Bezeichnung»1_Contoso_SQL_Temp_DBs«.
5. Geben Sie im Feld *Beschreibung* ergänzende Informationen ein, die Ihnen und Ihren Kollegen dabei helfen, auch nach einem Jahr noch den Sinn dieses Objekts zu verstehen.
6. Wählen Sie in der Auswahlliste *Ziel-Management Pack auswählen* den gewünschten Speicherort für diese Konfiguration. Ich verwende das im vorherigen Abschnitt erstellte Management Pack *1_Contoso_Meine_Anpassungen*. Klicken Sie anschließend auf die Schaltfläche *Weiter*.
7. Überspringen Sie den nächsten Dialogschritt *Explizite Mitglieder*. In diesem Dialogschritt können die gewünschten Elemente – genauer: Entitäten – manuell eingegeben werden. Unser Anliegen in diesem Szenario ist jedoch die dynamische Selektion aller temporären SQL Server-Datenbank. Wechseln Sie deshalb zum nächsten Dialogschritt *Dynamische Mitglieder*.
8. Klicken Sie auf die Schaltfläche *Regeln erstellen/bearbeiten*. Das Dialogfeld *Gruppenerstellungs-Assistent – Abfrage-Generator* wird angezeigt.
9. Wählen Sie in der Auswahlliste *Klasse* den Eintrag *SQL Database*. Achten Sie bei der Fülle verfügbarer Einträge genau auf die richtige Auswahl der Klasse. Klicken Sie danach auf die Schaltfläche *Hinzufügen*.
10. Wählen Sie in der Spalte *Eigenschaften* innerhalb der angebotenen Liste den Eintrag *Database Name*.
11. Wählen Sie in der Spalte *Operator* den Eintrag *Gleich*.
12. Tragen Sie in der Spalte *Wert* den Begriff »tempdb« ein.
13. Klicken Sie abschließend auf *OK*.

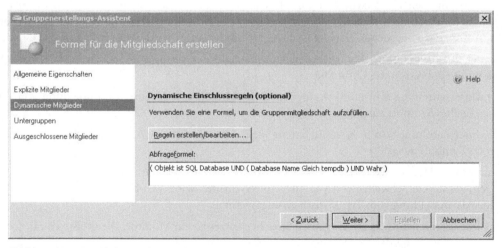

Abbildung 14.6 Der Inhalt einer dynamischen Mitgliederabfrage

14. Jetzt sollte das Dialogfeld des Gruppenerstellungs-Assistenten inhaltlich synchron mit meinem Beispiel aus obiger Abbildung 14.6 sein. Sie können die Abfrage beliebig komplex gestalten. Wie Sie vielleicht bei den verfügbaren Operatoren gesehen haben, können auch die Begrifflichkeiten generisch abgefragt werden. Klicken Sie nachfolgend auf die Schaltfläche *Weiter*.

15. Den Dialogschritt *Untergruppen* überspringen wir. Dieses zusätzliche Selektionswerkzeug erlaubt uns, andere Gruppen zu integrieren, die bereits über andere Filterfunktionen zusammengestellt worden sind.
16. Wechseln Sie mit einem weiteren Klick auf die Schaltfläche *Weiter* zum Dialogschritt *Ausgeschlossene Mitglieder*. Auch diese Möglichkeit zum Ausschluss bestimmter Entitäten werden wir im aktuellen Beispiel nicht nutzen. Angelehnt an unser aktuelles Szenario wäre hiermit folgende Konstellation darstellbar: »… Ich will alle TEMPDB-Datenbanken in dieser Gruppe haben, außer diejenigen, welche auf SQL Server SRV0303 … unabhängig der dort bereitgestellten Instanz bereitgestellt werden«.
17. Klicken Sie abschließend auf die Schaltfläche *Erstellen*.

HINWEIS So überprüfen Sie, ob die von Ihnen verwendeten Selektionsparameter auch erfolgreich waren:
1. Klicken Sie mit der rechten Maustaste auf das neu erstellte Gruppenobjekt.
2. Wählen Sie im Kontextmenü den Eintrag *Gruppenmitglieder anzeigen* aus.

Die in dieser Gruppe verwalteten Objekte werden nun aufgelistet. Bitte beachten Sie, dass Sie in dieser Ansicht auch gleich den Integritätsstatus der selektierten Entitäten angezeigt bekommen.

Anpassen von Überwachungseinstellungen

Wie Sie nach dem Studium von Kapitel 4 wissen, definiert sich Überwachung bei System Center 2012 Operations Manager durch Anwendung von Regeln und Monitoren gegen Entitäten. Durch den Import von Management Packs werden diese Überwachungsmechanismen bereitgestellt. Sie reagieren beim Über- oder Unterschreiten bestimmter Schwellenwerte mit den erwarteten Alarmierungen. Die voreingestellten Schwellenwerte basieren auf Erfahrungswerten der Entwickler.

Diese Referenzwerte müssen nicht zwingend auf alle Umgebungen weltweit anwendbar sein. Deshalb ist gegebenenfalls eine Anpassung notwendig. Wie man eine solche Anpassung durchführt, zeigt Ihnen dieser Abschnitt. Wir nutzen dazu die soeben erstellte Gruppe. Die fiktive Aufgabenstellung stellt sich wie folgt dar:

- System Center 2012 Operations Manager warnt uns, sobald der verfügbare Speicherplatz einer SQL-Datenbank unter ein bestimmtes Limit fällt:
    - Bei der Unterschreitung von 20 % verfügbarem Speicherplatz wird eine Alarmmeldung vom Typ *Warnung* (gelbes Symbol) ausgelöst
    - Bei der Unterschreitung von 10 % verfügbarem Speicherplatz wird eine Alarmmeldung vom Typ *Kritisch* (rotes Symbol) ausgelöst
- Für die temporären Datenbanken Ihrer SQL Serversysteme wollen wir das ändern. Die Ampel soll auf gelb springen, sobald ein Schwellenwert von 10 % unterschritten wird. Erst bei der Unterschreitung von 5 % soll eine Alarmmeldung vom Typ *Kritisch* erzeugt werden.

Zuständig für diese Überwachung des verfügbaren Speicherplatzes ist ein Monitor. Die größte Herausforderung liegt in der Lokalisierung des zuständigen Monitors. Der Vergleich zur sinnbildlichen Stecknadel im Heuhaufen stellt sich durchaus zu Recht ein. Die effizienteste Art, einen Monitor oder eine Regel anzupassen ist, auf die erste Alarmierung zu warten. Klickt man mit der rechten Maustaste auf eine aktuelle Alarmmeldung, kommt man problemlos und auf direktem Wege zum verantwortlichen Monitor oder Regel.

In diesem Szenario machen wir es nicht ganz so einfach. Gegeben ist lediglich, dass das verantwortliche Management Pack bereits importiert ist. Da wir derzeit nur SQL Serversysteme in der Version 2008 verwenden, sind auch nur diese Management Packs im Einsatz. Beachten Sie bitte, dass es sich bei diesem hier vorgestellten Szenario lediglich um ein Beispiel handelt, welches Sie zu den wichtigen Eckpfeilern der Anpassungsmöglichkeiten führen soll.

Zur Durchführung dieser Übung benötigen wir ein Benutzerkonto mit administrativen Berechtigungen innerhalb der Verwaltungsgruppe von System Center 2012 Operations Manager. Verwenden Sie bitte dieses Benutzerkonto zum Start der Betriebskonsole.

1. Klicken Sie im Navigationsschaltflächenbereich auf *Konfiguration*.
2. Öffnen Sie im Navigationsbereich den Knoten *Konfiguration/Management Pack-Objekte/Monitore*.
3. Klicken Sie im Bereich der Menüleiste auf die Schaltfläche *Bereich*. Das Dialogfeld *Management Pack-Objekte in Bereiche einteilen* wird angezeigt. Achten Sie darauf, dass die Schaltfläche *Alle löschen* am unteren, linken Rand des Dialogfelds nicht aktiv ist. Ist die Schaltfläche dennoch aktiv, klicken Sie bitte auf diese Schaltfläche, um eine vorher verwendete Filteroption zu neutralisieren.
4. Selektieren Sie die Option *Alle Ziele anzeigen*.
5. Tragen Sie im Feld *Suchen* den Begriff *SQL Server 2008 DB* ein. Klicken Sie anschließend auf die Schaltfläche *Alle auswählen* und danach auf die Schaltfläche *OK*.
6. Öffen Sie im Ergebnisbereich der Betriebskonsole den Knoten *SQL Server 2008 DB File/Leistung/DB File Space*. Das ist der verantwortliche Monitor für unsere Aufgabenstellung. Beachten Sie bitte die Eigenschaften in den Spalten des Monitors: Der Monitor ist nicht *vererbt* und er ist *aktiv*. Nicht aktive Monitore sind standardmäßig mit einem grauen Symbol gekennzeichnet.
7. Klicken Sie mit der rechten Maustaste auf den Monitor *DB File Space* und wählen Sie im Kontextmenü den Eintrag *Eigenschaften* aus. Sie sehen jetzt alle Eigenschaften des Monitors. Nehmen Sie sich einige Minuten Zeit, um sich mit den Einstellungen vertraut zu machen.

   Wie Sie feststellen, kann man an dieser Stelle fast keine Veränderungen vornehmen. Grund dafür ist, dass es sich hierbei um einen Monitor aus einem nicht veränderbaren Management Pack handelt. Um unsere Aufgabe dennoch erfüllen zu können, klicken Sie in der aktuellen Sicht auf die Registerkarte *Außerkraftsetzungen*.
8. Klicken Sie auf die Schaltfläche *Außerkraftsetzung*. Wählen Sie im Untermenü den Menüeintrag *Für eine Gruppe*. Das Dialogfeld *Objekt auswählen* wird angezeigt.
9. Selektieren Sie den Eintrag für die weiter oben erstellte Gruppe *1_Contoso_SQL_Temp_DBs* und klicken Sie danach auf die Schaltfläche *OK*.
10. Jetzt werden Ihnen alle anpassbaren Einstellmöglichkeiten angezeigt. Aktivieren Sie das Kontrollkästchen der Parameter *Lower Threshold* und *Upper Threshold*. Setzen Sie die Werte, wie in Abbildung 14.7 dargestellt. Tragen Sie dazu jeweils im Feld *Außerkraftsetzungswert* den Wert *5* beziehungsweise den Wert *10* ein. Ich empfehle Ihnen, die Anpassung jeweils zu dokumentieren. Dazu steht Ihnen für jede Änderung ein unscheinbarer Hyperlink mit der Bezeichnung *Bearb* im rechten Bereich des *Detail*-Felds zur Verfügung. Die merkwürdige Bezeichnung ist das Resultat der Lokalisierung von Englisch in Deutsch: Während *Edit* in die kleinste Ecke passt, ist für die deutsche Bedeutung *Bearbeiten* schlichtweg zu wenig Platz vorhanden.

    Beachten Sie, dass Sie an dieser Stelle keinen Einfluss auf das Management Pack haben, welches zur Speicherung der Anpassung verwendet wird. Grund dafür ist, dass die Speicherung zwingend im gleichen Paket stattfinden muss, in dem sich auch die Gruppe *1_Contoso_SQL_Temp_DBs* befindet. Wäre an dieser Stelle eine Speicherung in verschiedenen Management Packs möglich, bestünde das Risiko von Inkonsistenzen.

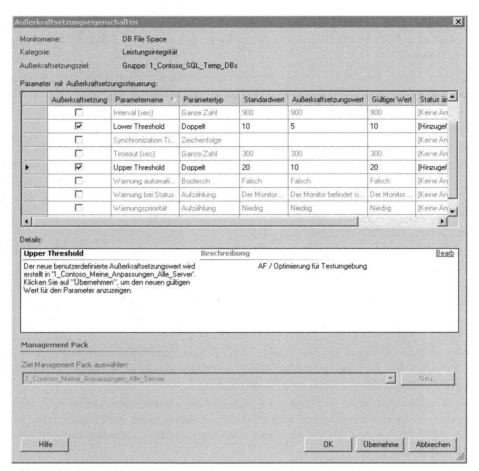

Abbildung 14.7 Erforderliche Anpassungen über die sogenannte Außerkraftsetzung

11. Klicken Sie abschließend auf die Schaltfläche *OK* und danach auf die Schaltfläche *Schließen*.

ACHTUNG Wer sich eine andere Methode zur Erstellung von Außerkraftsetzungen angeeignet, sollte davon nicht abweichen. Wie sie mit der Zeit feststellen werden, sind diese Optionen an einigen Stellen innerhalb der Betriebskonsole verfügbar. Beachten Sie in diesem Zusammenhang noch folgende Empfehlungen:

- Außerkraftsetzungen können sich überlappen und sich gegebenenfalls auch widersprechen. Achten Sie bei der Pflege von Außerkraftsetzungen darauf, dass diese von so wenig wie möglich Mitarbeiterinnen und Mitarbeitern durchgeführt werden. Achten Sie vor allen Dingen auf eine saubere Dokumentation.
- Eine Zusammenfassung aller Außerkraftsetzungen erhalten Sie in der Außerkraftsetzungsübersicht. Dieser Menübefehl ist ebenfalls in vielen Kontextmenüs bereitgestellt.
- Überlappen sich Außerkraftsetzungen, können Sie mithilfe der Option *Erzwungen* dafür sorgen, dass diese Einstellung Einstellungen durch andere Außerkraftsetzungsregeln übertrumpft. In Abbildung 14.7 sehen Sie das verantwortliche Kontrollkästchen leider nicht, da es sich ganz am Ende der jeweiligen Zeile im Parameterfenster befindet.

- Wenn Sie einen Monitor oder eine Regel deaktivieren wollen, tun Sie das nicht über die im Kontextmenü ebenfalls bereitgestellte gleichnamige Funktion. Sie erreichen Ihr Ziel damit zwar schnell und ohne weiteren Aufwand. Gleichzeitig nehmen Sie sich aber die Option zur Pflege einer Beschreibung. Und diese Zeit sollten Sie unbedingt investieren. Die meisten Fehlfunktionen von Operations Manager 2007 R2 und System Center 2012 Operations Manager gründen nämlich auf einer falsch gepflegten und nicht mehr nachvollziehbaren Ausnahmeregelung. Verwenden Sie stattdessen die Möglichkeit, den Standardwert des Parameters *Aktiviert* auf *Falsch* zu setzen. Beachten Sie darüber hinaus, dass Sie keinerlei Einfluss auf die Auswahl des Management Packs haben, wenn Sie die Option zur Deaktivierung bevorzugen.

- Eine Zusammenfassung über alle Außerkraftsetzungen finden Sie in der Betriebskonsole im Knoten *Konfiguration/Management Pack-Objekte/Außerkraftsetzungen*. Von hier aus können Sie auch sämtliche Veränderungen rückgängig machen, indem Sie die Außerkraftsetzungen einfach wieder löschen.

Erstellen einer Regel

Regeln sind eines der beiden wichtigsten Überwachungswerkzeuge in System Center 2012 Operations Manager. Man kann damit Zustände unterschiedlichster Herkunft kontinuierlich überprüfen. Weicht der Zustand vom erwarteten Verhalten ab, wird bei Bedarf ein Alarm ausgelöst.

In diesem Abschnitt werden wir eine Regel erstellen, die auf eine bestimmte Ereigniskennung im Ereignisprotokoll wartet. Wird diese Fehlermeldung generiert, soll eine Warnung vom Schweregrad Kritisch erzeugt werden. Bei diesem Beispiel handelt es sich um ein fiktives Beispiel, welches Sie jedoch ganz einfach auf Ihre eigenen Bedürfnisse adaptieren können. Wir werden die gleiche Ausgangssituation für die im nächsten Abschnitt vorgestellte Vorgehensweise zur Erstellung eines Monitors verwenden. Wenn Sie beide Szenarien in Ihrer Umgebung reproduzieren, können Sie dadurch auch ganz leicht die technischen Unterschiede zwischen einer Regel und einem Monitor kennenlernen.

Konzentrieren wir uns auf das bevorstehende Szenario. Zuerst definieren wir die Randbedingungen:

- Zu überprüfendes Ereignisprotokoll: *Systemprotokoll*
- Zu überprüfende Ereigniskennung: *2611*
- Zu überprüfende Ereignisquelle: *CONTOSO-SOFT*
- Zu überprüfender Beschreibungstext enthält die Zeichenfolge: *fataler Fehler*
- Überprüfung der Ereigniskennung nur auf Domänencontroller

Steigen wir ein in die Erstellung unserer Regel. Wie bei fast allen anderen Übungen auch verwenden wir hier ebenfalls ein Benutzerkonto mit administrativen Rechten innerhalb Ihrer Verwaltungsgruppe. Alle Schritte werden mit der grafischen Oberfläche durchgeführt, sodass wir mit dem Start der Betriebskonsole beginnen:

1. Klicken Sie im Navigationsschaltflächenbereich auf *Konfiguration*.
2. Öffnen Sie im Navigationsbereich den Knoten *Konfiguration/Management Pack-Objekte/Regeln*.
3. Klicken Sie im *Tasks*-Bereich auf den Hyperlink *Regel erstellen*. Der Regelerstellungs-Assistent wird gestartet.

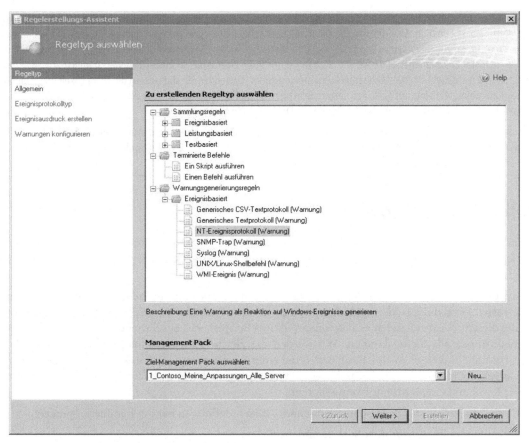

Abbildung 14.8 Der Einstiegsbildschirm des Regelerstellungs-Assistenten

4. Öffnen Sie im Dialogfeld aus Abbildung 14.8 den Knoten *Warnungsgenerierungsregeln/Ereignisbasiert/ NT-Ereignisprotokoll (Warnung)*.
5. Selektieren Sie in der Auswahlliste *Ziel-Management Pack auswählen* unser weiter vorne in diesem Kapitel erstelltes Management Pack *1_Contoso_Meine_Anpassungen_Alle_Server*. Klicken Sie anschließend auf die Schaltfläche *Weiter*.
6. Der Dialogschritt *Regelname und Beschreibung* wird angezeigt. Vergeben Sie einen aussagekräftigen Namen für diese Regel wie beispielsweise »1_Contoso_Regel_01_SYSLOG_Ereignis_2611«. Es empfiehlt sich, auch eine zusätzliche Beschreibung mitanzugeben. Diese hilft immens beim späteren Verständnis dessen, was man hier vor einigen Monaten oder Jahren einmal kreiert hat.
7. Wählen Sie in der Auswahlliste *Regelkategorie* den Eintrag *Verfügbarkeitsintegrität* aus. Die Auswahl der hier gewählten Kategorie hat keinen Einfluss auf die Funktion der Regel, sondern nur auf die spätere Gruppierung bei der Anzeige.
8. Klicken Sie hinter dem Feld *Regelziel* auf *Auswählen*. Das Dialogfeld *Zielelemente auswählen* wird eingeblendet. Tragen Sie im Feld *Suchen* den Begriff »Windows-Domänencontroller« ein. Markieren Sie den korrespondierenden Eintrag in der Liste und klicken Sie danach auf die Schaltfläche *OK*. Achten Sie darauf, dass das Kontrollkästchen *Regel ist aktiviert* aktiviert ist, bevor Sie die Schaltfläche *Weiter* betätigen.

Erstellen einer Regel

9. Klicken Sie im Dialogschritt *Ereignisprotokolltyp* auf die Schaltfläche am rechten Ende des Felds *Protokollname*. Das Dialogfeld *Ereignisprotokoll auswählen* wird angezeigt. Klicken Sie in der Liste der *verfügbaren Ereignisprotokolle* auf den Eintrag *System* und danach auf die Schaltfläche *OK*. Wechseln Sie zum nächsten Dialogschritt mit einem Klick auf die bekannte Schaltfläche.

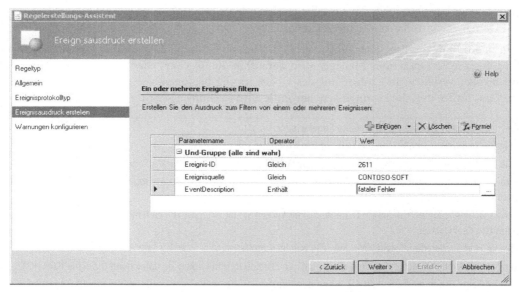

Abbildung 14.9 Die Konfiguration des Ereignisfilters

10. Der Dialogschritt *Ereignisausdruck erstellen* wird angezeigt. Tragen Sie für den bereits im Angebot befindlichen Parameter *Ereignis-ID* den vereinbarten Wert »2611« ein. Für den Parameter *Ereignisquelle* verwenden Sie »CONTOSO-SOFT«.
11. Klicken Sie auf die Schaltfläche *Einfügen*, wie in Abbildung 14.9 ersichtlich. Eine weitere Parameterzeile wird hinzugefügt. Klicken Sie auf die Schaltfläche ... in der neu hinzugefügten Zeile. Das Dialogfeld *Eine Ereigniseigenschaft auswählen* wird angezeigt.
12. Selektieren Sie die Option *Parametername verwenden, der oben nicht angegeben ist*. Tragen Sie im jetzt eingabebereiten Feld die Textfolge »EventDescription« ein. Klicken Sie danach auf die Schaltfläche *OK*.
13. Ändern Sie das noch leere Operatorfeld auf *Enthält*.
14. Tragen Sie im Feld *Wert* die Zeichenfolge »fataler Fehler« ein. Sieht Ihr Ergebnis genauso aus wie mein Vorschlag in Abbildung 14.9, können Sie voller Stolz auf die meist verwendete Schaltfläche dieses Planeten klicken: *Weiter*.
15. Wir sind im letzten Dialogschritt *Warnungen konfigurieren* angelangt. Wir ändern an den Vorgaben nichts. Einige der hier verfügbaren Elemente möchte ich jedoch mit Ihnen besprechen.
    - **Warnungsbeschreibung** An diesem Feld findet sich eine Schaltfläche mit drei Punkten. Dahinter verbirgt sich die Möglichkeit, weitere variable Werte in die später erzeugte Fehlermeldung mit aufzunehmen. Schauen Sie sich hier ruhig einmal um.
    - **Schweregrad** Der Schweregrad bestimmt das Symbol der später erzeugten Warnmeldung. Sie können sich hier durchaus gegen Kritisch (rot) entscheiden, wenn Ihnen diese Warnmeldung in gelber Farbe ausreicht.

- **Warnungsunterdrückung**   Beim ersten Auftreten der Ereigniskombination aus Abbildung 14.9 wird eine Warnmeldung erzeugt. Tritt diese Kombination auf einer anderen Maschine – in unserem Beispiel auf einem anderen Domänencontroller – ebenfalls auf, wird eine weitere Warnmeldung generiert. Abhängig von Ihren Anforderungen reicht vielleicht eine einzige Warnmeldung und zwar unabhängig vom Computersystem. Mit *Warnungsunterdrückung* sorgen Sie dafür, dass in diesem Fall beispielsweise nur eine einzige Warnung generiert wird, obwohl diese Kombination auf einem Dutzend Domänencontroller zugleich erzeugt wird.

Wir sind damit am Ende der Regelerstellung angelangt. Klicken Sie abschließend auf die Schaltfläche *Erstellen*. System Center 2012 Operations Manager wird daraufhin die Regel erstellen, die Einstellungen an alle Domänencontroller verteilen und sofort mit der Überwachung beginnen. Sie werden keine Gelegenheit haben, Ihre Tasse Kaffee in Ruhe auszutrinken, bevor die Überwachung aktiv ist.

HINWEIS   So löschen Sie eine selbst erstellte Regel wieder:
1. Klicken Sie im Navigationsschaltflächenbereich auf *Konfiguration*.
2. Öffnen Sie im Navigationsbereich den Knoten *Konfiguration/Management Pack-Objekte/Regeln*.
3. Klicken im Menüleistenbereich auf die Schaltfläche *Bereich*, bis sich das Dialogfeld *Management Pack-Objekte in Bereiche einteilen* öffnet.
4. Ist die Schaltfläche *Alle löschen* in diesem Dialogfeld aktiv, klicken Sie bitte darauf, um eine mögliche Filterung aus vorheriger Verwendung zu deaktivieren.
5. Tragen Sie im Feld *Suchen* den Begriff »Windows-Domänencontroller« ein.
6. Aktivieren Sie das Kontrollkästchen vor dem gleichnamigen Listeintrag und klicken Sie danach auf die Schaltfläche *OK*.
7. Tragen Sie im Feld *Suchen nach* die ersten Zeichen des Namens Ihrer eigenen Regel ein. Diese wird jetzt angezeigt. Klicken Sie mit der rechten Maustaste auf das angezeigte Objekt und wählen Sie im Kontextmenü den Eintrag *Löschen* aus.

Erstellen eines Monitors

Im vorherigen Abschnitt haben Sie erfahren, wie man eine Regel zur Überwachung von Ereignisprotokollen erstellt. Mit Regeln können wir auf Abweichungen in unserer Infrastruktur reagieren und basierend darauf Warnmeldungen generieren. Mit System Center 2012 Operations Manager können wir unter anderem auch die Verfügbarkeit der damit überwachten Systeme und Entitäten messen. Je weniger Fehler auftreten, desto höher ist die Verfügbarkeit. Das ist unter anderem auch ein Prinzip der Berechnung von Servicevereinbarungen und den daraus entstehenden Kosten.

Mit Monitoren sind wir in der Lage, auf die Verfügbarkeitsberechnung Einfluss zu nehmen. Es gibt also einen wesentlichen Unterschied zwischen diesem Überwachungswerkzeug und Regeln. Um die Abgrenzung besser zu verstehen, werden wir das gleiche Szenario wie bei der Erstellung einer Regel an dieser Stelle für den neuen Monitor anwenden:

- Zu überprüfendes Ereignisprotokoll: *Systemprotokoll*
- Zu überprüfende Ereigniskennung: *2611*
- Zu überprüfende Ereignisquelle: *CONTOSO-SOFT*
- Zu überprüfender Beschreibungstext enthält die Zeichenfolge: *fataler Fehler*
- Überprüfung der Ereigniskennung nur auf Domänencontroller

Erstellen eines Monitors

Zusätzlich zu diesen Randparametern werden wir uns die folgende Zusatzfunktion von Monitoren in unserem Beispielszenario zunutze machen:

- Die Warnung wird nach 30 Minuten automatisch zurückgesetzt

Diese Erweiterung soll Ihnen lediglich ein Gefühl dafür vermitteln, welche Möglichkeiten Ihnen bei der Erstellung und Verwendung eigener Monitore zur Verfügung stehen. Sie werden im Verlauf des Szenarios erkennen, wo Sie Ihre konkreten Ansprüche gegen meine fiktiven Vorschläge austauschen können.

Beginnen wir mit der Erstellung des Monitors. Wir verwenden auch hier ein Benutzerkonto mit administrativen Rechten innerhalb Ihrer Verwaltungsgruppe. Starten Sie bitte die Betriebskonsole von System Center 2012 Operations Manager:

1. Klicken Sie im Navigationsschaltflächenbereich auf *Konfiguration*.
2. Öffnen Sie im Navigationsbereich den Knoten *Konfiguration/Management Pack-Objekte/Monitore*.
3. Klicken Sie im *Tasks*-Bereich auf *Monitor erstellen/Einheitenmonitor*. Das Dialogfeld *Einheitenmonitor erstellen* wird angezeigt.

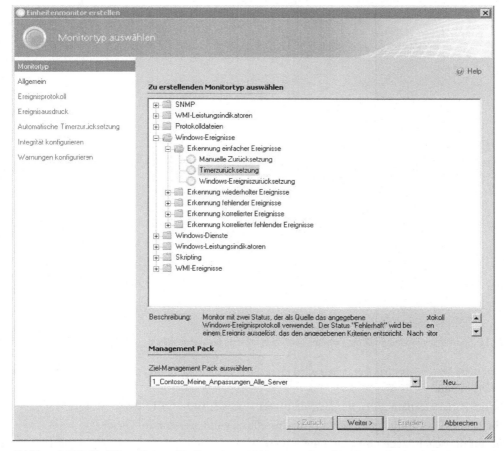

Abbildung 14.10 Die Fülle verfügbarer Monitorvorlagen reicht aus, um die meisten Ansprüche abzudecken

4. Öffnen Sie in der Explorer-Ansicht aus Abbildung 14.10 den Knoten *Windows-Ereignisse/Erkennung einfacher Ereignisse/Timerzurücksetzung*.
5. Selektieren Sie in der Auswahlliste *Ziel-Management Pack auswählen* das weiter vorne in diesem Kapitel erstellte eigene Management Pack. Wechseln Sie anschließend zum nächsten Dialogschritt *Allgemein*.
6. Tragen Sie im Feld *Namen* eine aussagekräftige Bezeichnung für diesen Monitor ein. Angelehnt an das Regelszenario im vorherigen Abschnitt habe ich mich für »1_Contoso_Monitor_01_SYSLOG_Ereignis_2611« entschieden. Auch hier empfiehlt sich die Pflege einer aussagekräftigen, ergänzenden Beschreibung.
7. Klicken Sie auf die Schaltfläche *Auswählen* und wählen Sie als Monitorziel *Windows-Domänencontroller* aus.
8. Passen Sie gegebenenfalls die Auswahl des übergeordneten Monitors auf dem aktuellen Dialogschritt an. Diese Einstellung hat Einfluss auf die Eingruppierung des Monitors bei der Anzeige des Integritäts-Explorers. Achten Sie vor dem Wechsel zum nächsten Dialogschritt darauf, dass das Kontrollkästchen *Monitor ist aktiviert* aktiviert ist.
9. Als Nächstes befinden wir uns im Dialogschritt *Ereignisprotokoll*. Ändern Sie den Eintrag im Feld *Protokollname* auf *System*. Sie können diesen Eintrag auch manuell, also einfach durch Eingabe des Begriffs »System« in das Eingabefeld ändern. Klicken Sie danach auf die Schaltfläche *Weiter*.

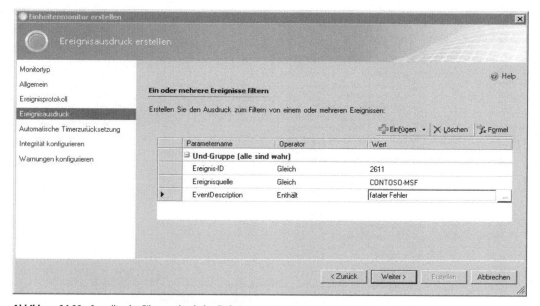

Abbildung 14.11 So sollte der Filterausdruck des Einheitenmonitors in unserem Beispiel aussehen

10. Der Dialogschritt *Ereignisausdruck erstellen* wird angezeigt. Tragen Sie beim Parameternamen *Ereignis-ID* den Wert »2611« ein.
11. Pflegen Sie bei Parametername *Ereignisquelle* den Wert »CONTOSO-SOFT« ein.
12. Belassen Sie bei beiden Parameternamen die Voreinstellung von Operator auf *Gleich*.
13. Klicken Sie auf die Schaltfläche *Einfügen*. Eine weitere Parameterzeile wird wie in Abbildung 14.11 angezeigt hinzugefügt. Klicken Sie auf die Schaltfläche mit den drei Punkten in der neu hinzugefügten Zeile. Das Dialogfeld *Eine Ereigniseigenschaft auswählen* wird angezeigt.

14. Selektieren Sie die Option *Parametername verwenden, der oben nicht angegeben ist*. Tragen Sie im jetzt eingabebereiten Feld die Textfolge »EventDescription« ein. Klicken Sie danach auf die Schaltfläche *OK*.
15. Ändern Sie das noch leere Operatorfeld auf *Enthält*.
16. Tragen Sie im Feld *Wert* die Zeichenfolge »fataler Fehler« ein.
17. Mit einem Klick auf die Schaltfläche *Weiter* wenden wir uns dem Dialogschritt *Automatische Timerzurücksetzung* zu. Ändern Sie den Wert der Wartezeit auf *30 Minuten*. Wechseln Sie danach zum nächsten Dialogschritt.
18. Belassen Sie die Vorschlagswerte wie im Dialogschritt *Integrität konfigurieren* angezeigt. Das bedeutet, dass das Auftreten der Ereigniskennung eine Warnung in gelber Farbe erzeugt. Nach 30 Minuten wechselt die Zustandsanzeige automatisch zurück auf Fehlerfrei (grün). Die Einstellung in diesem Dialogschritt betrifft übrigens nicht die Konfiguration einer zusätzlich generierbaren Warnmeldung. Darum kümmern wir uns gleich anschließend. Einstellungen im aktuellen Dialogschritt *Integrität* haben Einfluss auf die Zustandsanzeige der Entität und in diesem Fall auch auf den Status der Domänencontroller.
19. Wechseln Sie nun noch zum Dialogschritt *Warnung konfigurieren*. Wie Sie sehen, ist die Warnmeldung standardmäßig deaktiviert. Arbeiten Sie später in der Betriebskonsole mit der Statusansicht, benötigen Sie keine zusätzliche Warnung. Nutzen Sie Warnungen jedoch, um damit beispielsweise Incidents in System Center 2012 Service Manager zu erzeugen, aktivieren Sie das Kontrollkästchen *Warnungen für diesen Monitor generieren*.
20. Klicken Sie abschließend auf die Schaltfläche *Erstellen*.

HINWEIS Die Fülle an verfügbaren Vorlagen für die Erstellung von Monitoren lässt in der aktuellen Version von System Center 2012 Operations Manager keine Wünsche mehr offen. Es ist wichtig, dass Sie sich mit den erforderlichen Parametern vertraut machen, bevor Sie einen Monitor aktiv in Ihrer Infrastruktur anwenden. Sie haben jederzeit die Möglichkeit, Monitore zu deaktivieren. Wenn Sie die Konsequenzen eines Monitors erst noch gegenprüfen wollen, deaktivieren Sie gegebenenfalls im Dialogschritt *Allgemein* das Kontrollkästchen *Monitor ist aktiviert*.

Kapitel 15

Clientüberwachung und Datenschutz

In diesem Kapitel:

Die Clientüberwachung – Funktionsüberblick 430
Der Konfigurationsbereich *Datenschutz* 440

Dieses Kapitel ist zwei Leistungsmerkmalen von System Center 2012 Operations Manager gewidmet, die eher ein Schattendasein führen. Zum einen werfen wir einen genaueren Blick auf die sogenannte Clientüberwachung. Sie werden erfahren, was diese Funktion für Sie tun kann und welche Konfigurationsarbeiten zur Inbetriebnahme durchgeführt werden müssen. Zum anderen analysieren wir die Initiative des Entwicklerteams von System Center 2012 Operations Manager, um an das Feedback von Anwendern wie Sie und ich zu kommen.

Die Clientüberwachung – Funktionsüberblick

Programmabstürze sind nicht nur unerwartet. Sie sind ebenso unerwünscht. Der gemeine Anwender regt sich in aller Regel früher oder später nicht mehr darüber auf, klickt stattdessen die Absturzmeldung genervt weg. Viele IT-Abteilungen bekommen dieses typische und durchaus auch nachvollziehbare Verhalten nicht mit. Wie auch?! Leider ist dadurch auch der Verlauf der Zufriedenheitskurve bezüglich der bereitgestellten Leistungen einer IT-Abteilung vorprogrammiert. Sie zeigt ähnlich steil nach oben wie der Aktienkurs der Facebook-Aktie.

Der Idealfall gestaltet sich derart, dass eine IT-Abteilung unaufgefordert und unabhängig von der Laune des Anwenders über solche Abstürze informiert wird. Wenn also ein ähnliches Konzept zur Anwendung kommen könnte wie beim Ausfall von Serversystemen. System Center 2012 Operations Manager bietet diese Möglichkeit zur Überwachung von Clientsystemen.

Die Clientüberwachung nutzt dazu die standardmäßig auf jedem aktuellen Windows-Computersystem implizit vorhandene Fehlerberichterstattungsfunktion. System Center 2012 Operations Manager »grätscht« quasi zwischen die Standardfunktion und sorgt für eine Umleitung generierter Absturzmeldungen in Richtung Verwaltungsserver. Dort werden alle Fehler zentral gesammelt und damit auch auswertbar. Da es sich um eine Windows-Standardfunktionalität handelt, wird zur Bereitstellung keine Clientkomponente von System Center 2012 Operations Manager auf den überwachten Rechnersystemen benötigt. Mit anderen Worten können Sie also Ihre komplette Windows-Infrastruktur mithilfe von System Center 2012 Operations Manager hinsichtlich System- und Applikationsabstürzen rund um die Uhr überwachen.

Voraussetzung für eine effiziente Einrichtung ist neben System Center 2012 Operations Manager eine funktionierende Gruppenrichtlinienverteilung. Die notwendigen Parameter werden nämlich über ein Gruppenrichtlinienobjekt verteilt. Alle Einstellungen werden durch eine automatisch erstellte Gruppenrichtlinienvorlage zur Verfügung gestellt, sodass Sie nur noch für die Verteilung und Anwendung sorgen müssen. Die notwendigen Schritte schauen wir uns jetzt an.

Konfiguration der Clientüberwachung

Beginnen wir mit der Aktivierung der Clientüberwachung. Sie können die notwendigen Schritte auf jedem Computersystem ausführen, auf dem die Betriebskonsole von System Center 2012 Operations Manager installiert ist. Ich empfehle Ihnen jedoch, die Konfiguration auf einem der Verwaltungsserver durchzuführen. Auf dieser Empfehlung basiert dann auch das nachfolgend geschilderte Szenario. In diesem Szenario wird auch eine Verzeichnisstruktur erstellt und vom Einrichtungs-Assistent freigegeben.

Die letzten vorbereitenden Maßnahmen, bevor es endlich losgeht:

1. Melden Sie sich mit einem aus Sicht von System Center 2012 Operations Manager administrativen Benutzerkonto auf einem der Verwaltungsserver an. Es empfiehlt sich die Verwendung des Aktionskontos.

Die Clientüberwachung – Funktionsüberblick

2. Starten Sie die Betriebskonsole und navigieren Sie im Navigationsbereich zu *Verwaltung/Geräteverwaltung/Verwaltungsserver*.

   Aus den im Nachgang von Ihnen festgelegten Einstellungen kreiert der Konfigurations-Assistent am Ende eine Gruppenrichtlinienvorlage.

Abbildung 15.1 Wir starten mit der Konfiguration der Clientüberwachung

3. Markieren Sie im Ergebnisbereich der Betriebskonsole den gewünschten Verwaltungsserver. In meinem Testszenario aus Abbildung 15.1 ist derzeit nur ein Verwaltungsserver vorhanden, sodass die Auswahl nicht allzu schwer fällt.
4. Klicken Sie im *Tasks*-Bereich auf den Hyperlink *Clientüberwachung konfigurieren*.

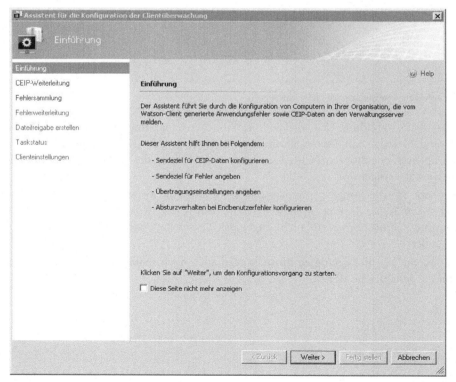

Abbildung 15.2 Das Dialogfeld *Einführung* für die Konfiguration der Clientüberwachung

5. Das Dialogfeld *Einführung* wird angezeigt. Klicken Sie auf die Schaltfläche *Weiter*.

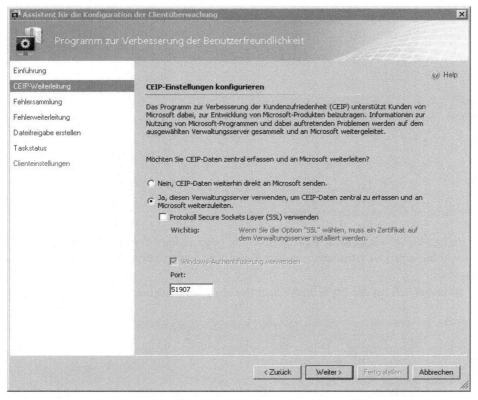

Abbildung 15.3 Das Dialogfeld zur Konfiguration der CEIP-Einstellungen

6. Im aktuellen Dialogfeld aus Abbildung 15.3 wird definiert, welcher Kanal für den Versand von Probleminformationen verwendet werden soll. Das Programm zur Verbesserung der Kundenzufriedenheit (Customer Experience Improvement Program, CEIP) schlägt standardmäßig die Option *Nein, CEIP-Daten weiterhin direkt an Microsoft senden* vor.
7. In diesem Szenario habe ich die Vorgabe geändert und stattdessen die zweite Option verwendet. Das Kontrollkästchen *Protokoll Secure Sockets Layer (SSL) verwenden* wurde deaktiviert. Ebenso wurde der vorgeschlagene Kommunikationsport *51907* nicht angepasst. Dieser Port wird für die Versendung der Fehlerberichte verwendet.
8. Bitte beachten Sie, dass Sie alle hier getätigten Einstellungen auch noch später ändern können. Klicken Sie anschließend auf die Schaltfläche *Weiter*.

Die Clientüberwachung – Funktionsüberblick

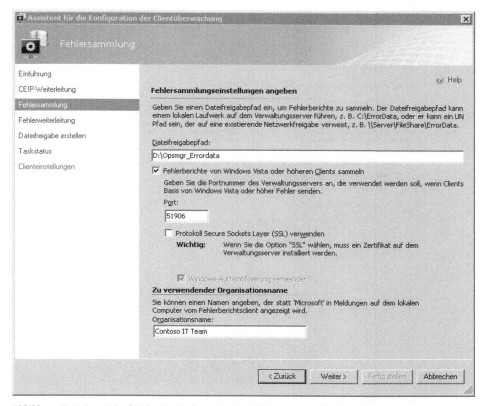

Abbildung 15.4 Das Dialogfeld für die Konfiguration der Fehlersammlungseinstellungen

9. Im nächsten Dialogfeld geben Sie den Pfad an, in dem die Clientüberwachung die generierten Fehlermeldungen der überwachten Clientcomputer zentral speichern soll. Auf dieses Verzeichnis greift dann wieder System Center 2012 Operations Manager zu, um mithilfe der Betriebskonsole Analysen zu ermöglichen. Im aktuellen Beispiel habe ich als Verzeichnis *D:\Opsmgr_Errordata* gewählt.

Die Verwendung von Secure Sockets Layer (SSL) wurde deaktiviert, kann aber selbstverständlich jederzeit von Ihnen aktiviert werden.

Im Feld *Zu verwendender Organisationsname* wurde der vorgeschlagene Eintrag von *Microsoft* auf *Contoso IT Team* geändert. Dieser Name wird künftig bei allen Fehlerberichten im generierten Dialogfeld auf den Clientcomputersystemen angezeigt.

10. Klicken Sie abschließend auf die Schaltfläche *Weiter*.

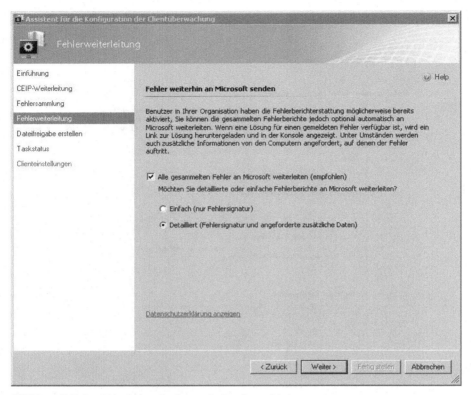

Abbildung 15.5 Das Dialogfeld zur Festlegung der Detailgenauigkeit

11. Im nächsten Dialogfeld wird definiert, wie detailliert der Informationsgrad der Fehlermeldungen sein soll, die ihre Reise zu Microsoft antreten. Wählen Sie die Option *Detailliert*, ermöglichen Sie den Entwicklern auch einen Einblick in die Umgebung des Systems zum Zeitpunkt des Programmabsturzes. Personalisierte Informationen oder sonstige Daten, die einen Rückschluss auf das Unternehmen oder einen einzelnen Anwender zulassen, sind darin nicht enthalten.

12. Klicken Sie erneut auf die Schaltfläche *Weiter*.

13. Im Dialogfeld aus Abbildung 15.6 geben Sie an, mit welchem Konto das Verzeichnis und die korrespondierende Verzeichnisfreigabe erstellt werden, welches Sie in Abbildung 15.4 definiert haben. In meinem Szenario verfügt das Aktionskonto von System Center 2012 Operations Manager über ausreichend administrative Rechte, sodass ich sowohl die Option *Vorhandenes Benutzerkonto* als auch den Vorschlag *Aktionskonto* unverändert übernehme.

Mit einem Klick auf die Schaltfläche *Weiter* beginnt der Einrichtungs-Assistent mit der Durchführung der angeforderten Maßnahmen. Jetzt wird die Verzeichnisstruktur angelegt, die erforderliche Verzeichnisfreigabe eingerichtet und die benötigten Berechtigungsgruppen *AEMAgent* und *AEMUsers* werden auf dem verwendeten Verwaltungsserver angelegt. Die Verzeichnisfreigabe wird standardmäßig mit der Berechtigung *Vollzugriff* für *Jeder* eingerichtet.

Wenige Augenblicke später wird der Erfolg dieses Tasks in einem weiteren Dialogfeld bestätigt. Noch sind wir allerdings nicht mit der Einrichtung komplett durch, denn bisher fehlt uns die Gruppenrichtlinienvorlage.

Die Clientüberwachung – Funktionsüberblick

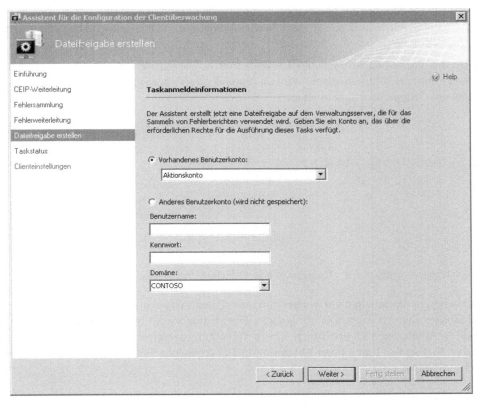

Abbildung 15.6 Definition des Benutzerkontos, welches die Verzeichnisfreigabe einrichtet

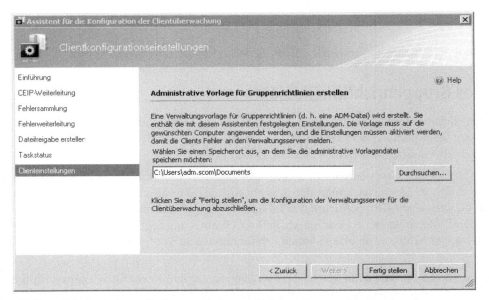

Abbildung 15.7 Der Assistent will wissen, wo die Gruppenrichtlinienvorlage gespeichert werden soll

14. Im letzten Schritt zur Einrichtung der Clientüberwachung schlägt der Assistent den Verzeichnispfad aus Abbildung 15.7 für die Bereitstellung vor. Ändern Sie diesen Pfad nach Belieben und klicken Sie anschließend auf die Schaltfläche *Fertig stellen*.

Das letzte Dialogfeld des Assistenten wird geschlossen. Bitte merken Sie sich den zu verwendenden Pfad für die Speicherung der Gruppenrichtlinienvorlage. Wir benötigen die dort abgelegte Datei vom Dateityp *.adm* für die Bereitstellung der Gruppenrichtlinienvorlage.

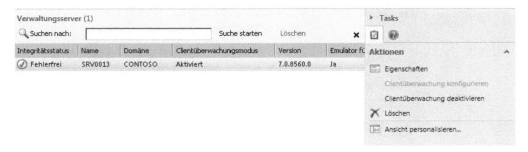

Abbildung 15.8 Nach erfolgreichem Abschluss des Assistenten trägt der Clientüberwachungsmodus den Status *Aktiviert*

Damit sind die notwendigen Vorarbeiten zur Verwendung der Clientüberwachung rund um System Center 2012 Operations Manager abgeschlossen. Die erfolgreiche Einrichtung sorgt für einen Statuswechsel in der Betriebskonsole wie in Abbildung 15.8 ersichtlich. Unser Verwaltungsserver attestiert den aktiven Clientüberwachungsmodus. In dem von Ihnen unter Abbildung 15.4 angegebenen Verzeichnis sind weitere Unterverzeichnisse angelegt worden:

- *Cabs*
- *Counts*
- *PersistedCabs*
- *Status*

Darüber hinaus findet sich in diesem Verzeichnis auch eine Steuerungsdatei namens *policy.txt*.

Einrichten des Gruppenrichtlinienobjekts

Nun müssen wir noch dafür sorgen, dass alle Computerobjekte Ihrer Domäne über diese Veränderung informiert werden. Dazu konfigurieren wir ein neues Gruppenrichtlinienobjekt und weisen es dann der gewünschten Organisationseinheit innerhalb von Active Directory zu.

Sollte Ihnen der Umgang mit Gruppenrichtlinien nicht geläufig sein, konsultieren Sie bitte eine Kollegin oder einen Kollegen, der für Sie die nachfolgenden Schritte ausführt. Zur gleichen Vorgehensweise fordere ich Sie auf, wenn die Pflege von Gruppenrichtlinien im Speziellen oder auch die Konfiguration von Active Directory in der Hand eines anderen Bereichs innerhalb Ihrer IT-Abteilung liegt. Durch eine unsachgemäße Anwendung von Gruppenrichtlinienobjekten können Fehlfunktionen an Computer- und Benutzerobjekten auftreten.

Bevor wir beginnen, sorgen Sie bitte dafür, dass die im vergangenen Abschnitt erstellte Gruppenrichtlinienvorlage auf dem Domänencontroller bereitsteht, welchen wir anschließend für die Erstellung des Gruppenrichtlinienobjekts verwenden werden. Sie können die nachfolgenden Schritte übrigens auch auf jedem anderen Computersystem ausführen, auf dem die Gruppenrichtlinienverwaltungskonsole installiert ist.

1. Melden Sie sich auf Ihrem Domänencontroller an. Verwenden Sie dazu ein Benutzerkonto mit administrativen Rechten auf Domänenebene.
2. Starten Sie die Gruppenrichtlinienverwaltung. Klicken Sie dazu auf *Start* und geben Sie im Suchfeld die Zeichenfolge »gpmc.msc« ein. Im Suchergebnisfeld wird daraufhin der Begriff *gpmc* angezeigt. Klicken Sie auf diesen Eintrag.
3. Öffnen Sie im linken Bereich der Gruppenrichtlinienverwaltungskonsole den Knoten *Gruppenrichtlinienverwaltung/Gesamtstruktur:Name.Ihrer.Domäne/Domänen/Name.Ihrer.Domäne/Gruppenrichtlinienobjekte*.
4. Klicken Sie mit der rechten Maustaste auf *Gruppenrichtlinienobjekte* und selektieren Sie im Kontextmenü den Eintrag *Neu*.

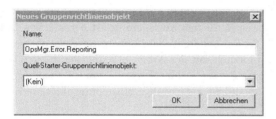

Abbildung 15.9 Festlegen der Bezeichnung des Gruppenrichtlinienobjekts

5. Das Dialogfeld aus Abbildung 15.9 wird angezeigt. Weisen Sie dem neuen Gruppenrichtlinienobjekt einen aussagekräftigen Namen zu. Es empfiehlt sich, die Namensvergabe sehr gut zu planen, da Sie sonst früher oder später den Überblick verlieren werden.
6. Übernehmen Sie den Inhalt des Felds *Quell-Starter-Gruppenrichtlinienobjekt* und bestätigen Sie mit *OK*.

Abbildung 15.10 Das neue Gruppenrichtlinienobjekt steht jetzt zur Konfiguration bereit

Das neue Gruppenrichtlinienobjekt ist damit angelegt und wird in der Gruppenrichtlinienverwaltung unterhalb des Zweigs *Gruppenrichtlinienobjekte* gelistet.

7. Klicken Sie mit der rechten Maustaste auf das neue Gruppenrichtlinienobjekt und selektieren Sie im Kontextmenü den Eintrag *Bearbeiten*. Der Gruppenrichtlinienverwaltungs-Editor wird gestartet.
8. Öffnen Sie im linken Fensterbereich des Gruppenrichtlinienverwaltungs-Editors den Knoten *Computerkonfiguration/Richtlinien/Administrative Vorlagen*.
9. Klicken Sie mit der rechten Maustaste auf *Administrative Vorlagen* und wählen Sie im Kontextmenü den Eintrag *Vorlagen hinzufügen/entfernen* aus. Das gleichnamige Dialogfeld wird angezeigt.

10. Klicken Sie auf die Schaltfläche *Hinzufügen*.
11. Navigieren Sie zur erstellten Vorlagendatei aus dem vorherigen Abschnitt. Die Datei wird vom Betriebssystem normalerweise als ADM-Datei erkannt. Selektieren Sie diese Gruppenrichtlinienvorlagendatei und klicken Sie danach auf *Öffnen*.
12. Die Vorlagendatei wird jetzt im Dialogfeld *Vorlagen hinzufügen/entfernen* angezeigt. Klicken Sie auf die Schaltfläche *Schließen*, da wir an dieser Stelle keine weiteren Vorlagen importieren werden.

Unter den folgenden Strukturen innerhalb des soeben bearbeiteten Gruppenrichtlinienobjekts finden sich nun anpassbare Einstellungen:

- *Computerkonfiguration/Richtlinien/Administrative Vorlagen/System Center 2012 – Operations Manager*
- *Computerkonfiguration/Richtlinien/Administrative Vorlagen/Klassisches administrative Vorlage (ADM)/ Microsoft Applications/System Center Operations Manager (SCOM)* sowie unterhalb dieser Struktur.

Ich empfehle Ihnen, sich mit den zur Verfügung gestellten Einstellmöglichkeiten vertraut zu machen. Schauen Sie sich dazu alle Richtlinieneinstellungen an, die jetzt für den Vorlagenimport bereitstehen. Alle Einstellungen sind im Status *Nicht konfiguriert*. Dadurch ist sichergestellt, dass Ihre vorab vorgenommene Konfiguration durch einen versehentlichen Import nicht plötzlich mit der Arbeit beginnt. Sie müssen deshalb jede einzelne Einstellung explizit aktivieren. Keine Angst, die im letzten Abschnitt von Ihnen angegebenen Werte sind alle noch da und strahlen Ihnen entgegen, sobald Sie die jeweilige Einstellung aktivieren.

Abbildung 15.11 Prüfen Sie alle Einstellungen unterhalb des Knotens *Microsoft Applications*

Aktiveren Sie alle Konfigurationseinstellungen, die Ihnen im Gruppenrichtlinienobjekt unterhalb *Klassische administrative Vorlagen (ADM)/Microsoft Applications* angeboten werden. Klicken Sie dazu doppelt auf die jeweilige Einstellung und selektieren Sie im angezeigten Dialogfeld die Option *Aktiviert*. Sie finden zu jeder Einstellung zusätzlich eine kurze Erklärung in diesem Dialogfeld. Die vorgeschlagenen Werte entsprechen den von Ihnen festgelegten Einstellungen oder werden als optimale Einstellung vorgeschlagen.

Schließen Sie nach der Aktivierung die jeweilige Konfigurationseinstellung und anschließend auch den Gruppenrichtlinienverwaltungs-Editor. Das Gruppenrichtlinienobjekt steht jetzt zur Verteilung bereit.

> **HINWEIS** Bevor wir an die Anwendung des Gruppenrichtlinienobjekts gehen, lassen Sie uns noch schnell dessen Objektstatus anpassen. Wir erreichen dadurch, dass ausschließlich Einstellungen im Computerkonfigurationsbereich der Gruppenrichtlinie angewendet werden, selbst wenn jemand anderes versehentlich Einstellungen im Benutzerkonfigurationsbereich vornimmt.
>
> Klicken Sie dazu mit der rechten Maustaste auf das Gruppenrichtlinienobjekt aus Abbildung 15.10. Wählen Sie im Kontextmenü den Eintrag *Objektstatus/Benutzerkonfigurationseinstellungen deaktiviert* aus.

In diesem Testszenario werden wir das Gruppenrichtlinienobjekt auf oberster Domänenebene anwenden. Das entspricht sicherlich auch einer Vorgehensweise in einer realen Welt. Allerdings gilt auch hier, dass solche nachhaltigen Anpassungen mit den verantwortlichen Kolleginnen und Kollegen besprochen werden müssen. Um das mittlerweile überarbeitete Gruppenrichtlinienobjekt zur Steuerung der Clientüberwachung anzuwenden, gehen Sie wie folgt vor:

1. Klicken Sie in der Gruppenrichtlinienverwaltungskonsole mit der rechten Maustaste auf den Domänennamen unterhalb des Knotens *Gruppenrichtlinienverwaltung/Gesamtstruktur:Name.Ihrer. Domäne/Domänen*.
2. Wählen Sie im Kontextmenü den Eintrag *Vorhandenes Gruppenrichtlinienobjekt verknüpfen* aus.

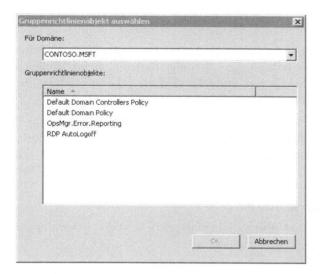

Abbildung 15.12 Die Auswahl des gewünschten Gruppenrichtlinienobjekts

3. Das Dialogfeld aus Abbildung 15.12 wird angezeigt. Selektieren Sie das gewünschte Gruppenrichtlinienobjekt. In meinem Beispiel ist das der Eintrag *Opsmgr.Error.Reporting*. Bestätigen Sie anschließend mit OK.

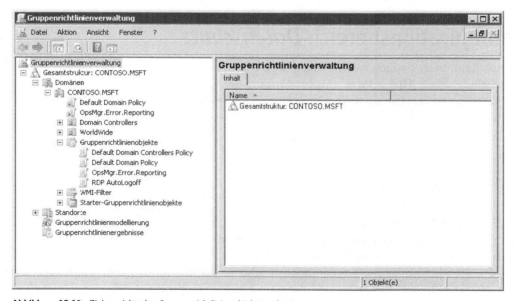

Abbildung 15.13 Ziel erreicht: das Gruppenrichtlinienobjekt ist aktiv

Damit ist die Aufgabe erfüllt und die Einstellungen zur Clientüberwachung sind domänenweit bekannt. Jetzt müssen wir nur noch auf die periodische Aktualisierung der Gruppenrichtlinieneinstellungen der Computersysteme in Ihrer Domäne warten. Ideal wäre, wenn all die Mühe umsonst gewesen ist, weil es in Ihrer Umgebung niemals zu Applikationsabstürzen kommt.

Was Sie noch beachten sollten

Die Clientüberwachung ist ohne Frage eine Bereicherung, um die Transparenz gegenüber Programmabstürzen zu erhöhen. Zur Anwendung wird außer einem ordnungsgemäß konfigurierten Gruppenrichtlinienobjekt nichts benötigt. Es gibt allerdings einige Einschränkungen und Besonderheiten, die Sie bei der Vorbereitung zur Implementierung kennen und berücksichtigen sollten:

- In die Clientüberwachung lassen sich Mitglieder der Domäne integrieren, in der System Center 2012 Operations Manager selbst betrieben wird. Integrierbar sind darüber hinaus Computersysteme von Domänen, die über eine gegenseitige Vertrauensstellung mit der Domäne verbunden sind, in der System Center 2012 Operations Manager läuft. Systeme hinter einem System Center 2012 Operations Manager-Gateway lassen sich nicht in dieses Konzept aufnehmen.

- Für größere Infrastrukturen gelten folgende kapazitive Obergrenzen:
    - Werden mehr als 6.000 Computer in die Clientüberwachung integriert, wird die Verwendung einer separaten Verwaltungsgruppe empfohlen
    - Verwenden Sie in produktiven Umgebungen einen oder mehrere dedizierte Verwaltungsserver
    - Ein Verwaltungsserver kann bis zu 25.000 Systeme in Sachen Clientüberwachung verwalten
    - Eine Verwaltungsgruppe kann bis zu 100.000 Systeme in Sachen Clientüberwachung verwalten

    Die Vorgaben beruhen auf Annahmen von einem bis zwei Applikationsabstürzen pro Tag.

Der Konfigurationsbereich *Datenschutz*

Im zweiten Abschnitt dieses Kapitels will ich Ihnen noch einen kurzen Überblick über den Konfigurationsbereich Datenschutz geben. Hier geht es um den Umgang der Nutzungsinformationen rund um System Center 2012 Operations Manager und um Fehlermeldungen, die währenddessen generiert wurden. Folgende Einstellmöglichkeiten stehen Ihnen als Kunde in diesem Zusammenhang zur Verfügung:

- Programm zur Verbesserung der Benutzerfreundlichkeit
- Bericht für operative Daten
- Fehlerberichterstattung
- Fehlerübertragung

Alle, die immer noch glauben, Big Brother komme aus Redmond, kann ich an dieser Stelle beruhigen. Sämtliche im Nachgang kurz vorgestellten Einstellungen sind standardmäßig deaktiviert. Solange Sie nicht selbst Hand anlegen, herrscht Stille auf diesem Kommunikationskanal. Um daran etwas zu ändern, bedarf es der Verwendung der Betriebskonsole. Die Konfigurationsmöglichkeiten sind relativ gut versteckt im Navigationsbereich unter *Verwaltung/Einstellungen* und dann im Ergebnisbereich unter *Allgemein/Datenschutz* zu finden. Mit einem Doppelklick öffnet sich das Dialogfeld zur Einstellungen des Datenschutzes.

Programm zur Verbesserung der Benutzerfreundlichkeit

Mit Ihrer Zustimmung zur Teilnahme an dieser Kampagne übermitteln Sie Informationen über das Nutzungsverhalten der Betriebskonsole in Ihrem Unternehmen an Microsoft. Diese Informationen werden – wie alle anderen nachfolgenden Datenschutzprogramme auch – tatsächlich von den Entwicklerteams ausgewertet.

Dadurch sind Rückschlüsse über die Verwendung einzelner Funktionen von System Center 2012 Operations Manager möglich. Diese Daten fließen wiederum in die Entwicklung der nächsten Softwaregeneration mit ein.

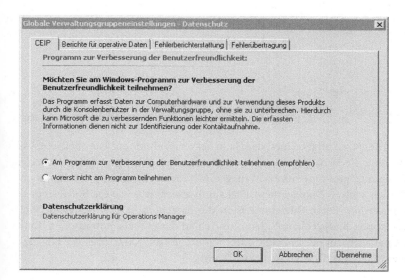

Abbildung 15.14 Informationen und Einstellmöglichkeiten für das Programm zur Verbesserung der Benutzerfreundlichkeit

Die Einstellmöglichkeiten dieser Umfrage sind übersichtlich, wie die Abbildung 15.14 verdeutlicht. Selektieren Sie die obere der beiden verfügbaren Optionen, werden über den HTTP-Datenkanal statistische Informationen über das Nutzungsverhalten der Betriebskonsole versendet. Aus der Menge der Informationen leitet die Entwicklungsabteilung mögliche Veränderungen im Aufbau der Betriebskonsole und in der Anordnung der darin enthaltenen Elemente ab.

Bericht für operative Daten

Etwas konkreter in Sachen übermittelter Informationen wird es in diesem Themenbereich. Die Berichterstattung operativer Daten teilt den Entwicklern nach Ihrer Einwilligung mit, womit sich Ihre System Center 2012 Operations Manager-Infrastruktur den lieben langen Tag beschäftigen muss. Dazu wird in regelmäßigen Abständen ein Bericht über die installierten Management Packs erstellt und an Microsoft versendet.

Dieses Feedback ist nicht nur für die Entwicklungsabteilung von System Center 2012 Operations Manager von extremem Interesse. Auf diese Weise erhält Microsoft auch ein Bild über die überwachten Umgebungen. Das lässt sich aus der Konstellation der installierten Management Packs ableiten. Mit diesen Informationen bewaffnet argumentiert es sich bei den Programmierkollegen erheblich einfacher, wenn es um die Weiterentwicklung von Management Packs für bestimmte Produkte geht.

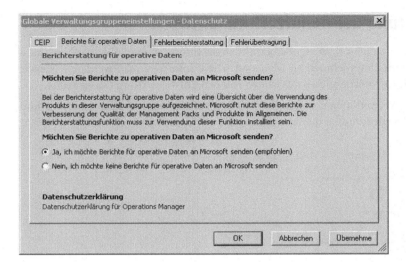

Abbildung 15.15 Die Einstellmöglichkeiten für die Berichterstattung der operativen Daten

Bill Gates hatte bereits während seiner Dienstzeit angeordnet, dass kein Serverprodukt und kein Betriebssystem mehr veröffentlicht werden darf ohne die Verfügbarkeit eines korrespondierenden Management Packs für die jeweils aktuelle Version von System Center Operations Manager. Mit dieser Anweisung tut sich manches Entwicklerteam heute noch sichtlich schwer. Management Packs müssen ebenso wie die Softwareprodukte selbst entwickelt und validiert werden. Diese Prozesse kosten die einzelnen Teams viel Geld. Wer glaubt, dass man in Redmond keine knappen Budgets kennt, den muss ich an dieser Stelle enttäuschen. Entsprechend wichtig ist es dem Produktmanagement der System Center Suite, Informationen über die Einsatzszenarien weltweit zu erhalten. Anonymer als auf diese Weise geht es kaum.

Fehlerberichterstattung

Mit der Aktivierung der Fehlerberichterstattung erlauben Sie die Übermittlung von Fehlerberichten rund um die Komponenten Verwaltungsserver, Gatewayserver und Clientkomponenten. Darin nicht enthalten sind eventuell aufgetretene Fehler rund um die Themenbereiche Betriebskonsole, Webkonsole oder die Berichterstattung.

Während der Installation der Datenbankkomponente von System Center 2012 Operations Manager wurden Sie bereits nach Ihrer Bereitschaft zur Teilnahme an diesem Feedbackprogramm befragt. Wie auch immer Sie sich damals entschieden haben, die gleichnamig Registerkarte aus Abbildung 15.16 hält Ihnen den Spiegel über Ihre diesbezügliche Entscheidung vor die Nase.

Beachten Sie bitte, dass eine Konfigurationsänderung im Dialogfeld *Datenschutz* nur dafür sorgt, dass der Datentransfer erlaubt ist. Der Überwachungsprozess selbst ist damit noch nicht aktiv. Um diesen zu starten, müssen Sie weitere Arbeitsschritte ausführen, die sich je nach überwachter Komponente unterscheiden.

Der Konfigurationsbereich Datenschutz

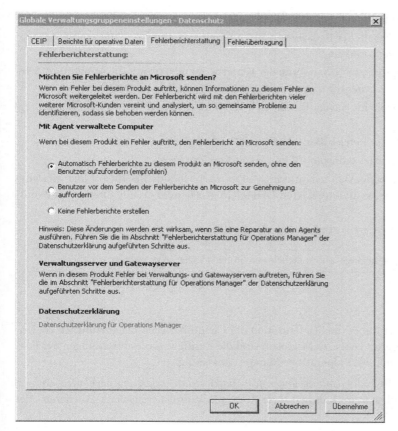

Abbildung 15.16 Die Einstellmöglichkeiten der Fehlerberichterstattung

Aktivieren der Fehlerberichterstattung auf einem Verwaltungs- oder Gatewayserver

Melden Sie sich zunächst mit einem administrativen Benutzerkonto auf dem gewünschten Komponentenserver an und führen Sie die folgenden Schritte durch:

1. Starten Sie den Registrierungs-Editor. Klicken Sie dazu auf *Start*. Geben Sie anschließend im Suchfeld den Begriff »regedit« ein. Im Suchergebnis wird der Begriff mit dem Symbol des Registrierungs-Editors angezeigt.
2. Klicken Sie auf den Eintrag im Suchergebnisbereich. Bestätigen Sie gegebenenfalls die Warnmeldung der Benutzerkontensteuerung. Der Registrierungs-Editor wird gestartet.
3. Navigieren Sie im linken Fensterbereich der Administrationskonsole zum Schlüssel *HKEY_LOCAL_MACHINE/SYSTEM/CurrentControlSet/Services/HealthService/Parameters*.
4. Klicken Sie im rechten Fensterbereich doppelt auf den Eintrag *Error Reports Enabled*. Das zugehörige Dialogfeld wird geöffnet.
5. Ändern Sie den Wert von 0 auf 1. Bestätigen Sie das Dialogfeld anschließend.
6. Wünschen Sie, dass Sie vor der Versendung der Fehlerberichtdaten zu Microsoft um Genehmigung gefragt werden, führen Sie folgende zusätzliche Anpassung durch:
   Klicken Sie im gleichen Bereich auf den Eintrag *Queue Error Reports*. Ändern Sie auch hier den Wert von 0 auf 1 und schließen Sie danach das Dialogfeld.

Aktivieren der Fehlerberichterstattung auf verwalteten Agents

Die folgenden Schritte führen Sie innerhalb der Betriebskonsole von System Center 2012 Operations Manager mit einem administrativen Benutzerkonto aus:

1. Selektieren Sie die gewünschte Option zur Behandlung der Fehlerberichterstattung aus Abbildung 15.16. Schließen Sie danach das Dialogfeld *Datenschutz*.
2. Navigieren Sie in der Betriebskonsole im Navigationsbereich *Verwaltung* zum Knoten *Geräteverwaltung/ Verwalteter Agent*.
3. Markieren Sie im Ergebnisbereich der Betriebskonsole die gewünschten Systeme.
4. Klicken Sie im *Tasks*-Bereich der Betriebskonsole auf den Hyperlink *Reparieren*.

   Sofern das standardmäßig vorgegebene Aktionskonto nicht über ausreichende Rechte auf den verwalteten Systemen verfügt, geben Sie im darauf angezeigten Dialogfeld gegebenenfalls ein alternatives Benutzerkonto an.
5. Klicken Sie auf die Schaltfläche *Reparieren*, um den Prozess auszulösen.

> **HINWEIS** Leider ist es nicht möglich, diese Einstellungen mithilfe von Gruppenrichtlinien zu verteilen.

Fehlerübertragung

Zu Beginn dieses Kapitels haben wir uns über die Konfiguration der Clientüberwachung ausführlich Gedanken gemacht. Für die Übermittlung dieser Daten zu Microsoft sind die Konfigurationseinstellungen der Fehlerübertragung innerhalb System Center 2012 Operations Manager zuständig.

Nach der Aktivierung des Kontrollkästchens *Anforderungen für Diagnosedatenerfassung hochladen* können Sie den Umfang der übermittelbaren Daten im Rahmen Ihrer Kommunikationsbereitschaft reduzieren oder erweitern.

Tritt ein Programmabsturz beispielsweise aufgrund eines Aktualisierungsfehlers auf 100 % Ihrer Computersysteme auf, ist eine Übermittlung aller eingesammelten Fehlerberichte nicht sinnvoll. Für solche Situationen wurde die Möglichkeit geschaffen, die *Höchstzahl der pro Fehlergruppe an Microsoft zu sendenden CAB-Dateien* auf eine maximale Obergrenze zu begrenzen.

Der Konfigurationsbereich Datenschutz

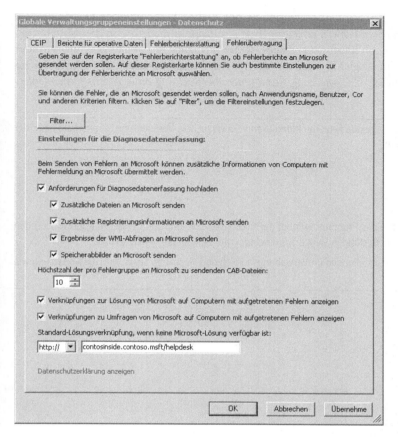

Abbildung 15.17 Die Einstellmöglichkeiten für die Fehlerübertragung

Zusätzlich können Sie mithilfe der *Filter*-Schaltfläche (siehe Abbildung 15.17) eine Einschränkung auf Vorkommnisse im Kontext von beispielsweise bestimmten Benutzern, Computern und Anwendungen vornehmen. Die Einstellmöglichkeit ist intuitiv und mithilfe des in Abbildung 15.18 gezeigten Dialogfelds leicht einzurichten.

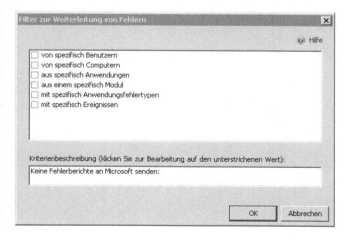

Abbildung 15.18 Die Möglichkeit zur Einschränkung der Fehlerweiterleitung auf individuelle Filtervorgaben

Recht interessant finde ich in diesem Zusammenhang das Kontrollkästchen *Verknüpfungen zur Lösung von Microsoft auf Computern mit aufgetretenen Fehlern anzeigen*. Tritt ein Programmabsturz in den Mittelpunkt unseres IT-Lebens, prüft diese Routine, ob hierfür bereits ein Hotfix verfügbar ist. Ist dies der Fall, wird der Hyperlink zum Hotfix nach erfolgtem Abgleich direkt in der Betriebskonsole angezeigt. Sie finden diese interaktiven Rückmeldungen im Bereich *Überwachung/Ausnahmenüberwachung ohne Agents/Systemfehlergruppenansicht*.

> **TIPP** Womöglich erhalten Sie die folgende Fehlermeldung, wenn Sie versuchen, Veränderungen innerhalb einer der oben gezeigten Registerkarten vorzunehmen:
>
> *Requested registry access is not allowed.*
>
> In diesem Fall gehen Sie wie folgt vor:
>
> 1. Schließen Sie die Betriebskonsole.
> 2. Klicken Sie mit der rechten Maustaste auf das Programmsymbol der Betriebskonsole und wählen Sie im Kontextmenü den Menüeintrag *Als Administrator ausführen*. Bestätigen Sie die Warnmeldung der Benutzerkontensteuerung.
>
> Navigieren Sie in der Betriebskonsole zu den Einstellungen im Verwaltungsbereich und versuchen Sie erneut, die Anpassung wie gewünscht vorzunehmen.

Teil C

Optionen und Erweiterungen

In diesem Teil:

Kapitel 16	Überwachungssammeldienste	449
Kapitel 17	Lizenzierung	469
Kapitel 18	Zusatzfunktionen	479

Kapitel 16

Überwachungssammeldienste

In diesem Kapitel:

Planungsschritte vor der Implementierung	450
Installation der Überwachungssammeldienste	456
Bereitstellen der Audit-Berichte	464
Aktivieren der Überwachung auf Clientseite	466
Anpassen der Datensammlung	467

In diesem Kapitel kümmern wir uns um die Installation und Einrichtung der Überwachungssammeldienste. Dabei handelt es sich um eine separat zu installierende Komponente. Diese gehört nicht zu den Kernfunktionen von System Center 2012 Operations Manager. Die Steuerungsmöglichkeiten zur Aktivierung beziehungsweise Deaktivierung dieses Diensts sind allerdings in die Betriebskonsole integriert. Bevor wir uns um die Durchführung der Installation kümmern, werfen wir erst noch einen Blick auf die notwendigen Vorbereitungen:

- Planungsschritte vor der Implementierung
- Durchführen der Installation
- Aktivieren der Überwachung auf Clientseite

Planungsschritte vor der Implementierung

Im Grunde ist das Konzept der Überwachungssammeldienste von System Center 2012 Operations Manager ganz einfach. Nach Installation der Serverkomponenten und anschließender Aktivierung auf den zu überwachenden Systemen sammelt der Agent alle Sicherheitsereignisse dieses Servers oder auch Clientcomputers ein und sendet sie zu einem zentralen Sammelpunkt. Dieser wiederum hat die Aufgabe, die eintreffenden Ereignisse an eine SQL Server-Datenbank weiterzuleiten, wo sie bis zum Ende der eingestellten Aufbewahrungsfrist gespeichert bleiben.

Zugriff auf die Daten erhält der autorisierte Interessent durch die Einrichtung von SQL Server Reporting Services. Sie erlauben die Bereitstellung der zur Verfügung gestellten Auswertungen. Auch eigene Auswertungen können erstellt werden.

Im aktuellen Abschnitt beschäftigen wir uns mit den vorbereitenden Maßnahmen und der Vermittlung wichtiger Begrifflichkeiten. Das erleichtert die Einordnung der einzelnen Funktionen im weiteren Verlauf des Kapitels und insbesondere bei der Installation und Konfiguration der Überwachungssammeldienste. Darüber hinaus besprechen wir die Möglichkeiten zur Integration von Serversystemen aus dem UNIX- und Linux-Bereich. Bevor wird dann mit der Installation der Serverkomponenten beginnen, werfen wir noch einen Blick auf die ebenfalls notwendigen Vorbereitungen innerhalb der Domäneninfrastruktur. Hier gilt es nämlich, Gruppenrichtlinienobjekte zu konfigurieren, damit die zu überwachenden Serversysteme tatsächlich auch mit der Protokollierung der sicherheitsrelevanten Informationen beginnen.

Terminologie

In Abbildung 16.1 erhalten Sie einen ersten Eindruck über das Zusammenspiel der Protagonisten. Um eine gemeinsame Sprache beim Umgang mit den Komponenten zu ermöglichen, kümmern wir uns an dieser Stelle erst einmal um die Begriffsdefinitionen und damit die Vorstellung der folgenden Komponenten:

- Überwachungsweiterleitung
- Überwachungssammlung
- Überwachungsdatenbank

Über dem gesamten Konzept thront die Betriebskonsole von System Center 2012 Operations Manager. Sie erlaubt die spätere Steuerung und Überwachung dieses Systems, kümmert sich allerdings nicht um die Verteilung der Clientkomponente auf die Serversysteme. Der erforderliche Windows-Dienst wurde bereits mit der Installation des Agents von System Center 2012 Operations Manager bereitgestellt. In der Diensteverwaltung der Serversysteme findet sich der Eintrag *System Center-Überwachungsweiterleitung*. Dieser Dienst ist standardmäßig deaktiviert. Von einer Aktivierung über die Diensteverwaltungskonsole Ihrer Server sollten Sie absehen. Genau darum kümmert sich die Betriebskonsole nach erfolgreicher Einrichtung der Serverkomponenten.

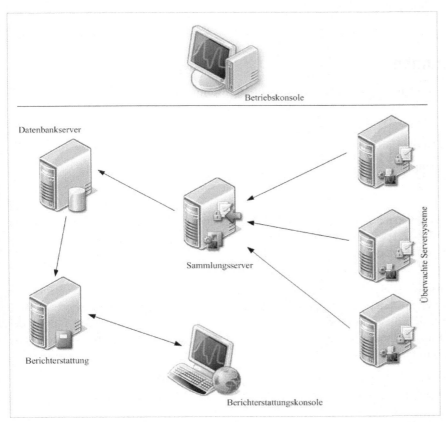

Abbildung 16.1 Das Zusammenspiel der Systeme nach Aktivierung der Überwachungssammeldienste

Die Überwachungssammlung ist das Zentralorgan der Überwachungssammeldienste. Der Server, welche diese Rolle bereitstellt, wird von überwachten Systemen als Abladestelle der weitergeleiteten Sicherheitsereignisprotokolle genutzt. Belässt man die Konfiguration des Sammlungsservers bei den Standardvorgaben, leitet dieser die konsolidierten Belege ungefiltert in die eigens für diese Aufgabe erstellte Überwachungsdatenbank auf einem SQL Server weiter. Je nach Anzahl der überwachten Serversysteme kann auf dieser Datenautobahn mehr Verkehr als Freitagnachmittag am Kölner Ring herrschen. Für große Infrastrukturen empfiehlt Microsoft die Einrichtung von zwei oder mehr Sammlungsservern sowie einer korrespondierenden Anzahl von Datenbanken.

Die Visualisierung der Daten erfolgt dann mithilfe eines Berichterstattungsservers. Im Verlauf des Installationsprozesses werden wir auch für die Nutzung der separat bereitgestellten Berichte sorgen. In diesem Kontext wird auch das Datenzugriffsmodell bereitgestellt. Die Darstellung der Berichte erfolgt dann via Webkonsole auf Rechnersystemen mit unterstütztem Internet Browser.

> **HINWEIS** Die Überwachungsdatenbank kann je nach Anzahl von Überwachungsweiterleitungsservern und Konfiguration der Überwachungsrichtlinien extrem schnell anwachsen. Sie sollten sich deshalb vor einer Einrichtung erst mit den Konfigurationsmöglichkeiten vertraut machen. Erfahrungsgemäß sind 90 % der standardmäßig eingesammelten Sicherheitsereignisse im Rahmen eines Audits nicht verwertbar. Es empfiehlt sich deshalb, gleich von vorneherein auf die Erfassung dieser überflüssigen Datenmenge zu verzichten.

Systemvoraussetzungen

Die Komponenten der Überwachungssammeldienste erfordern bestimmte Gegebenheiten für eine erfolgreiche Installation und einen reibungslosen Betrieb. Folgende Themenbereiche gibt es in diesem Zusammenhang zu beachten:

- Mindestanforderungen an die Hardware
- Besondere Sicherheitsbelange

Mindestanforderungen

Die technischen Mindestanforderungen werden bei keinem Administrator einen Herzinfarkt auslösen. Dies gilt zumindest für die beiden Rollen Überwachungsweiterleitung und Überwachungssammlung. Spätestens bei der Dimensionierung des Datenbankservers muss unbedingt eine Voranalyse des zu erwartenden Datenaufkommens vorgenommen werden. Folgende Anforderungen gilt es jeweils zu beachten:

- **Überwachungsweiterleitung** Dieser Dienst wird – wie bereits erwähnt – im Rahmen der Installation der Clientkomponente von System Center 2012 Operations Manager installiert, aber nicht aktiviert. Mithilfe der Betriebskonsole lässt sich diese Aufgabe erledigen. Die Systemvoraussetzungen für den Einsatz der Überwachungsweiterleitung sind somit deckungsgleich mit den Anforderungen der Clientkomponente von System Center 2012 Operations Manager.

- **Überwachungssammlung** Diese Rolle muss auf einem Serversystem installiert werden, welches auch als Verwaltungsserver für System Center 2012 Operations Manager konfiguriert ist. Die folgenden technischen Mindestanforderungen sollten schon allein deshalb eingehalten werden:
  - Der Server muss Mitglied einer Active Directory-Domäne sein
  - Verfügbarer Hauptspeicher mindestens 1 Gigabyte (GB), empfohlen werden 2 GB oder mehr
  - Taktrate des verwendeten Prozessors mindestens 1,8 Gigahertz (GHz), empfohlen werden 2,8 GHz oder höher
  - Verfügbarer Plattenplatz mindestens 10 GB, empfohlen werden 50 GB oder mehr

- **Überwachungsdatenbank** In der Überwachungsdatenbank werden alle Sicherheitsereignisse der überwachten Systeme gespeichert. Technisch spricht nichts gegen einen Betrieb des Datenbankservers und des Überwachungssammlungsservers auf einer Plattform. Microsoft empfiehlt jedoch zu Recht die Trennung dieser beiden Rollen auf unterschiedliche Serversysteme. Folgende Anforderungen muss der Überwachungsdatenbankserver hinsichtlich Hard- und Software vorweisen können:
  - Microsoft SQL Server 2005 oder SQL Server 2008 sowie SQL Server 2008 R2. Im Rahmen der Lizenzierung der System Center-Familie erlaubt Microsoft den kostenlosen Einsatz von SQL Server 2008. Einzige Bedingung: Er darf nur und ausschließlich zur Speicherung der Daten der System Center-Welt verwendet werden. Leider bezieht sich dieses vermeintlich großzügige Nutzungsrecht nur auf die Standard-

Edition. Diese hat jedoch eklatante Nachteile bei der Verwendung als Überwachungssammeldatenbank. Während des Backups hält die Standard-Edition die Datenverarbeitung an. Bei einem Audit-System, welches von einer Echtzeitdatenverarbeitung abhängig ist, sorgt diese Einschränkung für Verdruss bei den Datenbankadministratoren. Microsoft empfiehlt deshalb die Verwendung der Enterprise-Edition für diese Aufgabe. Leider gibt es diese Version jedoch nicht kostenlos (ganz im Gegenteil).

- Verfügbarer Hauptspeicher mindestens 1 GB, empfohlen werden auch hier 2 GB oder mehr.
- Taktrate des verwendeten Prozessors mindestens 1,8 GHz, empfohlen werden 2,8 GHz oder höher.
- Verfügbarer Plattenplatz mindestens 20 GB, empfohlen werden 100 GB und mehr.

Besondere Sicherheitsbelange

Eine gegenseitige Vertrauensstellung zwischen den beteiligten Serverrollen ist zwingend. Der Datenverkehr zwischen den überwachten Systemen (Überwachungsweiterleitung) und der zentralen Serverkomponente Überwachungssammlung läuft verschlüsselt ab. Das wird erreicht durch die Verwendung von Kerberos-authentifizierung, was wiederum implizit bei Active Directory-Domänen und darauf aufbauenden Vertrauensstellungen vorhanden ist.

Beim Datenverkehr zwischen Überwachungssammlungsserver und Überwachungsdatenbankserver sieht das Konzept standardmäßig keine Verschlüsselung vor. Um hier ebenfalls einen sicheren Kanal einrichten zu können, müssen Sie Zertifikate sowohl auf Überwachungssammlungsservern als auch auf Überwachungsdatenbankservern installieren.

Integration von UNIX/Linux

Mit System Center 2012 Operations Manager ist nun auch die Nutzung der Sicherheitsprotokolle von UNIX und Linux-Systemen möglich. Es gibt allerdings einige Punkte zu beachten, damit sich diese Integration auch wirklich realisieren lässt:

- Auf jedem UNIX- und Linux-System, welches in die Überwachung integriert werden soll, muss die betriebssystemspezifische Clientkomponente von System Center 2012 Operations Manager installiert sein
- Die spezifischen Cross Platform Audit Control Services Management Packs müssen in System Center 2012 Operations Manager importiert sein. Geben Sie dazu einfach den Suchbegriff »ACS« im Dialogfeld für den Import von Management Packs ein und klicken Sie danach auf die Schaltfläche *Suchen*.
- Das Zusatzmodul zur Überwachung von UNIX- und Linux-Systemen muss auf dem verwendeten Überwachungssammlungsserver installiert sein

Die plattformübergreifende Überwachung sicherheitsrelevanter Ereignisse ist für die folgenden Betriebssystemplattformen verwendbar:

- AIX 5.3 (Power) und 6.1 (Power)
- HP-UX 11iv2 (für PA-RISC und IA64) sowie 11iv3 (ebenfalls für PA-RISC und IA64)
- Red Hat Enterprise Server Version 4 und 5 (jeweils x86 und x64)
- Solaris 8 und 9 (SPARC) sowie 10 (SPARC und x86-Versionen jünger als 120012-14)
- SUSE Linux Enterprise Server 9 (x86), 10.1 (x86 und x64) sowie 11

Konfiguration der Überwachungseinstellungen

Welche sicherheitsrelevanten Ereignisse protokolliert werden, lässt sich am effizientesten über Gruppenrichtlinienobjekte innerhalb der Domäneninfrastruktur regeln. Die relevanten Einstellungen sind eher eine Fleißarbeit und in wenigen Augenblicken konfiguriert. Bevor ich Sie jedoch an die relevanten Gruppenrichtlinienobjekte heran führe, müssen wir über Ihre Ziele im Kontexte dieser Funktionalität nachdenken. Mit anderen Worten: Was wollen Sie mit der Protokollierung sicherheitsrelevanter Ereignisse erreichen?

Eine Antwort auf diese Frage liefern in der Regel Innenrevisionsabteilungen oder aber auch Wirtschaftsprüfer. Die meisten mir bekannten Unternehmen sind glücklich mit der Möglichkeit, gescheiterte Anmeldeversuche sowie Veränderungen an Active Directory-Objekten nachvollziehen zu können. In einem größeren Bankinstitut reichte das bei weitem nicht aus. Dort wurde die lückenlose Protokollierung aller veränderlichen direkten Zugriffe auf Datenbankebene des ERP-Systems gefordert. Man wollte verhindern, dass ein Datenbankadministrator an den regulären Erfassungsmasken der Anwendung vorbei am Zahlenwerk in den Datenbanktabellen direkt manipuliert.

SQL Server 2008 ist für diese Anforderung vorbereitet. Entsprechend konfiguriert, schreibt das Datenbanksystem von Microsoft die festgestellten Ereignisse in das Ereignisprotokoll auf Betriebssystemebene. Von dort befördert sich die Überwachungsweiterleitung in Richtung Überwachungsdatenbank.

Seit Windows Server 2008 R2 können Sie mithilfe von Gruppenrichtlinienobjekten sogenannte erweiterte Überwachungsrichtlinien definieren. Diese Konfiguration stellt keine Ergänzung, sondern eine Alternative zu den normalen Überwachungsrichtlinieneinstellungen dar. Die Aktivierung beider Möglichkeiten innerhalb einer Domäne zur gleichen Zeit sollte nicht geschehen. Das Konzept ist für die Betriebssysteme Windows 7 und Windows Server 2008 R2 vorgesehen. Beabsichtigen Sie, Systeme zu überwachen, welche mit älteren Betriebssystemversionen ausgestattet sind, können die erweiterten Überwachungsrichtlinien generell nicht zur Anwendung gelangen.

Werfen wir einen Blick auf die Einstellmöglichkeiten der beiden alternativen Konzepte. Wir verwenden hierfür den Gruppenrichtlinienverwaltungs-Editor des Domänencontrollers und greifen auf das Gruppenrichtlinienobjekt *Default Domain Controllers Policy* zu.

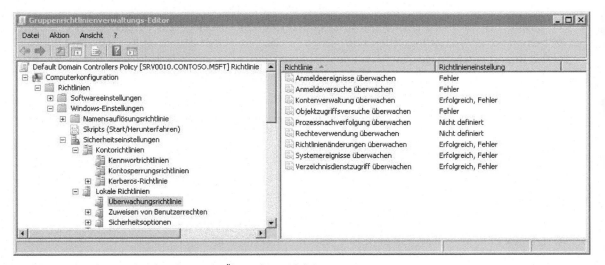

Abbildung 16.2 Oft verwendete Einstellungen der Überwachungsrichtlinien

Dieses Gruppenrichtlinienobjekt beeinflusst – wie der Name schon erahnen lässt – standardmäßig das Verhalten der Domänencontroller innerhalb einer Domäne. Die relevanten Einstellungen finden Sie an folgender Stelle: *Computerkonfiguration/Richtlinien/Windows-Einstellungen/Sicherheitseinstellungen/Lokale Richtlinien/Überwachungsrichtlinie* (Abbildung 16.2). Im rechten Fensterbereich sind die verfügbaren Richtlinien konfigurierbar aufgelistet. Die Einstellungen aus Abbildung 16.2 sind lediglich Vorschläge, wie sie in vielen Unternehmen angewendet werden. Selbstverständlich entscheiden Sie selbst, welche Vorkommnisse protokolliert werden sollen. Bedenken sollten Sie allerdings auch, dass die Aktivierung aller Richtlinien in diesem Bereich mit an Sicherheit grenzender Wahrscheinlichkeit zur Überflutung des Ereignisprotokolls auf den überwachten Servern führen wird.

Das im aktuellen Beispiel verwendete Gruppenrichtlinienobjekt sorgt für eine Anpassung der Einstellungen auf den Domänencontrollern. Wenn sich die Sicherheitsprotokollierungseinstellungen auch auf andere Server oder Clientcomputer auswirken soll, müssen andere Gruppenrichtlinienobjekte angepasst werden.

TIPP Führen Sie die oben gezeigten Einstellungen im Objekt *Default Domain Policy* durch, sind die Überwachungseinstellungen auf allen Computersystemen ihrer Domäne aktiviert. In den meisten Fällen ist diese Vorgehensweise zu viel des Guten, da erfahrungsgemäß maximal Serversysteme überwacht werden sollen.

Es empfiehlt sich deshalb, eigene Gruppenrichtlinienobjekte anzulegen, die Einstellungen dort vorzunehmen und diese individuell auf die gewünschten Organisationseinheiten anzuwenden.

Von einer testweisen Anpassung dieser Gruppenrichtlinie in einer produktiven Umgebung rate ich ab. Bitte sprechen Sie jede Änderung an diesen Gruppenrichtlinienobjekten mit dem verantwortlichen Kollegen ab. Eine Fehlkonfiguration kann in Kombination mit einer dadurch erzeugten hohen Datenmenge erheblichen Netzwerkverkehr auslösen.

Exaktere Steuerungsmechanismen in Sachen Sicherheitsüberwachung bietet die sogenannte erweiterte Überwachungsrichtlinienkonfiguration. Die Einstellungen werden ebenso wie bei der vorherigen Variante mithilfe des Gruppenrichtlinienverwaltungs-Editors erledigt. Zu finden sind die Einstellungen im Gruppenrichtlinienobjekt Ihrer Wahl unter *Computerkonfiguration/Richtlinien/Windows-Einstellungen/Sicherheitseinstellungen/ Erweiterte Überwachungsrichtlinienkonfiguration/Überwachungsrichtlinie*. Im aktuellen Beispiel aus Abbildung 16.3 habe ich zur Abwechslung das Gruppenrichtlinienobjekt *Default Domain Policy* verwendet. Auch hier gilt die gleiche Empfehlung wie beim vorangegangenen Beispiel: Nutzen Sie eigene Gruppenrichtlinienobjekte und wenden Sie die Konfiguration gezielt auf Container und Organisationseinheiten Ihrer Infrastruktur an.

WICHTIG Verwenden Sie die normalen Überwachungsrichtlinien nicht in Kombination mit der erweiterten Überwachungsrichtlinienkonfiguration. Microsoft legt auf diesen Hinweis großen Wert und warnt bei Nichtbeachtung vor unerwarteten Verhaltensweisen der überwachten Systeme.

Um sicherzustellen, dass die erweiterte Überwachungsrichtlinienkonfiguration immer die Oberhand über eine versehentlich konfigurierte konventionelle Überwachungsrichtlinie behält, aktivieren Sie die Sicherheitsoptionseinstellung *Überschreiben der Einstellungen für Kategorie-Überwachungsrichtlinien durch die Einstellungen für Unterkategorie-Überwachungsrichtlinien (Windows Vista oder höher) erzwingen*. Sie finden diese Richtlinie in Ihrem Gruppenrichtlinienobjekt unter *Computerkonfiguration/Richtlinien/Windows-Einstellungen/Sicherheitseinstellungen/Lokale Richtlinien/Sicherheitsoptionen*.

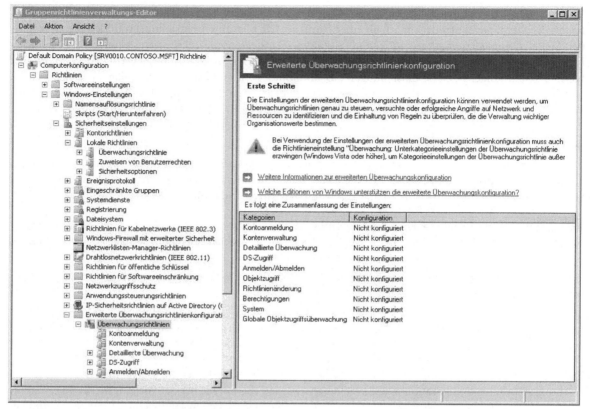

Abbildung 16.3 Die erweiterte Überwachungsrichtlinienkonfiguration

Installation der Überwachungssammeldienste

Jetzt kümmern wir uns um die Einrichtung der Überwachungssammeldienste. Wie bereits bei der Vorstellung der Systemvoraussetzungen etwas weiter vorne in diesem Kapitel angesprochen, muss die Rolle des Sammlungsservers auf einem System installiert werden, der zugleich auch als Verwaltungsserver Ihrer Operations Manager-Verwaltungsgruppe verwendet wird. Die hierfür notwendigen Installationsschritte setze ich als gegeben voraus.

Alle hierfür notwendigen Schritte sind in Kapitel 12 beschrieben. Dort finden Sie auch die Beschreibung zur Installation von SQL Server Reporting Services, die wir für die spätere Berichterstattung der Überwachungssammeldienste ebenfalls benötigen. Ich empfehle Ihnen, eine separate Instanz für die Berichterstattung zu installieren. Einige Kollegen haben in der Vergangenheit darauf verzichtet und die Berichterstattung von System Center 2012 Operations Manager mit der Berichterstattung der Überwachungssammeldienste fusioniert.

Technisch ist das möglich, wenngleich die Sicherheitseinstellungen der Berichterstattung durch die Bereitstellung der Überwachungsberichte von System Center 2012 Operations Manager überschrieben werden. Sicherheitstechnisch ist diese Vorgehensweise ebenfalls eher der Kategorie Vollkatastrophe zuzuordnen, da dadurch jeder Administrator von System Center 2012 Operations Manager zugleich auch Zugriff auf die Audit-Auswertungen hat. Ein Freudenfest für Ihren Innenrevisor.

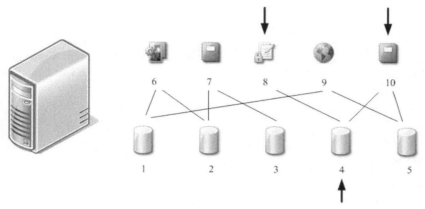

Abbildung 16.4   Der Belastungstest für die Maschine: alle relevanten Komponenten auf einem Serversystem

Das Ziel in diesem Abschnitt ist es, Ihnen die notwendigen Schritte zur erfolgreichen Installation der Überwachungssammeldienste zu vermitteln. Um die Komplexität im Rahmen der Planungsphase nicht unnötig in die Höhe zu treiben, installieren wir alle Komponenten auf einem Serversystem. In einer produktiven Umgebung ist diese Vorgehensweise ähnlich ratsam wie ein Spaziergang über die A5 an ihrer breitesten Stelle. Aus rein technischer Sicht gibt es jedoch keinen Grund für Widerstand, denn alle Komponenten vertragen sich problemlos.

Einige der in Abbildung 16.4 aufgeführten Elemente sind bereits installiert. Werfen wir einen Blick auf die zehn Apostel aus der Abbildung. Die mit einem Pfeil versehenen Komponenten 4, 8 und 10 werden wir gleich anschließend bereitstellen:

1. **Operative Datenbank**   Ist bereits installiert und wird mithilfe des ebenfalls lokal installierten SQL Servers bereitgestellt
2. **Data Warehouse-Datenbank**   Ist ebenfalls bereits vorhanden und in Verwendung
3. **Berichterstattungsdatenbank SQL Server Reporting Services**   Diese Datenbank wird für die Berichterstattung innerhalb der Betriebskonsole von System Center 2012 Operations Manager verwendet
4. **Überwachungssammeldatenbank**   Die erste der zu installierenden Komponenten der Überwachungssammeldienste
5. **Berichterstattungsdatenbank SQL Server Reporting Services**   Diese Datenbank wird für die Berichterstattung der Überwachungssammeldienste verwendet
6. **Rolle Verwaltungsserver**   Die zentrale Kommunikations- und Verwaltungskomponente von System Center 2012 Operations Manager
7. **Rolle Berichterstattung**   Normale Berichterstattung integriert in System Center 2012 Operations Manager.
8. **Rolle Überwachungssammlung**   Die zweite Komponente, die wir zusätzlich installieren werden
9. **Rolle Webkonsole**   Wird verwendet für den Zugriff auf die Steuerungsmöglichkeiten von System Center 2012 Operations Manager mithilfe des Internet Browsers
10. **Rolle Berichterstattung für Überwachungssammeldienste**   SQL Server Reporting Services sind bereits eingerichtet. Ich empfehle die Installation in einer zweiten Instanz. Diese Instanz trägt in unserem Beispiel die Bezeichnung *Audit*. Darauf aufbauend werden wir die Berichte bereitstellen.

Steigen wir nun in den Installationsprozess ein. Verwenden Sie zur Durchführung der Installation das gleiche administrative Benutzerkonto wie bei der Installation der Kernkomponente von System Center 2012 Operations Manager. Achten Sie ebenfalls darauf, dass dieses Konto das Recht zur Erstellung von Datenbanken auf dem verwendeten SQL Server besitzt. Das sollte grundsätzlich kein Problem sein, falls an diesem Konto im Nachgang der damit durchgeführten Installationsarbeiten keine Veränderungen vorgenommen wurden.

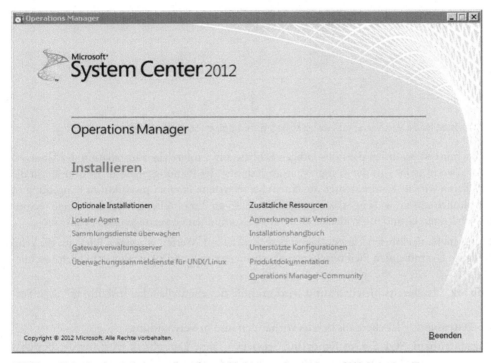

Abbildung 16.5 Der bereits bekannte Begrüßungsbildschirm von System Center 2012 Operations Manager

Nachdem Sie den Datenträger von System Center 2012 Operations Manager auf dem Server Ihrer Wahl eingelegt haben, kann es auch schon losgehen:

1. Klicken Sie doppelt auf das Symbol des Datenträgers, mit dem der Installationsdatenträger von System Center 2012 Operations Manager bereitgestellt wird. Sie sehen den Begrüßungsbildschirm aus Abbildung 16.5.
2. Klicken Sie auf den Hyperlink *Sammlungsdienste überwachen*.
3. Das Willkommen-Dialogfeld wird angezeigt. Klicken Sie auf die Schaltfläche *Weiter*.
4. Im nächsten Dialogfeld werden Sie um Ihre Zustimmung zum Lizenzvertrag gebeten. Klicken Sie nach sorgfältigem Studium, gegebenenfalls auch nach Rücksprache mit Ihrem Anwalt, in diesem Dialogfeld ebenfalls auf die Schaltfläche *Weiter*.

Installation der Überwachungssammeldienste

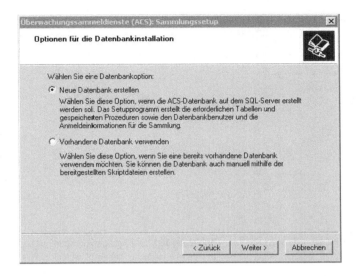

Abbildung 16.6 Die Entscheidung, welche Datenbank verwendet werden soll, muss getroffen werden

5. Als Nächstes fordert die Installationsroutine standardmäßig die Verwendung einer bereits vorhandenen Datenbank an. Da wir die Überwachungssammeldienste jedoch zum ersten Mal installieren und keine vorhandene Infrastruktur aktualisieren, entscheiden wir uns für die bereits selektierte Option *Neue Datenbank erstellen* (Abbildung 16.6). Klicken Sie deshalb ohne weitere Anpassungen auf die Schaltfläche *Weiter*.

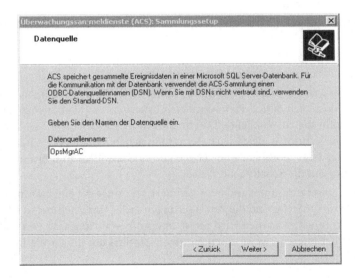

Abbildung 16.7 Der Datenquellenname wird abgefragt

6. Für den Zugriff auf die Datenbank nutzt der Überwachungssammeldienst eine ODBC-Datenquelle. Deren Name wird im aktuellen Dialogfeld aus Abbildung 16.7 festgelegt. Es empfiehlt sich, den vorgeschlagenen Datenquellennamen *OpsMgrAC* zu übernehmen.

7. Mehr gibt es in diesem Dialogschritt nicht zu konfigurieren. Gehen Sie deshalb nicht über Los, kassieren Sie keine € 4.000, sondern klicken stattdessen auf die allseits präsente Schaltfläche mit der Bezeichnung *Weiter*.

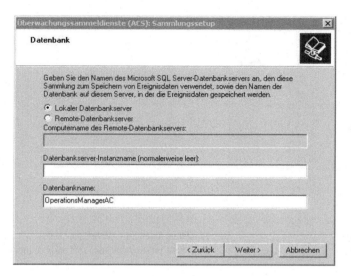

Abbildung 16.8 Die Konfigurationsparameter rund um die zu erstellende Datenbank werden definiert

8. Da sich der von uns verwendete SQL Server ebenfalls auf der gleichen Servermaschine befindet, selektieren Sie die Option *Lokaler Datenbankserver* (Abbildung 16.8).
9. In meinem Szenario arbeite ich mit nur einer SQL Serverinstanz. Standardmäßig wird diese erste Instanz als Standardinstanz bezeichnet. Da die Datenbank in der Standardinstanz gespeichert und verwaltet werden soll, bleibt das Datenfeld *Datenbankserver-Instanzname* leer.
10. Wir übernehmen den vorgeschlagenen Datenbanknamen und klicken anschließend auf die Schaltfläche *Weiter*.
11. Im nachfolgenden Dialogfeld *Datenbankauthentifizierung* sympathisieren Sie mit der bereits selektierten Option *Windows-Authentifizierung* und klicken erneut auf die Schaltfläche *Weiter*.
12. Das Dialogfeld *Optionen für die Datenbankerstellung* wird angezeigt. Selektieren Sie die Option *Standardmäßige Daten- und Protokolldateiverzeichnisse von SQL Server verwenden*. Alternativ wählen Sie explizit die von Ihnen gewünschten Speicherorte für die zu erstellende Datenbank- und Protokolldatei aus. Diesen Schritt sollten Sie genau prüfen, da Sie sich sonst gleich nach der erfolgreichen Installation mit dem Umzug der Datenbank auf ein anderes, kapazitiv womöglich besser geeignetes Laufwerk kümmern müssen. Klicken Sie nach reiflicher Überlegung auf die Schaltfläche *Weiter*.
13. Im Dialogfeld *Aufbewahrungszeit für Ereignisse* wird unter anderem definiert, wie lange die eingesammelten Belege gespeichert bleiben sollen. An dieser Stelle sind die Anforderungen vieler Unternehmen reichlich verschieden. In Rücksprache mit den Innenrevisionen wird meist eine Aufbewahrungsfrist von 180 Tagen und mehr festgelegt. Dieser Wert hat logischerweise einen enormen Einfluss auf die Größe Ihrer Datenbank.
14. Im Auswahllistenfeld darüber definieren Sie die Uhrzeit, zu der der SQL Server relevante Umorganisationstransaktionen ausführt. Dazu gehört die Erstellung neuer Datenbanktabellen, da die Datenorganisation der Überwachungssammeldienste auf einer tagesbasierten Tabellenstruktur basiert. Darüber hinaus werden zu diesem Zeitpunkt die Sicherheitsprotokolle gelöscht, welche die definierte Aufbewahrungsfrist überschreiten (Abbildung 16.9).

Installation der Überwachungssammeldienste

Abbildung 16.9 Die Aufbewahrungs- und Reorganisationszeiten sind festzulegen

15. Klicken Sie abschließend auf die Schaltfläche *Weiter*.
16. Das Dialogfeld *Format für ACS-Speicherzeitstempel* bittet Sie um eine Entscheidung, ob die Protokolleinträge in UTC-Zeitformat gespeichert werden sollen. Das ist nur dann relevant, wenn Ihre überwachten Server über verschiedene Zeitzonen verteilt sind und Sie zeitpunktsynchrone Auswertungen benötigen. Befinden sich alle Server in der gleichen Zeitzone, belassen Sie die selektierte Option auf *Lokale Zeit*.
17. Klicken Sie anschließend auf die Schaltfläche *Weiter*.

Wir haben es geschafft! Die Installationsroutine kennt alle relevanten Informationen zur Durchführung einer erfolgreichen Installation. Klicken Sie im Dialogfeld *Zusammenfassung* noch einmal auf die meist geklickte Schaltfläche dieser Welt: *Weiter*.

Abbildung 16.10 Die Konfiguration für den Zugriff auf SQL Server wird abgefragt

Das Installationsprogramm startet jetzt mit der eigentlichen Arbeit. Als nächstes Dialogfeld wird Ihnen die SQL Server-Anmeldung aus Abbildung 16.10 entgegenlächeln. Im Feld *Server* sehen Sie einen eingetragenen Punkt (.). Wird die Verbindung zu einem lokal installierten SQL Server aufgebaut, verwendet man statt dem Maschinenamen dieses Satzzeichen. Übernehmen Sie die Einstellungen und klicken Sie auf die Schaltfläche *OK*.

Abbildung 16.11 Die Installation der Überwachungssammeldienste ist beendet

Erfahrungsgemäß geht an dieser Stelle und aufgrund einer guten Vorbereitung nichts mehr schief. Nach wenigen Augenblicken sollte deshalb wie in meinem Testszenario das Dialogfeld aus Abbildung 16.11 erscheinen. Mit einem Klick auf die Schaltfläche *Fertig stellen* sind die Überwachungssammeldienste installiert.

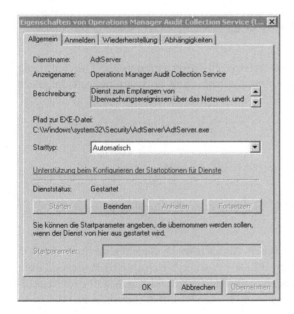

Abbildung 16.12 Zur Kontrolle: Der Windows-Dienst *AdtServer* ist installiert und läuft

Eine Möglichkeit zur Gegenprüfung der erfolgreich durchgeführten Installation ist der Blick in die Verwaltungskonsole der Windows-Dienste:

1. Klicken Sie dazu auf dem von Ihnen verwendeten Server auf *Start/Ausführen* und geben Sie anschließend den Befehl *services.msc* ein. Drücken Sie anschließend die ⏎-Taste.
2. Suchen Sie in der Liste der installierten Dienste nach dem Eintrag *Operations Manager Audit Collection Service*. Sollten Sie nicht fündig werden, sind Sie gerade auf einer ganz anderen Servermaschine unter-

wegs. Andernfalls können Sie mit einem Doppelklick auf diesen Eintrag die Eigenschaften des Diensts anschauen. Der Dienst ist standardmäßig mit dem Starttyp *Automatisch* konfiguriert und sollte auch schon *Gestartet* sein.

3. Schließen Sie abschließend das Dialogfeld mit einem Klick auf die Schaltfläche *OK* und danach die Diensteverwaltungskonsole.

Installation der Überwachungssammeldienste für UNIX/Linux

Gehen Sie wie folgt vor, um diese Zusatzfunktion auf einem Überwachungssammelserver zu installieren. Beachten Sie, dass auf diesem System zugleich auch die Überwachungsweiterleitung aktiviert sein muss.

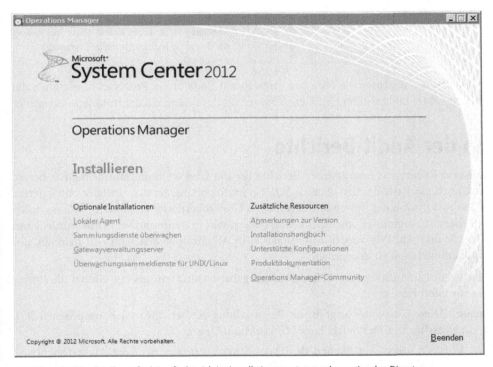

Abbildung 16.13 Die Zusatzfunktion findet sich im Installationsmenü unter den optionalen Diensten

1. Klicken Sie doppelt auf das Symbol des Datenträgers, mit dem der Installationsdatenträger von System Center 2012 Operations Manager bereitgestellt wird. Klicken Sie im Begrüßungsbildschirm aus Abbildung 16.13 auf den Hyperlink *Überwachungssammeldienste für UNIX/Linux*.
2. Das Dialogfeld *Willkommen beim Setup von Überwachungssammeldienste für UNIX/Linux* wird angezeigt. Klicken Sie auf die Schaltfläche *Weiter*.
3. Ein Warnhinweis bezüglich der *Verwendung zusätzlicher Software* wird angezeigt. Akzeptieren Sie diesen Hinweis und klicken Sie anschließend auf die Schaltfläche *Weiter*.
4. Klicken Sie im Dialogfeld aus Abbildung 16.14 auf die Schaltfläche *Weiter*.

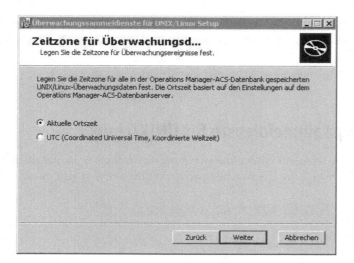

Abbildung 16.14 Legen Sie fest, ob zur Speicherung der Belege die koordinierte Weltzeit verwendet werden soll

Danach beginnt die Installation. Beachten Sie bitte den Hinweis am Ende dieses Prozesses hinsichtlich der vorgeschlagenen Erstellung eines Ereignisfilters. Schließen Sie zuletzt das Dialogfeld der Installationsroutine.

Bereitstellen der Audit-Berichte

Microsoft stellt eine ganze Reihe ganz interessanter Berichte für die Überwachungssammeldienste bereit. Diese müssen wir jetzt noch auf Basis der installierten SQL Server Reporting Services-Instanz importieren. Leider ist dieser Prozess nicht mit einer anwenderfreundlichen Grafikoberfläche verbunden; offensichtlich fehlte dazu die Zeit bei der Zusammenstellung des Softwarepakets. Was in Redmond versäumt wurde, kann ich leider nicht wieder gut machen. Wir werden uns im aktuellen Abschnitt ausreichend Zeit nehmen, um gemeinsam die Berichte einsatzbereit zu bekommen.

Zum besseren Verständnis der auszuführenden Befehlszeileneingabe schauen wir uns erst einmal die einzelnen Parameter an, die wir benötigen:

- **Befehlszeileneingabe**   Diese Batchdatei sorgt für die Bereitstellung der Berichte in der angegebenen SQL Server Reporting Services-Instanz. Der Befehl lautet *UploadAuditReports*.

- **Datenbankserver**   Wir benötigen den Namen des Datenbankservers, auf dem die Audit-Datenbank bereitgestellt wurde. Würde die Datenbank in einer SQL Server-Instanz betrieben, müsste diese zusätzlich in der Schreibweise *Datenbankserver\Instanzname* mit angegeben werden. In meinem Fall verwende ich Server *SRV0013*.

- **URL-Adresse des Berichtsservers**   Die für die Überwachungssammeldienste verwendbaren SQL Server Reporting Services-Instanz auf dem Server SRV0013 wurde unter dem Namen *Audit* bereitgestellt. Die Berichterstattung wurde ebenfalls schon konfiguriert, wie in Kapitel 12 beschrieben. Durch die erfolgreiche Konfiguration können wir hier die virtuelle Verzeichnisadresse *http://srv0013/ReportServer_Audit* verwenden.

- **Pfad zu den Audit-Berichtdateien**   Wir werden gleich anschließend ein Verzeichnis auf einer der logischen Festplatten unseres Servers SRV0013 anlegen, welches wir beispielsweise *C:\Temp\ACS* nennen. In dieses Verzeichnis muss der Inhalt des Unterverzeichnisses *\ReportModels\acs* vom System Center 2012 Operations Manager-Datenträger kopiert werden. Der Aufruf direkt vom optischen Datenträger funktioniert nicht, deshalb der Zwischenschritt über ein temporäres Verzeichnis.

Schreiten wir zur Tat. Ich setze voraus, dass Sie weiterhin mit dem gleichen administrativen Benutzer angemeldet sind, den Sie die ganze Zeit für die Installationsarbeiten rund um die Überwachungssammeldienste verwenden.

1. Starten Sie ein administratives Eingabeaufforderungsfenster. Klicken Sie dazu auf *Start* und tragen Sie im Eingabefeld den Begriff »cmd« ein. Im Suchergebnisfeld erscheint Ihr eingegebener Begriff mit dem Symbol des Eingabeaufforderungsfensters.
2. Klicken Sie mit der rechten Maustaste auf den Eintrag. Wählen Sie im Kontextmenü den Eintrag *Als Administrator ausführen* aus. Bestätigen Sie gegebenenfalls die Warnmeldung der Benutzerkontensteuerung mit einem Klick auf die Schaltfläche *Ja*. Das administrative Eingabeaufforderungsfenster steht bereit.
3. Erstellen Sie ein temporäres Verzeichnis wie beispielsweise *C:\Temp\ACS*.
4. Kopieren Sie den Inhalt des Verzeichnisses *\ReportModels\acs* auf dem Installationsdatenträger von System Center 2012 Operations Manager in das soeben erstellte Verzeichnis auf der lokalen Festplatte. Das Verzeichnis beinhaltet unter anderem zwei weitere Unterverzeichnisse und eine Datei mit dem Namen *UploadAuditReports.cmd*.
5. Wechseln Sie in das lokale Verzeichnis *C:\Temp\ACS*.
6. Geben Sie folgenden Befehl ein (adaptiert auf die konkreten Werte wie oben aufgeführt): *UploadAuditReports.cmd SRV0013 http://srv0013/ReportServer_Audit C:\Temp\ACS*. Drücken Sie die ⏎-Taste.

Wenn Sie jetzt zwei Warnmeldungen angezeigt bekommen, läuft alles nach Plan, und die Berichte stehen bereit.

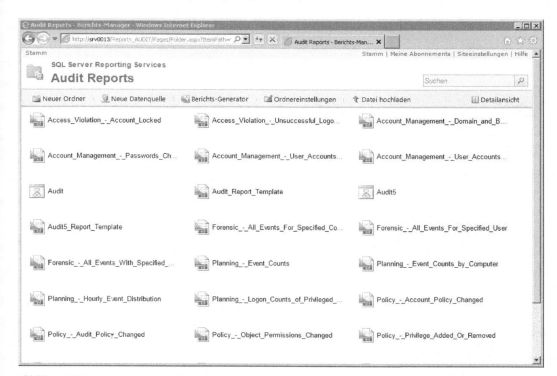

Abbildung 16.15 Der Import der Audit-Berichte war erfolgreich

Gemeinsam mit den Berichten wurden zwei Steuerungsdateien importiert (*Audit.smdl und Audit5.smdl*), die Sie bereits bei der Ausführung des Befehls von soeben kennengelernt haben. Mit ihnen steuert die Berichterstattung den Zugriff auf die Überwachungssammeldatenbank.

Für einen ersten Test nutze ich immer gerne den Bericht *Planning_-_Event_Counts*, den Sie in der Mitte der Abbildung 16.15 erkennen. Hat alles geklappt, werden Ihnen aller Voraussicht nach zwei Ereigniseinträge aufgelistet. An dieser Zahl wird sich erst einmal nichts ändern, denn die Überwachungsweiterleitung ist bis dato noch auf keinem System aktiv. Das werden wir im nächsten Abschnitt erledigen.

Aktivieren der Überwachung auf Clientseite

Zur Aktivierung der Überwachungsweiterleitung benötigen wir die Betriebskonsole von System Center 2012 Operations Manager:

1. Starten Sie die Betriebskonsole.
2. Erweitern Sie im Navigationsbereich der Überwachung den Knoten *Überwachung/Operations Manager/ Agent-Details/Agentzustand*. Im Ergebnisbereich der Betriebskonsole werden Ihnen zwei Fenster angezeigt. In diesen Fenstern sind alle Systeme gelistet, welche bereits mit der Clientkomponente von System Center 2012 Operations Manager ausgestattet sind.

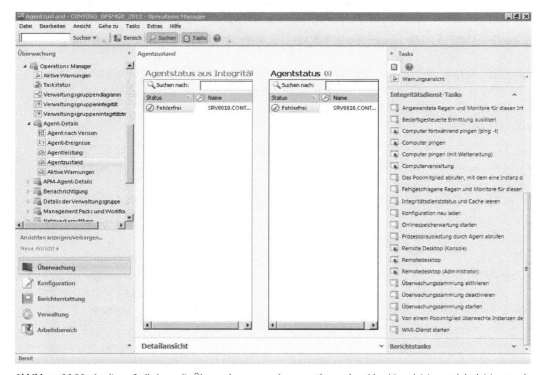

Abbildung 16.16 An dieser Stelle kann die Überwachungssammlung pro überwachter Maschine aktiviert und deaktiviert werden

3. Markieren Sie im Fenster *Agentstatus* die Server, welche Sie in die Überwachungssammlung integrieren wollen.
4. Klicken Sie im *Tasks*-Bereich auf den jetzt verfügbaren Eintrag *Überwachungssammlung aktivieren*, wie Sie ihn in Abbildung 16.16 auf der rechten Seite sehen können. Das Dialogfeld *Task ausführen* wird daraufhin gestartet. Sofern Ihr aktuelles Benutzerkonto Zugriff auf das zu konfigurierende System hat, behalten Sie die Voreinstellungen bei und klicken Sie anschließend auf die Schaltfläche *Ausführen*. Alternativ können Sie im Bereich *Taskanmeldeinformationen* ein abweichendes Zugriffskonto angeben.

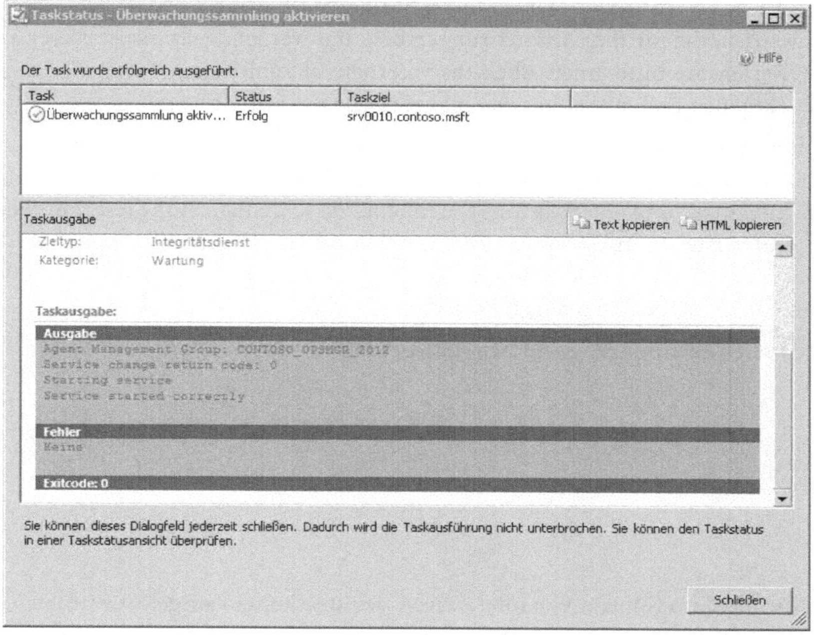

Anpassen der Datensammlung

Abbildung 16.17 Die Aktivierung der Überwachungsweiterleitung ist erfolgreich verlaufen

Kurze Zeit später wird Ihnen im Dialogfeld *Taskstatus* die frohe Botschaft verkündet, dass die Aktivierung des Diensts geklappt hat. Der Windows-Dienst *System Center-Überwachungsweiterleitung* wurde auf den Starttyp *Automatisch* gesetzt und gestartet.

WICHTIG Aktivieren Sie den Windows-Dienst *System Center-Überwachungsweiterleitung* niemals über die Diensteverwaltungskonsole. Die Überwachungssammlung muss mithilfe der Betriebskonsole wie hier beschrieben administriert werden.

Wenn Sie die Überwachungsweiterleitung auf einem Verwaltungsserver aktivieren wollen, erweitern Sie die Überwachungsansicht in der Betriebskonsole zu *Überwachung/Operations Manager/Verwaltungsserver/Verwaltungsserverstatus*. Klicken Sie dann im oberen rechten Fenster auf den gewünschten Verwaltungsserver und aktivieren Sie abschließend über den jetzt verfügbaren Befehl *Überwachungssammlung aktivieren* aus der Taskleiste die Überwachungsweiterleitung.

Wenn Sie jetzt den Bericht *Planning_-_Event_Counts* aus Abbildung 16.15 erneut aufrufen, sollten Sie bereits weitere Balkendiagramme vorfinden.

Anpassen der Datensammlung

Die Menge an eingesammelten Daten der Überwachungssammeldienste kann manchen Datenbankadministrator zur Verzweiflung treiben. Erfahrungsgemäß sind mehr als 90 % der eingesammelten Daten nicht revisionsrelevant. Sie füllen die Datenbank mit meist unverwertbaren Informationen und treiben somit die Kosten für den Betrieb dieser Überwachungslösung in die Höhe. Aus diesem Grund sollten Sie sich spätestens nach zwei Tagen Testbetrieb das Ergebnis des bereits vorgestellten Bericht *Planning_-_Event_Counts* anschauen. Er zeigt Ihnen eine Statistik der bisher aufgetretenen Sicherheitsereignisse und hilft Ihnen bei einer effizienten Analyse des Datenbestands.

Die Herausforderung liegt in der richtigen Interpretation dieser Daten. Sie müssen sicherstellen, dass nur diejenigen Daten gespeichert werden, die für Ihre Anforderungen benötigt werden. Falls Sie an dieser Stelle alleine nicht weiterkommen, werfen Sie bitte einen Blick ins Internet. In zahlreichen Foren finden sich umfassende Auflistungen aller aktuellen Ereigniskennungen inklusive einer Beschreibung.

Steht fest, welche Ereignisse für Sie von Bedeutung sind, sollten Sie die Filterfunktion der Überwachungssammeldienste auf Ihre Bedürfnisse anpassen. Der Überwachungssammelserver ist standardmäßig darauf eingestellt, alle eintreffenden Ereignisse ungefiltert in die Datenbank zu schreiben. Auf diese Einstellung können Sie Einfluss nehmen. Gut versteckt im Überwachungssammelserver findet sich das Programm *AdtAdmin.exe*. Dessen Funktion will ich Ihnen an einem Beispiel genauer erklären. Dabei handelt es sich übrigens um eine Anforderung aus einem meiner ehemaligen Projekte.

Nehmen wir an, dass folgende Ereigniskennungen nicht benötigt werden:

- 4634
- 4672
- 4611
- 4780
- 4768 bis 4773
- Generell keine Ereignisse, die nicht im Kontext von interaktiven Benutzerkonten ausgelöst wurden

Werden diese Ereigniskennungen im Kontext von Benutzerkonten erzeugt, sollen diese in die Datenbank geschrieben werden. Ein Filter wird mithilfe des Befehls *AdtAdmin –setquery* angepasst. Basierend auf dem oben genannten Beispiel ergibt sich folgende Befehlskette:

```
AdtAdmin -setquery -query:"SELECT * FROM ADTSEVENT WHERE NOT ((HEADERUSER='SYSTEM' OR HEADERUSER='LOCAL SERVICE'
OR HEADERUSER='NETWORK SERVICE' OR HEADERUSER LIKE '%$%') AND (EVENTID = 4634 OR EVENTID = 4672 OR EVENTID = 4611
OR EVENTID = 4780 OR (EVENTID >= 4768 AND EVENTID <= 4773)))"
```

Um diesen Filter anzuwenden, gehen Sie wie folgt vor. Führen Sie die nachfolgenden Befehle auf dem Überwachungssammelserver aus. Melden Sie sich dazu mit einem administrativen Benutzerkonto auf dem Server an.

1. Starten Sie ein administratives Eingabeaufforderungsfenster. Klicken Sie dazu auf *Start* und tragen Sie im Eingabefeld den Begriff »cmd« ein. Im Suchergebnisfeld erscheint Ihr eingegebener Begriff mit dem Symbol des Eingabeaufforderungsfensters.
2. Klicken Sie mit der rechten Maustaste auf den Eintrag. Wählen Sie im Kontextmenü den Menüeintrag *Als Administrator ausführen*. Bestätigen Sie gegebenenfalls die Warnmeldung der Benutzerkontensteuerung mit einem Klick auf die Schaltfläche *Ja*. Das administrative Eingabeaufforderungsfenster steht vor Ihnen.
3. Wechseln Sie in das Verzeichnis *C:\Windows\System32\AdtServer*.
4. Zur Überprüfung des aktuell eingestellten Filters geben Sie folgenden Befehl ein: *AdtAdmin –getquery*. Wurde bisher kein Filter angewendet, erhalten Sie als Antwort *Aktuelle Abfrage: "select * from AdtsEvent"* angezeigt.
5. Verwenden Sie das obige Beispiel oder passen Sie das Beispiel in Bedürfnissen an.

Die Filterfunktion wird sofort aktiv und alle unerwünschten Ereigniskennungen werden vom Überwachungssammelserver verworfen.

> **TIPP** Wenn Sie den Filter wieder auf Standardwerte zurücksetzen wollen, geben Sie den Befehl *AdtAdmin –setquery –query: "select * from AdtsEvent"* ein und drücken Sie danach die ⏎-Taste.

Kapitel 17

Lizenzierung

In diesem Kapitel:

Die neue Lizenzstrategie 470
Die richtige Migrationsstrategie 472
Fragen und Antworten zur Lizenzierung 472

Hinter den Kulissen von Microsoft tobt ein erbitterter Krieg. Es geht um den Anspruch, welche Abteilung den komplexesten Algorithmus, die komplexeste Logik in sein Produkt einbauen kann. Und es sieht ganz danach aus, als ob der ewige Gewinner die Lizenzabteilung bleibt. Selbst die neuesten Patente in Windows Server 2012 können hier nicht mithalten.

Auch bei System Center 2012 scheint der Gewinner dieses Kampfs nicht in der Entwicklungsabteilung zu sitzen. Spricht man mit den Produkt-Managern in Redmond über dieses Thema, stößt man eher auf Unverständnis. Dort sieht man sich auf der Anklagebank, denn wieder einmal hat man versucht, das Konzept zum Erwerb der Software unter rechtlich einwandfreien Bedingungen so einfach wie möglich zu gestalten – vermeintlich!

Die neue Lizenzstrategie

In diesem Kapitel werde ich versuchen, Ihnen die Besonderheiten der Lizenzierung von System Center 2012 zu vermitteln. Das ist insofern nicht nur ein Versuch, sondern darüber hinaus auch ein eigenes Kapitel wert, da es die Lizenzierungsform als Suite für diese Produktreihe bisher nicht gegeben hat. Hier sind die wichtigsten Veränderungen, über die Sie auf jeden Fall Bescheid wissen sollten:

- Die Mitglieder der System Center Server-Produktfamilie werden nur noch als Gesamtpaket am Markt verfügbar sein
- Einzelne Serverprodukte aus der System Center-Familie können nicht mehr käuflich erworben werden
- Microsoft SQL Server 2008 R2 darf in der Standard Edition kostenneutral verwendet werden, um ausschließlich Datenhaltung für die Serverprodukte der System Center-Familie zu betreiben

Wenn Sie die ersten beiden Fakten der Aufzählung von soeben verwirren, sollte Sie das nicht irritieren. Einfach weiterlesen!

Nun könnte man denken, dass Microsoft die Serverprodukte verschenkt. Allerdings wird niemand von Ihnen wirklich daran glauben, dass das Unternehmen aus Redmond weiterhin das erfolgreichste Softwarehaus der Welt ist, weil dort Software kostenlos an interessierte Menschen verteilt wird. Die Rechnung geht für Microsoft mehr als auf, denn lizenziert werden nur noch die zu überwachenden beziehungsweise zu verwaltenden Computersysteme. Machen wir das Konzept etwas greifbarer. Sie werden erkennen, dass die neue Art der Lizenzierung zugleich auch ganz neue Herausforderungen an Sie als Kunden stellt.

Nehmen wir einmal an, Sie setzen Microsoft SharePoint Server in Ihrem Unternehmen ein. Sie haben diese Lösung auf zwei Serversysteme verteilt, wobei mithilfe des einen Servers die Datenbanken bereitgestellt werden und auf dem anderen der Webserver betrieben wird. Wenn Ihnen die Konstellation zu klein für Ihre Verhältnisse vorkommt, erhöhen Sie bitte auf eine beliebige Anzahl. SharePoint Server skaliert nach Herzenslust. Nennen wir die Gesamtlösung des besseren Verständnisses wegen SCAPEDIA, frei nach der SharePoint Server 2010-Kollaborationsplattform meines Unternehmens SCA Schucker GmbH & Co. KG.

Nehmen wir weiterhin an, dass SCAPEDIA in vollem Umfang auf Basis von Hyper-V bereitgestellt wird. Die Abbildung 17.1 ist kein neues Strickmuster aus der aktuellen Ausgabe von BURDA Moden; auf diesem Wege sei übrigens auch Jörg Klaeden, CIO von BURDA Digital herzlich gegrüßt. Vielmehr soll Ihnen das Streckenwirrwarr verdeutlichen, inwiefern die einzelnen Mitglieder der System Center-Familie auf die unterschiedlichen Schichten einer Infrastruktur und die Applikationsbereiche eines Unternehmens angewendet werden können. Auf die beiden ebenfalls zur Suite gehörenden Produkte System Center 2012 App Controller und System Center 2012 Endpoint Protection habe ich in der Grafik zu Gunsten einer geringeren Anzahl von

Verbindungslinien verzichtet. Selbstverständlich trifft die Anwendbarkeit auch auf diese beiden Teammitglieder zu.

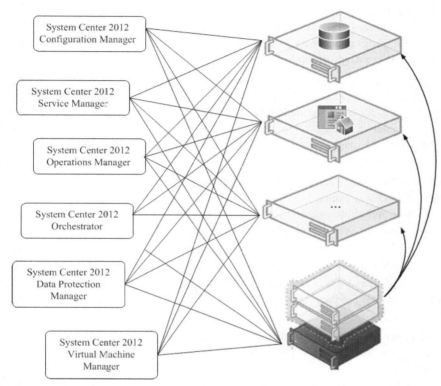

Abbildung 17.1 Lizenzierungskonzept folgt Anwendungsmöglichkeiten: System Center 2012 adressiert alle Prozesse

Die Botschaft ist unmissverständlich: Egal, ob wir uns über System Center 2012 Virtual Machine Manager oder über System Center 2012 Configuration Manager unterhalten, jede Lösung stellt zahlreiche Funktionen zur Verfügung. Nun ist die Welt der Softwareprodukte alles andere als digital und neben Microsoft tummeln sich viele andere Anbieter, die in jeder einzelnen Disziplin ebenfalls hochinteressante Lösungen anbieten. Keiner der Mitbewerber bietet jedoch eine derart hohe Integration zwischen den einzelnen Funktionspaketen an. Das ist und bleibt der große Vorteil der Microsoft System Center-Suite.

Diesen Vorteil hat auch die Lizenzabteilung erkannt und darauf basierend ein Vertriebskonzept erstellt. Ein ähnliches Konzept kennt man von Microsoft Office bereits seit langen Jahren. Zuerst die Idee: Uns Kunden wird nur noch ein Paket von Serverprodukte angeboten. Dann der Clou: Die Serverprodukte sind kostenlos, denn man zahlt nur für die überwachten Serversysteme. Statt des Begriffs »kostenlos« bietet sich die Verwendung von kostenneutral besser an. Natürlich sind alle Produkte der System Center-Suite auch hervorragend dafür geeignet, physische Systemlandschaften zu verwalten. Dass Microsoft jedoch dem Trend der Virtualisierung auch in Sachen Lizenzierung folgt, ist nicht zuletzt der Tatsache geschuldet, dass Cloud-Computing auf der Strategiefahne des Unternehmens ganz oben steht. Dieses neue Geschäftsmodell verlangt nach einem Lizenzierungsmodell.

Die richtige Migrationsstrategie

Statt jedes einzelne überwachte Serversystem zu lizenzieren, bietet man dem Kunden eine sogenannte Datacenter Edition an. Bezahlt wird eine Pauschale pro Prozessor. Wie viele einzelne virtuelle Maschinen darauf betrieben werden, ist Microsoft egal. Dieses Lizenzierungsmodell ist für mittelständische und große Unternehmen unvergleichbar günstig. Allerdings geht die Rechnung nur dann auf, wenn Sie konsequent sind und auf den Einsatz bisher verwendeter Alternativprodukte verzichten.

Technisch spricht in den meisten Umgebungen nichts gegen eine objektive Analyse der Idee. Leider – oder vielleicht auch zum Glück – spricht die emotionale Komponente ein beachtliches Wörtchen mit bei diesem Vergleich. Sie sollten sich an dieser Stelle auch beraten lassen. Achten Sie dabei unbedingt auch auf die Expertise, die manche der sogenannten Experten vorweisen. Ich selbst habe bei einem früheren Projekt erlebt, dass ein großes deutsches Systemhaus für einen vermeintlich neutralen Vergleich (so wurde es vom Kunden beauftragt) € 6.000 Beratungsgebühr verlangte.

Was herauskam, war ein Loblied auf einen Mitbewerber. Bedauerlich nur, dass die harten Fakten in Sachen Hyper-V auf drei Jahren alten PowerPoint-Folien beruhten. Das Geld ist weg, die Präsentation war eine Lachnummer, denn an der Präsentation nahmen auch einige Kollegen von Microsoft teil. Alle anspruchsvollen Fragen konnten von den Vertretern des Systemhauses nicht beantwortet werden.

Mit der richtigen Beratung werden Sie mit einem weit geringeren Budget zu einem nicht wirklich überraschenden Ergebnis gelangen. Es ist absolut sinnvoll, über den Einsatz der Suite in seiner Gesamtheit nachzudenken. Es ist allerdings nicht empfehlenswert, laufende Wartungsverträge für bereits lizenzierte Produkte vorzeitig zu kündigen. Stattdessen sollten Sie diese bis zum Ende der regulären Laufzeit nutzen und dann über einen Migration nachdenken.

System Center 2012 Service Manager sorgt für eine professionelle Bereitstellung und Verwaltung von Serviceleistungen rund um die Informationstechnologie. Die Marketing-Maschinerie von Microsoft macht an dieser Stelle einen guten Job und es gibt viele Kunden, die sich nach einer ersten Präsentation für die Einführung entscheiden. In allen Implementierungsszenarien, die mir bekannt sind, waren jedoch schon Produkte anderer Hersteller implementiert. Meist handelt es sich um Helpdesklösungen, die allesamt nicht richtig funktionierten. Ebenfalls allen gemeinsam war, dass die Fehlfunktion nicht am Produkt selbst lag, sondern an einer mangelhaften Implementierungsstrategie. Das Potential für ein Déjà-vu-Erlebnis, eine Wiederholung dieses Misserfolgs ist vorprogrammiert.

Wer System Center 2012 Service Manager erfolgreich implementieren will, benötigt zwingend eine Kombination aus technischer Expertise hinsichtlich dem Produkt und einer gehörigen Portion Empathie. Letzteres wird benötigt, um alle betroffenen Mitarbeiterinnen und Mitarbeiter bei der Einführung mitzunehmen. Beachten Sie diese Strategie nicht, wird das Projekt scheitern. Gleiches gilt übrigens für die Einführung von SharePoint Server.

Fragen und Antworten zur Lizenzierung

Microsoft hat alle Fragen rund um das Thema der Lizenzierung von System Center 2012 in einem Fragenkatalog zusammengestellt. Darin adressiert sind die wichtigsten Aspekte und Bedenken von Kunden und Lizenzberatern. Auf den nächsten Seiten finden Sie eine Zusammenfassung aus allen diesen Fragen. Die jeweilige Antwort habe ich – soweit sinnvoll – ergänzt um eigene Anmerkungen. Auf die Wiedergabe der Marketingbotschaften habe ich allerdings verzichtet. Ich hoffe, Sie sehen mir diese kühne Vorgehensweise nach. Für einen besseren Überblick ist das Frage- und Antwortspiel in die folgenden zwei Blöcke unterteilt:

- Server-Management-Lizenzen
- Client-Management-Lizenzen

Server-Management-Lizenzen

Auf den nachfolgenden Seiten finden Sie die interessantesten Fragen hinsichtlich der Lizenzierung von System Center 2012. Der Schwerpunkt liegt dabei auf den maßgeblichen Veränderungen durch den Zusammenschluss der einzelnen Produkte zu einer Suite.

- **Was ist neu bei der Lizenzierung?**

  Die wichtigsten Veränderungen lassen sich, wie bereits eingangs erwähnt, auf die folgenden drei Aspekte zusammendampfen:

  - Lizenzen sind nur für verwaltete Endgeräte erforderlich. Es sind keine zusätzlichen Lizenzen – weder für die einzelnen System Center Produkte noch für die verwendete SQL Server-Technologie – notwendig.
  - Einheitliches Lizenzmodell für alle Editionen. Die Lizenzierung ist prozessorbasierend. Eine Lizenz deckt jeweils bis zu zwei Prozessoren ab. Unterstützt werden die aktuell gebräuchlichen Hardwarekonfigurationen.
  - Identische Funktionalitäten. Alle Server-Management-Lizenzen beinhalten dieselben Komponenten. Sie können auf allen verwalteten Serversystemen ohne Einschränkung und in vollem Umfang verwendet werden.

- **Welche Produkteditionen sind verfügbar?**

  Die System Center 2012-Lizenzpakete sind in zwei Editionen erhältlich. Sie unterscheiden sich nur in den Virtualisierungsrechten:

  - Datacenter Edition. Berechtigt zur Verwaltung einer unbegrenzten Anzahl von Betriebssystemumgebungen im eigenen Rechenzentrum.
  - Standard Edition. Für wenig virtualisierte oder nicht virtualisierte Umgebungen im eigenen Rechenzentrum.

- **Welche Produkte sind in den Lizenzpaketen integriert?**

  In beiden Versionen enthalten sind folgende Microsoft-Produkte:

  - Configuration Manager
  - Service Manager
  - Virtual Machine Manager
  - Operations Manager
  - Data Protection Manager
  - Orchestrator
  - App Controller
  - Endpoint Protection

Die Datacenter Edition erlaubt die Verwaltung einer beliebigen Anzahl von Betriebssystemumgebungen pro Lizenz. Die Standard Edition ist reduziert auf die Verwaltung von zwei Betriebssystemumgebungen pro Lizenz. In einer professionellen Umgebung wird deshalb in der Regel die Datacenter Edition Vorrang bekommen.

- **Wie bestimmt sich die Anzahl der erforderlichen Server-Management-Lizenzen?**

  Server-Management-Lizenzen sind erforderlich für alle verwalteten Geräte, in denen Betriebssystemumgebungen verwaltet werden. Die Lizenzen sind immer prozessorbasiert. Jede Lizenz deckt bis zu zwei physische Prozessoren ab. Die für jeden verwalteten Server erforderliche Anzahl von Server-Management-Lizenzen ergibt sich bei der Datacenter Edition aus der Anzahl der physischen Prozessoren im Server. Bei der Standard Edition errechnet sich die Menge der benötigten Server-Management-Lizenzen aus der Anzahl der physischen Prozessoren oder der Anzahl der verwalteten Betriebssystemumgebungen. Der größere Wert gibt die Ziffer in der Mengenspalte auf Ihrer Lizenzabrechnung vor.

  Bei System Center 2012 in der Datacenter Edition deckt jede Lizenz bis zu zwei physische Prozessoren ab. Für die Berechnung muss man also die Anzahl der physischen Prozessoren im Server ermitteln und diese Zahl danach durch 2 teilen. Ist der Quotient eine Dezimalzahl, muss auf die nächste ganze Zahl aufgerundet werden. Die Verwaltung der darauf betriebenen Betriebssystemumgebungen ist unlimitiert.

  Wenn Sie sich für die Standard Edition entscheiden, müssen Sie zweimal zählen. Zuerst nehmen wir uns den Rechenschieber für die Anzahl der physischen Prozessoren zur Brust. Jede Lizenz deckt auch hier bis zu zwei physische Prozessoren ab. Die Anzahl der vorhandenen physischen Prozessoren wird deshalb durch 2 geteilt und das Ergebnis gegebenenfalls auf die nächste ganze Zahl aufgerundet.

  Danach zählen wir die Anzahl der darauf verwalteten Betriebssystemumgebungen. Diese werden ebenfalls gezählt, durch 2 geteilt und ebenfalls auf die nächste ganze Zahl aufgerundet, wäre der Quotient eine Dezimalzahl. Die höhere der beiden Ergebnisse gibt die Anzahl der zu erwerbenden Lizenzen vor.

  Es gibt eine Ausnahme für die Berechnung der Lizenzen bei der Standard Edition: wenn die physische Betriebssystemumgebung im Server nur dazu verwendet wird, um Hardwarevirtualisierungssoftware auszuführen, Hardwarevirtualisierungsdienste bereitzustellen und Software für die Verwaltung und Wartung von Betriebssystemumgebungen auf diesem Gerät auszuführen. In diesem Fall müssen nur die Anzahl der verwalteten virtuellen Betriebssystemumgebungen im Server gezählt werden, um den Quotienten wie eben vorgestellt zu ermitteln.

	Erforderliche Datacenter Server-Management-Lizenzen	Erforderliche Standard Server-Management-Lizenzen
1 x 1-Prozessor-Server, nicht virtualisiert	1	1
1 x 4-Prozessor-Server, nicht virtualisiert	2	2
1 x 2-Prozessor-Server mit 3 virtuellen Betriebssystemumgebungen	1	2
1 x 4-Prozessor-Server mit 8 virtuellen Betriebssystemumgebungen	2	4

Tabelle 17.1 Beispiele zur Berechnung der benötigten Lizenzen von Microsoft System Center 2012

- **Können die System Center-Produkte auch einzeln erworben werden?**

  Nein. Microsoft bietet die Komponenten nur noch als Suite an, wobei der Erwerb auf der soeben vorgestellten Server-Management-Lizenzierungsstrategie basiert.

- **Werden die Vorgängerversionen der einzelnen Produkte weiterhin verfügbar sein?**
  Nein. Mit dem Erscheinen von System Center 2012 werden die vorherigen Versionen vom Markt genommen. Davon betroffen sind die folgenden, bisher als Einzelprodukt erhältlichen, Softwarepakete:
  - System Center Configuration Manager 2007 R3
  - System Center Operations Manager 2007 R2
  - System Center Data Protection Manager 2010
  - System Center Service Manager 2010
  - System Center Virtual Machine Manager 2008 R2
- **Wie erfolgt der Übergang zum neuen Lizenzmodell?**
  Grundsätzlich gilt, dass Microsoft eine Lizenzmigration für alle berechtigten Kunden ermöglicht, welche ihre Produkte mit der Option Software Assurance erworben hatten. Gehören Sie zu diesem Kreis, dann bezahlen Sie weiterhin bis Vertragsende die bestehenden Lizenzen zum ursprünglichen Preis. Software Assurance kann dann für die neuen Lizenzen verlängert werden. Das ganze geschieht automatisch; Sie müssen dazu keine aktiven Schritte einleiten.

  Haben Sie Ihre Softwareprodukte ursprünglich inklusive Software Assurance erworben, erhalten Sie System Center 2012 Server-Management-Lizenzen im Verhältnis, wie in Tabelle 17.2 dargestellt.

Bestehende Lizenz	Umwandlung im Verhältnis	Neue Lizenz(en)
Server Management Suite Datacenter (SMSD)	2:1	1 Lizenz System Center 2012 Datacenter
Server Management Suite Enterprise (SMSE)	1:2	2 Lizenzen System Center 2012 Standard
Jede Enterprise Server-Management-Lizenz für ein Einzelprodukt	1:1	1 Lizenz System Center 2012 Standard
Jede Standard Server-Management-Lizenz für ein Einzelprodukt	1:1	1 Lizenz System Center 2012 Standard
Jede einzelne Management-Server-Lizenz (mit oder ohne SQL-Technologie)	1:1	1 Lizenz System Center 2012 Standard
System Center Virtual Machine Manager Server-Management-Lizenz	1:1	1 Lizenz System Center 2012 Datacenter

Tabelle 17.2 Die Aufstellung der Umtauschkurse für den Wechsel in die neue Lizenzierungswelt von System Center 2012

Bitte denken Sie daran, dass System Center 2012 Datacenter bis zu 2 Prozessoren pro Lizenz abdeckt, während SMSD nur 1 Prozessor pro Lizenz abdeckt. Weiterhin wichtig ist, dass Sie durch den Erwerb einer der in Tabelle 17.2 gelisteten Stepup-Lizenzen bei Bedarf auch auf System Center 2012 Datacenter migrieren können.

- **Kann man System Center 2012 Server-Management-Lizenzen auf mehrere Server aufteilen?**
  Nein. Eine Server-Management-Lizenz kann nicht zur Lizenzierung von zwei 1-Prozessor-Servern verwendet werden.
- **Gibt es auch Lizenzvarianten ohne SQL Server-Technologie?**
  Nein. Alle System Center 2012-Produkte beinhalten implizit das Nutzungsrecht für eine Runtimeversion von SQL Server-Technologie.

- **Müssen separate Server-Management-Lizenzen erworben werden, um die Management-Server-Software ausführen zu können?**

    Nein. Bei System Center 2012 ist das Nutzungsrecht für die Management-Server-Software bereits in den Server-Management-Lizenzen und Client-Management-Lizenzen enthalten.

- **Kann ich einem Server mehr als eine System Center 2012 Standard-Lizenz zuweisen, um die Anzahl der verwalteten Betriebssystemumgebungen zu erhöhen?**

    Ja, das geht. Ab sieben virtuellen Maschinen pro Hostsystem lohnt sich der Umstieg auf System Center 2012 Datacenter Edition.

- **Kann man eine Server-Management-Lizenz auch für die Verwaltung von Anwendungen in der Public Cloud verwenden?**

    Ja. Eine System Center 2012 Standard-Lizenz erlaubt die Verwaltung von zwei virtuellen Betriebssystemumgebungen in einer Public Cloud. Eine System Center Datacenter-Lizenz erlaubt die Verwaltung von bis zu acht virtuellen Betriebssystemumgebungen in einer Public Cloud.

- **Was geschieht mit den Lizenzen von Opalis und AVIcode?**

    Opalis ist jetzt als System Center 2012 Orchestrator in die Suite integriert. AVIcode ist nicht mehr als separates Produkt auf dem Markt erhältlich, sondern vollständig in System Center 2012 Operations Manager integriert.

Client-Management-Lizenzen

In diesem Abschnitt werfen wir einen Blick auf die beliebtesten Fragen in Bezug auf die Lizenzierung der Clientsysteme zur Nutzung von System Center 2012.

- **Wie erfolgt der Übergang zu System Center 2012 im Hinblick auf Forefront Endpoint Protection?**

    Wenn Sie im Besitz eines aktiven Geräteabonnements für Forefront Endpoint Protection 2010 (FEP) sind, und dieses Abonnement einem Server zugewiesen ist, dann können und sollten Sie dieses Abonnement bis zum Vertragsende nutzen. Am Ende der Vertragslaufzeit können Sie mit dem Erwerb von System Center 2012 Standard oder Datacenter die Nachfolgeversion erwerben und nutzen. Microsoft wird Sie allerdings nicht davon abhalten, nicht bis zum Ende der Vertragslaufzeit Ihrer FEP-Lizenz zu warten, und stattdessen System Center 2012 vorher zu erwerben.

- **Was ist neu in der Lizenzierung von System Center 2012 zur Verwaltung von Clients?**

    Client-Management-Lizenzen sind erforderlich für verwaltete Geräte, auf denen Nicht-Server-Betriebssystemumgebungen ausgeführt werden. Es werden die folgenden drei Client-Management-Lizenzen angeboten:

    - System Center 2012 Configuration Manager Client-Management-Lizenz
    - System Center 2012 Endpoint Protection Client-Abonnement-Lizenz
    - System Center 2012 Client-Management-Suite Client-Management-Lizenz

- **Was beinhaltet die Client-Management-Lizenz?**

    Die Client-Management-Lizenz beinhaltet die Komponenten wie in Tabelle 17.3 aufgeführt

Lizenzprodukt	Enthaltene Komponenten
System Center 2012 Configuration Manager Client-Management-Lizenz	Configuration Manager Virtual Machine Manager
System Center 2012 Endpoint Protection Client-Abonnement-Lizenz	Endpoint Protection
System Center 2012 Client-Management-Suite Client-Management-Lizenz	Service Manager Operations Manager Data Protection Manager Orchestrator

Tabelle 17.3 Die beinhalteten Komponenten pro Client-Management-Lizenz

- **Sind Client-Management-Lizenzen über die Core-CAL- oder Enterprise-CAL-Suiten erhältlich?**

  Ja. Die Core-CAL-Suite beinhaltet System Center 2012 Configuration Manager Client-Management-Lizenz und System Center 2012 Endpoint Protection-Clientabonnement-Lizenz. Die Enterprise-CAL beinhaltet alle drei System Center 2012 Client-Management-Lizenzen.

- **Ist Software Assurance für System Center-Produkte erforderlich?**

  Ja, ohne Software Assurance beim Ersterwerb aller System Center 2012-Lizenzen geht künftig nichts mehr.

- **Wie erfolgt der Übergang zum neuen Lizenzmodell für Clients?**

  Bestehende Lizenzen mit Software Assurance (SA) besitzen die Lizenz zur Migration nach Vorgabe aus Tabelle 17.4. Voraussetzung dafür ist jedoch, das SA der bisher genutzten Vorgängerversionen zum Zeitpunkt der allgemeinen Verfügbarkeit von System Center 2012 aktiv ist. Sie als Kunde bezahlen weiterhin bis Vertragsende die bestehenden Lizenzen zum ursprünglichen Preis, um dann anschließend SA für die neuen Lizenzen zu verlängern.

Bestehende Lizenz	Neue Lizenz
System Center Operations Manager Client-Management-Lizenz	System Center 2012 Client-Management-Suite Client-Management-Lizenz für jede Client-Management-Lizenz eines einzelnen berechtigten Produkts
System Center Data Protection Manager Client-Management-Lizenz	System Center 2012 Client-Management-Suite Client-Management-Lizenz für jede Client-Management-Lizenz eines einzelnen berechtigten Produkts
System Center Service Manager Client-Management-Lizenz	System Center 2012 Client-Management-Suite Client-Management-Lizenz für jede Client-Management-Lizenz eines einzelnen berechtigten Produkts
System Center Configuration Manager 2007 R3 Client-Management-Lizenz	System Center 2012 Configuration Manager Client-Management-Lizenz
System Center Virtual Machine Manager Client-Management-Lizenz	System Center 2012 Configuration Manager Client-Management-Lizenz
Forefront Endpoint Protection 2010 Abonnement-Lizenz	System Center 2012 Endpoint Protection Client Abonnement-Lizenz

Tabelle 17.4 Die Übersicht über den Umtauschkurs der Client-Management-Lizenzen

- **Wie lizenziere ich System Center 2012 Endpoint Protection?**

    System Center 2012 Endpoint Protection ist ein Abonnement, das auf verschiedene Arten lizenziert werden kann. In den Microsoft-Volumenlizenzprogrammen können Sie Ihre Clients über ein Einzelabonnement pro Nutzer oder pro Gerät schützen. Darüber hinaus ist System Center 2012 Endpoint Protection als Bestandteil der Microsoft-CAL-Suiten (Core-CAL und Enterprise-CAL) verfügbar. Serverbetriebssysteme sind über die Server-Management-Lizenzversionen Standard oder Datacenter geschützt.

- **Kann ein Upgrade von Forefront Endpoint Protection 2010 auf die neue Version durchgeführt werden?**

    Ja. Ein aktives Abonnement für Forefront Endpoint Protection 2010 berechtigt Sie als Kunden zum Upgrade auf das neue Produkt System Center 2012 Endpoint Protection.

Kapitel 18

Zusatzfunktionen

In diesem Kapitel:

Interaktion mit Visio 2010	480
Einrichten von Dashboardansichten	486
Einrichten der Active Directory-Integration	489
Einrichten der Gatewayserver-Rolle	492
Überwachen von SAP-Systemen	498
Verteilte Anwendungen visualisieren mit Live Maps	506
Leistungsüberwachung in Echtzeit mit Vital Signs	510

In diesem Kapitel finden Sie einige Anmerkungen und Informationen über Zusatzfunktionen, die meist nicht im Mittelpunkt der Verwendung von System Center 2012 Operations Manager während der Einführungsphase stehen. Später bleibt dann oft keine Zeit mehr für eine Re-Vision der bisher eingeführten Leistungsmerkmale. Das ist im Grunde sehr schade, zugleich aber auch oft eine Begleiterscheinung in vielen Softwareprojekten.

Folgende Themenbereiche werden in diesem Kapitel behandelt. Es wäre schön, wenn Sie in der einen oder anderen Mittagspause einen Blick auf diese Zusatzfunktionen werfen. Für alle, die sich mit der Überwachung von Entitäten in nicht vertrauten Umgebungen beschäftigen müssen, ist das Studium zur Einrichtung eines Gatewayservers allerdings ohnehin obligatorisch.

- Interaktion mit Visio 2010 und SharePoint 2010
- Einrichten von Dashboardansichten
- Einrichten der Active Directory-Integration
- Einrichten der Gatewayserver-Rolle
- Überwachen von SAP-Systemen
- Verteilte Anwendungen visualisieren und überwachen

Ihr Augenmerk möchte ich besonders auf den Abschnitt »Überwachen von SAP-Systemen« ab Seite 498 lenken. Dieser ist für Sie sicherlich von hohem Interesse, wenn Sie in Ihrem Unternehmen SAP-Systeme bereitstellen müssen. Dieser Abschnitt wurde von Bernhard Mändle, General Manager der connmove GmbH aus Lauingen beigesteuert. Bei ihm möchte ich mich dafür sehr herzlich bedanken. Ich will Ihnen damit einen Blick über den Tellerrand ermöglichen. Seit ich mit Operations Manager zu tun habe, suche ich nach einer bezahlbaren Integrationsmöglichkeit zur Überwachung von SAP-Systemen. Es scheint, dass damit das Ziel erreicht ist. Urteilen Sie jedoch bitte selbst. Ich freue mich auf Ihr Feedback.

Beginnen wir mit einem Leistungsmerkmal, das uns bereits in der vorherigen Version von System Center 2012 Operations Manager zur Verfügung stand: die Interaktion mit Visio 2010.

Interaktion mit Visio 2010

Üblicherweise bringt System Center 2012 Operations Manager seine eigenen Diagramme mit. Genau genommen verdanken wir diese Diagramme jedoch nicht dem Produkt, sondern vielmehr den Management Packs, die nach und nach importiert werden. Der große Vorteil dieser Diagramme ist deren Dynamik: Ändert sich der Status der integrierten Entitäten, wird diese Veränderung umgehend durch die Veränderung des Symbols und der Symbolfarbe nach gelb oder rot verdeutlicht.

Die Nutzung dieser Diagramme ist all denen vorbehalten, die Zugriff auf die Steuerungselemente von System Center 2012 Operations Manager, Betriebskonsole beziehungsweise Webkonsole haben. Da die Webkonsole quasi überall innerhalb einer gesicherten Umgebung gestartet werden kann, kann de facto jeder mit adäquaten Zugriffsberechtigungen von den dynamischen Ansichten der Management Packs profitieren.

Ein weiteres Leistungsmerkmal von System Center 2012 Operations Manager ist in diesem Kontext die Möglichkeit, Diagramme aus System Center 2012 Operations Manager im Visio-Dateiformat zu exportieren. Damit können Sie sich jederzeit den Status einer aktuellen Situation zu Dokumentationszwecken wegspeichern. Das ist ein sehr einfacher effizienter Weg zum Aufbau einer Infrastruktur-Dokumentation. Das Ergebnis entspricht 1:1 der Livedarstellung in der Betriebskonsole. Bedauerlicherweise – wenn zugleich auch nachvollziehbar – verliert die Visio-Datei ihre Dynamik. Das bedeutet, dass Sie den Status der Entitäten zum Zeitpunkt des Speichervorgangs sehen.

Viele meiner ehemaligen Kunden hatten sich bereits weit vor der Einführung von Operations Manager 2007 R2 oder System Center 2012 Operations Manager mit der Dokumentation ihrer Systemumgebung auf Basis von Visio beschäftigt. Das Konzept von Operations Manager sieht weder in der Vorgängerversion noch in der aktuellen Ausgabe ein Import solcher Zeichnungen vor, um diese dann – zumindest soweit vorhanden – mit überwachten Entitäten zu verknüpfen.

Microsoft stellt kostenlose Zusatzwerkzeuge zur Verfügung, um solche Anforderungen dennoch realisieren zu können. Dabei handelt es sich um die folgenden Add-Ins:

- Visio 2010 Add-In
- SharePoint 2010 Visio Services Data Provider

Damit sind Sie in der Lage, die in Visio erstellten und mit den Entitäten von System Center 2012 Operations Manager verknüpften Elemente als SharePoint 2010-Webseite zu publizieren. Folgende Leistungsmerkmale sind damit abgedeckt:

- Ansichten von verteilten Applikationen und Diagramme, die als Visio-Datei aus System Center 2012 Operations Manager exportiert wurden, zeigen immer den aktuellen Integritätsstatus der darin enthaltenen Entitäten an
- Neue Visio-Zeichnungen können mit Entitäts-Elementen in System Center 2012 Operations Manager verknüpft werden, um dadurch den aktuellen Status einzelner Elemente auf Basis der eigenen Dokumentationsphilosophie darzustellen
- In Visio-Zeichnungen dargestellte Computersysteme und Netzwerkgeräte können mit den korrespondierenden Elementen in System Center 2012 Operations Manager über deren Namen oder IP-Adresse verbunden werden
- Der Integritätsstatus wird in Visio-Zeichnungen automatisch aktualisiert. Damit ist die Grundlage zum Aufbau eines Regie- oder Überwachungszentrums vorhanden.
- Abhängig vom Integritätsstatus einer Entität in System Center 2012 Operations Manager kann die Farbe des Symbols in der Visio-Zeichnung verändert werden
- Der Integritätsstatus von Entitäten kann auch in Visio-Zeichnungen stets aktuell dargestellt werden, wenn diese in einer Dokumentenbibliothek in SharePoint 2010 gespeichert sind. Voraussetzung hierfür ist die Verwendung von System Center 2012 Operations Manager und einer SharePoint 2010 Server-Farm.

Schauen wir uns anschließend die folgenden Einzelschritte etwas genauer an:

- Installation des Visio 2010-Add-Ins
- Installation des Visio Services Data Providers
- Einrichten von Berechtigungen für Visio Services
- Konfiguration von Operations Manager Datenquelle in Visio 2010
- Anzeigen eines Diagramms in Visio 2010
- Veröffentlichen von Visio-Zeichnungen in SharePoint 2010

Die erforderlichen Erweiterungen können Sie im Download-Bereich von Microsoft herunterladen. Suchen Sie gegebenenfalls nach den Begriffen mit der Suchmaschine Ihrer Wahl, indem Sie den englischsprachigen Suchbegriff »Microsoft Visio 2010 and SharePoint 2010 Extensions for System Center 2012« eingeben. Alternativ können Sie auch den nachfolgenden Link verwenden: *http://www.microsoft.com/en-us/download/details.aspx?displaylang=en&id=29268*. Bereitgestellt wird eine komprimierte Datei mit den erforderlichen Programmpaketen. Die Erweiterungen sind aktuell nur in englischer Sprache verfügbar.

Schritt 1: Installation des Visio 2010-Add-Ins

Zur Installation des benötigten Visio 2010-Add-Ins müssen folgende Voraussetzungen erfüllt sein:

- Funktionsfähige Betriebskonsole von System Center 2012 Operations Manager. Alternativ kann auch die Konfigurationskonsole von System Center 2012 Operations Manager verwendet werden. Letztere können Sie unter der folgenden Adresse herunterladen: *http://go.microsoft.com/fwlink/?LinkID=136356*.
- Microsoft Office Visio 2010 Professional oder Premium
- Microsoft .NET Framework 3.5 SP1. Das Programmpaket können Sie unter der folgenden Adresse herunterladen: *http://go.microsoft.com/fwlink/?LinkID=131605*.

Typischerweise wird das Visio 2010 Add-In auf einem Arbeitsplatzcomputer eines Administrators von System Center 2012 Operations Manager installiert. Die Installation auf einem Verwaltungsserver ist hingegen nicht zu empfehlen, wenngleich aber technisch möglich.

HINWEIS Sollte auf diesem Rechnersystem noch die Visio-Add-In-Version für Operations Manager 2007 R2 installiert sein, dann deinstallieren Sie diese Version zuvor.

Führen Sie die nachfolgenden Schritte zur Installation von Visio 2010-Add-In durch:

1. Melden Sie sich am Arbeitsplatzcomputer an, auf dem sowohl die Betriebskonsole als auch Microsoft Visio 2010 in einer der oben angegebenen Versionen installiert ist. Sie benötigen administrative Rechte auf dem Arbeitsplatzcomputer für eine erfolgreiche Durchführung der Installation.
2. Klicken Sie doppelt auf die heruntergeladene Datei *OpsMgrAddinSetup.msi*. Diese Datei finden Sie in der extrahierten Verzeichnisstruktur im Unterverzeichnis *\Client* und dort in der von Ihnen gewünschten Architekturvariante.
3. Folgen Sie den Anweisungen des Installations-Assistenten.

Starten Sie nach der erfolgreichen Installation Microsoft Office Visio 2010. Beim ersten Start werden Sie gefragt, ob Sie das Visio-Add-In installieren wollen. Bestätigen Sie die Aufforderung. Ab sofort ist im Menüband von Microsoft Office Visio 2010 ein weiterer Menüeintrag *Operations Manager* vorhanden.

Schritt 2: Installation von Visio Services Data Provider

Als Nächstes steht die Installation von Visio Services Data Provider für System Center 2012 Operations Manager an. Zur Installation dieser Zusatzkomponente müssen folgende Voraussetzungen erfüllt sein, beziehungsweise folgende Softwareprodukte bereitgestellt werden:

- Funktionsfähige Betriebskonsole von System Center 2012 Operations Manager. Alternativ kann auch die Konfigurationskonsole von System Center 2012 Operations Manager verwendet werden. Letztere können Sie unter der folgenden Adresse herunterladen: *http://go.microsoft.com/fwlink/?LinkID=136356*.
- SharePoint 2010 Enterprise. Die Installation von SharePoint 2010 Enterprise muss als Farmumgebung erfolgt sein. Eine Einzelserverinstallation ist nicht ausreichend.
- Microsoft .NET Framework 3.5 SP1. Das Programmpaket können Sie unter der folgenden Adresse herunterladen: *http://go.microsoft.com/fwlink/?LinkID=131605*.

Führen Sie die nachfolgenden Schritte zur Bereitstellung von Visio Services Data Provider auf einem der Verwaltungsserver Ihrer System Center 2012 Operations Manager-Infrastruktur durch. Alternativ kann die Instal-

lation auch direkt auf einem Ihrer SharePoint 2010 erfolgen – falls Sie dort aus welchem Grund auch immer eine Betriebskonsole von System Center 2012 Operations Manager installiert haben:
1. Melden Sie sich auf dem Verwaltungsserver mit einem administrativen Benutzerkonto an.
2. Klicken Sie doppelt auf die heruntergeladene Datei *OpsMgrDataModule.msi*. Diese finden Sie in der extrahierten Verzeichnisstruktur im Unterverzeichnis *\Server*. Bestätigen Sie gegebenenfalls die angezeigte Sicherheitswarnung.
3. Folgen Sie dem Installations-Assistenten.

Als Resultat wurde lediglich der Inhalt der *.msi*-Datei entpackt und standardmäßig in das Verzeichnis *C:\Program Files\Visio Services Data Provider for System Center 2012 – Operations Manager* bereitgestellt. Die eigentliche Konfiguration beginnt jetzt.

Die nächsten Schritte müssen Sie auf SharePoint 2010 ausführen. Stellen Sie dort die extrahierten Dateien von soeben bereit.

1. Melden Sie sich mit einem Benutzerkonto auf SharePoint 2010 an, der über Farm-Administrationsrechte verfügt.
2. Starten Sie SharePoint 2010 Management Shell im administrativen Modus.
3. Wechseln Sie in das Verzeichnis, in der Sie die extrahierten Dateien von soeben bereitgestellt haben. Führen Sie anschließend das PowerShell-Skript aus, indem Sie den folgenden Befehl eingeben:
   `.\InstallOpsMgrDataModule.ps1`

Verläuft die Installation erfolgreich, quittiert das Skript die Ausführung mit der Meldung *Data Module deployment successful*.

HINWEIS Um die erfolgreiche Bereitstellung von Visio Services Data Provider in SharePoint 2010 zu überprüfen, verwenden Sie die gleiche PowerShell von soeben und führen den PowerShell-Befehl *Get-SPSolution* aus.

So prüfen Sie die erfolgreiche Installation mithilfe der Zentraladministration von SharePoint 2010. Verwenden Sie hierfür ebenfalls ein Benutzerkonto mit Farmadministrationsrechten:

1. Starten Sie die Zentraladministrations-Weboberfläche Ihrer SharePoint 2010-Installation.
2. Klicken Sie im linken Bereich auf den Link *Anwendungsverwaltung*.
3. Klicken Sie im mittleren Bereich auf den Link *Dienstanwendungen/ Dienstanwendungen verwalten*.
4. Klicken Sie im mittleren Bereich auf den Link *Visio Grafikdienst (Visio Graphic Service)*.
5. Klicken Sie im mittleren Bereich auf den Link *Vertrauenswürdige Datenanbieter*.

In der jetzt angezeigten Liste muss ein Auftrag aufgeführt sein, der mit der Bezeichnung *Microsoft.Office.Visio.Server.OperationsManagerModule.OperationsManagerDataModule* beginnt.

Schritt 3: Einrichten von Berechtigungen für Visio Services

Um SharePoint 2010 in die Lage zu versetzen, den Integritätsstatus von System Center 2012 Operations Manager dynamisch auszulesen, müssen wir uns um die Konfiguration der Zugriffsrechte kümmern. Das Ziel ist, das von SharePoint 2010 verwendete Benutzerkonto mit Leserechten auf die System Center 2012 Operations Manager-Infrastruktur auszustatten. Dazu müssen wir erst einmal herausfinden, welches Benutzerkonto von SharePoint 2010 verwendet wird:

1. Starten Sie die Zentraladministrations-Weboberfläche Ihrer SharePoint 2010-Installation.
2. Klicken Sie im linken Bereich auf *Sicherheit* und danach im mittleren Bereich innerhalb der Gruppe *Allgemeine Sicherheit* auf den Link *Dienstkonten konfigurieren*.
3. In der Liste der Dienstkonten selektieren Sie den Eintrag *Dienstanwendungspool – SharePoint Web Services Standard (Service Application Pool – SharePoint Web Services Default)*.
4. Sie sehen jetzt das verwendete Benutzerkonto im Feld *Wählen Sie ein Konto für diese Komponente aus*. Dieses Benutzerkonto benötigen wir für den weiteren Verlauf dieses Abschnitts.

Mit dieser Information im Rucksack wandern wir jetzt ins Hoheitsgebiet von System Center 2012 Operations Manager. Dort sorgen wir dafür, dass das soeben ermittelte Konto Leserechte zugeteilt bekommt. Gehen Sie dazu wie folgt vor:

1. Starten Sie die Betriebskonsole von System Center 2012 Operations Manager mit einem administrativen Benutzerkonto.
2. Navigieren Sie zu *Verwaltung/Sicherheit/Benutzerrollen*.
3. Klicken Sie im Ergebnisbereich mit der rechten Maustaste auf den Eintrag *Schreibgeschützte Operatoren*. Wählen Sie im Kontextmenü den Eintrag *Eigenschaften* aus.
4. Klicken Sie im Dialogfeld der Benutzerrolleneigenschaften auf den Link *Hinzufügen*.
5. Geben Sie den soeben innerhalb von SharePoint 2010 festgestellten Benutzernamen ein und schließen Sie die geöffneten Dialogfelder.

Schritt 4: Konfiguration der Operations Manager-Datenquelle in Visio 2010

Bevor Visio 2010 mit System Center 2012 Operations Manager interagieren kann, müssen wir System Center 2012 Operations Manager als Datenquelle für unsere Visio-Zeichnungen konfigurieren. Zusätzlich müssen wir in diesem Arbeitsgang Visio mitteilen, unter welcher Adresse die Webkonsole zu finden ist. Interessiert sich nämlich jemand für die Details eines bestimmten Integritätsstatus, greift Visio 2010 auf den Integritäts-Explorer zu und öffnet diesen in einem Internet Explorer-Fenster.

Die nachfolgenden Schritte führen Sie an Ihrem Arbeitsplatz aus, indem Sie Visio 2010 öffnen und konfigurieren. Wichtig ist, dass »Schritt 1: Installation des Visio 2010-Add-Ins« (siehe Seite 482) erfolgreich abgeschlossen ist.

1. Starten Sie Visio 2010 und erstellen Sie eine neue Zeichnung.
2. Öffnen Sie im Menüband die Registerkarte *Operations Manager* und klicken Sie auf das Symbol *Configure*. Das Dialogfeld *Configure Data Source* wird angezeigt.
3. Tragen Sie im Feld *Name* den Computernamen des Verwaltungsservers Ihrer Verwaltungsgruppe ein. In meiner Beispielumgebung trage ich hier *SRV0013.contoso.msft* ein.
4. Tragen Sie im Feld *Address* die URL-Adresse der Webkonsole ein. Da in meinem Beispielszenario die Webkonsole ebenfalls auf dem Verwaltungsserver installiert ist, trage ich in diesem Feld *http://SRV0013:51908* ein.
5. Klicken Sie danach auf die Schaltfläche *Look up web console address*. Ihr Rechner versucht nun die Webkonsole zu erreichen. Da die Webkonsole für die Verwendung von SSL eingerichtet wurde, ändert der Konfigurations-Assistent meinen Eintrag auf *https://SRV0013/OperationsManager* ab.

6. Wünschen Sie eine regelmäßige Aktualisierung der Integritätszustände, aktivieren Sie das Kontrollkästchen *Automatically refresh data*. Übernehmen Sie den Aktualisierungsintervall von 60 Sekunden oder passen Sie den Wert Ihren Erfordernissen an.
7. Schließen Sie das Dialogfeld mit einem Klick auf die Schaltfläche *OK*.

Schritt 5: Anzeigen eines Diagramms in Visio 2010

Durch die Installation des Visio Add-Ins für Microsoft Office Visio 2010 auf Ihrem Arbeitsplatzrechner behalten die exportierten Diagramme von System Center 2012 Operations Manager ihre Dynamik. Ohne Betriebskonsole sind Sie damit in der Lage, sich den aktuellen Integritätsstatus der darin abgebildeten Entitäten anzeigen zu lassen. Um diese Diagrammansichten – man nennt sie auch verteilte Applikationen – in Visio 2010 weiterzuverwenden, gehen Sie wie folgt vor:

1. Zeigen Sie mithilfe der Betriebskonsole von System Center 2012 Operations Manager die gewünschte Diagrammansicht an.
2. Klicken Sie im Menübereich der Betriebskonsole auf das Symbol mit der Bezeichnung *Nach Visio*. Das Dialogfeld *Seite nach Visio VDX exportieren* wird angezeigt.
3. Speichern Sie das Diagramm im gewünschten Verzeichnispfad im *.vdx*-Dateiformat.
4. Öffnen Sie jetzt das exportierte Diagramm mit Microsoft Office Visio 2010. Da das Visio 2010-Add-In bereits installiert (Schritt 1) und konfiguriert (Schritt 4) wurde, verbindet sich Visio 2010 automatisch mit dem Verwaltungsserver.
5. Falls Sie jetzt mit einem Benutzerkonto angemeldet sind, welches nicht über Leserechte in der verbundenen Verwaltungsgruppe von System Center 2012 Operations Manager verfügt, werden Sie um Angabe eines entsprechenden Benutzerkontos gebeten.
6. Nach dem Öffnen der Visio-Zeichnung sehen Sie unterhalb der Diagrammfläche den Bereich *Externe Daten*. Hier sind die Verbindungsdaten zu allen dargestellten und mit System Center 2012 Operations Manager verbundenen Elemente aufgeführt. Sie sehen beispielsweise auch, wann der Integritätsstatus der einzelnen Elemente zum letzten Mal aktualisiert wurde.
7. Die Symbole in der Zeichnung sind standardmäßig nicht mit den externen Daten aus der Liste am unteren Bildschirmrand verbunden. Um eine Verbindung herzustellen, ziehen Sie den gewünschten Listeneintrag über das Symbol in der Zeichnung. Ein Assistent unterstützt dann bei der Einrichtung der Verbindung.
8. Zur Nutzung des Integritäts-Explorers halten Sie die `Strg`-Taste gedrückt und klicken anschließend auf das verbundene Symbol.

Die soeben geschilderte Vorgehensweise lässt sich auf jede Diagrammansicht anwenden. Diagrammansichten sind für die meisten Entitäten verfügbar. Klicken Sie mit der rechten Maustaste beispielsweise auf einen der Einträge in der Überwachungssicht *Windows-Computer*. Wählen Sie anschließend im Kontextmenü den Eintrag *Öffnen/Diagrammansicht* aus.

HINWEIS Rufen Sie diese Funktion zum ersten Mal auf, beziehungsweise greifen Sie zum ersten Mal auf die Webkonsole von System Center 2012 Operations Manager zu, werden Sie zur Installation von Microsoft Silverlight als Add-In für den Internet Explorer aufgefordert. Stimmen Sie dieser Aufforderung zu. Das dauert nicht lange, tut nicht weh und ist – wie fast alles bei Microsoft – durch einen Assistenten unterstützt.

Nach der Erstinstallation von Microsoft Silverlight wird Ihnen eine weitere Aufforderung zur *Konfiguration der Webkonsole* auf der aktuellen Webseite des Internet Explorers angezeigt. Klicken Sie dort auf die Schaltfläche *Konfigurieren* und drücken Sie nach erfolgter Konfiguration die `F5`-Taste.

Schritt 6: Veröffentlichen von Visio-Zeichnungen in SharePoint 2010

Die Veröffentlichung einer Visio-Zeichnung in SharePoint 2010 ist ähnlich spektakulär wie eine Fußgängerampel. Voraussetzung dafür ist lediglich, dass Sie die vorherigen Einrichtungsschritte in diesem Abschnitt befolgt haben. Dazu zählen insbesondere die beiden folgenden Schritte:

- Schritt 2: Installation von Visio Services Data Provider
- Schritt 3: Einrichten von Berechtigungen für Visio Services

Zur Durchführung der Veröffentlichung benötigen wir die von Ihnen vorbereitete Visio-Zeichnung. Ferner müssen Sie beziehungsweise das von Ihnen verwendete Benutzerkonto über ausreichend Rechte zur Speicherung des Zeichnungsobjekts in der von Ihnen avisierten SharePoint 2010-Bibliothek verfügen. Ausgangspunkt ist somit das mit Visio 2010 geöffnete Diagramm auf Ihrem Bildschirm:

1. Öffnen Sie im Menüband von Visio 2010 die Registerkarte *Datei*.
2. Klicken Sie auf *Speichern und Senden*.
3. Klicken Sie im mittleren Bildschirmbereich auf *In SharePoint speichern*.
4. Wählen Sie einen bereits verwendeten Link aus der Liste oder klicken Sie auf *Speicherort suchen*, um eine andere Bibliothek für die Veröffentlichung zu verwenden. Das Dialogfeld *Speichern unter* wird daraufhin angezeigt.

> **WICHTIG** Ganz wichtig: Selektieren Sie den Dateityp *Webzeichnung* in der gleichnamigen Auswahlliste!

5. Vergeben Sie einen Ihren Richtlinien entsprechenden Dateinamen und pflegen Sie bei Bedarf auch die Metadateninformationen *Autoren* und *Markierungen*.
6. Klicken Sie auf die Schaltfläche *Speichern*.
7. Je nach Konfiguration der zur Speicherung und Veröffentlichung verwendeten Dokumentbibliothek werden Sie jetzt aufgefordert, weitere Metadaten zu pflegen.

Das war schon alles. Jetzt können Ihre Mitarbeiter – abhängig von der Zugriffsberechtigung auf die verwendete Dokumentbibliothek – Einblick in die aktuelle Verfügbarkeit Ihrer Infrastruktur und Ihrer verteilten Anwendungen nehmen.

Einrichten von Dashboardansichten

Mit System Center 2012 Operations Manager wurde die Möglichkeit zur Einrichtung sogenannter Dashboards erheblich überarbeitet. Dashboards erlauben es, mehrere unterschiedliche Statusquellen auf einer Seite anzuzeigen. Das Ganze erinnert dann an die Kontrolarbeitsplätze während eines Formel 1-Rennens. Wer nicht so sehr auf den automobilen Rennsport steht, stellt sich stattdessen das zentrale Überwachungszentrum der Deutsche Bahn in Frankfurt vor. Damit keine Missverständnisse auftreten: Das Streckennetz der Deutsche Bahn wird nicht mit System Center 2012 Operations Manager überwacht.

In diesem Abschnitt schauen wir uns zwei unterschiedliche Strategien in Sachen Dashboards an. Die erste Variante beschreibt die Einrichtung einer solchen Kontrolloberfläche mit den Bordmitteln von System Center 2012 Operations Manager. Die Alternative basiert auf der Verwendung von dynamischen Visio-Diagrammen, wie wir sie im vorherigen Abschnitt »Interaktion mit Visio 2010« ab Seite 480 eingerichtet haben.

Einrichten von Dashboardansichten

- Einrichten von Dashboards in System Center 2012 Operations Manager
- Einrichten eines Dashboard mit Visio-Zeichnungen in SharePoint 2010

Einrichten von Dashboards in System Center 2012 Operations Manager

Beschäftigen uns wir uns als Erstes mit der Einrichtung eines Dashboards. Dashboards sind nichts anderes als eine Kombination bereits vorhandener Sichten zu einer einzigen Sicht. Entsprechend lautet dann auch die offizielle Bezeichnung von Microsoft für diese Sichtvariante *Dashboardansicht*. Die in einem Dashboard verwendeten Sichten werden als Widgets bezeichnet.

Alle Schritte werden in der Betriebskonsole ausgeführt. Ziel dieses Abschnitts ist, Ihnen die grundsätzliche Vorgehensweise zur Einrichtung nahe zu bringen. Das Resultat der nachfolgenden Schrittfolge wird deshalb keinen Preis bei irgendeinem Schönheits- oder Effizienzwettbewerb gewinnen.

1. Starten Sie die Betriebskonsole von System Center 2012 Operations Manager.
2. Klicken Sie im Navigationsbereich *Überwachung* mit der rechten Maustaste auf *Überwachung*. Wählen Sie Kontextmenü den Eintrag *Neu/Dashboardansicht* aus. Der Assistent für neue Dashboards und Widgets wird gestartet.
3. Klicken Sie auf den Vorlagentyp *Rasterlayout* und danach auf die Schaltfläche *Weiter*.
4. Vergeben Sie als Nächstes einen aussagekräftigen Namen und gerne auch eine Beschreibung. System Center 2012 Operations Manager hat leider immer noch das Manko, dass keine Änderungshistorie implementiert ist. Das bedeutet, dass man später nicht mehr feststellen kann, wer welche Änderungen vorgenommen hat. Ich empfehle deshalb immer die Pflege einer Beschreibung wie beispielsweise Datum, Namenskürzel und kurze Beschreibung. Wechseln Sie anschließend zur nächsten Eingabeseite.
5. Das Dialogfeld *Dashboardlayout angeben* wird angezeigt. Entscheiden Sie sich für *3 Zellen*. Selektieren Sie danach beispielsweise die Variante mit zwei gleichen Bereichen im oberen Bereich und einem großen Bereich unten. Danach klicken Sie auf die Schaltfläche *Weiter* und schließlich auf die Schaltfläche *Erstellen*.
6. Die Vorbereitung dauert einige Momente. Schließen Sie den Assistenten durch Klicken auf die entsprechende Schaltfläche.

Damit steht bereits das Gerüst für die Dashboardansicht. Als Nächstes füllen wir die einzelnen Fenster mit den gewünschten Ansichten:

1. Klicken Sie im unteren Bereich auf den Link *Klicken Sie auf diese Option, um das Widget hinzuzufügen*.
2. Selektieren Sie den Eintrag *Statuswidget* und klicken Sie danach auf die Schaltfläche *Weiter*.
3. Vergeben Sie einen aussagekräftigen Namen für diesen Teilbereich der Dashboardansicht und klicken Sie anschließend auf die Schaltfläche *Weiter*.
4. Das Dialogfeld *Bereich angeben* wird angezeigt. Klicken Sie auf die Schaltfläche *Hinzufügen*. Ein weiteres Dialogfeld *Gruppen oder Objekte hinzufügen* wird angezeigt.
5. Suchen Sie nach *All Windows Computer*, markieren Sie diesen Listeneintrag und klicken Sie danach auf die Schaltfläche *Hinzufügen*. *All Windows Computer* wird jetzt in der Liste *Ausgewählte Elemente* angezeigt.
6. Schließen Sie das Dialogfeld *Gruppen oder Objekte hinzufügen* durch einen Klick auf die Schaltfläche *OK*. Wieder zurück im Dialogfeld *Bereich angeben* klicken Sie auf die Schaltfläche *Weiter*. Wenn Sie die angezeigten Entitäten abhängig vom Integritätsstatus angezeigt bekommen wollen, können Sie im Dialogfeld *Kriterien angeben* auf Wunsch zusätzliche Filtereinstellungen vornehmen.

7. Auf der nächsten Seite des Assistenten werden die *Anzeigevoreinstellungen* festgelegt. Ebenso bestimmen Sie hier die Sortierreihenfolge und die Möglichkeit zur Gruppierung der angezeigten Objekte.
8. Führen Sie den Assistenten bis zum Ende. In der Dashboardansicht sehen Sie das Ergebnis Ihrer Konfiguration.

Basierend auf dieser Anleitung können Sie die beiden anderen Fenster der Dashboardansicht konfigurieren.

HINWEIS Alle Einstellungen der Dashboardansicht lassen sich auch später noch anpassen. Klicken Sie dazu auf das angebotene Zahnradsymbol. Der Klick auf das Symbol auf Höhe des jeweiligen Widgets erlaubt sowohl die Anpassung der Selektionsparameter als auch die Veränderung der Filterfunktion. Mit einem Klick auf das Symbol auf Dashboardebene können Sie auch später noch die Aufteilung der Sicht und somit auch die Anzahl und Anordnung der Widgets überarbeiten.

Dashboardansichten sind nicht nur in der Betriebskonsole verfügbar. Sie können darauf auch bei der Arbeit mit der Webkonsole zugreifen.

Einrichten eines Dashboards mit Visio-Zeichnungen in SharePoint 2010

Dieses Szenario setzt voraus, dass Sie sich bereits mit der Aufbereitung der Diagramme von System Center 2012 Operations mithilfe von Microsoft Office Visio 2010 beschäftigt haben. Das nachfolgende Szenario verwendet die daraus resultierenden Visio-Zeichnungen im *.vdw*-Format. Dabei gehen wir davon aus, dass diese Dokumente in einer Dokumentbibliothek innerhalb SharePoint 2010 veröffentlicht worden sind.

Sollten Sie sich in SharePoint 2010 nicht wirklich auskennen, ist jetzt der richtige Zeitpunkt, um die zuständige Kollegin oder den zuständigen Kollegen auf einen Kaffee an Ihren Schreibtisch einzuladen. Führen Sie die nachfolgenden Schritte mithilfe des Internet Explorers durch. Verwenden Sie dazu ein Benutzerkonto mit administrativen Rechten für die verwendete SharePoint-Seite.

1. Navigieren Sie im Internet Explorer zur verwendeten SharePoint 2010-Teamseite.
2. Navigieren Sie zur Dokumentenbibliothek, in der die *.vdw*-Dateien gespeichert sind.
3. Klicken Sie auf *Websiteaktionen* und dann auf *Weitere Optionen*.
4. Klicken Sie auf den Eintrag *Web Part Page* und dann auf die Schaltfläche *Erstellen*.
5. Vergeben Sie einen aussagekräftigen Namen für die neue Webseite.

TIPP Vermeiden Sie Leerstellen in der Namensvergabe.

6. Wählen Sie im Bereich *Layout* die Vorlage *Kopfzeile, rechte Spalte, Textkörper* aus.
7. Klicken Sie jetzt auf die Schaltfläche *Erstellen*. Eine leere Seite wird angezeigt; die Zonenbereiche sind deutlich erkennbar.
8. Klicken Sie in den Bereich *Textkörper*. Im Kopfbereich der Seite wird eine neue Registerkarte mit der Bezeichnung *Seitentools* eingeblendet.
9. Klicken Sie im oberen Bereich der Webseite auf die Kategorie *Business Data*. Markieren Sie danach gleich rechts daneben das Webpart *Visio Web Access*.
10. Klicken Sie auf die Schaltfläche *Hinzufügen*. Das Visio Web Access-Webpart ist jetzt dem Textkörperbereich ihrer neuen Webseite hinzugefügt worden.
11. Sofern die Eigenschaften des Webparts nicht bereits am rechten Bildschirmrand angezeigt werden, klicken Sie im Bereich des Webparts auf den Link *Klicken Sie hier, um den Toolbereich zu öffnen*.

12. Tragen Sie im Feld *Webzeichnungs-URL* die URL-Adresse zur gewünschten Visio-Zeichnung ein. Mithilfe der hinter dem Textfeld befindlichen Schaltfläche können Sie auch nach dem Dokument suchen.
13. Pflegen Sie die gewünschte Aktualisierungszeit im darunter liegenden Feld *Automatisches Aktualisierungsintervall (in Minuten)* ein.
14. Deaktivieren Sie das Kontrollkästchen *"In Visio öffnen" anzeigen*.
15. Klicken Sie auf die Schaltfläche *OK* am unteren Ende des Toolbereichs.
16. Klicken Sie im Kopfbereich der Webseite auf *Seite* und dann auf *Bearbeitung beenden*.

Die weiteren Bereiche der erstellten Webseite können Sie nach Ihren Bedürfnissen mit anderen Visio-Diagrammen auffüllen.

HINWEIS Hat alles geklappt, haben Sie spätestens jetzt eine Arbeitskollegin beziehungsweise ein Arbeitskollege als neuen Freund gewonnen. Sehen Ihre anderen Kolleginnen und Kollegen trotz der erfolgreichen Einrichtung keine Statusansicht in SharePoint 2010, mag das auch an mangelnden Berechtigungen liegen. Achten Sie darauf, dass Sie allen Anwendern die erforderlichen Rechte zum Zugriff in SharePoint 2010 einrichten. Vielleicht eine gute Gelegenheit für eine zweite Tasse Kaffee ...

Einrichten der Active Directory-Integration

Der Fokus in der Entwicklungsarbeit bei Microsoft liegt auf der Berücksichtigung von Anforderungen von kleinen, aber insbesondere auch sehr großen Umgebungen. Einige meiner früheren Kunden sind Bankinstitute. Banken nutzen für die Bereitstellung ihrer IT-Dienstleistungen oft Terminalserverlösungen. Diese Serversysteme werden in der Nacht gelöscht und neu installiert. Die Installation basiert auf einer Standardkonfiguration, in der alle relevanten Applikationen bereits enthalten sind.

Diese Vorgehensweise würde die Überwachung mit System Center 2012 Operations Manager vor eine große Herausforderung stellen. Jedes überwachte System, das plötzlich nichts mehr von sich hören lässt, ist für System Center 2012 Operations Manager ein problembehaftetes System. Läuft dieser Reinkarnationsprozess jeweils nachts, haben Sie als verantwortliche(r) Mitarbeiter(in) jeden Morgen erst einmal ausreichend Arbeit. Diese Ausprägung von Arbeitsbeschaffungsmaßnahme können wir jedoch verhindern. Unterstützt werden wir dabei durch die Active Directory-Integration.

Installieren wir die Clientkomponente von System Center 2012 Operations Manager manuell, müssen wir sowohl Verwaltungsgruppe als auch Verwaltungsserver während der Konfiguration mit angeben. Diese Informationen können jedoch auch in Active Directory veröffentlicht werden. Das erspart die lästige Tipparbeit und sorgt dafür, dass wir in Szenarien wie soeben geschildert eine automatische Konfiguration der Clientkomponente von System Center 2012 Operations Manager bei einer Masseninstallation von Computersystemen erreichen.

Folgende Voraussetzungen müssen dafür erfüllt sein:

- Die Domänenfunktionsebene muss mindestens Windows 2000 einheitlich oder Windows 2003 sein
- Die zu verwaltenden Computersysteme sowie alle Verwaltungsserver im sogenannten *AD Assignment Ressource Pool* müssen sich in der gleichen Domäne befinden. Befinden sich die Systeme in unterschiedlichen Domänen, müssen diese mittels gegenseitiger Vertrauensstellung verbunden sein.

In diesem Abschnitt werden wir uns die notwendigen Schritte zur Einrichtung der Active Directory-Integration anschauen. Bitte beachten Sie, dass dieser Automatismus keine Auswirkung auf die Clientpush-Installationsvariante mithilfe der Betriebskonsole hat.

Vorbereitende Maßnahmen in Active Directory

Wir beginnen mit der Erstellung eines Containers in Active Directory. Unterstützt werden wir dabei von der Anwendung *MomAdAdmin.exe*, die bereits auf jedem Verwaltungsserver im Programmverzeichnis von System Center 2012 Operations Manager vorhanden ist. Zu deren Anwendung benötigen wir unter anderem auch eine Active Directory-Sicherheitsgruppe. Diese Sicherheitsgruppe muss folgende Anforderungen erfüllen:

- Mitglied der Benutzerrolle *Administratoren* innerhalb System Center 2012 Operations Manager
- Globale Sicherheitsgruppe, sofern die Verwendung im Rahmen gegenseitiger Domänen-Vertrauensstellungen gewünscht ist
- Lokale Domänengruppe, sofern sich die Verwendung auf die aktuelle Active Directory-Domäne beschränkt
- Weiterhin benötigen wir ein Benutzerkonto, welches über die Berechtigung verfügt, Objekte in Active Directory lesen, schreiben und löschen zu können

Die Syntax von *MomAdAdmin.exe* ist wie folgt aufgebaut:

- *MomAdAdmin.exe* <Verwaltungsgruppenname> <Active Directory-Sicherheitsgruppe> <Ausführen-als-Konto> <Domänenname>

Füllen wir die abstrakte Hülle des Zusatzprogramms *MomAdAdmin.exe* jetzt mit Leben und konkretisieren die Parameter für unsere Umgebung:

- **Verwaltungsgruppenname**   Der Name der Verwaltungsgruppe für dieses Buch ist *CONTOSO_OPSMGR_2012*
- **Active Directory-Sicherheitsgruppe**   Nach Abstimmung unter allen Anwesenden entscheiden wir uns für die Verwendung der neu erstellten Sicherheitsgruppe *contoso\opsmgr_ad_int*. In meinem Beispiel handelt es sich um eine lokale Domänengruppe. Diese Gruppe muss vor der Ausführung des Befehls bereits angelegt sein. Ferner muss diese Gruppe, wie bereits erwähnt, der Benutzerrolle Administratoren in System Center 2012 Operations Manager zugewiesen sein.
- **Ausführen-als-Konto**   Ich verwende für die anschließende Ausführung das Domänenadministrationskonto *contoso\adm.scom*
- **Domänenname**   Verwendet wird hier der Domänenname *contoso.msft*

Selbstverständlich müssen Sie diese Punkte mit Ihren Kolleginnen und Kollegen der Active Directory-Fakultät besprechen. Erhalten Sie aus diesem Lager keinen Widerspruch, führen Sie den nachfolgenden Befehl – angepasst auf Ihre Gegebenheiten – auf Ihrem Verwaltungsserver in einem administrativen Eingabeaufforderungsfenster aus:

```
MomAdAdmin CONTOSO_OPSMGR_2012 contoso\opsmgr_ad_int contoso\adm.scom contoso.msft
```

> **HINWEIS**   So überprüfen Sie, ob die Anlage des Containers in Active Directory erfolgreich war:
> 1. Melden Sie sich auf einem Ihrer Domänencontroller an. Verwenden Sie dazu ein Benutzerkonto, welches über ausreichend Rechte zur Nutzung der Verwaltungswerkzeuge von Active Directory verfügt.
> 2. Starten Sie die MMC *Active Directory-Benutzer und -Computerverwaltung*.
> 3. Greifen Sie auf die erweiterten Features zu. Rufen Sie dazu in der Verwaltungskonsole den Menübefehl *Ansicht/Erweiterte Features* auf.
> 4. Direkt unterhalb Ihrer Domäne muss jetzt der Container *OperationsManager* sichtbar sein. Unterhalb dieses Containers findet sich ein weiterer Container mit der Bezeichnung Ihrer Verwaltungsgruppe.

Konfiguration der Active Directory-Integration in System Center 2012 Operations Manager

Als Nächstes müssen wir uns um die Einrichtung der Active Directory-Integration innerhalb von System Center 2012 Operations Manager kümmern. Verwenden Sie zur Durchführung der nachfolgenden Schritte ein Benutzerkonto mit administrativen Rechten innerhalb Ihrer Verwaltungsgruppe. Starten Sie mit diesem Benutzerkonto die Betriebskonsole.

1. Navigieren Sie zu *Verwaltung/Geräteverwaltung/Verwaltungsserver*.
2. Klicken Sie im Ergebnisbereich mit der rechten Maustaste auf den Verwaltungsserver, der als primärer Kommunikationspartner verwendet werden soll. Wählen Sie im Kontextmenü den Eintrag *Eigenschaften* aus.
3. Aktivieren Sie die Registerkarte *Autom. Agentzuweisung* und klicken Sie darin auf die Schaltfläche *Hinzufügen*. Der *Assistent für Agentzuweisung und Agentfailover* wird gestartet.
4. Achten Sie im Dialogschritt *Domäne* auf die richtige Auswahl der Domäne. Ist nur eine Domäne vorhanden, kann keine Anpassung erfolgen.
5. Definieren Sie im Dialogschritt *Einschließungskriterien*, welche Systeme von der Active Directory-Integration überhaupt beachtet werden sollen. Klicken Sie dazu auf die Schaltfläche *Konfigurieren*. Möchten Sie erreichen, dass alle Computerobjekte berücksichtigt werden, deren Name mit der Zeichenfolge »SRV« beginnt, muss danach der LDAP-Filter wie folgt aussehen:
   `(&(sAMAccountType=805306369)(name=SRV*))`
6. Definieren Sie im Dialogschritt *Ausschließungskriterien* die Systeme, die in den generischen *Einschließungskriterien* von soeben nicht berücksichtigt werden dürfen.
7. Legen Sie im Dialogschritt *Agent-Failover* fest, wer im Falle eines vorübergehenden Ausfalls des primären Kommunikationspartners die Rolle des zuständigen Verwaltungsservers übernehmen soll. Empfehlenswert ist hier die Verwendung der Option *Failover automatisch verwalten*.
8. Klicken Sie abschließend auf die Schaltfläche *Erstellen* und schließen Sie die Eigenschaften des zu Beginn selektierten Verwaltungsservers.

HINWEIS Überwachen Sie in Ihrer Verwaltungsgruppe mehrere Domänen, müssen Sie die Konfiguration der Active Directory-Integration für jede Domäne separat durchführen.

Die Anwendung der soeben durchgeführten Konfiguration wurde bereits in Kapitel 14 erläutert. Dort haben wir die Clientkomponente auch basierend auf der Active Directory-Integration installiert.

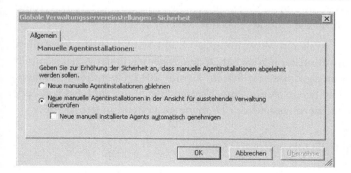

Abbildung 18.1 Damit die Active Directory-Integration auch wirklich erfolgreich funktioniert!

Zum Schluss gilt es noch eine wichtige Einstellung in den Sicherheitsoptionen der Betriebskonsole vorzunehmen. Standardmäßig verweigert System Center 2012 Operations Manager die Verwaltung von Computersystemen, auf denen die Clientkomponente manuell installiert wurde. Diese Einstellung müssen Sie anpassen, um bei der späteren Anwendung dieser Installationsvariante keine Enttäuschung zu erleben.

Zur Anpassung der Standardvorgabe nutzen Sie ein Benutzerkonto mit administrativen Rechten in der Verwaltungsgruppe Ihrer System Center 2012 Operations Manager-Installation und führen die nachfolgenden Schritte durch:

1. Starten Sie die Betriebskonsole.
2. Klicken Sie im Navigationsschaltflächenbereich auf *Verwaltung*.
3. Öffnen Sie im Navigationsbereich den Knoten *Einstellungen*.
4. Klicken Sie im Ergebnisbereich doppelt auf den Eintrag *Sicherheit* in der Einstellungstypgruppe *Server*.
5. Selektieren Sie die Option *Neue manuelle Agentinstallationen in der Ansicht für ausstehende Verwaltung überprüfen*.

TIPP Ich empfehle Ihnen, das Kontrollkästchen *Neue manuell installierte Agents automatisch genehmigen* nicht zu aktivieren. Damit behalten Sie zu jedem Zeitpunkt den Überblick über die manuell installierten Clientkomponenten.

6. Schließen Sie das Dialogfeld aus Abbildung 18.1.

HINWEIS Manuell installierte Clientkomponenten werden nach der soeben geschilderten Anpassung in der Betriebskonsole unter *Verwaltung/Geräteverwaltung/Ausstehende Verwaltung* gelistet.

Sind Sie mit der Überwachung einverstanden, markieren Sie die dort gelisteten Einträge und klicken Sie im *Tasks*-Bereich der Betriebskonsole auf den Link *Genehmigen*. Bestätigen Sie die zusätzlich eingeblendete Nachfrage.

Einrichten der Gatewayserver-Rolle

System Center 2012 Operations Manager basiert auf einer intakten Active Directory-Infrastruktur. Man könnte auch sagen: Ohne Active Directory besteht keine Möglichkeit zur Überwachung von Windows-basierten Prozessen mit System Center 2012 Operations Manager. Will man fremde Domänen mit in die Überwachung einer System Center 2012 Operations Manager-Verwaltungsgruppe integrieren, empfiehlt sich die Einrichtung einer gegenseitigen Vertrauensstellung zwischen den bisher nicht kooperierenden Domänen. Ist das nicht möglich oder müssen Windows-Systeme mit in die Überwachung integriert werden, die in einer Arbeitsgruppe verwaltet werden, schlägt die Stunde des Gatewayservers.

Ein Gatewayserver ist im Grunde nichts anderes als ein Verwaltungsserver. Er wird in nicht vertrauten Umgebungen installiert und dient als Kommunikationsknoten zwischen den Systemen in der Arbeitsgruppe und den zentralen Komponenten der Verwaltungsgruppe von System Center 2012 Operations Manager innerhalb einer Domänenstruktur. Er sorgt für die Bereitstellung einer Vertrauensstellung auf Basis von Zertifikaten. Diese Zertifikate werden von der Zertifizierungsstelle der Domäne ausgestellt, in der die Verwaltungsgruppe installiert ist und betrieben wird.

Die Einrichtung eines Gatewayservers durchläuft die folgenden drei Stufen:

- Registrierung des Gatewayservers in der Verwaltungsgruppe
- Installation des Gatewayservers

- Verteilen der erforderlichen Zertifikate

Diese Stufen schauen wir uns in diesem Abschnitt etwas genauer an.

Registrierung des Gatewayservers in der Verwaltungsgruppe

Bevor Sie mit der Installation eines Gatewayservers beginnen können, muss die Verwaltungsgruppe über diese bevorstehende Veränderung informiert werden. Dazu wird der zukünftige Gatewayserver registriert. Sobald die Registrierung erfolgreich abgeschlossen wurde, wird dieser in der Überwachung in der Sicht *Ermitteltes Inventar* in der Zieltypkategorie *Gatewayserver* gelistet.

Zur Ausführung dieser Registrierung benötigen wir das sogenannte Gateway Approval-Werkzeug. Sie benötigten dieses Zusatzwerkzeug nur auf dem Verwaltungsserver und pro hinzugefügtem Gatewayserver nur einmal.

HINWEIS Im nachfolgenden Szenario werde ich den Server *SRV0018* als Gatewayserver verwenden. Er ist Teil einer fiktiven Arbeitsgruppe, gehört also nicht der Domäne *contoso.msft* an, in der die System Center 2012 Operations Manager-Verwaltungsgruppe betrieben wird.

Als Verwaltungsserver, welcher mit dem Gatewayserver kommuniziert, verwenden wir in diesem Szenario den Server *SRV0013.contoso.msft*.

Führen Sie die nachfolgenden Schritte auf dem Verwaltungsserver Ihrer System Center 2012 Operations Manager-Verwaltungsgruppe aus, der später für die Kommunikation mit dem noch zu installierenden Gatewayserver verantwortlich sein wird:

1. Kopieren Sie die folgenden beiden Dateien in das Programmverzeichnis von System Center 2012 Operations Manager auf Ihrem Verwaltungsserver:
   - *Microsoft.EnterpriseManagement.GatewayApprovalTool.exe*
   - *Microsoft.EnterpriseManagement.GatewayApprovalTool.exe.xml*

   Sie finden die Dateien auf dem Datenträger von System Center 2012 Operations Manager im Unterverzeichnis \SupportTools im jeweils korrespondierenden Architekturverzeichnis.

2. Sofern noch nicht geschehen, melden Sie sich spätestens jetzt auf dem zu verwendenden Verwaltungsserver an. Nutzen Sie dazu ein Benutzerkonto mit administrativen Rechten innerhalb der System Center 2012 Operations Manager-Verwaltungsgruppe.

3. Starten Sie eine Eingabeaufforderung im administrativen Modus und wechseln Sie in das Verzeichnis, in das Sie das Programm *Microsoft.EnterpriseManagement.GatewayApprovalTool.exe* kopiert haben.

4. Führen Sie danach den folgenden Befehl aus:

```
Microsoft.EnterpriseManagement.gatewayApprovalTool.exe /ManagementServerName=SRV0013.contoso.msft /GatewayName=SRV0018 /Action=Create
```

Die Werte der Parameter *ManagementServerName* und *GatewayName* ersetzen Sie durch den Namen des Verwaltungsservers beziehungsweise durch den Namen des künftig als Gatewayserver verwendeten Serversystems. Läuft bei der Ausführung des Befehls alles glatt, erhalten Sie als Lob eine Erfolgsbestätigung angezeigt.

Abbildung 18.2 Registriert, aber noch nicht aktiv: Der Gatewayserver ist eingetragen

Zur Überprüfung der vorgenommenen Veränderung können Sie einen Blick in die Betriebskonsole werfen. Hier muss im Bereich *Verwaltung/Ermitteltes Inventar* ein Eintrag entsprechend Ihrer Parameter erscheinen. Nicht erschrecken, wenn Sie den Eintrag wie in Abbildung 18.2 gezeigt nicht gleich sehen. Gegebenenfalls müssen Sie den *Zieltyp* in der Ansicht *Ermitteltes Inventar* noch anpassen. Gehen Sie dazu wie folgt vor:

1. Klicken Sie im *Tasks*-Bereich in der Kategorie *Statusaktionen* auf den Link *Zieltyp ändern*.
2. Geben Sie im Suchfeld den Begriff »Gateway Server« ein.
3. Markieren Sie den angezeigten Eintrag und klicken Sie danach auf die Schaltfläche *OK*.

Spätestens jetzt muss Ihre Betriebskonsole einen vergleichbaren Informationsgehalt wie in Abbildung 18.2 anzeigen.

Installation des Gatewayservers

Nachdem der künftige Gatewayserver in der gewünschten Verwaltungsgruppe registriert ist, steht jetzt die eigentliche Installation der Softwarekomponente an. Der Verlauf ist vergleichbar mit der Installation eines zusätzlichen Verwaltungsservers. Zur Durchführung benötigen wir Zugriff auf den Installationsdatenträger von System Center 2012 Operations Manager auf dem Gatewayserver. Bedenken Sie bitte, dass das Serversystem die hard- und softwaretechnischen Voraussetzungen von System Center 2012 Operations Manager zur Verwendung als Gatewayserver erfüllen muss.

1. Melden Sie sich zur Durchführung der notwendigen Schritte am künftigen Gatewayserver an. Verwenden Sie dazu ein Benutzerkonto mit lokalen Administrationsrechten.
2. Starten Sie das Installationsprogramm von System Center 2012 Operations Manager. Der Begrüßungsbildschirm wird angezeigt.
3. Klicken Sie im Bereich *Optionale Installationen* auf den Link *Gatewayverwaltungsserver*.
4. Ein weiteres Dialogfeld wird geöffnet. Passen Sie auf der nächsten Registerkarte bei Bedarf den Installationspfad an. Arbeiten Sie sich anschließend bis zum Abschnitt *Verwaltungsgruppenkonfiguration* vor.
5. Konfigurieren Sie die angebotenen Parameter *Verwaltungsgruppenname* und *Verwaltungsserver* wie in Abbildung 18.3 ersichtlich. Behalten Sie den vorgeschlagenen *Verwaltungsserver-Port* 5723 bei, sofern Ihre Kollegen der Sicherheitsabteilung damit kein Problem haben. Dieser TCP/IP-Kommunikationskanal kann bei Bedarf auch geändert werden. Klicken Sie anschließend auf die Schaltfläche *Weiter*.

Einrichten der Gatewayserver-Rolle

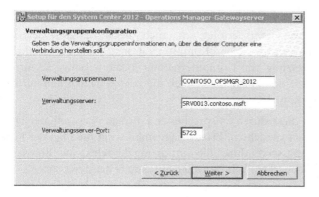

Abbildung 18.3 Die Konfiguration zur Kommunikation mit dem Verwaltungsserver der Verwaltungsgruppe

6. Im Dialogschritt *Gateway-Aktionskonto* selektieren Sie die Option *Lokales System*, wenn sich der Gatewayserver in einer Arbeitsgruppe befindet. Handelt es sich bei dem zu verwaltenden Bereich um eine nicht-vertraute Domäne, können Sie stattdessen auch die Option *Domänenkonto oder lokales Computerkonto* wählen. Im aktuellen Beispiel verwende ich die erstgenannte Option *Lokales System*.

7. Im nächsten Dialogschritt werden Sie nach Ihrer Bereitschaft zur Verwendung von Microsoft Update gefragt. Es empfiehlt sich, dieses Angebot anzunehmen, insbesondere auch deshalb, weil die meisten Gatewayserver in einem nicht verwalteten Bereich einer Systemlandschaft zum Einsatz kommen.

8. Im letzten Dialogschritt des Assistenten bleibt uns nur noch die Flucht nach vorne: Mit einem Klick auf die Schaltfläche *Installieren* beginnt die Einrichtung. Nach einigen Momenten erhalten Sie eine Abschlussmeldung über die erfolgreich durchgeführte Installation

Damit ist die Gatewayserver-Rolle bereitgestellt. Jetzt sind Sie in der Lage, einzelne, nicht zentral verwaltete Computersysteme zu überwachen. Installieren Sie auf diesen Systemen manuell die Clientkomponente von System Center 2012 Operations Manager. Bei der Einrichtung geben Sie als Verwaltungsserver den Namen des eben eingerichteten Gatewayservers an.

Verteilen der erforderlichen Zertifikate

Leider sind damit die Arbeiten in Sachen Gatewayserver noch nicht abgeschlossen. Der während der Installation angegebene Verwaltungsserver wird die Kommunikation ablehnen, weil er dem Gatewayserver im wahrsten Sinne des Wortes noch nicht traut. Damit er das tut, müssen wir als Letztes die erforderlichen Zertifikate beantragen und bereitstellen. Folgende Teilschritte müssen jetzt noch erledigt werden:

- Sicherstellen der Erreichbarkeit
- Zertifikate beantragen und bereitstellen
- Importieren des Zertifikats für die Verwendung unter System Center 2012 Operations Manager

Der erste Punkt in dieser Liste gehört genau genommen nicht zum Prozedere zur Einrichtung der Zertifikate. Es ergibt aber keinen Sinn, über die weiteren Maßnahmen in Sachen Zertifikatverwendung zu sprechen, wenn sich die Systeme nicht sehen und erreichen können. Deshalb steigen wir mit dieser Vorarbeit in die Thematik ein.

Sicherstellen der Erreichbarkeit

Nachdem die Registrierung des künftigen Gatewayservers erfolgt und auch die Installation der Softwarekomponente erledigt ist, gilt es, die Erreichbarkeit der beiden Kommunikationspartner zu gewährleisten. Ziel ist, die Namensauflösung, also die Umsetzung von Computernamen in die jeweilige IP-Adresse sicherzustellen. In einem zweiten Schritt stellen wir dann sicher, dass sich die beiden Maschinen auf dem angegebenen Port aus Abbildung 18.3 unterhalten können.

Steigen wir ein mit der Namensauflösung. Sofern diese durch entsprechende Einträge verwendbarer DNS-Server sichergestellt ist, können wir auf die Arbeiten verzichten. Erfahrungsgemäß sorgt man bei der Kommunikation zwischen Gatewayserver und Verwaltungsserver durch die Eintragung der relevanten Einträge in der sogenannten *HOSTS*-Datei für bilaterale Erreichbarkeit. Wir beginnen auf dem Gatewayserver:

1. Sofern noch nicht geschehen, melden Sie sich auf dem Gatewayserver mit einem administrativen Benutzerkonto an.
2. Starten Sie eine Eingabeaufforderung mit Administratorrechten.
3. Wechseln Sie in das Verzeichnis *C:\Windows\System32\Drivers\etc*.
4. Geben Sie den Befehl *notepad hosts* ein und drücken anschließend die ⏎-Taste. Der Windows-Editor wird geöffnet und die Datei *HOSTS* geladen.

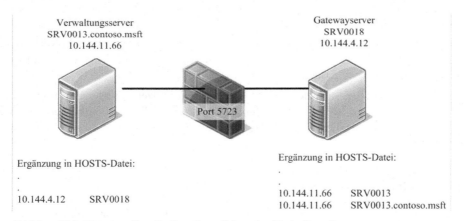

Abbildung 18.4 Die notwendigen Konfigurationen links und rechts der Firewall

5. Nehmen wir einmal an, dass der während der Konfiguration des Gatewayservers angegebene Verwaltungsserver innerhalb Ihrer Domäne die IP-Adresse 10.144.11.66 hat. Somit tragen Sie am Ende der *HOSTS*-Datei auf dem Gatewayserver folgende Argumente ein:
   - 10.144.11.66   SRV0013
   - 10.144.11.66   SRV0013.CONTOSO.MSFT

   Trennen Sie die IP-Adresse vom eingegeben Text durch Drücken der ⇄-Taste. Vergleichen Sie dazu gegebenenfalls die Abbildung 18.4 und speichern Sie die Änderungen.

6. Führen Sie die Anpassung analog auf dem Verwaltungsserver durch. Dort fügen Sie am Ende der HOSTS-Datei das folgende Argument ein:
   - 10.144.4.12   SRV0018

   Bitte trennen Sie auch hier die IP-Adresse vom Namen des Gatewayservers durch Drücken der ⇄-Taste. Speichern Sie die Änderungen ebenfalls.

Anschließend müssen wir sicherstellen, dass sich die beiden Systeme über den konfigurierten Port 5723 unterhalten können. Das können wir mithilfe eines Zusatzfeatures des verwendeten Serverbetriebssystems überprüfen. Wir verwenden dazu den Telnet-Client. Seit Windows Server 2008 ist dieses Zusatzwerkzeug standardmäßig nicht mehr vorinstalliert und muss deshalb zunächst von uns bereitgestellt werden. Führen Sie die nachfolgenden Schritte sowohl auf dem neuen Gatewayserver als auch auf dem verwendeten Verwaltungsserver aus. Wie immer gelingt die Durchführung am besten, wenn Sie hierfür ein Benutzerkonto verwenden, welches über administrative Rechte verfügt.

1. Melden Sie sich auf dem Serversystem an.
2. Klicken Sie auf das Server-Manager-Symbol direkt neben der *Start*-Schaltfläche.
3. Öffnen Sie im linken Bereich des jetzt sichtbaren Fensters den Knoten *Server-Manager/Features*. Im mittleren Bereich des Fensters werden die bereits installierten Features aufgelistet.
4. Klicken Sie am rechten Fensterrand auf *Features* hinzufügen. Der *Assistent zum Hinzufügen von Features* wird gestartet.
5. Aktivieren Sie das Kontrollkästchen *Telnet-Client*. Klicken Sie zunächst auf die Schaltfläche *Weiter* und danach auf die Schaltfläche *Installieren*.
6. Schließen Sie den Assistent nach erfolgreicher Arbeit mit einem Klick auf die hierfür angebotene Schaltfläche.

Sobald Sie diese Schritte auf beiden Serversystemen durchgeführt haben, starten wir eine Eingabeaufforderung mit Administratorrechten.

Geben Sie auf dem Gatewayserver den folgenden Befehl in diesem Fenster ein; die einzelnen Begriffe sind durch ein Leerzeichen voneinander getrennt:
TELNET SRV0013 5723

Verschwindet die eingegebene Zeile sofort und bleibt das Fenster schwarz, hat die Kontaktaufnahme auf Port 5723 geklappt. Drücken Sie dann die ⌈Leertaste⌉. Sie sind jetzt in der Lage, erneut einen Befehl einzugeben. Diese Chance nutzen wir schamlos mit folgendem Befehl aus:
TELNET SRV0013.CONTOSO.MSFT 5723

Auch hier muss der Befehl verschwinden und das Fenster der Eingabeaufforderung schwarz bleiben. Führen Sie die Überprüfung jetzt auf dem Verwaltungsserver ebenfalls in einem administrativen Eingabeaufforderungsfenster durch und geben Sie dazu den folgenden Befehl ein:
TELNET SRV0018 5723

Verschwindet auch hier die eingegebene Zeile, können wir attestieren, dass die Kommunikation in beide Richtungen auf Port 5723 initiiert werden kann. Sie können abschließend die Fenster der Eingabeaufforderung auf beiden Systemen schließen.

Zertifikate beantragen und bereitstellen

Im nächsten Schritt müssen Sie ein vertrauenswürdiges Stammzertifikat einer Zertifizierungsstelle installieren. Verwenden Sie dazu im Idealfall die Möglichkeit zur Beantragung über die Webkonsole Ihrer Zertifizierungsstelle. Achten Sie bei der Installation unbedingt darauf, dass das Zertifikat im Kontext des Computers und nicht im Kontext des ausführenden Benutzers bereitgestellt wird.

Exportieren Sie das Zertifikat anschließend, damit Sie die erzeugte *.pfx*-Datei im nächsten und letzten Arbeitsgang verwenden können. Exportieren Sie bitte auch den privaten Schlüssel und merken Sie sich das angeforderte Kennwort für den nächsten Arbeitsgang.

Importieren des Zertifikats für die Verwendung unter System Center 2012 Operations Manager

Im letzten Schritt muss das Zertifikat sowohl dem Gatewayserver als auch dem Verwaltungsserver bekannt gemacht werden. Dazu verwenden wir das Zusatzwerkzeug *MOMCERTIMPORT.EXE*, welches auf dem Datenträger von System Center 2012 Operations Manager im Unterverzeichnis *\SupportTools* zu finden ist. Kopieren Sie das Programm am besten in das System Center 2012 Operations Manager-Programmverzeichnis auf dem Gatewayserver und auf dem Verwaltungsserver.

Ich gehe für die Durchführung der nachfolgenden Schrittfolge davon aus, dass das exportierte Zertifikat jeweils im Verzeichnis *C:\CertExport* gespeichert wurde. Selbstverständlich können Sie auch jedes andere Verzeichnis dafür verwenden. Die nachfolgenden Schritte führen Sie bitte sowohl auf dem Verwaltungsserver als auch auf dem Gatewayserver aus:

1. Sofern noch nicht geschehen, melden Sie sich mit einem administrativen Benutzerkonto an.
2. Starten Sie eine Eingabeaufforderung mit Administratorrechten.
3. Wechseln Sie in das Verzeichnis, in dem Sie die Applikation *MOMCERTIMPORT.EXE* einkopiert haben.
4. Tippen Sie den folgenden Befehl ein und bestätigen Sie mit der ⏎-Taste:

```
MOMCERTIMPORT.EXE C:\CertExport\<Name_der_Exportdatei.pfx> /Password <Ihr_vergebenes_Passwort>
```

Sie erhalten eine Rückmeldung über den erfolgreichen Import des Zertifikats. Nach einigen Minuten muss das Statussymbol des Gatewayserver innerhalb der Betriebskonsole Auskunft über den aktuellen Zustand dieser Maschine geben.

> **HINWEIS** Die Einrichtung eines Gatewayserver ist leider immer noch nicht intuitiv; insbesondere der Umgang mit den Zertifikaten kann manche Nacht zum Tag machen. Sollte die Kommunikation zwischen Gatewayserver und Verwaltungsserver trotz Beachtung aller Vorgaben nicht funktionieren, werfen Sie einen Blick in die Ereignisanzeige auf dem Verwaltungsserver und auf dem Gatewayserver. Prüfen Sie jeweils unter der Rubrik *Anwendungs- und Dienstprotokoll/Microsoft/Operations Manager* die aktuellen Warn- und Fehlermeldungen.

Überwachen von SAP-Systemen

SAP bietet als Weltmarktführer für Software zur Unternehmenssteuerung vielfältige Lösungen und ist in vielen Unternehmen im Einsatz. Dabei gelten für solche Systeme meist besonders hohe Anforderung an Verfügbarkeit und Performance. SAP selbst hat dazu ein umfangreiches Monitoringsubsystem (CCMS) entwickelt. Dieses ist Teil jeder SAP-Software. Daneben bietet SAP mit dem Solution Manager ein zentrales Administrations- und Managementtool an, um SAP-Landschaften zentral zu verwalten.

System Center 2012 Operations Manager als zentrales Werkzeug

Die Integration des leistungsfähigen SAP-Monitorings in System Center 2012 Operations Manager bringt mehrere Vorteile. Einer der wichtigsten ist sicherlich die Schaffung einer zentralen Monitoringstruktur mit System Center 2012 Operations Manager. System Center 2012 Operations Manager bietet durch die Einbeziehung der Daten von Hardware, Betriebssystem, Software und SAP einen einmalig einheitlichen und umfassenden Blick auf die gesamte Infrastruktur und SAP-Software. Nur so können Fehlersituationen schnell erkannt und auch gelöst werden. Teamübergreifend können so mit derselben Datensicht Fehleranalysen schnell erfolgen.

Daneben bieten die zentralen Sammlungen von Performancewerten die Möglichkeit, Leistungsdaten aus SAP und System Center 2012 Operations Manager miteinander zu kombinieren und dadurch neue Sichtweisen zu gewinnen. So lässt sich beispielsweise die Anzahl der angemeldeten Benutzer mit der aktuellen Prozessor- und Speicherauslastung in Zusammenhang bringen.

Ein weiterer Vorteil sind die automatisierten Funktionen innerhalb System Center 2012 Operations Manager und der System Center-Familie. Auf SAP-Monitoringdaten basierend können automatisierte Lösungen gestartet und umgesetzt werden. Ein Beispiel: Zeigt sich eine schlechte Performance des SAP-Systems, können automatisiert weitere Ressourcen dazugeschaltet werden.

Einführung in SAP-Monitoring

Die Überwachung von SAP-Systemen beruht auf dem SAP CCMS-System. Das CCMS bietet dafür eine Reihe an vorkonfigurierten Monitoren. Diese wiederum bestehen aus Millionen vom Hersteller ausgelieferten Monitorobjekten. Der Administrator kann jeden dieser Kollektoren mit Schwellenwerten versehen und hat damit die Möglichkeit, Alarme bei Überschreitung definierter Grenzwerte auszulösen. Die CCMS-Analysemonitore bieten dabei eine große Funktionsvielfalt für folgende Anlässe:

- Die Darstellung und Prüfung des Systemzustands
- Ampelsystem zur Anzeige potenzieller Probleme
- Diagnose potenzieller Probleme
- Analyse zum weiteren Tuning des SAP-Systems und der verwendeten Komponenten wie Betriebssystem und Datenbank

In den sogenannten Integritätsstatussichten werden dazu in einer Baumstruktur Monitore im Detail dargestellt. Ein Ampelsystem zeigt dazu für jedem Knoten den Zustand innerhalb der Struktur an:

- **Grün** In Ordnung
- **Gelb** Warnung
- **Rot** Kritischer Zustand

An der tiefsten Stelle eines solchen Monitorbaumes sind die sogenannten CCMS-Monitorobjekte. Diese bieten folgende Möglichkeiten:

- Texte in Protokolldateien analysieren
- Betriebssysteminformationen abrufen
- Performancewerte wie z.B. CPU messen
- SAP-interne Informationen abrufen

Daneben können weitere Datenquellen über sogenannte Data Supplier eingebunden werden. SAP-Systeme werden heute auf unterschiedlichen technologischen Plattformen betrieben. Der historische SAP Netweaver Web Application Server (WAS) besteht heute je nach System aus einem Web Application Server ABAP und/ oder aus einem Web Application Server Java. Das CCMS-System wurde für den WAS ABAP entwickelt, bietet inzwischen aber auch umfangreiche Möglichkeiten der Einbindung von WAS Java.

Mehrfachalarme

Der SAP CCMS Alert Monitor bietet eine weitere Besonderheit. Diese wird mit einem Beispiel deutlich:

Die Anzahl der aktiven Benutzer einer SAP Instanz wird durch ein Monitorobjekt jede Minute überwacht. Ab 500 Benutzer ändert das Objekt seinen Zustand auf »Warnung«. Sind nun 10 Minuten lang mehr als 500 Benutzer angemeldet, werden in dieser Zeit im Alert Monitor 10 Meldungen erzeugt. Das bedeutet für den Administrator zusätzlichen Aufwand, da 10 Meldungen quittiert werden müssen.

Monitoring mehrerer SAP-Systeme

Da jedes SAP-System über ein solches CCMS verfügt, wird ein Monitoring bei mehreren SAP-Systemen schnell sehr unübersichtlich. Daher lassen sich beliebige CCMS-Systeme an ein zentrales CCMS anbinden. Nicht zuletzt durch den SAP Solution Manager – das von der SAP empfohlene Softwaretool für Software Lifecycle Management – bietet sich ein geeignetes System für den Aufbau eines zentralen SAP-Monitorings. Dabei werden die unterschiedlichen SAP-Systeme und das darin konfigurierte CCMS-System mit dem zentralen Solution-Manager verbunden.

Erweiterung System Center 2012 Operations Manager für SAP

Microsoft System Center 2012 Operations Manager bietet keine direkte Integration von SAP-Systemen in eine umfassende Überwachung. Diese Funktionen bieten verschiedene Partnerlösungen an, indem sie System Center 2012 Operations Manager mithilfe von Management Packs in der Funktionalität für die Überwachung von SAP erweitern.

Eine teilweise Übersicht der Lösungen gibt der Microsoft-Mitarbeiter Hermann Däubler im Blog »Running SAP on SQL Server«, den Sie unter folgender Adresse abrufen können: *http://blogs.msdn.com/b/saponsqlserver/archive/2012/02/03/microsoft-and-sap-netweaver-step-by-step-up-to-the-cloud-part-i.aspx*.

Die technologische Anbindung erfolgt auf Seiten von System Center 2012 Operations Manager über die bereitgestellte SDK-Schnittstelle. Dabei handelt es sich um eine für Partner offene Schnittstelle zur Integration von Lösungen. Über einen registrierten Connector wird jegliche Kommunikation mit der Partnerlösung gesteuert. Auch SAP bietet mit BC-XAL eine definierte Schnittstelle für Drittanbieter-Monitoringsysteme an das eigene CCMS-System.

Am Beispiel der Management für SAP-Lösung *cmWatcher* von *connmove* wird auf den folgenden Seiten die Anbindung und Möglichkeiten mit System Center 2012 Operations Manager dargestellt. Die Software lässt sich unter *http://www.connmove.com/index.php/de/download* als kostenfreie Testversion herunterladen.

Konfiguration von SAP-Monitoring

Nach der Installation von cmWatcher sind einmalig einige Konfigurationsschritte erforderlich. Für System Center 2012 Operations Manager werden in der cmWatcher-Verwaltungskonsole mindestens ein Verwaltungsserver definiert und danach ein Connector zu SCOM erstellt.

Überwachen von SAP-Systemen

Für die Konfiguration von SAP für die Überwachung mittels System Center 2012 Operations Manager kann eine automatische Erkennung über den SAP Solution Manager genutzt werden. Hierzu wird das Solution Manager Solution Landscape beziehungsweise die Transaktion LMDB (Landscape Management Database) verwendet werden. Alternativ ist auch eine manuelle Konfiguration durchführbar.

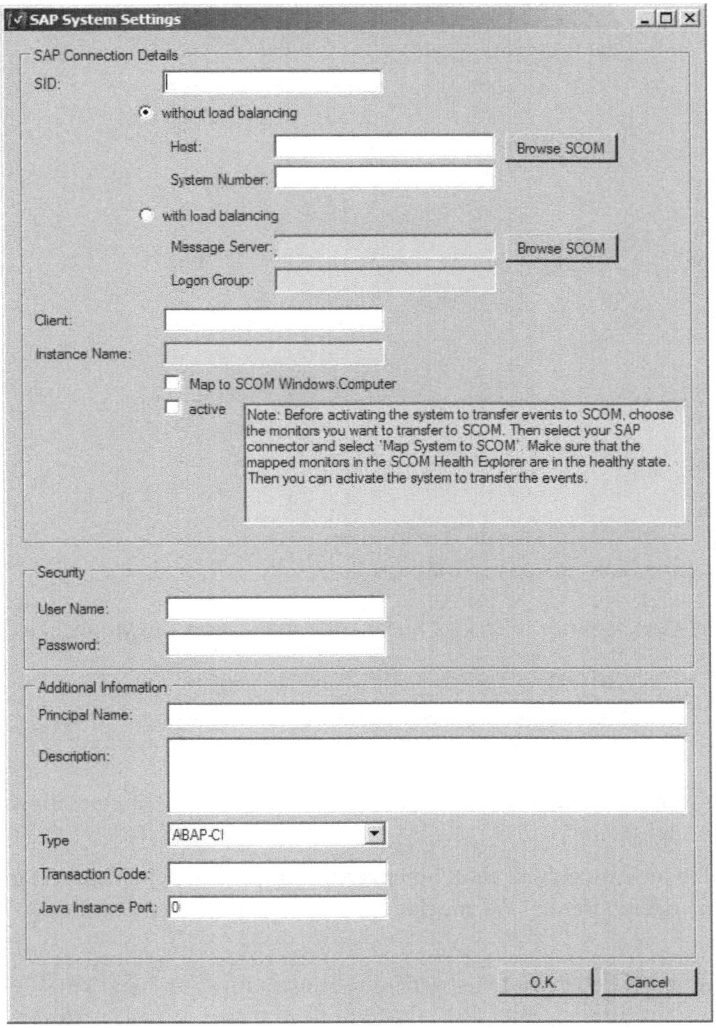

Abbildung 18.5 Die Konfiguration von SAP über die Überwachung mit System Center 2012 Operations Manager

Nach der initialen Konfiguration können nun beliebige SAP CCMS-Monitore für die Datenübertragung ausgewählt werden.

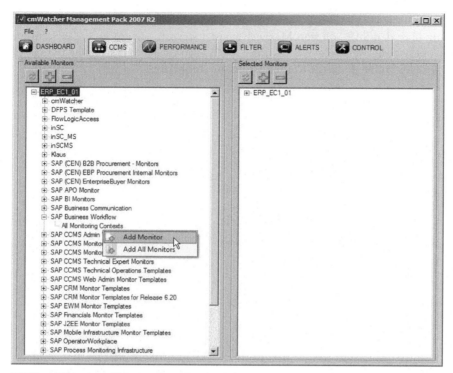

Abbildung 18.6 Auswahl der SAP CCMS-Monitore für System Center 2012 Operations Manager

Neben der Übertragung der Daten aus dem Alert Monitor in SCOM bietet cmWatcher auch die Möglichkeit, Performancedaten zu übertragen.

Erweiteres SAP-Monitoring

Neben den Funktionen von SAP CCMS bieten die Integrationslösungen in System Center 2012 Operations Manager oft auch noch weitere Features:

- **Logon Simulation** Simuliert regelmäßig die Anmeldung eines Benutzers an ein SAP-System. Zum einen wird die benötigte Zeit gemessen – zum anderen werden Warnmeldungen erzeugt, wenn der Anmeldeversuch erfolglos war.

- **Shortdumps** Abbrüche in SAP-Programmen haben immer sogenannte Shortdumps zur Folge. cmWatcher überträgt den gesamten Shortdump in System Center 2012 Operations Manager mit allen relevanten Informationen.

- **Sperren** Überschreiten im SAP-System Sperren auf Datenbankebene einen definierten Zeitwert, wird eine Warnmeldung erzeugt

Verwaltung des Connectors

In einem Monitoringprojekt wie diesem stellen sich naturgemäß einige Fragen. Dazu gehören beispielsweise die folgenden Aspekte:

- Was soll überwacht werden?
- Welche Schwellenwerte sind einzustellen?
- Wo werden diese gepflegt?
- Wer übernimmt diese Aufgabe?

Bei der Überwachung von SAP-Software mit System Center 2012 Operations Manager hat sich in der Praxis eine klare Aufgabenteilung bewährt. Folgende Zuständigkeiten finden sich dabei in den Reihen des SAP-Teams Ihres Unternehmens:

- Konfiguration von SAP CCMS
- Einstellen und Pflege der Monitore
- Einstellen und Pflege der Schwellenwerte der Monitorobjekte

So kann das SAP-Team einfach und direkt das SAP-Monitoring immer feiner justieren. Das Management Pack beziehungsweise die Software zur Datenübertragung in System Center 2012 Operations Manager bietet oft auch Einstellungen zur weiteren Filterung der Daten. Dies ist aber aus Gründen der Übersichtlichkeit nur dann sinnvoll einzusetzen, wenn das CCMS die gewünschte Funktion nicht anbietet. Dem verantwortlichen Team für System Center 2012 Operations Manager obliegen dann die folgenden Aufgaben:

- Aufbau der Dashboards
- Archivieren der Daten in das Data Warehouse

Verwaltung von Warnmeldungen

Die SAP-Überwachungsmonitore erzeugen pro Zustandsänderung eines Monitorobjekts eine Warnmeldung. Um die Übersichtlichkeit zu gewährleisten, ist es unabdingbar, dass die Management Pack-Lösung für SAP einen intelligenten Umgang mit den generierten Warnmeldungen bietet. cmWatcher erstellt in der Grundkonfiguration für jede SAP-Alarmmeldung ein Ereignis mit derselben Wichtigkeit in System Center 2012 Operations Manager. Ist zu diesem Ereignis noch keine Warnmeldung vorhanden, wird selbige erstellt. Existiert bereits eine Warnmeldung, wird der Zähler für die Anzahl von Vorkommnissen um den Wert 1 nach oben korrigiert.

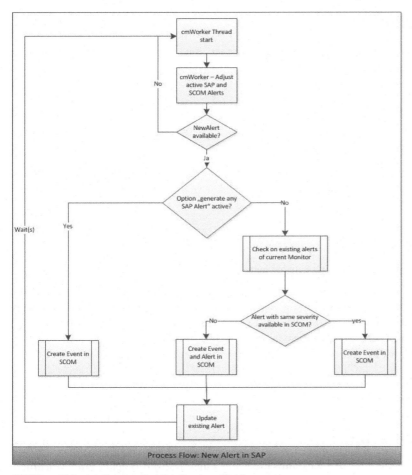

Abbildung 18.7 Intelligentes Alert Handling in cmWatcher

Automatisches Schließen von Warnmeldungen

Häufig tritt eine negative Zustandsänderung einer überwachten Entität nur kurzzeitig auf. System Center 2012 Operations Manager bietet in solchen Fällen die Möglichkeit, vorhandene Warnmeldungen automatisch zu schließen. So werden unnötige Alarmierungen vermieden. Da diese Funktionalität in SAP CCMS nicht verfügbar ist, bietet cmWatcher in diesem Fall das automatische Schließen von SAP-Alerts.

Ein Beispiel verdeutlicht diese Situation: Ein SAP-Prozess belegt die CPU zu 90 % für mehr als 2 Minuten. Das zuständige Überwachungsobjekt generiert daher eine Warnmeldung. Endet der Prozess kurz danach, ändert sich der Zustand des Überwachungsobjekts, die Warnmeldung bleibt jedoch bestehen.

> **HINWEIS** cmWatcher analysiert regelmäßig den Zustand der Überwachungsobjekte. Ändert sich der Zustand wieder auf ein Normalmaß, schließt cmWatcher bei entsprechender Einstellung alle korrespondierenden Warnmeldung sowohl auf Seite von SAP als auch in System Center 2012 Operations Manager.

Überwachen von SAP-Systemen

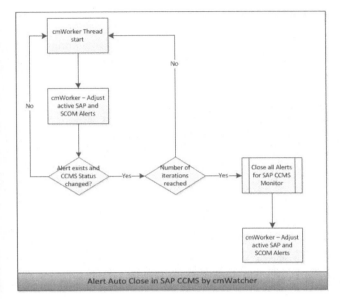

Abbildung 18.8 Automatisches Schließen von Warnmeldungen in SAP

Hochverfügbarkeit des SAP-Monitorings

Gerade SAP-Systeme gehören zur Klasse der unternehmenskritischen IT-Werkzeuge. Für sie gelten in der Regel besondere Verfügbarkeitsanforderungen. Daher ist es meist auch unabdingbar, eine professionelle Infrastruktur zur Überwachung dafür bereitzustellen.

Wie in der Einführung dieses Abschnitts erwähnt, empfiehlt sich die Bündelung der verschiedenen SAP Systeme in einem zentralen SAP-System. Hier ist bereits anzusetzen und dieses System durch Nutzung der von SAP bereit gestellten Architekturen ausfallsicher bereitzustellen. Natürlich muss auch die Management Pack-Erweiterung hochverfügbar sein. Es empfiehlt sich hier die Nutzung von Microsoft-Failovercluster für die Software selbst. Für die Anbindung an System Center 2012 Operations Manager ist es notwendig, dass die Software mit mehreren Verwaltungsservern kommuniziert. Die neue Architektur von System Center 2012 Operations Manager erfüllt diese Anforderung implizit.

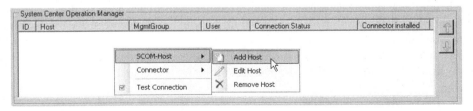

Abbildung 18.9 Hochverfügbarkeit durch Anbindung an mehrere Verwaltungsserver

Am Beispiel aus Abbildung 18.9 zeigt sich, welche Möglichkeiten cmWatcher bietet, um mehrere Verwaltungsserver als Verbindungspartner anzulegen. Ist mehr als ein Host eingetragen, versucht cmWatcher im Roundrobin-Verfahren einen der angegeben SCOM-Hosts zu erreichen und die Daten zwischen SAP und System Center 2012 Operations Manager abzugleichen.

System Center 2012 Operations Manager-Dashboards

Nach der erfolgreichen Konfiguration erfolgt nun der automatische Austausch von Überwachungs- und Leistungsmessungsdaten zwischen System Center 2012 Operations Manager und SAP. Mit diesen Daten lassen sich nun auch passende Dashboards in System Center 2012 Operations Manager aufbauen.

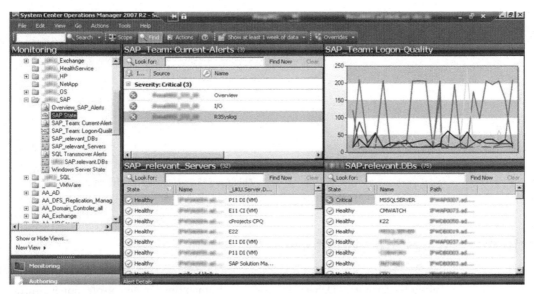

Abbildung 18.10 Betriebskonsole von System Center 2012 Operations Manager mit Dashboardansicht

Die Abbildung 18.10 zeigt ein Dashboard für das SAP-Basisteam mit folgenden Inhalten im Ergebnisbereich der Betriebskonsole:

- Oben links: Aktuelle Meldungen aus den SAP-Systemen
- Oben rechts: Aktuelle Antwortzeit für Benutzeranmeldungen
- Unten rechts: Aktueller Zustand der für SAP verwendeten Windows-Server
- Unten links: Aktueller Zustand der für SAP verwendeten SQL Server-Datenbanken

Über den oberen Bereich freut sich das SAP-Basisteam, denn eventuelle Störungen werden durch dieses Team bearbeitet. Der untere Bereich des Dashboards dient zur Information, um Probleme in SAP-Systemen mit Meldungen aus den Komponenten Server bzw. Datenbank in Zusammenhang zu bringen. Bringt man das Dashboard auf einem überdimensionalen Monitor zur Anzeige, ist dafür gesorgt, dass alle Mitarbeiterinnen und Mitarbeiter in Echtzeit von aktuellen Informationen rund um die Verfügbarkeit und Leistung der SAP-Landschaft profitieren.

Verteilte Anwendungen visualisieren mit Live Maps

In diesem Abschnitt wollen wir uns damit befassen, wie *Live Maps für Operations Manager* es Ihnen ermöglicht, betriebswirtschaftlichen Kontext in die Operations Manager-Daten aufzunehmen. Live Maps ist eine der beiden in diesem Kapitel vorgestellten Zusatzanwendungen, welche meines Erachtens einen echten

Mehrwert liefern. Hersteller dieser Software ist das Unternehmen *savision* mit Sitz im niederländischen Utrecht. Die vorgestellte Visualisierungslösung erleichtert es Ihnen, Informationen aus System Center 2012 Operations Manager mit verschiedenen Personen in Ihrer Organisation zu teilen. Alle mit Live Maps erstellten Ansichten lassen sich bequem über die Betriebskonsole von System Center 2012 Operations Manager, die Webkonsole, als Windows-Gadget und demnächst auch über Smartphone-App teilen.

System Center 2012 Operations Manager sammelt über die Zeit respektable Datenmengen. Das macht es für Organisationen nicht einfacher, Warnungen zu priorisieren. Die betriebswirtschaftliche Auswirkung jeder einzelnen Warnung auf einfache Weise einzuschätzen wird zur großen Herausforderung. Die grafischen Ansichten, welche standardmäßig in System Center 2012 Operations Manager enthalten sind, sind eher technisch ausgeprägt. Die Interpretation der enthaltenen Informationen für weniger technisch orientierte Personen, beispielsweise das Unterstützungspersonal oder das Management, ist damit erschwert. Darum werfen wir zunächst einen Blick auf die Möglichkeit, einen betriebswirtschaftlichen Kontext in Ihre System Center 2012 Operations Manager-Daten aufzunehmen.

Live Maps ist ein kundenspezifisches Mappingtool, das in Bezug auf die Art der Darstellung und die Anordnung der Elemente mit Microsoft Visio vergleichbar ist. Zusätzlich gibt es jedoch die Möglichkeit, jede erstellte Entität wiederum in Operations Manager abzubilden und die Ansichten nativ in System Center 2012 Operations Manager abzuspeichern. Damit haben Sie eine einzige zuverlässige Informationsquelle (Single Source of Truth).

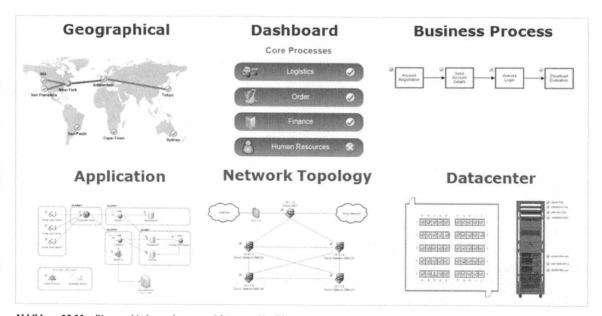

Abbildung 18.11 Die verschiedenen Ausgangssichten von Live Maps

Geografische Karten

Viele Organisationen möchten einen geografischen Kontext in ihre System Center 2012 Operations Manager-Daten aufnehmen. Nehmen wir als Beispiel einen Einzelhandelskunden, der den Gesundheitszustand seiner Ladengeschäfte in einer geografischen Karte zeigen und in seinem Netzwerksbetriebszentrum auf einen großen Plasmabildschirm projizieren möchte.

Gerade für solche Wünsche ist Live Maps ideal. Es ermöglicht zunächst, die verfolgten Objekte wie beispielsweise Server, Netzwerkgeräte oder Verkaufspunktsysteme (POS) für jeden Standort dynamisch in einer einzigen Ansicht zu gruppieren. Dafür stehen verschiedene Assistenten bereit, die die Erstellung solcher Ansichten zum Kinderspiel machen. Anschließend können Sie diese Ladenansichten mit Live Maps auf einer geografischen Übersicht anordnen, sodass nur der konsolidierte Gesundheitszustand jedes Geschäfts gezeigt wird.

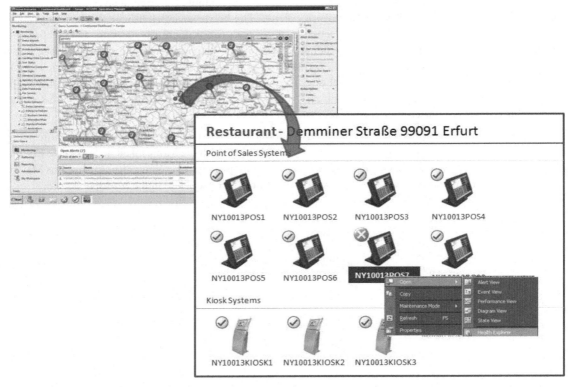

Abbildung 18.12   Verwendung von dynamischen Karten ist der neueste Clou bei Live Maps

Bei dieser Übersicht kann es sich um eine statische Bitmap, oder – mit der allerneusten Version von Live Maps – um eine fortschrittliche interaktive Karte wie in Abbildung 18.12 handeln.

Live Maps bietet eine Drilldownfunktion, mit der Sie diese vereinfachte Übersicht in eine detailliertere Ansicht aufgliedern können. Von jedem Objekt auf dieser Karte haben Sie Zugriff auf alle mit System Center 2012 Operations Manager mitgelieferten Standardansichten wie Integritäts-Explorer oder Leistungsansicht.

Betriebswirtschaftliche Anwendungsansichten

Nicht für alle von System Center 2012 Operations Manager verfolgten Anwendungen sind Management Packs verfügbar. Dies bedeutet, dass die Organisationen – also Sie selbst – diese betriebswirtschaftliche Anwendung modellieren müssen. Realisiert wird das, indem die einzelnen überwachten Entitäten wie beispielsweise Datenbanken oder Webseiten aus dem Pool der verfügbaren Objekte herausgenommen und zu einem Anwendungsmodell zusammengeführt werden. Hier stellen sich erhebliche Herausforderungen, weil

Verteilte Anwendungen visualisieren mit Live Maps

die Zielgruppe dieser Ansichten die Objekte in einer Darstellung benötigt, die dann auch die Realität widerspiegelt. Anders ausgedrückt, die Anwendungsansicht muss selbsterklärend sein und die Anwendungsumgebung ähnlich wie eine Bauzeichnung erläutern.

Aber nicht alle Betrachter wollen sich bis ins letzte Detail über die jeweilige Anwendung informieren. Beispielsweise interessieren sich Manager normalerweise nur für den generellen Gesundheitszustand der Anwendung. Darüber hinaus haben nicht alle Betrachter die Betriebskonsole von System Center 2012 Operations Manager installiert. Oder sie haben einfach keine Lust, auf die Webkonsole von System Center 2012 Operations Manager zuzugreifen. Und schließlich ändern sich Anwendungen im Laufe der Zeit, wodurch es gar nicht so leicht ist, seine Anwendungsmodelle immer auf dem aktuellen Stand zu halten.

Alle hier aufgelisteten Herausforderungen werden von Live Maps gelöst. Live Maps ist mit einem intuitiven, leicht verständlichen Administrationswerkzeug (Authoring Console) ausgestattet. Damit sind die verfolgten Anwendungskomponenten schnell zu finden und können mithilfe von Drag & Drop in Ihre eigene Ansicht gezogen werden. Die kundenspezifische Ansicht kann um zusätzliche Informationen erweitert werden, wie Text, Hyperlinks und Bilder, die die Verständlichkeit der Ansicht für weniger technisch orientierte Personen steigert. Durch die dynamischen Ansichten in Live Maps ist gewährleistet, dass diese kundenspezifischen Anwendungsansichten auch bei Änderungen des Umfelds automatisch auf dem aktuellen Stand bleiben.

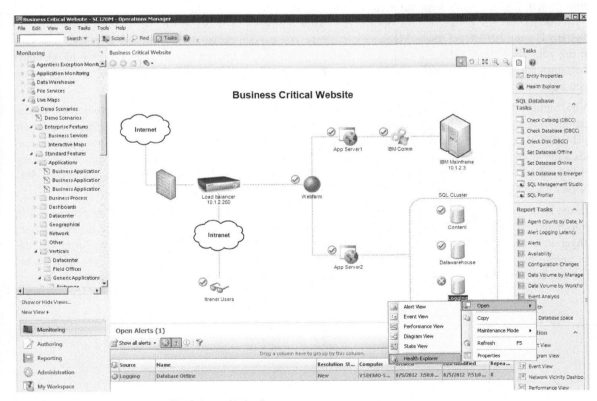

Abbildung 18.13 Ansprechende Grafiken lassen sich schnell umsetzen

Integration mit System Center 2012 Service Manager

Die aktuelle Version von Live Maps bietet eine enge Integration in System Center 2012 Service Manager, wodurch die vollständige Unterstützung des Incident-Management-Prozesses sichergestellt ist. Der Live Maps-Connector ermöglicht die Erstellung von Business-Services in System Center 2012 Service Manager auf Basis der mit Live Maps erstellten Ansichten. Dies ermöglicht ein schnelles und automatisiertes Verfahren zum Aufbau und zur Pflege der Konfigurationsmanagement-Datenbank in System Center 2012 Service Manager.

Wenn in System Center 2012 Service Manager neue Incidents auf der Basis von System Center 2012 Operations Manager-Warnungen angelegt werden, sucht die Live Maps-Integration automatisch für Sie nach dem betroffenen Business-Service und verknüpft diesen mit dem Incident, sodass Ihren Helpdeskmitarbeitern sofort die benötigte Auswirkungsanalyse zur Verfügung steht.

Leistungsüberwachung in Echtzeit mit Vital Signs

Eine zusätzliche Erweiterung von savision zur ansprechenden Visualisierung ist Vital Signs. Dieses Add-On hilft Ihnen, Leistungsprobleme zu identifizieren, spezifische Anwendungsprobleme zu beseitigen und die Systemkapazität im Zeitverlauf zu optimieren. Vital Signs ist dazu bestimmt, bei der Reaktion auf von System Center 2012 Operations Manager generierte Warnungen eingesetzt zu werden. Die Tasks zur Öffnung von Vital Signs werden direkt in der Betriebskonsole von System Center 2012 Operations Manager bereitgestellt, sodass Sie schnell von einer Warnung unmittelbar in detaillierte Echtzeitleistungsdaten springen können.

Vital Signs liest außerdem die von System Center 2012 Operations Manager erfassten historischen Leistungsdaten, sodass Sie bei der Beobachtung der Echtzeitleistungsdaten über einen historischen Kontext verfügen. Schließlich zeigt Vital Signs Warnungen und Incidents sowohl aus System Center 2012 Operations Manager als auch aus System Center 2012 Service Manager an, damit Sie über den benötigten Kontext zur schnellen Problemlösung verfügen. Vital Signs bietet jetzt kundenspezifische Dashboards für Windows Server, SQL Server, Exchange Server und Hyper-V-Server.

In die letzte Version von Vital Signs wurde außerdem ein besseres Hyper-V-Management aufgenommen. Zur optimalen 24/7-Überwachung von Hyper-V wurde ein verbessertes Management Pack für Operations Manager angeboten. Ausführliche Dashboards bieten einen Einblick in den derzeitigen Kapazitätsbedarf Ihrer virtualisierten Infrastruktur sowie Erkenntnisse über zukünftige Ausgaben auf der Basis der derzeitigen Verbrauchsmuster. Dadurch können Sie schon heute Verbrauch und Verwendung von Ressourcen einschätzen.

Leistungsüberwachung in Echtzeit mit Vital Signs

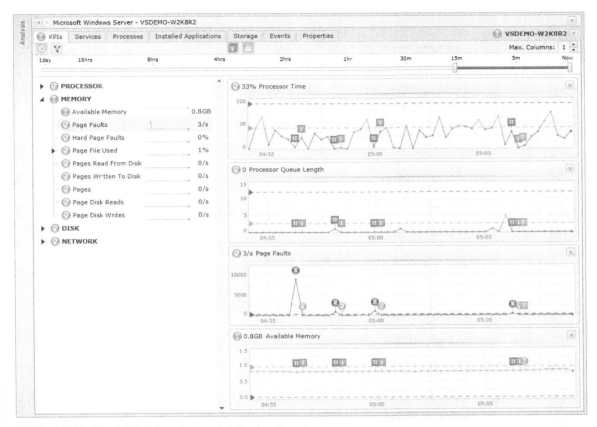

Abbildung 18.14 Die grafischen Auswertungen sind ein echter Hingucker

Nehmen Sie dann eine Optimierung vor, sodass Sie Ihre vorhandenen Ressourcen besser nutzen und Ressourcen freisetzen können, wodurch Sie neue anfallende Arbeitsbelastungen bewältigen können, ohne zusätzliche Hardware anzuschaffen. Blicken Sie voraus, wann Ihre Ressourcen erschöpft sein werden, und vermeiden Sie dadurch überraschende Ausgaben. Das alles ist völlig ohne zusätzliche Infrastruktur möglich, weil Vital Signs die von Operations Manager bereits erfassten Daten nutzen kann. Eine zusätzliche Datenbankinfrastruktur wird nicht benötigt.

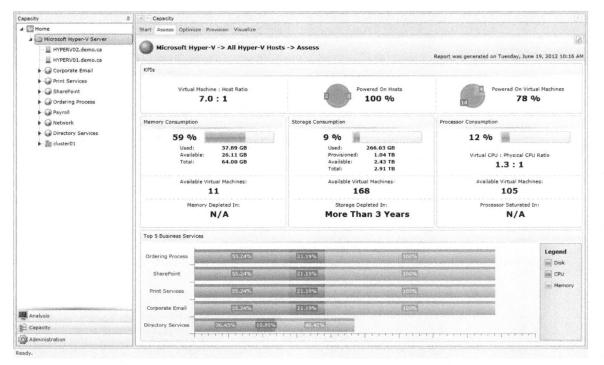

Abbildung 18.15 Ein weiteres Beispiel für die Verwendung von Vital Signs

Ich habe die Testversion von Live Maps in den meisten der von mir betreuten Kundenprojekte implementiert. Damit kann sich jeder selbst eine Meinung über die Verwendbarkeit und den Nutzwert bilden, bevor weiteres Geld in Zusatzwerkzeuge investiert wird. Laut savision verwenden mehr als 500 Kunden diese Lösung für zahlreiche andere Szenarien, wie Netzwerktopologien, Unternehmensprozessdiagramme, Datencenteransichten. Ausführlichere Informationen finden Sie auf der Unternehmenswebseite *http://www.savision.com*.

Stichwortverzeichnis

.NET-Anwendungsleistung 337

A

Abhängigkeiten 388
Abhängigkeitsrollup-Monitor 353
Ablaufdiagramm 339
Abonnentenadresse 379
ACS-Speicherzeitstempel 461
Active Directory
    Integration 102
Active Directory-Integration 480, 489
AD Assignment Resource Pool 190
Adaption 37
AdtAdmin 468
AdtsEvent 468
Agent 65
    32-Bit-Architektur 167
    Automatische Aktualisierung 167
    Eigenschaften 408
    Manuelle Aktualisierung 168
    Mit Agents verwaltet 67
    Ohne Agents verwaltet 67
    Port 245
    Proxyfunktion 408
    reparieren 167
    Task 334, 358
    Versionsnummer 169
    verwalteter 385
    Wartungskonto 372
Agentless 385
Aktionsbereich 201
Aktionskonto 86, 370–371
Aktiv-/Passiv-Cluster 249
Aktualisierung
    Außerkraftsetzungen 171
    Verwaltungsgruppe 161
    Verwaltungsserver 160
Alarmmeldungen, Übermittlung und Verwaltung 106
Alter 331
Analysis Services 10.0 336
Änderungs-Management 234
Anforderungsmonitor 310
Ansichten 355
ANSOLEX 55
Antischadsoftware 136
Anwendungsszenario 28
Anwendungsüberwachungs-Operator 396
Apache Tomcat 240

APM 196, 337
APM *siehe* Überwachung der Anwendungsleistung
Application Exception Monitoring *siehe* Ausnahmeüberwachung
Application Performance Monitoring 146
Application Performance Monitoring *siehe* Überwachung der Anwendungsleistung
Applikationsbereitstellung 210
Applikationsserver 79, 139
Applikationsvirtualisierung 124
App-V 122–123
ASP.NET 4.0 258
    Registrierung 311
Attribute 345
Audit Collection Service *siehe* Überwachungssammeldienste
Audit Forwarding 194
Audit.smdl 465
Aufbewahrungszeit 363, 460
Aufgabe 72, 81, 358
Aufgabenbereich 323
Aufgabengebiet 32
Auflösungsstatus 331
Ausführung
    als Konfiguration 370
    als Konto 85
    als Profile 72, 83
Ausgeschlossene Mitglieder 342
Ausnahmenüberwachung ohne Agents 446
Ausnahmeüberwachung 247
    Port 247
Ausstehende Verwaltung 385
Austausch
    Gatewayserver 160
    Verwaltungsserver 159
Außerkraftsetzung 97, 342, 353, 420
Authentifizierung
    Einrichtung 281
Authentifizierungstechnologie 230
Authoring-Konsole 509
Automatische Warnungsauflösung 383
Autor 396
AVIcode 168, 196, 263

B

Bandbreite, verfügbare 228
Basiskomponenten 214
Befehlszeileneingabe 464

Stichwortverzeichnis

Belastungsgrenzen 223
Benachrichtigung 212, 376
   Abonnement erstellen 328
   Eskalation 381
Benutzerdatenbankverzeichnis 283
Benutzerfreundlichkeit 247
Benutzerrolle
   Erstellung 399
Berechtigung
   Konzept 83, 319
Bereitstellungsoptionen, erweiterte 240
Bericht 72, 82
   Bibliothek 367
   für operative Daten 441
   geplant 367
   Sicherheitsadministrator 396
   zeitplangesteuert 364
Berichterstattung 233, 360, 384
   Installation 296
   Port 243
   Server 304
Bericht-Operator 396
Berichts-Manager-URL 299
Berichtsserver-Datenbank 298
Bester Status 352
Betatest 34
Betrachtung
   zeitpunktbezogene 78
   zeitraumbezogene 78
Betriebskonsole 212
   Aktualisierung 179
   Aufbau 319, 322
   Bereitstellung 412
   Port 244
   Veränderungen 201
Betriebswirtschaftliche Anwendungsansichten 508
Bildschirmgröße 240
Binäre Authentifizierung 86, 370
Buchreihe 29
Buhl, Lothar 37
Bundesamt für Sicherheit in der Informationstechnik 53
Business Development 26

C

CCMS-System 499
CEIP *siehe* Programm zur Verbesserung der Kundenzufriedenheit
Change Management *siehe* Änderungs-Management
Clientkomponente
   Installationsvarianten 406
Clientkomponente *siehe* Agent
Client-Management-Lizenz 476
Clientpush-Installation 406

Clientüberwachung 430
Cluster 161
   2-Wege-System 248
   Konfiguration 248
   Unterstützte Konfiguration 248
CMDB *siehe* Konfigurationsverwaltungsdatenbank
Cmdlets 205
cmWatcher 500
Community String 86, 370
Computerobjekt
   Ermitteln 217
Configuration Item 142
Connector 102
   Framework 244
   Port 244
   Verwaltung 503
connmove GmbH 480
Container 340
CSV-Protokoll 347
Customer Experience Improvment Program *siehe* Programm zur Verbesserung der Kundenzufriedenheit

D

Dashboard
   Layout 487
   Sicht 486
Data Access Service 194, 216
Data Warehouse-Datenbank, Umzug 174
Databus 140
Dateiformat
   MP 71
   MPB 72
   XML 71
Datenaufkommen 226
Datenbank
   Authentifizierung 460
   Dimensionierung 240
   Größe anpassen 318
   Optimierung 383
   Protokollverzeichnis 283
   Verzeichnis 283
Datendurchsatzrate, erforderliche 226
Datenermittlung 212
Datenkonsolidierung 362
Datenlesekonto 293
Datenmenge, übermittelte 226
Datensammlung anpassen 467
Datenschreibkonto 293
Datenschutz 383, 440
Datentransport 226
Datentypen 362
Datenzugriffsdienstkonto 293
Datenzugriffsmodell 451

DCDIAG 85
Default Domain Controllers Policy 454
Demotivation 35
Detailbereich 323
Diagramm anzeigen 339
Dienstleistungsvertrag 33
Digestauthentifizierung 86, 370
Dimensionen 127
Disaster Recovery 136
DNS-Server 267
Dokumentation 97
Domänen
    Administrationskonten 268
    Funktionsebene 267
Drittanbieter 109
Druckerwarteschlange 80
DSN-Datenquelle 183
Dynamische Mitglieder 417
Dynamische Mitgliedschaft 342

E

Echtzeit-Leistungsüberwachung 510
Einfache Authentifizierung 86, 370
Einrichtung 28
EMC 202
Empathie 35
Empfängeradresse 378
Emulator für Stammverwaltungsserver 188
Entität 52, 340
    Baumstruktur 63
    Ebenen 60
    Modell 55
Ereignisinformationen 362
Ergebnisbereich 323
Ermittlung
    Ergebnis 407
    Methode 407
    Regeln 390
ERP-System 55
Erreichbarkeit 45
ESX/ESXi 4.0 123
ESX-Datenspeicher 122
Evaluierungsversion 266

F

Fabric-Management 121
Feedback 30
Fehlerberichterstattung 442
Fehlerberichterstellung 283
Fehlerübertragung 384, 444
FILESTREAM 283

Filterfunktion 344
Firewallkonfiguration 242
Forefront Endpoint Protectoin 2010 476
Fortschritt 27
FSMO-Rolle 188
Fußballstadion 338

G

Gatewayserver 214
    Deinstallation 184
    Einrichtung 492
    Port 243
    Registrierung 493
Geräteverwaltung 384
Gesamtprozessüberwachung 36
Gesamtstrukturfunktionsebene 267
Geschäftsführer 29
Geschäftsprozess 27
    Steuerung 28
Get-ManagementServer 174
Get-SCOMResourcePool 190
Grenzwerte 224
Gruppen 340
    erstellen 343
    Mitglieder 418
    Mitgliedschaft anzeigen 343
    Richtlinienobjekt einrichten 436
    Status anzeigen 343

H

Halbwertzeit 33
Hanau 36
Hardwareanforderung 254
    Berichterstattung 261
    Betriebskonsole 257
    Clientkomponente Windows 259
    Data Warehouse 262
    Gatewayserver 262
    Operative Datenbank 258
    UNIX- und Linux-Client 260
    Verwaltungsserver 256
    Webkonsole 257
Health Explorer *siehe* Integritäts-Explorer
Health Service 215
Hochverfügbarkeit 161
HP-UX 66
HSRP 204
HTTP-Fehler 258
Hyper-V 470, 510
Hypervisorvirtualisierung 123

I

IBM AIX 66
IBM WebSphere 240
Identifikation 60
IIS 6-Metabasiskompatibilität 310
IIS-Verwaltungskonsole 310
Implementierungspartner 36
Implementierungsstrategie 36
Importdatum 387
Incident Management 142
Indexing Services 336
Information 330
Inhalt, statischer 310
Innenrevision 29, 454
Installation, optionale 177
Installationscomputer 113
Installationsstrategien 222
Installationsvariante, empfohlene 230
Instant Messaging 377
Instanzkonfiguration 277
Integrationsmöglichkeit 101
Integrität 52
Integritätsexplorer 52, 350
Integritätsmodell, mehrstufiges 60
Integritätsstatus, Berechnung 67
Intelligent Platform Management 122
Interaktion 36
    Configuration Manager 109
Internetzugang 286
Inventarisierung
    Active Directory 130
    Hardware und Software 129
Ipconfig 334
ISAPI und CGI 258
IT Service Management 86
IT-Abteilung
    Neuausrichtung 41
ITIL 37, 142, 372

J

Java Enterprise Edition 240

K

Kanal 376, 379
Karten, geografische 507
Kerberos 102
Kerberos-Authentifizierung 183
Klasse 218
Klinikum 74
Komponenten, fehlerfreie 340
Komponenten, überwachte 340

Konfigurationsdaten verteilen 218
Konfigurationsdatenbank 220
Konfigurationsdienstkonto 293
Konfigurationselement 142
Konfigurationsüberwachung 29
Konfigurationsverwaltungsdatenbank 142
Konfrontation, konstruktive 56
Konsolentask 335, 358
Konsolidierungsebene 63
Kriterienbeschreibung 404
Kritikpunkte 30
Kritisch 330

L

Landscape 501
Langzeitanalyse 214
Langzeitbetrachtung 360
Latenzzeit 236
Latin1_General_CI_AS 280
Leistungsdaten 362
Leistungsindikatoren 338
Lieferungsmethode 364
Linux 66, 80
Linux-Agent
    Aktualisierung 169
Live Maps 506
Lizenzierung 470, 472
    Datacenter-Edition 472
    SQL Server 228
Lizenzmessung 29
LMDB 501
Lokalisierung 251

M

Management 194
Management APM 194
Management Configuration 194
Management Pack 70, 211
    Änderbarkeit 89
    Besonderheiten 411
    Cross Platform Audit Control Services 453
    Dateierweiterungen 71
    Eigenschaften 88
    Einsatzbereiche 92
    Import 390, 410
    Klassifizierungsmodelle 90
    Komponenten 71
    Transportierbarkeit 89
    unversiegelt 88
    versiegelt 88
    Versionsnummer 90
    Versionsverwaltung 90
    Vorlagen 336

Stichwortverzeichnis

Management Packs
    Neue Version 101
Mehrsprachig 251
Mehrwert 28
Mein Arbeitsbereich 329, 402
Messpunkt 63
Microsoft OLE DB 336
Microsoft Update 294
Microsoft.EnterpriseManagement.GatewayApprovalTool.exe 184, 493
Migration 152
    Cluster 176
    Strategie 472
Mitgliedschaft, explizite 342
Mobilität 27
Module, Zusammenarbeit 30
mofcomp.exe 171
MomAdAdmin.exe 490
MOMAgent.msi 168, 410
MomCertImport.exe 498
Monitor 72, 74, 216, 347
    erstellen 424
MonitoringHost-Prozess 216
MPLS-Netzwerk 226
MPViewer 95
MSDataShape 337
Multiplan 54

N

Navigationsbereich 323
Navigationsschaltfläche 323
NetIQ 44
Network Discovery 94
Network Monitoring 199
Netzwerk
    Geräte 390
    Last 225
    Monitoring 202
    Überwachungsconnector 392
    Verkehr 225
    Verwaltung 390
    Verwaltungsfunktion 226
Neuerungen 185
Neuinstallation 152
Notifications Resource Pool 189
Novell 66

O

Objekt 364
    Beschreibung 59

Ermittlung 72–73, 218, 346
    Klasse 344
ODBC
    Datenquelle 459
    Treiber 336
ODR Report Library 307, 365
Ohne Agents verwaltet 385
OLE DB-Datenquellen 336
Operations Manager Connector Framework 109
OperationsManager 291
Operative Datenbank 214
    Umzug 174
Operator 397
Operator, erweiterter 397
Operator, schreibgeschützter 397
OpsMgrAC 459
Oracle WebLogic 240
Organisationsstruktur 32
Outlook 27
Overrrides *siehe* Außerkraftsetzung

P

Paradigmenwechsel 35
Paravirtualisierung 123
Performance and Resource Optimization 123
Ping-Status 353
Planning_-_Event_Counts 467
Planung 28
Planungsphase 28
Power Shell
    Skriptänderungen 204
PowerShell 37
PRO *siehe* Performance and Resource Optimization
Problem Management 142
Produktconnector 392
Produktwissensquelle 79, 333, 342
Programm zur Verbesserung der Kundenzufriedenheit 432
Protokollierung, leistungsbasierte 347
Proxyagent 68, 215
Prozess
    statt Prozessor 33
    Überwachung 337
    Üerwachung 338
Prozessor
    Architektur 254
Public Cloud 476

Q

Quelle 330

R

Rahmenbedingungen, gesetzliche 101
RAID-Konfiguration 240
Red Hat JBoss 240
Redundanz 34
Regeln 72, 347
    Erstellung 421
Regelwerk 64
Release Management 142
Remoteausführung 82
Replikationstechnologie 248
Reporting Services-Konfiguration 283
Ressourcenpool 188, 234, 242, 393
Richtlinien, innerbetriebliche 101
Rohdaten 362
Rollenbasierte Anforderungen 255
Rollendienste, erforderliche 271
Rollup-Monitor 350
Rothschild, James 32
RPC 69
RSreportServer.config 181
Rückschritt 27
Runbook 140
Rüstzeit 56

S

SAP Monitoring 502
SAP R/3 40
SAP-Systeme
    Überwachung 480, 498
Schaltflächenreihenfolge anpassen 326
Schlechtester Status 352
Schraubenschlüssel 192
Schwellenwert 75
Schweregrad 330, 423
SecureStorageBackup 165
Sekundärer Verwaltungsserver 172
    Aktualisierung 175
Self Service Portal 122
Serverkomponentenarchitektur 254
Server-Management-Lizenz 474, 476
Service
    statt Server 33
Service Deployment 124
Service Level Agreement 32, 48
Service Request Fullfillment 142
Servicelevel 238
    Überwachung 357
Service-Management 105, 121
Serviceorientiertheit 34
Sester, Ralph 55
Set-ManagementServer 174
Set-SCOMResourcePool 190
Setupunterstützungsregeln 275
SharePoint 2010
    Interaktion 480
    Visio Services Data Provider 481
    Zentraladministratioin 484
Sicherheit 384
Sicherheit, erhöhte 372
Sicherheitsrichtlinien, firmenspezifische 85
Sicht 72
Silverlight 327
Sizing Helper Tool 239
Skalierung 222
    Varianten 228
Smarts 202
SMASH-Ermittlung 392
SNMP 242
    Ereignisprotokoll 347
    Leistung 347
    Trap 347
SNMPv3-Konto 86, 370
Sofortnachricht 377
Software as a Service (SaaS) 357
Software Assurance 477
Softwaremessung 133
Softwareverteilung 131
Solaris 66
Sortierreihenfolge 165
Sortierung 280
Sprachunterstützung 250
SQL Server 336
    Client 337
    Enterprise-Edition 229
    Sortierreihenfolge 255
    Volltextsuche 259
SQL Server 2008 R2
    Aktualisierung 174
    Enterprise-Edition 254
    Standard-Edition 470
SQL Server Reporting Services, Konfiguration 297
SSH-Schlüssel 372
SSL Zertifikat 312
Stammverwaltungsserver 186
    Deinstallation 159, 177
Standardaktionskonto 85, 371
Standardauthentifizierung 86
Standard-Management Pack 191
Status 331
    Veränderung 215
    Widget 487
Stillstand 27
Stundenbasis 362
Suchvorgänge, gespeicherte 402
Symbolleisten 322
    Bereich 324

Syslog 347
System Center 2012
    App Controller 124
    Configuration Manager 128
    Data Protection Manager 135
    Endpoint Protection 134, 136
    Orchestrator 138
    Service Manager 141
    Unified Installer 113
    Virtual Machine Manager 120
System Center Management 215
System Center-Verwaltung 215
System Center-Verwaltungskonfiguration 216
Systemfehlergruppenansicht 446
Systems Management Summit 36

T

Tagesbasis 362
Takt 382
Taktfrequenz 385
Taskbereich 324
Taskbereich *siehe* Aufgabenbereich
TCP/IP 64
TCP-Port 337
Team Foundation Server 97
Telefonie, IP-basiert 226
Telnet 497
Testumgebung 30
Textnachricht 377
Textprotokoll 347
Timerzurücksetzung 426
Toleranzfenster 46
Transportsystem 89

U

Überwachung 329
    der Anwendungsleistung 263
    Remote 70
    Service-orientiert 63
Überwachungsdatenbank 450
Überwachungseinstellungen
    Anpassung 418
    Konfiguration 454
Überwachungslogik 218, 386
Überwachungsrichtlinie 454
Überwachungsrichtlinienkonfiguration, erweiterte 455
Überwachungssammeldienst
    Datenbank umziehen 174
Überwachungssammeldienste 235
    Installation 456
    Port 246

Überwachungssammlung 450
    Aktivierung 466
    Aktualisierung 182
Überwachungsweiterleitung 167, 450
Umdenkprozess 27
Umgebungen, verteilte 188
UNIX Agent aktualisieren 169
UNIX/Linux-Protokolldatei 337
UNIX/Linux-Prozessüberwachung 338
Untergruppen 342
Unternehmensausrichtung 27
Upgrade Helper Management Pack 164
UpgradeManagementGroup 176, 188
UploadAuditReports 465

V

vApps 123
vCloud 123
Veränderung 27
Verantwortungsbereich 32
Vererbung 59
Verfügbarkeit 45
    Definition 34
    Kontrolle 410
    Status 80
    Zeitachse 62
Verfügbarkeitskontrolle 34
Verkaufsstrategie 36
Vermittlungsrechner 68
Verschlüsselungsschlüssel 164
Verteilungssicherheit 375
Verwaltungsgruppe 67, 213, 290, 414
    Inbetriebnahme 285
    Informationen 410
    Namensvergabe 267
Verwaltungsgruppe, verbundene 400
Verwaltungsserver 67, 213, 332
    Aktionskonto 293, 407
    Anzahl 187, 235
    Port 242
Verwendbarkeit 28
Videokonferenzsysteme 226
Visio 2010
    Interaktion 480
Visio 2010 Add-In 481
Visio Services 483
Visio-Zeichnung veröffentlichen 486
Vital Signs 510
VMware 122
Voraussetzungsprüfungsapplikation 239
Vorlagendatei 438
VPN-Verbindung 226

W

Warnmeldung 76, 331
Warnung 330, 362
    Beschreibung 423
    Generierungsregel 347
    Unterdrückung 424
Wartung
    Modus 192, 331
    Vertrag 27
Webadressen 384
Webanwendungstransaktionen 337
Webkonsole 147, 181, 234
    Aktualisierung 180
    Aufbau 326
    Browserport 245
    Installation 309
    Port 244
    URL-Adresse 245
Webserverrolle 271
Weiterentwicklungsprozess 26
Windows
    Authentifizierung 460
    Betriebssystem 332
    Dienste 193, 338
        Starttyp 280
    Leistung 347
    PowerShell 68
    Remote Management 256
    SharePoint Services 97

winrm 117
Wirtschaftsprüfer 29
Wissensdatenbank, firmeninterne 79, 342
Wissensdatenbankeintrag 388
Wissensquelle 72
WMI
    Anbieter 346
    Leistung 347
Wonderbar 323
WSMAN 116

X

XenMotion 123
XenServer-Pool 123

Z

Zeitplan 379
Zeitraumfeld 364
Zeitzone 364
Zertifikate verteilen 495
Zielcomputer 113
Zieldefinition 26
Zielgruppe 33
    Definition 29
Zusatzfunktionen 30
Zustellungsadresse 379
Zweiter Verwaltungsserver 155, 159, 172

Über den Autor

Alexander Fischer, geboren am 26.11.1966 im badischen Oberkirch, Ortenaukreis. Verheiratet, zwei Kinder.

1986 begann er seine berufliche Karriere bei KASTO Maschinenbau GmbH & Co. KG in Achern-Gamshurst. Während der Ausbildung zum Industriefachwirt erhielt er dort die Verantwortung zur Einführung von SAP R/2 im Bereich der Materialwirtschaft. Parallel etablierte Fischer sein Netzwerk Richtung Microsoft. Bis 1995 war er unter anderem verantwortlich für die Projektkoordination im Bereich Materialwirtschaft. Er etablierte organisatorische und technische Überwachungsmethoden für Produktion, Disposition und Fertigsteuerung – stets in enger Zusammenarbeit mit Abteilungsleitung und Geschäftsführung. Zu den weiteren Aufgabengebieten gehörten:

- Die Erstellung von Schulungskonzepten und die Durchführung von Mitarbeiterschulungen
- Koordination und Überwachung der Rechnungsprüfung
- Erstellung und Umsetzung von Konzepten zur effektiven Nutzung des Materialwirtschaftsbereichs
- Stabstellenfunktion der Geschäftsführung für den Bereich Organisation, Revision und Controlling

Von 1995 bis 2007 war Fischer bei Koehler Paper Group in Oberkirch angestellt. Dort war er verantwortlich für die Einführung von SAP R/3 mit den Modulen FI, AM und CO sowie für die Einführung des SAP Berechtigungskonzepts. Während dieser Zeit entstand das erste Buch im Microsoft Press Verlag. Fischer zeichnet verantwortlich für eine ganze Reihe von Case Studies und Success Stories mit Microsoft, aber auch SAP, DELL, HP und T-Mobile, um nur einige zu nennen.

Nach 12 Jahren wechselte Fischer ins Beratungsgeschäft zu DATAGROUP Stuttgart GmbH, einem deutschlandweit agierenden Systemhaus. Dort war er als Leiter Business Development angestellt. Sein Hauptaugenmerk galt dabei der Einführung von komplexen Standardlösungen aus dem Hause Microsoft. Daraus entwickelte sich ein äußerst erfolgreiches Beratungsgeschäft, zumal die Kombination aus strategischer Beratung, tiefreichendem fachlichen Know-how und praktischem Wissen aus über 20 Jahren Implementierungs- und Führungserfahrung in deutschen System- und Beratungshäusern so gut wie nicht anzutreffen ist. Auch hier stand die Zusammenarbeit mit Microsoft immer an oberster Stelle.

Im August 2011 zog es Fischer wieder zurück auf die Anwenderseite. Seither ist er als Bereichsleiter beim Unternehmen SCA in Bretten bei Karlsruhe (*http://www.sca-schucker.com*) angestellt. SCA ist ein Spezialist für Klebe- und Dämmtechnologie insbesondere in der Automobilindustrie, zählt dort zu den Marktführern und Hidden Playern. Aufgrund der universellen Anwendbarkeit erweitert das Unternehmen das Geschäftsfeld jedoch auch auf zahlreiche andere Industriezweige.

Fischer ist Gründungsmitglied von Microsoft Business User Forum e.V. (mbuf e.V.) und Gründer des IT Strategieforum Südbaden und Mitglied des Aufsichtsrates der Biztalk AG. Parallel zu seiner beruflichen Laufbahn war Fischer als Microsoft Trainer und als Buchautor tätig. Seine Vorliebe zur Durchführung von Veranstaltungen und Präsentationen im IT-Umfeld verdankt er einer harten gastronomischen Schule, die bereits vor seinem Berufsleben maßgeblich Einfluss auf ihn ausübte. So war Fischer von 1979 bis weit nach dem Jahrtausendwechsel als Disc-Jockey, Light-Jockey, Laser-Programmierer, Redakteur und Radio-Moderator tätig. Die Kombination aus ungewöhnlichen Arbeitszeiten und der erforderlichen Zuverlässigkeit bei der Durchführung anspruchsvoller Aufgabenstellungen prägt ihn heute noch.